NTOA 11

Schwier • Tempel und Tempelzerstörung

NOVUM TESTAMENTUM ET ORBIS ANTIQUUS (NTOA)

Im Auftrag des Biblischen Instituts
der Universität Freiburg Schweiz
Herausgegeben von Max Küchler
in Zusammenarbeit mit Gerd Theißen

Zum Autor:

Helmut Schwier, geboren 1959 in Minden, studierte Theologie von 1978 bis 1984 an der Kirchlichen Hochschule Bethel und der Universität Heidelberg. Nach dem 1. Kirchlichen Examen war er Doktorand in Heidelberg. Seit Oktober 1988 arbeitet er als Vikar in der Evangelischen Kirche von Westfalen

NOVUM TESTAMENTUM ET ORBIS ANTIQUUS 11

Helmut Schwier

Tempel und Tempelzerstörung

Untersuchungen zu den theologischen und ideologischen Faktoren im ersten jüdisch-römischen Krieg (66–74 n.Chr.)

UNIVERSITÄTSVERLAG FREIBURG SCHWEIZ
VANDENHOECK & RUPRECHT GÖTTINGEN
1989

CIP-Titelaufnahme der Deutschen Bibliothek

Schwier, Helmut:
Tempel und Tempelzerstörung: Untersuchungen zu den theologischen und ideologischen Faktoren im ersten jüdisch-römischen Krieg (66–74 n. Chr.) / von Helmut Schwier. – Freiburg, Schweiz: Univ.-Verl.; Göttingen: Vandenhoeck u. Ruprecht, 1989

(Novum testamentum et orbis antiquus; 11)
ISBN 3-525-53912-6 (Vandenhoeck & Ruprecht) Gb.
ISBN 3-7278-0641-9 (Univ.-Verl.) Gb.

NE: GT

Veröffentlicht mit Unterstützung des Hochschulrates
der Universität Freiburg Schweiz
und der Evangelischen Kirche von Westfalen

Paulusdruckerei Freiburg Schweiz
Computersatz «LOGOS» D. Trobisch, Mannheim
ISBN 3-7278-0641-9 (Universitätsverlag)
ISBN 3-525-53912-6 (Vandenhoeck & Ruprecht)

Für Susanne

VORWORT

Die vorliegende Untersuchung ist die leicht überarbeitete Fassung meiner maschinenschriftlichen Dissertation, die im Sommersemester 1988 von der evangelisch-theologischen Fakultät der Universität Heidelberg angenommen worden ist.

Herrn Prof. Dr. Gerd Theißen danke ich für seine stetige Begleitung, förderliche Kritik und sein reges Interesse. Ich habe sehr viel von ihm gelernt. Er hat mich auch ermuntert, das ursprünglich gewählte Arbeitsthema über theologische Deutungen der Zerstörung des Jerusalemer Tempels zu ändern, als sich zeigte, daß schon die während des Krieges wirksamen Deutungen der Ereignisse genug Material und Probleme boten.

Herr Prof. Dr. Christoph Burchard hat sich der Mühe der Zweitkorrektur unterzogen, wofür ich ihm herzlich danke. Frau Dr. Erika Dinkler-von Schubert bin ich für ihre vielfältigen Anregungen und Nachfragen aufrichtig dankbar. Herrn Prof. Dr. Hodgson, der während eines Forschungssemesters in Heidelberg war, danke ich für eine freundliche und kenntnisreiche Beratung. Das Land Baden-Württemberg ermöglichte mir durch ein zweijähriges Stipendium eine kontinuierliche Arbeit und die Fertigstellung der Dissertation im Winter 1987.

Ich danke den Helfern bei der Herstellung der Druckvorlage, allen voran Herrn Dr. David Trobisch.

Meinen Eltern danke ich für ihre Unterstützung und Ermutigung. Meine Frau, der ich dieses Buch widme, hat zahlreiche Einschränkungen und Mehrbelastungen auf sich genommen. Ohne ihre Geduld und Hilfe hätte ich die Arbeit nicht vollenden können.

Heidelberg, im September 1988 Helmut Schwier

INHALTSVERZEICHNIS

ABKÜRZUNGSVERZEICHNIS

Die Abkürzungen entstammen S. Schwertner, Abkürzungsverzeichnis, TRE, Berlin/New York 1976. Die dort nicht vorkommenden Abkürzungen der griechischen und lateinischen Autoren und Werktitel richten sich nach: Der Kleine Pauly, hrg. v. K. Ziegler u. W. Sontheimer, Bd. 1, München 1975/79, S. XXI-XXVI.

Außerdem werden folgende Abkürzungen verwendet:

1. Bibliographische Abkürzungen

BerRGK	Berichte der Römisch-Germanischen Kommission, Berlin.
CSCT	Columbia Studies in the Classical Tradition, Leiden.
Levant	Levant (Journal of the British School of Archaeology in Jerusalem and the British Institute at Amman for Archaeology and History), London.
Sileno	Sileno (Rivista di studi classici e cristiani), Rom.
Second Century	The Second Century (A Journal of Early Christian Studies), Abilene, Texas.
SR	Studies in Religion / Sciences Religieuses (Revue Cannadienne), Toronto.
TSAJ	Texte und Studien zum Antiken Judentum (hrg. v. M. Hengel u. P. Schäfer), Tübingen.

2. Interne Abkürzungen

b.	ben/bar (Sohn des).
BMC, Rom. Emp.	Coins of the Roman Empire in the British Museum, by H. Mattingly, London 1923ff.
BMC, Rom. Rep.	Coins of the Roman Republic in the British Museum, by H. A. Grueber, London 1910ff.
M/B	Michel/Bauernfeind, Flavius Josephus, De Bello Judaico - Der Jüdische Krieg, München 1962ff; die "lateinische Ziffer" bezeichnet das Buch von De Bello Judaico, die Angabe "Anm" verweist auf den Anmerkungsteil von Michel/Bauernfeind im Anhang. Z. B.:
M/B, I Anm 1	Anm 1 zu bell 1.

Möller/Schmitt, Siedlungen	Möller/Schmitt, Siedlungen Palästinas nach Flavius Josephus, Beihefte zum Tübinger Atlas des Vorderen Orients, Reihe B Nr. 14, Wiesbaden 1976.
PIR[1]	Prosopographia Imperii Romani, Saec. I. II. III, ... ediderunt E. Klebs, H. Dessau, P. v. Rhoden, Berlin 1897/98[1].
PIR[2]	Prosopographia Imperii Romani, Saec. I. II. III, ... ediderunt E. Groag, A. Stein, L. Petersen, Berlin 1933ff[2].
RIC	The Roman Imperial Coinage, by H. Mattingly, E. A. Sydenham, London 1923ff.
RIC, rev. ed.	The Roman Imperial Coinage, by C. H. V. Sutherland, R. A. G. Carson, Revised Edition, London 1984ff.
Schalit, Namenwörterbuch	A. Schalit, Namenwörterbuch zu Flavius Josephus, in: K. H. Rengstorf (Hrg.), A Complete Concordance to Flavius Josephus, Suppl. 1, Leiden 1968.
Schürer, Geschichte	E. Schürer, Geschichte des jüdischen Volkes im Zeitalter Jesu Christi, Bd. I (Leipzig 1901[3/4]), Bd. II (1886[2]/1898[3]/1907[4]), Bd. III (1898[3]).
Schürer, History	E. Schürer, The History of the Jewish People in the Age of Jesus Christ (175 B. C. - A. D. 135), A New English Version revised and edited by G. Vermes, F. Millar, Bd. I (Edinburgh 1973), Bd. II (1979), Bd. III, 1 (1986), Bd. III, 2 (1987).

EINFÜHRUNG

Titus hat "das Volk der Juden bezwungen und die Stadt Jerusalem zerstört, die von allen Heerführern, Königen und Völkern vor ihm entweder vergeblich oder gar nicht angegriffen worden ist"[1]. Diese Inschrift stammt vom ersten, nicht mehr erhaltenen Titusbogen, der im Jahre 80/81 n. Chr. als Eingang zum Circus Maximus errichtet worden war. Sie präsentiert die römische Sicht der Ereignisse: Der Ruhm des Titus bestand in der Eroberung und Zerstörung Jerusalems, einer Tat, die im Bildprogramm des zweiten Titusbogens auch die Tempelzerstörung impliziert[2]. Der Ruhm umfaßt ebenso Vespasian, da die Inschrift zuvor erwähnt, daß Titus den Krieg "gemäß den Vorschriften, Ratschlägen und unter den Auspizien des Vaters" geführt hat[3]. Der Sieg im Jüdischen Krieg gehörte zu den wesentlichen Elementen der flavischen Propaganda, die mit Hilfe dieser Leistung die Herrschaft der neuen Dynastie legitimierte. Gleichzeitig kann man der Inschrift auch einen Hinweis auf die Sicht der jüdischen Aufständischen entnehmen. Sie waren von der Uneinnehmbarkeit Jerusalems überzeugt und begründeten ihrerseits die Hoffnung auf Gottes Bundesgenossenschaft im Heiligen Krieg mit Hilfe aktualisierender Interpretationen der alten Zionstheologie [4].

Auf beiden Seiten, der römischen wie der jüdischen, hat es ideologische und theologische Faktoren gegeben, die den Krieg mitausgelöst, begleitet und verschärft haben. Es ist die Aufgabe der vorliegenden Untersuchung, die Interaktion von ideologischen und theologischen Faktoren in diesem Krieg und dem realen Kriegsverlauf zu erforschen, wobei die Zerstörung des Jerusalemer Tempels im Zentrum steht; an ihr soll die gegenseitige Abhängigkeit zwischen "realer" und "ideologischer" Kriegführung gezeigt werden[5]. Hierbei wird auch die neue Hypothese[6] entfaltet, daß die Zerstörung des Jahwetempels auf ideologischer Ebene mit der Zerstörung des kapitolinischen Jupitertempels, der im Zuge der römischen Bürgerkriege unter Mitwirkung der Fla-

---

[1] CIL VI, 944; s. u. II. Teil, 2.2, bc).

[2] S. u. II. Teil, 3.2.

[3] Appian ordnet die Zerstörung Jerusalems Vespasian zu: cf App., Syr. 50.

[4] S. u. II. Teil, 1.1, b); 1.2, bb). bc).

[5] S. u. II. Teil, 3.

[6] Inzwischen wurden Aspekte meiner Hypothese auch von W. Stenger im Kontext seiner Untersuchung des "Fiscus Judaicus" vorgetragen. Herr Stenger hatte mir sein Manuskript freundlicherweise auf Anfrage im Dezember 1986 zugeschickt. Seine Arbeit ist unterdessen erschienen: "Gebt dem Kaiser, was des Kaisers ist ...!", Eine sozialgeschichtliche Untersuchung zur Besteuerung Palästinas in neutestamentlicher Zeit, BBB 68, 1988. Cf weiter den II. Teil, 3.3.

vianer niederbrannte[7], in Verbindung zu bringen ist. Das Grundanliegen der Arbeit schlägt sich in der Gliederung nieder: Im I. Teil wird die "Ereignisgeschichte", im II. Teil die "Ideologiegeschichte" untersucht.

Einige Gliederungsaspekte des II. Teils müssen noch auf dem Hintergrund des verwendeten Ideologiebegriffs kurz erläutert werden. Präzisierungen und Kriterien für eine Untersuchung von Ideologiegeschichte, die aufklärerische und kritische Funktion aufweist und nicht in Polemik oder Agitation endet, können auf dem heutigen Forschungsstand nicht in definitorische Begriffsabgrenzungen münden, sondern eher in einer Umfeldbeschreibung [8]. Grundlegende Elemente sind hierfür:

- Instrumentalisierungen von Meinungen und Ideen;
- Funktionalität als Entlastungs- und Stabilisierungsmoment, wodurch Erwartungen geweckt, aber auch erfüllt werden können;
- relative Langfristigkeit und innere Konsistenz als Überzeugungsvoraussetzungen;
- Rückbindung der Ideologie an die sie tragende und vertretende Gruppe (soziale Gebundenheit);
- die sakrale Komponente von Herrschaftslegitimierung und -erhaltung.

Diese relativ offenen und Forschungserträge verschiedenster Provenienz aufnehmenden Hinsichten ermöglichen m. E. zweierlei: dem Althistoriker die ideologiekritische Analyse als heuristisches Moment und forschungspraktisches Anliegen[9] und dem historisch arbeitenden Theologen die Zuordnung der Bezeichnung "theologisch" zu "ideologisch" dann, wenn die Rede von Gott instrumentalisiert und funktionalistisch verengt angewendet wird.

Für die Gliederung des 1. und 2. Kapitels im II. Teil dieser Arbeit ergeben sich aus den Fragehinsichten folgende Konsequenzen: In 1.1 und 2.1 werden solche theologischen und ideologischen Elemente untersucht, die in 1.2 und 2.2 auf ihre Funktionalität im Umfeld des jüdisch-römischen Krieges hin befragt werden; dabei werden die einzelnen Elemente (1.1/2.1: a, b, c) nochmals ausdifferenziert[10] und, wo mir dies durchführbar erscheint, im Hinblick

---

[7] S. u. I. Teil, 4.; II. Teil, 2.2, bb).

[8] Zu den verschiedenen Verwendungsformen von Ideologie und Ideologiekritik im Bereich marxistischer, wissenssoziologischer und neopositivistischer Philosophie sowie in der "Kritischen Theorie" cf jetzt Haardt, Art. Ideologie/Ideologiekritik, TRE 16, 1987, 32-39. Die folgenden Erwägungen über die Umfeldbeschreibung von Ideologie und Ideologiekritik als Arbeitskategorie im Bereich der Altertumswissenschaft im Anschluß an H. Kloft, Einleitung, in: ders. (Hrg.), Ideologie und Herrschaft in der Antike, WdF 528, 1979, 1-24: cf bes. S. 1-13.

[9] Cf die Beispiele bei Kloft, Einleitung, 9-15.

[10] Zu 1.1, a) gehören 1.2, aa). ab). ac), zu 1.1, b) gehören 1.2, bb). bc), und so weiter.

auf ihre Trägerkreise analysiert. Damit soll das, was theologisch und ideologisch möglich ist, auf seine Wahrscheinlichkeit im konkreten Fall des jüdisch-römischen Krieges hin überprüft werden.

Das 3. Kapitel bietet unter erneutem Rückgriff auf die bisherigen Ergebnisse Schlußfolgerungen für das Verständnis der Tempelzerstörung in Jerusalem. Im ausblickhaft gehaltenen 4. Kapitel wird die bleibende Virulenz der Tempelproblematik aufgezeigt, die historisch in den jüdischen Diasporaaufständen unter Trajan und vor allem im Bar Kokhba-Krieg erneut auf beiden Seiten sichtbar wurde (4.1); eine Skizze von theologischen Fragen und Antworten, die anläßlich der Zerstörung des Jerusalemer Tempels aufbrachen, beschließt die vorliegende Untersuchung.

I. TEIL: DER JÜDISCH-RÖMISCHE KRIEG: ANALYSE DER EREIGNISGESCHICHTE

Die Auseinandersetzungen zwischen Juden und Römern, die im Mai des Jahres 66 n. Chr. wieder offen zu Tage treten[1], eskalieren und führen schließlich zum Krieg, der durch die Zerstörung Jerusalems im Jahre 70 de iure, faktisch erst nach der Eroberung der letzten jüdischen Festung Masada im Mai 74 ein Ende fand. In der Beschreibung des Kriegsverlaufes sollen sowohl die äußeren (die Auseinandersetzungen zwischen Juden und Römern) als auch die inneren Ereignisse (die Machtkämpfe und -verschiebungen in Israel und Rom) berücksichtigt und, wenn möglich, aufeinander bezogen werden.

Weite Teile dieser Darstellung beruhen auf Josephusexegese[2]. Josephus (= Jos.) hat seine Geschichte des Jüdischen Krieges (De Bello Judaico) ursprünglich in Aramäisch verfaßt; die allein erhaltene griechische Version entfaltet in 7 Büchern die Zeitspanne von Antiochus IV bis zum Triumphzug der Flavier und der Errichtung des Templum Pacis; sie erschien wohl gegen Ende des Jahres 79. Jos.' zweites Hauptwerk ist die etwa 15 Jahre später veröffentlichte Darstellung der jüdischen ἀρχαιολογία/antiquitates, die die Zeit von der Erschaffung der Welt bis zum Jahre 66 n. Chr. umfaßt. Außerdem liegen zwei kleinere Werke vor: die Lebensbeschreibung (Vita), ursprünglich ein Anhang zu den Antiquitates, und die Apologie des Judentums "gegen Apion".

1. Die Eskalation im Jahre 66

Im Mai 66 provoziert Gessius Florus, der römische Statthalter von Judäa, Unruhen in Jerusalem, weil er dem Tempelschatz 17 Talente entnehmen läßt[1]. Daß es sich hierbei um fehlende Steuern handelte, die durch diese

---

[1] Zu historischen Entwicklungen vor dem Krieg s.u. II.Teil: 1.1, c); 1.2, aa). cc); 2.2, aa). ab).

[2] Zu Einleitungsfragen und Forschungsgeschichte cf M/B, Bd. I, 1962², S. XIX-XXXVI; Bd. III, 1969, S. XX-XXVI; Schürer, History I, 1973, 46-61; III, 1, 1986, 186. 545f; Lindner, Die Geschichtsauffassung des Flavius Josephus im Bellum Judaicum, AGJU 12, 1972, 1-16; Cohen, Josephus in Galilee and Rome, CSCT 8, 1979, 84-90. 170-180; Attridge, Josephus and His Works, CRJ II, 2, 1984, 185-232; G. Mayer, Art. Josephus Flavius, TRE 17, Lfg. 1/2, 1987, 258-264: cf S. 260-263.

[1] Bell 2, 293; die Zeitangabe 16. Artemisios findet sich in bell 2, 315. Zu den Schwierigkeiten jüdische und mazedonische/tyrische Monatsnamen auf den julianischen Kalender umzurechnen cf Schürer, Geschichte I⁴, 745-760; Niese, Zur Chronologie des Josephus, Hermes 28 (1893) 194-229: cf S. 197-208 (Tabelle: ebd., S. 204).

Konfiszierung gesichert werden sollten, kann vorausgesetzt werden[2]. Aufgrund dieser Tat verspotten einige aufrührerisch gesinnte junge Leute durch Sammlung einer milden Gabe den Statthalter, der daraufhin mit Soldaten[3] in Jerusalem einmarschiert. Die ihn begrüßen wollende Menge hatte er zuvor auseinanderjagen lassen.

Am nächsten Tag verlangt Florus von den Hohenpriestern und Adligen vergeblich die Auslieferung der Anführer und befiehlt schließlich die Plünderung der Oberstadt. Florus selbst fällt willkürliche Todesurteile und schreckt auch vor Inhabern des römischen Bürgerrechts und Rittern nicht zurück. Auch ein Vermittlungsversuch der Prinzessin Berenike scheitert[4].

Schon in dieser Situation beginnt der Einfluß des proörömischen Teils des jüdischen Adels auf das Volk zu schwinden. Zwar kann er anfangs die klagende Menge noch beruhigen und veranlassen, die aus Cäsarea eintreffenden zwei römischen Kohorten zu begrüßen, aber hierbei kommt es zur Katastrophe: Die Volksmenge wird vor den Toren angegriffen[5]. Die zwei Kohorten können in die Bezetha eindringen und versuchen daraufhin, den Tempel und die Antonia zu besetzen, ebenso wie Florus, der seine Kohorte gleichfalls ausrücken läßt. Aber die römischen Truppen werden im Häuser- und Gassenkampf zurückgeschlagen. Dadurch wird der drohende Übergriff auf den Tempel und den Tempelschatz verhindert. Die Aufrührer hatten unterdessen die Verbindung vom Tempel zur Antonia eingerissen. Florus muß sich dann am folgenden Tag nach Cäsarea zurückziehen und hinterläßt den Hohenpriestern auf deren Wunsch (nur) eine Kohorte, um die Ruhe wiederherzustellen.

Die Lage in Jerusalem bleibt weiter gespannt, da sich noch keine Gruppe endgültig durchzusetzen vermag. Der von Florus' Vorgesetztem, dem Legaten Cestius Gallus, gesandte Beobachter Neapolitanus, der sich zusammen mit dem aus Ägypten kommenden König Agrippa II in Jerusalem umsieht, kann keine aufrührerische Gesamtlage feststellen. Die Kontaktpersonen von Agrippa und Neapolitanus gehören durchweg der Jerusalemer Oberschicht an[6]. Dies zeigt sich auch daran, daß Agrippa, der sich zwar gegen die Menge

---

[2] Cf bell 2, 403. 405; zum Ganzen s. u. II. Teil, 1.2, cc).

[3] Wahrscheinlich nur mit 1 Kohorte samt Reitern: cf bell 2, 296. 332; M/B, II Anm 159. 169. Zur "milden Gabe" cf Stenger, "Gebt dem Kaiser, was des Kaisers ist ...!", BBB 68, 1988, 72 ("bestes Agitpropstraßentheater").

[4] Cf bell 2, 309-314.

[5] Über die genaueren Ursachen hierfür lassen sich keine Angaben machen; Jos. berichtet einerseits von einem Geheimbefehl des Florus (bell 2, 319) und andererseits von Schmähungen seitens der Aufrührer (§ 325). Zum proörömischen Teil des jüdischen Adels s. u. II. Teil, 1.2, cc).

[6] Cf bell 2, 336. 338.

letztlich nicht durchsetzen konnte, vor seiner Abreise noch Repräsentanten der prorömischen Adelsgruppierung zu Florus sandte, damit dieser Steuereinnehmer bestimmen konnte[7]. Agrippa und Neapolitanus haben demnach nur mit demjenigen Teil des Jerusalemer Adels verhandelt, in dessen Interesse es stand, diese "Probleme" intern zu lösen. Wie der spätere Verlauf zeigen wird, war dies eine folgenreiche Fehleinschätzung der Situation.
Die Gruppe, die in der Hauptstadt zu Aufruhr und Krieg entschlossen ist, beginnt sich unter der Führung des jungen Tempelhauptmanns Eleazar, Sohn des ehemaligen Hohenpriesters Ananias, zu formieren. (Land-)Priester und Unzufriedene schließen sich ihm an. Diese Gruppe kann nun die Verweigerung der Opfer und Gaben von Nichtjuden durchsetzen, womit auch die im Namen des Kaisers entrichteten täglichen Opfer beseitigt wurden (bell 2, 409f). Der "Opferboykott" der Eleazaranhänger war der erste Schritt zu einer Tempelreform und gleichzeitig die symbolische Lossagung von der römischen Herrschaft[8]. Der letzte Versuch des Adels, den beginnenden Aufruhr intern durch Verhandlungen zu lösen, scheitert; von der neuen Gruppe um Eleazar b. Ananias war niemand erschienen (bell 2, 417).
Da eine bewaffnete Auseinandersetzung zwischen den beiden Gruppierungen als unvermeidbar erscheint, muß sich die aus der Führungsschicht zusammengesetzte Partei jetzt um Hilfe von außen bemühen[9] und gegenüber den zum Krieg Entschlossenen, die den Tempel und die Unterstadt besetzt hielten, die Oberstadt sichern. Es wird daher je eine Gesandtschaft zu Florus[10] und zu Agrippa geschickt; die Römer greifen nicht ein, während Agrippa immerhin 2000 Reiter entsendet[11].
Die im August/September[12] beginnenden internen Machtkämpfe enden mit der Niederlage des prorömischen Adels. Das Haus des Hohenpriesters Ananias, der Palast Agrippas und Berenikes sowie das Schuldarchiv wurden niedergebrannt, die Antonia erobert und ebenfalls in Brand gesteckt, die Kö-

---

[7] Cf bell 2, 406f.

[8] S. u. II. Teil, 1.2, ab).

[9] Sie hatte nur die von Florus zurückgelassene Kohorte zur Verfügung.

[10] Ob der Leiter dieser Gesandtschaft, Simon (cf bell 2, 418), ein Bruder des Tempelhauptmanns Eleazar war, der auf der Seite seines Vaters geblieben ist, läßt sich nicht entscheiden: cf Schlatter, Die hebräischen Namen bei Josephus, (1913), jetzt in: ders., Kleinere Schriften zu Flavius Josephus, hrg. v. K. H. Rengstorf, 1970, 50; Schalit, Namenwörterbuch, s. v. Ἀνανίας (2), S. 11; gegen Horsley, High Priests and Politics of Roman Palestine, JSJ 17 (1986) 23-55: cf S. 47.

[11] Andere Handschriften reden in bell 2, 421 von 3000 Reitern (die Textgruppe VR sowie M und C).

[12] Cf bell 2, 425. 430 (15. Ab); cf hierzu Schürer, Geschichte I^4, 757.

nigsburg belagert, worauf den dort aushaltenden Königlichen und Einheimischen (nicht den Römern) freier Abzug gewährt wird. Nachdem der Hohepriester Ananias entdeckt und gefangengenommen wurde, wird er von Anhängern des Menahem getötet[13].
Dieser Menahem, ein Sohn oder Enkel des galiläischen Freiheitskämpfers Judas, hatte sich inzwischen, nachdem er seine Männer in Masada mit Waffen versorgt hatte[14], in Jerusalem mit den Aufständischen verbündet und war zu deren Führer avanciert. Aber seine Herrschaft dauerte kaum einen Monat. Nach der Ermordung des Ananias glaubte Menahem, alle Gegner ausgeschaltet zu haben, aber der Mann von niederer Herkunft wird von Anhängern des Eleazar ebenfalls getötet[15]. Seine überlebenden Männer mußten sich nach Masada zurückziehen(cf bell 2,447; 7,297).
Eleazar b. Ananias konnte seine Führungsposition so zurückgewinnen und durch die Niedermetzelung der letzten römischen Truppen[16], denen er zuvor freien Abzug eidlich zugesichert hatte, vorerst stärken.
Damit war der erste Machtkampf in Jerusalem entschieden. Die von den Römern und Agrippa favorisierten Adligen waren besiegt, die Anhänger Menahems vertrieben worden. An der Macht blieb zunächst die zum Freiheitskampf gegen Rom entschlossene Gruppe unter der Führung jüngerer Adliger, zu der auch Jos. selbst gezählt werden darf[17].
Erst nach diesen Ereignissen in Jerusalem sowie jüdischen Erfolgen in Kypros und Machärus einerseits als auch Pogromen gegen jüdische Minderheiten in syrischen Städten andererseits reagieren die Römer. Der syrische Legat Cestius Gallus zieht mit 12 000 Legionären und zahlreichen Hilfstruppen im Herbst 66 n.Chr. gegen Jerusalem[18]. Auf seiner Anmarschroute wird von Ptolemais, Cäsarea und Antipatris aus jeweils die weitere Umgebung von römischen Abteilungen verwüstet, sowie die Hafenstadt Joppe durch einen Handstreich genommen. Diese Maßnahmen sollten den Rückraum und die

---

[13] Cf bell 2, 423-441.

[14] Cf bell 2, 433f: cf hierzu den II. Teil, 1.2, ab), Anm 15.

[15] Cf bell 2, 442-448; als Motiv dieser Tat auf Seiten Eleazars berichtet Jos. nicht von einer Rache für den Vater, der unmittelbar zuvor von Menahem getötet worden war (§ 441), sondern allein von dem Bestreben, einen Mann aus dem Volk nicht als Herrscher dulden zu wollen (§ 443). Es handelt sich hier um einen auch religiös motivierten Machtkampf unter den Aufständischen: s. u. II. Teil, 1.2, bb), Anm 36.

[16] In der Beschneidung des Präfekten Metilius (bell 2, 454), die ihn vor dem Tod bewahrte, werden makkabäisch-zelotische Überzeugungen eine Rolle gespielt haben (cf M/B, II Anm 202).

[17] S. u. II. Teil, 1.2, ab), Anm 2.

[18] Cf bell 2, 499-555; cf hierzu Gichon, Cestius Gallus's Campaign in Judaea, PEQ 113 (1981) 39-62.

Nachrichtenwege sichern, verzögerten aber den römischen Vormarsch nicht unerheblich. Nach einem jüdischen Überfall auf die Legionen im unwegsamen Gelände hinter Gabao[19] kann Cestius Gallus schließlich am 30. Hyperberetaios (= 17. November) in die Bezetha eindringen.
Nach mehrtägigen Angriffen der Römer auf die Mauern sowie einem konzentrierten Ansturm auf die nördlichen Tempelmauern am 6. Tag zieht Cestius seine Truppen überraschend aus Jerusalem zurück und muß unter sehr starken Verlusten - vor allem vor Gabao und Bethoron[20] - aus Judäa abrücken. Die Gründe für diesen Abzug lassen sich nur vermuten. Der Hauptgrund lag wohl darin, daß dieses Heer für eine erfolgreiche Eroberung der Stadt zu klein und zu schlecht ausgerüstet war; außerdem war weder der nähere noch der weitere Rückraum von den Römern genügend abgesichert worden[21].
Die Auswirkungen der römischen Niederlage sind für beide Seiten beträchtlich. Die Römer mußten einsehen, daß sich der lokal begrenzte Aufstand zu einem Krieg entwickelt hatte, der sorgfältige militärische Vorbereitungen und Planungen nötig machte, um nicht nochmals zu "varia proelia ac saepius adversa"[22] zu führen. Auf jüdischer Seite hatte dieser Totalabzug eminente ideologische Auswirkungen. Schon zum zweiten Mal innerhalb kürzester Zeit war ein römischer Angriff auf den Tempel gescheitert. Diesmal handelte es sich jedoch nicht nur um eine relativ kleine römische Truppe wie noch bei Florus, die sichtbar besiegt wurde, sondern um ein römisches Heer, das seinen Angriff frühzeitig abbrach, obwohl es schon in der Vorstadt stand. Der Glaube an die Uneinnehmbarkeit des Tempels, an Gottes eigenes Eingreifen zugunsten seiner heiligen Stadt wird durch solche Erfahrungen enorm bestätigt und propagiert worden sein[23].
In Jerusalem kommt es nun zu erneuten Machtverschiebungen. Angehörige des proömischen Adels flohen nach der römischen Niederlage entweder zu den Römern oder blieben,soweit nicht tot, unter Lebensgefahr in der Stadt[24].

---

[19] Cf bell 2, 517-522; cf Gichon, Cestius Gallus's Campaign, 51-55.

[20] Cf hierzu M/B, II Anm 233f; Gichon, Cestius Gallus's Campaign, 57-59.

[21] Die Berge um Jerusalem waren noch besetzt (cf bell 2, 523). Jos. liefert keine direkten Erklärungen für den Rückzug und fügt statt dessen in § 539 seine theologische Bewertung ein, daß Gott sich vom Heiligtum schon abgewendet habe; cf Anm 23.

[22] Tac., hist. 5, 10.

[23] Bezeichnend dafür ist m. E. auch, daß Jos. gerade an dieser Stelle, und zwar als einzige Erklärung für die Niederlage, seine eigene theologische Gegenposition formuliert (s. o. Anm 21), die zweifellos im Zusammenhang mit der Gesamttendenz seines Werkes zu sehen ist (cf 5, 60. 367f. 412; 6, 4. 39f. 299. 300f), aber gerade deshalb auch konkrete Gegenmeinungen im Auge haben wird. Zum Ganzen s. u. II. Teil, 1.2, bb). bc).

[24] Cf bell 2, 556f.

Das auf den ersten Blick erstaunlichste Ergebnis der Machtverschiebung ist, daß der Tempelhauptmann Eleazar b. Ananias[25] buchstäblich "in die Wüste" geschickt wird, und zwar als Stratege nach Idumäa (zusammen mit Jesus b. Sappha[26]).

Nach dem Sieg über Cestius gewinnen in Jerusalem (wieder) Angehörige der Oberschicht an Einfluß: Dem ehemaligen Hohenpriester Ananos b. Ananos[27] wird zusammen mit Joseph b. Gorion[28] die Gewalt in der Hauptstadt übertragen. Man kann vermuten, daß als eine Ursache hierfür die Auseinandersetzung oder gar Spaltung innerhalb der (jüngeren) Radikalen nach Menahems Ermordung samt einer geschickten Anpassung der (älteren) Gemäßigteren an die neuen Umstände verantwortlich ist[29]. Es ist aber von entscheidender Bedeutung, zu beachten, daß diese Adelsgruppe nicht mit den prorömischen Adligen der ersten Phase identisch ist: Es handelt sich hier vielmehr um eine antirömisch orientierte, alteingesessene Aristokratie[30]. Neben Ananos und der Familie Joseph b. Gorions gehören der neuen Führungsschicht noch der ehemalige Hohepriester Jesus b. Gamala und der Pharisäer Simon b. Gamaliel an[31].

Diese Führungsgruppe ist - zumindest anfangs - in der Lage, die radikaleren Kräfte bzw. deren Repräsentanten zurückzudrängen. Der Zelotenführer Eleazar b. Simon, der mit reicher römischer Kriegsbeute nach Jerusalem kommt, kann zuerst noch von der Herrschaft ferngehalten werden. Der Bandenführer Simon b. Giora, der schon im ersten Gefecht bei Bethoron Cestius schweren Schaden zugefügt hatte, wurde von Ananos sogar mit Truppen bekämpft und mußte sich nach Masada zurückziehen, von wo er dann zahlrei-

---

[25] In bell 2, 566 ist zu konjezieren, da ein Hoherpriester mit Namen "Νέος" nicht bekannt ist: cf M/B, II Anm 240; Schalit, Namenwörterbuch, s. v. Νέος, S. 90. Bell 2, 566 ist die letzte Erwähnung Eleazars durch Josephus.

[26] Dieser Jesus b. Sappha ist nicht identisch mit dem gleichnamigen Aufstandsführer in Tiberias: cf Schalit, Namenwörterbuch, s. v. Ἰησοῦς Nr. 1 und Nr. 2, S. 60; unklar: ebd., s. v. Σαπφίας, S. 107.

[27] Ananos war im Jahre 62 n. Chr. Hoherpriester. Er nutzte damals die Vakanz der Prokuratur, um Gegner zu beseitigen (darunter den Herrenbruder Jakobus), und wurde daher schon nach 3 Monaten von Agrippa II abgesetzt: cf ant 20, 200 (s.u. II. Teil, 1.2, cd).

[28] Joseph b. Gorion gehört dem (Laien-)Adel an; sein Vater Gorion ist mit den Zelotenopfer in bell 4, 358 identisch (cf auch 4, 158-160: Gorion mit Simeon b. Gamaliel, Jesus b. Gamala und Ananos b. Ananos).

[29] So Hengel, Die Zeloten, AGJU 1, (1961) 1976², 377f.

[30] S. u. II. Teil, 1.2, cc). cd).

[31] S. o. Anm 28; zu Simon b. Gamaliel cf auch vit 190-192. 195-197. 216. 309.

che Beutezüge unternahm[32].
Für die verschiedenen Gebiete des Landes werden στρατηγοί ernannt: außer für das schon erwähnte Idumäa, für Thamna der Essener Johannes, für Gophna und Akrabatene Johannes b. Ananias und für Galiläa Josephus[33]. Natürlich wäre eine Organisation und Koordination des jüdischen Aufstandes unbedingt notwendig und einsehbar; schließlich gehen die Forderungen einer Vergrößerung der militärischen Führung - in Jos'. Bericht - auch auf die Initiative der Soldaten und ihrer Führer zurück[34]. Man kann an dieser Darstellung Zweifel äußern und fragen, ob es sich nicht doch mehr um Gesandtschaften als um Feldherren mit dezidiert militärischen Aufgaben handelt[35]. Die Aufgabe dieser Männer bestand in erster Linie in der Wiederherstellung der Beziehungen zur Hauptstadt. Dabei mußte im Extremfall auch gegen die radikalen separatistischen Gruppen vorgegangen werden, wie sowohl Josephus' Auseinandersetzungen mit Johannes v. Gischala und Jesus b. Sapphia als auch die Vertreibung des Simon b. Giora aus der Akrabatene zeigen. Josephus versuchte in Galiläa, einerseits die verschiedenen Widerstandsgruppen an sich zu binden[36] und andererseits auch mit seinen prorömischen Gegnern in Kontakt zu bleiben[37]. Daneben veranlaßte er direkte Verteidigungsmaßnahmen wie Truppenorganisationen und Befestigungen der Städte[38]. Er war also militärisch wie diplomatisch aktiv, hat dadurch aber seine Aufgaben auch sehr eigenwillig verfolgt[39].
Mit Ausnahme des Esseners Johannes sind von den übrigen Strategen keine Nachrichten überliefert, so daß wir uns über ihre Tätigkeit kein Bild machen können. Der Stratege von Thamna, Johannes, ist einer der Führer beim Angriff auf Askalon. Zusammen mit Silas, dem Babylonier und Niger von Peräa[40] versucht er, die heidnische Stadt zu erobern[41]. Der Angriff mißlingt, und

[32] Cf bell 2, 521. 652-654; 4, 504-513; Simon b. Giora kam erst nach dem Tod des Ananos nach Jerusalem: cf 4, 556ff; s.u. 3.

[33] Cf bell 2, 566-568.

[34] Cf bell 2, 562: "Οἱ ... διώξαντες τὸν Κέστιον".

[35] Cf Hengel, Zeloten, 378f Anm 1.

[36] Dies gelang durch Soldzahlungen: cf vit 77.

[37] Cf seine Bekanntschaft mit Nikanor, der wohl zeitweilig bei Agrippa II gedient hatte (bell 3, 346); cf auch vit 112f. 126-131. 149-154.

[38] Cf bell 2, 572-584. Sepphoris gehörte jedoch zu den römerfreundlichen Städten und wird kaum zum Kampf geneigt gewesen sein: s.u. 2., Anm 4.

[39] Damit erntete Jos. das Mißtrauen der (radikaleren) galiläischen Bandenführer.

[40] Niger hatte sich schon im Kampf gegen Cestius hervorgetan (cf bell 2, 520) und war Befehlshaber in Idumäa (nach dem Sieg über Cestius?). Er sollte sich den neuen Strategen Eleazar und Jesus unterordnen (cf § 566). Diese werden jedoch beim Angriff auf

Niger ist der einzige Anführer, der überlebt. Auf diese Tatsache ist es wohl zurückzuführen, daß weitere militärische Aktionen gegen die Küstenstädte unterbleiben müssen, obwohl sie ideologisch in einem "Heiligen Krieg" notwendig und militärisch wegen der Verbindung nach Ägypten sowie der Möglichkeit zu Störmanövern der Schiffahrt vorteilhaft gewesen wären. Joppe, das bzgl. dieser Verbindung eine zentrale Stelle einnimmt (cf Titus' Marsch in bell 4, 659-663) und ausdrücklich als zum Herrschaftsbereich des Johannes gehörig bezeichnet wird (2, 567), wird nach der Zerstörung durch Cestius Gallus nicht wieder aufgebaut. Wahrscheinlich war für den essenischen Strategen kein Nachfolger gefunden worden, der eine militärische Koordinierung hätte einleiten können[42].
Faktisch ist es also weder (mit relativer Ausnahme Galiläas) zu konsequenten Verteidigungsmaßnahmen in den einzelnen Gebieten gekommen noch zu einer militärischen Koordination untereinander. Die Ursachen hierfür lagen vielleicht auch in unklaren Kompetenzen der Strategen sowie mangelnder militärischer Qualifikationen, vor allem jedoch in den zahlreichen rivalisierenden Gruppen und Banden, die das Land durchstreiften, sowie in den ständigen Machtverschiebungen in Jerusalem.

2. Vespasians Feldzüge in den Jahren 67 und 68

Mit der Niederschlagung des Aufstandes beauftragte der in Griechenland weilende Nero Vespasian[1], obwohl dieser zeitweise in Ungnade gefallen war[2]. Als Gründe der Berufung nennt Suet. Vespasians Tüchtigkeit und Erfahrung

---

Askalon nicht erwähnt, obwohl die Aktion vielleicht eher in ihre Zuständigkeit fallen würde als in die des entfernteren Johannes.

[41] Cf bell 3, 9-28; Johannes wird hier aber nicht als Stratege von Thamna bezeichnet und hatte wohl auch nicht den Oberbefehl, da er in § 11 erst an dritter Stelle und eher untergeordnet ("πρὸς οἷς Ἰωάννης ὁ Ἐσσαῖος") erscheint.

[42] Daß Joppe für die Römer ein neuralgischer Punkt war, zeigt Vespasians sofortiges Eingreifen, als die Stadt von den Juden provisorisch besetzt wurde (cf bell 3, 414-431).

[1] Cf bell 3, 3-8; hist. 5, 10; Suet., Vesp. 4. Jos. berichtet nicht genau von Vespasians neuer juristischer Position (bell 3, 7: "τὴν ἡγεμονίαν τῶν ἐπὶ Συρίας στρατευμάτων"), während Suet. dabei an die Verleihung einer Provinz (Judäa) mit militärischem Kommando denkt (Vesp. 4: "provincia cum exercitu oblata est"). Bis zur Ankunft des neuen syrischen Legaten Licinius Mucianus im August/September 67 hatte Vespasian wahrscheinlich auch volle Befehlsgewalt in Syrien. Die späteren Konflikte zwischen Vespasian und Mucian (cf hist. 2, 5) werden wohl auf diese Überschneidung der Befugnisse zurückgehen (so B. W. Jones, The Emperor Titus, 1984, 35).

[2] Cf Tac., ann. 16, 5; Suet., Vesp. 4.

verbunden mit dem wesentlichen Faktor, daß er aufgrund seiner Herkunft aus einer eher bescheidenen Adelsfamilie in den Augen Neros keine Gefahr für den Thron bedeutete (Suet., Vesp. 4). Mögen dies zutreffende Charakterisierungen des Hintergrundes sein, so liegt der Hauptgrund wohl darin, daß Vespasian der einzige erprobte Feldherr war, der sich in der näheren Umgebung befand und daher sofort verfügbar war und unverzüglich in Marsch gesetzt werden konnte[3].

Vespasians Heer war erheblich größer als das des Cestius: Es bestand neben drei vollständigen Legionen noch aus 23 Auxiliarkohorten, Reiterabteilungen sowie 15 000 Mann Hilfstruppen der befreundeten orientalischen Fürsten (auch von Agrippa II). Nach Jos. waren es insgesamt ca. 60 000 Mann ohne Troß (bell 3, 69). Vom Juni bis zum November des Jahres 67 kann Vespasian Galiläa erobern, ebenso die Städte Gamala, Joppe, Jamnia und Azotos sowie den Garizim; d. h. die Römer kontrollierten nun Galiläa, Samaria und den Küstenstreifen.

Im einzelnen vollzieht sich die Eroberung Galiläas recht mühsam, da es nicht zu einer offenen Feldschlacht kommt[4], sondern die Städte und Stützpunkte nacheinander belagert werden müssen, worauf dann entweder die völlige Zerstörung der Stadt oder eine Kapitulation seitens der Juden erfolgt.

Nach der Zerstörung von Gabara beginnen die Römer mit der Belagerung des jüdischen Schlupfwinkels[5] Jotapata, in den Jos. von Tiberias kommend noch gelangen kann[6]; zuvor hatte er Boten nach Jerusalem mit der Bitte um

---

[3] Cf Jones, Titus, 34.

[4] Beim Herannahmen des römischen Heeres zerstreuen sich Jos.' Truppen (bell 3, 129). Hierbei ergeben sich Lokalisierungsprobleme: Vorausgesetzt, daß es nicht zur Schlacht kam (mit bell 3, 129, gegen vit 412), kann es sich bei "παρὰ πόλιν Γαρὶν καλουμένην" (bell 3, 129) durchaus um eine Glosse handeln, denn diese Näherbestimmung fehlt in einigen Handschriften (PAL Lat); außerdem tituliert Jos. Garis in vit 395. 412 nicht als "πόλις", sondern als "κώμη". Jos.' Truppen werden also in der Umgebung von Sepphoris gestanden haben, vielleicht auch deshalb, weil diese Stadt kaum zum Kampf gegen Rom gewillt war (cf bell 2, 511; 3, 30; vit 373-380. 394-398. 411; gegen bell 2, 574). Der scharfsinnige Lokalisierungsvorschlag von Schalit, Namenwörterbuch, s. v. Γάρις, S. 33, der diesen Ort unter Berufung auf ant 8, 330 R "vielleicht identisch mit מעריה im Gebiet der Höhlen von Arbel" (ebd.), also nordwestlich von Tiberias gelegen sieht, bietet bei Garis in vit Schwierigkeiten: Vit 395 nennt als Entfernung von Sepphoris 20 Stadien (3,7 km), was erheblich kürzer ist als die Entfernung "מעריה" - Sepphoris, auch wenn sich Jos.' Entfernungsangabe nicht auf den Ort, sondern auf das Lager bezieht (cf Möller/Schmitt, Siedlungen, s. v. Γάρις, S. 67).

[5] Cf Dalman, Jahresbericht des Instituts für das Arbeitsjahr 1911/12, PJB 8 (1913): cf S. 43; M/B, III Anm 46.

[6] Die Belagerung beginnt am 17. Artemisios (= 4. Juni), vier Tage vor Jos.' Ankunft (bell 3, 142), und endet am 1. Panemus (= 20. Juli; cf § 339).

ein Entlastungsheer gesandt[7]. Ob solch eine Verstärkung geschickt wurde, muß offen bleiben. Vielleicht ist die Eroberung des Garizim[8] durch Cerealius, den Legaten der V. Legion, in diesem Kontext zu sehen[9]; hierbei kann es sich aber auch lediglich um eine Präventivmaßnahme gehandelt haben[10].
Am Ende der Eroberung Jotapatas steht der bekannte Übergang des Jos. zu den Römern und die Verheißung der Kaiserwürde an Vespasian und Titus[11]. Nachdem schon jetzt die Winterquartiere für die Legionen verteilt worden waren - in der Zwischenzeit war noch die Piraterie von Joppe beseitigt worden[12] - und sich Vespasian im Königreich Agrippas II erholte, kam es zum Aufstand in Tiberias und Tarichäa. Jesus b. Sappha/Tupha, der alte Gegner des Jos. , führte die Revolte[13]. Da die einheimischen Stadtoberhäupter zu Vespasian geflohen waren und ihm um Gnade für die Stadt baten, mußte Jesus einsehen, daß er die Stadt nicht halten konnte. Er floh mit seinen Leuten nach Tarichäa, das nördlich von Tiberias liegt[14]. Aber auch in dieser Stadt wird der Aufstand nicht von den Einwohnern unterstützt (bell 3, 492f. 532). In erbitterten Kämpfen vor und in der Stadt sowie einem Seegefecht auf dem See Genezareth haben die Römer alle Feinde besiegt. Das Ende ist grausam und zeugt von der antijüdischen Haltung auch der römischen Offiziere (3, 532-542).
Die letzten aufständischen Städte sind Gischala in Galiläa und Gamala in der Gaulanitis - also in Agrippas Herrschaftsbereich. Führer waren in Gamala der Arzt Joseph/Joses b. Jairos und Chares[15]. Beide sterben während der Belagerung, die mit äußerster Härte durchgeführt wird und schließlich mit einem Massenselbstmord der eingeschlossenen Juden endet[16]. Aber auch aus

---

[7] Cf bell 3, 139f; durch Samaria benötigt man 3 Tage bis Jerusalem (cf vit 269).

[8] Cf bell 3, 307-315.

[9] Cf M/B, III Anm 74.

[10] Cf bell 3, 309: Stärkung der kleinen römischen Besatzungen.

[11] Cf bell 3, 340-391. 392-408.

[12] S. o. 1., Anm 42.

[13] Cf bell 3, 450; in vit 66 wird Jesus als Führer der Schiffer und Armen bezeichnet. Er wird dann "ἄρχων" in Tiberias (cf bell 2, 599; vit 124. 278. 294).

[14] Cf M/B, III Anm 111; Schürer, History I, 494f Anm 44; Möller/Schmitt, Siedlungen, s. v. Ταριχαῖαι, S. 182f.

[15] Zu Joseph b. Jair cf bell 4, 18. 66; vit 185. Zu Chares cf bell 4, 18. 68. Der in vit 177. 186 erwähnte Chares ist mit diesem entweder nicht identisch (so M/B, IV Anm 17), oder nur eine Version ist richtig. Schalit, Namenwörterbuch, s. v. Χάρης, S. 126 unterscheidet hier nicht.

[16] Cf bell 4, 79f. Zu Gamala cf auch den ersten Bericht über die Grabungen S. Guttmanns: (ohne Verf.), Gamla: the Masada of the North, Biblical Archeology Re-

Gamala waren vorher viele aufständische Bewohner geflohen, ähnlich wie die Truppen auf dem Itabyrion, die jedoch dort nicht zu den Einheimischen zählten (cf 4, 61f).
Gegen Gischala wird nun Titus mit 1000 Reitern geschickt. Auch in dieser Stadt besteht - laut Jos. - eine Spaltung zwischen den Einheimischen, die fast durchweg friedlich gesinnt sind, und den hinzugekommenen Aufständischen unter der Führung des Johannes von Gischala (4, 84-87). Die Entwicklung der weiteren Ereignisse ist nicht ganz deutlich. Im Ergebnis verabreden Titus und Johannes einen eintägigen Waffenstillstand, den Johannes mit seinen Leuten zur Flucht nach Jerusalem nutzt[17], wo es im Zuge der Flüchtlingsströme zu neuen Machtverschiebungen und -kämpfen kommt (s. u. 3.).
Die letzte militärische Aktion der Römer im Jahre 67 ist die Eroberung der Küstenstädte Jamnia, Azotos (4, 130) und Lydda (§ 444), wodurch vor allem die Verbindung nach Ägypten abgesichert und außerdem eine römische Präsenz im Süden des Landes geschaffen bzw. vorbereitet wird. Vielleicht spielt weiter eine Rolle, daß Jamnia und Azotos von Salome der römischen Kaiserin vererbt worden waren[18], so daß hier kaiserliche Domänen geschützt werden sollten.
Im folgenden Jahr unternimmt Vespasian drei Feldzüge, in denen er Peräa, das obere Idumäa und Judäa erobert. Das taktische Konzept ist gekennzeichnet durch ein jeweiliges Vorgehen der Hauptmacht gegen die wichtigsten Städte mit anschließenden Sicherungsmaßnahmen und weiteren Eroberungen seitens kleinerer Einheiten.
Der erste Feldzug richtet sich mit der römischen Gesamtmacht gegen Gadora, die gut befestigte Hauptstadt Peräas (4, 413). Auch hier hatte die zum Frieden entschlossene Stadtführung heimlich zu Vespasian Kontakt aufgenommen, so daß die Aufrührer aus der Stadt in Richtung Bethennabris fliehen mußten, wo sie unter der Landbevölkerung mehr Einfluß besaßen[19]. Die römischen Abteilungen unter Placidius besiegten und töteten den Großteil der jüdischen Truppe vor Bethennabris und am Jordan. Anschließend kann Placidius auch die übrigen Orte bis zum Toten Meer wie Abila, Julias[20] und

---

view 5, 1 (Jan./Feb. 1979) 12-19.

[17] Cf bell 4, 98-111. 115; cf weiter den II. Teil, 1.2, bb).

[18] Cf bell 2, 98. 197; ant 17, 189. 321. Zu den hellenistischen Städten cf Schürer, History II, 108-110.

[19] Cf bell 4, 421 ("νέων πλῆθος"; PAML haben "Ἰουδαίων") und 4, 431 ("τοὺς κατὰ τὴν χώραν").

[20] Diese Stadt hieß vorher Livias und ist mit Betharamatha identisch: cf ant 18, 27; bell 2, 59. 168. 252 (cf M/B, II Anm 16. 94; Schalit, Namenwörterbuch, s. v. Ἰουλιάς, S. 63; Möller/Schmitt, Siedlungen, s. v. Ἰουλιάς Nr. 1, S. 108f). In der Stellenaufzählung bei Schalit und Möller/Schmitt ist jeweils bell 2, 168 hinzuzufügen: dort tauchen beide Orte

Besimo einnehmen und durch jüdische Überläufer sichern.
Nach diesen schon im Monat Dystros (März/April) geschehenen Ereignissen richtet sich der zweite Feldzug gegen Judäa, Idumäa und Jericho[21]. In sehr kurzer Zeit erobert Vespasian von Cäsarea kommend Antipatris und die Toparchie von Thamna, errichtet bei Emmaus für die V. Legion ein festes Lager und besetzt die Zugangswege nach Jerusalem (4, 443f). Auf seinem weiteren Weg verwüstet er die Toparchie Bethleptepha[22], erobert in Idumäa aber nur Bethabris und Kaphartoba. Hatte Vespasian Judäa durch den erwähnten Lagerbau und die Ansiedlung politisch zuverlässiger Juden gesichert, so läßt er in Idumäa nur römische Truppen zurück, die das Bergland durchstreifen und verwüsten sollen (4, 444. 448).
Vespasian selbst zieht mit der Armee über Emmaus und Samaria nach Koreai und nach Vereinigung mit den aus Peräa kommenden Truppen gegen Jericho (4, 449). Der Großteil der Bevölkerung konnte jedoch ins Gebirge, das Jerusalem gegenüber liegt, fliehen; ein Teil der Flüchtenden wurde von den Römern noch niedergemacht (§ 451), bevor sie dann in Jericho und auch in Adida[23] Lager errichten. Nach Abmarsch Vespasians übernimmt Lucius Annius die Eroberung und Zerstörung Gerasas, das kaum das in der Dekapolis gelegene sein kann, sondern eher in der weiteren Umgebung von Jerusalem zu suchen sein wird. Dadurch ist auch die Notiz in bell 4, 390 verständlich, daß den Jerusalemern jeder Ausweg versperrt war[24].
Der letzte Feldzug dieses Jahres führt zur Eroberung der Toparchien von Gophna und Akrabatene, ein Gebiet, das aber schon auf dem Marsch gegen Jericho durchquert wurde, und zur Besetzung Bethels und Ephraims (4, 550f). Während Vespasian auskundschaftend vor Jerusalem zieht, erobert Cerealius

---

namens Julias auf.

[21] Cf bell 4, 443; vorher werden Neuordnungsmaßnahmen Vespasians berichtet (§ 441f): Besatzungen in Städten und Dörfern sowie Wiederaufbau zerstörter Orte.

[22] Eine Toparchie dieses Namens wird in der Aufzählung in bell 3, 55 nicht genannt. Wahrscheinlich ist das dort genannte Πέλλη (cf auch Plin., nat. 5, 70) mit Βεθλεπτηφῶν / Βεθλεπτηνφῶν identisch (cf M/B, III Anm 23; IV Anm 122; Schalit, Namenwörterbuch, s. v. Βεθλεπτηφῶν, S. 26; Möller/Schmitt, Siedlungen, s. v. Βεθλεπτηφα, S. 39f).

[23] Cf bell 4, 486; zu Jericho cf 5, 69. Bei Adida gibt es Lokalisierungsvarianten, die M/B, IV Anm 149 und (ausführlicher) Möller/Schmitt, Siedlungen, s. v. Αδιδα, S. 4-6 referieren: Eine Identifikation ist bisher nicht möglich.

[24] Verschiedene Hypothesen zur Lokalisierung finden sich bei M/B, IV Anm 150; Schalit, Namenwörterbuch, s. v. Γέρασα Nr. 2, S. 34 und bei Möller/Schmitt, Siedlungen, s. v. Γέρασα Nr. 2, S. 72f. Aus diesem Gerasa wird auch Simon b. Giora stammen (cf bell 4, 503): so M/B, ebd.; Möller/Schmitt, ebd.; Schalit, a.a.O., s. v. Γερασηνός Nr. 2, S. 34.

im oberen Idumäa Kaphetra[25], Kapharabis und Hebron. Die Ursache für diesen zweiten Zug gegen Idumäa wird darin liegen, daß die zurückgelassenen Truppen für eine vollständige Sicherung des Gebietes zu schwach waren, so daß Cerealius sie verstärken mußte und dies nach den erfolgreichen römischen Unternehmungen ohne Gefahr tun konnte. Weiter ist es m. E. wahrscheinlich, daß diese Verstärkung aufgrund des Teilabzuges der Idumäer aus Jerusalem "ἐπ᾽οἴκου" (4, 353) nötig wurde.
Die Römer haben in diesen zwei Jahren planmäßig das ganze Land mit Ausnahme der Hauptstadt und der Festungen Herodeion, Masada und Machärus erobert und gesichert (bell 4, 555; hist. 5, 10), so daß sie bei der Belagerung Jerusalems ihrerseits vor Störmanövern aus dem Rückraum bewahrt bleiben konnten und gleichzeitig die Stadt von ihrer Umgebung isoliert hatten.

3. Die Machtkämpfe in Jerusalem bis zum Beginn der Belagerung der Stadt

Der neue Stratege von Jerusalem und ehemalige Hohepriester Ananos (s.o. 1.) kann die Lage in der Hauptstadt nur kurze Zeit kontrollieren. Vermutlich wird die Zerstrittenheit unter den radikalen Aufständischen, die anläßlich der Ermordung Menahems entstanden war, unter dem Einfluß und der Führung Eleazar b. Simons wieder überwunden worden sein. Entscheidend für die neuen Machtverschiebungen ist aber der Einfluß von außen: Seit dem Jahr 67 strömten immer neue Flüchtlingszüge und Aufständische aus den eroberten Gebieten in die Stadt. Sie kamen nach Jerusalem, um sich dort für den Entscheidungskampf gegen die Heiden zu rüsten[1]. Einer ihrer Führer war Johannes von Gischala, der nach seiner Flucht in Jerusalem einzieht (bell 4, 121-127). Aber die römische Präsenz im Süden - im Jamnia, Azotos und Lydda - zwingt nicht nur die Galiläer, sondern auch judäische Landbevölkerung in die Stadt, zumal das umliegende Land zur Verproviantierung der Hauptstadt dienen mußte[2].

---

[25] Cf bell 4, 552; gegenüber der Übersetzung von M/B ("das fälschlich 'Städtchen' genannte Kaphethra") und ihrer Anm 184 z. St. ("Kaphethra ... läßt sich nicht mit einer uns bekannten Ortschaft identifizieren") hat Schalit, Namenwörterbuch, s. v. Κάφεθρα Ψευδοπολίχνιον, S. 73 vorgeschlagen, daß (a) Ψευδοπολίχνιον ein Epitheton ornans ist, das כפרתא entspricht, und daß (b) das "Lügnerdorf" zumindest in der Nachbarschaft von Kapharabis und Kaphartoba zu lokalisieren ist (kritisch hierzu Möller/Schmitt, Siedlungen, s. v. Καφαιορα, S. 122f, die aber Ψευδοπολίχνιον zumindest ebenfalls mit "Lügnerstädtchen" übersetzen).

[1] S. u. II. Teil, 1.2, bb).

[2] Cf bell 4, 130-138; M/B, IV Anm 28.

In solch einer Atmosphäre genügt allein das Gerücht, ein Verräter der Freiheit zu sein, für verdeckte oder offene Lynchjustiz[3]; die von außen eindringenden Gruppen haben sich dann schnell mit den Aufständischen im Tempel verbunden, wobei nicht nur eine gemeinsame Freiheitsparole und die Bedrohung seitens der Römer mithalfen, sondern auch die neue Zusammensetzung der Tempelgruppe. Die Gruppe der jungen Adligen um Eleazar b. Ananias, die noch Menahem ermordet hatte, weil dieser sich Herrschaftsattribute zulegte, obwohl er nur von einfacher Herkunft war, war jetzt kaum noch einflußreich. Unter Eleazar b. Simon haben eher Priester niederer Herkunft das Sagen gehabt. Auf ihre Veranlassung sind neue Oberpriester und Pinehas als Hoherpriester eingesetzt worden, obwohl oder weil dieser nicht dem Jerusalemer Priesteradel angehörte (4, 147-150. 155-157)[4].
Der Machtkampf zwischen der nach dem Sieg über Cestius Gallus installierten Führung unter Ananos und den "Tempelzeloten"[5] führt zu einem harten und gnadenlosen Bürgerkrieg. Nach einem Kampf zwischen den Tempelzeloten und der Partei[6] des Ananos werden die "Eiferer" in den Tempel zurückgetrieben und dort eingeschlossen. In dieser Situation tritt Johannes von Gischala als "Vermittler" auf[7]. Auf seine Veranlassung werden von den Zelotenführern Eleazar b. Simon und Zacharias b. Amphikallei[8], zu denen er eigent-

---

[3] Cf bell 4, 139-146; zu Antipas cf 2, 418f. 556f.

[4] Die genaue Herkunft des Pinehas ist umstritten: Jos. nennt als seine Sippe "Ἐνιάχιν" und bezeichnet diese als eine der hohenpriesterlichen Stämme (bell 4, 155). "Ἐνιάχιν" ist bezeugt bei PA, der Lateiner hat "eniachin"; demgegenüber bieten M sowie die Textgruppe VR "Ἐνιακείμ", was wiederum Lowth zur Konjektur "ἢ Ἰακίμ" oder "Ἰακείμ" veranlaßte, so daß daraus auf die 12. Priesterklasse Jakim nach 1 Chron 24, 12 geschlossen wurde. Ein anderer Konjekturvorschlag (von Reland) lautet auf "Ἐλιακείμ" (ihm schließt sich Schalit, Namenwörterbuch, s. v. Ἐνιαχίν, S. 45 an), womit wohl eine Beziehung zum Priester Eliakim in Neh 12, 41 hergestellt werden soll. Die Konjekturen sind in diesem Zusammenhang überflüssig, weil eine Entscheidung über die Herkunft des Pinehas und eine Deutung dieser Aktion auf inhaltlicher Ebene erfolgen muß: s. u. II. Teil, 1.2, ac).

[5] Zur Forschungsdebatte über die Einheit und Vielfalt der Aufstandsbewegung und damit auch über die Angemessenheit bzw. Unangemessenheit der Bezeichnung "Zeloten" cf den Exkurs im II. Teil, 1.2, ac). Ich nenne diese Gruppierung um Eleazar b. Simon "Tempelzeloten" (cf ebd.).

[6] Cf bell 4, 208f; daß sich in dieser Partei verstärkt das reiche Bürgertum zusammenfand, ist aus der Notiz in § 207 (Loskauf von Wachdienst) ersichtlich; cf weiter II. Teil, 1.2, cd).

[7] Cf bell 4, 208-225; daß Jos. hier die Rolle seines alten verhaßten galiläischen Gegners (cf vit 70ff) negativ verzeichnet hat, ist sehr wahrscheinlich (cf M/B, IV Anm 55).

[8] Bell 4, 225: Ich schließe mich hier der Lesart Σίμωνος (statt Γίωνος) an (cf M/B, IV Anm 59). Zu Zacharias cf Hengel, Zeloten und Sikarier, erw. Fassung in: ders., Die

lich im Auftrag der Sieger geschickt worden war, die Idumäer zur Unterstützung herangerufen. Angesichts dieser neuen Lage hat die Gruppe um Ananos keine Siegeschancen mehr. Verhandlungsversuche mit den Idumäern scheitern (4, 238-283), und als diese in die Stadt eindringen können, beginnen Metzeleien und Plünderungen. Der Priesteradel - darunter auch Ananos - wird niedergemacht (4, 314-325). Nach der Beseitigung der Oberpriester werden εὐγενεῖς καὶ νέοι[9] verhaftet, gefoltert und, da sie sich nicht den neuen Machthabern anschließen, getötet (4, 326-333). Unter den Opfern der Bevölkerung taucht namentlich ein Zacharias b. Bareis oder b. Baruch[10] auf, der nach einer Gerichtsverhandlung zwar freigesprochen, darauf aber im Tempel ermordet wird.

Nach diesen Geschehnissen zieht ein Teil der Idumäer auf Veranlassung eines Zeloten ab (4, 345-353). Daß ein Dissens zwischen Idumäern und Tempelzeloten entstanden war, deutet sich in einer Gefangenenbefreiung durch die Idumäer an, vielleicht aber auch (als Reaktion darauf?) in der Ermordung adliger Männer wie Gorion und Niger von Peräa seitens der Tempelzeloten (4, 357-365): Gorion ist der Vater des Stadtkommandaten Joseph und gehörte zu der Führungsschicht um Ananos; Niger hatte auch in Jerusalem einen gewissen Führungsanspruch gehabt [11] und besaß als ehemaliger Stratege (2, 566) zu den Idumäern sicherlich Kontakte. Die Tempelzeloten sind nach dem Teilabzug der Idumäer auf jeden Fall in der Lage, ehemalige Gegner zu liquidieren und d. h. auch solche, die nicht unbedingt Gegner der Idumäer waren[12].

Zeloten, AGJU 1, 2. Aufl. 1976, 387-412: cf S. 397 Anm 3; cf auch II. Teil, 1.2, ab), Anm 44.

[9] Folgende Hypothesen werden bei M/B, IV Anm 81 vorgestellt: Bei diesen jungen Adligen handelt es sich entweder um Angehörige oder Sympathisanten der ehemaligen Gruppe um Eleazar b. Ananias, die jetzt vor allem von den Tempelzeloten um Eleazar b. Simon als Feinde betrachtet und brutal beseitigt werden (cf bell 4, 327 in Bezug zu 4, 333), oder um eine extreme zelotische Gruppe, die später durch die Idumäer befreit zu Simon b Giora überlaufen (cf 4, 327 in Bezug zu 4, 353). Ich halte die erste Möglichkeit für wahrscheinlicher, da sich eine Verbindung von 4, 327 zu 4, 333 schon sprachlich anbietet (in § 353 gibt es keine sprachlichen Parallelen; dort ist lediglich von 2000 Bürgern = δημότης, pl. die Rede) und auch durch das Fehlen von "νέων" in 4, 333 nur in der Handschrift L sowie in der lateinischen Übersetzung nicht korrigiert wird. Bell 4, 333 hat vielmehr eine den ganzen Abschnitt 4, 326ff abschließende Funktion.

[10] Cf bell 4, 334-344; zur Verbindung zu Mt 23, 35 s. u. II. Teil, 1.2, ac), Anm 78.

[11] Cf die Notizen in bell 3, 28; 4, 363; s. u. II. Teil, 1.2, cd).

[12] Es muß betont werden, daß die genauen Ursachen für die Ermordung Gorions und Nigers aus bell 4, 357ff nicht deutlich werden. Es bleiben Fragen offen und damit Spekulationen möglich: Warum werden sie erst jetzt hingerichtet, obwohl beide zur engeren Führungsschicht der Ananosgruppe zählten? Ist aus bell 4, 363 herauszuhören, daß

Während dieser Schreckensherrschaft kam es zu zahlreichenen Fluchtversuchen aus Jerusalem; auch Johanan b. Zakkai floh aus der Stadt[13].
Johannes v. Gischala, der seine im Kernbestand galiläischen Anhänger für kurze Zeit von der tempelzelotischen Gruppe um Eleazar b. Simon abgespalten hatte (4, 389-395. 503. 558f), ist bemüht, die Stadt für den Belagerungszustand vorzubereiten[14].
Eine neue Machtverschiebung wird durch das Auftreten Simon b. Gioras und seines Heeres in Jerusalem verursacht. Simon, der, wie sein Name verrät, Sohn eines Proselyten war[15], stammte aus Gerasa[16] und wird schließlich der mächtigste Führer im belagerten Jerusalem[17].
Nachdem Simon von Ananos aus der Akrabatene vertrieben worden war und in Masada vorläufig Unterschlupf gefunden hatte, sammelte er nach dessen Tod im judäischen Bergland neue Truppen um sich, verkündete den Sklaven die Freiheit und machte den freien Bürgern Geschenke, so daß sich sein Heer aus Sklaven, Aufständischen und Bürgern zusammensetzte[18]. Mit die-

es noch einmal zu einem Widerstandsversuch oder -plan seitens einiger Zelotengegner kam (cf M/B, IV Anm 94)? Oder - so meine Vermutung - werden erst jetzt Personen ermordet, die im Unterschied zum Priesteradel nicht zu den eindeutigen Feinden der Idumäer gehören? Letzteres erklärte zumindest den Zeitpunkt nach dem idumäischen Abzug und geht davon aus, daß die Gefangenenbefreiung durch die Idumäer kaum ohne zelotische Gegenreaktion erfolgt ist.

[13] Cf ARN Vers. A cp. 4; ARN Vers. B cp. 6; bGit 56 ab; Ekkha R 1, 31; MMisch 15; cf weiter Safrai, Das jüdische Volk im Zeitalter des zweiten Tempels, Information Judentum Bd. 1, 1978, 122f und die ausführliche Analyse von Schäfer, Die Flucht Johanan b. Zakkais aus Jerusalem und die Gründung des "Lehrhauses" in Jabne, ANRW II, 19, 2, 1979, 43-101.

[14] Cf bell 4, 396f; 5, 57; cf zum Ganzen M/B, IV Anm 102. 104 und unten den II. Teil, 1.2, bc), S.160f.

[15] (ὁ τοῦ) Γιώρα ist Transkription des aramäischen גיורא (hebr.: גר): cf Schürer, Geschichte I^4, 621 Anm 73; Hengel, Die Zeloten, AGJU 1, (1961) 1976^2, 382 Anm 1 (Lit.). DioCass. 66, 7, 1 und Tac., hist. 5, 12 haben als Namensform "Βαργιορᾶς" bzw. "Bargiora" (Akk.), das von Tac. jedoch hinter Johannes statt Simon verstellt wurde.

[16] S. o. 2., Anm 24.

[17] Dies war er auch in den Augen der Römer, wie sein Ende zeigt: Während Johannes von Gischala lebenslänglich gefangengesetzt wird, wird Simon im Rahmen des römischen Triumphzuges hingerichtet (cf bell 6, 433f; 7, 154f; DioCass. 66, 7, 1). Bei dieser Hinrichtung handelt es sich um einen kultischen "Reinigungsakt" (M/B, VII Anm 84), wofür auch die Wortwahl in bell 6, 434 (σφάγιον) spricht (in 7, 154 redet Jos. nur allgemein, jedoch läßt der Kontext auch hier an eine die Opferhandlung der Triumphatoren vorbereitende Handlung denken). Zum Triumphzug s. u. II. Teil. 3.2.

[18] Cf bell 4, 503-510: s. u. II. Teil, 1.2, bb), Anm 38.

sen Truppen durchstreifte er das Gebiet von der Akrabatene bis Idumäa[19]. Nach einem zweiten Idumäazug, der wohl erst 68/69, also nach dem Feldzug des Cerealius, stattfand, zog er im Frühjahr 69 gegen Jerusalem (4, 556f). Gerade in dieser Situation begann dort ein erneuter Machtkampf (4, 566-572): Die zurückgebliebenen Idumäer, die sich mit den Resten des alten Priesteradels[20] gegen die Herrschaft des Johannes verbündeten, konnten ihn und seine Truppen auf den Tempel(-vorhof) zurückdrängen (5, 5-10). Die neue Formation war jedoch nicht stark genug, Johannes endgültig zu vertreiben, und holte daher Simon b. Giora unter Einfluß des ἀρχιερεύς Matthias[21] als Retter und Beschützer in die Stadt[22] (im Monat Xanthikus - April/Mai - des Jahres 69).
Der sogleich unternommene Versuch, das Tempelgebäude zu stürmen, scheiterte (4, 577-584), so daß sich in Jerusalem nun drei Fraktionen bekämpften: die Gruppe unter Eleazar b. Simon im Tempelinneren, Johannes v. Gischala mit seinen Galiläern im äußeren Tempelbezirk und Simon b. Giora in der Stadt (bell 5, 5-11; hist. 5, 12). Eleazar b. Simon hatte sich nämlich mit einigen einflußreichen Männern[23] von dem Hauptverband der Aufständischen unter Johannes gelöst. Im Besitz des inneren Tempelbezirkes - oberhalb der Stellung des Johannes - versahen sie den Tempeldienst, obwohl sie von Johannes' Wurfmaschinen ständig beschossen wurden (bell 5, 11-18); Eleazar

---

[19] Cf bell 4, 511-537: Ob er sich dabei wirklich in der Akrabatene befand, wie § 511 angibt, kann allerdings bezweifelt werden (cf M/B, IV Anm 161).

[20] Cf bell 4, 572: "μετὰ τῶν ἀρχιερέων" (= Plural; M/B übersetzen hier singularisch). Wahrscheinlich ist hier an eine alteingesessene Adelsgruppierung zu denken, die sich während des vorhergehenden Bürgerkrieges nicht exponiert hatte (s. u. II. Teil, 1.2, cd, Anm 41).

[21] Ob der in bell 4, 574 genannte ἀρχιερεύς Matthias mit dem gleichnamigen Hohepriester und Sohn des Theophilus (cf ant 20, 223) identisch ist, kamm man vermuten (cf Grätz, Geschichte der Juden von den ältesten Zeiten bis auf die Gegenwart, Bd. III, 2, 1906[5], 752f), aber kaum beweisen. In bell 5, 527 wird Matthias ausdrücklich als Sohn des Boethos bezeichnet: Er wird von Simon b. Giora zusammen mit dreien seiner Söhne getötet - allein der vierte Sohn kann noch zu Titus entkommen (cf 5, 530). Wenn Jos. in 6, 114 bei dem "εἷς ἑτέρου Ματθίου" an diesen Vorgang denkt, also mit diesem anderen Matthias den Sohn des Boethos aus 4, 574; 5, 527 meint, wäre der in 6, 114 vorher genannte Hohepriester Matthias eher mit dem Sohn des Theophilus - wohl kaum mit dem Sohn des Ananos (ant 19, 316. 342) - identisch (cf auch M/B, VI Anm 36). Schalit läßt diese Zuordnung offen: cf Namenwörterbuch, s. v. Ματθίας Nr. 4, S. 84 müßte mit Nr. 7 oder Nr. 8 identisch sein.

[22] Cf bell 4, 573-576; zu messianischen Tendenzen bei Simon s. u. II. Teil, 1.2, bb).

[23] Cf bell 5, 5f: Die drei führenden Männer Judes b. Chelkia/Chelika, Simon b. Esron und Ezechias b. Chobar tauchen sonst nicht auf. Jeder von ihnen hatte unter den Zeloten nicht wenig Anhang (5, 7).

hatte demnach (wieder) Priester um sich geschart[24].
Durch die Kämpfe zwischen diesen drei Gruppen wurde eine große Menge der Getreidevorräte Jerusalems vernichtet[25]. Am Passahfest des Jahres 70 gelang es Johannes, bewaffnete Männer mit der Volksmenge in den Tempel zu bringen, die die Männer Eleazars besiegten, jedoch an ihnen kein Strafgericht vollzogen, sondern sie und ihren Führer Eleazar wieder dem Befehl des Johannes unterstellten[26]. Unter dem Eindruck der anmarschierenden Römer wurde der interne Streit überwunden bzw. verschoben[27].

4. Der römische Bürgerkrieg und Vespasians Erhebung

Nach den erfolgreichen Eroberungen Vespasians in den Jahren 67 und 68 begann die eigentliche Belagerung Jerusalems erst im Jahre 70. Ursache war der römische Bürgerkrieg[1], der nach Neros Selbstmord begann. Dieser Tod bezeichnet gleichzeitig das Ende des julisch-claudischen Kaiserhauses[2]. Die Revolution, die nun ausbrach, wurde von den Provinzen bzw. von ihren Legionen und Heerführern getragen, nicht vom Senat, der zwar noch von Nero abgefallen war und ihn zum Staatsfeind erklärt hatte (cf Suet., Nero 49, 2), aber - da ohne militärische Macht - auf die weiteren Ereignisse keinen entscheidenden Einfluß ausüben konnte. Überhaupt ging es nicht um die Aufhebung des Prinzipats und eine Wiederherstellung der Republik. So war z. B. Galbas Selbstbezeichnung als "legatus senatus ac populi Romani" (cf Suet.,

---

[24] Die Priester um Eleazar regelten den Opferdienst (cf bell 5, 15. 99) und ernährten sich von den Weihegaben (5, 8. 21). Zum priesterlichen Kern dieser Gruppe s. u. II. Teil, 1.2, ac).

[25] Cf bell 5, 21-26; hist. 5, 12; bGit 56a; Ekha R 1,31.

[26] Cf bell 5, 98-105. Johannes plante keine Liquidierung seiner Gegner (anders: hist. 5, 12), und auch Eleazar b. Simon taucht später noch als Führer der Tempelzeloten auf (bell 5, 250), wurde also nicht von Johannes getötet (gegen Schäfer, Geschichte der Juden in der Antike, 1983, 141). Ob diese Aktion noch vor dem Anmarsch des Titus stattfand (so: hist. 5, 12) oder erst danach, wie Jos. berichtet, ist nicht sicher, obwohl die erste Möglichkeit aufgrund des großen Festbesuchs wahrscheinlicher ist (cf M/B, V Anm 30).

[27] Während Tac. hier kurz notiert (hist. 5, 12: "donec propinquantibus Romanis bellum externum concordiam pareret"), berichtet Jos. von einer kurzfristigen Einigung der - in seiner Darstellung noch - drei Parteien (bell 5, 71-74).

[1] Jos. verzahnt die Schilderungen der Bürgerkriege in Jerusalem und in Rom miteinander: cf bell 4, 503-544. 545-549; 4, 556-584. 585-587; in bell 4, 550-555 und 4, 588-663 beschreibt er dann Vespasians vorbildliche Taten.

[2] Cf Suet., Galba 1; DioCass. 63, 29, 3.

Galba 10) nur von kurzer Dauer (cf Suet., Galba 11; Plut., Galba 8)[3]. Ähnliches läßt sich von Otho und Vitell feststellen[4]. Daher war es "wohl eine Revolution des Reiches; aber die Krise war keine des Reiches, ... allenfalls eine Krise der Dynastie"[5].

Während in Rom nach Neros Tod Galba residierte, kam es in den ersten Januartagen des Jahres 69 zum Abfall der ober- und niedergermanischen Legionen und zur Erhebung des - von Galba entsandten (Suet., Vit. 7) - Legaten Aulus Vitellius zum Imperator (cf hist. 1, 55-57; Suet., Vit. 8). Dieser ließ seine Truppen unter der Führung Caecinas und des Fabius Valens in zwei Heereszügen durch Gallien und gegen Italien marschieren (hist. 1, 61; Suet., Vit. 9). Inzwischen war in Rom Galba ermordet worden und Marcus Salvius Otho, "ein ehemaliger Spießgeselle Neros"[6], mit Unterstützung der Prätorianer an die Macht gekommen (hist. 1, 40-49; Suet., Otho 6f).Die Vitellianer konnten sich aber schon im April in der Entscheidungsschlacht bei Bedriacum, infolgedessen Otho Selbstmord verübte, durchsetzen (hist. 2, 40-49; Suet., Otho 9). Vitellius zieht nach Italien (hist. 2, 52-73. 87-89; Suet., Vit. 10f) und erreicht Rom wahrscheinlich Mitte Juli[7]. Zuvor hatte der Stadtkommandant Roms, Flavius Sabinus, der ältere Bruder Vespasians, seine Truppen auf Vitellius vereidigt (hist. 2, 55).

Gegen Vitell erhoben sich jedoch die Legionen im Osten des Reiches. Aus einer Koalition zwischen Vespasian und dem syrischen Legaten C. Licinius

---

[3] Das bestätigen auch die spanischen, gallischen, römischen und afrikanischen Münzprägungen, die Galba traditionell als "Imperator", "Caesar Augustus", "Augustus", "Pater Patriae" und als Inhaber der tribunzischen Gewalt und des Oberpontifikats propagieren: cf die Zusammenstellungen in RIC I, rev. ed., S. 232. 235f. 238f. 240. 243f. 257.

[4] Zu Otho cf hist. 1, 47 ("decernitur Othoni tribunicia potestas et nomen Augusti et omnes principium honores") sowie RIC I, rev. ed., S. 260f. Zu Vitell cf hist. 1, 56: Nach dem Eid der obergermanischen Legionen auf Senat und Volk von Rom kommt man in Vitells Lager überein "id sacramentum inane visum: occupari nutantem fortunam et offerri principem placuit" (zur Stimmung in den Legionen cf hist. 1, 57). Grenzheuser, Kaiser und Senat in der Zeit von Nero bis Nerva, Diss. phil., 1964, 65f nimmt an, daß in der Ablehnung des Caesarnamens und in der Übernahme des Namens "Germanicus" durch Vitell (cf hist. 1, 62; 2, 62. 90; Suet., Vit. 8) das Bestreben zur Gründung einer Dynastie deutlich wird, da auch sein Sohn, der später von Mucian ermordet wird (hist. 4, 80), diesen Namen trägt (cf 3, 66). Auf den Münzprägungen Vitells tauchen außer "Germanicus" auch die Bezeichnungen "Imperator", "Augustus", "Pontifex Maximus" und "Tribunicia Potestas" in den entsprechenden Abkürzungen auf: cf RIC I, rev. ed., S. 268. 270f. 273.

[5] Heuß, Römische Geschichte, (1960) 1987[6], 336.

[6] Bengtson, Die Flavier, 1979, 32.

[7] Cf Hanslik, Art. Vitellius, s. v. Nr. 7b (A. Vitellius), PRE Suppl. IX, 1962, 1706-1733: cf Sp. 1720 (mit Hinweis auf hist. 2, 87, 2: "maturis iam frugibus").

Mucianus[8] sowie Tiberius Iulius Alexander[9] ging der Flavier als neuer Prinzeps hervor.
Am 1. Juli 69 verpflichtete Tiberius Alexander die ägyptischen Legionen auf Vespasian; in den nächsten beiden Tagen folgten Vespasians Truppen in Judäa sowie Mucian in Antiochia[10]. Auch die römischen Klientelfürsten im Osten Sohaemus v. Sophene, Antiochus v. Kommagene, Agrippa II und seine Schwester Berenike traten auf die Seite Vespasians (hist. 2, 81). In Berytos beschlossen die Flavianer ihr weiteres Vorgehen: Neben den üblichen Vorbereitungsmaßnahmen wie Aushebungen, Waffen- und Geldbeschaffungen einigte man sich darauf, daß Vespasian in Ägypten bleiben solle, während Mucian die Truppen auf dem Landweg gegen Italien führen werde (hist. 2, 81-84; bell 4, 620f. 632).
Inzwischen waren jedoch auch die Legionen in Mösien, Pannonien sowie im Anschluß an diese die dalmatinischen Truppen zur flavianischen Seite übergetreten. Ohne auf Mucian zu warten, drang der eigenwillige Antonius Primus[11] mit pannonischen und mösischen Legionen in Italien ein (hist. 3, 1-3), besiegte die Vitellianer in der Schlacht bei Bedriacum, eroberte Cremona

---

[8] Die Zusammenarbeit zwischen Vespasian und Mucian bahnte sich erst langsam an (cf hist. 2, 7): s. o. 2., Anm 1.

[9] Tiberius Alexander, ein Neffe Philos, war jüdischer Renegat (cf ant 20, 100) und durchlief die ritterliche Laufbahn: von 46-48 n. Chr. Prokurator in Judäa (cf ant 20, 100-103; bell 2, 220), er nahm 63 als erlauchter römischer Ritter und "minister bello datus" am armenischen Feldzug Corbulos teil (cf Tac., ann. 15, 28) und war seit 66 Präfekt von Ägypten (cf hist. 1, 11; bell 2, 309), wo er u. a. den Aufstand der Juden in Alexandria (66 n. Chr.) brutal niederschlug (bell 2, 490-498); cf weiter Turner, Tiberius Iulius Alexander, JRS 44 (1954) 54-64: cf S. 58-61.

[10] Cf hist. 2, 79f; Suet., Vesp. 6 (daß man in Judäa erst am 11. Juli reagierte, ist allerdings unwahrscheinlich). Jos. läßt dagegen die erste Akklamation in Judäa stattfinden, worauf Vespasian an Tib. Alexander einen Brief schreibt und diesen dadurch zur Eidesleistung bewegt (bell 4, 601-617). cf zum Ganzen Lindner, Die Geschichtsauffassung des Flavius Josephus im Bellum Judaicum, AGJU 12, 1972, 77-84. Ob sich die im Pap. Fouad Nr. 8 berichtete Akklamation im Hippodrom von Alexandria auf den 1. Juli 69 bezieht oder erst auf Vespasians Ankunft in Ägypten, kann nicht geklärt werden (cf Heubner, P. Cornelius Tacitus, Die Historien, Bd. 2, WKLGS, 1968, 256; Bengtson, Flavier, 51f): zur ideologisch-propagandistischen Seite der Erhebung s. u. II. Teil, 2.2, cc).

[11] Er war im Jahre 61 wegen einer Testamentsfälschung nach der "lex Cornelia de falsis" verurteilt worden (ann. 14, 40), wurde jedoch später von Galba rehabilitiert, erhielt den Senatorenrang wieder sowie den Oberbefehl über die 7. Legion in Pannonien (hist. 2, 86). Zum Feldzug des Antonius Primus cf Briessmann, Tacitus und das flavische Geschichtsbild, Hermes-Einzelschriften 10, 1955, 46-68; Wellesley, The Long Year A. D. 69, 1975, 128-167.

(hist. 3, 16-34; bell 4, 633-644) und marschierte nach der Kapitulation der vitellianischen Truppen bei Carsulae (hist. 3, 60-63) gegen Rom, jedoch ohne sich zu beeilen (hist. 3, 78).

In Rom kam es am 18. und 19. Dezember 69 zu Auseinandersetzungen zwischen der flavianischen Partei um Vespasians Bruder Flavius Sabinus und den Vitellianern, die schließlich mit dem Tod des Sabinus und der Zerstörung des Kapitols endeten[12].

Sabinus, der mehr von Angehörigen des Stadtadels gedrängt wurde, als daß er selbständig handelte[13], gelangte zwar zu einer Einigung mit Vitell (unter Anwesenheit von zwei Zeugen schlossen sie im Apollotempel einen Vertrag ab, der Vitells Abdankung regelte), aber der Prinzeps scheiterte an seinen Anhängern; er war nicht in der Lage, seine Abdankung durchzusetzen (hist. 3, 65): Daß dieser Vertrag über die Beendigung des Kampfes die Abdankung Vitells zur Voraussetzung hat, ist aus 3, 70 ersichtlich; daß die dort erwähnten Vorwürfe des Sabinus tatsächlich berechtigt sind, ist nach Tac. ausgeschlossen, denn obwohl Vitells Abdankungsversuch durch die Nachricht vom Abfall vitellianischer Truppen veranlaßt wurde, begründet der Prinzeps seine Abdankung in der von ihm einberufenen Volksversammlung mit der Sorge um Frieden und um das Gemeinwesen[14]. Gegenüber der Darstellung und Bewertung in Suet., Vit. 15 (3 Abdankungsversuche) betont Tac. immer wieder, daß Vitell nur noch unter und gemäß dem Druck seiner Berater und der Volksmenge handelte (cf hist. 3, 66-68. 70f).

Auf der anderen Seite fehlten auch Sabinus die Machtmittel, eine Abdankung zu erzwingen. Als er mit einigen Bewaffneten loszog, wurden sie von den Vitellianern auf das Kapitol zurückgedrängt und dort eingeschlossen[15]. Die Bewachung war jedoch so unplanmäßig und durchlässig, daß die Flavianer noch einen Boten zu den Truppenführern vor Rom senden sowie Sabinus' Kinder und Domitian holen lassen konnten.

Nachdem am folgenden Tag, dem 19. Dezember, ein Bote des Sabinus bei Vitell nichts ausrichten konnte, weil dieser - "non iam imperator, sed tantum belli causa erat" (hist. 3, 70) - nicht mehr genügend Einfluß besaß, stürmten

---

[12] Ich folge der Darstellung von hist. 3, 64-75. Im Gegensatz zu bell 4; Suet., Vit. 15; DioCass. 65, 17, in denen sich die offizielle flavische Version der Ereignisse widerspiegelt (cf Tac.' Kritik an flavischen Geschichtsschreibern in hist. 2, 101), hat Tac. "Die Vorgänge dieser Tage genau genug nachgezeichnet, um die flavische Propaganda als das zu kennzeichnen, was sie in Wirklichkeit war, nämlich eine vergröbernde Fälschung" (Heubner, P. Cornelius Tacitus, Die Historien, Bd. 3, WKLGS, 1972, 147). Die grundlegende Untersuchung hierzu bietet Briessmann, Tacitus, 69-83.

[13] Cf hist. 3, 64. 75; anders: bell 4, 645f; DioCass. 65, 17.

[14] Cf hist. 3, 68 (cf § 65: "de pace ponendisque per condicionem armis agitare").

[15] Cf hist. 3, 69; anders: bell 4, 645; Suet., Vit. 15.

die Vitellianer "nullo duce"[16] das Kapitol. Sie versuchten zuerst, sich mit Hilfe von Feuerbränden einen Weg durch die südlichen Tore zu bahnen. Dies mißlang, da von innen mit Trümmern neu verbarrikadiert worden war. Ein zweiter Angriff aus zwei Richtungen (vom Asylhain und vom Aufgang zum Tarpeischen Felsen) bringt den Vitellianern den Durchbruch. Von den Dächern angrenzender Häuser gelingt es ihnen, die Flavianer zurückzudrängen und zu zerstreuen (hist. 3, 71. 73). Hierbei kommt es wieder zu Feuerbränden, deren Urheber nicht mehr auszumachen sind: "hic ambigitur, ignem tectis obpugnatores iniecerint, an obsessi, quae crebrior fama, nitentes ac progressos depulerint"[17]. Der Tempel des Jupiter Optimus Maximus brennt nieder "indefensum et indireptum"[18]. Anschließend dringen die Vitellianer ein, morden, brennen und plündern; Sabinus wird vor Vitell geschleppt und umgebracht (hist. 3, 74). Domitian kann sich bei einem Tempelwächter verbergen und unter eine Gruppe von Opferdienern gemischt entkommen[19].
Dieser Sieg der Vitellianer währte jedoch nur einen Tag. Während der Bruder des Prinzeps, Lucius Vitellius, zuvor (am 17. und 18. Dezember)[20] flavianische Truppen in Tarracina/Kampanien besiegt hatte und daher, zumal er noch durch einen Brief nach weiteren Befehlen fragte, nicht mehr rechtzeitig in Rom sein konnte, um den Angriff, wenn nicht abzuwehren, so doch zumindest zu erschweren (hist. 3, 77), hörte Antonius Primus von den Ereignissen in Rom (3, 79) und befahl den Angriff auf die Stadt in drei Heeresblöcken[21].

---

[16] Hist. 3, 71; anders: bell 4, 647 (Vitell hat den Angriff befohlen).

[17] Hist. 3, 71; anders: bell 4, 647-649; DioCass. 65, 17: (die Vitellianer haben in Brand gesteckt). Nach Suet., Vit. 15 hat Vitell selbst sogar die Brandstiftung befohlen (cf auch Vit. 17: incendarius, Akk.); cf zum Ganzen der II. Teil, 2.1, b) und 2.2, bb).

[18] Hist. 3, 71; anders: bell 4, 649; DioCass. 65, 17: Brand erst nach der Plünderung.

[19] Cf hist. 3, 74; cf hierzu auch die Diskussion über die Fluchtetappen Domitians sowie über die flavische Propaganda bei Heubner, Historien III, 153-155.

[20] Cf hist. 3, 76, 1: "isdem diebus ..." bezieht sich auf die in 3, 58-71 berichteten Ereignisse: so schon Holzapfel, Römische Kaiserdaten, Klio 15 (1918) 99-121: cf S. 101, dem sich auch Heubner, Historien III, 177 anschließt (dessen Zitat aus Holzapfels Aufsatz ist nicht ganz korrekt: Es geht um die in hist. 3, 58-71, nicht 3, 58-74 berichteten Ereignisse, auch wenn 3, 74 sachlich noch in diesen Zeitraum gehört).

[21] Cf hist. 3, 82: Der Versuch des Antonius, den Angriff einen weiteren Tag zu verschieben, um ein Gemetzel unter der Bevölkerung zu vermeiden, scheiterte. Der Angriff erfolgt dann am 20. Dezember (cf auch bell 4, 654): Diese Datierung basiert auf der Angabe in hist. 3, 67, 2 in Verbindung mit 3, 69, 4 (18. Dezember), 3, 70, 1 (19. Dez.), 3, 79, 1 (19. Dez.) und 3, 82, 1 (21. Dez. = gescheiterter Vorschlag des Antonius); cf hierzu Holzapfel, Römische Kaiserdaten, Klio 13 (1913) 289-304: cf S. 295ff; Heubner, Historien III, 182-185.

Innerhalb eines Tages[22] gewannen die Flavianer die Oberhand: Die Vitellianer waren besiegt, Vitell wurde gefangengenommen und getötet[23].
Nun war dies, wie Tac. zu Beginn des 4. Buches seiner Historien schreibt, zwar das Ende des Krieges, aber keineswegs schon der Anfang des Friedens[24]. Die Sieger herrschten in der Stadt, und weder Domitian noch Arrius Varus noch Antonius Primus geboten Plünderungen und Morden Einhalt (hist. 4, 1f), während Mucian noch nicht in Rom war[25].
In dieser Zwischenzeit tagt der Senat, der "cuncta principibus solita Vespasiano decernit"[26], weiter Vespasian und Titus das Konsulat für das Jahr 70, Domitian die Prätur und das "imperium consulare" zuerkennt (hist. 4, 3, 4), sowie den Entschluß faßt, dem Prinzeps Gesandte zu schicken[27]. In der Frage, ob diese Gesandten nur ausgelost oder namentlich gewählt werden sollten, kann sich Helvidius Priscus, designierter Prätor für das Jahr 70 und Vertreter der stoisch beeinflußten Senatsoppositon[28] gegen seinen alten Gegner Marcellus Epirus[29] und die Senatsmehrheit nicht behaupten: Ebenso wie in anderen Fragen[30], in denen Helvidius auf eine größere Selbständigkeit

---

[22] Cf die Angaben in hist. 3, 82, 3. 84, 2. 86, 3.

[23] Cf hist. 3, 84f; bell 4, 652; Suet., Vit. 17; DioCass. 65, 20f.

[24] Der erste Satz in hist. 4, 1 lautet: "Interfecto Vitellio bellum magis desierat quam pax coeperat".

[25] Cf Heubner, P. Cornelius Tacitus, Die Historien, Bd. 4, WKLGS, 1976, 16f.

[26] Hist. 4, 3, 3; ich folge hier der Chronologie des Tac., nach der diese Sitzung nicht mehr am Todestag Vitells stattfinden kann (cf 3, 86), jedoch noch vor dem 1. Januar 70 (cf 4, 39). Mucian ist noch nicht in Rom (cf 4, 11), hat aber einen Brief vorausgeschickt - wahrscheinlich zusammen mit dem Brief Vespasians -, die dann beide verlesen werden (cf 4, 3, 4; 4, 4, 1: cf Brunt, Lex De Imperio Vespasiani, JRS 67, 1977, 95-116: cf S. 100. 102). "Ein Teil dieser cuncta principibus solita ist in der berühmten lex de imperio Vespasiani überliefert" (Grenzheuser, Kaiser, 70), von deren Dekretierung Tac. nichts berichtet. Die Textüberreste dieses Gesetzes bietet CIL VI, 930 = ILS 244; und eine Übersetzung findet sich in: Historische Inschriften zur römischen Kaiserzeit von Augustus bis Konstantin, übers. und hrg. v. H. Freis, TzF 49, 1984, S. 108f Nr. 49.

[27] Cf hist. 4, 6, 3: "Ceterum eo senatus die, quo de imperio Vespasiani censebant ...".

[28] Cf hist. 4, 5; Grenzheuser, Kaiser, 76-78.

[29] Marcellus hatte unter Nero den Schwiegervater des Helvidius, Paetus Thrasea mitangeklagt. Thrasea wurde seinerzeit in den Tod getrieben, Helvidius verbannt: cf ann. 16, 21f. 24-26. 28f. 33-35; hist. 4, 5f.

[30] Cf hist. 4, 9: Finanzfragen während Vespasians Abwesenheit und Wiederherstellung des Kapitols aus Staatsmitteln mit lediglichen Zuschüssen Vespasians. Daß dieser zweite Vorschlag, der nach der Interzession des Volkstribunen von Helvidius geäußert wird, "um das grundsätzlich ja bereits beschlossene Bauvorhaben ... im Interesse der Senatsautonomie über den Widerstand der Ärarprätoren und das Veto des Volkstri-

des Senats gegenüber dem Prinzeps drängte, schlossen sich die "medii patrum" ihm nicht an (hist. 4, 8, 5; 4, 9, 1).
Die "discordia inter patres" (hist. 4, 11, 1), die hierin wie in dem jetzt ausbrechenden öffentlichen Haß gegen senatorische Delatoren zum Ausdruck kommt[31], wurde von Mucian geschickt genutzt; er respektierte einerseits die stoisch beeinflußten Senatoren (zumindest nach außen), schritt aber gleichzeitig gegen die Delatorenprozesse ein[32]: "vis penes Mucianum erat" (hist. 4, 39, 2).
Vespasian, der sich noch in Alexandria aufhielt[33], übertrug seinem Sohn Titus die Beendigung des Jüdischen Krieges[34]. Er selbst reiste im Sommer nach Rom, das er wohl erst im September erreichte[35].

5. Die Belagerung und Eroberung Jerusalems im Jahre 70

Zu Beginn des Jahres 70 zog Titus mit auserlesenen Truppen (bell 4, 658) von Alexandria nach Cäsarea (4, 659-663)[1], um sein Heer hier zu sammeln und auf drei verschiedenen Routen gegen Jerusalem zu marschieren. Aus hist. 5, 1 wissen wir konkreter, daß Titus aus Alexandria die III. und XXII. Legion mitführte[2] und mit der V., X. und XV. Legion, die schon unter Vespasian gekämpft hatten, sowie der XII. Legion aus Syrien, die unter Cestius Gallus zu Beginn des Krieges geschlagen worden war, vereinte (cf auch bell 5, 40-46). Hinzu kamen zahlreiche Truppenverbände der Klientelfürsten und der helle-

---

bunen hinweg zu retten" (Heubner, Historien IV, 30), einen Affront gegen den Prinzeps bedeuten würde, ist evident: Eine genauere Untersuchung findet sich im II. Teil, 2.2, bb).

[31] Cf Heubner, Historien IV, 15f.

[32] Cf hist, 4, 44, 1; Grenzheuser, Kaiser, 180 Anm 21; Heubner, Historien IV, 105f.

[33] Cf hist. 4, 51f. 81f; Grenzheuser, Kaiser, 76 gibt fälschlicherweise "Judäa" an. Zu den in hist. 4, 81f berichteten Wundern s. u. II. Teil, 2.2, cc).

[34] Cf hist. 4, 51f; 5, 10; bell 4, 658; Suet., Tit. 5, 2; DioCass. 66, 4, 1.

[35] Cf bell 7, 21f (von der in 4, 658 erwähnten Eile ist hier nichts zu spüren); 7, 63-74; DioCass. 66, 9f.

[1] In bell 4, 659-663 gibt Jos. das Itinerar der römischen Truppen wieder: cf W. Weber, Josephus und Vespasian, 1921, 191; Thackeray, Josephus, The Man and the Historian, 1929, 40; M/B, IV Anm 225; Lindner, Die Geschichtsauffassung des Flavius Josephus im Bellum Judaicum, AGJU 12, 1972, 100.

[2] Cf auch bell 6, 238: Hier erwähnt Jos. zwei Legionen aus Alexandria, die er in 4, 658 (s. o.) nur unklar umschrieben und in 5, 44 als 2000 Mann umfassende Verstärkung bezeichnet hatte. Die Darstellung des Tac. in hist. 5, 1, die auch bzgl. der Bundesgenossen differenzierter ist, ist bell 5, 40-46 vorzuziehen.

nistischen Städte. Als Legionsbefehlshaber sind Sex. Vettulens Cerealis (Leg. V), A. Larcius Lepidus Sulpicianus (Leg. X), M. Tittius Frugi (Leg. XV) und Fronto Haterius/Heterius/Liternus (Leg. III und XXII) belegt[3]. Auffallend ist die Stellung des Tiberius Alexander, der nach modernen Kategorien "Generalstabschef" war[4]. Vespasian hat vermutlich - zu Recht - die Notwendigkeit empfunden, seinem Sohn einen erfahrenen Militär mitzugeben, der zudem die jüdischen Gegebenheiten genau kannte[5].

Als die Legionen kurz hintereinander vor Jerusalem eintreffen, kommt es zu verschiedenen Ausfällen vor allem gegen die auf dem Ölberg schanzende X. Legion[6], die jedoch letztlich erfolglos sind. Auch eine Kriegslist der Juden hat nur mäßigen Erfolg[7]. Das römische Lager auf dem "Skopos"[8] wird darauf zugunsten zweier neuer Lager, die der Stadt erheblich näher liegen, aufgegeben; Jerusalem ist nun von drei römischen Lagern bedroht: von Osten (Ölberg), von Westen (beim Hippikusturm) und von Nordwesten (beim Psephinusturm) (bell 5, 130-135). Da Jerusalem aufgrund der topographischen Gegebenheiten nur von Norden belagert und angegriffen werden kann, be-

---

[3] Cf bell 6, 237f; 7, 163. Prosopographische Hinweise bieten M/B, VI Anm 105; Schürer, History I, 501f Anm 85; B. W. Jones, The Emperor Titus, 1984, S. 64 Anm 15. S. 69 Anm 55.

[4] Cf bell 5, 46; 6, 237.

[5] Cf Jones, Titus, 50.

[6] Cf bell 5, 75-97: Hier werden - ähnlich wie schon in 5, 54-66 - die Heldentaten des Titus übertrieben in den Vordergrund gestellt, wobei die sachkundigen militärischen Einzelheiten auf eine römische Quelle hinweisen (cf Lindner, Geschichtsauffassung, 100f). Ob die propagierten Taten des Titus nur übertrieben sind, oder ob der Caesar ganz im Gegenteil dazu selbst zu den Flüchtenden gehörte (cf M/B, V Anm 26), läßt sich m. E. nicht mehr mit Sicherheit ermitteln: Zumindest der 2. Angriff der Juden (5, 85ff) erweckt aber den Eindruck, daß hier nicht nur die Flüchtenden verfolgt werden, sondern auch die Sicherungstruppen um Titus eingekreist werden, so daß dieser kaum die Möglichkeit gehabt hätte, sich "κατὰ πλευράν" (§ 90) zu werfen; die Lesart "...πλευρά" (L) ist hier zumindest eine logische Korrektur; zu den Lesarten cf Rengstorf (Hrg.), A Complete Concordance to Flavius Josephus, Bd. 3, 1979, S. 421, s. v. πλευρά und ebd., s. v. πλευρόν.

[7] Cf bell 5, 109-129: Auch hier kann man an eine römische Quelle als Vorlage denken (so Lindner, Gesschichtsauffassung, 100f, der auch auf das parallele Titusbild in 5, 54-61. 71-97. 109-129 hinweist). Tac. berichtet ebenfalls von "crebra pro portis proelia" (hist. 5, 11, 1), die den Charakter von Ausfällen gehabt haben dürften.

[8] Cf bell 5, 67f; schon Cestius Gallus hatte hier ein Lager errichten lassen (2, 528. 542). Zur Lokalisierung cf M/B, V Anm 21: "Beim Skopos hat man vor allem an den ras elmeschárif, 2 km nördlich des Damaskustores an der Straße nach nablus zu denken"; ebenso: Möller/Schmitt, Siedlungen, s. v. Σκοπός, S. 175; Noth, Geschichte Israels, (1950) 1981[9], 391.

ginnen die Römer mit Schanzarbeiten gegen die nördliche, von außen gesehen erste Mauer[9], die Titus nach einem Erkundungsritt befiehlt (bell 5, 258-264). Trotz mehrerer Ausfälle derjenigen jüdischen Truppen, die unter Simons Kommando standen, können die Schanzarbeiten zu Ende geführt werden (5, 266-275).

Erst nach dem Einsatz der römischen Mauerbrecher und Sturmböcke kommt es - laut Jos.- zu einer gemeinsamen Verteidigung der Stadt (5, 277-279), die auch zu einem größeren Ausfall führte mit einer fast gelungenen Zerstörung der römischen Belagerungsmaschinen, die jedoch im letzten Augenblick durch den Widerstand der alexandrinischen Legionen sowie den Einsatz der Reiter abgewehrt wird[10]. Durch die Verwendung von Angriffstürmen, die mit leichten Wurfmaschinen, Speerwerfern, Bogenschützen und Steinschleu-

---

9 Hierbei handelt es sich um die chronologisch gesehen dritte und jüngste Mauer, die König Agrippa I errichten ließ (zu verschiedenen Zählungen und Blickwinkeln cf Smallwood, The Jews under Roman Rule, SJLA 20, 1976, 319 Anm 113). Diese Mauer, die Agrippa nicht vollendet hat (jeweils verschiedene Begründungen in: hist. 5, 12; ant 19, 326f; bell 2, 218f; 5, 152), wurde nach dem Sieg über Cestius Gallus, der mit der Mauer keinerlei Schwierigkeiten hatte (cf bell 2, 529f), instandgesetzt und erhöht (cf 2, 563; 5, 155). Das bisher ungelöste Problem betrifft den genauen Verlauf dieser nördlichen Mauer: Möglich ist einerseits die weiter nördlich verlaufende sog. Mayer-Sukenik-Linie (cf M/B, II Anm 119; V Anm 47; Smallwood, a.a.O., 561-564) oder eine ungefähre Entsprechung zur frühtürkischen Nordmauer, die aus dem 16. Jahrhundert stammt, andererseits, wobei die Mayer-Sukenik-Linie dann als Rest der römischen circumvallatio betrachtet wird (cf z. B. E. Otto, Jerusalem - die Geschichte der Heiligen Stadt, 1980, 155-158 mit Hinweis auf Kenyon, Digging up Jerusalem, 1974, 253f; cf auch dies., Jerusalem, Die heilige Stadt von David bis zu den Kreuzzügen, Ausgrabungen 1961-1967, 1968, 193-203). Während sich die zweite Deutung nach den neucsten Ausgrabungen nicht mehr halten läßt (cf Kloner, The "Third Wall" in Jerusalem and the "Cave of the Kings", Levant 18, 1986, 121-129: cf S. 123-126), bleiben zwei Möglichkeiten: Die Mayer-Sukenik-Linie bezeichnet eine jüdische Sperrmauer (4. Mauer), die nach der Niederlage des Cestius Gallus errichtet wurde (so: Hamrick, The Fourth North Wall of Jerusalem: "A Barrier Wall" of the First Century, A. D., Levant 13, 1981, 262-266 und im Anschluß an ihn auch Welten, Art. Jerusalem I, TRE 16, 1987, 590-609: cf S. 598), oder, was m. E. wahrscheinlicher ist, wir haben die 3. Mauer tatsächlich auf der Mayer-Sukenik-Linie zu verorten (cf die zusammenfassende Darstellung und Untersuchung von G. Schmitt, Die dritte Mauer Jerusalems, ZDPV 97, 1981, 153-170, der ebd., 170 resümiert: "Mag die Annahme einer vierten Mauer in der einen oder anderen Form trotz allem möglich sein, wahrscheinlich ist sie nicht. Dann wäre es aber nicht sinnvoll, eine vierte Mauer zu postulieren, von der man nichts weiß, statt in dem Bau die dritte Mauer zu erkennen, die bezeugt ist. ... So ist das Ergebnis: Es gibt keinen entscheidenden Einwand dagegen, in der Mauer von SUKENIK und MAYER die dritte Mauer zu sehen, und es gibt keine überzeugende Alternative zu dieser Interpretation").

10 Cf bell 5, 284-290; zur Lokalisierung des "verdeckten Tores" cf die in M/B, V Anm 119 referierten Hypothesen.

derern besetzt waren[11], werden die Verteidiger von der Mauer immer mehr zurückgedrängt, so daß die Römer eine erste Bresche schlagen können. Die jüdischen Truppen hatten sich inzwischen zurückgezogen und so den Römern ermöglicht, in die Bezetha einzudringen (5, 297-302). Daß bei dem Rückzug auch unüberlegte Sorglosigkeit mitspielte (cf § 300), ist verfälschende Tendenz des Jos.: Ausschlaggebend war vielmehr das Eindringen der Römer (cf § 301) und dadurch die Schwierigkeit, diese Mauer weiter zu halten, was natürlich umso mehr gilt, wenn man von der "Mayer-Sukenik-Linie" (s. o. Anm 9) ausgeht; dann wäre der Rückzug als Konzentration auf die eigentlichen Befestigungsanlagen verständlich. Demgegenüber wird die 2. Mauer bis zum äußersten verteidigt.

Sofort nach der Lagerverlegung in das Stadtgebiet beginnt Titus den Angriff auf das Zentrum der zweiten Mauer[12]. Die jüdischen Verteidiger[13] kämpfen verbissen in der Hoffnung auf das rettende Eingreifen Gottes, der seine Stadt selbst verteidigen würde[14]. Am 5. Tag nach der Eroberung der ersten Mauer können die Römer dank ihrer Belagerungsmaschinen den mittleren Turm der zweiten Mauer in ihre Gewalt bringen[15]. Titus begeht nun einen taktischen Fehler, indem er die Bresche nicht erweitern läßt, um mit der Gesamtmacht nachzudrängen, sondern mit nur 1000 Schwerbewaffneten und seiner Leibgarde vorrückt[16]; im Häuser- und Gassenkampf können die Juden die Angrei-

---

[11] Cf bell 5, 296f; cf hierzu auch Neumann, Art. Poliorketik, KP 4, 1975/79, 974-976: cf Sp. 976.

[12] Cf bell 5, 303-317; DioCass. 66, 5. Smallwood, Jews, 320 vermutet, daß Titus das Zentrum wählte, um außer Schußweite der jüdischen Wurfmaschinen zu bleiben.

[13] Jos. nennt in bell 5, 304 die genauen Standorte der Männer des Johannes v. Gischala und Simon b. Gioras. Es entspricht seiner Gesamtdarstellung, daß nur die Aufständischen gegen die Römer kämpften und, sobald sich eine Kriegspause bot, sogar gegen das eigene Volk vorgingen (cf 5, 255-257. 265. 335f. 344f). Demgegenüber berichtet Tac., hist. 5, 13, 3, daß alle (Männer und Frauen), die Waffen tragen konnten, solche besaßen und mit Verbissenheit kämpften. Zu der von Tac., ebd. angegebenen Gesamtzahl der Belagerten in Jerusalem (600 000) cf die Diskussion bei Heubner/Fauth, P. Cornelius Tacitus, Die Historien, Bd. 5, WKLGS, 1982, 155f: Der in der Forschung errechnete Mittelwert liegt zwischen 75 000 und 100 000.

[14] Cf die abschwächende Formulierung in bell 5, 306; s. u. II. Teil, 1.2, bc).

[15] Cf bell 5, 331; es handelt sich in der Chronologie des Jos. um den 12. Artemisios/30. Mai (cf § 302).

[16] Cf bell 5, 331f; Jos. verändert seine römische Vorlage, indem er "sekundär Motivationen zum Vorgehen des Titus, die die Aktion des römischen Feldherrn in Beziehung setzen sollen zur Titus-Apologie im Bellum und zu seiner an eine romfeindliche Judenschaft gerichteten μετάνοια-Predigt" (Lindner, Geschichtsauffassung, 105) einarbeitet (cf 5, 333-336: εὐεργετεῖν, φιλανθρωπία).

fer aus der Vorstadt[17] zurückdrängen (5, 342). Hochstimmung und gespannte Erwartungen sind auf jüdischer Seite die Folge[18].
Erst nach weiteren drei Tagen gelingt den Römern trotz hartnäckiger Gegenwehr ein zweiter und endgültiger Durchbruch durch die schon geschlagene Bresche; der nördliche Mauerabschnitt wird eingerissen, der westliche nach Süden verlaufende wird besetzt (5, 346f). Eine römische Heerschau mit Soldausgabe schließt sich an[19].
Nach vier Tagen beginnen die Römer mit weiteren Belagerungsmaßnahmen. Es werden je zwei Dämme gegen die Antonia und gegen die Oberstadt aufgeworfen (5, 356). Hier wird die römische Strategie deutlich, die natürlich auf einen schnellen Erfolg zielt: Nach dem Durchstoß in die Vorstadt sollen nun in einem Synchronangriff die jüdischen Flügel "Antonia" (Johannes v. Gischala) und "Oberstadt" (Simon b. Giora) genommen werden[20]. Doch läßt sich dieser Plan nicht durchführen.
Nachdem am 29. Artemisios[21] die Dämme trotz andauernder Kämpfe fertig-

---

[17] Jos. spricht in bell 5, 331 von "Neustadt": cf dazu M/B, V Anm 134; Lindner, Geschichtsauffassung, 103 Anm 6.

[18] Bell 5, 342: φρονήματα / μετέωροι; Jos. demaskiert diese Wirkungen als Illusionen nicht einfach durch den Hinweis auf die römische Gesamtstärke und die beginnende Hungersnot in Jerusalem, sondern stellt noch seine theologische Aussage vorweg: "ἐπεσκότει γὰρ αὐτῶν ταῖς γνώμαις διὰ τὰς παρανομίας ὁ θεός" (5, 343).

[19] Die von Jos. berichtete Heerschau und Soldausgabe (cf bell 5, 348-356) kann tatsächlich zu diesem Zeitpunkt stattgefunden haben, da sie gleichzeitig als Belohnung für die römischen Soldaten und als Einschüchterung der Belagerten wirksam wäre. Demgegenüber berichtet Tac. von einer Heerschau ohne Soldausgabe vor der eigentlichen Belagerung und nach dem Lagerbau (hist. 5, 11, 1). Ob beide Schriftsteller auf den gleichen Vorgang rekurrieren, sich demnach hinsichtlich der Chronologie widersprechen, so daß eine Entscheidung zugunsten des Jos.-Berichts möglich ist (so M/B, V Anm 139), bleibt m. E. fraglich, da die Soldausgabe in hist. 5, 11 fehlt und die taciteische Darstellung der weiteren Belagerung Jerusalems verloren ist.

[20] Cf bell 5, 260. 356; zur Taktik cf Weber, Josephus, 238-240.

[21] Cf bell 5, 466: Diese Zeitangabe widerspricht den Angaben in 5, 331. 346. 356, denn die in 5, 466 ebenfalls erwähnten 17 Tage Arbeit legen den Beginn der Dammarbeiten explizit auf den 12. Artemisios fest (§ 466). Weber rechnet hier mit einen Rechenfehler, einer leichten Entgleisung des Jos.: "Josephus hat in seiner Quelle hinter dem 29. offenbar (sic!) die zusammenfassende Angabe, '9 Tage', hinter der die Gesamtangabe von 17 Tagen für die Arbeit der ganzen Zeitspanne stand, übersehen und deswegen, falsch rechnend, die 17 Tage auf die Dammbauten bezogen; der Fall ist lehrreich, da er zeigt, wie mechanisch er kopiert" (Weber, Josephus, 200f). Mit einer solchen, keineswegs selbstevidenten Vermutung ist das Problem nicht zu lösen, denn der 12. Artemisios bezeichnet im vorliegenden Bericht nicht den Beginn von Dammarbeiten (weder gegen die 2. noch gegen die alte Mauer), sondern es ist der Tag des ersten und erfolglosen Mauerdurchbruchs (5, 331); erst am 16. Artemisios wird die zweite Mauer endgültig

gestellt sind, stürzen die nördlichen aufgrund der Unterminierung, die Johannes durchgeführt hatte, ein (5, 469-472); die Dämme gegen die Oberstadt werden nach zwei Tagen ebenfalls zerstört, und zwar durch ein Kommandounternehmen von Simons Leuten (5, 473-480), die dann mit immer neuen Verstärkungen bis vor die römischen Lagerbefestigungen gelangen und erst allmählich zurückgedrängt werden können (5, 481-489). Daß die Römer noch nach der Zerstörung der Norddämme ihren Angriff im Süden nicht wirkungsvoller gegen derartige Ausfälle abgedeckt hatten, war ein schwerwiegender Fehler, zumal Titus - noch vor dem Kriegsrat - neue Dämme geplant hatte (cf 5, 486). Damit ist der ursprüngliche römische Plan verhindert worden.
In einem Kriegsrat (5, 491-501) entscheidet man sich für eine Änderung der Taktik[22]: Die Stadt soll mit einer *circumvallatio* umgeben werden, um die Bewohner auszuhungern; gleichzeitig wird ein massierter Angriff auf die Antonia und den Tempel vorbereitet. Der Bau der Umfassungsanlagen dauert - laut Jos. - nur drei Tage; für die Herstellung von vier neuen Dämmen gegen die Antonia benötigt man wegen Holzmangels insgesamt 21 Tage[23].

---

genommen (§ 346), und an diesem oder am folgenden Tag könnten die neuen Dammarbeiten begonnen haben, wenn man Heerschau und Soldausgabe als in diesem Zusammenhang deplaziert ansieht (cf aber Anm 19). Jedoch sind solche Vermutungen ebenfalls wenig weiterführend, da in § 466 kein Rechenfehler vorliegt, sondern der oben erwähnte sachliche Fehler. An dieser Stelle verwirrt sich das chronologische Problem, weil es sich mit dem literarkritischen verbindet: Welche Daten hat Jos. aus seiner Vorlage übernommen, und vor allem welche hat er dabei in einen neuen Zusammenhang gestellt, ohne sie befriedigend auszugleichen? Diese Fragen sind heute nicht mehr alle zufriedenstellend zu beantworten (s. u. Anm 23. 33). Bzgl. der hier strittigen Stelle bell 5, 466 entscheidet sich Schlatter, Zur Topographie und Geschichte Palästinas, 1893, 362f zugunsten des 12. Artemisios und damit für eine Korrektur der früheren Angaben in §§ 331. 346. 356; die Ursache für den Fehler liegt nach Schlatter auch hier im nicht ausgeglichenen jüdischen Datum, das Jos. selbständig hinzufügte bzw. korrigierte (zu den jüdischen Daten des Jos. cf Schlatter, a.a.O., 363; ders., Der Bericht über das Ende Jerusalems, Ein Dialog mit Wilhelm Weber, 1923, jetzt in: ders., Kleine Schriften zu Flavius Josephus, hrg. v. K. H. Rengstorf, 1970, 63f; Niese, Zur Chronologie des Josephus, Hermes 28, 1893, 194-229: cf S. 204-206).

[22] Zur Änderung der Taktik cf Weber, Josephus, 240-246, der hierin den Einfluß des noch in Ägypten weilenden Vespasian sieht (cf auch den II. Teil, 2.2, bc, S. 286f).

[23] Cf bell 5, 502-511. 519-524; 6, 5; zum Verlauf der circumvallatio cf Abel, Topographie du siège de Jerusalem en 70, RB 56 (1949) 238-258: cf S. 250f. Der Bau der Belagerungsdfämme wird jetzt nicht strategisch (cf noch 5, 500), sondern von Jos. "sekundär" motiviert (cf 5, 520-522; Lindner, Geschichtsauffassung, 112). Eine offene Frage ergibt sich hier erneut im Zusammenhang der Chronologie: Wann wurde mit dem Bau der neuen Dämme begonnen? Nimmt man die Angaben aus bell 6, 5 (21 Tage) und 6, 22 (1. Panemus / 20. Juli) als Anhaltspunkte, ergibt sich zurückgerechnet der 30. Juni für den Beginn der Arbeiten. Legt man die chronologischen Angaben aus 5, 466 (s. o. Anm 21)

Die Lebensumstände in den belagerten Stadt, die schon vor der *circumvallatio* durch Hungersnot gekennzeichnet waren (5, 424-441), spitzen sich jetzt zu (5, 512-518). Die Folgen sind einerseits Versuche, zu den Römern überzulaufen[24], andererseits Gewaltmaßnahmen seitens der jüdischen Führer Simon und Johannes[25]. Daß Johannes in dieser Situation Tempelgaben konfisziert, was Josephus äußerst scharf bewertet[26], hat jedoch nicht nur mit der äußeren Not zu tun, sondern auch mit dem theologischen Selbstverständnis der Verteidiger des Tempels[27].

Die Männer des Johannes versuchen einen Ausfall gegen die neuen römischen Dämme, der jedoch aufgrund mangelnder Abstimmung in der Planung sowie der starken Gegenwehr erfolglos bleibt (6, 15-22). Sofort nach ihrem Rückzug greifen die Römer an, können an diesem Tag aber keine Bresche schlagen; erst während der Nacht stürzt die von "Widdern" erschütterte Mauer an der Stelle ein, die Johannes seinerzeit beim Angriff auf die ersten Dämme unterminiert hatte (5, 469; 6, 23-28). Jedoch bleibt die die militärische Lage noch in der Schwebe, da die Verteidiger von innen eine Ersatzmauer gezogen haben[28].

---

zugrunde, so ergäbe sich für die Zerstörung der ersten Dämme der 16. und 18. Juni (29./31. Artemisios), für den Kriegsrat der 18./19. Juni und für den Bau der Umfassungsanlagen der 19.-21. Juni. Für die Zeit vom 21.-30. Juni gäbe es für das römische Heer also keine andere Tätigkeit als "Ruhe und Wachdienst" (Weber, Josephus, 201). Diese Annahme ist m. E. anfechtbar, wenn man davon ausgeht, daß der Angriff gegen Antonia und Tempel zum Konzept der circumvallatio gehört (5, 500; cf auch Weber, a.a.O., 240) und der spätere Beginn zur "sekundären Motivation" des Jos. (s. o.). Daraus ergibt sich die Notwendigkeit, entweder den chronologischen Angaben in bell 5, 466 zu folgen, was eine vorverlegende Korrektur der festen Angaben nicht nur von 5, 331. 346 (s. o. Anm 21), sondern auch von 6, 22 nach sich ziehen müßte, oder man verwirft die festen Angaben in 5, 466 und erhält aus den festen Angaben in 5, 331. 346 und den quantitativen Angaben in 5, 509; 6, 5, wenn man die Dauer der ersten Dammarbeiten gegen Antonia und Oberstadt in einer Größenordnung von etwa 17 Tagen beläßt, eine näher beieinanderliegende Ereignisfolge zwischen den ersten und zweiten Dammarbeiten gegen die Antonia, sowie eine (jedoch nur immanente) Bekräftigung des 1. Panemus in 6, 22 und der darauf folgenden Ereignisse.

[24] Cf bell 5, 420-423. 446-456. 548-561 (mit verschiedenen Versuchen des Jos., Titus zu entlasten).

[25] Cf bell 5, 439-441. 527-533 (Hinrichtung des Matthias b. Boethos und 3 seiner Söhne: s. o. 3., Anm 21).

[26] Cf bell 5, 563; cf weiter 5, 559. 566 und Lindner, Geschichtsauffassung, 112f.

[27] Cf bell 5, 564 und den II. Teil, 1.2, bc).

[28] Cf bell 6, 29-32; cf hierzu M/B, VI Anm 10.

Die Römer versuchen nun Überraschungsangriffe in kleinen Gruppen[29]; der erste Angriff durch Angehörige der Auxiliartruppen scheitert zwar[30], aber zwei Tage später haben 24 Legionäre Erfolg: Die jüdischen Wachen werden überwältigt, und Titus kann mit einem Teil des Heeres nachdrängen, so daß es gelingt, durch den unterirdischen Gang des Johannes in die Antonia einzudringen[31]. Ein weiterer Vorstoß in den Tempel wird von den nun vereinigten jüdischen Truppen (6, 72. 92) in einem blutigen Nahkampf, der bis zur 7. Tagesstunde dauerte, verhindert (6, 72-91).
Die Römer können noch auf die Antonia beschränkt werden (6, 80. 91), haben damit aber ihr vorläufiges militärisches Ziel erreicht, nämlich den höchsten Punkt Jerusalems zu erobern[32]. Die Fundamente der Antonia werden geschleift, um für das gesamte Heer einen guten Aufstieg zu ermöglichen[33].

---

[29] Eine ähnliche Taktik wird später auch beim Angriff auf den Tempel angewendet: cf bell 6, 130-148 (s. u. Anm 35).

[30] Cf bell 6, 54-67; cf hierzu M/B, VI Anm 14.

[31] Cf bell 6, 68-71; cf hierzu M/B, VI Anm 19: "Die Römer konnten jetzt durch den von den Juden verlassenen Gang weiter vordringen. Vielleicht ist zwischen der eingestürzten Mauer und der Notmauer eine Öffnung des Ganges entstanden, die den Römern das Übersteigen der letzteren ersparte". Es ist durchaus denkbar, daß der erste Vorstoß der Angehörigen der Auxiliartruppen weniger einen römischen Angriff einleiten sollte, als der Auskundschaftung solcher Möglichkeiten diente.

[32] Cf bell 6, 45. Man darf m. E. die Stellen, die den Tempelbesitz als wichtigstes militärisches Ziel formulieren (cf 5, 357; 6, 73), nicht gegen 6, 45 ausspielen, das den Besitz der Antonia als das kriegsentscheidende Ereignis ansieht; denn erstens ist 6, 45 im Rahmen der aufmunternden Titusrede rhetorisch bedingt (anders: M/B, VI Anm 20), und zweitens wird die Eroberung der Antonia mit dem Angriff auf den Tempel im militärischen Plan untrennbar verbunden (cf 5, 260. 356).

[33] Cf bell 6, 93: Diese Arbeit dauert 7 Tage (cf 6, 149). Auch hier ergeben sich - in der Forschung bereits beobachtete - chronologische Probleme: Ist bell 6, 93 mit dem 17. Panemus/Tammuz (= 5. August) in § 94 zu verknüpfen (so: Weber, Josephus, 202 und neuerdings - leider ohne Problematisierung - Smallwood, Jews, 322), oder liegt in 6, 94ff ein chronologisch falsch eingeordneter Abschnitt vor (so im kritischen Ausschluß an Schlatter, Topographie, 364f jetzt Lindner, Geschichtsauffassung, 118f; cf auch M/B, VI Anm 27), so daß der Beginn der Schleifung direkt nach der Eroberung der Antonia anzusetzen wäre, also nach den Angaben in 6, 22 (s. o. Anm 23); 6, 28. 67f. 79 am 5./6. Panemus (= 24./25. Juli)? Diese zuletzt skizzierte Möglichkeit hat die militärische Logik auf ihrer Seite, da sie auch für die Dammarbeiten gegen den Tempel genügend Zeit läßt (cf Schlatter, a.a.O., 365); ihr ist außerdem zu folgen, da sich bell 6, 94-130 als Einschub des Jos. verständlich machen läßt, der dadurch "das Bedürfnis, die erste gegen das Tempelgebäude selber gerichtete militärische Operation der Römer apologetisch zu motivieren" (Lindner, a.a.O., 120) erfüllt. Die Vertreter der o. a. ersten Möglichkeit bieten demgegenüber keine zufriedenstellenden Hypothesen über die Ereignisse, die

Ein in der Zwischenzeit[34] durchgeführter Angriff einer ausgewählten Truppe scheitert am jüdischen Widerstand[35]. Daher ist es für die Römer notwendig, auch gegen den Tempel Belagerungsdämme zu errichten (cf 6, 149-156). Trotz Holzmangels werden vier Rampen gebaut, wobei nicht ganz deutlich ist, ob sich diese Dämme gegen die äußere Mauer richten, deren Fall nicht beschrieben wurde, oder ob dieser Fall durch das Schleifen die Antoniafundamente mitgemeint ist[36]. Der Beginn der Arbeiten ist wahrscheinlich auf den 13./14. Panemus (1./2. August) zu datieren[37]. Die Kämpfe um den Tempel dauern dabei ständig an[38].
Am 10. August kommt es zum ersten Brand im Tempelbezirk, der nach dem Bericht und der Tendenz des Jos. von den Juden gelegt wird, und zwar an die Verbindung der nordwestlichen Säulenhalle mit der Antonia[39]. Zwei Tage später legen die Römer an die daran anschließende (westliche) Halle Feuer (6, 166), die für die Juden große strategische Bedeutung besaß, da sie von dort die Angreifer mit Schußwaffen aufhalten konnten. Die Brandlegung der Römer läßt darauf deuten, daß das Dach dieser Halle von Juden besetzt war, die jetzt zurückweichen mußten[40].

---

zwischen dem 26. Juli und dem 4. August geschahen: "Ob in diesem Abschnitt nichts vorfiel oder des Josephus Darstellung versagt, ist nicht ganz sicher zu sagen" (Weber, a.a.O., 202); Smallwood, a.a.O., 322: "After some days of skirmishing Titus had the fortress demolished"; über den Zeitraum vom 5.-17. Panemus (cf ebd., 322 Anm 126f) fehlt bei ihr eine Äußerung.

[34] Cf Lindner, Geschichtsauffassung, 119 Anm 2, der m. R. gegen Schlatter, Topographie, 365 auf die Formulierung "Ἐν τούτῳ" in bell 6, 149 Wert legt.

[35] Cf bell 6, 130-148; der hier beschriebene Angriff weist deutliche Parallelen zum Angriff der Tempelzitadelle auf (cf 6, 68-80. 92), so daß auch erwogen worden ist, ob es sich hierbei nicht um eine Dublette handele; die Gründe sind dafür allerdings zu schwach und nivellieren Besonderheiten (cf zum Ganzen M/B, VI Anm 48). Zu den jüdischen Heldenlisten in 6, 92. 148 cf M/B, VI Anm 50: "In den beiden Heldenlisten von Buch 6 können zwei verschiedene Formen einer älteren Tradition vorliegen, die historisches Material enthält".

[36] Cf M/B, VI Anm 51.

[37] Diese Datierung folgt aus dem in Anm 33 Ausgeführten.

[38] Cf bell 6, 164. 168; in 6, 157-163 wird ein gescheiterter Ausfall gegen die römischen Wachen am Ölberg geschildert.

[39] Cf bell 6, 165; über den tatsächlichen Zusammenhang bzw. das faktische Geschehen lassen sich nur Vermutungen anstellen (mehrere Vorschläge werden bei M/B, VI Anm 61 referiert). Für Jos. hat der Vorgang grundsätzliche Bedeutung (cf 5, 445; 6, 167. 216. 230. 251. 347. 364), was die Historizität jedoch nicht unbedingt infrage stellten müßte: Zumindest irgendeine Art der Zerstörung dieser Verbindung ist strategisch notwendig gewesen.

[40] Cf Busink, Der Tempel von Jerusalem, Von Salomo bis Herodes, Bd. 2, 1980, S.

Am 15. August gelingt ein Anschlag der Juden, der die Hartnäckigkeit ihrer Tempelverteidigung verdeutlicht (6, 177-191): Die mit Holz, Asphalt und Pech präparierte Zwischendecke der westlichen Säulenhalle des Außenhofes wird, nachdem sie von den Römern bestiegen wurde, in Brand gesetzt und brennt bis zum zweiten[41] Turm des Johannes ab.
Einen Tag später brennen die Römer die Nordhalle nieder[42]; damit sind die äußeren Säulenhallen des Tempels im Westen und Norden vollends zerstört.

Der Endkampf um den Tempel[43] wird - nach der Chronologie des Jos. - in den letzten Augusttagen geführt.

Datierungsprobleme ergeben sich hier aus den Textangaben selbst[44]: Die Zeitbestimmung "ἐξ ἡμέρας" (6, 221) bezieht sich auf den 2.-7. Loos (cf "πρὸ δὲ τούτων"); die folgenden Ereignisse werden auf den 9.-10. Loos/Ab (27.-29. August) datiert, d. h. der in 6, 236 auftauchende "folgende Tag" muß noch der 9. Ab sein (in § 235 ist von der Nacht zum 9. Ab die Rede).
Diese von Michel/Bauernfeind vorgeschlagene Lösung richtet sich gegen die von Schlatter vertretene These[45], daß Jos. hier seine römische Vorlage nicht befriedigend ausgeglichen habe und daß die "6 Tage" eigentlich mit dem 8. Loos begännen; Jos. habe hier aber geändert, um die chronologische Koinzidenz zur ersten Tempelzerstörung herzustellen.
Das erste Argument von Michel/Bauernfeind gegen Schlatter, daß die jos. Darstellung militärisch möglich ist, ist in der Allgemeinheit nicht von der Hand zu weisen[46], aber nur in Verbindung mit dem 2. Argument, daß Jos. das Datum der Tempelzerstörung im Gegensatz zu den Rabbinen, die den 9. Ab vertreten[47], nicht vollständig korrigiert habe, wirksam[48]. Jedoch ist dieses 2. Argument nicht stichhaltig: Erstens ist die Diskussion

---

1503.

[41] So M/B, VI Anm 73.

[42] Cf bell 6, 192: Die Tendenz des Jos., daß zuerst die Juden und erst daran anschließend die Römer Feuer legen, wird auch hier deutlich. Zu den Feuerbränden als Mittel der Angreifer und der Verteidiger cf auch Liebenam, Art. Festungskrieg, PRE VI, 2, 1909, 2224-2255: cf Sp. 2250f.

[43] Ähnlich wie in bell 6, 94-130 (s. o. Anm 33) liegt auch vor dem Bericht über den eigentlichen Tempelkampf (6, 220ff) ein Einschub des Jos. in 6, 193-219 (Hunger und Kannibalismus in der Stadt): cf Lindner, Geschichtsauffassung, 121.

[44] Cf M/B, VI Anm 94f. 109 (teilweise mit Rückgriff auf Weber, Josephus, 204f).

[45] Cf Schlatter, Topographie, 365-367.

[46] Cf aber Schlatter, Topographie, 365: "Wozu baut denn Titus Dämme, wenn er nicht durch dieselben die Maschine an die Mauer bringen will?".

[47] Cf bTaan 29a; bAr 11b; SOR 30; cf hierzu auch Schalit, König Herodes, SJ 4, 1969, S. 766 Anm.: "Hier hat wiederum das Volksgemüt aus der Analogie der Ereignisse eine Analogie der Umstände geschaffen, um die in beiden Verhängnissen wirkende göttliche Macht aufzuzeigen und daraus religiöse Schlüsse zu ziehen" (nach Zit. von bAr 11b).

[48] Cf M/B, VI Anm 95.

um den genauen Termin bei den Rabbinen noch lange nicht beendet[49], und zweitens vertritt Jos. dezidiert die Meinung, daß der erste Tempel durch Nebukadnezar am 10. Ab zerstört worden sei (cf 6, 250. 268), womit er auf Jer 52, 12f zurückgreift. Wenn Jos. also den 10. Ab als Datum der Tempelzerstörung nennt (cf 6, 244-266), so ist dadurch gerade nicht auf den historischen Ablauf zu schließen[50], und d. h. zugleich, daß das von Schlatter beobachtete Problem weiter besteht, oder m. a. W.: Gibt es in bell 6 einen Hinweis darauf, daß Jos. chronologische Angaben so verwendet oder konstruiert, daß sich der 10. Ab als Tag der Zerstörung ergibt?

Eine überzeugende Lösung kann man hierfür m. E. nicht finden, denn dazu lassen die an sich relativ häufigen chronologischen Angaben noch zu viele Fragen offen[51]. Neben Schlatters Vorschlag, den ich noch für möglich halte[52], wäre grundsätzlich eine zweite Möglichkeit die, daß die Tempelzerstörung noch vor dem 10. Ab stattgefunden hat, wofür man allerding stark konstruieren müßte: Voraussetzung hierfür wäre, daß der in 6, 166 genannte 24. Panemus sich sachlich gerade nicht durch die quantitative Angabe "nach zwei Tagen" (ebd.) ergibt (schließlich hat die erste Brandlegung der Juden für Jos. apologetischen Wert), sondern durch die Angabe in 6, 149 (7 Tage) mit Bezug auf 6, 94 (17. Panemus); da nun aber die in 6, 93. 149 berichteten Ereignisse nicht, wie allerdings Jos. suggerieren will[53], mit dem 17. Panemus in Verbindung stehen, sondern früher stattfanden, könnten sich auch für die folgenden Angaben frühere Termine ergeben.

Daß die Eroberung der Stadt so bedeutsam war, daß sie auch an einem besonderen Datum stattfinden "mußte", zeigen ebenfalls die römischen Quellen. Nach einer - für die Chronologie unergiebigen - Notiz in Suet., Tit. 5 eroberte Titus die Stadt am Geburtstag seiner Tochter Julia, und nach DioCass. 66, 7, 2 fiel Jerusalem am Tage des Saturn (Sabbat), den die Juden am meisten verehren.

Eine absolute Chronologie läßt sich m. E. für den Tempelbrand nicht rekonstruieren. Auch wenn der 10. Ab sehr verdächtig und eher unwahrscheinlich ist, wird man vom Zeitraum Mitte August bis Anfang September auszugehen haben.

Der römische Angriff nach Fertigstellung der Belagerungsdämme gegen die westliche Halle des inneren[54] Vorhofes scheitert sowohl mit Belagerungsmaschinen als auch mit Leitern (bell 6, 220-227). Auf Befehl des Titus[55] wird nun

---

[49] Cf Bill. 1, 945f.

[50] Gegen M/B, VI Anm 109.

[51] S. o. Anm 21. 23. 33.

[52] Cf Schlatter, Topographie, 366: Tempeleroberung am 15./16. Loos. Schatter legt im übrigen eine andere Umrechnung auf den julianischen Kalender zu Grunde, da seiner Meinung nach Jos. nicht die tyrisch-mazedonischen Monatsnamen mit den jüdischen gleichsetzt. Dies kann hier übergangen werden.

[53] S. o. Anm 33.

[54] Cf bell 6, 221 (M/B) sowie die textkritische Anm 183 z. St. (= Bd. II, 2, S. 38).

[55] Cf bell 6, 228: Dies ist die einzige Stelle in bell 5f, in der Titus selbst das Anzünden befiehlt, begründet jedoch durch die Sorge um seine Soldaten. Für Weiler, Titus und die Zerstörung des Tempels von Jerusalem - Absicht oder Zufall?, Klio 50 (1968) 139-

an die Tore Feuer gelegt, das auch die Halle schnell erfaßt und die ganze Nacht brennt, da die Römer ein Stück nach dem anderen anzünden[56].
Jos.[57] berichtet nun von einem Kriegsrat, in dem die Frage nach Zerstörung oder Schonung des Tempels behandelt wird: Während eine Gruppe für die Zerstörung plädiert, eine andere nur für den Fall, daß die Juden nicht abziehen und damit das Heiligtum als Festung erscheinen lassen, tritt Titus uneingeschränkt für die Schonung des Tempels ein. Hier wie auch im folgenden (6, 249-270) wird Titus von Jos. so überzeichnet, daß es m. E. unmöglich ist, hinter das Titusbild der josephischen Darstellung zurückzufragen.
Nachdem die für den Angriff notwendigen Löscharbeiten befohlen wurden, wird für die Legionen ein Ruhetag angesetzt. Aber durch zwei mißglückte Ausfallversuche der jüdischen Truppen gelangen die Römer schließlich doch schon in den inneren Tempelbezirk, der dann in Brand gesetzt und völlig zerstört wird[58]. Titus konnte mit einigen Offizieren zuvor noch das Allerheiligste des Tempels betreten[59].
Die römischen Soldaten, die nun auch die übrigen Hallen und Tore in Brand setzen, plündern und morden in brutalster Weise (6, 271-284. 319-322); den-

---

158: cf S. 144 Anm 6. 146f liegt hier ein Ansatzpunkt, um der von Jos. ansonsten propagierten Schuldlosigkeit des Caesar zu widersprechen; cf zum Ganzen den II. Teil, 3.1.

[56] Cf bell 6, 232-235; bei dieser - in der Darstellung des Jos. - ersten Brandlegung der Römer, die nicht Reaktion auf eine jüdische ist, wird von Jos. wiederum abgemildert: erstens durch den Hinweis auf die erfolgten jüdischen Brandlegungen (§ 230) und zweitens durch den Löschbefehl, der zwar aus militärischer Notwendigkeit erteilt wird (§ 236), aber gleichzeitig Titus entlasten soll (§ 243: nach dem Kriegsrat).

[57] Cf bell 6, 237-243; während DioCass. 66, 5f sich bisher eng an bell 5f angelehnt hatte, fehlt bei ihm eine Notiz über den Kriegsrat (cf Weiler, Titus, 151f). Das bekannte Gegenbild zur jos. Darstellung findet sich bei Sulpicius Severus, Chron. II, 30, 6f, der hier höchstwahrscheinlich auf die verlorenen Bücher der Historien des Tac. zurückgegriffen hat: zum Ganzen s. u. II. Teil, 3.1.

[58] Cf bell 6, 249-270; nach der jos. Darstellung wirft einer der Soldaten ohne Befehl, aber "δαιμονίῳ ὁρμῇ" (§ 252) eine Fackel durch das goldene Fester an der Nordseite. Ein weiterer ebenfalls Ungenannter legt später im Tempelinneren Feuer (§ 265). Dadurch hat Jos. den Feldherrn von aller Schuld befreit: "ὁ μὲν οὖν ναὸς οὕτως ἄκοντος Καίσαρος ἐμπίπραται" (§ 266).

[59] Cf bell 6, 260 (nur: τὸ ἅγιον); der Versuch des Titus, seine Soldaten zum Löschen aufzufordern, scheitert (cf 6, 254-259. 262f). Die Darstellung des hilflosen Feldherrn wirkt für römische Leser anstößig und für jüdische vermutlich kaum überzeugend: "Josephus hat selbst dort die Vermittlung zwischen seinem Volk und den römischen Herrn versucht, wo diese über die Grenzen des Möglichen hinausführte" (Lindner, Geschichtsauffassung, 125). Im Gegensatz zur Apologie des Jos. steht hier die Polemik der Besiegten (cf Stemberger, Die Beurteilung Roms in der rabbinischen Literatur, ANRW II, 19, 2, 1979, 338-396: cf S. 351-358); cf weiter II. Teil, 3.2, S. 325.

noch kann sich ein Teil der Tempelverteidiger retten[60]. Anschließend tragen die Römer ihre Feldzeichen in den heiligen Bezirk, opfern und rufen Titus zum Imperator aus[61].
Vor den letzten Kämpfen um die Oberstadt finden Verhandlungen zwischen den jüdischen und römischen Führern statt. Die Juden bitten um freien Abzug in die Wüste, wohinter sich nicht nur eine taktische Absicht verbergen könnte - schließlich gab es noch die jüdischen Festungen Herodeion, Machärus und Masada -, sondern vielleicht auch die eschatologische Erwartung des rettenden göttlichen Eingreifens[62]. Titus weist diese Bitte erbost zurück und kündigt an, nun endgültig nach Kriegsrecht zu verfahren[63].
Die römischen Soldaten verwüsten zunächst die nördliche Unterstadt[64] und einen Tag später den südlichen Teil, der jedoch zuvor von jüdischen Truppen geplündert worden war, die sich jetzt allerdings auf die Oberstadt zurückziehen müssen (6, 354f. 358-363). Vielleicht ist die Kapitulation der Adiabener (6, 356f) im Zusammenhang der jüdischen Plünderungen zu sehen, wenn die βασιλικὴ αὐλή (§ 358) einen adiabenischen Palast meint[65].
Die Oberstadt umfaßt zwar den starken herodianischen Palast mit den Türmen Mariamne, Phasaelis und Hippikus[66], konnte von den Juden aber nicht auf Dauer gegen die römische Übermacht gehalten werden. Ihnen standen nach den erfolglosen Verhandlungen imgrunde nur zwei Möglichkeiten offen: entweder ein Druchbruchversuch durch die *circumvallatio* oder eine Flucht in die unterirdischen Gänge (cf 6, 401f)[67].
Die Römer beginnen 10 Tage nach der Tempelzerstörung mit Belagerungsarbeiten, die insgesamt 18 Tage in Anspruch nehmen (cf 6, 374-377. 392).

---

60 Wahrscheinlich handelte es sich um eine Gruppe um Johannes, der ja erst später gefangen genommen wird (cf bell 6, 326. 433). Zum Tempelendkampf aus jüdischer Sicht s. u. II. Teil, 1.2, bc).

61 Cf bell 6, 316; zum ideologischen Gehalt s. u. II. Teil, 3.1.

62 Cf bell 6, 323-326. 351; cf hierzu M/B, VI Anm 191; Hengel, Die Zeloten, AGJU 1, (1961) 1976[2], 260f: Nach der Zerstörung des Tempels wird wieder die Wüste als Ort von Gottes endgültiger Rettung aufgenommen.

63 Cf bell 6, 352f: Dies harte Vorgehen des Titus (cf schon 6, 321f) wird von Jos. im folgenden wieder zurückgenommen (cf 6, 356f. 378-391. 414). Die vorherige Titusrede (6, 327-350) ist eine literarischer Einschub des Jos. (zur rhetorischen Komposition cf M/B, VI Anm 160, zu den Einzelzügen cf ebd., Anm 161-189), während die indirekte Rede in 6, 352f vielleicht die historische Reaktion des Titus widerspiegelt (cf M/B, VI Anm 181. 193).

64 Cf M/B, VI Anm 196.

65 So M/B, VI Anm 198. 200. 204.

66 Cf hierzu bell 5, 160-183 und Otto, Jerusalem, 142-147.

67 Zu den Gängen cf bell 6, 370. 392. 428-434; 7, 26-36 und M/B, VI Anm 211.

Daß die Juden noch stark genug gewesen wären, einen sofortigen Sturmangriff abzuwehren[68], ist zwar möglich, jedoch ist zu bedenken, daß der Kampf nach dem Einsatz der Belagerungsmaschinen nur einen Tag dauerte. Dies sieht eher nach einem vorsichtigen römischen Plan aus, um unnötige Verluste zu vermeiden. Die Einzelheiten des Kampfes - nach Jos. am 7. Gorpiaeus (25. September) - bleiben undeutlich: Im Ergebnis haben die Juden die drei Türme verlassen und sich nach einem gescheiterten Ausfall in die unterirdischen Gänge zurückgezogen, wo sie aufgegriffen und entweder getötet oder wie Johannes und Simon gefangengenommen werden (cf 6, 392-434; 7, 26-36). Der jos. Bericht ist auch hier stark überzeichnet (Gottesschrecken über den Aufständischen und τύχη der Römer); der gesunkene Verteidigungswille liegt m. E. an der römischen Übermacht, die auch jetzt diszipliniert vorgeht, sowie an dem jüdischen Plan, in die Wüste zu entkommen[69].
Die Sieger ziehen plündernd und mordend durch die Gassen und setzen auch entlegene Teile der Stadt in Brand. Titus läßt mit Ausnahme der drei herodianischen Türme, sowie eines Teiles der Westmauer die Reste der Stadt und des Tempels schleifen (cf 6, 413; 7, 1-4). Nach Siegesopfern, Beförderungen und Stationierungsbefehlen an die Legionen[70] reist er durch den Orient, wobei viele Gefangene in Theatern sterben[71], und erst anschließend nach Rom, wo ihm und seinem Vater ein Triumphzug zugesprochen wird, den sie gemeinsam durchführen[72].

6. Die Legatur des Sextus Lucilius Bassus

Nach der Eroberung Jerusalems wurde in Judäa endgültig eine Legatur eingerichtet. Während wir über den ersten Legaten Sex. Vettulens Cerealis, den ehemaligen Kommandanten der V. Legion, keine weiteren Nachrichten be-

---

[68] So M/B, VI Anm 227.

[69] Cf auch Hengel, Zeloten, 260, der die realen Verteidigungsmöglichkeiten allerdings günstiger einschätzt.

[70] Cf bell 7, 13-20: Mit der X. Legion ist erstmals eine römische Kerntruppe auf jüdischem Gebiet stationiert (cf 7, 5. 17; M/B, VII Anm 2).

[71] Cf bell 7, 23-62. 96-122; Suet., Tit. 5. Wahrscheinlich nutzte Titus hier auch die Gelegenheit, den Abgesandten des Partherkönigs Vologaeses neben der militärischen Stärke die neue flavische Orientpolitik zu erläutern, die sich nicht gegen die Parther richten würde (so B. W. Jones, Titus in the East, A. D. 70-71, RMP N. F. 128, 1985, 346-352: cf S. 351f).

[72] Cf bell 7, 123-157; Suet., Tit. 6; DioCass. 66, 7, 2; 66, 12, 1; Oros., hist. adv. pagan. VII, 9, 8; cf hierzu den II. Teil, 3.2.

sitzen[1], berichtet Jos. über dessen Nachfolger ausführlicher. Der neue "legatus Augusti pro praetore" Sex Lucilius/Lucius Bassus (bell 7, 163) ist wahrscheinlich identisch mit dem ehemaligen "praefectus classis Ravennatis et Misenensis" (cf CIL XVI, 14f), der sich im Bürgerkrieg auf die flavianische Seite geschlagen hatte (cf hist. 2, 100f; 3, 12f. 36. 40; 4, 3)[2]. Trifft diese Identität zu, so wird er Judäa frühestens im Sommer 71 n. Chr. erreicht haben[3]. Seine Aufgaben sind militärischer und ziviler Art.
Nach der Eroberung der Festung Herodeion[4], die wohl "weit weniger anstrengend und spektakulär"[5] gewesen ist als die nachfolgende Belagerung, verbindet Lucilius Bassus seine Truppen, mit der X. Legion und marschiert gegen Machärus (cf bell 7, 164). Diese in der Nähe der arabischen Grenze gelegene Stadt[6] besteht aus einer Unterstadt sowie einer Burg und ist durch ihre natürliche Lage auf einem Berg schwer zu erobern (cf 7, 165-177). Pli-

---

[1] Zur Bedeutung der Umwandlung der Prokuratur in eine militärische Legatur cf M/B, VII Anm 90. Die Aufhebung der Prokuratur war im Grunde schon durch die Entsendung Vespasians erfolgt (s. o. 2., Anm 1).

[2] Da jedoch die handschriftliche Überlieferung von bell 7, 163 divergiert (die griechischen codd. und Zonaras bezeugen Λούκιος, während Lat. und einige neuere Ausgaben Lucilius/Λουκίλιος haben), bleiben M/B, VII Anm 90 (das argumentum e silentio, daß Jos. von der Vorgeschichte des Lucilius Bassus nichts erwähnt hat, ist allerdings nicht beweiskräftig) im Anschluß an Schürer, Geschichte I[4], 644 Nr. 2 und PIR[1] II, S. 302f hinsichtlich der Identifikation vorsichtig, die wiederum von anderen (cf Eck, Senatoren von Vespasian bis Hadrian, Vestigia Bd. 13, 1970, 92. 98f Anm 22; Nicols, Vespasian and the partes Flavianae, Historia-Einzelschriften 28, 1978, 163. 173) auch nach Kenntnisnahme des textkritischen Befundes (cf PIR[2] L 379; Stein, Art. Lucilius, s. v. Nr. 22, PRE XIII, 1927, 1640-1642: cf Sp. 1641f; Strobel, Das römische Belagerungswerk um Machärus, ZDPV 90, 1974, 128-184: cf S. 132 Anm 16. S. 133f Anm 20) vertreten wird.

[3] Lucilius Bassus ist durch 4 Militärdiplome, von denen drei auf den 5.4.71 und eins auf den 9.2.71 datieren (cf Stein, Art. Lucilius, 1641), für diesen Zeitraum noch als Flottenchef bezeugt; cf auch Pflaum, Les Carrières Procuratoriennes Équestres sous le Haut-Empire Romain, Bd. 1, 1960, S. 92-94 Nr. 39.

[4] Jos. bietet nur die Notiz in bell 7, 163. Gemeint ist die Burg in der weiteren Umgebung Jerusalems: cf Schalit, Namenwörterbuch, s. v. Ἡρώδειον Nr. 1, S. 51; Möller/Schmitt, Siedlungen, s. v. Ἡρώδειον Nr. 1, S. 92f.

[5] Baier, Die Königsburg Herodeion bei Bethlehem, Hl L 100 (1968) 35-47: zit. S. 44; Beschreibung der Festung: ebd., 39-43; cf weiter Foerster, Hérodium (Chronique Archéologique), RB 77 (1970) 400-401.

[6] Zur Geschichte von Machärus cf z. B. Schürer, Geschichte I[4], S. 390f Anm 68. S. 436 Anm 20. S. 638 Anm 135; Strobel, Machärus-Geschichte und Ende einer Festung im Lichte archäologisch-topographischer Beobachtungen, in: Wagner (Hrg.), Bibel und Qumran, FS H. Bardtke, 1968, 198-225: cf S. 206-214; Schalit, König Herodes, SJ 4, 1969, 342f.

nius bezeichnet sie als: "secunda quondam arx Iudaeae, ab Hierosolymis" (nat. 5, 72)[7].

Die Römer errichten hier eine *circumvallatio*, die zwar nicht durch Jos. bezeugt wird, aber nach den archäologisch-topographischen Untersuchungen A. STROBELs zweifelsohne vorhanden war[8], und beginnen mit Dammarbeiten gegen die Stadt[9]. Diese Arbeiten, die durch Ausfälle erschwert wurden, werden allerdings nicht vollendet, da nach der Gefangennahme des Eleazar, der aus einer bekannten und einflußreichen Familie stammte, die jüdischen Stadthäupter bei Zusicherung freien Geleits kapitulieren wollen (cf bell 7, 193-205). Zur Entwicklung der Kämpfe läßt sich nicht mehr sagen, da die jos. Darstellung von der Kapitulation der Juden her konzipiert ist (cf 7, 192), wozu die hartnäckigen Ausfälle (cf § 193) in Spannung treten[10]. Außerdem berichtet Jos. in 7, 197ff das Einzelschicksal des Eleazar: Ob dieses aber nur exemplarische Bedeutung hat[11], ist kaum mehr zu ermitteln.

Nach Abschluß des Kapitulationsabkommens und vor der Übergabe kommt es jedoch zur Katastrophe für die nichtjüdische Stadtbevölkerung. Von ihr[12] hatten sich die Juden beim Anmarsch der Römer getrennt und sich auf die Burg zurückgezogen. Diese Trennung wird jedoch entgegen der jos. Darstellung aufgrund der militärischen Lage nicht grundsätzlich durchgeführt worden sein[13].

Interessant ist in diesem Zusammenhang die Frage nach der Zusammensetzung der jüdischen Einwohnerschaft[14]: MICHEL/BAUERNFEIND erwähnen die Absonderungstendenzen, erwägen auch, ob diese nicht religiös motiviert seien[15], und folgern aus der Verhandlungsbereitschaft der Juden, daß

---

[7] Cf weiter M/B, VII Anm 92.

[8] Cf Strobel, Machärus, 214-221; ders., Belagerungswerk, 142. 144-167 (eine Karte befindet sich hinter S. 184); cf auch ders., Belagerungswerk, 131 Anm 11, wo gegenüber der 1. Veröffentlichung begrifflich klar unterschieden wird zwischen "χώματα/aggeres" (= Dämme, Wälle zur Sturmvorbereitung) und "murus/vallum" (= Umfassungsmauer).

[9] Cf bell 7, 190. 194: Diese Dammarbeiten wurden jedoch nicht nur von Osten gegen die Stadt(-tore), sondern auch von Westen gegen die Festungskrone begonnen (cf Strobel, Belagerungswerk, 137-140); zum textkritischen Problem in bell 7, 190 (τὰ χώματα - τὸ χῶμα) cf ebd., 140.

[10] Cf M/B, VII Anm 101.

[11] Cf M/B, VII Anm 102.

[12] Cf bell 7, 191: Die Nichtjuden werden als ξένοι und ὄχλος bezeichnet.

[13] Cf Strobel, Belagerungswerk, 168, der auf die römischen Schanzarbeiten im Osten hinweist und hier auch die Gefangennahme des Eleazar vermutet (cf ebd., 169).

[14] Cf M/B, VII Anm 95f. 101f. 104.

[15] "Die Verschiebung der militärischen Planung ... ist nicht ohne den Hintergrund der

es sich hier nicht um eine zelotische oder sikarische Gruppe handeln könne, sondern daß die Juden in Machärus "einer eigenen (vielleicht sogar pharisäischen?) Gruppe angehörten"[16]. Es ist aber zu bedenken, daß der Verlauf des Kampfes samt der Verhandlungsbereitschaft soweit aus bell 7, 190ff ersichtlich ist auch am Fehlen eines militärischen Führers - oder war sogar Eleazar so etwas ähnliches? (cf 7, 197) - auf Seiten der Juden liegen könnte[17]. Das Gegenbild hierzu wäre dann nicht nur Masada, sondern auch die Metzelei im Wald Jardes: Hier wurde unter der Führung des στρατηγός Judas b. Ari, der zwar selbst Zelot war[18], aber doch eine zusammengewürfelte Schar, zu der auch Leute aus Machärus stießen (doch wohl kaum von den Nichtjuden), befehligte, bis zum letzten gekämpft. Die Trennung der Juden von den Nichtjuden in Machärus - ohnehin nicht radikal durchgeführt - ermöglicht daher m. E. nicht die Zuordnung zu einer jüdischen Religionspartei, sondern sie ist durch soziale Faktoren bedingt: Die Juden als Oberschicht waren eher in der Lage, sich die Stadtburg zu sichern und mit den Römern zu verhandeln.

Als die nichtjüdische Stadtbevölkerung von der Kapitulation und dem freien Abzug hörte, der sie selbst nicht einschloß, wagten sie in der Nacht die Flucht. Dieser Plan war jedoch von den jüdischen Verhandlungsführern den Römern angezeigt worden, so daß es daraufhin zu einem Blutbad unter den Flüchtenden kam und die Frauen und Kinder versklavt wurden; das freie Geleit wurde - laut Jos. - gegenüber den jüdischen Bewohnern aufrechterhalten (7, 206-209).

Nach der (vermutlichen) Zerstörung von Machärus[19] führte Bassus sein Heer in Eilmärschen zu einem Wald mit Namen Jardes[20]. Die römische Reiterei umzingelte das mit Flüchtlingen aus Jerusalem und Machärus angefüllte Waldstück, während das Fußvolk das Gehölz systematisch durchkämmte, ohne Gefangene zu machen. Das Resultat des Gemetzels waren laut Jos. 3000 Tote auf jüdischer und 12 auf römischer Seite[21].

---

18 Bestimmungen zu sehen" (M/B, VII Anm 101). Eine Zuordnung der 18 Halachot zu radikalpharisäischen Kreisen in der Zeit des Krieges ist jedoch m. E. eher unwahrscheinlich (s. u. II. Teil, 1.2, ab, S. 129f).

[16] M/B, VII Anm 102.

[17] Cf auch M/B, VII Anm 107.

[18] S. u. Anm 21.

[19] Cf Strobel, Machärus, 224.

[20] Cf bell 7, 210; die geographische Lage des Waldes ist nicht mehr zu bestimmen (verschiedene Hypothesen bei M/B, VII Anm 105; Möller/Schmitt, Siedlungen s. v. Ἰαρδης δρυμός, S. 99), wobei eine Lage nördlich von Machärus am wahrscheinlichsten ist (cf auch die Vorschläge von Strobel, Belagerungswerk, 169f. 174. 182. 184).

[21] Cf bell 7, 210-215: Der jüdische Befehlshaber war Judas/Judes b. Ari, also ein zelotischer Führer aus Jerusalem (cf § 215), der während des Kampfes um die Hauptstadt in

Auch zivile Maßnahmen wurden von Bassus und dem Finanzverwalter (procurator) Laberius Maximus[22] auf Befehl Vespasians veranlaßt.Im Gegensatz zu Samaria wurden in Judäa keine hellenistisch-römischen Städte gegründet, sondern das Land wurde neu eingeteilt und verkauft[23]; in Emmaus überließ Vespasian ehemaligen Soldaten Siedlungsraum[24].
Die letzte Maßnahme, die Jos. in diesem Zusammenhang erwähnt, ist die Einrichtung der jedoch alle Juden betreffenden Judensteuer (7, 218); wenn man die Stelle in Beziehung zu dem neuen Abschnitt 7, 219ff setzt, in dem vom 4. Regierungsjahr Vespasians die Rede ist, ergibt sich für die unbestimmte Zeitangabe "περὶ δὲ τὸν αὐτὸν καιρόν" (§ 216) als frühester Termin das 3. Regierungsjahr, das am 1.7.71 n. Chr. begann; hierzu fügt sich auch der zeitliche Rahmen der Legatur des Lucilius Bassus (s. o.) und die Funde in Edfu, deren früheste Daten (CPJ II, 119f Nr. 160-166) das 4. Jahr Vespasians in ägyptischer Zählung aufweisen, was - bis auf 2 Monate - dem 3. Regierungsjahr in römischer Zählung entspricht[25]. Das Edikt ist also im 3. Jahr Vespasians in Kraft getreten, jedoch mit einer Klausel, die den Beginn der Zahlungen rückwirkend auf das Ende Jerusalems und des Tempels festsetzt: Dies legt nicht nur DioCass. 66, 7, 2 ("οὕτω μὲν τὰ Ἱεροσόλυμα ... ἐξώλετο. καὶ ἀπ᾽ἐκείνου ...") nahe, sondern auch zwei Funde aus Edfu[26], die die Steuer für das 2. Jahr Vespasians rückwirkend quittieren[27].
Hatten zuvor alle männlichen Juden zwischen 20 und 50 Jahren, die Pflicht, jährlich einen halben Schekel (= 1 Doppeldrachme) an den Jerusalemer Tempel zu entrichten[28], so mußten sie diese Summe nun an Jupiter Capitolinus bezahlen[29]; aber Vespasian erweiterte noch den Kreis der Steuerpflichtigen auf alle (männliche *und* weibliche) Juden, die älter als 3 Jahre waren, wo-

einer Heldenliste erwähnt wird (cf 6, 92) und dessen Bruder Simon (cf 6, 92. 148) zusammen mit Eleazar der Führer der 2400 Tempelzeloten war (cf 5, 250).

[22] Cf PIR^2 L 8; Pflaum, Carrières I, 102-104.

[23] Cf bell 7, 216; cf hierzu Isaac, Judaea after AD 70, JJS 35 (1984) 44-50: cf S. 44-48 (Das Land wurde verkauft und nicht als Privatgut des Kaisers verpachtet).

[24] Cf bell 7, 217; zur geographischen Lage cf M/B, VII Anm 109; Möller/Schmitt, Siedlungen, s. v. Αμμαους Nr. 2, S. 16f.

[25] Cf CPJ II, 113f.

[26] Cf CPJ II, S. 120 Nr. 164. 166.

[27] Zu dem auch hier bes. auftretendem Problem der ägyptischen und römischen Zählung cf CPJ II, 114.

[28] Cf Ex 30, 13-15; mSheq., Philo, spec. leg. 1, 77; ant 3, 194-196; 18, 312f; cf auch Bill. 1, 760-770.

[29] Cf DioCass. 66, 7, 2; Jos. nennt Jupiter Capitolinus als direkten Empfänger nicht, sondern spricht allgemein vom "Kapitol" (bell 7, 218), weil die anstößige Kontinuität zur Jerusalemer Tempelsteuer erwähnt wird.

bei die obere Altersgrenze - zumindest für Frauen - wohl bei 62 Jahren lag[30]. Diese enorme Ausweitung der Steuerpflichtigen - vielleicht mußten Juden auch noch für ihre nichtjüdischen Sklaven bezahlen[31] - sowie einzelne Gebühren und zusätzliche Summen[32] bedeuteten eine schwere finanzielle Last für alle Juden im Römischen Reich[33].
Wann die Steuer wieder abgeschafft wurde, ist nicht deutlich: Während unter Domitian eine Verschärfung zwar nicht der Summe, aber doch der Eintreibungspraxis bzw. -organisation[34], vielleicht auch grundsätzlich eine Vergrößerung des Personenkreises (cf Suet., Dom. 12, 2) veranlaßt worden war, die wiederum von Nerva rückgängig gemacht wurde[35], findet sich als spätester Termin in den Edfufunden der 18. Mai 116 (cf CPJ II, 135f Nr. 229), und eine Steuerliste aus Karanis belegt die "Ἰουδαϊκὸν τέλεσμα"[36] für die Mitte des 2. Jahrhunderts (cf CPJ III, 17f Nr. 460). Ob sie endgültig erst durch Julian Apostata abgeschafft wurde, wie z. B. GINSBURG vermutete[37], entzieht sich unserer Kenntnis[38].

EXKURS: Zur Datierung der Eroberung Masadas

Strittig ist in der Forschung bis heute das Jahr des Beginns der Legatur des L. Flavius Silva Nonius Bassus, der Lucilius Bassus ablöste[1], und darausfolgend das Datum der Eroberung Masadas, für das Jos. unmittelbar nur den 15.

---

[30] Cf CPJ II, 204-207 Nr. 421; cf dazu CPJ I, 81; II, 114; I. A. F. Bruce, Nerva and the *Fiscus Judaicus*, PEQ 96 (1964) 34-45: cf S. 35.

[31] Cf CPJ II, 114.

[32] Cf CPJ II, 114f.

[33] Cf CPJ II, 114. Zu den ebenfalls neu eingerichteten "Fiscus Alexandrinus" und "Fiscus Asiaticus" cf Rostowzew, Art. Fiscus, PRE VI, 2, 1909, 2385-2405: cf Sp. 2402ff. Cf zum Ganzen auch Stenger, "Gebt dem Kaiser, was des Kaisers ist", BBB 68, 1988, 79-113, der über die materielle Belastung allerdings unklar urteilt (cf ebd.,80.85); zur politischen und ideologischen Bedeutung der Judensteuer s. u. II. Teil, 3.2.

[34] Cf CPJ II, 116; cf weiter Thompson, Domitian and the Jewish Tax, Hist 31 (1982) 329-342.

[35] Cf die bekannte Münzlegende "Fisci Iudaici Calumnia Sublata" (cf BMC, Rom. Emp. III, S. 15 Nr. 88).

[36] Cf CPJ II, 112f.

[37] Cf Ginsburg, Fiscus Judaicus, JQR N. S. 21 (1930/31) 281-291: cf S. 290f.

[38] Cf CPJ I, 81 Anm 64; CPJ II, 116.

[1] Cf bell 7, 252; zur Namensform Silvas cf PIR^2 F 368.

Xanthikos (ohne Jahr) angibt[2]. Zur Debatte stehen hierfür die Jahre *72*[3], *73*, das (noch) opinio communis ist[4], und das Jahr *74*[5]. Aufgrund dieser Forschungslage[6] ist eine Bestandsaufnahme mit behutsamer Analyse der Quellen notwendig.

Nachdem SCHÜRER die chronologischen Argumente NIESES für 72 widerlegt hatte[7], kam es zu dem Konsens, daß Masada im Jahre 73 gefallen ist - REICKE vermutete jedoch, daß Jos. das in bell 7, 219 erwähnte 4. Regierungsjahr Vespasians, das in römischer Zählung am 1.7.72 begann, "unbestimmt auf das Kalenderjahr"[8] beziehe und somit für die Eroberung der Festung Masada der April 72 anzunehmen sei; hinzu komme, daß die Folgeereignisse in Ägypten (cf bell 7, 409ff) besser zur Frühdatierung paßten: Bei diesem zweiten Argument beruft sich REICKE auf STEIN[9] der ebenfalls für das Jahr 72 eintritt, sich dabei auf P. Oxy. X, 1266 stützt und daher annimmt, daß der Präfekt Lupus im Jahr 72 gestorben ist, weil sein Nachfolger Paulinus im 5. Jahr Vespasians, das nach ägyptischer Zählung am 29.8.72 begann, in Ägypten wirkte.

Die erste Vermutung REICKEs ist alles andere als evident[10], und auch seine

---

[2] Cf bell 7, 401; der 15. Xanthikos entspricht dem 2. Mai.

[3] Cf Niese, Zur Chronologie des Josephus, Hermes 28 (1893) 194-229: cf S. 211f; Stein, Art. Iulius s. v. Nr. 330 (Ti. Iulius Lupus); PRE X, 1917, 664-665: cf Sp. 664; Reicke, Neutestamentliche Zeitgeschichte, 1965[1], S. 193. 216; 1982[3], S. 289f.

[4] Cf Schürer, Geschichte I[4], 639f; Schulten, Masada, die Burg des Herodes und die römischen Lager, ZDPV 56 (1933) 1-185: cf S. 17; Yadin, Masada, Der letzte Kampf um die Festung des Herodes, 1967, 16; M/B, VII Anm 131. 138; Strobel, Das römische Belagerungswerk um Machärus, ZDPV 90 (1974) 128-184: cf S. 133 Anm 20; Smallwood, The Jews under Roman Rule, SJLA 20, 1976, S. 338 Anm 27. S. 546f.

[5] Cf Eck, Die Eroberung von Masada und eine neue Inschrift des L. Flavius Silva Nonius Bassus, ZNW 60 (1969) 282-289; ders., Senatoren von Vespasian bis Hadrian, Vestigia Bd. 13, 1970, 93-111; ihm schlossen sich an: Cohen, Masada: Literary Tradition, Archeological Remains, and the Credibility of Josephus, JJS 33 (1982) 385-405: cf S. 401 Anm 52; Hengel, Zeloten und Sikarier, erw. Fassung in: ders., Die Zeloten, 2. Aufl. 1976, 387-412: cf S. 388; Leaney/Neusner, The Roman Era, in: Hayes/Miller, Israelite and Judaean History, 1977, 605-677: cf S. 663; J. Maier, Grundzüge der Geschichte des Judentums in der Antike, 1981, 92; Rhoads, Israel in Revolution: 6-74 C. E., 1976, 16. 118; Schürer, History I, 512 Anm 139.

[6] Cf die Debatte Eck - Reicke: cf Eck, Eroberung, 286 Anm 26 ; Reicke, Zeitgeschichte, 3. Aufl., 289 Anm 24.

[7] Cf Schürer, Geschichte I[4], S. 605f Anm 16. S. 639f Anm 139.

[8] Reicke, Zeitgeschichte, 1. Aufl., 216 Anm 24.

[9] Cf Stein, Art. Iulius, 664f.

[10] Cf Eck, Eroberung, 286 Anm 26.

Behauptung, daß Lupus schon im Jahre 72 gestorben sei, ist nicht zu halten (cf SEG XX, 651, worauf sich REICKE unverständlicherweise später selbst beruft[11]: Aus SEG XX, 651 geht jedoch hervor, daß Lupus zu Beginn des Jahres 73 noch lebte - der Monat Phanemoth dauert vom 25.2. bis 26.3. -, wozu auch P. Oxy. X, 1266 nicht unmittelbar im Widerspruch stände, wenn er das Wirken des neuen Präfekten Paulinus im 5. Jahr Vespasians - dies entspricht der Zeit vom 29.8.72 *bis* zum 28.8.73 - meinte).
Die Vertreter der Frühdatierung rekurrieren also vor allem auf die ägyptischen Ereignisse, wobei P. Oxy. X, 1266 eine zentrale Rolle spielt. Der Konnex mit dem Präfektenwechsel in Ägypten ist entscheidend und wird unten wieder aufgegriffen werden.
Nun hat ECK aufgrund von zwei neuen Inschriften[12] aus dem Jahr 81 oder später, die die Karriere des Flavius Silva in chronologisch absteigender Reihenfolge beinhalten, eine Spätdatierung vorgeschlagen: Die hinter der Legatur aufgeführte "adlectio inter patricios" des Flavius Silva muß also vor seiner Ernennung zum Legaten erfolgt sein, und wir haben dafür durch das Censoramt Vespasians und Titus', das zwischen März und Ende Juli 73 begann, einen *terminus post quem*[13]. ECK argumentiert mit der absteigenden Reihenfolge und versucht darüber hinaus, die Spätdatierung mit den Angaben des Jos. und den oben erwähnten Papyri in Einklang zu bringen[14]. Hierbei sind jedoch Modifikationen notwendig[15].
Zwar ist die Erwähnung des 4. Regierungsjahres Vespasians in bell 7, 219 auf die Ereignisse in Kommagene bezogen und darf nicht unmittelbar zur Legatur des Flavius Silva gezogen werden - Jos. bringt tatsächlich "nur ein zeitliches Nacheinander"[16] - aber die spätere Angabe "μετὰ ταῦτα" (bell 7, 409), wodurch die Vorkommnisse in Ägypten mit der Eroberung Masadas zeitlich verknüpft werden, ist von ECK nicht genügend bedacht worden; sein Vorschlag, daß die ägyptischen Unruhen früher stattgefunden haben können, da

[11] Cf Reicke, Zeitgeschichte, 3. Aufl., 289 Anm 24.

[12] Cf Eck, Senatoren, 93-98. Die Inschriften stammen aus Urbs Salvia (Urbisaglia) in Picenum, der Heimatstadt Silvas.

[13] Cf Eck, Eroberung, 282-284; daß es sich bei der Zeitangabe "März bis Ende Juli 73" um einen terminus post quem handelt, übersieht Reicke bei seiner Replik (cf ders., Zeitgeschichte, 3. Aufl., 289 Anm 24); auch sein Hinweis auf Pistor, Prinzeps und Patriziat in der Zeit von Augustus bis Commodus, Diss. phil., 1965, 113f, ist m. E. nicht stichhaltig, da Pistor, ebd., 113 nicht allgemein von Patriziern spricht, sondern "patrizische Konsulare" aufführt.

[14] Cf Eck, Eroberung, 285-289; ders., Senatoren, 100f.

[15] Cf auch Smallwood, Jews, 546f.

[16] Eck, Eroberung, 287.

ja aus Masada niemand entkommen war[17], mag zutreffen, übergeht jedoch das von Jos. intendierte zeitliche Nacheinander[18].
Scheitert die Spätdatierung an der Datierung der ägyptischen Ereignisse?
Weiter erhebt sich die Frage, ob das Ausgangsargument ECKs stichhaltig ist, ob sich also die "adlectio inter patricios", die 73 stattfand, nicht auch anders in ihrer Stellung auf der Inschrift verständlich machen ließe: Diese Adlectio könnte z. B. während der Legatur erfolgt sein, und zwar als "Belohnung" für das erfolgreiche Unternehmen von Masada[19]. Das würde aber im Hinblick auf die Inschriften bedeuten, daß die beiden dort hintereinander erwähnten Adlectionen zusammengenommen wurden, "obwohl sie chronologisch durch die Legatur von Judäa getrennt waren"[20]; ECK qualifiziert diese Deutung als "eher gezwungen"[21], obwohl er zugibt, daß ähnliche Zusammenstellung, wenn auch sehr selten, ohne Rücksicht auf die Chronologie vorkommen können[22].
Ob es sich im vorliegenden Fall um eine derartige Zusammenstellung handeln könnte, ist natürlich unbeweisbar. Man müßte diese Hypothese annehmen (damit hätte man jedoch die Inschriften eher gewaltsam interpretiert), um eine Koinzidenz zu den bisher erwähnten chronologischen Angaben, die Ägypten betreffen, zu erhalten.
1978 und 1980 wurden jedoch zwei aus Ägypten stammende Papyri veröffentlicht (P. Oxy. XLVI, 3279 und P. Mich. XIV, 676)[23], die die Herausgeberangabe in P. Oxy. X, 1266, 25 korrigieren und dadurch die chronologischen Probleme des Präfektenwechsels offen halten. Diese beiden Papyri beweisen, daß im 3., 4. und 5. Jahr Neros die Epikrisen zur Aufnahme ins Gymnasium vom "tribunus militum" Paulinus geleitet wurden, als dessen "nomen" einwandfrei "*Curtius*" entziffert werden kann (cf P. Oxy. XLVI, 3279, 20; P. Mich. XIV, 676, 12f). Dieser Curtius Paulinus ist die gleiche Person, die in P. Oxy. X, 1266, 25 erwähnt wird, in welchem hingegen die Herausgeber noch "[Καυν]τίου" vorgeschlagen hatten[24]; aus P.Oxy. X, 1266 selbst kann man nun

---

17 Cf Eck, Senatoren, 100f.

18 Cf Smallwood, Jews, 546f: "... Eck's argument ... begs the question".

19 So der Vorschlag von Strobel, Belagerungswerk, 133 Anm 20; cf auch Reicke, Zeitgeschichte, 3. Aufl., 290.

20 Eck, Eroberung, 285.

21 Eck, Eroberung, 285; cf ders., Senatoren, 101.

22 Cf Eck, Eroberung, 285 Anm 19; ders., Senatoren, 101 Anm 23.

23 Sie lagen Sijpesteijn, Flavius Josephus and the Praefect of Egypt in 73 A. D., Hist 28 (1979) 117-125: cf S. 117 Anm 1. S. 125 noch als unveröffentlichte Manuskripte der Hrgg. vor.

24 Cf J. Reas Kommentar zu P. Oxy. XLVI, 3279, S. 25 und Sijpesteijn, Flavius Josephus, 117. 125.

folgern, "that certain persons who presented themselves at the epicrisis conducted at Oxyrhynchus in the fifth year of Vespasian (72/3 A. D.) had already been selected by Curtius Rufus [hier ist Curtius Paulinus gemeint, H. S.] *before* the date of this epicrisis"[25]; diese wichtige Interpretation von "τῶν ὑπὸ [Κουρ]τίου Παυλείνου ἐ[πι]κεκριμένων"[26] bedeutet, daß der ebd. erwähnte Paulinus weder der Präfekt oder Vizepräfekt[27] Ägyptens war - ein Titel fehlt übrigens im Papyrus - noch mit dem 5. Jahr Vespasians direkt in Verbindung zu bringen ist. Damit ist sowohl der Zeitpunkt des Todes des Ti. Iulius Lupus als auch der Beginn der Präfektur des Paulinus völlig *offen*[28].

Dies heißt zugleich, daß die in bell 7, 409ff beschriebenen Ereignisse nach der Eroberung Masadas stattgefunden haben können, auch wenn die jüdische Festung erst *im Frühjahr 74* erobert worden ist. Die Spätdatierung aufgrund der von Eck interpretierten Inschriften ist also mit den Vorkommnissen in Ägypten infolge der beiden neuveröffentlichten Papyri zeitlich vereinbar und m. E. dadurch sehr wahrscheinlich geworden.

7. Die Legatur des L. Flavius Silva Nonius Bassus

Nach dem Tod des Lucilius Bassus wurde die ἡγεμονία, die militärische und zivile Gewalt, in Judäa L. Flavius Silva Nonius Bassus übertragen; seine militärische Aufgabe bestand in der Eroberung der letzten jüdischen Festung - Masada (cf bell 7, 252).

Die Sikarier[1] in Masada standen unter der Führung des Eleazar b. Jair, also eines Nachkommens des Judas Galilaeus und Verwandten des ehemaligen Thronprätendenten Menahem (cf 2, 447; 7, 253). Nach der Ermordung Menahems hatte sich diese Gruppe nach Masada zurückgezogen[2] und in den Krieg gegen die Römer nicht weiter eingegriffen. Unternommen hatten sie lediglich Streifzüge und Guerillaüberfälle auf jüdische Dörfer in der Umge-

---

[25] Sijpesteijn, Flavius Josephus, 122; cf auch ebd., 122 Anm 25f.

[26] P. Oxy. X, 1266, 25f mit der entsprechenden Änderung des "nomen"; inhaltlich entscheidend ist die Perfektform.

[27] So noch Stein, Art. Iulius, 664; ders., Die Präfekten von Ägypten in der Römischen Kaiserzeit, Dissertationes Bernenses I, 1, 1950, 41.

[28] Cf Reas Kommentar zu P. Oxy. XLVI, 3279, S. 25: "It should be noted that we have now no fixed date in the prefecture of Paulinus". Zu dem Präfekten Paulinus s. u. 8., Anm 9.

[1] Zur Namensform cf Hengel, Die Zeloten, AGJU 1, (1961) 1976[2], 47-54; ders., Zeloten und Sikarier, erw. Fassung in: ders., Zeloten, 2. Aufl. 1976, 387-412: cf S. 404-409.

[2] s.o.1.

bung[3]: Beim Überfall auf Engedi wurden die Männer vertrieben, die Frauen und Kinder brutal niedergemacht (4, 400-404). Ob diese Bluttat ideologisch motiviert war[4], oder doch "nur" der Verproviantierung diente[5], ist unerheblich: "Not being members of the sectarian elect, they could be robbed and killed with impunity"[6].

Die römische Belagerung Masadas wird planmäßig vorbereitet und durchgeführt, da jüdische Ausfälle unterbleiben: Nach Regelung der Nachschubfrage wird eine *circumvallatio* mit zwei Hauptlagern, Kastellen und Wachtürmen errichtet und mit den Schanzarbeiten gegen die hoch gelegene Festung begonnen. Es gelang schließlich ein erster Mauerdurchbruch gelang, der jedoch aufgrund einer schnell errichteten Notmauer noch nicht zur Erstürmung führte; erst nachdem diese Mauer in Brand gesetzt werden konnte, war die Festung sturmreif[7].

Entgegen der jos. Darstellung wird man vermuten dürfen, daß es nicht zu dem berichteten Massenselbstmord der Sikarier gekommen ist, sondern vielmehr zum römischen Sturmangriff. Hierfür spricht einmal die militärische Logik, die, obwohl sie aus der Gegenwart heraus schwer zu beurteilen ist, einen sofortigen Sturmangriff nach der Zerstörung der Notmauer als sinnvoller scheinen läßt als einen Truppenabzug und die Aufstellung von Wachposten; zweitens widerlegen einige archäologische Details die jos. Darstellung[8], so daß es nicht der Massenselbstmord als solcher ist, zumal er Paral-

---

[3] Cf die Notizen in bell 4, 405. 506. 516.

[4] So Strobel, Die Passa-Erwartung als urchristliches Problem in Lc 17, 20f, ZNW 49 (1958) 157-196: cf S. 190f Anm 131; cf auch M/B, IV Anm 109.

[5] Cf Cohen, Masada: Literary Tradition, Archeological Remains, and the Credibility of Josephus, JJS 33 (1982) 385-405: "who wanted to eat the one-hundred-year-old Herodian food, which filled Masada's storerooms?" (ebd., 402).

[6] Cohen, Masada, 402; cf auch Jos.' Scheltrede in bell 7, 255-258.

[7] Cf bell 7, 275-279. 304-319; zum archäologischen Befund cf M/B, Exkurs XXIII (= Bd. II, 2, S. 270f); Schulten, Masada, die Burg des Herodes und die römischen Lager, ZDPV 56 (1933) 1-185: cf S. 78-179; Avi-Yonah, u. a., Masada, Survey and Excavations 1955-1956 by the Hebrew University, IEJ 7 (1957) 1-60: cf S. 7ff (mit Karte hinter S. 6); Richmond, The Roman Siege-Works of Masadà, Israel, JRS 52 (1962) 142-155; Yadin, The Excavation of Masada - 1963/64, Preliminary Report, IEJ 15 (1965) 1-120; ders., Masada, Der letzte Kampf um die Festung des Herodes, 1967, 208-231.

[8] Cf Cohen, Masada, 394f: Nach Jos. wurde der gesamte Besitz auf einen großen Haufen gestapelt und angezündet (bell 7, 394) - die archeologischen Ergebnisse zeigen, daß es viele Haufen und viele Feuer gegeben hat; nach bell 7, 336 sollten die Lebensmittel nicht verbrannt werden - die Ausgrabungen beweisen das Gegenteil; nach bell 7, 397 hat der letzte überlebende Jude den Palast in Brand gesetzt - es wurden jedoch alle öffentlichen Gebäude den Flammen preisgegeben; nach bell 7, 405 haben sich alle 960 Toten im Palast befunden - dieser ist dafür jedoch zu klein gewesen; außerdem wurden ver-

lelen aufweist und auch religiös deutbar wäre[9], der historische Kritik hervorruft. Bei dem Angriff werden einige Juden ihre Familien getötet und ihren Besitz, sowie Gebäude und Getreidespeicher in Brand gesetzt haben und darauf sich selbst entweder getötet oder gegen die römische Übermacht geworfen haben, die ihrerseits keine Gefangenen gemacht hat, sondern den jüdisch-römischen Krieg mit einem blutigen Massaker endgültig beendete[10]. Flavius Silva stationierte eine römische Besatzung auf der Festung und zog selbst nach Cäsarea zurück, denn es gab in ganz Judäa keinen Widerstand mehr (bell 7, 407f).

8. Nachgeschichte in Ägypten

In Ägypten kam es - wie auch in Kyrene[1] - nach der Eroberung Masadas zu einem jüdischen Aufstandsversuch[2], der jedoch von den ägyptischen Juden den Behörden angezeigt wurde (cf bell 7, 411-419).

Bemerkenswert sind diese lokal begrenzten Unruhen insoweit, als sie vom Präfekten Ti. Iulius Lupus nach Rom gemeldet wurden, worauf ein schriftlicher Befehl Vespasians erfolgte, den jüdischen Tempel von Leontopolis zu zerstören, da er fürchtete, daß die Juden "sich erneut zu einer einheitlichen Bewegung zusammenschließen und dabei auch noch andere für sich gewinnen würden" (7, 421). Der vermutlich 163/162 v. Chr. von Onias IV[3] unter Erlaubnis von Ptolemaios VI Philometor (180-145 v. Chr.) eröffnete jüdische Tempel im Bezirk von Heliopolis[4] war zwar auch theologisch als Gegentem-

---

schiedene Skelette entdeckt, die sich nicht nur auf der Terrasse unterhalb des (nördlichen) Palastes befanden, sondern auch in einer Höhle am Südhang.

[9] Cf Hengel, Zeloten, 268-271. 276; Strobel, Passa-Erwartung, 188-195; M/B, VII Anm 185f.

[10] Cf Smallwood, The Jews under Roman Rule, SJLA 20, 1976, 338; Cohen, Masada, 403f.

[1] Cf bell 7, 437-450; cf hierzu M/B, VII Anm 215.

[2] Cf bell 7, 410: "... τῆς στάσεως τῶν σικαρίων"; diese Wendung taucht bei Jos. sonst nicht auf. Da aus Masada wahrscheinlich kein Sikarier entkommen ist, wird wohl auch an dieser Stelle die Konzeption von bell 7, 253-258 vorausgesetzt, "daß nämlich 'Sikarier' der römische Rechtsbegriff ist, unter dem alle Aufständischen zu begreifen sind" (M/B, VII Anm 190).

[3] Cf ant 12, 387f; 13, 62-73. 285-287; 20, 236. In bell 1, 31-33; 7, 423 denkt Jos. an Onias III als Gründer des Tempels; cf dazu M/B, VII, Anm 202.

[4] Zum ägyptischen Löwenkult, der den griechischen Namen "Λεόντων πόλις" oder "Λεοντόπολις" prägte, cf Kees, Art. Ὀνίου, PRE XVIII, 1, 1939, 477-479: cf Sp. 478;

pel zu Jerusalem konzipiert[5], hatte aber, soweit aus dem Schweigen der alexandrinischen Quellen im Gegensatz zu ihrer häufigen Erwähnung des Jerusalemer Tempels ersichtlich ist, keine große Bedeutung erlangen können[6]. Dennoch erteilte Vespasian, der vielleicht während seines Ägyptenaufenthaltes in den Jahren 69/70 von der Existenz dieses Tempels erfahren hatte, den Zerstörungbefehl. Vermutlich war er der Meinung, daß der jüdische Tempel sich zu einem religiösen Mittelpunkt der antirömischen Kräfte entwickeln könnte[7].

Lupus führte den Befehl jedoch nicht in der von Vespasian geforderten Schärfe aus, sondern ließ den Tempel - wahrscheinlich im Herbst 74[8] - schließen. Ebenso handelte sein Nachfolger Paulinus[9], der alle Weihegaben konfiszierte und das Tempelgebiet unzugänglich machte (cf 7, 433-436). Die

---

ders., Art. Leontopolis Nr. 8, PRE XII, 2, 1925, 2055-2056: Der bes. von Ramses III ausgeschmückte Tempel muß "zur Ptolemäerzeit schon verfallen gewesen sein" (ebd., 2056). Zu den verschiedenen geographischen Hypothesen über Leontopolis und zur dortigen Organisation der jüdischen Gemeinschaft cf jetzt Kasher, The Jews in Hellenistic and Roman Egypt, TSAJ 7, 1985, 119-135.

[5] Hayward, The Jewish Temple at Leontopolis: A Reconsideration, JJS 33 (1982) 429-443: cf S. 432ff.

[6] Cf CPJ I, 45; Smallwood, The Jews under Roman Rule, SJLA 20, 1976, 367f.

[7] Cf M/B, VII Anm 199; Smallwood, Jews, 369: "In what way, therefore, the demolition of the sanctuary at Leontopolis was regarded as a safeguard against further trouble is far from clear". Cf weiter den II. Teil, 3.3.

[8] Diese Datierung ergibt sich aus dem obigen Exkurs. Dagegen behaupteten Kees, Art. Leontopolis Nr. 8, 2056; Eißfeldt, Art. Onias s. v. Nr. 4 (Onias IV), PRE XVIII, 1, 1939, Sp. 476; Helck, Art. Leontopolis Nr. 2, KP 3, 1975/79, 574-575: cf Sp. 575 und PIR^2 I Nr. 390 ohne hinreichende Begründung für die Schließung das Jahr 71.

[9] In Weiterführung des obigen Exkurses erhebt sich die Frage, wer der in bell 7, 434 genannte Präfekt Paulinus ist. Der nach Lupus nächste in den Quellen gut bezeugte Präfekt ist erst C. Aeternius Fronto, der für Ende August 78 n. Chr. erwähnt wird (cf Sijpesteijn, Flavius Josephus and the Praefect of Egypt in 73 A. D., Hist 28, 1979, 117-125: cf S. 118). Aus dem schwer beschädigten P. Strasb. 541, der zwischen 69 und 79 (Regierungszeit Vespasians) entstanden ist, wissen wir jedoch von einem Präfekten Ägyptens mit Namen Valerius, so daß es sehr gut möglich ist, daß dieser Präfekt Valerius mit dem Freund und Parteigänger Vespasians "Valerius Paulinus", Prokurator von Gallia Narbonensis im Jahre 69 (cf hist. 3, 43), identisch ist: Dies war schon früher vermutet worden (cf PIR^1 III, S. 373), ist aber nach den Veröffentlichungen von P. Strasb. 541; P. Oxy. XLVI, 3279 und P. Mich. XIV, 676 wieder im Bereich des Wahrscheinlichen. Über Identitäten oder verwandtschaftliche Beziehungen des Curtius Paulinus (s. o. Exkurs) oder des Valerius Paulinus zu dem in bell 3, 344 erwähnten Militärtribunen Paulinus zu spekulieren (cf z. B. Hanslik, Art. Paulinus Nr. 1, PRE XVIII, 4, 1949, Sp. 2327; M/B, III Anm 79; vorsichtiger M/B, VII Anm 207), übersteigt m. E. die Möglichkeiten der Prosopographie.

zweite Schließung ist wohl nicht durch Unruhen, sondern durch die Fortführung des Tempeldienstes veranlaßt worden und kam im Ergebnis einer Zerstörung gleich (cf 7, 434f).
Diese römische Maßnahme weist noch einmal auf die ideologische Ebene der Auseinandersetzungen zwischen Römern und Juden hin, über die im II. Teil zu handeln sein wird.

9. Zeittafel

In der nachfolgenden tabellarischen Übersicht werden noch einmal die wichtigsten Ereignisse zusammengefaßt. Die Kategorie "innere Ereignisse" bezieht sich nur auf die Vorkommnisse in Jerusalem. Dort treten immer dann Machtverschiebungen auf, wenn die Römer untätig sind, also vor dem Feldzug des Cestius Gallus, im Winter 67/68 n. Chr., sowie im sog. Vierkaiserjahr.

	Äußere Ereignisse		*Innere Ereignisse*
Mai 66	Gessius Florus provoziert Unruhen in Jerusalem: drohender Übergriff auf den Tempelschatz wird verhindert; Plünderungsbefehl; Rückzug		1. Tempelreform (Eleazar b. Ananias)
		Sommer 66	Auseinandersetzung zwischen Friedens- und Kriegspartei; Ananias, Agrippa (3000 Reiter), 2 röm. Kohorten gegen Eleazar b. A., Menahem + Sikarier
Herbst 66	Feldzug des Legaten Cestius Gallus		
Okt./Nov.	vor Jerusalem; Abzug nach Sturm auf die nördl. Tempelmauern; Niederlage nach Rückzug		antirömische Adelsführung unter Ananos
Frühj. 67	Galiläischer Feldzug des Vespasian + Titus; Eroberung von mehreren Städten: im		2. Tempelreform (Eleazar b. Simon)
Okt.	von Gischala > Flucht des Johannes v. G.:		verstärkt Tempelzeloten und ruft Idumäer zur Unterstützung

Winter 67/68			=> Niederlage der Ananospartei; Herrschaft der Zeloten, dann des Johannes
Sommer 68	Feldzüge gegen Peräa, Judäa, Idumäa		
9.6.	Tod Neros => Thronwirren		
		April 69	Simon b. Giora in Jerusalem
1.7.	Vespasian zum Kaiser ausgerufen		
Dez.	Brand des Kapitols / Sieg der Flavier		
Frühj. 70	Belagerung Jerusalems (Titus)		Überwindung des internen Streits
Aug.	--------------------------------- Tempelzerstörung		
Sept.	----------------------------- Eroberung der Oberstadt		
Sommer 71	Flavischer Triumphzug		
	------------------------------- Einrichtung des "Fiscus Judaicus"		
	Eroberung von Herodeion und Machärus (Luc. Bassus)		
71/72	----------------------- Neuordnung Judäas (Landverkauf)		
2. Mai 74	Eroberung von Masada (Flav. Silva)		
Herbst 74	1. Schließung des jüd. Tempels von Leontopolis (Ti. Iulius Lupus)		
74/75	2. Schließung (Zerstörung?) des jüd. Tempels von Leontopolis (Val. ? Paulinus)		
75	(Einweihung des Templum Pacis in Rom)		

II. TEIL: THEOLOGISCHE UND IDEOLOGISCHE FAKTOREN IM KONTEXT DER TEMPELZERSTÖRUNG

1. Die jüdische Seite

1.1 Theologische und ideologische Elemente

a) Ideale Konzeption: Heiligkeit und Reinheit des Tempels

"Heilig" und "rein" sind im jüdischen Glauben zwei eng zusammengehörige, jedoch nicht identische Begriffe[1]. Einerseits kann bereits das Reine, "wenn es dem profanen Gebrauch entzogen wird, als heilig gelten"[2] und andererseits haben die Reinigungsriten ein letztes Ziel: "to permit participation in the cult"[3]. Der Tempel, Tempelplatz, -vorhöfe, -tore und -schatzkammer, sowie alle Dinge, die den Kult betreffen wie z.B. Geräte, Räucherwerk, Öl, Erstlingsbrote, Lade, Leuchter und Schaubrottisch, das priesterliche Gewand werden dagegen als heilig bezeichnet; zahlreiche Belege aus dem AT und der zwischentestamentlichen Literatur lassen sich hierfür anführen[4], denn alles, "was den Tempel angeht, ist ἱερός"[5]. Gebraucht man "heilig" und "rein" in unterschiedlicher Bedeutung, so bezeichnet "heilig" einen von Gottes Heiligkeit abgeleiteten Zustand und "Reinheit" eine an die Kultteilnehmer gerichtete Forderung, die der Heiligkeit korrespondieren soll.
Beginnen wir auf diesem Hintergrund mit einer architektonischen Beschrei-

---

[1] Cf Joseph, Art. Reinheitsgesetze, JL IV, 1, 1930, 1316-1320: cf Sp. 1316; Hauck/Meyer, Art καθαρός, κτλ., ThWNT III, 1938, 416-434: cf S. 419f; Rendtorff, Art. Rein und Unrein II, RGG[3] V, 1961, 942-944: cf Sp. 942; Neusner, A History of the Mishnaic Law of Purities I, SJLA 6, 1974, 16; ders., Geschichte und rituelle Reinheit im Judentum des 1. Jahrhunderts n.Chr., (1979), jetzt in: ders., Das pharisäische und talmudische Judentum, TSAJ 4, 1984, 74-92: cf S. 77.

[2] Kellermann, Art. Heiligkeit II, TRE 14, 1985, 697-703: S. 698.

[3] Neusner, The Idea of Purity in Ancient Judaism, SJLA 1, 1973, 118.

[4] Cf die Zusammenstellungen bei Schrenk, Art. ἱερός, κτλ., ThWNT III, 1938, 221-284: cf S. 227f; Horst, Art. Heilig II, RGG[3] III, 1959, 148-151: cf Sp. 149f; Kellermann, Art. Heiligkeit II, 701f.

[5] Schrenk, Art. ἱερός, 227.

bung des herodianischen Tempels. Im 18. Jahr seiner Regierung (23/22 v. Chr.)[6] veranlaßte Herodes Umbau und Vergrößerung der Tempelanlage von Jerusalem, eine Arbeit, die 9½ Jahre in Anspruch nahm[7]. Man hat jedoch - mit mehreren Rückschlägen (ant 17,260ff; bell 2,49f) - bis in die Amtszeit des Albinus, der von 62-64 n.Chr. Prokurator in Judäa war, daran weitergebaut[8]. Während der Bauarbeiten wurde penibel auf die Heiligkeit des Tempels und die Reinheitsforderungen geachtet. Das innere Heiligtum ist nur von Priestern erbaut worden (ant 15,390.421)[9], und auch Herodes hat diese Baustelle nicht betreten (ant 15,420).

Der Tempel von Jerusalem, dem neuerdings T. A. BUSINK eine ausführliche archäologisch-historische Studie gewidmet hat[10], bestand seit dem 3. Jahrhundert aus einem Innenheiligtum und einem auch für Heiden zugänglichen Außenhof; um 300 v.Chr. hatte der Tempel nach dem Bericht des Hekataios (bei Jos., Ap 1,198) noch keinen Außenhof gehabt, der dann jedoch für ca. 200 v.Chr. (nach dem seleukidischen Sieg) durch einen Brief und Erlaß des Königs Antiochus III (ant 12, 138ff. 145f)[11] bezeugt ist. Der herodianische Tempel bestand ebenfalls aus einem Innenheiligtum und einem auch für

---

[6] Mit ant 15,380 gegen bell 1,401 (15. Jahr); cf Schürer, Geschichte I[4], 369 Anm 12; Schalit, König Herodes, SJ 4, 1969, 372f.

[7] Cf ant 15,420f, wobei die Bauzeit von 8 Jahren für die Vorhöfe und 1½ Jahren für das innere Heiligtum addiert werden können: mit Schalit, Herodes, 373 Anm 776, der sich aber der Textvariante "ἐνιαυτῷ καὶ μησὶν πέντε" (P) anschließt; eine textkritische Entscheidung ist hier m.E. nicht möglich. Einen instruktiven Einblick in die verschiedenen technischen Probleme und Lösungen bei der Errichtung dieses Monumentalbaus gibt Ben-Dov, Herod's Mighty Temple Mount, Biblical Archeology Review 12,6 (Nov./Dez. 1986) 40-49: cf S. 44ff.

[8] Cf ant 20,219.

[9] Daß es sich um verarmte Priester handelte, wird daran deutlich, daß Herodes für sie die Priesterkleidung bereitstellen mußte: ant 15,390; cf Theißen, Die Tempelweissagung Jesu, (1976), jetzt in: ders., Studien zur Soziologie des Urchristentums, WUNT 19, (1979) 1983[2], 142-159: cf S. 156.

[10] Busink, Der Tempel von Jerusalem, Von Salomo bis Herodes, Eine archäologisch-historische Studie unter Berücksichtigung des westsemitischen Tempelbaus, I (1970), II (1980); zum herodianischen Tempel cf II, 1062-1200 mit Abbildungen des rekonstruierten Innenheiligtums auf S. 1064.1095 und der Gesamtanlage S. 1179.

[11] Ant 12,141 erwähnt nötige Arbeiten am Heiligtum und den Säulenhallen; 12,145 verbietet Fremden, in denjenigen Tempelvorhof ("εἰς τὸν περίβολον ... τοῦ ἱεροῦ") zu gehen, den selbst die Juden erst nach den Reinigungen betreten. BusinK schließt daraus, "dass der Tempel damals zwei Einfriedungen hatte, eine des Innenhofes und eine des Aussenhofes, und an der des Aussenhofes haben Säulenhallen gestanden" (Tempel II, 835). Ant 12,146 erwähnt als Strafe für die Verletzung der jüdischen Rechte eine Geldbuße von 3000 Drachmen.

Nichtjuden offenen Bezirk, den Jos. als "τὸ ἔξω(θεν) ἱερόν" bezeichnet (bell 6,151.244.277.324; cf 5,187). Dieser äußere völlig umbaute Tempelhof war durch eine Steinbalustrade vom inneren Tempelbezirk getrennt. An den Durchgängen zum inneren Bezirk waren die Tafeln angebracht, die jedem Fremden bei Todesstrafe den Zutritt verweigerten.

Von den literarisch bezeugten[12] Warnungstafeln sind zwei Exemplare entdeckt worden: 1871 von C. CLERMONT-GANNEAU nördlich des Tempelplatzes und ein Fragment 1935 von J. H. ILIFFE am Osthang[13]. Die Übersetzung des auf beiden Tafeln gleichlautenden Textes heißt: "Daß kein Fremder hineintrete innerhalb der Balustrade[14] und Einfriedung um das Heiligtum! Wer aber ergriffen wird, wird selbst verantwortlich sein für den darauf folgenden Tod!"

Heilige, abgegrenzte Bezirke sind in der Antike nichts Außergewöhnliches: "In Syria the whole plan of the temple was based on this idea"[15]. Auch Warnungsinschriften sind bekannt; eine Inschrift aus Samothrake aus dem 2. Jahrhundert v.Chr. lautet: "Ἀμύητον μὴ εἰσιέναι εἰς τὸ ἱερόν"[16]; aus Hatra

---

[12] Direkte Erwähnung in: ant 15,417; bell 5,194; 6,124-126. Zum Verbot für Heiden, den inneren Bezirk zu betreten cf leg 212; Act 21,27f; Ap 2,102-104; bell 2,341; 5,402; mKel 1,8; cf ant 3,318.

[13] Cf Clermont-Ganneau, Discovery of a Tablet from Herod's Temple, PEFQSt N.S. 1 (1871) 132-133: cf S. 132; ders., Une Stèle du Temple de Jérusalem, RAr N.S. 23 (1872) 214-234.290-296. Abb. X hinter S. 280: cf S. 220; Iliffe, The ΘΑΝΑΤΟΣ Inscription from Herod's Temple, QDAP 6 (1938) 1-3: cf S. 2. Der griechische Text wurde oft wieder veröffentlicht: cf OGIS II, Nr. 598 (S. 294f); SEG VIII, 169; Gabba, Iscrizioni greche e latine per lo studio della Bibbia, SOB 3, 1958, 83; Hengel, Die Zeloten, AGJU 1, (1961) 1976[2], 219 Anm 4; Schalit, Herodes, 383 Anm 815; Marcus, Josephus Bd. VIII (LCL), 1963/1969[2], S. 202f Anm d. Fotos der Tafeln sind in: Clermont-Ganneau, Stèle, Pl. X (nach S. 280); Iliffe, Inscription, Pl. I+II; Leipoldt/Grundmann, Umwelt des Urchristentums III, (1966) 1976[4], Abb. 166; Schalit, Herodes, S. VII; Vincent, Jérusalem de l'Ancien Testament, (2. und 3. Teil), 1956, 447 Abb. 138; Wright, Biblische Archäologie, 1958, 227 Abb. 170; Schäfer, Geschichte der Juden in der Antike, 1983, Pl. III. Übersetzungen finden sich in: Marcus, a.a.O.; Galling, Textbuch zur Geschichte Israels, 1968[2], Nr. 55 (S. 91); M/B, V Anm 64; Schäfer, a.a.O.

[14] "τρυφάκτου"; Jos. hat dafür "δρύφακτος": ant 15,417; bell 5,193; 6,124. Cf Clermont-Ganneau, Discovery, 133: "The variant τρύφακτος is singular, and probably points to one of the faults of pronunciation in use among the Jews speaking Greek at this period".

[15] Bi(c)kerman(n), The Warning Inscriptions of Herod's Temple, JQR N.S. 37 (1946/47) 387-405: S. 389f; cf auch ders., Der Gott der Makkabäer, 1937, 96-104. Zu den syrischen Tempeln cf jetzt Busink, Tempel II, 1322f. 1357f; zu ähnlichen Tempeln in Nabatäa cf ebd., 1269f. 1274. 1279f.

[16] Lehmann, Samothrace: Sixth Preliminary Report, Hesp 22 (1953) 1-24: S. 14; Lehmann verweist ebd. auf eine bereits 1938 entdeckte, fast gleichlautende griechische In-

ist eine aramäische Fluchinschrift überliefert[17]. Ein Eintrittsverbot für einen Tempel auf Astypalaia, einer der Sporadischen Inseln, heißt wie folgt: "In den Tempel darf nicht eintreten, wer nicht rein oder vollkommen ist, widrigenfalls wird es ihm schwer auf dem Gewissen lasten"[18].
Der markanteste Unterschied zu den jüdischen Exemplaren liegt auf der Hand: Den paganen Inschriften fehlt eine konkrete Strafandrohung. Die Besonderheit der jüdischen Tafeln besteht jedoch nicht nur in der denkbar härtesten Strafandrohung mit dem Tod, sondern auch in der Unklarheit darüber, wer oder welche Instanz die Todesstrafe tatsächlich vollstreckt. Dies lassen die Inschriften nicht erkennen.

In der Forschung werden dazu seit Bickermann drei verschiedene Möglichkeiten diskutiert[19]: Während sich die Deutung, die Strafe sei dem Himmel selbst zu überlassen, mit Recht nicht durchgesetzt hat[20], kommen noch die Lynchjustiz[21] oder ein jüdisches Gericht (mit oder ohne Bestätigung der Römer)[22] in Betracht.
Für ein ordentliches jüdisches Gerichtsverfahren gibt es jedoch keine direkten Hinweise in den Quellen, und auch das Tituswort in bell 6,126 ("Haben nicht wir euch gestattet,

---

schrift (mit lateinischer Übersetzung!) aus dem 2. nachchristlichen Jahrhundert; er folgert daraus: "the new stele indicates the old tradition of such inscribed stelai in the sanctuary" (ebd.). Bickermann, Warning Inscriptions, 390 Anm 15 weist noch auf eine Inschrift vom Berg Hermon hin.

[17] Die Inschrift Hatra Nr. 29 in der Übersetzung von D. R. Hillers: cf ders., MSKN' "Temple" in Inscriptions from Hatra, BASOR 207 (1972) 54-56: S. 55 - im Gegensatz zu KAI Nr. 247: Dort wurde für "בגן" die auch in den Augen der Hrgg. unsichere Übersetzung "Gebet, Anrufung" vorgeschlagen (cf KAI II, S. 299).

[18] Pfohl, Griechische Inschriften als Zeugnisse des privaten und öffentlichen Lebens, 1980[2], S. 142 Nr. 127: "[Ἐ]ς τὸ ἱερὸν μὴ ἐσέρπειν, ὅστις μὴ ἁγνός ἐστι ἢ τέλει<ος> ἢ αὐτῷ ἐν νῷ ἐσσεῖται" (datiert: ca. 300 v.Chr.); cf auch ebd., S. 156 Nr. 142 (Apotropäische Inschrift aus Pompeji).

[19] Cf Bickermann, Warning Inscriptions, 394f.

[20] Cf Bickermann, Warning Inscriptions, 394. Sie widerspricht der Verhaftung, die als Eventualis formuliert ist ("ὃς δ᾽ἄν ληφθῇ"); eine solche Deutung entspricht jedoch den späteren Erleichterungstendenzen: cf Hengel, Zeloten, 220 Anm 2.

[21] Cf Clermont-Ganneau, Stèle, 232f; Kohler, Art. Zealots, Jew. Enc. 12, 1906, 639-643: cf Sp. 641b; Sherwin-White, Roman Society and Roman Law in the New Testament, 1963, 38 Anm 2; im Anschluß an diese auch Hengel, Zeloten, 219f; cf weiter: Dalman, Orte und Wege Jesu, BFChTh. M 1, (1919) 1924[3] (Repr. 1967), 306f; Dessau, Geschichte der Römischen Kaiserzeit II, 2, 1930, 758f.

[22] Schürer, Geschichte II[2], 161; Lietzmann, Bemerkungen zum Prozeß Jesu, ZNW 31 (1932) 78-84: cf S. 81 (in Auseinandersetzung mit Büchsel, Die Blutgerichtsbarkeit des Synhedrions, ZNW 30, 1931, 202-210: cf S. 206f); Bill 2, 761; Juster, Les Juifs dans l'Empire Romain II, 1914, 142f Anm 5; Zeitlin, The Warning Inscription of the Temple, JQR N.S. 38 (1947/48) 111-116: cf S. 111.116.

diejenigen zu töten, die dennoch hinübersteigen, selbst wenn der Betreffende ein Römer wäre") ist hier unklar und läßt den Modus der Strafverfolgung offen. Hinzu kommt, daß die Annahme einer Kapitalgerichtsbarkeit des Synhedrions unter römischer Herrschaft kaum zu halten ist und auch mit bell 6,126 kollidiert: "if the Sanhedrin had the general right to execute offenders against the religious law, this special concession would not have been necessary"[23].

Bell 6,126 widerspricht aber auch der Annahme einer reinen Lynchjustiz: Eine römische Erlaubnis zum Lynchen ist nicht vorstellbar. Dagegen spricht nicht nur das Wesen römischer Herrschaft im allgemeinen, sondern konkret das Eingreifen der Römer beim sog. Pauluszwischenfall (Act 21,31f), wie auch die zwei bekannten Beispiele, die von blasphemischen Taten römischer Legionäre berichten (bell 2,223-231; ant 20,105-117): Der zweite Soldat wird bestraft, aber durch die Römer selbst; ebenso wie später der römische Tribun Celer in Jerusalem hingerichtet wird, aber erst auf Befehl des Kaisers (bell 2,246; ant 20,136).

Bezüglich der Warnungsinschrift ist es verwunderlich, daß der vermittelnde, aufgrund zahlreicher Belege wahrscheinlich gemachte Vorschlag des oft zitierten E. J. BIKKERMANN nicht differenziert zur Kenntnis genommen wurde: Es ist zwar die "outraged community"[24], die sich sammelt, richtet und das Todesurteil vollstreckt, aber gemäß des in hellenistischer Zeit legalen Prinzips der Selbstverteidigung der verunreinigten Gemeinschaft[25]. Diese Form der Gemeinschaftsjustiz kann BICKERMANN für den paganen Raum glaubhaft machen[26], so daß der auf den Warnungstafeln angeredete

---

[23] Sherwin-White, Roman Society, 38; dafür, daß das Synhedrion während der direkten römischen Herrschaft nicht die Blutgerichtsbarkeit besaß, könnte auch die Notiz in Meg.Taan. 15 (zum 22. Elul) sprechen ("Am 22. des Monats begann man wieder, die Übeltäter zu töten"), die Lichtenstein, Die Fastenrolle, Eine Untersuchung zur jüdisch-hellenistischen Geschichte, HUCA 8/9 (1931/32) 257-351 auf die Wiederherstellung der Blutgerichtsbarkeit im Jahre 66 n.Chr. deutet (cf S. 305f). Megillat Taanit, die sog. "Fastenrolle", ist ein Verzeichnis von 36 Tagen (Makkabäerzeit bis zur römischen Herrschaft), an denen "wegen der an ihnen geschehenen freudigen Ereignisse nicht gefastet werden darf" (Strack/Stemberger, Einleitung in Talmud und Midrasch, 1982[7], 44); zum historischen Wert der Fastenrolle cf Lichtenstein, ebd., 264f; Farmer, Maccabees, Zealots, and Josephus, 1956, 151-158.205-209. Cf weiter Blinzler, Der Prozeß Jesu, (1951) 1969[4], 229-244; Schürer, History II, 221-223; Bammel, Die Blutgerichtsbarkeit in der römischen Provinz Judäa vor dem ersten jüdischen Aufstand, JJS 25 (1974) 35-49: S. 40ff.

[24] Bickermann, Warning Inscriptions, 398.

[25] Bickermann, Warning Inscriptions, 396ff. Auch Hengel, Zeloten, 220 Anm 1 verwischt dies durch unvollständige Bickermannzitate; cf jedoch Bickermann, Warning Inscriptions, 401: "... a sacrilegious person would be killed by the multitude. The legal character of the deed, different from lynching, explains a particular feature of the Temple inscription"; cf auch ebd., 399 Anm 68. Schürer, History II, 222 spricht im Anschluß an Bickermann von "legalized lynching" - man sollte jedoch m.E. den Begriff "Lynchen" vermeiden und eher von einer "als legal akzeptierten Gemeinschaftsjustiz" sprechen.

[26] Cf Bickermann, Warning Inscriptions, 397f. Die Belege entstammen dem hellenistischen Raum (Griechenland, Asia, Syrien, Ägypten) aus der Zeit vom 3.-1. Jahrhundert

Nichtjude durchaus an einen solchen Vorgang denken wird.
Die Belege, die BICKERMANN für den jüdischen Raum angibt[27], sind jedoch nicht eindeutig: Ant 16,320.365.393 beziehen sich nicht auf Handlungen gegen den Tempel, sondern auf Hochverratsprozesse, in denen Herodes eine Steinigung (durch das Volk) veranlaßt bzw. fordert; demgegenüber ist bell 1,654f/ant 17,163f das einzige Beispiel für ein Vergehen gegen den Tempel; es geht hier um den Prozeß gegen die jungen Eiferer, die auf das (falsche) Gerücht hin, Herodes sei gestorben, den goldenen Adler am Tempel zerstören. Nach ihrer Gefangennahme beruft Herodes eine Volksversammlung ein und verklagt die jungen Männer als Tempelräuber (ὡς ἱεροσύλων) und Frevler (ὡς ἀσεβεῖς) und fordert dementsprechend die Todesstrafe. Die Versammlung stimmt jedoch nur zögernd zu und ist hier gerade nicht Vollstreckerin der Strafe: Nicht der Volkszorn entlädt sich hier, sondern die Furcht des sterbenden Königs vor der religiösen Opposition. Daher kann auch die Tatsache, daß Herodes' Nachfolger Archelaos dieses Urteil gegenüber Protesten als rechtmäßig qualifiziert (ant 19, 209: "μετὰ νομῶν"), nicht als direkter Beleg für die als legal akzeptierte Gemeinschaftsjustiz gelten.
Direkte Hinweise lassen sich demnach nicht anführen. Diese indirekten Belege entstammen aber alle der Zeit des Herodes, der als Klientelfürst innenpolitisch freie Hand hatte. Nimmt man an, daß die Warnungstafeln mit der Todesdrohung erstmals unter seiner Regentschaft angebracht worden sind[28], wird man folgern müssen, daß die Römer nach der Absetzung des Archelaos diese Regelung unangetastet ließen, wodurch aus der vom König gelenkten Gemeinschaftsjustiz eine als legal akzeptierte Justiz der verunreinigten Gemeinde entstand. Dafür spräche nicht nur die römische Zurückhaltung gegenüber den regionalen religiösen Eigenheiten, sondern auch das oben erwähnte Tituswort aus bell 6,126, das mit den beiden anderen verhandelten Deutungsmöglichkeiten nicht zu harmonisieren war. Diese Plausibilität hat aufgrund der fehlenden direkten Belege ein nicht geringes Gewicht.
Ein weiteres Indiz kann hinzugefügt werden: Man darf annehmen, daß Philos Schrift "De Legatione ad Gaium" nicht nur für enttäuschte Juden in Alexandria geschrieben wurde, sondern wegen ihrer den jüdischen Glauben erläuternden Paragraphen (cf §§

---

v.Chr.; im Jahre 59 v.Chr. wurde z.B. ein Mitglied einer römischen Gesandtschaft in Ägypten getötet, weil dieser eine Katze, die als heiliges Tier galt, getötet hatte: "He was put to death by the population, although the officials, afraid of Rome, sought to dissuade them from the act" (Bickermann, ebd., 398 mit Hinweis auf Diod. I, 83,8).

[27] Cf Bickermann, Warning Inscriptions, 399; in seiner Entgegnung auf Bickermanns Aufsatz geht Zeitlin, Warning Inscription, 111ff auf diese Belege nicht ein.

[28] Dafür spricht der chronologische Kontext von ant 15,417; einen direkten Hinweis gibt es jedoch nicht. Zeitlin, Warning Inscription, 115 vermutet dagegen die Zeit Hyrkans II "by the act of Julius Caesar after the defeat of Pompey", ohne dies begründen zu können; auch Mommsen, Römische Geschichte V, 1886[3], 513 Anm 1 (ihm schloß sich im Ergebnis auch Gabba, Iscrizioni, 84f an) dachte an eine römische Tat wegen der lateinischen Übersetzung (dagegen schon Dessau, Geschichte II, 2, 759 Anm 1: die lateinische Warnung ist wegen der Soldaten notwendig, die auch sonst nach Jerusalem kamen). Für Herodes spricht dagegen, daß dieser die Reinheit des Tempels auch gegenüber Heiden bewahrt hat (s.u.).

118.210-212) durchaus an den römischen Kaiserhof und Claudius selbst als Adressaten denkt[29]. Dann wäre der Hinweis auf den unerbitterlichen Tod für alle Nichtjuden, die die Schranken des inneren Heiligtums übertreten (leg 212), im Sinne der als legal akzeptierten Gemeinschaftsjustiz zu deuten (ein Hinweis auf römische Beteiligung fehlt ganz - es geht um die jüdische σπουδή), da diese auch für den römischen Herrscher - im strikten Gegensatz zur Lynchjustiz - nicht anstößig wäre. Leg 212 und bell 6,126[30] stimmen überein.

Alle indirekten Belege abwägend bin ich der Meinung, daß die strafrechtliche Seite der Jerusalemer Warnungsinschriften am wahrscheinlichsten im Sinne der als legal akzeptierten Gemeinschaftsjustiz zu deuten ist. Dies schließt natürlich nicht aus, daß es in der Praxis sowohl zu Lynchjustiz oder -versuchen (cf spec.leg. 1,54-58; ant 14,22-24; Act 7,54-8,3; 23,12-15; Joh 8,59; 10,31) als auch zum römischen Eingreifen (cf Act 21,31f; 22,30) gekommen ist, wogegen der jüdische Priesteradel bestrebt war, den Tempel als eine Art "Rechtsenklave" unter eigener Jurisdiktion zu erhalten[31].

Fahren wir nach diesem Exkurs mit der Beschreibung des Tempels fort. Hinter dem von der Steinbalustrade umgebenen Bezirk, den man seinerseits schon zum Innenheiligtum rechnen muß[32], stand auf einem Podium, mit hohen Mauern versehen, das eigentliche innere Heiligtum[33]. An der Ostseite lag der sog. Frauenvorhof[34]. Ihn durften nicht etwa nur, sondern auch die Frauen betreten (cf ant 15,418; Ap 2,104). Den Hauptzugang bildete das im Osten gelegene sog. "korinthische Tor" (cf bell 5,201-204), das sowohl mit dem in der Mischna erwähnten "Nikanortor" (Mid 2,6 = Sheq 6,3) als auch mit der

---

[29] Cf Barraclough, Philo's Politics, Roman Rule and Hellenistic Judaism, ANRW II, 21, 1, 1984, 417-553: cf S. 450f.

[30] Dadurch wird auch der Wahrheitsgehalt von bell 6,126 gestützt gegen den möglichen Einwand, daß diese Stelle als Bestandteil des von Jos. propagierten Titusbildes in 6,123-128 (dazu: W. Weber, Josephus und Vespasian, 1921, 70f; Lindner, Die Geschichtsauffassung des Flavius Josephus im Bellum Judaicum, AGJU 12, 1972, 108f.119) überzeichnet ist. Bell 6,125f bietet vielmehr Möglichkeit und Anlaß für die Propaganda in 6,123.127f.

[31] Cf Schürer, History II, 223: "Accordingly, whilst the Sanhedrin was left to enjoy a tolerably extensive jurisdiction, its most serious restriction was that the Roman authorities could at any time take the intiative themselves and proceed independently".

[32] Cf Busink, Tempel II, 1062f; Jos. schreibt für den gesamten Innenbezirk "τὸ δεύτερον ἱερόν" (bell 5,193f); die Bezeichnung "τὸ πρῶτον ἱερόν" muß man nicht wie Busink erschließen, sondern sie findet sich in 5,238.

[33] Die Bezeichnungen bei Jos. sind: τὸ ἔνδον ἱερόν (cf bell 2,411; 5,565; 6,248.299); τὸ ἐνδοτέρω ἱερόν (cf bell 4,305; 5,104; 6,82; cf auch 6,293); τὸ εἴσω ἱερόν (cf bell 6,150); τὸ ἔσωθεν ἱερόν (cf bell 6,220); τὸ μέσον ἱερόν (cf bell 4,343; 6, 292).

[34] Zu den Maßen cf Busink, Tempel II, 1073.

"θύρα bzw. πύλη ὡραία" aus Act 3,2.10 identisch ist[35]. Vom Frauenvorhof konnte man durch das "große Tor" (cf bell 5,204-206), an das Herodes den schon erwähnten goldenen Adler angebracht hatte (ant 17,151; bell 1,650), in den Innenhof gelangen[36]: Hier befanden sich der Männervorhof und wiederum durch ein Gitter getrennt (cf ant 13,373; bell 5,226; Mid 2,7) der Vorhof der Priester samt dem Brandopferaltar[37] und dem eigentlichen Tempelgebäude (häufig: ὁ ναός), bestehend aus der Vorhalle (mit vergoldetem Weinstock), dem Heiligen (mit Räucheraltar[38], Leuchter und Schaubrottisch) und dem Allerheiligsten (cf bell 5,207-221). Im Bereich des Innenhofes werden auch die von Jos. nur unklar lokalisierten Schatzkammern und Magazine (cf bell 5,200; 6,282) zu suchen sein, die das Tempelvermögen, allerlei Vorräte, aber auch von Privatleuten deponiertes Geld beinhalteten, da die Heiligkeit des Tempels einen gewissen Schutz vor Diebstahl bot (cf 2 Makk 3,12; bell 6,282).

Im Anschluß an die kurze architektonische Skizzierung, die auf die sprichwörtliche Schönheit und Pracht des Tempels[39] nicht eingegangen ist, soll nach der zugrunde liegenden idealen Konzeption gefragt werden.

In der Beschreibung des Jos. in bell 5,184ff fällt folgende Steigerung auf:
- Das innere Heiligtum darf kein Nichtjude betreten, es wird "heilig" genannt (5,194: "ἅγιον ἐκαλεῖτο");
- das Tempelgebäude ist der heiligste Teil (§ 207: "ὁ ναός ..., τὸ ἅγιον ἱερόν");
- den innersten Raum darf niemand betreten, berühren oder anschauen, denn

[35] Über die genaue Lage dieses Tores hat es eine breite Diskussion gegeben, die man jetzt als abgeschlossen ansehen kann: cf Schalit, Herodes, 389f; ihm schloß sich auch Busink, Tempel II, 1080-1082 an; cf schon Kuhn, Sifre zu Numeri, RT 2, 3, 1959, 12 Anm 94.

[36] Busink, Tempel II, 1071f rekonstruiert für den Innenhof des herodianischen Tempels eine Länge von ca. 120 m bei einer hypothetischen Breite von ca. 102 m.

[37] Jos. gibt für den Brandopferaltar folgende Maße an: 50 x 50 x 15 Ellen (bell 5,225); dies ist sicher übertrieben: Busink, Tempel II, 1155 rechnet mit einer Verschreibung des Jos. in "Ellen" statt der ursprünglichen "Fuß". Dadurch käme man im Ergebnis auch den in Mid 3,1-4 angegebenen Maßen (32 x 32 x 8 Ellen) nahe, da die Mischnaelle mit 52,5 cm (griechische Elle = 46 cm) anzusetzen ist (cf Busink, ebd., 1068.1071; etwas anders Joach. Jeremias, Jerusalem zur Zeit Jesu, 1923-37, 1962[3], 10f). 50 x 50 x 18 Fuß = 15, 50 x 15, 50 x 4,65 m.

[38] In bell 5,216.218 erwähnt Jos. das "θυμιατήριον", das sowohl Räucherfaß wie Räucheraltar heißen kann. Zur Frage, ob es im herodianischen Tempel noch einen (im Gebrauch befindlichen) Räucheraltar gab, cf Busink, Tempel I, 290f Anm 478; II, 1173f, der dies bezweifelt; anders: Schürer, History II, 296f Anm 17.

[39] Cf bBB 4a; bTaan 23a; bell 5,222f; Mk 13,1/Mt24,1/Lk 21,5; cf Schürer, Geschichte I[4], 392f.

er wird "Allerheiligstes" genannt (§ 219: "ἁγίου δὲ ἅγιον ἐκαλεῖτο"). Die Gesamtanlage von den äußeren Vorhöfen bis zum Allerheiligsten ist demnach die architektonische Verwirklichung der Idee der immer weiter zunehmenden Heiligkeit der Bezirke. Eine vergleichbare Konzeption propagiert außer mKel 1,6-9[40] auch die Tempelrolle von Qumran (11 QT), und zwar in Übernahme und Korrektur des ezechielischen Tempelentwurfs[41]. Die Tempelrolle, als deren Entstehungszeit die Spanne vom 3. Jahrhundert v.Chr. bis zum Anfang des 1. Jahrhunderts n.Chr. diskutiert wird[42], verlangt aus streng priesterlich-kultischer Sichtweise einen Tempel, der völlig quadratisch ist und dessen drei Hofanlagen das Allerheiligste konzentrisch umgeben[43]. Dieser Idealentwurf brauchte auf die topographischen Gegebenheiten, das abschüssige Gelände, das Herodes bzgl. der Abgrenzungen zu Kompromissen zwang, keine Rücksicht zu nehmen[44]: Die Abtrennung der verschiedenen Bereiche ist vollständig; ein Vorhof der Heiden existiert hier nicht mehr[45].
Begründet werden solche Konzeptionen durch die Vorstellung, daß Gott selbst im Heiligtum bzw. Allerheiligsten wohne oder gegenwärtig sei (cf auch 2 Makk 3,39; 14,34-36). Für diese allerdings schon im AT kritisierte Auffassung (cf 1. Kön 8,23.27; Jes 66,1f) gibt auch Jos. einige Belege: Der Tempel galt als οἰκητήριον Gottes (ant 8,131; 20,166; cf bell 5,459; ant 8,106); Gott ist in den Tempel bzw. die Stiftshütte herabgestiegen und hat sich dort niedergelassen (ant 3,100.202f.290; 8,106); er gilt als ὁμόσκηνος (ant 3,219); Tempel

[40] mKel 1,6-9 differenziert noch stärker in 10 bzw 11 (dazu: Bunte, Kelim, in: Die Mischna, hrg.v. K. H. Rengstorf/L. Rost, VI, 1, 1972, 76) Grade der Heiligkeit: Israelland, Städte mit Mauern, Gebiet innerhalb Jerusalems, Tempelberg, Schanze (= Steinbalustrade), Frauenvorhof, Israelitenvorhof, Priestervorhof, Raum zwischen Vorhalle und Altar, Tempelhaus, Allerheiligstes. Die Toseftaparallele zu mKel 1,7 ordnet den Ausspruch R. Menahem b. Jose zu (tKel BQ 1,14). Neusner, History I, 41 hält letzteren für ursprünglicher (cf auch ebd., III, 227.272); Menahem gehörte zur vierten tannaitischen Generation, also in die Zeit nach 160 n.Chr. (cf Strack/Stemberger, Einleitung, 85). Literarische Abhängigkeiten zu oder von mKel 1,8f sind nicht feststellbar (cf tKel BQ 1, 6.8; Bunte, Kelim, 21; Neusner, History I, 42f).

[41] Cf hierzu J. Maier, Die Hofanlagen im Tempelentwurf des Ezechiel im Licht der "Tempelrolle" von Qumran, in: Emerton (Hrg.), Prophecy, FS G. Fohrer, BZAW 150, 1980, 55-67.

[42] Cf Schürer, History III, 1: Am wahrscheinlichsten ist, daß die Tempelrolle noch vor der Damaskusschrift entstanden ist, also vor ca. 100 v.Chr. (cf ebd., 417), wobei das gefundene Exemplar wohl aus herodianischer Zeit stammt (cf ebd., 406f).

[43] Cf 11 QT 3-13.30-46: cf hierzu den Kommentar von J. Maier, Die Tempelrolle vom Toten Meer, 1978, 67-76.90-117 (Abb. im Anschluß an S. 126).

[44] cf Maier, Hofanlagen, 56f.

[45] Cf Maier, Tempelrolle, 111; Baumgarten, Exclusions from the Temple: Proselytes and Agrippa I, JJS 33 (1982) 215-225: cf. S. 216.

und Stiftshütte sind auf seinen Befehl, mit seiner Hilfe und für ihn gebaut worden (ant 3,100; 8,102.117.130; 15,425), und schließlich kann Gott auch aus dem Heiligtum weichen (bell 5,412; 6,127.299; cf ant 20,166). An einigen Stellen bleiben jedoch die Aussagen zweideutig[46], da sich Jos. selbst von einer zu eindeutigen Lokalisierung distanziert (ant 3,203.219.290; 8,102.106; cf 8, 114). Da Jos. aber dadurch wie auch bei den kosmologischen Deutungen (ant 3,123.179-187; 8.107; bell 5,212-217.458) auf seine griechisch gebildete Leserschaft Rücksicht nimmt[47], wird man gerade nicht auf eine Ablehnung dieser Auffassung seitens der (einfachen) Bevölkerung rückschließen dürfen. Die Art und Weise der Erwähnung des in Jos.' Augen natürlich naiven Glaubens zeigt das Gegenteil.

Auch die auffallende Zurückhaltung der rabbinischen Literatur, von der Anwesenheit der "Schekhinah" im zweiten Tempel zu reden, bedeutet nicht eine Verneinung der Gegenwart der Schekhinah, sondern vielmehr ihrer Wirksamkeit in Form von Offenbarungen durch Prophetenworte oder Orakel[48]. Dies wird auch daran deutlich, daß die Vorstellung von dem "Lager der Schekhinah", das als heiligster Bereich gerade mit dem innersten Tempelbezirk gleichgesetzt wird (tKel BQ 1,12; Sif Num P 1, § 1), durchaus in der Zeit vor der Zerstörung des zweiten Tempels wirksam gewesen sein kann[49].

Inwieweit die Begründung der sich steigernden Heiligkeit der Tempelbezirke jedermann bewußt war, oder ob man es nur als unbestimmtes Numinosum wahrnahm, läßt sich naturgemäß nicht nachweisen. Der Glaube an die - wie auch immer vorzustellende - Gegenwart Gottes im Heiligtum erscheint nicht nur in alttestamentlichen Traditionen (cf z.B. Lev 15,31; Num 5,3; Ez 11,23; 43,1-12)[50], sondern in der gesamten Antike als Allgemeingut (cf auch Barn 16,1f)[51].

---

[46] Darauf hat schon Schlatter, Die Theologie des Judentums nach dem Bericht des Josefus, BFChTh. M 26, 1932, 73 hingewiesen.

[47] Cf Schrenk, Art ἱερός, 240.

[48] Cf Goldberg, Untersuchungen über die Vorstellung von der Schekhinah in der frühen rabbinischen Literatur, SJ 5, 1969, 491; cf auch die Textzusammenstellungen (Zitate) ebd., 189-196.

[49] Goldberg, Untersuchungen, formuliert vorsichtig: "Der Ausdruck 'Lager der Schekhinah' z.B. dürfte in der Zeit vor der Tempelzerstörung sehr viel aktueller gewesen sein als danach" (S. 443).

[50] Cf hierzu auch Haran, The Divine Presence in the Israelite Cult and the Cultic Institutions, Bib. 50 (1969) 251-267: cf S. 253ff.

[51] Cf Busink, Tempel II, 1359-1361. Lauterbach, A Significant Controversy between Sadducees and the Pharisees, HUCA 4 (1927) 173-205 hatte vorgeschlagen, daß die Sadduzäer im Gegensatz zu den universaler denkenden Pharisäern die Lehre von der Anwesenheit Gottes im Allerheiligsten vertreten haben (cf bes. S. 195ff; cf auch: ders.,

Greifbarer als diese Begründungen sind jedoch die Auswirkungen hinsichtlich Kultus und Reinheitsbestimmungen. Es war die Priesterschrift, die die prinzipielle Konzeption vertrat, daß der Kult nur unter den Bedingungen der Reinheit zu vollziehen sei (Lev 7,19-21). Verschiedene Konkretisierungen lassen sich dazu anführen[52]:

- Nur reine Tiere dürfen als Opfer verwendet werden (Gen 8,20);
- die Priester müssen rein sein, wenn sie vom Fleisch der Opfertiere essen (Lev 10,12-14);
- sie dürfen keine Leichenunreinheit erwerben (Lev 21,1; cf Ez 44,25);
- sie dürfen sich nicht im unreinen Zustand den heiligen Gaben nähern (Lev 22,3);
- Wöchnerinnen und Menstruierende dürfen das Heiligtum nicht betreten (Lev 12,4);
- Aussätzige, Flußbehaftete (= an Gonorrhoe Erkrankte) und Leute mit Leichenunreinheit dürfen sogar das Lager nicht betreten (Lev 13,46; Num 5,1-4);
- die Israeliten sollen rein sein, damit sie das Heiligtum nicht beflecken (Lev 15,31; Num 19,20);
- wenn der heilige Platz verunreinigt worden ist, muß er entsühnt werden (Lev 16,16).

In der Priesterschaft galten die Reinheitsforderungen nicht ausschließlich, aber in erster Linie dem Kult; die Reinheitsforderungen für Volk und Land werden daraus abgeleitet (Lev 15,31; cf Num 35,34). Die Forderung, daß der Kult nur im Status der Reinheit vollzogen werden darf, wird auch von der ältesten Mischna vorausgesetzt, auch wenn sie ihr eigentliches Gewicht auf die Reinigung von Tisch und Bett legte[53].

Jos. bestätigt die Reinheitsforderungen in Bezug auf Kult und Tempel ebenfalls[54]. Der Zutritt zu den Tempelvorhöfen ist folgendermaßen gestaffelt: Die Heiden dürfen nur zur erwähnten Balustrade (bell 5,194); über den Vorhof der Heiden hinaus dürfen nur gereinigte und geheiligte Israeliten mit ihren Frauen eintreten, in den Männervorhof nur die gereinigten Israeliten, in den

---

The Pharisees and their Teachings, HUCA 6, 1929, 69-139: S. 125f; ihm schloß sich an: Zeitlin, The Sadducees and the Pharisees - a chapter in the development of the Halakkah, 1936, jetzt in: ders., Solomon Zeitlin's Studies in the Early History of Judaism II, 1974, 259-291: cf S. 277f).

[52] Im Anschluß an die Zusamenstellung bei Neusner, History XXII, 32f; cf auch Paschen, Rein und Unrein, StANT 24, 1970, 42-64.

[53] Cf Neusner, History XXII, 36f.94-109; ders., Geschichte und rituelle Reinheit, 74-77.82-86.

[54] Cf Neusner, Idea of Purity, 38: Josephus "interprets or explains the purity laws primarily in relationship to the Temple cult"; cf ebd., 38-44.

Priesterhof nur die gereinigten Priester in Priesterkleidung (ant 15,418f; Ap 2,103f; bell 6,425); verboten ist der Tempelberg Menstruierenden, Wöchnerinnen und an Gonorrhoe Erkrankten (bell 5,226; 6,426), letzteren nach Jos. sogar wie den Aussätzigen die gesamte Stadt[55].
Bezüglich der idealen Konzeption der sich steigernden Heiligkeit ist deutlich, daß ihr die Reinheitsforderungen entsprechen. Der Ausschluß aus den Tempelbezirken läuft parallel zu den verschiedenen Verunreinigungen, wobei an die Priester und vor allem an den Hohenpriester, der am Versöhnungstag das Allerheiligste betreten darf (ant 3,242f; spec. leg. 1,72), die höchsten Reinheitsforderungen gestellt werden (cf ant 3,276-279; Ap 1,30-36).

Wir wissen von wenigstens einem konkreten Beispiel aus dem Aufstand, daß die Reinheitsforderungen selbst in einer bewaffneten Auseinandersetzung und gegen alle militärische Vernunft eingehalten wurden. Im Kampf zwischen der Partei des ehemaligen Hohenpriesters Ananos und den Widerstandskämpfern im Tempel läßt Ananos nicht einfach den Tempel stürmen, sondern ordnet zuerst eine Reinigung (ἁγνεία) an (bell 4,218ff). Die genaueren Umstände und Bedingungen dieser Zeremonie werden aus Jos.' Bericht nicht deutlich, jedoch ist es am wahrscheinlichsten, hier an den 7 Tage dauernden Reinigungsritus infolge der (am schwersten wiegenden) Leichenunreinheit zu denken[56]. Die Heiligkeit und Reinheit des Tempels soll auf keinen Fall durch den Eintritt unreiner Männer befleckt werden, da dies "frevelhaft" wäre (4,205): Die Qualifizierung als "ἀθέμιτος" ist hier nicht allgemein als "widernatürlich" einzustufen (so in bell 4,562; 6,209), sondern aufgrund der Verbindung mit dem Tempel als "gegen das göttliche Gesetz" wie im Fall des herodianischen Adlers am Tempel (bell 1,650; cf Ap 2,119). D.h. in bell 4,205 gibt Jos. für das Vorgehen des Ananos zwei abgestufte Begründungen: Abgesehen von der Gefahr, von oben beschossen zu werden, wäre ein sofortiger Angriff vor allem gegen das göttliche Gesetz, da - wie wir weiter schließen können - die Leichenunreinheit der Kämpfer erst gesühnt werden muß. Diese Vorge-

---

[55] Cf ant 3,261; bell 5,227; es ist schon vielfach auf den Widerspruch zu biblischen und rabbinischen Texten (cf Lev 13,46; mKel 1,7f) hingewiesen worden, nach denen die Flußbehafteten zwar nicht den Tempelberg, aber die Stadt betreten dürfen: cf Büchler, The Levitical Impurity of the Gentile in Palestine before the Year 70, JQR N.S. 17 (1926/27) 1-81: cf S. 37f; Bunte, Kelim, 80f; M/B, V Anm 92. Es ist zwar unwahrscheinlich, daß Jos. sich hier direkt auf Num 5,2f bezieht, da sprachliche Übereinstimmungen fehlen, jedoch sollte man mit Rücksicht auf diesen Text nicht von einer bei Jos., (vielleicht) aufgenommenen pharisäischen und/oder zelotischen Auslegungsverschärfung (so M/B und Bunte) sprechen. Zur Gonorrhoe cf den Exkurs I bei Bunte, Der Mischnatraktat Zabim, Diss.theol. 1953, 134-140; kürzer: ders., Zabim, in: Die Mischna, hrg.v. K. H. Rengstorf/L. Rost, VI, 9, 1958, 100f.

[56] So M/B, IV Anm 56.

hensweise wurde dann bekanntlich von Johannes von Gischala verraten (bell 4,218), wobei die siebentägige Ruhepause das Eintreffen der Idumäer ermöglichte.

Das Beispiel zeigt, daß die Sorge um die Heiligkeit und Reinheit des Tempels nicht nur einzelne religiöse Gruppen bewegte, sondern eine weithin anerkannte Auffassung war, wobei die konkrete Verwirklichung - wie wir noch sehen werden - sehr unterschiedlich aussah. Zweitens wird deutlich, daß es sich um ein die Praxis tatsächlich bestimmendes Prinzip handelt, gegen das zu verstoßen sich niemand ungestraft erlauben durfte.

Letzteres ist auch an den permanenten Vorwürfen des Jos. gegen die Zeloten ablesbar (cf z.B. bell 6,99ff). Die Polemik ist zwar, indem sie den Gegnern genau das vorwirft, was diese am nachdrücklichsten abweisen mußten, verzerrend[57], aber die Bedingung ihrer Möglichkeit ist, daß die Sorge um die Reinheit des Heiligtums und die überlieferten Reinheitsgesetze und Reinigungsriten allgemeine Zustimmung fand und nicht allein den Kult, sondern dadurch ebenfalls den politischen Bereich, wenn auch nicht immer, bestimmen konnte.

Ein weiteres Beispiel, das in diesen Zusammenhang gehört, findet sich in bell 1, 229f/ant 14,285f. Am Laubhüttenfest des Jahres 43 v.Chr.[58] verbietet der Hohepriester Hyrkan dem anmarschierenden Herodes den Zutritt zur Stadt, weil er sonst die Ausländer (bell 1,229: "τοὺς ἀλλοφύλους") zu der sich reinigenden Bevölkerung bringen würde; Herodes mißachtet das Verbot und zieht ein[59].

Jedoch berichtet Jos. später, daß Herodes noch während der Belagerung der Stadt durch Sossius und ihn (37 v.Chr.) für die Weiterführung des täglichen Opfers gesorgt hatte (ant 14,477) und nach der Eroberung die Heiden (durch Geldgeschenke) abhalten konnte, den Tempel zu betreten (bell 1,354ff). Zwischen den Handlungsweisen des Herodes besteht in beiden Beispielen genau betrachtet kein Unterschied. In beiden Fällen sind heidnische Soldaten in der Stadt, in keinem Fall sind sie im Tempel!

Herodes handelte also durchaus in beiden Situationen analog und gemäß den akzeptierten Reinheitsbestimmungen; denn Jos. berichtet, daß das Reinheitsgesetz (bell 5,194: "τὸν τῆς ἁγνείας ... νόμον") darin besteht, daß kein Ausländer ("μηδένα ἀλλόφυλον") den inneren Tempelkomplex betreten darf;

---

[57] Cf Hengel, Zeloten, 188-190, der hier sehr treffend von einer "polemischen Umkehrung" spricht (cf S. 190).

[58] So Marcus, Josephus Bd. VII (LCL), 1943/1966^4, S. 413 Anm d. S. 601 Anm c; M/B, I Anm 114.

[59] Cf ant 14,286: "ὀλίγον δὲ φροντίσας Ἡρώδης τῶν ἀγγέλων νύκτωρ εἴσεισιν εἰς τὴν πόλιν ...". Nieses Konjekturvorschlag (Bd. III, S. 292) "ἁγνειῶν" statt "ἀγγέλων" (nur aufgrund des Lateiners: "praecepta") ist weder notwendig noch zwingend (Lat könnte höchstens "ἀγγελιῶν voraussetzen).

von einem Verbot für die gesamte Stadt weiß er dagegen nichts. D.h. die Forderung des Hyrkan war nicht nur, wie Jos. berichtet, ein Vorwand, sondern mit den bis dahin allgemein akzeptierten Reinheitsforderungen, denen auch Herodes Rechnung tragen mußte - und dies auch tat[60] -, nicht zu begründen[61].
Herodes durchbrach diese Reinheitsforderung sogar römischen Machthabern gegenüber nicht. Das wird durch den Besuch des Marcus Agrippa in Jerusalem bestätigt. Der Besuch und die Opfer des zweitmächtigsten Mannes zur Zeit des Augustus im Herbst 15 v.Chr. (ant 16,14; leg 294-297) lassen nämlich keineswegs den Schluß zu, daß dieser den inneren Tempelkomplex betreten hat[62]: Jos. erwähnt Opfer des Agrippa (die dieser wohl nur bezahlt haben wird), und die Formulierung in dem auch auf dieses Ereignis zurückgreifenden Brief König Herodes Agrippas I an Caligula "ἐφοίτησεν εἰς τὸ τέμενος" (leg 296) kann nur den Heidenvorhof meinen[63], zumal in § 297 betont wird, daß sich M. Agrippa bei Weihegeschenken an die religiösen Vorschriften hielt ("ὅσοις ἐξῆν"). Hinzu kommt, daß τέμενος im Unterschied zu ἱερόν und ναός die Grundbedeutung hat: "abgegrenztes Land", in religiöser Hinsicht: "abgegrenztes Land, das einem Gott geweiht wurde"[64]; zwar haben sich die Bedingungen von ἱερόν, ναός und τέμενος angenähert[65], so daß sich sprachlich keine eindeutige Entscheidung darüber treffen läßt, welchen Tempelbezirk Agrippa betreten hat, jedoch sind die verschiedenen Konnotationen und Assoziationen zu τέμενος bei Philo nicht völlig verwischt worden. In leg. umschreiben sonst alle Stellen, in denen τέμενος vorkommt (§§ 137.139.151), einen Gesamtbezirk: § 137 berichtet die (Ent-) Weihung von Synagogen als neue "τεμένη" für Gaius, womit hofähnliche Gebäudeanlagen umschrieben

---

[60] Seine (wenn auch kalkulierte) Rücksichtnahme gegenüber den Juden zeigt sich ebenso darin, daß er den innersten Tempelbezirk auch während des Neubaus nicht betrat (s.o.); auf der gleichen Linie sind m.E. auch die Warnungstafeln verständlich, deren Errichtung durch Herodes ich daher durchaus für möglich halte.

[61] Daß der Kontakt zu Heiden verunreinigend wirkt und kultunfähig macht, ist erst später vertreten worden: nach Büchler, Levitical Impurity, 15 um 17/18 n.Chr., nach Zeitlin, Studies in the Beginnings of Christianity, JQR N.S. 14 (1923/24) 111-139 erst um 65 n.Chr. im Zusammenhang mit den 18 Halachot (cf ebd., S. 131f); Zeitlin, Warning Inscription, 111f; cf weiter 1.2, aa).

[62] Cf die Diskussion bei Büchler, Levitical Impurity, 31ff.

[63] So auch Smallwood, Philonis Alexandrini Legatio ad Gaium, 1961, 299 (nur mit Hinweis auf leg 212).

[64] Cf Liddell-Scott, A Greek-English Lexicon, 1940[9] / Repr. 1960, S. 1774 s.v. τέμενος; cf weiter Latte, Art. τέμενος, PRE V A, 1934, 435-437: cf Sp. 435f.

[65] Cf Schrenk, Art. ἱερός, 232; Michel, Art. ναός, ThWNT IV, 1943, 884-895: cf S. 885f.

werden[66]; in § 151 meint τέμενος die Gesamtanlage des Augusteum in Alexandria (das dort ebenfalls erscheindende νεώς ist davon ein wenig unterschieden und enger gefaßt); in § 139 schließlich finden sich alle drei Bezeichnungen (für heidnische Anlagen), die in der Aufzählung (mit zusätzlichem "βωμοί" zu Beginn und "τεμένη" als Abschluß) gegeneinander abgegrenzt unterschieden verwendet werden und auch einen abnehmenden Heiligkeitsgrad implizieren könnten; die τεμένη sind hier eindeutig "Bezirke". Ich vermute daher, daß der Gebrauch dieser drei Begiffe in §§ 291-297 die verschiedenen Konnotationen ebenso widerspiegelt, wobei ἱερόν und ναός eng zusammengehören (cf § 295), aber von τέμενος in § 296 unterschieden werden. Auch aufgrund der oben erwähnten Rücksichtnahme Agrippas (cf auch § 291) wird τέμενος in § 296 ebenfalls den Gesamtbezirk meinen, in dem dann der Römer bis zur Steinbalustrade mit den Warnungstafeln umhergehen konnte (cf auch § 212).
Man kann also, alle Beispiele zusammenfassend die Schlußfolgerung bekräftigen, daß die Reinheitsforderungen nicht nur anerkanntermaßen den Kult bestimmten[67], sondern dadurch und darüber hinaus eminente Auswirkungen auf den politischen Bereich hatten.

Fragt man nach den Ursachen dieser allgemeinen Anerkennung, so sehe ich - auf dem Hintergrund der methodischen Prämisse der Interdependenz von Tradition und Situation[68] - vor allem zwei Komplexe als wirksam an: einmal das Vorbild der makkabäischen Tempelreinigung und zum anderen die Sensibilisierung der Bevölkerung durch die ständigen Entweihungen und Gefährdungen des Heiligtums. Während der zweite Komplex in einem eigenen Abschnitt behandelt wird (1.1,c), soll die Bedeutung der Tat des Judas Makkabäus in diesem Zusammenhang dargestellt werden.

Nach den Siegen über verschiedene syrische Heere (1 Makk 3,10-26.38ff; 4,1-35; ant 12,287ff) und der Änderung der seleukidischen Judäapolitik (2 Makk 11,27-33)[69] konnte Judas Jerusalem (ohne die Akra) erobern, den Tempel reinigen, indem die Altäre abgerissen wurden und ein neuer sowie neue gottesdienstliche Geräte hergestellt wurden,

---

[66] Cf Goodenough, Jewish Symbols in the Greco-Roman Period II, 1953, 86-88.

[67] So Neusner, Idea of Purity: er folgert aufgrund von bell 1,229f "That the purity-laws practically governed the Temple, moreover, ist everywhere taken for granted" (S. 39).

[68] Cf dazu z.B. Theißen, Die soziologische Auswertung religiöser Überlieferungen, (1975), jetzt in: ders., Studien zur Soziologie des Urchristentums, WUNT 19, (1979) 1983², 35-54: cf S. 48 Anm 24.

[69] In der Chronologie von 2 Makk stammt dieser Brief von Antiochus V; in der heutigen Forschung ist man jedoch übereinstimmend der Meinung, daß dieser Brief noch von Antiochus IV Epiphanes etwa 7 Monate vor seinem Tod geschrieben wurde: cf Habicht, 2. Makkabäerbuch, JSHRZ I, 3, 1976, S. 259f Anm c zu 11,30; zu den Urkunden insgesamt cf ebd., 178-185.

und am 25. Kislev (= 14. Dezember des Jahres 165 oder 164 v.Chr.)[70] neu weihen (1 Makk 4,36-59; 2 Makk 10,1-8; ant 12,316-326; bell 1,19.38-40). Die "Religionsverfolgung"[71] des Antiochus IV Epiphanes war dadurch beendet.
Unter Simon wurden später auch Häuser, in denen Götzenbilder standen, sowie die Akra von Jerusalem gereinigt und entsühnt (1 Makk 13,47.50; cf 14,36).

Für unseren Gedankengang entscheidend ist die Tatsache der Wirkung der makkabäischen Tempelreinigung im 1. Jahrhundert n.Chr.. W. R. FARMER und M. HENGEL haben nachgewiesen, daß in den Kreisen der jüdischen Widerstandskämpfer das Vorbild der Makkabäer und ihr Eifer für Tora und Heiligtum lebendig gehalten wurde[72].

Die Herstellung der Tempelreinheit war darüber hinaus durch die Erinnerung im Chanukkafest, das jährlich acht Tage lang gefeiert wurde (1 Makk 4,59; 2 Makk 10,8; ant 12,323-325; Meg.Taan. 23; Joh 10,22), auch der Bevölkerung gegenwärtig[73]. Inwieweit der historische Ursprung des Festes bekannt und wirksam blieb, läßt sich nur schwer deutlich machen[74]. Das Fest wurde jedoch im Laufe des 2. und 1. Jahrhunderts v.Chr. zusammen mit dem historischen Anlaß in zwei Briefen an die ägyptischen Juden propagiert (2 Makk 1,1-10a.10b-2,18). Die schwierigen und nur zum Teil geklärten Einleitungsfragen zu diesen Briefen[75] lassen immerhin erkennen, daß der erste Brief aus dem Jahr 124/123 v.Chr., das zweite (gefälschte) Schreiben wohl erst aus dem Jahr 63 v.Chr. (kurz vor der römischen Eroberung)[76] stammt. Das Chanukkafest (von hebr.: חנכה) erscheint hier als das Laubhüttenfest des Monats Kislev (1,9.18), was sich daraus erklärt, daß die Neuweihe nach 10,6 in der Art des Laubhüttenfestes gefeiert worden war[77]. 1,18 und 2,16 geben für das Fest die Umschreibung "ἄγειν ... τὸν καθαρισμὸν (τοῦ ἱεροῦ)". Auch Jos. nennt dieses

---

[70] Die Jahresdatierung der Neueinweihung ist umstritten: 1 Makk rechnet mit einem Zeitraum von 3 Jahren zwischen Entweihung und Reinigung (cf 1,54.59; 4,52.54), 2 Makk mit 2 Jahren (cf 10,3: schon mit verschiedenen, teilweise angleichenden Lesarten). Cf Habicht, 2. Makkabäerbuch, S. 249 Anm b zu 10,5: "Zwingende Argumente, die eine Entscheidung ermöglichten, ob hier 2 Makk oder 1 Makk den Vorzug verdient, sind mir nicht bekannt" (S. 250).

[71] Zu den Religionsdekreten des Antiochus IV und den verschiedenen historischen Bewertungen cf die Forschungsübersicht bei Schäfer, Geschichte, 58-62.

[72] Cf Farmer, Maccabees, 125-158; Hengel, Zeloten, 154-181.211-214. (277-296).

[73] Cf Farmer, Maccabees, 132-145.

[74] Farmer, Maccabees, 143-145 greift dazu auf moderne Analogien zurück, die zwar illustrierenden, aber keineswegs begründenden Charakter haben und daher auch nicht unhinterfragt übernommen werden können, wie Hengel, Zeloten, 212 Anm 4 dies tut.

[75] Cf die Zusammenfassung bei Habicht, 2. Makkabäerbuch, 199f.

[76] So Hengel, Judentum und Hellenismus, WUNT 10, (1969) 1973^2, 186f.

[77] So schon Schürer, Geschichte I^4, 209 Anm 61.

Fest bekanntlich nicht "Chanukka" oder etwa "τὰ ἐγκαίνια" (wie in Joh 10,22; cf 1 Makk 4,59: "αἱ ἡμέραι τοῦ ἐγκαινισμοῦ"), sondern "(τὰ) φῶτα" (ant 12,325). Dabei steht seine Erklärung und Deutung des Namens weder zum Lichteranzünden der Makkabäer (auf Notleuchtern), das er in § 319 selbst erwähnt hatte, noch zum Wunder des acht Tage brennenden Öles, von dem das Scholion zur Fastenrolle berichtet[78], in direkter Beziehung, sondern auch er rekurriert, nicht nur kontextbedingt[79], auf den historischen Anlaß: Das Fest erinnert an die Wiedererlangung der Religionsfreiheit, die unerwartet aufleuchtete (§ 324f).

Demnach wird das Chanukkafest in den vorliegenden schriftlichen Quellen einerseits verschieden bezeichnet, andererseits mit einer relativ konstant gebliebenen Begründung versehen (1/2 Makk, Briefe in 2 Makk, Jos.), die den historischen Ursprung der Tempelreinigung und des Endes der Religionsverfolgung wiedergibt. Die Schlußfolgerung, daß die konstante Begründung dann nicht nur in diesen Quellen, sondern auch (weiteren) Teilen der Bevölkerung und Tempelpilger präsent war, liegt m.E. nahe und wird unterstützt durch die latente und auch von den Römern befürchtete Unruhe an den Festtagen[80]. Die Tradition der makkabäischen Tempelreinigung bot (vor allem für die nichtsadduzäischen Gruppierungen) den theologischen Deutungsrahmen, der mit den historischen Erfahrungen der Entweihungen in akuten Gefährdungssituationen aktuell wurde, propagiert werden konnte und dabei gleichzeitig als Vorbild für eigenes Handeln diente.

Eine zusätzliche Ursache für die allgemeine Anerkennung der Reinheitskonzeption ist noch kurz anzufügen: das Amt und die Würde des Hohenpriesters[81]. Diese Ursache ist jedoch nur ambivalent wirksam.

In der Volksmeinung wird die Vergegenwärtigung der Reinheit des Heiligtums auch mit dem Amt des Hohenpriesters verbunden sein, denn er amtierte als Repräsentant von Volk und Religion nicht nur am Versöhnungstag,

---

[78] Cf dazu Lichtenstein, Fastenrolle, 275f (mit Hinweis auf rabbinische Parallelen; cf auch Bill 2, 539-541); zu den Festbräuchen: E. Otto, Art. Feste und Feiertage II, TRE 11, 1983, 96-106: cf S. 102f; Mach, Art. Feste und Feiertage III, TRE 11, 1983, 107-115: cf S. 114. Zeitlin erklärt die verschiedenen Namen aus dem Gegenüber von öffentlichem und privatem Festbrauch, ohne dabei die politische Bedeutung bei Jos. zu übergehen (cf ders., Hanukkah, Its Origin and its Significance, 1938, jetzt in: ders., Solomon Zeitlin's Studies in the Early History of Judaism I, 1973, 239-274: cf S. 246f).

[79] Es handelt sich um eine den Ablauf unterbrechende Deutung in ant 12,325: cf "μέχρι τοῦ δεῦρο" und "οἶμαι".

[80] Cf ant 17,293; 20,106-112.133.192; bell 1,88.253; 2,10-13.42ff.73.224-227.255; 5,244; 6, 300ff.

[81] Zur Geschichte und Stellung der Hohenpriester cf vor allem Schürer, Geschichte II^2, 166-174.209-211; Jeremias, Jerusalem, 167-181; Schrenk, Art. ἱερός, 268-270.

sondern auch bei allen großen Festen, Sabbaten, Neumonden und Volksversammlungen (bell 5,230). Sichtbarer Ausdruck seiner Würde und daher immer wieder Anlaß zur Auseinandersetzung war der hohepriesterliche Ornat, den die Römer (wie vorher Herodes und Archelaos) von 6-35 n.Chr. aufbewahrten und nur zu den Festtagen herausgaben[82]: Gerade der mit den Insignien seiner Macht und Stellung versehene Hohepriester hat auf die Volksmenge einen überwältigenden Eindruck gemacht und verkörperte für viele Heiligkeit und Reinheit des Kultes (cf bell 1,437).

Auf der anderen Seite gab es bekanntlich eine breite Kritik aller nichtsadduzäischen Parteien an der Legitimität, Würde und Frömmigkeit der jeweiligen Amtsinhaber, nicht jedoch am Amt als solchem[83]. Typisierend läßt sich folgendes Bild entwerfen:

- Die pharisäische Kritik bezog sich schwerpunktmäßig auf die konkreten Reinheitsfragen bezüglich des Tempeldienstes auf dem Hintergrund der Auseinandersetzung um die mündliche Überlieferung[84];
- die zelotischen Gruppierungen haben schon von Anfang an (seitdem sich der Hohepriester Joazar für den Census aussprach) die Führungsschicht bekämpft (ant 18,3.26)[85] und sind in ihren priesterlichen Kreisen von der zunehmenden Verarmung der Landpriester betroffen (ant 20,179-181.205-207);
- die Essener lehnten die Jerusalemer Hohenpriester grundsätzlich als illegitim ab und sahen sich selbst als die wahren Söhne Zadoks/Aarons an (cf 1 QSa 1,24; 1 QS 5,2f.7ff; 9,7)[86].

Letzteres deutet auf die eigentlich notwendige Abstammung der Hohenpriester aus aaronitisch-zadokidischem Geschlecht[87] hin, die schon durch die Re-

---

[82] Cf ant 15,403-409; 18,90-95; 20,6-14; s.u. 1.2,aa); 2.2, ab).

[83] Cf Jeremias, Jerusalem, 179f; Hengel, Zeloten, 215-219.

[84] Cf Bill 4,344-352; cf auch Dexinger, Die Geschichte der Pharisäer, BiKi 35 (1980) 113-117: cf S. 114f. Einige Sadduzäern und Qumran-Essenern gemeinsame Reinheitsauffassungen, die sich gegen pharisäische Anschauungen wenden, hat Baumgarten untersucht: cf ders., The Pharisaic-Sadducean Controversies about Purity and the Qumran Texts, JJS 31 (1980) 157-170.

[85] Zur Kritik an Joazar b. Boethus (laut Schalit, Namenwörterbuch, s.v. Ἰώζαρος, Nr. 2, S. 67 zwar "b. Simon", cf aber Smallwood, High Priests and Politics in Roman Palestine, JThS N.S. 13, 1962, 14-34: cf S. 15.32-34) cf auch bell 2,7. Zu Joazar cf weiter Smallwood, ebd., 17-21.

[86] Cf auch 1 QpHab 2,2-10; 9,9-16; zum Hohenpriester im Heiligen Krieg cf 1 QM 7,9-18; 15,4-18. Zur essenischen Sicht der Verunreinigung des Tempels cf Janowski/Lichtenberger, Enderwartung und Reinheitsidee, JJS 34 (1983) 31-62: cf S. 39-41.

[87] Cf ant 20,226. Zur Konkurrenz und späteren Harmonisierung der aaronitischen und

ligionspolitik des Antiochus IV Epiphanes unterbrochen worden war, und in deren Verlauf sich Zadokiden unter Onias in Leontopolis ansiedelten (ant 12,387; 13,62-73; 20,235; bell 7,422-432); andere gründeten während der Hasmonäerherrschaft[88] unter dem "Lehrer der Gerechtigkeit" die Gemeinschaft von Qumran (cf CD 3,21-4,4; 1 QpHab 11,4-8; 12,2-10).

Die bleibende Bedeutung der legitimen hohenpriesterlichen Herkunft zeigt sich daran, daß auf (auch nicht-legitime) Zadokiden zurückgegriffen wurde, und zwar gerade in Situationen, in denen religiöse Konflikte entschärft werden sollten. Beipiele sind der gemäßigte Hellenist und Zadokide Alkimos, der um 162 v.Chr. zunächst Teile der religiösen Opposition gewinnen kann (cf 1 Makk 7,5-14; 2 Makk 14,3.6f; ant 12,385; 20,235), und (vielleicht) Ananel: Herodes ernennt ihn das erste Mal im Jahre 37 v.Chr. zur Beruhigung des Volkes und als Affront gegen den hasmonäischen Anwärter Jonathan-Aristobul; Jonathan wird jedoch sein Nachfolger, aber nach kurzer Amtszeit auf Veranlassung des Herodes ermordet, der danach Ananel ein zweites Mal einsetzt[89]. Das letzte Beispiel ist der von den Zeloten eingesetzte Hohepriester Pinehas (s.u. 1.2,ac).

Fassen wir die wesentlichen Ergebnisse des ganzen Abschnittes kurz zusammen.

Der Jerusalemer Tempel stellt auch in seiner herodianischen Architektur die ideale Konzeption der sich steigernden Heiligkeit der Bezirke dar. Dieser Steigerung korrespondiert die geforderte Zunahme der Reinheit. Die Forde-

---

zadokidischen Herkunft cf Cody, Art. Aaron/Aaronitisches Priestertum I, TRE 1, 1977, 1-5: cf S. 3f; Brocke, Art. Aaron/Aaronitisches Priestertum II, TRE 1, 1977, 5-7: cf S. 5.

88 Wahrscheinlich nachdem Jonathan (160-143 v.Chr.) Hohepriester wurde; Jos. erwähnt die Essener erstmals für diese Zeit: ant 13,171-173. Einzelheiten der (komplizierteren) Entstehungsgeschichte der Qumran-Essener können hier nicht verfolgt werden.

89 Nach ant 15,22 war Ananel nur von niederer Herkunft, nach 15,40 jedoch aus der hohenpriesterlichen Familie; Jeremias, Jerusalem, 217f sieht in ihm einen legitimen Zadokiden und folgert: "Auch Herodes spielte dabei ... die Rolle des Hüters der Tradition, wenn er an Stelle der hasmonäischen 'Usurpatoren' einen Abkömmling des legitimen Çadhoqitengeschlechtes zum Hohenpriester einsetzte" (kritisch dazu: Schalit, Herodes, 693-695). Brocke, Art. Aaron/Aaronitisches Priestertum II, 5 erwähnt in diesem Zusammenhang auch Aristobul III, der als Hasmonäer allerdings gerade kein Zadokide war; der Hinweis auf 1 Makk 2,54 genügt dabei nicht: Hier handelt es sich nicht um eine programmatische Rückführung der Hasmonäer über Pinehas-Eleasar auf Zadok, sondern es liegt "das weit gefaßte Verständnis des Pinehas als 'Vater' aller nachfolgenden israelitisch-jüdischen Priester zugrunde" (Schunck, 1. Makkabäerbuch, JSHRZ I, 4, 1980, S. 307 Anm a zu 2,54). Die Hasmonäer scheinen ihr illegitimes Hohepriesteramt nicht durch genealogische Fälschungen abgesichert zu haben (brauchen); s.u. 1.1,b), Anm 58.

rungen bestimmen jedoch nicht nur den Kult, sondern auch den politischen Bereich (vor allem natürlich in Jerusalem). Durch diesen allgemein anerkannten Totalitätsanspruch war den religiösen Gruppierungen und Oppositionen Kritik an der gegenwärtigen Verwirklichung der Reinheitsforderungen möglich; sie propagierten deren Verschärfung und Ausweitung und setzten später (bei veränderten Machtkonstellationen) als verunreinigend und illegitim betrachtete Bräuche und Personen ab, aber - wie sich zeigen wird - im Rahmen und als Anwendung der idealen Konzeption.

b) Positive Erwartung: Die Unzerstörbarkeit von Stadt und Tempel und Gottes Symmachie

Der Gedanke der Unzerstörbarkeit Jerusalems hat eine lange Tradition. Die Vorstellung eines Völkersturms gegen die heilige Stadt sowie Gottes Eingreifen und Sieg ist schon in den sog. "Zionspsalmen" des AT entfaltet worden (cf Ps 46; 48; 76); dieses "Zionsschema"[1] wurde mit kleineren Veränderungen bis ins 1. Jahrhundert n.Chr. von den verschiedensten Trägerkreisen tradiert[2]. Auch wenn noch nicht alle überlieferungsgeschichtlichen Fragen geklärt sind, wird man davon ausgehen können, daß die einzelnen Elemente der Zionstradition (Götterberg, Nabel der Welt, Ströme, Bedrohung der Gottesstadt, die aber uneinnehmbar ist, Friede) vorisraelitischer Herkunft sind, deren mythologischen Ausprägungen (cf Ps 46,4: chaotische Urfluten) schon in den archaisch anmutenden Zionspsalmen in historisierter Gestalt wiederkehren (cf V. 7: Königreiche)[3]. Bezüglich des Motivs von der Bedrohung der Gottesstadt haben die Propheten - Jesaja und seine Umgebung - diese historisierende Interpretation fortgeführt[4]. Auch nach der Zerstörung des ersten Tempels diente die Hoffnung von der Vernichtung der angreifenden Feinde den Exilierten als Trost (cf Mi 4,11-13)[5], nahm jedoch zunehmend eschatologische

[1] So Böcher, Die heilige Stadt im Völkerkrieg, Wandlungen eines apokalyptischen Schemas, in: Betz, u.a. (Hrg.), Josephus-Studien, FS O. Michel, 1974, 55-76: cf S. 56.

[2] Cf die ausführliche Dokumentation bei Böcher, Stadt: cf bes. S. 57-65.73-76; s.u. S. 84ff.

[3] Cf hierzu Kraus, Psalmen, BK XV, 1, (1960) 1966[3], 342-345; ders., Theologie der Psalmen, BK XV, 3, 1979, 94-103. Das (historisierte) Motiv der "Uneinnehmbarkeit der Gottesstadt" entstammt wohl schon jebusitischer Tradition (cf 2 Sam 5,6): Kraus, Theologie, 99f.

[4] Cf Jes 10,24-34; 17,12-14; 25,6ff.10-12; 29,1-8; 31,1-5.

[5] Cf Wolff, Dodekapropheton 4, Micha, BK XIV, 4, 1982, 114: "Es wird zum Trost für die von der Großmacht überwältigte Stadt, daß Jahwe, dessen Heiligtum zerstört ist, sich durch die gezüchtigte Tochter Zion als der schlechthin universale Herr aller Völker

Züge an[6].
KRAUS hat darauf hingewiesen, daß bei der beginnenden "Historisierung" (der Feinde) auch Traditionen des "Heiligen Krieges" erkennbar sind (cf Ps 46,9b.10): "Zwei Traditionsströme sind ineinandergeflossen"[7]. Hier sollen die Traditionsströme und ihre Verschmelzung unter teilweise forschungsgeschichtlichen Gesichtspunkten dargestellt werden.
Die bedeutenste Arbeit zum Thema "Heiliger Krieg" ist G. v.RADs 1951 erschienene Monographie "Der Heilige Krieg im alten Israel"[8]: v. RAD begriff den Heiligen Krieg als spezifisch israelitische Institution der Stämmeamphiktyonie, die unter Leitung eines charismatischen Führers (in Defensivkriegen) die Feinde durch Jahwes Eingreifen in Gestalt eines Gottesschreckens besiegte. Die einzelnen Elemente des Heiligen Krieges stellte v. RAD phänomenologisch in einer "Theorie vom Heiligen Krieg" zusammen[9], deren Schlußergebnis lautet: "So darf nun wirklich der heilige Krieg als eine eminent kultische, d.h. durch bestimmte traditionelle sakrale Riten und Vorstellungen konventionierte Begehung angesehen werden"[10].
In der neueren Forschung wurde an v. RADs Konzeption in verschiedener Hinsicht Kritik geübt[11]. Für unseren Zusammenhang sind die Erwägungen

---

erweisen wird". Die Entstehung und Überlieferung der Trostsprüche (Mi 4,9ff), die die Ereignisse von 587 v.Chr. aufgreifen, ist am ehesten in den exilischen Klagegottesdiensten anzusetzen (cf Wolff, a.a.O., 110; gegen Rudolph, Micha-Nahum-Habakuk-Zephanja, KAT XIII, 3, 1975, 92, der in 4,11-13 Worte von Michas Gegnern, den falschen Heilspropheten, vermutete).

6 Cf Joel 4,9-17; Ez 38f; Hag 2,6f.21-23; Sach 2,12f; 12,1-9; 14,1-3.12-15; Dan 11,45; 12,1.

7 Kraus, Theologie, 100; darauf folgend der Hinweis auf 2 Sam 5,6 und die jebusitische Tradition (s.o. Anm 3).

8 Hier zit. nach der 3. Aufl. 1958.

9 v. Rad, Krieg, 6-14: Aufgebot zum Heiligen Krieg durch Stoßen in die Posaune - Bezeichnung des Heerbanns als "Volk Jahwes" - Weihung der Männer/sakrale Ordnung des Heeres - Opfer und Gottesbefragung - Verkündung des Orakelspruchs ("Jahwe hat die ... in eure Hand gegeben") - Voranziehen Jahwes - sich rüsten vor Jahwe - Bezeichnung der Kriege als "מלחמות יהוה", der Feinde als "איבי יהוה" - Wirkung Jahwes auf Israel (nicht fürchten, sondern glauben) - Wirkung Jahwes auf die Feinde (Mutlosigkeit) - Eröffnung durch Kriegsgeschrei - Gottesschrecken über den Feinden - Bann - Entlassung des Heerbanns.

10 v. Rad, Krieg, 14.

11 Cf die Forschungsüberblicke bei Nielsen, La Guerre considérée comme une religion et la Religion comme une guerre, StTh 15 (1961) 93-112: cf S. 94-103; Stolz, Jahwes und Israels Kriege, AThANT 60, 1972, 9-16; Weippert, "Heiliger Krieg" in Israel und Assyrien, ZAW 84 (1972) 460-493: cf S. 463-465; am besten: Kegler, Politisches Geschehen und theologisches Verstehen, CThM A, 8, 1977, 255-262. Zur Amphiktyonie cf die Übersicht von W. H. Schmidt, Altes Testament, in: Strecker (Hrg.), Theologie im 20.

von M. WEIPPERT entscheidend. WEIPPERT hat für fast alle Elemente der v. Rad'schen Theorie religionsgeschichtliche Parallelen aufgezeigt[12], so daß man daraus folgern muß, "daß die Kriegsgebräuche und -vorstellungen, die G. v. Rad zusammengestellt hat, nicht als Elemente einer spezifisch altisraelitischen Institution interpretiert werden dürfen. ... In Wirklichkeit reden wir hier von gemeinorientalischer, ja gemeinantiker Kriegs*praxis* und *-ideologie*"[13]. Entfallen also bei Darstellung und Verständnis des "Heiligen Krieges" die Hypothese der amphiktyonischen Sakralinstitution (und damit die zeitliche Begrenzung auf die vorstaatliche Zeit), die Unterscheidung zwischen Defensiv- und Offensivkriegen[14] und der Stellenwert des Übergangs vom alten Heerbann zum Berufsheer[15], so bleibt als konstitutives Element des "Heiligen Krieges"[16] nur die Vorstellung von Gottes Hilfe bzw. Symmachie[17]; diese kann dann als Kriegsideologie propagiert werden, z.B. mit dem König als "vicarius dei/deorum"[18], muß aber mit der Kriegspraxis vermittelt sein. Eine

---

Jahrhundert, 1983, 1-60: cf S. 10-13.

[12] Cf Weippert, "Heiliger Krieg", 466-485; auf Parallelen aus Mari hatte schon Nielsen, Guerre, 103-106 hingewiesen; zu weiteren Vorgängern cf Weippert, a.a.O., S. 461 Anm 4. S. 466. 468f Anm 127; Kegler, Politisches Geschehen, 260.

[13] Weippert, "Heiliger Krieg", 485 (Hervorhebung durch mich); cf auch ebd., 490-492. Zur gemeinantiken Kriegspraxis und -ideologie cf auch Brown, The Ark of Covenant and the Temple of Janus, The magico-military numen of the state in Jerusalem and Rome, BZ N.F. 30 (1986) 20-35: cf S. 22ff.

[14] Cf Stolz, Kriege, 199; Weippert, "Heiliger Krieg", 492.

[15] Cf Weippert, "Heiliger Krieg", 491.

[16] Ich behalte diesen Begriff - entgegen Weipperts Vorbehalt (cf "Heiliger Krieg, 490 Anm 140) - in der allgemeinen Kennzeichnung bei; cf auch de Vaux, Das Alte Testament und seine Lebensordnungen, Bd. 2, (1962) 1966[2], 69, der religionsgeschichtliche Parallelen bietet und die Deutungskategorien Ideologie und Riten vorschlägt.

[17] Auch Stolz, der jedoch als Auslöser Erfahrungen von Jahwes Geschichtshandeln annimmt (statt kultischer Praxis), die dann später (am deutlichsten in den deuteronomistischen Schichten) theoretisiert wurden, wodurch "ein völliger Geschehnisverlust eintritt" (Stolz, Kriege 205; ihm folgte: H. H. Schmid, Heiliger Krieg und Gottesfrieden im Alten Testament, in: Stolz, Hrg., Religion zu Krieg und Frieden, 1986, 49-65: cf S. 53), stellt (daher) als einziges gemeinsames Element der verschiedenen Typen der (altisraelitischen) religiösen Kriegführung fest: "Jahwe ist als Kriegsherr der betreffenden Kriege verstanden. In welcher Weise auch immer die einzelnen Israel-Gruppen religiöse Kriegspraktiken anwendeten, der Jahwe-Glaube hat sich aller dieser Bräuche bemächtigt" (ebd., 198).

[18] Nach Weippert, "Heiliger Krieg", 487f ist dies im neuassyrischen Reich belegt und gilt modifiziert auch für Israel, wobei hier Jahwe als "Volksgott", als "Gott Israels" nicht nur von der Führungsschicht in Anspruch genommen werden konnte; cf hierzu auch Crüsemann, Der Widerstand gegen das Königtum, WMANT 49, 1978, 215-219.

solche Vermittlung geschieht durch Heilsorakel und mitgeführte Gottessymbole[19], in altisraelitischer Zeit z.B. durch das Mitführen der Lade (cf Num 10,35f; 14, 44; 1 Sam 4,3-11; 2 Sam 11,11; 15,24f)[20], später, als die mit der Lade verbundenen Vorstellungen und Traditionen auf den Tempel übertragen wurden[21], wird die kultisch-tempelorientierte Vermittlung maßgebend (cf 2 Chron 20,1-30): In diesem späten Text ist das Kultische "durch die Betonung der verschiedenen gottesdienstlichen Begehungen wieder das hervorstechenste Merkmal des Ganzen geworden"[22]. Man kann annehmen, daß sich in der Entwicklungsphase, in der der Jahweglauben zur Staatsreligion und der Jerusalemer Tempel zum wichtigsten Heiligtum wurde, die Verschmelzung von Zionsmotiven und Motiven des Heiligen Krieges vollzogen hat[23]. Der kultische Hintergrund der Kriegspraxis sowie die Historisierung der Feinde der Gottesstadt luden regelrecht dazu ein. Im offiziellen Kultbetrieb und in der Volksfrömmigkeit ist es dann zu einem von Propheten kritisierten[24] Sicherheitsdenken gekommen, das durch die Erfahrung der Rettung vor Sanherib samt dem Hohn des Rabsaken neu gestärkt wurde[25].

Behalten wir also die Rede vom "Heiligen Krieg" in seiner allgemeinen Kennzeichnung (Vorstellung von Gottes Symmachie) bei, die dann je kriegsideolo-

---

[19] Cf Weippert, "Heiliger Krieg", 490.

[20] Cf R. Schmitt, Zelt und Lade als Thema alttestamentlicher Wissenschaft, 1972, 139-144.159; Miller, The Divine Warrior in Early Israel, HSM 5, (1973) 1975[2], 157f; Brown, Ark, 22f. Keineswegs war die Lade jedoch nur ein Kriegsheiligtum (cf Schmitt, ebd., 173f).

[21] Cf hierzu Jörg Jeremias, Lade und Zion, Zur Entstehung der Ziontradition, in: Wolff (Hrg.), Probleme biblischer Theologie, FS G. v. Rad, 1971, 183-198. Cf weiter Keglers Kritik an Jeremias: An der Lade hafteten nicht einfach gedankliche, sondern magische Vorstellungen und eine kultische Praxis (cf Kegler, Politisches Geschehen, 351 Anm 357). In spätnachexilischer Zeit gehört für den Chronisten die Ladeerzählung mit zur "Gründungs- und Legitimationsgeschichte von Jerusalem, Tempel und Kult" (Welten, Lade - Tempel - Jerusalem, Zur Theologie der Chronikbücher, in: Gunneweg/Kaiser, Hrg., Textgemäß, FS E. Würthwein, 1979, 169-183: cf S. 183).

[22] v. Rad, Krieg, 81; das Wiederhervortreten des Kultischen ist nach den obigen Erwägungen nicht erstaunlich, da die kultische Vermittlung durchgehend praktiziert wurde.

[23] S.o. Anm 21; cf auch Stolz, Kriege, 115-119.187-191.204.

[24] Cf nur Mi 3,9-12; Jer 7,1-28; 26,1ff.

[25] Cf 2 Kön 18,13-19, 37; Jes 36f; 2 Chron 32,1-23. Auch die Makkabäer haben sich darauf berufen (s.u. Anm 56). Zu 2 Kön 18,17ff cf Stolz, Kriege, 153f: Bei der Verhöhnung des "lebendigen Gottes" durch den Feinde scheint es sich um eine (Jerusalemer) Tradition zu handeln (cf auch 1 Sam 17,36.45: Hohn des Philisters); "Im übrigen zeigt der Text mancherlei prophetische Traditionselemente, die in der prophetischen Tradition des Südreiches angesiedelt werden müssen; die Heilserwartung der Zionstradition ist darin verarbeitet" (Stolz, ebd., 153).

gisch (Propaganda) und kriegspraktisch (kultische Komponente) entfaltet werden mußte, so ist die Verschmelzung mit Zionsmotiven eine Stärkung der Ideologie[26], die nun ermöglichte, Gottes helfendes Eingreifen mit dem menschlichen Tun dauerhaft zu verbinden (cf 2 Chron 20,17), und zwar auch bei der Bedrohung der Gottesstadt (cf 2 Chron 32,1-8[27]). Wie eine solche Verbindung konkret (während des Kampfes) vorzustellen ist, wird jedoch hier nicht entfaltet: Es bleibt aber bei einer Verknüpfung von göttlicher Aktivität und kultischem Tun (cf 2 Chron 13,14f; 20,20-24; 32,20-22)[28]. Die Dauerhaftigkeit und Verläßlichkeit der göttlichen Symmachie kann nun durch den immerwährenden Tempelkult in der Gottesstadt begründet werden. War früher bei dem Verlust der Lade auch der Krieg verloren (1 Sam 4,3-11), so garantiert der Kult in der uneinnehmbaren Stadt den Beistand Gottes.

Bei den Makkabäern erfährt die Tradition des Heiligen Krieges[29] wie auch der Bereich des göttlichen und menschlichen Kampfes eine besondere Ausgestaltung. Daß die Makkabäer an der Tradition des Heiligen Krieges, wie sie im AT bezeugt ist, anknüpften, ist an verschiedenen Einzelzügen erkennbar[30].

---

[26] Das Vorhandensein einer "Kriegstheologie" - und nicht nur einer kultischen Praxis - rechtfertigt m.E. auch die Bezeichnung solcher Kriege als "Heilige Kriege" (s.o. Anm 16); gegen Fohrer, Geschichte der israelitischen Religion, 1969, 109, der zwar m.R. die Hypothese des Heiligen Krieges als einer festen Sakralinstitution der vorstaatlichen Zeit kritisiert, aber vorschnell die Kriegsgebräuche mit religiösen Vorstellungen und Riten anderer Lebensbereiche (Geburt, Entwöhnung, Hochzeit, Tod, Schafschur) parallelisiert und als "allgemeine religiöse Durchdringung des Lebens" (ebd.) qualifiziert.

[27] Die VV 1-8, die Hiskias Kriegsvorbereitungen und seine Ansprache wiedergeben, fehlen in den Parallelberichten 2 Kön 18 und Jes 36: zu den Einzelheiten cf Welten, Geschichte und Geschichtsdarstellung in den Chronikbüchern, WMANT 42, 1973, 29-31. Weitere Texte zum heiligen Krieg in 2 Chron: 26,7 (allgemein); 14,11f (Gebet des Asa und Sieg); 13,4-12 (Ansprache des Abia: Höhepunkt ist der Verweis auf den allein rechtmäßigen Jerusalemer Kult mit den Stichworten "Söhne Aarons", "Opfer", "Lärmposaunen"); 13,13-18 (Sieg trotz Hinterhalt durch Gebet, Lärmposaunen und Kriegsgeschrei, die zu Gottes Hilfe führen). Zur Funktion solcher Darstellungen in Zeiten politischer und militärischer Ohnmacht cf Welten, a.a.O., 171f.

[28] Das Verhältnis von göttlichem und menschlichem Handeln im Heiligen Krieg ist ein bleibendes Problem, das auch Jos. in seiner großen Rede gegen die Aufständischen in bell 5,362-419 aufgreift (cf §§ 362-400): dazu s.u. 1.2, bc), S. 166f.

[29] v. Rad beschließt seine Studie mit einem vorsichtigen (s.u. Anm 32) Ausblick auf die Makkabäer: cf Krieg, 83f; cf weiter Farmer, Maccabees, Zealots, and Josephus, 1956, 9.97-100.145-151.

[30] Cf Hengel, Die Zeloten, AGJU 1, (1961) 1976^2, 278f; de Vaux, AT und seine Lebensordnungen II, 78f: es geht um den "Kampf Israels" (1 Makk 3,2) - Judas erinnert an Gottes Heilserweise (cf 1 Makk 3,18-22; 2 Makk 12,15) - man versammelt sich in Mizpa, fastet und legt Trauerkleidung an (1 Makk 3,46ff; cf Ri 20,1; 1 Sam 7,5-17) -

Die methodische Schwierigkeit, daß sowohl 1 Makk als auch Jason von Kyrene und 2 Makk[31] Tendenzen verfolgen, die die historische Rückfrage gerade in dieser Hinsicht erschweren[32], kann in unserem traditionsgeschichtlich orientierten Zusammenhang zunächst übergangen werden.

De VAUX hat nun behauptet, daß der Krieg der Makkabäer trotz der Einzelzüge kein Heiliger Krieg, sondern ein Religionskrieg sei[33]. Dies könnte man als inhaltliche Kennzeichnung (Krieg um und für das Überleben der Religion) akzeptieren, ist in seiner Gegenübersetzung zum Terminus "Heiliger Krieg" aber aus zwei Gründen unangemessen: Erstens ist de VAUXs Hauptargument, daß Gott nicht unmittelbar, sondern nur in (symbolischer) Gestalt eines himmlischen Boten eingegriffen habe[34], unzutreffend, weil 2 Makk 12,22[35] und 15,27[36] Epiphanien Gottes während des Kampfes belegen[37]; zwei-

---

man befragt die Heiligen Schriften als Orakel (cf 1 Makk 3,48; 2 Makk 8,23) - man bläst die Trompeten und stößt Kriegsgeschrei aus (1 Makk 3,54; cf Num 10,2; 31,6) - die Heereseinteilung erfolgt gemäß atl. Vorbild (cf 1 Makk 3,55; cf Ex 18,21-26) - die Jungverheirateten, Furchtsamen und andere dürfen nicht kämpfen "dem Gesetz gemäß" (1 Makk 3,56; cf Dtn 20,5-9) - nach der Schlacht stimmt man Lobgesänge an (cf 1 Makk 4, 24f; cf 2 Chron 20,26-28). Cf weiter S. 80f und Anm 40-46 sowie die Übersicht auf S. 81f.

31 Zu den Einleitungsfragen cf vor allem Hengel, Judentum und Hellenismus, WUNT 10, (1969) 1973², 176-183 (Jason); Habicht, 2. Makkabäerbuch, JSHRZ I, 3, 1976, 167-194; Schunck, 1. Makkabäerbuch, JSHRZ I, 4, 1980, 289-293; Rüger, Art. Apokryphen I, TRE 3, 1978, 289-316: cf S. 300-303; Schürer, History III, 1, 1986, 180-185.531-537.

32 Darauf hatte auch v. Rad aufmerksam gemacht, der daher seinen Schlußsatz vorsichtig formulierte: "Und deshalb bleibt die Frage, ob sich der Geist dieser Geschichtsschreibung mit dem Geist deckt, in dem jene Kriege wirklich geführt wurden, noch offen" (Krieg, 84 mit Verweis auf Bickermann! Cf insbes. Bickermann, Der Gott der Makkabäer, 1937, 24-35: Darstellung der jüdischen Überlieferung - Dan, 1/2 Makk); Hengel, der sich in seiner Darstellung des Heiligen Krieges im AT und in der Makkabäerzeit (cf Zeloten, 277-279) in hohem Maße auf v. Rads Konzeption stützt, nimmt an, daß zumindest in der Frühphase der charismatische Charakter des Kampfes bestimmend war (cf ebd., 278f mit Hinweis auf die Tat des Mattathias: cf 1 Makk 2,24-28.45-48).

33 Cf de Vaux, AT und seine Lebensordnungen II, 69.78f; ähnlich Fohrer, Geschichte, 380: "Religionskampf".

34 Cf de Vaux, AT und seine Lebensordnungen II, 78f.

35 "Als aber die erste Kompanie des Judas erschien und Furcht die Feinde befiel und Schrecken über sie kam infolge der Epiphanie ("ἐπιφανείας") dessen, der alles überschaut, wandten sie sich zur Flucht ..." (Übers. Habicht, 2. Makkabäerbuch, 263; ähnlich Kamphausen in: Kautzsch, Hrg., Die Apokryphen und Pseudepigraphen des Alten Testaments I, 1900/1975⁴, 111).

36 "Und mit den Armen kämpfend, mit dem Herzen aber zu Gott betend, streckten sie nicht weniger als 35 000 nieder, hoch erfreut über die sichtbare Erscheinung ("ἐπιφανείᾳ") Gottes" (Übers. Habicht, 2. Makkabäerbuch, 279); cf auch 2 Makk 15,34 und Habicht, ebd., 280 Anm a zu 15,34: VV 27.34 nehmen sehr wahrscheinlich Bezug

tens ist es nach den obigen Erwägungen über den Heiligen Krieg weder möglich noch notwendig, das Idealbild einer altisraelitischen Institution als Vergleich heranzuziehen[38]. Ich benutze im folgenden die Deutungskategorien Kriegsideologie und -praxis.

Eine Kriegsideologie des Heiligen Krieges findet sich in 1 Makk in den religiösen Kriegsansprachen. Diese Ansprachen, die der Ermahnung und Ermutigung dienen, propagieren durchgehend die Hilfe des Himmels, also Gottes[39], im bevorstehenden Kampf[40], der dann siegreich endet[41] und dadurch die göttliche Hilfe beweist. Die kultische Versicherung der Hilfe geschieht in Gebeten[42], Buß- und Trauerriten[43], im Blasen der Trompeten[44] und im Befragen der Heiligen Schrift als Orakel[45]; aber auch Priester und Nasiräer spielen eine Vermittlungsrolle[46]. Das Verhältnis zwischen göttlicher und menschlicher Aktivität wird jedoch zugespitzt formuliert; in einem Gebet vor der Schlacht spricht Judas: "Strecke sie nieder durch das Schwert derer, die dich lieben, damit dich alle, die deinen Namen kennen, mit Lobliedern preisen" (1 Makk 4,33). Der Verfasser von 1 Makk hält also an kultischen Elementen fest (Gebet, Loblieder), die eigentliche Aktivität liegt jedoch bei den Menschen: Sie handeln mit und durch Gottes Hilfe, agieren als seine Werkzeuge.

Die Vorstellung von Gottes Symmachie (cf 2 Makk 10,16: "τὸν θεὸν

"auf eine von Jason berichtete, vom Verfasser jedoch gestrichene Epiphanieerzählung".

37 Cf weiter 2 Makk 2,21; 12,28; 14,15; während 11,8 (himmlischer Reiter) und 5,2f (Erscheinung eines Heeres) einen Zeichencharakter haben (cf 5,4), ist 10,29f (5 himmlische Reiter im Kampf) wieder konkreter gedacht. De Vaux, AT und seine Lebensordnungen II, 79 hat nur auf 2 Makk 11,6ff; 15,23 verwiesen. Cf zum Ganzen Habicht, 2. Makkabäerbuch, 187f.

38 Dieser Vergleich schwingt bei de Vaux noch mit (cf AT und seine Lebensordnungen II, 79), obwohl der Verfasser sich dem "weiteren" Verständnis vom Heiligen Krieg angeschlossen hatte (cf ebd., 69; s.o. Anm 16).

39 In 1 Makk wird eine direkte Erwähnung Gottes vermieden: Man "gebraucht dafür den Begriff 'Himmel'..., das Personalpronomen ... oder verzichtet ganz auf ein Wechselwort" (Schunck, 1. Makkabäerbuch, 293).

40 Cf 1 Makk 3,18f.22.53.60; 4,10; 9,46; 16,3.

41 Cf 1 Makk 3,23f; 4,12-15; 9,47-49; 16,8-10.

42 Die Gebete und Kriegsansprachen fallen auch zusammen; cf 1 Makk 3,50-53; 4,30-33.40; 5,33; 7,41f; 9,46; 11,71.

43 Cf 1 Makk (2,14); 3,47; 11,71.

44 Cf 1 Makk 3,54 (Trompeten und Kriegsgeschrei); 5,33 (Trompeten und laute Gebete); 16,8.

45 Cf 1 Makk 3,48.

46 Cf 1 Makk 3,49; 7,36-38.

σύμμαχον") tritt auch in 2 Makk - in Bezug auf die Epiphanien noch deutlicher - hervor[47]. Es ist zum Allgemeingut der Forschung geworden, 2 Makk im Gegensatz zu 1 Makk, dem man eine prohasmonäische, politisch-nationale Ausrichtung zuordnet, eine mehr religiöse, d.h. Tempel, Schuld, Sühne, Übermut und Bestrafung hervorhebende Intention zuzuweisen[48]. In unserem Zusammenhang sind jedoch vor allem die gemeinsamen Aspekte, die sich auf die Vorstellungen vom Heiligen Krieg beziehen, entscheidend. Der Grund für Gottes Eingreifen, und damit der Hauptgedanke der Kriegsideologie, liegt in der Bedrohung der (rechtgläubigen) jüdischen Religion[49], konkretisiert in der Gefährdung und Entweihung des Jerusalemer Tempels seitens der Heiden und der jüdischen "Abtrünnigen".
Beide Makkabäerbücher, und nicht nur das sehr stark tempelorientierte 2. Buch[50], belegen dies, wie die folgende Tabelle zeigt.

1 Makk	*2 Makk*
	Gott beschützt seinen Wohnplatz (3,39; 14,35f);
Der Tempel wird bedroht und/oder entweiht	
(1,37.39.54; 2,7-12; 3,43.45.51.58; 5,1f; 6,18.51-54)	(4,1ff; 5,15f; 6,2; 8,2.17; 13,11)
(3,59) Volk und Heiligtum leiden	Das Heiligtum nimmt an allen Unglücksfällen des Volkes teil, weil es von Gott wegen des Volkes erwählt worden ist (5,18f)

[47] Cf außer Anm 35-37 noch 2 Makk 8,16-24.27-29; 9,5ff; 12,15f; 13,13-17; 14,34; 15,8.12-16.21-24.

[48] Cf Kamphausen in: Kautzsch (Hrg.), Apokryphen I, 82; Bickermann, Gott, 32f; Schunck, Art. Makkabäerbücher, RGG[3] IV, 1960, 620-622: cf Sp. 621; Hengel, Judentum, 179f; Habicht, 2. Makkabäerbuch, 185-188.

[49] Zur historischen und forschungsgeschichtlichen Problematik der Ursachen, Reihenfolge und Bewertung von Verfolgung bzw. Religionsedikten und Aufstand cf Schäfer, Geschichte der Juden in der Antike, 1983, 58-62.

[50] "Des Verfassers Enthusiasmus für den Tempel tritt nahezu in jedem Kapitel hervor" (Habicht, 2. Makkabäerbuch, 186; Ausnahmen sind cp 7 und 12). In 2 Makk haben einmal die Tempelfeste einen zentralen Stellenwert; cf 10,6 (Tempelreinigung; cf auch den 1. Brief; 1,1-10a) - 15,36 (Sieg über Nikanor); cf weiter die gegenüber 1 Makk zusätzliche Erzählung über die Bestrafung des Tempelfrevlers Heliodor (3,24-30) sowie die Bestrafung des Frevlers Menelaos (13,4-8). Cf zum Ganzen von R. Doran, Temple Propaganda: The Purpose and Character of 2 Maccabees, CBQ. MS 12, 1981: Das zentrale Thema von 2 Makk ist "primarily temple Propaganda - the defense of the temple and its surroundings by the patron deity" (ebd., 114).

Tempelreinigung und Neuweihe

(4,36-59; 6,7)	(10,1-8)
(5,1f) Gerade die Tempelreinigung reizt die Heiden zum Krieg	
Nikanor verspottet und verunreinigt Priester und droht, den Tempel zu verbrennen (7,33-35), eine Lästerung, die wie bei Sanherib die Vernichtung nach sich zieht (7,41f.47)	Nikanor schwört, den Tempel vollständig zu zerstören, den Altar niederzureißen und ein heidnisches Heiligtum zu errichten (14,33), und lästert Gott und sein Sabbatgebot (15,1-5), wofür er vernichtet wird (15,30-35)
Der Frevel des Alkimos, der die Tempelmauern niederriß, bewirkte die göttliche Strafe (9,54-57)	
Im Selbstbild kämpften die Makkabäer für Gesetz und Heiligtum (13,3), sind sie Rächer für Volk und Heiligtum gegen die vereinten Heiden (3,43; 13,6)	Die Makkabäer kämpfen für Gesetze, Tempel, Stadt, Vaterland, Verfassung (13,14; cf 15,17f).

Die historischen Ereignisse der Tempelentweihung durch Antiochus IV - Plünderung, Einstellung des Tamidopfers, Errichtung eines heidnischen Altars[51] - sowie die übrigen Maßnahmen gegen die jüdische Religion (1 Makk 1,41ff) riefen laut den Verfassern der beiden Makkabäerbücher den Aufstand hervor; das wichtigste Ziel war demnach die Befreiung, Reinigung und Neuweihe des Tempels, denn "die Furcht für Frauen und Kinder, Brüder und Verwandte kam bei ihnen erst in zweiter Linie, die größte und vordringlichste war die um den geheiligten Tempel" (2 Makk 15,18)[52], also um den Ort der eigentlichen Gegenwart Gottes.

In diesen teilweise mit Zionsmotiven durchsetzten Vorstellungen findet sich eine - in 1 Makk immerhin implizit vorhandene - Steigerung seitens Jasons

[51] Cf ant 12,248-253; der (zusätzliche) heidnische Altar (cf 1 Makk 1,59; 6,7) wird in Dan 9,27; 11,31; 12,11; 1 Makk 1,54 als "Greuel der Verwüstung" bezeichnet.

[52] Cf auch die zweimalige Nennung der Heiligtums in 1 Makk 13,3.6 (samt Motiv des Völkersturms). Der Epitomator hebt dies gleich zu Beginn seiner Vorrede hervor: "Die Taten des Makkabäers Judas und seiner Brüder, die Reinigung des Tempels des Höchsten und die Einweihung des Altars ..." (2 Makk 2,19; cf VV 22f; 8,2-4). Zur Zentralbedeutung des Tempels cf auch 1 Makk 16,20: Die Veranlassung zur Tempelbesetzung gehört zu den ersten Maßnahmen des (mißglückten) Aufstandes nach dem Mord an Simon.

und des Epitomators[53]: Es ist letztendlich die Gottheit selbst, die ihr Heiligtum verteidigt. D.h. der Angriff von Feinden provoziert (gemäß der alten Zionstheologie) das Eingreifen der Gottheit - wenn nicht sofort, dann in naher Zukunft.

Der Heilige Krieg - so läßt sich zusammenfassen - wird auch in den Makkabäerbüchern vorausgesetzt, und zwar in Ideologie wie in Kriegspraxis. Gottes Mitkämpfen wird als selbstverständlich angesehen (zumindest dies dürfte auch dem historischen Selbstbild der Makkabäer entsprochen haben), wobei die kultische Vermittlung und Versicherung der göttlichen Hilfe bestehen bleibt, allerdings unter der veränderten Bedingung, nicht im Besitz des Tempels zu sein. Dieser Unterschied erfordert Beachtung, weil er eine im Vergleich zu den Zeiten der Lade und der tempelkultischen Begründung dritte Entwicklungsstufe des Heiligen Krieges bezeichnet. Die Tempelorientierung hat sich von der Kriegspraxis zur Kriegsideologie verschoben, d.h. gerade die Bedrohung und Entweihung des Tempels motiviert nun zum Heiligen Krieg[54], evoziert den Eifer für Heiligtum und Gesetz[55] und vergrößert den Anteil der menschlichen Aktivität auch dann, wenn nur langfristig Aussicht auf Erfolg besteht; der Erfolg ist jedoch gerade dadurch fraglos gesichert (und zwar auch gegen den Augenschein), daß Gott selbst den Kampf führt und "seine" Feinde am Ende besiegt; das ist ein Glaube, der wiederum gestärkt werden soll durch die Hinweise auf vergangene Heilserweise, insbesondere durch die Aktualisierung der Sanheriberfahrung. Die Propagierung der Niederlage Sanheribs durch den Engel Gottes wird dreimal überliefert, und zwar immer vor dem Kampf mit dem "Frevler" Nikanor[56]. Auch sie dient als kriegsideologisches Argument zur Steigerung von Kampfeswillen, -mut und -zuversicht.

An diesem Beispiel ist eine weitere Entwicklung ablesbar: Wie bei der Tempelreinigung wird auch der endgültige Sieg über Nikanor als neuer Festtag institutionalisiert[57]; nach dem Erfolg wandelt sich damit die Tempelorientierung im Bereich der makkabäischen Kriegsideologie zur Tempelpropa-

---

[53] Cf die Heliodorerzählung, in der wohl literarkritisch zu scheiden ist (cf Habicht, 2. Makkabäerbuch, 172f); dagegen: Doran, Temple Propaganda, 20f). Aber auch laut 1 Makk erhält der "Tempelfrevler" Alkimos seine von Gott gesandte Strafe (dadurch wurden die kompromißbereiten Asidäer diskreditiert: s.u. Anm 54).

[54] Und zwar auch nachdem Teile der Asidäer den Hohenpriester Alkimos, also auch dessen Kultpraxis anerkannten (cf 1 Makk 7,13f).

[55] Cf hierzu Hengel, Zeloten, 152-159; Arenhoevel, Der "Eifer" der Makkabäer, BiKi 37 (1982) 78-82; cf S. 79-81.

[56] Cf 2 Makk 8,19 (Beginn des Aufstandes); 15,22/1 Makk 7,41f (vor dem Endkampf nach Nikanors Tempelbedrohung).

[57] Cf 1 Makk 7,48f sowie Anm 50; zum Chanukkafest s.o. 1.1, a), S. 70f. Zum "Nikanortag" am 13. Adar (ant 12,412; Meg.Taan. § 30) cf auch Farmer, Maccabees, 145-150.

ganda[58]. Die Erinnerung wird kultisch vergegenwärtigt und lebendig gehalten, so daß auch diese Vernichtung eines Tempelfrevlers späteren Generationen als kriegsideologisches Argument dienen kann.
Gleichzeitig werden auch die alten Hoffnungen der Zionstheologie eine enorme Bestätigung erfahren haben, jedoch mit der bezeichnenden Variante, daß die Feinde eine Zeitlang Erfolg haben können; trotz aller Rückschläge[59] bleibt am Ende doch Gott in seinem Heiligtum und seiner Stadt siegreich.

In der Zeit der Religionsverfolgung entstehen aber auch im wachsenden Protest gegen die Makkabäer und schließlich in Gegnerschaft zur hasmonäischen Dynastie verschiedene Gruppen, die apokalyptische Motive und Traditionen aufgreifen und weiterbilden. Auch Grundelemente der Zionstradition (Völkersturm, Schlacht, Gottes Sieg) werden beibehalten bzw. aktualisiert; bei den Qumran-Essenern spielt dabei auch der Heilige Krieg eine zentrale Rolle.

Es handelt sich jedoch jeweils um einen endzeitlichen Kampf, als einer (manchmal letzten) Übergangsphase zur endgültigen Herrschaft Gottes[60]. Zwar gibt es auch in apokalyptischen Texten den Gedanken, daß die Gerechten die Sünder besiegen oder richten[61], doch in der Regel ist es Gott oder sein Repräsentant (Messias, Engel), der die Feinde oder Beliar vernichtet[62].

---

[58] In dieses Bild fügt sich dann auch die Übernahme des Hohepriesteramtes: Daß allein die Verteidiger des Tempels dazu würdig seien, dürfte m.E. nicht nur der Propaganda, sondern auch dem makkabäischen Selbstbild entsprochen haben (cf 1 Makk 13,3.6; 14,32f; s.o. 1.1, a, Anm 89). Die "Tempelpropaganda" von 2 Makk (hier fehlt bezeichnenderweise die Übernahme des Hohepriesteramtes, da der zeitliche Darstellungsrahmen absichtlich nur bis zum großen Sieg über Nikanor gesteckt ist) ließe sich als Antwort auf die makkabäische Tempelpropaganda verstehen; s.u. Anm 80.

[59] Cf nur 1 Makk 6,48ff; 14,36.

[60] Cf zum Ganzen die Überblicke bei Windisch, Der messianische Krieg und das Urchristentum, 1909, 10-28; Volz, Die Eschatologie der jüdischen Gemeinde im neutestamentlichen Zeitalter, 1934, 148-152; Hengel, Zeloten, 279-287; Thoma, Jüdische Apokalyptik am Ende des ersten nachchristlichen Jahrhunderts, Kairos N. F. 11 (1969) 134-144; Böcher, Stadt, 59-65; Dexinger, Ein "messianisches Szenarium" als Gemeingut des Judentums in nachherodianischer Zeit?, Kairos N. F. 17 (1975) 249-278; Müller, Art. Apokalyptik/Apokalypsen III, TRE 3, 1978, 202-251: cf S. 212-223.244-248; Schürer, History II, 525-529; III, 1, 240-307.

[61] Cf äthHen 91,12 (Zehn-Wochen-Apokalypse); 95,3.7; 98,12 (Weherufe über Sünder); 50,2; Jub 23,30 (cf Berger, Das Buch der Jubiläen, JSHRZ II, 3, 1981, S. 446 Anm e zu 23,30: "Die Generation der Heilszeit ... vollzieht das Gericht"); 24,29 (Gericht durch dies gerechte Volk).

[62] Cf Dan 11,45; 12,1 (Michael); äthHen 53,5f (?); 94,6f.9f; 99,16; Test Dan 5,10-13 (Gott - Beliar); TestJos 19 (wilde Tiere - Lamm); AssMos 10,1-10 (Gott: VV 3.7.9, bzw. ein Engel: V. 2; cf Brandenburger, Himmelfahrt Moses, JSHRZ V, 2, 1976, S. 76 Anm

In diesem Zusammenhang soll jedoch nicht nach solchen allgemeinen Vorstellungen eines endzeitlichen Krieges, sondern nach dem Auftauchen des Zionsschemas gefragt werden.
Im Buch der Traumvisionen (äthHen 83-90), das zwischen 170 und 161 v.Chr. (vor dem Tod des Judas Makkabäus) entstanden ist[63], folgt nach der Vision über die 70 Hirten die Beschreibung des letzten Angriffs der Heiden (90,13-19). Sie werden alle vernichtet durch den Zorn Gottes (VV 15.18) und durch die Frommen, die mit dem ihnen übergebenen "großen Schwert" "alle wilden Tiere" töten (V. 19). Nach Gericht und Vernichtung entfernt Gott das alte Jerusalem und bringt dafür ein neues größeres und schöneres "Haus" (90,28f); damit und mit einer Bekehrung und Proskynese der Heiden (V. 30) beginnt das messianische Reich (cf 90,31-38).
Vom Völkersturm der Parther und Meder gegen Land und Stadt der Auserwählten berichtet äthHen 56,5-8, ein Stück aus dem Parabelbuch, das allerdings schwer zu datieren ist und in der neueren Forschung mindestens ins 1. Jahrhundert n.Chr. versetzt wird, wobei man auf die Suche nach zeitgeschichtlichen Anspielungen des Völkersturms verzichtet hat[64]. Die von Engeln aufgewiegelten Könige können nach diesem Text zwar das Land einnehmen, "aber die Stadt meiner Gerechten wird ein Hindernis für ihre Rosse sein, und sie werden das Morden (oder: den Kampf) untereinander beginnen, und ihre rechte (Hand) wird mächtig gegen sie selbst sein" (V. 7a)[65]; dadurch wird Vernichtung und Strafgericht vollzogen: Vor dem Angesicht der Auserwählten wird das Totenreich die Sünder verschlingen (V. 8b).
Sib 3,652-660, ein Text aus der jüdischen Diaspora in Ägypten, der zu den ältesten Bestandteilen von Sib 3 gehört und um die Mitte des 2. Jahrhunderts v.Chr. verfaßt wurde[66], erwähnt einen von Gott geschickten König vom Sonnenaufgang ("ἀπ᾽ ἠελίοιο"), der ein Friedensreich aufrichtet durch Kampf oder Verträge, so daß auch das Heiligtum von Reichtum und Pracht erstrahlt. Dadurch wird der Neid der Könige erweckt, die sich zu einem Ansturm gegen Land, Stadt und Tempel vereinigen (VV 661ff). Sie gelangen bis vor die Stadt, wo sie ihre Throne aufstellen, aber dann durch Gott, der feurige Schwerter vom Himmel fallen läßt, endgültig vernichtet werden (VV 671ff). Weil sie sich gegen den Tempel erhoben haben (V. 688), trifft das Gericht

---

b zu 10,3); syrBar 39f (der Messias vernichtet die Feinde und richtet den feindlichen Herrscher auf dem Zion); 4 Esra 11,1-12, 40 (Adlervision und Deutung; der Messias besiegt die Feinde).

63 Cf Schürer, History III, 1, 255.

64 Cf Schürer, History III, 1, 256-259.

65 Übersetzt von Uhlig, Das äthiopische Henochbuch, JSHRZ V, 6, 1984, S. 601.

66 Cf Schürer, History III, 1, 634.637; Collins, The Development of the Sibylline Traditions, ANRW II, 20, 1, 1987, 421-459: cf S. 430-433.

mit Feuer, Schwefel, Hagel und Sturm ein; die Söhne Gottes jedoch werden danach ruhig und sicher um den Tempel herum wohnen (V. 702f) und im Heiligtum anbeten und lobsingen (VV 718f.725f). In diesem Text ist die zentrale Bedeutung des Jerusalemer Tempels besonders deutlich, zumal der "König vom Sonnenaufgang" im endzeitlichen Kampf keine Rolle mehr spielt. Schon A. CAUSSE hat gezeigt, daß die Hervorhebung des nationalen Heiligtums Parallelen in der paganen Umwelt hat, die infolge der Hellenisierung und des Verlustes der politischen Selbständigkeit ihre Nationalgottheiten mit anderen verschmelzt und ihre Kultzentren aufwertet[67]. Ein wesentlicher Unterschied besteht allerdings darin, daß nach Sib 3,760.773-776 der jüdische Gott der einzige Gott ist und auch nur ein einziges Kultzentrum besitzt.
PsSal 17 schließlich besingt nach der Eroberung Jerusalems durch Pompejus[68] den Messias, der Jerusalem von den Heiden, die es zertreten haben, reinigt und ein heiliges Volk um sich schart (VV 21-29).
Die Gemeinde von Qumran, die auch große Teile des äthHen - bis auf cp. 37-71 - besessen und tradiert hat[69], weist in ihren Schriften zahlreiche Hinweise auf das Zionsschema auf.
Von einem Ansturm der "Kittim", die aus der Ebene von Akko heraufziehen bis zur Grenze von Jerusalem, berichtet ein fragmentarisch erhaltener Kommentar zu Jes 10,28-11, 14 (4 QpJes^a/4 Q 161); die Feinde werden vor Jerusalem geschlagen[70].
4 Qflor 1 erwähnt Feinde, die den Tempel wegen Israels Sünde zerstört haben (V. 5f); Gott hat jedoch ein neues "Haus" errichtet, das in Ewigkeit Bestand hat und das kein Heide betreten und verunreinigen wird (VV 3-5), und zwar auch nicht, wenn die "Söhne Belials" am Ende der Zeiten gegen es an-

---

[67] Cf Causse, Le mythe de la nouvelle Jérusalem du Deutéro-Esaie à la IIIe Sibylle, RHPhR 18 (1938) 377-414: cf S. 399-406.

[68] Cf Schürer, History III, 1, 194; cf auch Hadas-Lebel, L'évolution de l'image de Rome auprès des Juifs en deux siècles de relations judéo-romaines -164 à +70, ANRW II, 20, 2, 1987, 715-856: cf S. 746f, die eine Entstehungszeit bis ca. 25 v.Chr. nicht ausschließt.

[69] Cf Schürer, History III, 1, 251f.254; alle Qumranfragmente des äthHen sind in Aramäisch, der Originalsprache des Buches, überliefert (cf ebd., 260).

[70] Cf II, 4-7; III, 5-9; nach dem messianischen Text Jes 11,1-4 findet sich in IV, 4 noch ein Hinweis auf Magog, der Versinnbildlichung der anstürmenden Feinde aus Ez 38f; deutsche Übersetzung mit der hier verwendeten Unterteilung in: J. Maier, Texte der Schriftrollen, in: Maier/Schubert, Die Qumran-Essener, 1973, 143-312: cf S. 308f. Während Hengel, Zeloten, 282.289f in diesem Fragment eine Anlehnung an Cestius Gallus' Anmarsch und Niederlage vermutet, sollte man hier Zurückhaltung üben: "It should also be noted that any invader of Palestine approaching Jerusalem from Syria was expected to pass through the coastal plain by the way of Acre and Caesarea" (Schürer, History III, 1, 426)

stürmen (cf VV 7f.18f als Auslegung von 2 Sam 7,11 und Ps 2,1f).
Der große endzeitliche Krieg gegen die Söhne Belials, zwischen den Söhnen des Lichts und denen der Finsternis, ist in vielen Texten dieser Gemeinschaft angedeutet[71] und ausführlich in der sog. Kriegsrolle (1 QM) beschrieben. In 1 QM, die wohl ein längeres Wachstum aufzuweisen hat und in den Jahrzehnten der Herrschaft des Augustus abgeschlossen wurde[72], werden Elemente des Heiligen Krieges sichtbar, die vor allem die Reinheit des Lagers und der Kämpfer betreffen (7,3-7) sowie die Führungsrolle der Priester und Leviten betonen (7,9-9,9; 15-19); Gottes Anwesenheit und Symmachie ist ohne Zweifel gesichert[73].
Während im Selbstverständnis der Qumrangemeinschaft das Jerusalemer Heiligtum verunreinigt ist und daher die Institutionen Kult und Tempel umgedeutet, d.h. "auf die Gemeinde (als Tempel) und deren Handeln (Lobpreis und vollkommener Wandel) bezogen"[74] werden, bleibt doch als ein Endziel auch die Reinigung des (irdischen) Tempels. Diese Reinigung geschieht nach dem Sieg über die Feinde, die sich in der "Wüste von Jerusalem" (1 QM 1,3) gelagert hatten, durch die Gemeinde von Qumran in einem Sabbatjahr (cf 1 QM 2,1-6); darauf folgen weitere 33 Jahre Krieg (cf 2,7ff). Der gegenwärtige (gereinigte) Tempel wird zu Beginn der Heilszeit, am "Tag der Schöpfung" von Gott durch ein neues Heiligtum ersetzt (11 QT 29,8-10)[75], an dem dann ebenfalls die (essenischen) Söhne Zadoks Dienst tun.
In der neutestamentlichen Apk finden sich ebenfalls einige Züge des Zionsschemas. Neben Apk 20,9 (Uneinnehmbarkeit der "geliebten Stadt") ist hier 11,1f von Bedeutung: Der Seher soll den Tempel Gottes, den Altar und die Anbetenden "messen", jedoch ohne den Tempelvorhof, der den Heiden über-

---

[71] Cf z.B. CD 1,2; 4,13; 1 QS 3,24f; 1 QSa 1,21.26; 1 QH 4,22; 6,20-36.

[72] Cf dazu jetzt die forschungsgeschichtlich orientierte Darstellung bei Schürer, History III, 1, 401-404.

[73] Cf 1 QM 9,14-17 (Türme mit den Namen Michael, Gabriel, Sariel, Raphael); 10,1 ("daß du in unserer Mitte bist"); 10,3ff (ermutigende Kriegsansprache der Priester und Amtleute: V. 4 "Gott geht mit euch"; V. 7f Lärmtrompeten und Gottes Hilfe); 11,1.2.4 ("dein ist der Kampf"); 11,13 (Gott liefert die Feinde aus); 11,16 (göttliches Strafgericht an Gog); 11,17 ("du kämpfst gegen sie vom Himmel"); 12,4f (Erwählte, Heilige, Engel im Krieg); 12,8f (der König der Herrlichkeit und Kriegsheld ist mit uns); 14,2ff (Dankliturgie nach dem Sieg); cf auch 18f (Sieg durch die große Hand Gottes gegen Belial - Bann - Dank und Lobpreis durch den Hauptpriester, Priester und Leviten).

[74] Janowski/Lichtenberger, Enderwartung und Reinheitsidee, Zur eschatologischen Deutung von Reinheit und Sühne in der Qumrangemeinde, JJS 34 (1983) 31-62: zit. S. 56.

[75] Cf 4 QpPs 37 III, 10f; 4 Qflor 1 (s.o.); ähnlich auch in Jub 1,17.27.29.

geben wurde, die die heilige Stadt 42 Monate (3½ Jahre)[76] zertreten. Die Aufforderung zum Messen bedeutet gemäß alttestamentlichem Vorbild[77], daß der Seher die Vollkommenheit des (himmlischen) Heiligtums bewundern soll, wobei vorausgesetzt ist, daß "der Plan des Heiligtums zum Orakel für den Verlauf der Weltgeschichte"[78] wird. Diese Transformation der Aussagen besagt also, daß Stadt und Tempelvorhof in der Hand der Heiden die Unheilszeit symbolisieren, wobei der Sachgrund jedoch wohl der ist, daß der innere Tempel nicht erobert wird, obwohl die Heiden den Vorhof bereits besetzt haben; dies kann einen zelotischen Hintergrund haben[79].

Auch nach der Zerstörung des Tempels wird die Hoffnung von der letztlichen Uneinnehmbarkeit des Zion in jüdischen Texten aufrechterhalten. 4 Esra 13,1-13 beschreibt, wie der "Mensch" - dem Messias aus cp 11f vergleichbar (cf 7,28f) - das anstürmende feindliche Heer durch einen feurigen Strom seines Mundes vernichtet (V. 10f); in der Deutung dieser Vision wird mitgeteilt, daß sich die Feinde an einem Punkt versammeln, aber durch den "Sohn" vom Gipfel des Zionberges her besiegt werden (VV 34-38.49). Die verschleppten Stämme und die übriggebliebenen Juden wird er um sich in der Stadt sammeln (VV 12.39-50). Aber auch Heiden nähern sich dann mit Opfergaben (V.

---

[76] Zu den 3½ Zeiten (½ Jahrwoche/1260 Tage) cf Berger, Die Auferstehung des Propheten und die Erhöhung des Menschensohnes, StUNT 13, 1976, 26f.

[77] Cf (Ez 40-42); Ez 40,3f; McNicol denkt an einen Zusammenhang dieser Stelle mit Ez 29,6 LXX (der Prophet als "ῥάβδος καλαμίνη"; cf Apk 11,1: "καὶ ἐδόθη μοι κάλαμος ὅμοιος ῥάβδῳ": cf McNicol, Revelation 11:1-14 and the Structure of the Apocalypse, RestQ 22, 1979, 193-202: cf S. 198) - jedoch ist in Ez 29 der Prophet als bloßes Schilfrohr gegenüber Gott nur eine schwache Stütze für das Haus Israel (cf V. 6a.7). Der Vorschlag von Strand, An Overlooked Old-Testament Background to Revelation 11:1, AUSS 22 (1984) 317-325 besteht darin, daß hier neben Ez 40,3 ausschließlich Lev 16 (Versöhnungstag) verwendet wurde, da dort die Elemente Priester/Hoherpriester, Heiligtum, Altar, Gemeinde vorkommen (cf ebd., 322f) - dies ist m.E. mehr als spekulativ, da ein Meßvorgang oder ähnliches in Lev 16 überhaupt nicht auftaucht und Strand den "Hohepriester", der in Apk 11,1f nicht erscheint, einfach mit Hinblick auf Heb 7,26 (Christus als Hohepriester) als vom christlichen Verfasser bewußt und "perfectly logical" (ebd., 324) fortgelassen ansieht. Mit Recht hat Strand jedoch darauf hingewiesen, daß hier keine Beziehung zu Sach 2,1-5 besteht, so daß die Auffassung, das Messen als solches bedeute die Rettung vor den Heiden, zurückgewiesen werden muß (cf Strand, ebd., 320.324; etwas unklar ist hier Giblin, Revelation 11.1-13: Its Form, Function and Contextual Integration, NTS 30, 1984, 433-459: cf S. 438).

[78] Berger, Auferstehung, 26; zum Weiterwirken dieser Tradition cf die Belege ebd., 260f Anm 86f: "Die Vision des Heiligtums wird zur Geschichtsvision" (S. 261), was (modifiziert) auch schon für Ez 40-48 gegolten hatte, da hier das Verhältnis der Menschen untereinander und zu Gott mit dem Tempelentwurf verbunden ist (cf ebd., Anm 86).

[79] Dazu s.u.: Exkurs im Anschluß an 1.2, bc).

13).

Die hier vorgestellten Texte weisen untereinander keine direkten traditionsgeschichtlichen Abhängigkeiten auf. Gemeinsam ist ihnen das Vorhandensein des Zionsschemas: Der Angriff der Feinde wird vor Jerusalem/dem Tempel durch Gottes Eingreifen scheitern. Eine solche allgemeine Hoffnung trifft man - unterstützt durch die alte Zionstradition sowie die Erfolge und Propaganda der Makkabäer - auch in weiteren Bevölkerungsteilen an: Während der Eroberung Jerusalems durch Herodes und Sossius berichtet Jos., daß sich die unterlegenen Verteidiger und Angehörigen der Hasmonäerpartei auf Verheißungen über den Tempel und Gottes Hilfe beriefen[80]. Daß darüber hinaus auch bei Nichtjuden das Gerücht über die Uneinnehmbarkeit der Stadt in Umlauf war, bestätigt Cassius Dio[81].

Neben diesen relativ unspezifizierten Hoffnungen auf die Unbesiegbarkeit der Stadt, die sich also nicht nur in apokalyptisch ausgerichteten Konventikeln findet[82], ist auch eine Konzentration auf den Tempel zu beobachten:

(a) Gottes Kriegshilfe ist gesichert, weil die Feinde sein Heiligtum verunreinigt haben (1/2 Makk; Qumran);

(b) Gott verteidigt sein Heiligtum mit Hilfe der Frommen (1/2 Makk), kann aber auch allein die Frevler bestrafen (2 Makk);

(c) der verunreinigte Tempel muß gereinigt und neu geweiht werden (1/2

---

[80] Cf ant 14,470: "... πολλά τε ἐπεφήμιζον περὶ τὸ ἱερὸν καὶ πολλὰ ἐπ᾽εὐθυμίᾳ τοῦ δήμου, ὡς ῥυσομένου τῶν κινδύνων αὐτοὺς τοῦ θεοῦ"; im Paralleltext bell 1,347 berichtet Jos., daß die Menge der Juden in Erregung geriet und sich die Schwächsten im Tempel versammelten und wie in Besessenheit "πολλὰ θειωδέστερον πρὸς τοὺς καιρούς" aussprachen; (zumindest) aus dem 2. Text wird ganz deutlich, daß es sich um gegenwärtige Prophezeiungen handelte, die vielleicht in Verbindung mit einem öffentlichen Fasttag zu verstehen sind (cf Schalit, König Herodes, SJ 4, 1969, 766 mit Hinweis auf ant 14,487). Die Tempelorientierung und Erwartung des letzten Hasmonäers Mattathias Antigonos wird ebenfalls durch dessen Münzprägungen dokumentiert: Die in den letzten Monaten seiner Herrschaft, also kurz vor Herodes' Sieg, geprägten Münzen weisen außergewöhnliche Tempelmotive auf (Siebenarmiger Leuchter und Schaubrottisch) und propagieren in ihren hebräisch-griechischen Legenden den Hasmonäer als "Hohepriester" (hebr.) und als "König" (griech.): cf Meshorer, Ancient Jewish Coinage, Bd. 1, 1982, S. 92-97 (Symbole), S. 155-159 (Katalog), Pl. 54f (Abbildungen); s.o. Anm 58.

[81] Während der Belagerung durch Titus desertieren einige römische Soldaten, da sie erwarteten, die Stadt sei unbesiegbar "ὅπερ ἐθρυλεῖτο" (DioCass 66,5,4); cf auch bell 5,490.

[82] Cf auch die spiritualisierte Ausführung von der Vernichtung der anstürmenden Feinde bei Philo, praem 91-96; man kann vermuten, daß sich Philo mit konkreten messianischen Traditionen und Vorstellungen konfrontiert sah (so Dexinger, "messianisches Szenarium", 254).

Makk; 1 QM 2); gerade der erneuerte oder reiche Tempel provoziert neue heidnische Angriffe (1 Makk 5,1f; Sib 3,661ff; evtl. 1 QM 2);

(d) im endzeitlichen Kampf beschützt Gott die Stadt (äthHen 50; 90; 1 QM 1; 4 Esra 13; Apk 20,9) oder Stadt und Tempel (Sib 3,661ff); die Stadt kann jedoch auch zertreten werden (PsSal 17), und nur der Tempel wird gerettet (Apk 11,1f);

(e) am Ende der Tage schafft Gott einen neuen, ewigen Tempel (Jub 1; Qumran).

An dem Vorstellungsraster wird noch einmal die Verschmelzung der Motive aus Zionstradition, Heiliger Krieg und endzeitlicher Krieg deutlich, ebenso wie die zentrale Bedeutung des Tempels, der in allen drei Traditionen vorkommt. Verschiedene dieser Motive werden auch bei der Belagerung Jerusalems durch Titus wirksam (cf 1.2), und zwar als relativ allgemeine Erwartung (cf bb) wie auch in konkreter Ausprägung (cf bc).

c) Negative Befürchtung: Entweihung des Tempels

Die Zeit der römischen Herrschaft über Judäa ist gekennzeichnet durch zahlreiche Übergriffe auf den Jerusalemer Tempel. Immer wieder bedrohten die Römer den Tempel, verletzten sie dessen Heiligkeit, plünderten den Tempelschatz und provozierten - manchmal auch aus Unkenntnis der jüdischen Religion - neue Unruhen. Das taciteische "sub Tiberio quies" (hist 5,9) ist in dieser Form ebenso unzutreffend[1] wie Jos.' Schuldzuweisung an die Aufständischen (cf ant 18,7f), obwohl dieser immerhin auch die römische und jüdische Führung in ant. und vit. zunehmend kritischer beurteilt[2]. Anstelle eines chronologischen Überblicks[3] sollen hier die Tempelentweihungen seitens der Römer inhaltlich strukturiert dargestellt werden.

Zu Beginn der römischen Herrschaft (63 v.Chr.) und gegen Ende der Erobe-

---

[1] Cf Smallwood, The Jews under Roman Rule, SJLA 20, 1976, 172; F. F. Bruce, Tacitus on Jewish History, JSS 29 (1984) 33-44: cf S. 41; anders: Barnett, "Under Tiberius all was quiet", NTS 21 (1975) 564-571: cf S. 566ff.

[2] Cf Cohen, Josephus in Galilee and Rome, CSCT 8, 1979, 154-160.

[3] Einen chronologischen Überblick bietet Hengel, Die Zeloten, AGJU 1, (1961) 1976^2, 211-215; cf auch meine Zusammenfassung am Ende dieses Abschnitts. Ein traditionsgeschichtlich orientierter Abriß über die Drohungen gegen den Tempel findet sich bei Hengel, Entstehungszeit und Situation des Markusevangliums, in: Cancik (Hrg.), Markus-Philologie, WUNT 33, 1984, 1-45: cf S. 23-25. Die neueste Darstellung der verschiedenen Konflikte (unter Einschluß der Situation in Ägypten) liefert Hadas-Lebel, L'évolution de l'image de Rome auprès des Juifs en deux siècles de relations judéo-romaines -164 à +70, ANRW II, 20,2, 1987, 715-856: cf S. 801-809.

rung Jerusalems im Jahre 70 n.Chr. geschieht Vergleichbares: Der Sieger betritt den Tempel und das Allerheiligste. Aus jüdischer Sicht bedeutete dies, daß ein heidnischer Frevler (Pompejus/Titus) das Allerheiligste, das sonst nur der Hohepriester am Versöhnungstag betreten durfte, verunreinigt und dadurch Gott lästerte[4].

Neben diesen beiden Extremsituationen ist es relativ häufig zu Belagerungen des Tempels gekommen. Kurz vor der römischen Eroberung unter Pompejus und Gabinius belagerten Antipater und Aretas Aristobul II, mußten aber auf römischen Druck hin aufgeben[5].

Herodes und Sossius eroberten im Jahre 37 v.Chr. Stadt und Tempel, wobei Herodes eine Tempelplünderung durch Geldgeschenke an Sossius gerade noch verhindern konnte[6].

Zwei weitere römische Angriffe sind vor dem großen Krieg überliefert: Nach dem Tod des Herodes greift der kaiserliche Finanzverwalter Sabinus den Tempel an, setzt Säulenhallen in Brand und plündert den Tempelschatz[7]; während der Eskalationsphase im Jahre 66 n.Chr. hatte Gessius Florus vergeblich versucht, mit seinen Truppen die Antonia zu erreichen, um anschließend von dort den Tempel (-schatz) zu plündern[8]. In beiden Fällen kommt es zur erbitterten Gegenwehr der Juden (bell 2,51-54.330f) und dann zu einem massiven Eingreifen des römischen Legaten: Während Cestius Gallus scheiterte[9], konnte P. Quinctilius Varus in einem grausamen Krieg Ruhe und Ordnung wiederherstellen[10]. Der Krieg des Varus wurde zum verheerendsten Ereignis zwischen Pompejus' und Vespasians Eroberungen (cf Ap 1,34), wobei vielleicht auch der Tempel in Mitleidenschaft gezogen wurde[11]. Trotz mancher Unterschiede ist die Parallelität der Ereignisfolge im

---

[4] Zu Pompejus cf bell 1,152-154; ant 14,72f; PsSal 2,2f.26ff; Cic., pro Flacco 67; Tac., hist 5,9; DioCass 37,16; Strabo 16,2,40. Zu Titus cf bell 6,260; ARN Vers. B, cp 7; bGit 56b. Cf weiter Stemberger, Die römische Herrschaft im Urteil der Juden, EdF 195, 1983, 62.69-72.

[5] Cf bell 1,126; ant 14,19-21.25ff.

[6] Cf bell 1,347-357; 5,398; ant 14,470-481; DioCass 49, 22f; cf dazu Schalit, König Herodes, SJ 4, 1969, 96f.764-768; Baumann, Rom und die Juden, Die römisch-jüdischen Beziehungen von Pompejus bis zum Tode des Herodes (63v.Chr.-4 v.Chr.), Studia Philosophica et Historica 4, 1983, 157f.

[7] Cf bell 2,45-50; ant 17,261-265.

[8] Cf bell 2,325-331; Smallwood, Jews, 290.

[9] S.o. I. Teil, 1.

[10] Cf bell 2,66-79; ant 17,286-298.

[11] Der Krieg des Varus fand auch Niederschlag in jüdischen Texten: cf AssMos 6,8f (cf Schürer, History III, 1, S. 279); Seder Olam Rabba 30 (cf Schürer, Geschichte I[4], S. 421f Anm 9; Smallwood, Jews, 113f Anm 35; Stemberger, Herrschaft, 63f). AssMos 6,9

Jahre 4 v.Chr. und 66 n.Chr. bezeichnend: In einer zum Aufstand neigenden Atmosphäre wird der römische Übergriff auf den Tempel zum entscheidenden Fanal (auch für die bis dahin Unentschlossenen), gemeinsam gegen die heidnischen Frevler vorzugehen, so daß die Römer nur noch mit mehreren Legionen reagieren können.

Die Angriffe des Sabinus und Florus hatten die Plünderung des Tempelschatzes zum Ziel. Auch hier gibt es evtl. eine Übereinstimmung: Florus hatte schon vor seinem Angriff dem Tempelschatz 17 Talente entnehmen lassen (bell 2,293), und auch Sabinus hat laut ant 17,264c vor Angriff und Plünderung 400 Talente öffentlich entnommen[12] und damit wohl den entscheidenden Anlaß zum Aufstand gegeben[13]. War die Triebfeder bei Sabinus - laut Jos. - die Geldgier (bell 2,41), so wird Florus' Aktion mit fehlenden Steuern in Verbindung zu bringen sein[14].

Eine erste Tempelplünderung war schon 10 Jahre nach Pompejus' Neuordnung geschehen: Der Triumvir M. Lic. Crassus "nahm zum Partherfeldzug das ganze Gold im jerusalemischen Tempel weg, auch die 2000 Talente, die Pompejus nicht angerührt hatte" (bell 1,179)[15]. Der anschließende Aufstand des Peitholaos, der die ehemaligen Anhänger des Aristobul um sich geschart hatte, kann mit dieser Tempelplünderung in Zusammenhang stehen[16]. C.

---

spricht davon, daß ein Teil des Tempels in Brand gesetzt wurde.

[12] Laut bell 2,50 waren die 400 Talente jedoch schon Bestandteil der Beute nach der Tempelplünderung; s.u. Anm 13.

[13] Cf die vorausgehende Charakterisierung des Sabinus durch Jos. in bell 2,41: "Sabinus aber reiste nach Jerusalem und gab den Juden einen entscheidenden Anlaß zum Aufruhr; ... er durchwühlte rücksichtslos die königlichen Schätze". Die in § 42 erwähnte Erbitterung der Juden beim Pfingstfest weist m.E. darauf hin, daß die Gottesdienstbesucher einen Übergriff auf den Tempelschatz befürchteten; ob dieser auch vor dem römischen Tempelangriff stattfand (so ant 17,264c) oder erst danach, ist nicht zu klären. Eine jüdische Befürchtung hat es aber wohl schon bei der Ankunft des Sabinus gegeben.

[14] Cf bell 2,403.405; vielleicht kann man aus § 403 auf einen Steuerboykott (der Aufständischen) schließen, der einer Aufkündigung der römischen Herrschaft gleichkam, so daß Florus' Übergriff sowohl die Steuern sicherte, als auch seine durch den Boykott bezweifelbaren administrativen Fähigkeiten (zumindest für Rom) unter Beweis stellte: so Stenger, "Gebt dem Kaiser, was des Kaisers ist", BBB 68, 1988, 73. Die Aufkündigung der römischen Herrschaft durch einen Steuerboykott wäre parallel zur Aufkündigung der römischen Herrschaft durch den "Opferboykott" (s.u. 1.2, ab), so daß auch hier soziale und theologische Motive verschmolzen sind.

[15] Cf auch ant 14,105-109.119: § 105 spricht von einer Beute im Wert von 8000 Talenten; cf zum Ganzen auch Baumann, Rom, 64-68.

[16] Nach Smallwood, Jews, 36 machte die Tempelplünderung des Crassus den Juden endgültig klar, daß sie unter römischer Herrschaft standen, so daß der Raub "no doubt

Cassius Longinus, der spätere Cäsarmörder, konnte diesen Aufstand in Galiläa unterdrücken, nachdem er den Parthervormarsch nach der Niederlage und dem Tod des Crassus gestoppt hatte[17]. Die Juden werden diese Katastrophe des Crassus als Gottes Strafe gedeutet haben, ebenso wie vorher die Ermordung des Pompejus in Ägypten (PsSal 2,26f).
Nach den Plünderungen des Crassus (54/53 v.Chr.) und des Sabinus (4 v.Chr.) kam es unter Pontius Pilatus (26-36/37 n.Chr. zu einem erneuten Übergriff auf den Tempelschatz: Er entnahm[18] dem "Korban" Geld für den Bau eines Aquaedukts für Jerusalem[19]. Obwohl nach mSheq 4,2 Tempelgeld (-überschuß) auch zur Wasserversorgung benutzt werden durfte, wird Pilatus bei seiner Ankunft in Jerusalem mit einer großen Demonstration konfrontiert, die er jedoch vorausgesehen hatte (bell 2,176)[20] und durch als Zivilisten verkleidete Soldaten niederknüppeln ließ. Die Ursachen des jüdischen Protestes bleiben unklar. Ob sich Pilatus gleichzeitig auch selbst bereichern wollte[21], ob er ohne jüdische Genehmigung und mehr als den Überschuß an sich nahm[22], oder ob er sich mit dem Priesteradel geeinigt hatte, was jedoch das Volk nicht gut hieß[23], ist aus den Quellen nicht belegbar. Im Licht der vorhergehenden römischen Tempelplünderungen sowie des ersten Konfliktes zwischen Pilatus und den Juden wegen der Standarten werden die meisten Juden kaum akzeptiert haben, daß dieser Römer (nur) zum Wohle des Tempels handelte und ihm heiliges Geld zu überlassen sei. Zumindest der Verdacht des Raubes wird schnell aufgekommen und schwer zu widerlegen gewesen sein.

---

gave the impetus to the last despairing recrudescence of the revolt, now predominantly anti-Roman, in 53" (ebd.).

[17] Cf bell 1,180; ant 14,119f.

[18] Cf Smallwood, Jews, 162: "How he actually got possession of the money, whether by violence or by intimidating the treasurer and his subordinates is not disclosed".

[19] Cf bell 2,175-177 (zit. bei Eus., h.e. II, 6,6f jedoch mit der Längenangabe "300" Stadien statt der in bell angegebenen "400"; in ant sind es "200" Stadien); ant 18,60-62. Zum Verlauf der Wasserleitung cf Joach. Jeremias, Jerusalem zur Zeit Jesu, (1923-37), 1962[3], 14; M/B, II Anm 101; Lémonon, Pilate et le Gouvernement de la Judée, ÉtB, 1981, 168-170.

[20] Daß Pilatus den Protest vorhergesehen hatte, fehlt in ant 18,60ff; cf auch die Synopse bei Lémonon, Pilate, 160-163.

[21] So Eisler, ΙΗΣΟΥΣ ΒΑΣΙΛΕΥΣ ΟΥ ΒΑΣΙΛΕΥΣΑΣ, RWB 9, Bd. 1, 1929, S. 219 Anm 2 mit Hinweis auf die unterschiedlichen Längenangaben (s.o. Anm 19).

[22] So Smallwood, Jews, 162f Anm 65.

[23] So Theißen, Die Tempelweissagung Jesu, (1976), jetzt in: ders., Studien zur Soziologie des Urchristentums, WUNT 19, (1979) 1983[2], 142-159: cf S. 157; Lémonon, Pilate, 167f.

Alle römischen Übergriffe auf den Tempelschatz (Crassus, Sabinus, Pilatus, Florus) haben jüdische Aufstände (bei Crassus, Sabinus und Florus) bzw. heftige Proteste (bei Pilatus) hervorgerufen. Die jüdischen Reaktionen geschahen dabei unabhängig von der Höhe des geraubten Betrages: Hatten Crassus und Sabinus den gesamten Tempelschatz, also das heilige Geld sowie die dort nur deponierten Gelder, vollständig geplündert, so rekurrierten Pilatus und anfangs Florus nur auf das Tempelvermögen im engeren Sinne, von dem sie auch nur einen Teil konfiszierten. Sowohl die 8000 Talente der Crassusbeute als auch die 17 Talente, die Florus beschlagnahmte, konnten auf jüdischer Seite nur als Raub, Entweihung und Eingriff in die "Rechtsenklave" Tempel verstanden werden. Die sofortigen Aufstände belegen den hohen Stellenwert dieser prinzipiellen Auffassung. Daß die gleichzeitige Befürchtung, die Besatzungsmacht könnte sich nicht nur mit einem Teil des Tempelgeldes zufrieden geben, berechtigt war, zeigte sich ja bei Crassus, Sabinus und den Folgeereignissen unter Florus. Dies führte immerhin dazu, daß man vor 66 n.Chr. aus Furcht vor den Römern keine großen Summen im Tempel deponieren wollte[24].

Außer diesen Übergriffen gab es noch andere Provokationen und Auseinandersetzungen unter Pilatus. Dieser begann sein Amt mit dem Konflikt um die Kaiserbilder an den Feldzeichen[25], ließ eine Gruppe galiläischer Tempelbesucher niedermetzeln[26] und hängte in der Herodesburg Weiheschilde für Tiberius auf[27].

Der Hintergrund des Standartenkonfliktes ist nicht ganz deutlich. Jos. berichtet in ant 18,55f übertreibend von Pilatus' bewußter Provokation und Verletzung der jüdischen Gesetze[28], während er in bell 2,169 nur erwähnt, daß Pilatus die Bilder "nachts verhüllt" nach Jerusalem hineinbringen ließ, wodurch sich nur indirekt erschließen läßt, daß Pilatus - laut Jos. - von der Brisanz des Unternehmens etwas ahnte oder wußte.

Hatte DOMASZEWSKI noch angenommen, daß die Kaiserbilder bei den Legionen und Auxiliarkohorten "nicht an den taktischen Fahnen"[29] befestigt waren, sondern an einer besonderen Fahnenstange[30], dürfen wir - wie ZWIKKER gezeigt hat - "auch in

---

[24] Cf ant 20,220.

[25] Cf bell 2,169-174; ant 18,55-59; cf die Synopse bei Lémonon, Pilate, 140-145.

[26] Cf Lk 13,1f.

[27] Cf leg 299-305.

[28] Cf ant 18,55: "ἐπὶ καταλύσει τῶν νομίμων τῶν Ἰουδαϊκῶν".

[29] Domaszewski, Die Fahnen im römischen Heere, AAES 5, 1885, S. 72.

[30] Cf Domaszewski, Fahnen, 69f; ihm folgte neben Kruse, Studien zur offiziellen Geltung des Kaiserbildes im römischen Reiche, SGKA 19 (1934) 3. Heft: cf S. 51-56, u.a. auch Schürer, Geschichte I^4, 485 Anm 134, der hinsichtlich der Pilatusepisode folgerte:

der Legion Signa mit Kaiserbildnissen, Signa ohne Kaiserbildnisse und eine Sonderimago nebeneinander annehmen"[31]; die Kaiserbildnisse an den Signa wiederum sind militärische Auszeichnungen[32]. Können wir aufgrund von ant 18,55[33] erschließen, daß es sich in der Pilatusepisode um eine Abteilung gehandelt hat, die an ihren Signa Kaiserbildnisse befestigt hatte, so müssen wir davon ausgehen, daß diese ebenfalls Auszeichnungen waren, die - und das ist das Entscheidende - nicht einfach entfernt werden konnten. Schon KRAELING hatte dies gesehen und erwogen, ob eine der fünf Auxiliarkohorten in Palästina solche "dona militaria" getragen haben könnte; sein scharfsinniger Vorschlag besteht darin, daß es sich bei der in Act 27,1 erwähnten σπεῖρα Σεβαστή um eine "cohors Augusta"[34] gehandelt habe, die dann Kaiserbilder getragen haben wird[35].

Dies bedeutet, daß Pilatus die "cohors Augusta" mit ihren "normalen" Feldzeichen ins Winterquartier nach Jerusalem beorderte, ohne daß eine bewußte Provokation seinerseits vorgelegen haben muß. Eine solche Provokation ist zwar nicht auszuschließen, da Jos. sie immerhin in ant. direkt und in bell. indirekt unterstellt, jedoch ließe sich hier auch eine Unkenntnis des neuen Amtsinhabers[36] vermuten. Der gewaltlose jüdische Widerstand führte schließlich zur Entfernung der Feldzeichen, also zum Abzug dieser Kohorte aus Jerusalem.

"Die früheren Procuratoren hatten also nur die nicht mit Kaiserbildern versehenen *signa* (d.h. die gewöhnlichen, zu taktischen Zwecken dienenden) mit nach Jerusalem genommen; Pilatus aber auch die Kaiserbilder" (ebd.; diese Anm. wurde in der engl. Neubearbeitung lediglich fortgelassen, aber nicht korrigiert: cf Schürer, History I, 381 Anm 124; ebenfalls unklar: Campbell, The Emperor and the Roman Army, 31 B.C.-A.D. 235, 1984, S. 96f).

[31] Zwikker, Bemerkungen zu den römischen Heeresfahnen in der älteren Kaiserzeit, BerRGK 27, 1937 (Berlin 1939), S. 7-22: zit. S. 18.

[32] Cf Kraeling, The Episode of the Roman Standarts at Jerusalem, HThR 35 (1942) 263-289: cf S. 269-273; Seston, Art. Feldzeichen, RAC 7, 1969, 689-711: cf Sp. 696.701.

[33] Ant 18,55: " ...προτομὰς Καίσαρος, αἳ ταῖς σημαίαις προσῆσαν". Bell 2,169 ist hier ungenauer und spricht von Kaiserbildern ("τὰς Καίσαρος εἰκόνας"), die Feldzeichen genannt werden.

[34] Im Anschluß an Schürer, Geschichte I[4], 462. Saddington deutet Σεβαστή wiederum unverständlicherweise auf Samaria und vermutet eine "cohors Sebastenorum" (cf Saddington, The Roman Auxilia in Tacitus, Josephus and other Imperial Writers, ACl 13, 1970, 89-124: cf S. 121); cf hierzu auch Smallwood, Jews, 146f.

[35] Cf Kraeling, Episode, 274.

[36] Der Titel des Pilatus lautete nach einer 1961 entdeckten Inschrift "praefectus Judaeae"; cf hierzu Volkmann, Die Pilatusinschrift von Caesarea Maritima, (1968), jetzt in: ders., Endoxos Duleia, 1975, 203-215; E. Weber, Zur Inschrift des Pilatus, BoJ 171 (1971) 194-200, die auch den griechischen Text präsentieren; eine Übersetzung findet sich in: Braund, Augustus to Nero, A Sourcebook on Roman History 31 BC-AD 68, 1985, S. 147 Nr. 437.

Die Gründe des jüdischen Protestes liegen einmal - wie Jos. beschreibt[37] - im Bilderverbot, haben aber ihre Zielrichtung in der Reinerhaltung von Stadt und Tempel[38]; d.h. der Protest richtete sich gegen die römische "religio signorum"[39], gegen die Verehrung der Signa als "numina" (cf bell 3,123; 6,316), die, da sich ja die Kaiserbilder an den Signa befanden, auf jüdischer Seite auch als direkte Kaiserverehrung verstanden werden konnte[40]. Sie mußten in dieser Aktion eine Verletzung ihrer religiösen Freiräume sehen und letztlich eine Entweihung des Tempelberges, zu dem die Antonia gehörte[41].

---

[37] Cf bell 2,170; ant 18,55f.

[38] S.u. 1.2, aa); vielleicht ist die Rücknahme dieser Feldzeichen auch in Meg.Taan. 20 gemeint (so Lichtenstein, Die Fastenrolle, HUCA 8/9, 1931/32, 257-351: cf S. 299f; Beyer, Die aramäischen Texte vom Toten Meer, 1984, 357).

[39] Cf Seston, Art. Feldzeichen, 701. Die Schaffung eines offiziellen religiös-kultischen Kalenders für das Heer wird schon auf Augustus zurückgehen (cf Nock, The Roman Army and the Roman Religious Year, HThR 45, 1952, 187-252: cf S. 195): Das bei Dura-Europos entdeckte Kalenderfragment vom Beginn des 3. Jh. n.Chr. ("Feriale Duranum") bestätigt nicht nur die große Bedeutung der kultischen Pflichten im Heer, sondern vor allem, daß man es über Jahrhunderte hin verstanden hat, die alten religiösen Feste und Traditionen beizubehalten und durch neue Feste zu ergänzen, nicht jedoch zu ersetzen (cf Richmond, The Roman Army and Roman Religion, BJRL 45, 1962, 185-197: cf S. 185f). In diesem Zusammenhang wies Richmond, ebd., auch darauf hin, daß die oft zitierte Tertullianstelle, die besagt, daß die ganze Lagerreligion die Feldzeichen verehrt, anbetet, bei ihnen schwört und sie allen Göttern voraussetzt (cf Tert., apol 16), keineswegs übertrieben sei (cf auch Min.Fel., Oct. 29,7)

[40] Im Zusammenhang des Tertullianzitats (s.o. Anm 39) hatte schon Kruse auf den bewahrenden Charakter der römischen Religion hingewiesen; im Widerspruch zu Domaszewski, Die Religion des römischen Heeres, 1895, 13 Anm 59, der meinte, zur Zeit Tertullians begänne der Kaiserkult, die alte Lagerreligion zu ersticken, schrieb Kruse m.R.: "Die alten überlieferten Formen des Zeremoniells werden weitererhalten, nehmen aber allmählich und fast unmerklich, ohne jede sprunghafte Gewaltsamkeit, einen neuen Inhalt an" (Kruse, Studien, 58; dies wird durch das "Feriale Duranum" bestätigt: s.o. Anm 39). Kruse fährt ebd. fort: "Gewiß stehen also die Signa im Mittelpunkt des Zeremoniells, aber ihre Anwesenheit bedingt zwangsläufig auch die Gegenwart der Kaiserbilder, und die Verehrung, die ihnen gezollt wird, kommt auch den Imagines zugute" - dieses Miteinander von Signaverehrung und "automatischer" Kaiserverehrung könnte m.E. (aus jüdischer Sicht) in der Pilatusepisode schon eine Rolle gespielt haben, auch wenn sie sich erst schrittweise entwickelt hat (cf als frühes Zeugnis bes. Suet., Cal. 14 und weiter Kruse, Studien, 55f; Kienast, Augustus, Prinzeps und Monarch, 1982, 211). Eine schöne Abb. einer Signumscheibe, die wahrscheinlich Caligula zeigt, findet sich bei Vierneisel/Zanker (Hrg.), Die Bildnisse des Augustus, Herrscherbild und Politik im kaiserlichen Rom, 1979, 21.

[41] Schließlich waren auf der Antonia auch die hohenpriesterlichen Gewänder deponiert. Die ganze Aktion "gave occasion to the performance in the fortress of acts of religious

Von einem weiteren Übergriff des Pilatus wissen wir nur aus der Notiz in Lk 13,1: Es waren Leute bei Jesus, die berichteten "περὶ τῶν Γαλιλαίων ὧν τὸ αἷμα Πιλᾶτος ἔμιξεν μετὰ τῶν θυσιῶν αὐτῶν". Die sprachliche Form läßt nur die Schlußfolgerung zu, daß Pilatus eine Gruppe von galiläischen Tempelpilgern während der Schlachtung der Opfertiere niedermetzeln ließ[42]. Jos. berichtet darüber nichts. Dieses Ereignis ist jedoch durchaus denkbar, da Jos. in ant 18,7f summarisch von Unruhen, Aufständen und öffentlichen Blutvergießen spricht; problematisch bleibt aber BLINZLERs Bewertung, daß diese Aktion kein hervorstechendes Ereignis gewesen sei[43]. Dagegen spricht nicht nur, daß die Untat Jesus in Galiläa erzählt wurde, sondern auch deren inhaltliche Bedeutung. Wenn römische Soldaten im inneren Tempelbezirk, im Israeliten- und/oder Priestervorhof, mit Waffengewalt eindrangen und ein Blutbad anrichteten, bedeutet dies die höchste Verunreinigung des Heiligtums (durch die Anwesenheit der Heiden und die Leichenunreinheit[44]). Über jüdische Proteste wissen wir nichts; eine Bestätigung der Tat liefern andere

---

devotion in which the image of the Emperor was involved and thereby not only jeopardized the sanctity of the official vestments but also threatened the supremacy of Yahweh on his holy hill" (Kraeling, Episode, 280); zum hohenpriesterlichen Ornat s.u. 1.2, aa). Wenn Euseb in einem (nicht verifizierbaren) Philozitat schreibt, die Feldzeichen seien "im Tempel" aufgestellt worden (cf Eus., Dem.Ev. VIII, 2, 123f), so wird dies keinen tatsächlichen Hintergrund im Pilatuskonflikt haben, könnte aber zutreffend reflektieren, daß diese Unternehmung in jüdischen Augen den Tempel entweiht hat (auch der Caligulkonflikt wird in diesem Bericht eine Rolle gespielt haben).

42 Cf Blinzler, Die Niedermetzelung von Galiläern durch Pilatus, NT 2 (1957) 24-49: cf S. 29-31; Bornkamm, Jesus von Nazareth, (1956) 1977[11], 77; Safrai, Die Wallfahrt im Zeitalter des Zweiten Tempels, Forschungen zum jüdisch-christlichen Dialog 3, 1981, 57. Ob es sich bei den Getöteten um galiläische Aufständische gehandelt hat, ist nicht zu klären (cf Hengel, Zeloten, 344). Eine inhaltliche Parallele zu dieser Untat ist die Aktion des Archelaos nach dem Tod des Herodes, aber noch vor der Bestätigung seiner Herrschaft in Rom (cf bell 2,12f; ant 17,210ff): Dort spielte das Vorgehen des Archelaos eine große Rolle und wurde von dessen Gegnern hervorgehoben (cf bell 2,30f.89; cf auch § 34); während wir aus bell 2,12f wissen, daß die Soldaten des Archealos über die "Opfernden" herfielen, wird dies in § 30 in einer Lk 13,1 vergleichbaren sprachlichen Form beschrieben: die Festbesucher "παρὰ δὲ ταῖς ἰδίαις θυσίαις ὠμῶς ἀπεσφάχθαι".

43 Cf Blinzler, Niedermetzelung, 38.47f: Daß dies "in den Augen des Josephus" (S. 38) nicht erwähnenswert gewesen sein muß, mag sein (wir können das Gegenteil nicht beweisen), aber, daß Blinzler dies qualifiziert als "keine besonders tollkühne Tat ..., die den Prokurator dazu bestimmte, seine Leute zu einer kurzen und bündigen Strafaktion in die geheiligten Tempelbezirke eindringen zu lassen" (S. 47f), ist m.E. im Kontext der bisherigen jüdischen Proteste nicht denkbar.

44 Cf auch ant 18,29f.

Quellen ebenfalls nicht[45].
Der letzte Konflikt des Pilatus ist die von Philo überlieferte Aufstellung von Weiheschilden in der Herodesburg[46]. Diese Weiheschilde boten eine bildlose Ehreninschrift für Tiberius (leg 299) und wurden nach dem Protest des Adels und vier herodianischer Prinzen schließlich auf Befehl des Kaisers aus Jerusalem entfernt und im Augustustempel in Cäsarea Maritima aufgehängt (leg 305). Die jüdischen Proteste sind höchstwahrscheinlich dadurch verursacht worden, daß Tiberius auf den Schilden - wie auch sonst üblich - als "divi Augusti filius" bezeichnet wurde, so daß die Göttlichkeit des Augustus als Entweihung der Stadt aufgefaßt werden konnte[47].
Da wir voraussetzen dürfen, daß es sich bei den Konflikten um die Standarten und um die Weiheschilde um zwei verschiedene Episoden handelt[48], kann eine Beurteilung der Herrschaft des Pilatus aus jüdischer Sicht nur negativ ausfallen. Diese 10 Jahre waren geprägt von der Mißachtung der jüdischen Religion durch unsensible Entscheidungen (Standarten- und Weiheschildepisode), Übergriffe auf den Tempelschatz bis hin zu Tempelentweihungen (Standartenkonflikt und Niedermetzelung der Galiläer). Die ständigen Proteste seitens des Adels, der herodianischen Prinzen sowie des Volkes haben die Entweihungen immer wieder ins Bewußtsein aller gehoben, wodurch Konfrontationen unausweichlich und die Gesamtatmosphäre kompromißfeindlich wurde; jedoch hat auch Pilatus - soweit wir aus den Quellen wissen - seiner-

---

[45] Eine interne Bestätigung könnte das Lkev. liefern, wenn man die in 23,12 erwähnte Feindschaft zwischen Pilatus und Antipas, dem Landesfürsten der Ermordeten, auf dieses Ereignis bezieht (so Blinzler, Niedermetzelung, 48 Anm 1; vorsichtig: Smallwood, Jews, 163, die überdies ohne Begründung annimmt, die Tat sei nicht im Tempel, sondern noch auf der Pilgerreise geschehen; Hoehner, Herod Antipas, MSSNTS 17, 1972, 180-183 erwägt eine Beziehung der Feindschaft zu LK 13,1, vor allem jedoch zur Episode von den Weiheschilden).

[46] Cf auch 1.2, aa), S. 109.

[47] Cf G. Fuks, Again on the Episode of the Gilded Roman Shields at Jerusalem, HThR 75 (1982) 503-507: cf S. 507. Diese Hypothese ist aufgrund des vergleichbaren epigraphischen und numismatischen Materials (cf ebd.) wahrscheinlicher als die Vermutungen von Brandon oder von P. L. Maier: Brandon dachte an Hinweise auf die Göttlichkeit des Tiberius (cf ders., Jesus and the Zelots, 1967, 74), während Maier vor allem die religiöse Bedeutung einiger Schilde (Hinweis auf die Mars-Tradition) bei den Juden als bekannt voraussetzen mußte (cf ders., The Episode of the Golden Roman Shields at Jerusalem, HThR 62, 1969, 109-121: cf S. 114.117f), obwohl sich Ehrenschilde für den Kaiser in der alexandrinischen Synagoge befanden (cf leg 133).

[48] Gegen Colson, Philo Bd. 10, LCL, 1962, S. XIXf; mit Smallwood, Philonis Alexandrini Legatio ad Gaium, 1961, S. 302 (dort auch zu den altkirchlichen Autoren Euseb, Origenes und Hieronymus) - ihr folgten zum Beispiel Maier, Episode, 113; Hoehner, Herold Antipas, 177; Lémonon, Pilate, 229f; Fuks, Episode, 504f.

seits nie ein Entgegenkommen signalisiert[49].
Nach den ausgleichenden Maßnahmen des syrischen Legaten Vitellius, der auf die sich herausbildende Verschärfung und Ausweitung der Reinheitsbestimmungen begrenzt einging (s.u. 1.2,aa), stellt der Plan Caligulas, sein Standbild im Tempel aufstellen zu lassen[50], die größte Bedrohung seit Antiochus IV dar. Wäre dieser Plan durchgeführt worden, hätte ein "Greuel der Verwüstung" dort gestanden, wo "er" nicht stehen sollte (cf Mk 13,14)[51].
Für unseren Zusammenhang ist entscheidend[52], daß dieser Versuch neue Befürchtungen hervorrief, die auch über den Tod Caligulas hinaus bestehen blieben[53]. Solche Befürchtungen, die durch die ständigen Entweihungen und

---

49 Auch in der Münzpolitik hat Pilatus eine Neuerung eingeführt, indem er Münzen mit heidnisch-religiösen Symbolen prägen ließ (cf Stauffer, Zur Münzprägung und Judenpolitik des Pontius Pilatus, NC 1/2, 1949/50, 495-514: cf S. 500-504; Smallwood, Jews, 167 mit Hinweis auf Sejan; Meshorer, Ancient Jewish Coinage, Bd. 2, 1982, 180; demgegenüber waren die Münzprägungen von Pilatus' Vorgänger, Valerius Gratus, auf Ausgleich mit den Juden bedacht; die zwei Münzen des Gratus, die pagane Motive aufweisen, wurden nicht nachgeprägt und sind auf dem Hintergrund der übrigen 13 Typen nicht als Provokation zu werten: cf Meshorer, a.a.O., 176f). Barnett, "Under Tiberius ...", 567f wird den Pilatuskonflikten nicht gerecht: Er behandelt sie eher am Rand, schwächt sie ab, indem er nicht nach Entweihungen fragt, sondern nur nach tatsächlichem Blutvergießen, und behauptet ohne Begründung, daß die Episoden, in denen es zu einem Blutbad gekommen ist (Wasserleitung, Galiläer, Barrabasaufstand nach Mk 15,6f.27), nur verschiedene Aspekte eines einzigen Aufruhrs seien.

50 Cf leg 184-338.346; bell 2,184-203; ant 18,257-309; hist 5,9; Smallwood, Jews, 174-179.

51 Eine Vorlage von Mk 13 kann während der Caligulakrise entstanden sein: cf z.B. Gaston, No Stone on another, NT. S 23, 1970, 23-29; Zuntz, Wann wurde das Evangelium Marci geschrieben?, in: Cancik (Hrg.), Markus-Philologie, WUNT 33, 1984, 47-71: cf S. 47-49; kritisch ist Hengel, Entstehungszeit, 25-43, der für VV 14-20 einen Reflex der Eroberung durch Titus ablehnt und fortführt: "Eher könnte man an den größenwahnsinnigen Versuch Caligulas denken, sein Bild im Tempel in Jerusalem aufzustellen, aber auch hier gibt es beträchtliche Spannungen zu den wirklichen Vorgängen" (Hengel, a.a.O., 26).

52 Zum Caligulakonflikt s.u. 2.2, ab); zu Mk 13, 14 s.u. 4.2.

53 Einen direkten Beleg gibt es hierfür nicht; indirekte Belege wären Mk 13,14ff, wenn hier ursprünglich ein Bezug zur Caligulakrise vorliegt, sowie die Reflexe in der rabbinischen Literatur (cf Smallwood, Jews, 179 Anm 123; Stemberger, Herrschaft, 64); cf auch Philos Bemerkungen über die möglichen Auswirkungen einer Wiederholung (leg 335) und Joh 11,48. Ein wichtiger Beleg ist Tac., ann. 12,54,1, wenn in der dortigen Textlücke ein Hinweis auf Caligulas Sakrileg gestanden hat (cf hierzu Koestermann, Cornelius Tacitus, Annalen, Bd. 3, 1967, 200f); der Text setzt dann damit ein, daß "man auf die Nachricht von seiner/dessen Ermordung dem nicht Folge geleistet hatte", und fährt fort: "manebat metus, ne quis principum eadem imperitaret", womit auf jeden Fall die bleibende jüdische Befürchtung belegt ist.

Bedrohungen unter Pilatus bestärkt worden waren, werden nach der nur kurzen Herrschaft Agrippas I (41-44 n.Chr) wieder aufgekommen sein, da die zweite Phase der direkten römischen Herrschaft über Judäa mit dem erneuten Versuch begann, den Kultbetrieb in Jerusalem zu kontrollieren: Cuspius Fadus (44-46 n.Chr.) befahl die Übergabe des hohenpriesterlichen Ornates[54]. Zwar blieb der Ornat wohl auch in der Zwischenzeit, d.h. bis zur endgültigen und für die Juden positiven Entscheidung des Claudius (ant 20,10-14), in jüdischer Verwahrung (20,7b), jedoch zeigten bereits der Versuch und die spätere Begründung des Claudiusbefehls (20,13), daß sich an der grundsätzlichen Leitlinie der römischen Religionspolitik nichts geändert hatte[55], zumal das entscheidende Mittel der römischen Oberaufsicht, die militärische Besatzung auf der Tempelzitadelle, bestehen blieb. Diese Besatzung bestand außerdem aus den Einheiten, die infolge ihrer Entgleisung nach Agrippas Tod (cf ant 19,356-359) versetzt werden sollten, aber aufgrund ihrer Petition in Judäa stationiert blieben (19,364-366).
Die Episode des "Soldatenfurzes"[56] veranschaulicht ihre antijüdische Haltung[57] und führt schließlich zu einem Gemetzel, im Verlauf dessen römische Soldaten auch in die Tempelhallen eindrangen (bell 2,226). Wiederum wurde wie unter Sabinus und später unter Florus der Tempel von Römern angegriffen und wurden opfernde Gottesdienstbesucher wie unter Archelaos und Pilatus niedergemetzelt. "So brachte das Fest Trauer über das ganze Volk und Totenklage in jede Familie" (bell 2,227).
Während auf der einen Seite Teile des Priesteradels die römische Tempelkontrolle und -verunreinigung auch später noch eingrenzen wollten[58], sind andererseits verstärkte Aktivitäten der Widerstandskämpfer (cf bell 2,264f) sowie das terroristische Auftreten der Sikarier auch in Jerusalem (bell

---

[54] Cf ant 15,406f; 20,6-14; demgegenüber schreibt Jos. in bell 2,220 nur, daß Fadus in Ruhe über Judäa herrschen konnte (cf aber auch ant 20,2-5).

[55] Zur römischen Sicht s.u. 2.2, ab).

[56] Cf bell 2,224-227; ant 20,105-112 (unter Cumanus, der 48-52 n.Chr. Judäa verwaltete).

[57] Theißen, Tempelweissagung, 147 Anm 13 verweist auf Horaz, Sat. I, 9, 69f ("vin tu curtis Iudaeis oppedere"): "Bei diesem Furz des Soldaten handelt es sich u.U. um eine verbreitete antijüdische und allgemeine Verachtungsgeste" (ebd.). Die in bell 2,224 erwähnte "römische Kohorte" ist eine Auxiliarkohorte (cf Saddington, The Roman Auxilia, 120; Stern, The Province of Judaea, CRJ I, 1, 1974, 308-376: cf S. 326-329), deren Soldaten hauptsächlich aus den hellenistischen Stadtrepubliken stammten und in den Mannschaftsgraden einen fanatischen Judenhaß aufwiesen (cf Theißen, Soziologie der Jesusbewegung, TEH 194, 1977/1978[2], 64f); cf auch bell 2,229ff.

[58] Cf die Auseinandersetzungen um die Erhöhung der Tempelmauern (ant 20,189-196: dazu s.u. 1.2, ab, Anm 29).

2,254ff) zu beobachten. Deren Opfer sind jedoch nicht nur Römer (cf bell 2,228f), sondern auch Angehörige der Tempelaristokratie (cf bell 2,256), da in ihren Augen Römer und Kollaborateure das Heiligtum verunreinigten[59].

Fassen wir die römischen Übergriffe auf den Tempel zusammen, so ergibt sich folgendes Bild:

(a) Der siegreiche Feldherr betrat das Allerheiligste des Jerusalemer Tempels (Pompejus im Jahre 63 v.Chr. und Titus 70 n.Chr.).

(b) Es gab Plünderungen des Tempels und seines Schatzes (durch Crassus 54/53 v.Chr., Sabinus 4 v.Chr. und den gescheiterten Versuch des Florus im Jahre 66 n.Chr.) sowie Konfiszierungen eines Teils des Tempelschatzes (durch Pilatus und Florus, vielleicht auch durch Sabinus).

(c) Zu weiteren Provokationen durch Mißachtung der Reinheit von Stadt und Tempel ist es unter Pilatus gekommen (Standarten- und Weiheschildepisode, Niedermetzelung von Opfernden), dramatisch durch den Größenwahn Caligulas (39/40 n.Cr.) und weiterhin durch den "Soldatenfurz" (zwischen 48 und 52 n.Chr.).

(d) Belagerungen des Tempels und größere oder kleinere Angriffe auf den Tempel sind belegt für die Jahre 64 v.Chr. (Antipater/Aretas), 37 v.Chr. (Herodes/Sossius), 4 v.Chr. (Archelaos und etwas später Sabinus), zwischen 26 und 36 n.Chr. (Pilatus), zwischen 48 und 52 n.Chr. ("Soldatenfurz") und 66 n.Chr. (Florus und etwas später Gallus).

(e) Die Bedrohung und Verunreinigung durch die römische Besatzung auf der Antonia und deren sichtbare militärische Präsenz während der Feste war mit Ausnahme der Herrschaft Agrippas I ein Dauerzustand bis 66 n.Chr.

Auf diesem Hintergrund ist Tac.' Zeugnis einleuchtend: "Duravit tamen patentia Iudaeis usque ad Gessium Florum procuratorem: sub eo bellum ortum" (hist. 5,10,1).

---

[59] Cf dazu 1.2, ab) und ac).

1.2 Funktion der theologischen und ideologischen Elemente

aa) Ausweitung der "Reinheit des Heiligtums" von Jerusalem auf ganz Judäa

Die ideale Konzeption der Heiligkeit und Reinheit des Tempels bestimmte den Kultbetrieb und, wie wir an den Beispielen des Herodes und Ananos gesehen haben, politische Entscheidungen in Jerusalem (1.1,a). Daß es besonders im 1. Jahrhundert n.Chr. zu Verschärfungen von Reinheitsforderungen gekommen ist, ist eine in der Literatur m.R. immer wieder anzutreffende Feststellung[1]. Fragen wir nach konkreten Ereignissen vor dem großen Krieg, in denen Ausweitungen und Verschärfungen der traditionellen Reinheitsgebote wirksam wurden, sind die Entscheidungen des römischen Legaten L. Vitellius zu nennen: Er gibt den hohenpriesterlichen Ornat zurück und geht auf die Bitten der jüdischen Gesandten ein, mit den Kaiserbildern an den römischen Feldzeichen nicht durch Judäa zu ziehen.
Bevor diese Entscheidungen im einzelnen untersucht werden, sind jedoch chronologische Fragen im Hinblick auf die Besuche Vitells in Jerusalem aufzugreifen, da sie auf die Bewertungen nicht unerheblichen Einfluß haben.

Eine direkte Quellengrundlage für die Chronologie bietet nur Jos., und zwar in ant 15,403-409; 18,90-95; 18,120-126.
Ant 15,403ff erwähnt im Bericht über den herodianischen Tempelbau (§§ 380ff.410-425) den Ausbau der Tempelzitadelle zur Burg Antonia (§§ 403a.409b; cf 424) und beschreibt dabei exkursartig das Geschick des hohenpriesterlichen Ornats von der Hasmonäerherrschaft bis in die Jahre 44/45 n.Chr. (§§ 403b-409a)[2]; über Vitellius wird in § 405 berichtet, daß dieser Jerusalem besuchte (ohne Zeitangabe), sich aufgrund der Ehrenbezeugungen des Volkes erkenntlich zeigen wollte und auf die Bitte der Juden um das hohepriesterliche Gewand einen Brief an Tiberius schrieb, der dann dieser Bitte zustimmte[3].
Ant 18,90-95 berichtet im Anschluß an die Entsendung des Pontius Pilatus nach Rom vom Jerusalembesuch Vitells am Passafest (ohne Jahresangabe); nach einem glänzenden Empfang durch die Bevölkerung ordnet dieser zwei Maßnahmen an (§ 90): Er er-

---

[1] Cf z.B. M/B, V Anm 92 und Bunte, Kelim, in: Die Mischna, hrg.v. K. H. Rengstorf/L. Rost, VI, 1, 1972, 80f (mit Hinweis auf die Essener); cf Hengel, Die Zeloten, AGJU 1, (1961) 1976², 229-234: der Eifer für Gesetz und Heiligtum als eschatologische Toraverschärfung.

[2] Mit einer Abschlußformel in ant 15,409a.

[3] Über Formalitäten und Zeitpunkt der Übergabe erfahren wir aus ant 15,403ff nichts. § 405 schließt nach der Erlaubnis des Tiberius mit: "καὶ παρέμεινεν ἡ ἐξουσία τῆς στολῆς τοῖς Ἰουδαίοις μέχρις ἐτελεύτησεν ὁ βασιλεὺς Ἀγρίππας".

ließ den Jerusalemern die Steuern für die Marktfrüchte und gestattete ("συνεχώρησεν") die Übergabe des Ornates; §§ 91-94 bieten einen exkursartigen Rückblick auf die Aufbewahrung des Gewandes in der Tempelzitadelle seit Hyrkan I, sowie unter Herodes, Archelaos und den Römern, samt den Vorgängen, die das jeweilige Abholen des Ornates in römischer Zeit begleiteten; § 95 lenkt den Blick zurück auf Vitell: Im Hinblick auf den Ornat handelt er zufolge der jüdischen Tradition[4] und instruiert den Kommandanten der Antonia, sich nicht weiter um die Aufbewahrung und den Gebrauch des Gewandes zu kümmern; nach Absetzung des Hohenpriesters Kaiphas und Einsetzung Jonathans b. Ananos reist Vitell nach Antiochia zurück[5].
Ant 18,120-126 schildert einen weiteren Besuch Vitells in Jerusalem: Dieser Besuch erfolgte im Anschluß an die Bitte einer jüdischen Delegation, mit den Kaiserbildern an den Standarten nicht durch Judäa gegen die Nabatäer zu ziehen (§ 121); Vitell entschließt sich, zusammen mit Herodes Antipas in Jerusalem Opfer zu bringen, da dort gerade ein Fest begangen wurde (cf § 122); nach einem prächtigen Empfang bleibt er mehrere Tage dort und setzt in dieser Zeit Jonathan ab und dessen Bruder Theophilus als neuen Hohenpriester ein (§ 123); am 4. Tag erhält er die Nachricht vom Tod des Tiberius, verpflichtet das Volk sofort auf Gaius (§ 124)[6] und zieht darauf, da sein Mandat für einen Krieg gegen die Nabatäer erloschen war[7], nach Antiochia zurück (§ 126).
Fragen wir zunächst nicht nach der absoluten Chronologie, sondern - im Gegensatz zu SMALLWOOD und HOEHNER - nach der Anzahl der Jerusalembesuche Vitells. In der neueren Forschung werden hierzu zwei Vorschläge diskutiert: E. M. SMALLWOOD nimmt zwei[8], H. W. HOEHNER dagegen drei Besuche an[9].

---

[4] Ant 18,95a ("Οὐιτέλλιος δὲ ἐπὶ τῷ ἡμετέρῳ πατρίῳ ποιεῖται τὴν στολήν, ᾗ ...") ist schwierig zu übersetzen: Die mediale Verbform hat eine intensivierende Bedeutung, während "τὴν στολήν" als accusativus graecus aufzufassen ist; ἐπί mit Dativ schwingt zwischen der Bezeichnung des Grundes und der Folge (s.u.). Von einem Brief oder Befehl des Tiberius ist hier nicht die Rede.

[5] Ant 18,96ff ist chronologisch falsch eingeordnet: Die Auseinandersetzungen mit dem Partherkönig Artabanus III fanden vorher (in den Jahren 35 und 36) statt: cf ann 6,31ff.38; DioCass 58,26; cf Feldman, Josephus IX (LCL), 1965/1969[2], S. 68f Anm c; Hoehner, Herod Antipas, MSSNTS 17, 1972, 252 Anm 3. Dagegen verweist Sueton auf den Beginn der Regierung Caligulas: Cal. 14,3; Vit. 2,4.

[6] Cf auch leg 231. Zum Kaisereid cf die grundlegende Arbeit von P. Herrmann, Der römische Kaisereid, Untersuchung zu seiner Herkunft und Entwicklung, Hyp. 20, 1968; zum Eid beim Regierungsantritt cf ebd., 99-107.

[7] Das römische Eingreifen zugunsten des sieglosen Herodes Antipas ging auf dessen Initiative zurück (cf ant 18,115). Da Antipas sich nach den Partherverhandlungen beeilt hatte, als erster Tiberius zu berichten und dabei Vitell bewußt übergangen hatte, bot der jetzige römische Rückzug Vitell die willkommene Möglichkeit zur politischen Revanche (cf ant 18,105).

[8] Smallwood, The Date of the Dismissal of Pontius Pilate from Judaea, JJS 5 (1954) 12-21: cf S. 17-19; dies., The Jews under Roman Rule, SJLA 20, 1976, 171-173.

[9] Cf Hoehner, Herod Antipas, 254-257.313-316; offenbar unabhängig von Hoehner kommt J.-P. Lémonon, Pilate et le Gouvernement de la Judée, EtB, 1981, 241-245 zum

Bei der ersten Möglichkeit wird vorgeschlagen, daß ant 18,90ff fälschlicherweise schon die Übergabe des Ornates berichtet, die aber erst nach dem Eintreffen des Tiberiusbriefes - gemäß 15,405 - stattfinden konnte, also beim zweiten Besuch, der nach 18,120ff im Zusammenhang mit dem Nabatäerfeldzug anzusetzen ist; in 18,90ff wurden demzufolge Einzelheiten der zwei Besuche vermengt[10]. Der zweite Vorschlag geht davon aus, daß die drei erwähnten Belegstellen je einen verschiedenen Jerusalemaufenthalt wiedergeben.

M.E. besteht keine Veranlassung, einen chronologischen oder sachlichen Fehler des Jos. anzunehmen, zumal es sich im Unterschied zu den Parthernachrichten um jüdische Angelegenheiten handelt.

Ant 18,90ff.120ff berichten von zwei verschiedenen Besuchen Vitells in Jerusalem: Beide finden während religiöser Feste statt, und in beiden Fällen (wie auch in 15,405) zieht der römische Legat unter Jubelrufen in die Stadt ein. Diese Marginalia sind jedoch die einzigen sachlichen Parallelen zwischen den Berichten. Eine Identifizierung beider Berichte kommt aufgrund der Texte selbst nicht in Betracht.

Schwieriger ist die Frage, ob 15,405 einen von 18,90ff verschiedenen Besuch wiedergibt. In beiden Berichten geht es um den hohenpriesterlichen Ornat, und aufgrund der Form von 15,403ff ist man zwar nicht gezwungen, darin einen ersten, von 18,90ff unterschiedenen, Besuch Vitells anzunehmen, doch legt sich eine solche Annahme aus inhaltlichen Gründen nahe; denn 15,405 erwähnt zwei Details, die sehr glaubhaft sind: die jüdische Bitte um das Gewand und den Brief Vitells an Tiberius. Daß der Römer nicht aus eigenem Antrieb die Übergabe des Ornates angeboten hat, ist evident, zumal es dafür keinen Präzedenzfall gab und die Kontrolle und Verwahrung des Gewandes keine römische Neueinführung gewesen ist; demgegenüber galt die Aufbewahrung in der von Heiden beherrschten Antonia in jüdischen Augen als verunreinigend (cf 18,93f). Dadurch, daß die Rückerstattung des Amtsgewandes ihrerseits erst einen Präzedenzfall schaffen würde, auf den sich die Juden berufen könnten - wie sie dann später auch getan haben[11], erklärt sich Vitells Entscheidung, zuvor Tiberius um Erlaubnis zu fragen.

---

gleichen Endergebnis.

[10] Einen Schritt weiter ging W. Otto, Art. Herodes s.v. Nr. 24 (Herodes Antipas), PRE Suppl. II, 1913, Sp. 168-191: cf Sp 185-187 Anm: Er behauptete, daß ant 18,90ff und 18,120ff den gleichen und einzigen Besuch Vitells wiedergeben. Abgesehen davon, daß Otto auf ant 15,405 gar nicht eingeht, kann er den sich daraus ergebenden Widerspruch zwischen § 95 (Einsetzung Jonathans) und § 123 (Absetzung Jonathans) nicht hinreichend erklären (dagegen schon: Joach. Jeremias, Jerusalem zur Zeit Jesu, 1923-37/1962[3], 219f Anm 8). Hölscher, Die Hohenpriesterliste bei Josephus und die evangelische Chronologie, SHAW. PH Jg. 1939/40, 3. Abh., 1940, S. 15f schließt sich gegen Jeremias dem Vorschlag Ottos an: Den selbstgeschaffenen Widerspruch zwischen § 95 und § 123 dann als einen Irrtum des Kompilators zu qualifizieren, wird den Quellen nicht gerecht, da die Annahme der raschen Wiederabsetzung Jonathans keineswegs "höchst unwahrscheinlich" (Hölscher, a.a.O., 15) ist, sondern vielmehr ant 19,314 entspricht (s.u.). Zur übrigen älteren Forschungsgeschichte cf Smallwood, Date, 13; Hoehner, Herod Antipas, 313f.

[11] Cf ant 15,406f; 20,6ff: gemäß dieses Präzedenzfalles entscheidet dann auch Claudius (cf 20,12f).

D.h., beide Einzelheiten sind einerseits sehr wahrscheinlich historisch korrekt und gehen andererseits der eigentlichen Übergabe des Ornates voraus. Gleichzeitig fehlen aber beide Details in 18,90ff, und zwar nicht nur der Brief an Tiberius samt Antwort, sondern ebenso die jüdische Bitte[12].
Das Fehlen der Einzelheiten aus 15,405 in 18,90ff, also im chronologisch eingeordneten Kontext, legt die Hypothese nahe, daß diese beiden Details während eines ersten Besuches anzusetzen sind, in 18,90ff dagegen eine zweite Visite Vitells wiedergegeben wird[13]. Das bedeutet: Der zweite Besuch beschreibt lediglich die Übergabe des Ornates, in 15,405 finden wir dagegen Elemente der dazugehörigen Vorgeschichte[14].
Diese Hypothese läßt sich am Text von 18,90.95 verdeutlichen. Die Wortwahl in § 90 ("συνεχώρησεν") setzt nämlich eine inhaltliche Vorgeschichte voraus (cf 20,12), also zumindest einen Antrag und - wie wir jetzt folgern können - das Eintreffen der Erlaubnis des Tiberius. § 95a berichtet zwar nicht über Zeitpunkt und Formalitäten der Übergabe, erwähnt aber die neuen Befehle an den Kommandanten der Antonia, die im unmittelbaren Kontext der Ornatsübergabe am besten verständlich sind[15]. Demgemäß stellt also nicht 18,90ff eine Vermischung von zwei Ereignissen dar, sondern vielmehr ist 15,405 in seiner Kürze ungenau[16], läßt aber die Vorgeschichte noch erkennen.

---

[12] So auch Smallwood, die über Bitte und Brief urteilt: "This is an entirely credible statement" (Date, 17f), im folgenden - aufgrund ihrer chronologischen Fragestellung - jedoch nur noch auf den Brief eingeht.

[13] Das umgekehrte Fehlen der Steuererleichterung (ant 18,90) im Exkurs über den Ornat (15,405) kann nicht als Beleg für diese Hypothese gelten: gegen Lémonon, Pilate, 243f.

[14] Im Ergebnis wie Hoehner, Herod Antipas, 315, der aber eine Begründung (an den Texten) vermissen läßt. Nicht sicher zu beantworten ist die Frage, warum in ant 15,405 die tatsächliche Übergabe nicht erzählt wird: wohl weniger, um etwas späteres nicht vorwegzunehmen, wie Hoehner, ebd. vermutet, denn 15,405ff ist ja eine exkursartige Vorschau bis in die Jahre 44/45 n.Chr., sondern eher um diesen Einschub möglichst kurz zu gestalten (cf auch 15,406f mit der längeren Version in 20,6-14), wozu die Darstellung der Vorgeschichte und des realen Ergebnisses (s.o. Anm 3) genügen soll.

[15] Zum deutenden Hauptsatz in ant 18,95a (cf Anm 4) s.u.

[16] Cf Anm 14; eine Ungenauigkeit findet sich auch in ant 15,407: Jos. behauptet fälschlicherweise, daß sich der Befehl des Claudius im Jahre 45 an den syrischen Legaten Vitellius (sic!) richtete - in 20,12 heißt es demgegenüber richtig, daß dieser Befehl auf Vitells Entscheidung Bezug nimmt: "συγχωρῶ καθὼς ... Οὐιτέλλιος ἐποίησεν". Vitell lebte nach seiner Abberufung aus Syrien im Jahre 39 in Rom, wo er - bes. unter Claudius - weiter Karriere machte: Mit ihm zusammen war er in den Jahren 43 und 47 ordentlicher Konsul, sowie einmal Zensor (cf Suet., Vit., 2,4f; Claud. 14,1; Tac., ann 14,55,5); im Jahre 44 wurde Vitell Mitglied der Arvalbrüder (CIL VI, 2032: cf Z. 1.11.20), wo er später als magister bezeugt wird: nach Hanslik, Art. Vitellius s.v. Nr. 7c (L. Vitellius), PRE Suppl. IX, 1962, 1733-1739 schon im Jahre 45 (cf Sp. 1737: mit Hinweis auf CIL VI, 2035=32349), wobei die Hrgg. CIL VI, 32349 jedoch ins Jahr 54 datieren (CIL VI, 2035 noch unter: "anni incerti").

Die Fragen der absoluten Chronologie lassen sich nun leicht beantworten[17]. Da der zweite und dritte Besuch Vitells jeweils während der Festtage stattfand und das Passafest bezeugt ist (18,90), ergeben sich für den zweiten Besuch das Passa-, für den dritten das Wochenfest (Pfingsten) des Jahres 37, wobei das Eintreffen der Nachricht vom Tode des Tiberius (18,124), der am 16. März 37 gestorben war[18], durchaus erst während des dritten Aufenthaltes Vitells wahrscheinlich ist[19]. Dafür, daß der in 18,90ff beschriebene (2.) Besuch erst im Jahre 37 und nicht schon im Jahre 36[20] stattfand, spricht sowohl die Verknüpfung mit der Abfahrt des Pilatus, der, obwohl er sich beeilte, Rom erst nach dem Tod des Tiberius erreichte (18,89)[21], als auch die Notiz in 19,314, in der Jonathan b. Ananos berichtet, er habe nur einmal den hohenpriesterlichen Ornat getragen. Da Vitell erst gegen Herbst des Jahres 35 (cf ann 6,32) als neuer "legatus Augusti pro praetore"[22] in Syrien eintraf, käme für seinen ersten Besuch grundsätzlich das Jahr 36 in Betracht; nimmt man an, daß die Partherverträge etwa im Herbst 36 abgeschlossen worden sind[23], wäre Vitells erster Jerusalemaufenthalt im Anschluß an seine Rückreise vom Euphrat nach Antiochia (ant 18,104) gut denkbar[24]; er läge aber in jedem Fall vor der Absetzung des Pilatus (cf 18,89f), die dann zwischen dem ersten und dem zweiten Besuch anzusetzen ist.

Damit läßt sich folgende Chronologie aufstellen:

- Herbst/Winter 36: Vitells erster Besuch in Jerusalem, währenddessen er mit der Bitte um den hohenpriesterlichen Ornat konfrontiert wird und deswegen einen Brief an Tiberius schreibt;
- Passafest 37: Vitells zweiter Jerusalembesuch (im Anschluß an Pilatus' Absetzung und Abreise), bei dem er einen Steuernachlaß und die Übergabe des Ornates anordnet, sowie (nach dem Fest) Jonathan b. Ananos als neuen Hohenpriester für Kaiphas einsetzt;
- Pfingsten 37: Vitells dritter Aufenthalt im Anschluß an die jüdische Bitte bzgl. der römischen Feldzeichen; Vitell bringt Opfer, setzt Jonathans Bruder Theophilus (nach dem Fest)[25] als neuen Hohenpriester ein und verpflichtet am 4. Tag das Volk auf

---

[17] Im Anschluß an Hoehner, Herod Antipas, 257.315f und Lémonon, Pilate, 244.

[18] Cf Tac., ann 6,50; Suet., Tib, 73,1.

[19] Cf die Berechnungen bei Blinzler, Der Prozeß Jesu, (1951) 1969[4], 272f und Hoehner, Herod Antipas, 314f.

[20] So noch Schürer, Geschichte I[4], 493f Anm 152; wörtlich übernommen in: ders., History I, 388 Anm 145.

[21] Das war der Ausgangspunkt für Smallwood: cf Date, 13f; Jews, 171f Anm 93; cf aber schon Jeremias, Jerusalem, 219f Anm 8.

[22] Cf Hanslik, Art. Vitellius, 1733f, der mit Hinweis auf ann 6,41 und ant 18,88 Mommsens Vermutung, Vitell hätte eine außerordentliche Befehlsgewalt gehabt (cf Mommsen, Römische Geschichte V, 1886[3], 377), m.R. zurückweist.

[23] Cf Anm 5; auch Smallwood, Date, 19 setzt den Abschluß der Verhandlungen in den Herbst 36.

[24] So Hoehner, Herod Antipas, 254.

[25] Das Pfingstfest wurde in Palästina nur einen Tag lang gefeiert; die Zeitangaben in ant

den neuen Prinzeps Gaius.

Die Entscheidungen hinsichtlich des Ornates und der Feldzeichen lassen eine aus römischer Sicht betrachtet entgegenkommende Politik erkennen. Im Gegensatz zu den Pilatuskonflikten, die auch im Zusammenhang mit der judenfeindlichen Politik des L. Aelius Seianus (gest. 31) gesehen werden können[26], wird jetzt eine auf Ausgleich bedachte Befriedungsstrategie sichtbar, ohne - wie an der Ein- und Absetzung der Hohenpriester erkennbar ist - die römische Oberhoheit zu schwächen.

Hier soll jedoch die jüdische Seite untersucht werden: Welche Ursachen und Interessen kann man für ihre Bitten an Vitell anführen bzw. erschließen?
Die Vorgänge der Abholung des Ornates berichtet Jos. in zwei, teils verschiedenen Versionen in ant 15,408 und in 18,93f; während die erste (kürzere) die Tatsache der Versiegelung hervorhebt, wird an 18,93f der Anteil der römischen Kontrolle sichtbar: Die Römer bewahrten den Ornat in einem mit Steinen gebauten οἶκος, zwar unter dem Siegel der Priester und Tempelschatzmeister[27], aber unter der persönlichen Aufsicht des Festungskommandanten, der in dem Aufbewahrungsraum[28] täglich das Licht anzündete, was - wie man unschwer erschließen kann - seinen eigentlichen Zweck darin hatte, sich von der Anwesenheit, evtl. auch von der Unversehrtheit des Gewandes zu überzeugen. Das bedeutet jedoch, daß die jüdischen Versiegelungen für den römischen Befehlshaber überhaupt keine Hindernisse waren. Er hat nicht nur jederzeit direkten Zugang zum Raum und zum Gewand samt, oder aufgrund der Kontrollpflicht, sondern der Ornat wird sieben Tage[29] vor dem

---

18,123f (3 Tage; 4. Tag) beziehen sich auf Vitells Ankunft und nicht auf das Fest: so schon Blinzler, Prozeß, 272 gegen U. Holzmeister (cf ders., Wann war Pilatus Prokurator von Judaea?, Bib. 13, 1932, 228-232: cf S. 230. Holzmeister geht auf ant 15,405 und die Möglichkeit eines dritten Besuches nicht ein).

26 Smallwood, Some notes on the Jews under Tiberius, Latomus 15 (1956) 314-329: cf S. 327; cf aber schon Stauffer, Zur Münzprägung und Judenpolitik des Pontius Pilatus, NC 1-2 (1949/50) 495-514: cf S. 507f.

27 So die einzige Übereinstimmung mit ant 15,408: dort wird jedoch vom Siegel des *Hohen*priesters und der Schatzmeister gesprochen.

28 So könnte man "οἶκος" deuten; es wäre aber auch möglich, hier an ein Gebäude (-teil) zu denken (cf die Verbindung mit οἰκοδομέω: ein aus Steinen errichteter Gebäudeteil, also befestigt und sicher). In ant 15,408 heißt es nur unbestimmt "τὸν αὐτὸν ... τόπον".

29 Laut ant 18,94; nach 15,408 erst "einen Tag" vor den Hauptfesten. Daß die "7 Tage" im Zusammenhang mit der in mYoma 1,1-7 berichteten siebentägigen Vorbereitung des Hohenpriesters auf den Versöhnungstag stehen, ist möglich (cf aber auch Lev 8,33). Vielleicht ist diese Diskrepanz zwischen ant 18,94 und 15,408 auch ein Hinweis auf zwei

Fest auch vom Festungskommandanten (§ 94) übergeben. Nach der kultischen Reinigung des Gewandes trägt es der Hohepriester, der es dann schon nach dem ersten Festtag wieder in den Aufbewahrungraum niederlegen läßt. So wurde viermal im Jahr verfahren (§ 94b). Die römische Kontrolle war also verhältnismäßig scharf, der jüdische Gebrauch blieb auf vier Tage im Jahre beschränkt[30].

Leider können wir diese Vorgehensweise nicht mit der Praxis zur Zeit des Herodes vergleichen. Wir sind auf Vermutungen angewiesen: Daß Herodes durch die Hinterlegung des Ornates seine Kontrolle über den Machtfaktor "Hohepriestertum" wirksam vervollständigte, ist evident[31], jedoch dürfte er sich bemüht haben, diese Aufsicht gegenüber Widerständen mit dem Hinweis auf das hasmonäische Vorbild zu begründen bzw. als "Tradition" erscheinen zu lassen; gleichermaßen wird er auch kaum gestattet haben, daß das jeweilige Abholen spektakulär geschah und mit einer kultischen Reinigung abgeschlossen wurde. Treffen diese Vermutungen zu, ist auch die priesterliche Versiegelung unter Herodes' Herrschaft gut denkbar: Sie wäre ein Entgegenkommen oder auch ein taktischer Schachzug des Königs, die Hinterlegung nicht als Kontrolle erscheinen zu lassen, sondern als bloße Aufbewahrung zu verschleiern.

Aufgrund dieser inhaltlichen Überlegungen könnte man auch erwägen, ob sich nicht in ant 15,408 gerade die herodianische Praxis widerspiegelt: Von einer direkten Kontrolle erfahren wir hier nichts, die Tempelschatzmeister sind relativ eigenständig, denn sie kommen nur einen Tag vor dem Fest (eine kurze Zeit für eine kultische Reinigung!) zum Kommandanten, prüfen ihre eigenen Siegel (d.h. doch wohl deren Unversehrtheit), entnehmen daraufhin selbst das Gewand, bringen es erst nach Abschluß der (gesamten?) Festtage an den Ort (τόπος) zurück und deponieren es, nachdem sie wieder die gleichen Siegel dem Kommandanten gezeigt haben; dieser kontrolliert also weder Aufbewahrungsort noch Gewand, sondern nur die Berechtigung der jeweiligen Schatzmeister. Von einer kultischen Reinigung erfahren wir aus die-

---

verschiedene Vorgehensweisen bei der Abholung des Ornates: s.u.

[30] Demgegenüber wird die Angabe in bell 5,230 (der Hohepriester amtierte an den Festen, sowie an Sabbaten und Neumonden) die (etwas idealisierten) Zustände nach der Übergabe des Ornates schildern: Nach 5,231 trug er bei diesen Gelegenheiten das Amtsgewand. Zu den verschiedenen Gewändern des Hohenpriesters cf M/B, V Anm 100, sowie ausführlicher: Bergmeier, Miszellen zu Flavius Josephus, De Bello Judaico 5, § 208 und § 236, ZNW 54 (1963) 268-271: cf S. 269ff.

[31] Cf Schalit, König Herodes, SJ 4, 1969, 312f: "Diese Verordnung erst machte seine Aufsicht über das Hohepriestertum vollständig und bildete möglicherweise den ersten Schritt zur Erlangung der Aufsicht über den Tempel und seinen Schatz".

sem Text nichts. Das alles würde gut in die Zeit des Herodes passen[32]. Festzuhalten bleibt, daß die Römer die Kontrolle von Herodes und Archelaos übernommen und vielleicht verschärft haben und der Ornat in jüdischen Augen als verunreinigt galt[33].

Letzteres weist auf die theologische Ursache der jüdischen Bitte hin: Die Reinheitsbestimmungen für den Kult und alle seine Gegenstände machte diese Forderung (in der Theorie) unausweichlich. Obwohl aus ant 15,405 nicht deutlich wird, welche Gruppe Trägerin dieser Bitte war, ist es sehr wahrscheinlich die priesterliche Führungsschicht gewesen; denn der Priesteradel hatte als Repräsentant des Volkes mit Vitell Kontakt, und der in § 405 angegebene Inhalt der Bitte, nämlich das Gewand "ὑπὸ τὴν αὐτῶν ἐξουσίαν" zu haben, stimmt damit am ehesten überein. Hinzu kommt, daß auch in der Auseinandersetzung um die Weiheschilde des Pilatus (s.o. 1.1, c) der Jerusalemer Adel[34] - dort allerdings gemeinsam mit den herodianischen Prinzen - als Verfechter der religiösen Tradition[35] auftrat.

Dies ist auch ein wichtiger Beleg für die Begründung des Antrages gegenüber Vitell; denn hier sind wir ebenfalls auf Rückschlüsse angewiesen: Theologische Ursachen hatte also auch dieser jüdische Vorstoß, jedoch waren aus römischer Sicht die Dinge kaum vergleichbar, da es sich bei der Kontrolle des Ornates nicht um eine provokative Neueinführung (wie bei den Weiheschilden), sondern um ein vom Klientelkönig übernommenes Recht handelte. Daher werden die jüdischen Antragsteller vermutlich eher auf die Zeit vor Herodes hingewiesen haben, in der das Amtsgewand unter hoherpriesterlicher Kontrolle war, ohne die (indirekte) römische Herrschaft zu gefährden: Allein dieser Zustand wird für die Juden der väterlichen Tradition entsprochen haben, die Herodes dann mißachtet hatte.

Den Bruch der väterlichen Gesetze durch Herodes hatte eine jüdische Delegation nach dessen Tod auch in Rom vorgebracht und eine Regierung durch römische Statthalter anstelle des Archelaos gefordert (bell 2,84-92; ant

[32] Innerhalb des Kontextes stellt ant 15,408 natürlich die Tatbestände der römischen Kontrolle dar: Vom Jahre 44/45 n.Chr. (§ 407) wird zurückgeblickt (§ 408: "πρότερον δ'ἦν ...") auf die römische Zeit (§ 408: "τὸν Ῥωμαίων φρουράρχον"). Die Unterschiede zu 18,93f sind jedoch nicht unerheblich (cf auch Anm 27-29) und lassen m.E. die erwähnte Annahme als plausibel erscheinen; einen direkten Beweis kann man aber nicht führen.

[33] Nabers Konjekturvorschlag für ant 18,94 in "ἁγνισθείς", was sich dann auf den Hohenpriester selbst beziehen würde, ist aufgrund der sicheren Bezeugung von "ἁγνισθείσῃ" nicht erforderlich.

[34] Leg 300: "τοὺς ἐν τέλει"; cf Smallwood, Philonis Alexandrini Legatio ad Gaium, 1961, S. 274 (zu § 222).

[35] Cf leg 300: "μὴ κινεῖν ἔθη πάτρια".

17,304-314). Wir kennen zwar nicht die Zusammensetzung der Delegation[36] des Jahres 4 v.Chr., aber das Beispiel belegt die Möglichkeit, sich gegenüber dem römischen Herrscher auf die väterliche Tradition zu berufen bzw. deren Bruch als politisches Argument (wie später im Pilatuskonflikt) zu benutzen[37].

---

[36] Ich halte es für durchaus möglich, hier an eine Gruppe des Priesteradels zu denken, die sich vielleicht unter einem Prokurator mehr Einfluß nach innen erhoffte, als sie unter Herodes' Entmachtung des Hohenpriestertums hatte; immerhin werfen sie Herodes nicht nur die wirtschaftliche Ausblutung des Landes vor, sondern seinem Sohn auch die Tempelschändung, der dadurch wohl beweisen wollte "μὴ νόθος υἱὸς εἶναι ... Ἡρώδου" (bell 2,89).

[37] Man kann einwenden, daß die Argumentation dieser jüdischen Gesandtschaft gerade nicht zum gewünschten Erfolg geführt hat; immerhin wurde Archelaos aber 10 Jahre später (auch) aufgrund der Beschwerden seitens jüdischer und samaritanischer Delegationen abgesetzt (cf bell 2,111; ant 17,342-344; anders: DioCass 55,27,6) und Judäa gemäß der ersten Forderung zum Annex der Provinz Syrien (s.u. 2.2, aa, Anm 19): Die Opposition wirkte demnach in dieser Zeit weiter. Dieser Beleg ist mit der Interpretation Kippenbergs zu vergleichen: Er deutete die "πάτριοι νόμοι" nicht deskriptiv im Sinne der Gesamtheit der jüdischen Überlieferung, sondern deren Verwendung normativ-politisch als Legitimation der Freiheit und Autonomie der jüdischen Bürger (cf Kippenberg, Die jüdischen Überlieferungen als πάτριοι νόμοι, in: R. Faber, R. Schlesier, Hrg., Die Restauration der Götter, Antike Religion und Neo-Paganismus, 1986, S. 45-60: hier S. 47.57f); die jüdische Argumentation mit den πάτριοι νόμοι steht dann in der Tradition der griechisch-paganen Konzeption, nach der "πάτριοι νόμοι" als Verfassungsbezeichnung in der politischen Diskussion verwendet wurde (cf a.a.O., 46-48; cf auch Lebram, Der Idealstaat der Juden, in: O. Betz, u.a., Hrg., Josephus-Studien, FS O. Michel, 1974, S. 233-253). Für unseren Zusammenhang ist entscheidend, daß sowohl bei den Verhandlungen vor Pompejus im Jahre 64 v.Chr., die Kippenberg, a.a.O., 58 als Beleg aufführt, als auch bei den Verhandlungen vor Augustus (s.o.) ein theologischer "Rest" bleibt: im ersten Fall die Forderung nach einem Hohenpriester, nicht als Herrscher, sondern als kultischen Repräsentanten (Kippenberg, ebd.), im zweiten Fall der Hinweis auf die Tempelschändung. Dieser theologische "Rest" tritt m.E. während der direkten römischen Beherrschung Judäas allmählich in den Vordergrund: Ebenso wie die jüdische Gesandtschaft vor Augustus gerade keine Autonomie mehr fordern konnte, haben auch die Konflikte unter Pilatus, Vitell und Caligula auf jüdischer Seite theologische Ursachen, die auf Reinheit und Heiligkeit des Tempels abzielen. Da aber diese Konzeption politische Entscheidungen beeinflußte und der Tempel gegenüber den Römern als "Rechtsenklave" verteidigt bzw. vor diesen akzeptiert wurde (s.o. 1.1,a), kann man in der Sorge um die Reinheit des Heiligtums auch das Streben nach politischer Restautonomie sehen, die unter Vitell dann ausgeweitet werden soll; diese Haltung nähme eine Mittelstellung ein zwischen der theologisch motivierten aggressiven Interpretation der πάτριοι νόμοι seitens der Aufständischen und der "bürokratischen Interpretation" (Kippenberg, a.a.O., 59) seitens des Josephus: Es wäre in dieser Terminologie eine theologisch-pragmatische Interpretation der πάτριοι νόμοι; dies fügt sich gut ein in die Überlegungen zum Trägerkreis der Bitten an Vitell (s.u.).

Damit ist auch bei der Bitte um den Ornat eine derartige Begründung Vitell gegenüber möglich. Dieser Erweis ist nötig, wenn man annimmt, daß sich auch die jüdische Führung der für sie noch nicht kalkulierbaren Lage gegenüber Pilatus bewußt war. Eine solche Annahme ist naheliegend, da man aufgrund der obigen chronologischen Ergebnisse davon ausgehen kann, daß Pilatus noch nicht suspendiert worden war.

Nimmt man also an, daß die jüdischen Antragssteller gegenüber Vitell mit der väterlichen Tradition, die erst Herodes durchbrochen habe, argumentiert haben, kann man dafür auch in ant 18,95a (cf Anm 4) einen Hinweis sehen: Im Ergebnis handelte Vitell (und Tiberius) aus jüdischer Sicht "ἐπί τῷ ἡμετέρῳ πατρίῳ", nämlich nicht nur gemäß, sondern sogar aufgrund der väterlichen Tradition.

Wir können demnach davon ausgehen, daß die jüdische Bitte um den hohenpriesterlichen Ornat eine theologische Ursache hatte, die durch die Reinheitsforderung motiviert war; ebenso wissen wir aus ant 18,95a, daß Vitell im Ergebnis zufolge der jüdischen Tradition handelte. Eine sehr wahrscheinliche Annahme ist, daß der Jerusalemer Priesteradel die theologische Forderung durchsetzte, eine Vermutung dagegen, daß die Priester auch in diesem Fall mit der väterlichen Überlieferung argumentierten (wie in leg 300), deren Bruch sie aber den herodianischen Klientelfürsten vorwarfen (wie in bell 2,86.89; ant 17,304.312f) und deren Wiederherstellung und Schutz sie nun von Vitell erwarteten.

Annahme und Vermutung werden unterstützt durch den zweiten Zwischenfall: die Bitte, mit den Feldzeichen nicht durch Judäa zu ziehen (ant 18,120-126).

Gegenüber der ersten Bitte hatte sich die politische Situation entscheidend verändert. Vitell war zweimal in Jerusalem gewesen, hatte den Ornat unter jüdische Aufsicht gegeben, die Steuern für die Marktfrüchte erlassen, sowie den Hohenpriester Kaiphas, der bei den Protesten gegen Pilatus nie in Erscheinung getreten war, abgesetzt[38] und Pilatus zum Rapport nach Rom geschickt. Diese entgegenkommenden Maßnahmen bildeten den Rahmen für die zweite Bitte an Vitell; d.h., die Lage war für die Juden nicht mehr so unabwägbar wie noch im Jahre 36; ihre Erfolge haben die Entscheidung zum neuerlichen Vorstoß zumindest erleichtert.

Aus ant 18,121 erfahren wir zwei Einzelheiten: Es hat eine Delegation an Vitell gegeben, die aus "ἄνδρες οἱ πρῶτοι" bestand, und zweitens begründeten

[38] Kaiphas, aus dem NT bekannt (cf Mt 26,3.57; Lk 3,2; Joh 11,49; 18,13f.24.28; Act 4,6), war vom römischen Prokurator Val. Gratus ca. 18 n.Chr. ernannt worden (cf ant 18,34f) und unter Pilatus im Amt verblieben. Smallwood, Jews kennzeichnet ihn als einen Mann, "who ... was likely to be unpopular as a tool of Pilate" (S. 172).

diese ihre Bitte (wiederum) mit der väterlichen Tradition: "denn es ist für sie nicht gemäß der Tradition, darüber hinwegzusehen, daß Bilder in das Land getragen werden"[39]. Belegt ist also eine Adelsgruppe, die eine theologisch motivierte Forderung durchsetzen will und damit Erfolg hat: Vitell wurde überzeugt (§ 122), änderte zufolge der jüdischen Bitten oder Boten ("ἐπὶ τοιούτοις") den ursprünglichen Plan[40] und befahl den Umweg durch die "Große Ebene"[41].

Gruppenzusammensetzung und die väterliche Tradition als Begründung sind analog zur Ornatsfrage. War jedoch im ersten Fall die Bedeutung der väterlichen Tradition nur erschlossen und lediglich allgemein als Reinheitsforderung an den Kult und dessen Gegenstände umschrieben worden, ist bei dieser Bitte die theologische Ursache deutlicher: Sie liegt im alttestamentlichen Bilderverbot. Doch auch das ist noch zu konkretisieren[42].

---

[39] "Οὐ γὰρ αὐτοῖς εἶναι πάτριον περιορᾶν εἰκόνας εἰς αὐτὴν [scl. τὴν χώραν] φερομένας"; Feldmans Übersetzung ist an dieser Stelle ungenau (cf ders., Josephus IX, LCL, S. 85).

[40] In ant 18,122a ist das Satzgefüge auffallend; "ἐπὶ τοιούτοις" ist durch seine Stellung hervorgehoben und bezieht sich inhaltlich entweder auf die "ἄνδρες οἱ πρῶτοι" (masc.) oder auf deren vorgebrachtes Anliegen (neutr.). Bemerkenswert ist auch hier die Konstruktion ἐπί mit Dativ (zur Kennzeichnung von Grund oder Folge) analog zu ant 18,95a.

[41] Cf ant 18,122: "διὰ τοῦ μεγάλου πεδίου": Da Vitell gerade Ptolemais erreicht hat, um jetzt gegen Petra zu marschieren (ant 18,120), ist bei der "Großen Ebene" an die bei Akko-Ptolemais beginnende sich in südöstlicher Richtung am Nordhang des Karmel entlang ziehende (Jesreel-) Ebene zu denken, und nicht an das Jordantal zwischen dem See Genezareth und dem Toten Meer: so schon Schürer, Geschichte I[4], 494f Anm 154; cf auch Abel, Géographie de la Palestine, EtB, Bd. 1, 1933, 411-413.425-429. Damit war Judäa (und Jerusalem!) nicht mehr Durchmarschgebiet, sondern Vitell nahm einen nicht unbeträchtlichen Umweg in Kauf, da er (über Gabaa? cf vit 115) durch den südwestlichsten Teil Galiläas marschieren mußte und erst nach der Jordanüberquerung eine südliche Richtung einschlagen konnte; d.h., daß das Heer nach dieser Überquerung durch den südlichen Teil des Jordantales weiterziehen konnte, also durch das ebenfalls "Große Ebene" genannte Gebiet: Durch *beide* großen Ebenen wäre dann bei einer Fortführung des Krieges möglicherweise marschiert worden. Eine östlicher verlaufende Straßenverbindung von Bostra über Philadelphia und Hesbon nach Petra ist erst (nach der Annexion des Nabatäerreiches unter Trajan) in den Jahren 111-114 als die bekannte "via nova" von C. Claudius Severus hergestellt worden: cf dazu Thomsen, Die römischen Meilensteine der Provinz Syria, Arabia und Palaestina, ZDPV 40 (1917) 1-103: cf S. 34-59; Avi-Yonah, The Holy Land, 1966, 183.

[42] Zum jüdischen Bilderverbot allgemein cf die grundlegende Untersuchung von Frey, La question des images chez les Juifs à la lumière des récentes découvertes, Bib. 15 (1934) 265-300 (mit 10 Abbildungen); weiter: Bevan, Holy Images, An Inquiry into Idolatry and Image - Worship in Ancient Paganism and in Christianity, 1940, 46-63;

Das Verbot bildlicher Darstellungen im zweiten Gebot beherrschte die Lebenswirklichkeit (zumindest) der jüdischen Oberschicht keineswegs total[43]. Gleichzeitig gab es oppositionelle Kreise, die das Bilderverbot rigoroser interpretierten. Unter Herodes kam es bekanntlich zu zwei Konflikten in dieser Frage: Bei den Trophäen im neuen Jerusalemer Theater protestiert das Volk gegen die vermeintlichen Bilder, da ihre Existenz in der Stadt "nicht gemäß der Tradition ist"[44]; der Goldene Adler am Tempel wird auf "Befehl des väterlichen Gesetzes" zerstört[45]. Zweierlei ist in diesem Zusammenhang hervorzuheben: Die Proteste richten sich gegen Bilder in Jerusalem bzw. die Adlerdarstellung am Tempel, und zweitens kann man rückschließen, daß das

---

Goodenough, Jewish Symbols in the Greco-Roman Period, Bd. 4, 1954, 3-24; ders., The Rabbis and Jewish Art in the Greco-Roman Period, HUCA 32 (1961) 269-279; Gutmann, The "Second Commandment" and the Image in Judaism, HUCA 32 (1961) 161-174; spezieller: Roth, An Ordinance against Images in Jerusalem, A. D. 66, HThR 49 (1956) 169-177; Hengel, Zeloten, 195-201; Richardson, Law and piety in Herod's architecture, SR 15 (1986) 347-360. Einen kurzen Überblick über das Bilderverbot im Frühjudentum bietet J. Maier, Art. Bilder III (Judentum), TRE 6, 1980, 521-525: cf S. 521f (weitere Literatur: S. 524f).

[43] Das zeigt sowohl der archäologische, numismatische wie literarische Befund: cf neben der in Anm 42 angegebenen Literatur noch Baumstark, Art. Bild I (jüdisch), RAC 2, 1954, 287-302: cf Sp. 288-290. Zu den Funden bei Dura-Europos cf Kraeling, The Synagogue, The Excavations at Dura-Europos, Final Report VIII, Part I, New Haven, u.a. 1956 (S. 343: "That observance of the prohibition was complete among the Jews of Palestine during this period ... A special position must also be reserved for the representatives of ruling houses who, as always in the Orient, stood above the law"). Zu den bildlichen Darstellungen (Seeungeheuer und 2 Adler mit Girlanden) auf dem Sockel des siebenarmigen Leuchters, wie er auf dem Titusbogen zu sehen ist, cf Eltester, Schöpfungsoffenbarung und natürliche Theologie im frühen Christentum, NTS 3 (1956/57) 93-114: cf S. 102-107; ders., Der Siebenarmige Leuchter und der Titusbogen, in: ders. (Hrg.), Judentum, Urchristentum, Kirche, FS J. Jeremias, BZNW 26, 1960/1964[2], 62-76: cf bes. S. 74ff. Zumindest im jüdischen Land nahmen sowohl die Prokuratoren als auch die herodianischen Herrscher in ihren Münzprägungen auf das Bilderverbot Rücksicht: cf Reifenberg, Israel's History in Coins, 1953, 10-12.26-29; ders., Ancient Jewish Coins, (1940) 1965[4], 18-28.42-57. Doch wissen wir aus Mk 12,16, daß Münzen mit dem Kaiserbild auch in Judäa in Umlauf waren (nach dem Mkev. findet diese Episode sogar im Tempel statt: cf 11,27; 12,41; 13,1; 14,49). Literarische Belege für Bilder bietet auch Jos.: cf ant 12,230; 14,34-36; 15,25-30/bell 1,438-440; ant 19,357; bell 5,178-181.

[44] Cf ant 15,276-279: "φέρειν εἰκόνας ἀνθρώπων ἐν τῇ πόλει ... οὐ γὰρ εἶναι πάτριον αὐτοῖς" (§ 277) - diese Formulierung entspricht fast wörtlich ant 18,121 (cf Anm 39); cf auch ant 15,276.

[45] Cf bell 1,648ff; ant 17,149ff; cf auch bell 2,6 (geforderte Trauerfeier für die Märtyrer).

Bilderverbot als ein[46] Bestandteil der religiösen Norm ("τὸ πάτριον / τὰ πάτρια") von nun an durchgesetzt und verwirklicht werden soll: Wer gegen das Bilderverbot verstößt, handelt gegen die verbindliche Tradition, und damit gegen Gottes Gebot.
Im Standartenkonflikt mit Pilatus (bell 2,169-174; ant 18,55-59) richtete sich der jüdische Protest gegen die Kaiserbilder an den Feldzeichen. Wie wir oben gesehen haben (1.1,c), war die theologische Ursache des Protestes das Verbot bildlicher Darstellungen, jedoch in Verbindung mit der Ablehnung der "religio signorum": Beides entweihte die "Heilige Stadt" und den Tempel.
Auf diesem Hintergrund ist m.E. auch die jüdische Bitte an Vitell zu verstehen: Infolge der Entweihung durch Pilatus befürchtete man eine erneute Verunreinigung Jerusalems und des Tempels und war daher bemüht, die Heiligkeit und Reinheit von Stadt und Tempel zu bewahren. Man handelte prophylaktisch: Wenn die römischen Feldzeichen nicht durch Judäa getragen werden, können sie auch Jerusalem und das Heiligtum nicht erreichen. Dabei verlangte man von dem Römer Rücksicht auf die religiöse Tradition, die er ja schon in der Ornatsfrage bewiesen hatte, ohne ihm gegenüber auf eine Gefährdung durch die Verunreinigung des Tempels einzugehen. Die bewußte Provokation seitens Pontius Pilatus ahmte man umgekehrt auf jüdischer Seite nicht nach; man reduzierte das Problem und ließ dem Legaten die Möglichkeit, der Bitte ohne Autoritätsverlust zu entsprechen. Gleichzeitig bedeutete aber die Begründung durch das Bilderverbot auch eine Ausweitung desselben[47] und damit eine Verschärfung der Reinheitskonzeption des Heiligtums. Die Ausweitung der Geltung des Bilderverbots ist keine Verschärfung der Theorie. Das zweite Gebot beanspruchte Befolgung im ganzen Land; auch die Reinheitsforderung für das Heiligtum war schon im AT auf das Land Israel bezogen worden[48]. Es handelt sich um eine Ausweitung in der Praxis, um die Durchsetzung der als verbindlich betrachteten Tradition. Dies ist ersicht-

---

[46] Jos. überliefert ein weiteres "Konfliktbeispiel" in ant 17,41-44: Die Pharisäer, die er kennzeichnet als "μέγα φρονοῦν τοῦ πατρίου καὶ νομῶν" (§ 41), verweigerten den geforderten Treueid für Herodes und Augustus (wohl 6 v.Chr.); man wird hier ebenfalls - wie im davon zeitlich zu unterscheidenden Beispiel der ersten Eidverweigerung vieler Pharisäer und Essener (ant 15,368-371; cf Schalit, Herodes, 316-319) - (auch) theologische Ursachen, die als durch die Tradition gefordert interpretiert wurden, voraussetzen dürfen.

[47] Als Vermutung schon bei Brandon, Jesus and the Zealots, 1967, 81; Brandon bleibt hier vorsichtig, doch aus falschen topographischen Gründen: Entgegen seiner Berufung auf Schürer, Geschichte I[4], 494 Anm 154 ist bei der "Großen Ebene" nicht die Küstenebene gemeint (was tatsächlich einen Zug durch Judäa zur Folge hätte), sondern die sog. Jesreelebene bzw. (in diesem Fall vielleicht: und) das Jordantal; s.o. Anm 41.

[48] Cf Lev 15,31; Num 35,34; s.o. 1.1,a).

lich im Vergleich mit den oben erwähnten Konflikten unter Herodes und Pilatus: Obwohl die Begründungen in allen Fällen gleichlautend waren, bestand das Ziel dort in der Entfernung der Bilder aus Jerusalem, hier in der Bewahrung ganz Judäas. In diesem Sinn ist auch "περιορᾶν" in ant 18,121[49] einleuchtend. Man könnte einwenden, daß es sich nicht um primär theologische Verschärfungen handele, sondern die politische Ausgangssituation verschieden sei. Aber auch hier hängen Tradition und Situation wechselseitig von einander ab: Einerseits wurde aufgrund der Konflikte mit Herodes und Pilatus das Bewußtsein für die Verwirklichung des Bilderverbots geschärft und bekam eine größere Basis in der Bevölkerung[50], andererseits führte dies wieder zu verschärften Forderungen und damit zu neuen Auseinandersetzungen mit der römischen Macht. Auch die Bitte an Vitell ist motiviert durch die Sorge um die Heiligkeit von Stadt und Tempel und erhellt gleichzeitig die Verschärfung der Tradition. Eine Deutung, die behaupten würde, daß die Juden diese Verschärfung nur aufgrund der schon errungenen Erfolge unter Vitell durchsetzen wollten, würde den Sachverhalt m.E. nicht zutreffend interpretieren. Einen Beleg hierfür bietet nämlich nicht nur die oben beschriebene Vorgeschichte, sondern auch bell 2,195: Während der Verhandlungen in Tiberias zwischen Petronius und den Juden über die Errichtung der Caligulastatue im Tempel, tragen die jüdischen Führer "Gesetz und väterliche Sitte" vor; diese bestehen darin, daß es ihnen verboten sei, ein Gottes- oder Menschenbild aufzustellen; das gelte "nicht nur im Tempel allein, sondern in jedem beliebigen Ort des Landes". Man könnte fragen, ob sich in der Abstufung (Tempel-Land) nicht auch die gerade durchgesetzte Ausweitung des Bilderverbotes widerspiegelt, denn das Standbild sollte ja nicht in irgendeinem Landflecken[51], sondern im Tempel aufgestellt werden - bedroht war nicht das Land als solches, sondern Tempel und Stadt[52]. Erkennbar ist, daß selbst im

---

[49] S. o. Anm. 39.

[50] Während die Aktion gegen den Adler nur eine Tat weniger war, die allerdings schon in Teilen der Bevölkerung Unterstützung fanden (cf bell 1, 655a; 2,5), kam es gegen Pilatus zum Massenprotest von Stadt- und Landbevölkerung (cf bell 2,170).

[51] Caligulas Befehl an Petronius (gegen Ende des Konflikts), nichts mehr gegen den Tempel selbst zu unternehmen, gleichzeitig aber den Kaiserkult außerhalb Jerusalems zu schützen, erfahren wir nur aus leg 333f, nicht aber von Jos., der davon wohl nichts weiß (cf ant 18,301: Befehl an Petronius, falls er die Statue nicht schon aufgestellt habe, nichts mehr zu unternehmen). Die Kritik an diesem Plan begründet auch Philo nicht durch den direkten Hinweis auf die Geltung des Bilderverbots im ganzen Land, sondern durch die Befürchtung, daß hier der Keim zu neuen Aufständen gelegt werden würde (cf leg 335).

[52] Jos.' Parallelbericht in ant 18,271 spricht daher auch "nur" von der Verunreinigung der Stadt.

Caligulakonflikt, in der Bedrohung des Heiligtums, mit der Maximalforderung argumentiert wurde, das Bilderverbot gelte für das ganze Land. Damit haben wir eine zur Bitte an Vitell parallele Argumentationsstruktur, obwohl sich die äußere politische Situation vollkommen verändert hatte.

Die hier vorgelegte Deutung der Bitte an Vitell als Ausweitung der Reinheitsbestimmungen des Heiligtums über den Weg des verschärften Bilderverbots, sowie die Belege, die dafür auf eine gesteigerte Akzeptanz in der Bevölkerung hinweisen, lassen auch die Beantwortung der Frage nach den ursprünglichen Trägerkreisen dieser theologischen Position als unmöglich erscheinen. BRANDON vermutete hier die Widerspiegelung des zelotischen Geistes[53], HENGEL läßt die Frage offen[54]. Man wird wegen fehlender Belege auch kaum weiterkommen. Es ist m.E. jedoch nicht unerheblich, daß bei der Bitte um den Ornat wohl der priesterliche Adel, bei der Delegation nach Ptolemais zumindest eine Adelsgruppe[55] als Interessenvertreter angenommen werden dürfen. Damit ist ein direkter zelotischer Einfluß unwahrscheinlich und ein pharisäischer eher möglich.

Die längerfristige Wirkung der Ausweitung der Reinheit des Heiligtums auf ganz Judäa ist schwer zu erheben, da der Caligulakonflikt (s.u. 2.2,ab) den Blick zurück auf die Gefährdung des Tempels richtete, die Angst vor weiteren Entweihungen gegenwärtig hielt (s.o. 1.1,c) und die Bedrohung durch den Kaiserkult unübersehbar vor Augen führte. Es ist aber bedeutsam, daß in den Verhandlungen mit Vitell die Verschärfung der religiösen Tradition vom Adel mit Zustimmung breiter Bevölkerungsschichten vertreten wird. Daß da-

---

[53] Cf Brandon, Jesus, 82: "No mention is made of the Zealots in connection with it; but the extreme nature of the demand well reflects the Zealot spirit, and it at least indicates how far the Zealot attitude was finding expression even among the more responsible members of the people".

[54] Cf Hengel, Zeloten, 196; die Zerstörung des herodianischen Adlers wertet er als "Ausdruck zelotischer Bilderfeindlichkeit" (a.a.O., 197).

[55] Leider wissen wir nicht, ob diese Gesandtschaft auf Veranlassung des amtierenden Hohenpriesters Jonathan verhandelte, der dann anschließend von Vitell abgesetzt wurde; über die Gründe dieser schnellen Amtsenthebung ist uns ebenfalls nichts bekannt: Smallwood, High Priests and Politics in Roman Palestine, JThS N.S. 13 (1962) 14-34 erwägt aufgrund der judenfreundlichen Entscheidungen Vitells die zwei Möglichkeiten, daß Jonathan entweder etwas gegen Vitell unternommen, oder daß er eine zu große jüdische Begeisterung erweckt haben könnte (cf S. 23). Brandon, Jesus, 82f vermutet einen deutlichen Hinweis an die Juden, daß bei allem Entgegenkommen die entscheidende Macht doch in Händen der Römer liege. Hinsichtlich dieser Adelsgruppe (ἄνδρες οἱ πρῶτοι) ist zu bemerken, daß Jos. - zumindest in ant (vit) - mit "πρῶτοι" und "δυνατοί" den Geburts- bzw. Geldadel begrifflich unterscheidet (so Buehler, The Pre-Herodian civil War and Social Debate, ThDiss 11, 1974, 21-47); cf weiter 1.2,cc).cd).

bei (macht-) politische Faktoren eine Rolle spielten, erklärt diese Verschärfung nur unvollkommen. Mit dieser Ausweitung des Geltungsbereiches ist vielmehr ein Anfang gesetzt, an den auch radikalere Oppositionsgruppierungen anknüpfen konnten: So war es im Jahre 66 eine der ersten Anordnungen des (auch) adligen Jerusalemer "Revolutionsrates" an Josephus, den mit Bildern geschmückten Königspalast in Tiberias - also in Galiläa - zu zerstören (vit 65)[56]. Diese nochmalige territoriale Ausweitung, die sie zumindest aus der Sicht der Jerusalemer Führung bedeutet, ist nicht nur, wie ROTH meinte, durch die Erinnerung an die Zerstörung des Adlers und an das darauffolgende Martyrium zu motivieren[57], sondern gerade die Vitelliusepisoden stellen in der hier vorgeschlagenen Interpretation ein wichtiges zeitliches und traditionsgeschichtliches Bindeglied dar.

ab) Herstellung der "Reinheit des Heiligtums" durch die Tempelreform des Eleazar b. Ananias

Während der Eskalationsphase in Jerusalem nach dem Sieg über Gessius Florus und vor dem Eingreifen des Legaten Cestius Gallus, setzt der junge Tempelhauptmann Eleazar b. Ananias eine Tempelreform gegen den Widerstand der Führungsschicht durch und eröffnet damit die erste Phase des Bürgerkrieges in der Hauptstadt[1].
Bevor der historische Sachverhalt sowie Motive und Intentionen der Aufständischen interpretiert werden, ist ein kurzer Blick auf Kontext und Funktion der jos. Darstellung notwendig. Der Bericht in bell 2,409-417 wird durch Jos.' Deutung in § 409b unterbrochen: "Damit war der Grund zum Krieg gegen die Römer gelegt, denn sie verwarfen das Opfer für diese und den Kaiser." Der Priester Josephus, der sich nach seiner Ankunft aus Rom (vor oder nach der Tempelreform) ebenfalls den jugendlichen Aufrührern angeschlossen hatte (cf vit 17a.20)[2], benutzt die Aktion Eleazars b. Ananias, um daran

---

[56] Daß es in diesem Zusammenhang zu einem Beschluß der neuen Führung gegen Bilder gekommen ist, hat Roth, Ordinance, 173-176 als wahrscheinlich erwiesen; daß diese Bestimmung jedoch auch schon in den 18 Halachot enthalten gewesen ist, wäre nur aufgrund einer textkritischen Konjektur (cf Roth, a.a.O., 175 Anm 13) anzunehmen und ist daher sehr unsicher.

[57] Cf Roth, Ordinance, 183; Roth rechnet die Männer, die den Adler zerstörten, dem radikalpharisäischen Flügel zu (cf a.a.O., 172).

[1] Zur Ereignisgeschichte cf den I. Teil, 1.

[2] Die genaue Ankunftszeit des Jos. wird aus den Quellen nicht ersichtlich: Vit 17a erwähnt unbestimmt, daß die revolutionären Vorgänge angefangen haben, § 20 spricht von Jos.' Versteck im Tempelinneren, nachdem die Antonia bereits in Händen der Wi-

(erstmalig) Übertretung und Verletzung kultischer Traditionen durch die Aufständischen zu zeigen[3]. Auch ein Vergleich mit der großen Agripparede in bell 2,345-401 bestätigt das.

Zwar handelt es sich in §§ 345ff um eine literarisch kunstvoll gestaltete Ansprache in direkter Rede[4], während in §§ 410.412-416 nur eine indirekte Rede seitens des Priesteradels und der angesehenen Pharisäer vorliegt; außerdem beinhaltet die Rede des Königs grundsätzlich Motive und Aussichten eines Aufstandes gegen Rom und ist in Argumentationsstruktur und Inhalt vor allem pragmatisch-rational, nicht-priesterlich und geschichtsphilosophisch orientiert[5], dennoch existieren einige Parallelen zwischen §§ 345ff und §§ 410.412ff, die es aufzuzeigen gilt:

(a) Beide Ansprachen richten sich an die gleichen Adressaten, und zwar an die jugendlichen Aufrührer (cf §§ 346.410).

(b) Die Agripparede will ein vernünftiges Wort sein (§ 345: "λόγος") und die Knäuel der Vorwürfe (§ 348: "τὴν συμπλοκὴν τῶν προφάσεων") entwirren; die Rede am Tempel soll die Unvernünftigkeit des Vorwandes aufdecken (§ 412: "τὸ τῆς προφάσεως ἄλογον").

(c) Agrippa bekräftigt, daß zwar einzelne römische Beamte, keineswegs aber alle Römer und der Kaiser die Juden ungerecht behandelten (cf § 352); der Priesteradel erhebt den Vorwurf, daß durch die Opferverweigerung die Römer und der Kaiser als rechtlos betrachtet würden (cf § 415), eine Folge, die dadurch auch der ganzen Stadt drohe ("ἔκσπονδος" nur in §§ 415ff).

(d) In seinen theologischen Teilen wendet sich Agrippa gegen die Hoffnung auf Gottes Beistand im Heiligen Krieg, da die Aufrührer - entgegen ihrer ursprünglichen Absicht und ihrem "Eifer" (§ 393: "σπουδή") - die Kultordnung (θρησκεία), Sabbatsitten ("τὰ τῶν ἑβδομάδων ἔθη") und

derstandskämpfer war (cf Anm 15). Sein Versteck wird Jos. vermutlich kaum ohne Hilfe der aufständischen Priester erhalten haben, die ihre Gegner zuvor vom Tempelbesuch ausgeschlossen hatten (cf bell 2,425). Daß Jos. demgegenüber erst nach Menahems Ermordung und nur zum Schein sich den Aufständischen angeschlossen hatte (cf vit 21f), ist auch aufgrund seiner späteren Karriere in Galiläa nicht glaubhaft; er wird eher zur (engeren) Gruppe um Eleazar zu zählen sein, die Menahems Führungsanspruch nicht anerkannten. Ob Jos. erst während der Antoniabelagerung in Jerusalem eintraf oder nicht überhaupt früher (z.B. vor den bell 2,409ff berichteten Ereignissen), hat er wahrscheinlich bewußt verschleiert.

[3] Cf M/B, II Anm 186.

[4] Zur Analyse der Rede cf Lindner, Die Geschichtsauffassung des Flavius Josephus im Bellum Judaicum, AGJU 12, 1972, 21-25; Michel, Die Rettung Israels und die Rolle Roms nach den Reden im "Bellum Iudaicum", ANRW II, 21, 2, 1984, 945-976: cf S. 952-956.

[5] Cf Michel, Rettung, 952.954.

das väterliche Gesetz (τὰ πάτρια / πάτριος νόμος) im Krieg übertreten werden (§§ 390-393), so daß man fragen muß: "Wie wollt ihr die Gottheit um Hilfe anrufen, die ihr willentlich die ihr gebührende Verehrung (θεραπεία) unterlaßt?" (§ 394); die Tat der Aufrührer im Tempel ist in den Augen des Jerusalemer Adels tatsächlich die Neueinführung einer fremden Kultordnung (§ 414: "καινοτομεῖν θρησκείαν ξένην"), die der Tradition widerspricht (cf §§ 410.412f.417).

(e) Beide Reden schließen mit dem Appell, die Hauptstadt und das Heiligtum zu bewahren und den Aufruhr zu beenden (cf §§ 400f.416).

Die aufgezeigten Parallelen legen den Schluß nahe, daß Jos. die Darstellung und Deutung der Ereignisse in §§ 409ff auch in Anlehnung an die die grundsätzliche Aussichtslosigkeit des Aufstandes "beweisende" Agripparede konzipiert hat. Schon LINDNER hat in seiner Analyse darauf hingewiesen, daß die Agripparede nur einen Auftaktcharakter besitze, der durch die späteren Ereignisse Unterstützung erfahren müsse[6]; hieran ist anzuschließen, daß Jos. bereits die Tempelreform Eleazars so darstellt, daß sie diesen "Auftakt" erstmals bestätigt. Neben den allgemeineren Parallelen (a. c. e) wird dies an der Stichwortübereinstimmung (b) deutlich, die ja gleichzeitig einen deutenden Akzent trägt, sowie an dem theologischen Abschnitt der Rede (d): θρησκεία, θεραπεία, τὰ πάτρια werden nicht nur bei der Kriegführung am Sabbat verletzt[7], sondern, wie die Ausweitung in § 393bf selbst nahelegt, durch jede willentliche Übertretung "eines der väterlichen Gebote" - und genau das geschieht laut Jos. bereits in §§ 409ff.

Ist die Rede an die Aufständischen in §§ 412ff, von denen bezeichnenderweise niemand erschienen war (§ 417), ein Werk des Jos., könnte man auch an der Historizität der Volksversammlung im Tempel zweifeln, zumal schon § 410 einen vergeblichen Protest der Hohenpriester und Angesehenen berichtet hat: Die Rede spiegelt jedoch die Argumente und Position der prorömischen Jerusalemer Führung wider, deren Aufnahme durch das Volk dürfte Jos. aber absichtlich übertrieben haben.

Die Aktion der Aufständischen im Tempel darf nicht isoliert betrachtet werden: Den Konnex zur Eroberung Masadas stellt Jos. selbst her (§§ 408f), die Steuerverweigerung und der Abbruch der Antoniahallen (cf §§ 293.330.403) sind ebenfalls mitzubedenken. Gerade die Analyse der theologischen Motive, die den Krieg mitausgelöst, begleitet und verschärft haben, darf nicht in einer Entgegensetzung von theologischen und sozialen Faktoren enden[8]. Die Tem-

---

[6] Cf Lindner, Geschichtsauffassung, 25.

[7] So der engere Kontext der Agripparede, in dem Lindner, Geschichtsauffassung, 24 Anm 1 und Michel, Rettung, 954f den theologischen Teil interpretieren.

[8] Mit Kippenberg, Religion und Klassenbildung im antiken Judäa, StUNT 14, (1978)

pelreform Eleazars b. Ananias ist nach außen, d.h. gegen die Heiden gerichtet: deren Weihegaben und Opfer werden zurückgewiesen (§ 409a) und damit auch die im Namen des Kaisers entrichteten Opfer (s.o.)[9]. Im darauffolgenden Protest läßt Jos. den Adel und die Priester auf die Tradition der Vorfahren hinweisen, die Weihegaben und Opfer von Heiden stets angenommen haben (cf §§ 412f.417) - ein Hinweis, der historisch zutreffend ist[10]. In zweiter Linie wendet sich die Aktion der Aufständischen gegen die prorömische Führung in Jerusalem, die von der Teilnahme am Gottesdienst ausgeschlossen wird[11]; später kommt es zur bewaffneten Auseinandersetzung.

Der Kern und die Führung der Aufständischen um Eleazar war priesterlich: Die diensttuenden Priester werden zur Opferverweigerung überredet (§ 409a); sie haben den Kriegsgrund angezettelt (§ 417b)[12]. Nun müssen diese Priester keineswegs alle Jerusalmer Herkunft sein, sondern wahrscheinlich waren sie judäische Landpriester, die turnusmäßig ihren Dienst am Heilig-

---

1982[2], 9f.133-135; cf auch Anm 22.

[9] Cf auch bell 2,197; laut Jos. werden diese Opfer von den Juden selbst bezahlt (Ap 2,77), nach Philo vom Kaiser (cf leg 157.317). Da beide Aussagen den Intentionen ihrer Autoren dienen, ist eine Entscheidung schwer möglich: M/B, II Anm 189 nehmen an, daß nach Augustus eine Änderung eingetreten war (ähnlich: Juster, Les Juifs dans l'Empire Romain, Bd. 1, 1914, 347 Anm 5, der jedoch auch an den Fiscus denkt); wahrscheinlicher ist, daß die Kosten aus dem jüdischen Steueraufkommen gedeckt wurden (als Vermutung bei Smallwood, Philonis Alexandrini Legatio ad Gaium, 1961, 241; cf aber schon: E. Meyer, Die Entstehung des Judentums, 1896/Repr. 1965, 52-54; ihm folgte Schürer, History II, 312 Anm 82).

[10] Weihegaben und/oder Kultdotationen von Heiden für den Jerusalemer Tempel sind schon in persischer Zeit bezeugt; aus hellenistisch-römischer Zeit haben wir außer dem historisch unzutreffenden Besuch Alexanders d. Großen in Jerusalem (cf ant 11,336) folgende literarische Belege: ant 12,140-142 (Antiochus III); 2 Makk 3,3 (Seleukos IV); 2 Makk 9,16 (der sterbende Antiochus IV); bell 1,357 (Sossius); leg 319 (Iulia Augusta); leg 294-297 (Marcus Agrippa); leg 298 (Tiberius?); ant 18,122 (Vitell); cf weiter: 2 Makk 3,2; Lk 21,5; ant 18,312; 19,294; bell 4,181; 5,562f; 6,335; 7,44f (cf dazu allerdings M/B, VII Anm 28); cf auch die Überblicke bei Galling, Königliche und nichtkönigliche Stifter beim Tempel von Jerusalem, ZDPV 68 (1951) 134-142: cf 137ff; Schürer, History II, 309-313.

[11] Cf bell 2,425: gleichzeitig Aufnahme von "Sikariern"; cf Anm 15.

[12] In bell 2,417b gibt es mehrere Textvarianten: Statt "λειτουργοί" (L^1 VRC M^{marg}; cf Lat Heg) ist "ληστρικοί" (PAM; sowie Niese) bezeugt: PAL (und Niese) schließen dann an: "<u>καὶ</u> τὴν τοῦ πολέμου καταβολὴν ἐνσκευαζόμενοι" statt nur "τὴν τοῦ πολέμου ..." (MVRC). Während also die eine Lesart von den diensttuenden Priestern redet, nämlich denjenigen, die den Kriegsgrund angezettelt haben, reden PA (M ist ein Mischtext) allgemeiner von den Aufständischen *und* denjenigen, die den Kriegsgrund gelegt haben, womit aber ohne Zweifel Priester gemeint sind, da mit "τοῦ πολέμου καταβολήν" eine wörtliche Übereinstimmung zu § 409 vorliegt.

tum zu verrichten hatten[13]. Diese standen ohnehin im tiefen Gegensatz zum Jerusalemer Priesteradel, da letztere die Verarmung der Landpriester durch Raub des Zehntgetreides verursacht hatten[14]. Daß es sich bei den Aufständischen um eine ausschließlich priesterliche Gruppe handelt, wird man kaum annehmen können, da zu ihr die gesamten, hauptsächlich jugendlichen Aufrührer zählten, die schon in den Kämpfen mit Florus hervorgetreten waren und. Denken wir an das Beispiel des Jos. selbst (vielleicht auch an die übrigen "Strategen" außerhalb Jerusalems), so wird man vermuten können, daß zumindest die Führungsgruppe um Eleazar (priester-) adliger Herkunft war und vielleicht aus Jerusalem stammte. § 410b legt nahe, daß es dem Priester Eleazar b. Ananias gelungen war, Jerusalemer und judäische Aufständische, Priester und Laien, jugendliche Adlige und Angehörige niederer Schichten, also eine sehr heterogene Zusammensetzung, durch seine Autorität zu vereinigen. Durch die Verbindung mit den Sikariern (§ 425) und das Auftreten Menahems (§ 433)[15] wurden Eleazar und seine Umgebung zunächst von der Führung der vereinigten Aufständischen verdrängt, konnten sie jedoch nach der Ermordung des Thronprätendenten und der Vertreibung der Sikarier wiedererlangen. Diese Entwicklung sowie die Beschreibung, die Jos. über seine

---

[13] Cf dazu Joach. Jeremias, Jerusalem zur Zeit Jesu , (1923-37) 1962[3], 224-234.

[14] Cf ant 20,179-181.205-207: cf dazu Jeremias, Jerusalem 203f; Rhoads, Israel in Revolution: 6-74 C.E., 1976, 99; Baumbach, Zeloten und Sikarier, ThLZ 90 (1965) 727-740: cf. Sp. 732f; ders., Einheit und Vielfalt der jüdischen Freiheitsbewegung im 1. Jh. nChr., EvTh 45 (1985) 93-107: cf S. 105.

[15] Die Beziehung zwischen beiden Fakten ist unklar: Tauchte Menahem erst nach der ersten Aufnahme der Sikarier seitens der Aufständischen in Jerusalem auf (so: Jos.), oder ist er bereits einer der Sikarier bei den Priestern, der erst nach der Opfereinstellung von Jerusalem nach Masada zieht, um seine Anhänger (für den Machtkampf in Jerusalem?) mit Waffen zu versorgen (so: Nikiprowetzky, Sicaires et Zélotes - Une Reconsideration, Sem. 23, 1973, 51-64: cf S. 57; auch der Vorschlag von M/B würde darauf hinauslaufen: cf II, Anm 197), oder ist Menahem der Eroberer von Masada (bell 2,433f wäre dann Dublette zu § 408) und anerkannter Führer der Aufständischen in Judäa (so: Hengel, Die Zeloten, AGJU 1, 1961/1976[2], 365 Anm 2. 369f)? Darauf, daß nicht Menahem, sondern Eleazar b. Jair als Eroberer von Masada bezeugt ist, hat Nikiprowetzky, ebd. m.R. verwiesen (cf bell 7,297); daß diese Eroberung kurz vor der Opfereinstellung geschehen ist, ist ebenfalls klar (cf bell 2,408f). Über Menahems Rolle zwischen Opfereinstellung und seinem Einzug in Jerusalem wissen wir jedoch, außer daß er in Masada war, nichts: Es gibt aber darüber hinaus keinen Grund, Jos.' Chronologie infrage zu stellen, nach der Menahem erst nach der Eroberung der Antonia (3.-5. Sept.) in Jerusalem wie ein König einzog (cf §§ 430-432: Eroberung der Antonia; § 433: "Κἀν τούτῳ Μανάημός τις" war nach Masada gezogen und kehrte nach Jerusalem zurück); dazu paßt auch vit 20f, wo - allerdings etwas unbestimmt - Antoniaeroberung und Auftreten Menahems getrennt werden.

eigene Ankunft in Jerusalem gibt[16], zeigen, daß einerseits die Sikarier als geschlossene Fraktion von außen nach Jerusalem gekommen sind[17], und andererseits, daß zwischen ihnen und den Aufständischen unter Eleazar schnell Auseinandersetzungen entstanden, die gleichermaßen soziale wie theologische Ursachen hatten: Der messianische Anspruch gerade eines Mannes von niederer Herkunft war für die adligen Aufständischen untragbar[18].
Untersuchen wir die Aktionen der Aufständischen, die unter der Führung Eleazars b. Ananias geschehen sind. Nach der Opfereinstellung und dem Kultausschluß drängten diese Aufständischen (samt den Sikariern, aber ohne Menahem) ihre Gegner in die Oberstadt zurück und brannten das Haus des Hohenpriesters Ananias (Eleazars Vater), Agrippas Palast sowie das Schuldarchiv nieder[19]; am folgenden Tag, dem 3. September, beginnt der Angriff auf die Antonia, der nach zweitägiger Belagerung erfolgreich ist: Die Antonia wird (zunächst) niedergebrannt[20]; der noch von Menahem begonnene Angriff auf die römischen Truppen in den Königstürmen wird nach dessen Ermordung fortgesetzt: Den Römern wird zwar freier Abzug zugesichert,

---

[16] S.o. Anm 2.

[17] Daß es schon vorher Kontakte zwischen den Aufständischen in Jerusalem und den Sikariern gegeben haben muß, ist ziemlich wahrscheinlich, da nach bell 2,254 die Sikarier (seit Felix) auch in Jerusalem ihre Opfer fanden: cf hierzu Baumbach, Die Zeloten - ihre geschichtliche und religionspolitische Bedeutung, BiLi 41 (1968) 2-25: cf S. 10 (abgekürzt: "Zeloten"); ders., Jesus von Nazareth im Lichte der jüdischen Gruppenbildung, AVTRW, 1971, S. 18.

[18] Cf bell 2,443: s.u. 1.2,bb), Anm 36.

[19] Cf bell 2,426-429: die in § 426 erwähnten "ἐπιπεσόντες" beziehen sich auf alle angreifenden Aufständischen und nicht nur auf Sikarier. Baumbach denkt hier offenbar nur an die Sikarier (cf Zeloten und Sikarier, 732f; Zeloten, 10; Einheit, 99f; etwas anders: Einheit, 105), um die programmatische Beziehung zu Judas Galiläus zu begründen und deren politischen und sozialen Ziele, die sie von den priesterlichen Zeloten unterschieden, herauszustellen (s.u. Anm 22). Aus §§ 425f wird jedoch nur deutlich, daß auch, keineswegs nur, Sikarier angegriffen haben - außerdem geschieht dieser Angriff vermutlich auf Befehl Eleazars, da wir Menahems Anwesenheit nicht voraussetzen dürfen (cf Anm 15).

[20] Cf bell 2,430-432; in § 430b wird mitgeteilt: "καὶ τὸ φρούριον ἐνέπρησαν": Hiermit ist vermutlich die ganze Festung gemeint, die später wieder repariert wurde; cf M/B, Exkurs X: Bd. II, 1, S. 259f (anders: Busink, Der Tempel von Jerusalem, Von Salomo bis Herodes, Bd. 2, 1980, S. 1496, im Anschluß an Grätz, Geschichte der Juden von den ältesten Zeiten bis auf die Gegenwart, Bd. III, 2, 1906[5], 460 Anm 2: τὸ φρούριον ist das Gefängnis). Dafür, daß die Antonia sehr stark zerstört worden war, spricht neben bell 6,311 (dazu s.u.) auch, daß kurz danach Cestius Gallus die Nordmauern des Tempels direkt angreifen konnte (bell 2, 535-537), ohne daß hier die Festung Antonia erwähnt wird: Der jüdische Widerstand erfolgt vielmehr nur von den Säulenhallen des Tempels.

jedoch werden sie (bis auf ihren Kommandanten Metilius, der sich beschneiden läßt) nach Ablegung der Waffen niedergemetzelt[21].
Diese Aktionen sind durch theologische wie soziale Motive gemeinsam verursacht worden[22]. Die soziale Komponente zeigt sich während des Angriffs auf die proromische Führung in der Verbrennung der Paläste und insbesondere

---

[21] Cf bell 2,449-454a; ob man auf dieses Ereignis auch Meg.Taan. 14 beziehen kann (so: Schürer, Geschichte I[4], 604 Anm 10; ders., History I, 487 Anm 10; Hengel, Zeloten, 374 Anm 1), ist mehr als fraglich, da die Römer ja nicht abgezogen sind (so: Meg.Taan. 14), sondern getötet wurden (auch Lichtenstein bleibt hier zurückhaltend, nimmt aber einen - von Jos. nicht berichteten - Abzug römischer Beamter im Jahre 66 an: cf ders., Die Fastenrolle, Eine Untersuchung zur jüdisch-hellenistischen Geschichte, HUCA 8/9, 1931/32, 257-351: cf S. 304f). Nach einem Kommentar des Jos. (§§ 454b-456) wird von jüdischen Angriffen auf hellenistische Städte berichtet (§§ 457ff; cf vit 67); im Oktober/November beginnt der Angriff des Cestius Gallus (§§ 499ff).

[22] Wir haben hier ein konkretes Beispiel für das Ineinander von sozialen Komponenten und religiösen Hoffnungen (cf Hengel, Zeloten und Sikarier, erw. Fassung in: ders., Die Zeloten, 2. Aufl. 1976, 387-412: cf S. 394f). Letztlich nicht beachtet wird dieses Ineinander von Rhoads, Israel, 99f: Er bewertet die Opfereinstellung als Versuch, den Tempel zu kontrollieren, in Verbindung mit dem Kultausschluß teilweise als Klassenkampf (mit Hinweis auf Brandon, Jesus and the Zealots, 1967, 131), als nationalistischen Akt der Kriegserklärung und als Entzug der göttlichen Hilfe für die Römer (mit Hinweis auf Privatkorrespondenz mit M. Smith; s.u. Anm 26); im Hinblick auf eine theologische Deutung wird abschwächend hinzugefügt: die Einstellung der Opfer "may also have been a zealous act of cleansing the temple" (S. 99); diese Unterordnung entspricht auch seiner unklaren Schlußbewertung, wonach einerseits gesellschaftliche und religiöse Elemente gemeinsam auftreten (S. 180f), andererseits die Kriegsursachen "clearly" sozialer und politischer Natur sind, die religiösen dagegen (nur) Interpretation bzw. Argumentationshilfe für "many Jews" (S. 179). Angemessen ist dagegen das abgewogene Schlußurteil Baumbachs: "Wir sind jedoch der Meinung, daß jeder Versuch, das eine dem anderen [scl. religiöse bzw. soziale Motive, H. S.] über- oder unterzuordnen, unterbleiben sollte. Nur wenn mit einer Wechselwirkung zwischen beiden gerechnet wird, wenn sowohl die ökonomisch-sozialen Verhältnisse als auch die religiösen Traditionen untersucht werden und wenn nicht ideologisch simplifiziert wird, lassen sich einigermaßen zuverlässige Aussagen über die jüdische Freiheitsbewegung im 1. Jh. nChr. machen" (Einheit, 107). Ich unterscheide mich von Baumbach darin, daß ich dessen frühere Äußerungen über den Unterschied zwischen priesterlichen Zeloten und Sikariern (s.o. Anm 19) für nicht ganz zutreffend halte. Baumbach hat diesen Unterschied später teilweise relativiert (cf Einheit, 105 Anm 63: Zitat von M/B, Exkurs V, Bd. II, 1, S. 213: "Offenbar sind die Gruppen aus dem Priestertum, ..., im Grunde verarmte Landpriester, die mehr sozial dachten ..."; M/B beziehen sich hier, allerdings etwas unklar, auf die Priester um Eleazar b. Simon), jedoch nicht völlig aufgegeben (cf Einheit, 107 Anm 72f): Ein historisches Grundproblem ist dabei das Verhältnis zwischen den Gruppen unter Eleazar b. Ananias und unter Eleazar b. Simon - ein methodisch-historisches Grundproblem ist die Bestimmung von Einheit und/oder Vielfalt der Aufstandsbewegung; cf zum Ganzen 1.2, ac).

in der Zerstörung des Schuldarchivs. Da hierbei nicht nur die Sikarier beteiligt waren, wird man vor allem an die verarmten Landpriester denken. D.h der oben erwähnte ökonomische Gegensatz zwischen Priesteradel und einfachen Priestern war auch hier wirksam und konfliktverschärfend. Gleichzeitig spielen bei den Leuten des Eleazar auch theologische Motive eine entscheidende Rolle. Die Annahmeverweigerung der heidnischen Weihe- und Opfergaben hat die "Reinheit des Heiligtums" zum Ziel[23]. Die Begründung dieser These kann nicht direkt erfolgen, da die heidnischen Weihegaben eine lange Tradition aufweisen und sich keine literarischen Belege aus dieser Zeit für einen Protest dagegen finden lassen - vielleicht mit Ausnahme der sog. 18 Halachot. Einen entscheidenden Hinweis bietet die schon erwähnte Notiz über den Eifer der Aufständischen in der Agripparede (bell 2,393bf): Diese m.W. einzige Stelle bei Jos., die positiv - wenn auch in rhetorischem Kontext - über das Anliegen der Aufständischen berichtet, belegt das Vorhandensein einer theologischen Motivation, näherhin einer rigorosen Toraobservanz. Da es sich aber um die - zumindest im Hauptbestand - gleichen Männer handelt, also um die, die schon die Reinheit des Tempels gegen Florus beschützt hatten (s.u.), bezieht sich ihre "σπουδή" nicht nur auf die Tora im engeren Sinne, sondern auch - wie die weiteren Stichworte nahelegen (s.o.: d) - auf die kultische Neuordnung. Dies ist ihr positives Anliegen, das Jos. dann polemisch als Bruch der kultischen Tradition darstellte[24].

In 1.1, a) wurde dargelegt, daß es Heiden bei Todesstrafe verboten war, den inneren Tempelbezirk zu betreten, und daß die gesamte Architektur den Gedanken der sich steigernden Heiligkeit und geforderten Reinheit widerspiegelt. Es liegt m.E. nahe, daß die theologisch rigoroseren Aufständischen die Konsequenz zogen, jede heidnische Präsenz, auch die in Form der Weihe- und Opfergaben, sei zu beseitigen; schließlich waren solche Geschenke - wie zumindest den adligen Aufständischen bewußt gewesen sein könnte - Ausdruck einer kosmopolitischen Frömmigkeit und nicht Anerkennung der Alleinherrschaft Jahwes, bzw. auf institutioneller Ebene Manifestation einer, wenn auch indirekten, römischen Kontrolle[25], vielleicht sogar - aus römischer

---

[23] Cf Baumbach, Zeloten und Sikarier, 732f. Baumbachs Vorschlag, daß Jos. mit allen "Zeloten" Priester meint, teile ich nicht; cf auch Kingdon, The Origins of the Zealots, NTS 19 (1972/73) 74-81: cf S. 74.

[24] Wahrscheinlich hat Jos. hier auch bewußt das neutralere "σπουδή" statt des theologisch vorgeprägten "ζῆλος" (cf dazu Hengel, Zeloten, 181-188: herausragend ist Joh 2,17/Ps 68,10 LXX) gewählt.

[25] Daß demgegenüber Philo, leg 157.317 die Weihegaben und Opfer als Beispiel für Augustus' Ehrfurcht vor dem jüdischen Heiligtum und dieser Religion deutete, dient apologetischen Zwecken; cf dagegen Suet., Aug. 93: Augustus lobt Gaius, weil er auf seiner Reise von Ägypten nach Syrien nicht in Jerusalem geopfert hat; daß der Prinzeps

Sicht - der Schutz vor dem möglichen Zorn des jüdischen Gottes[26]. Daß die Römer das Jerusalemer Heiligtum (auch gegen die jüdischen "Frevler") beschützen wollten, ist apologetisch-polemisches Interesse des Jos.; er verbindet diesen Gedanken z.B. auch mit der römischen Anerkennung der Warnungstafeln am Tempel (bell 6,124-128). Da er in § 126bf das Schema der polemischen Umkehrung verwendet[27] und gleichzeitig die römische Anerkennung der Tempelreinheit massiv propagiert, läßt sich vielleicht dadurch rückschließend vermuten, daß in den Augen der aufständischen Priester die Warnungstafeln allein keinen hinreichenden Schutz der Tempelreinheit boten, daß sie vielmehr einen abzulehnenden Kompromiß darstellten und alle heidnischen Einflüsse aus dem Tempel und sogar aus Stadt und Land zu beseitigen seien.

Die Tempelreinigung geschieht aber nicht nur in Form der Verweigerung heidnischer Gaben[28], sondern auch durch die Eroberung und Zerstörung der Antonia. Die römische Präsenz und Tempelkontrolle war schon länger als Verunreinigung empfunden worden, wie die Beispiele des hohenpriesterlichen Ornates (cf 1.2, aa) und des Konfliktes um die Erhöhung der Tempelmauern - auch zur Antonia hin - zeigen (cf ant 20,189-196)[29]. Die Zerstörung

---

die "superstitio Judaica" ablehnte, bedarf keiner weiteren Begründung (cf auch Kienast, Augustus, Prinzeps und Monarch, 1982, 208 Anm 155).

[26] Antiochus VII Sidetes hatte während seiner Belagerung Jerusalems Opfertiere in die Stadt gesandt (cf ant 13,242f), vielleicht um die Gunst des Gottes seiner Feinde zu gewinnen (so: Schürer, History II, 310); ähnlich könnte man auch ant 14,477 (Herodes) verstehen (cf auch ant 18,122: Vitells Opfer vor dem Nabatäerfeldzug). M. Smith hat sogar vermutet, daß die Opfereinstellung seitens der Aufständischen "the supernatural benefits these offerings were supposed to bring" verhindern sollte (cf Rhoads, Israel, 98).

[27] Inhaltlich: Vorwurf der Tempelverunreinigung durch die Aufständischen sowie daher Auszug Gottes aus dem Heiligtum. Zur "polemischen Umkehrung" cf Hengel, Zeloten, 188-190; zu bell 6,124ff cf auch 1.1 a), Anm 30.

[28] Man wird darüber hinaus vermuten dürfen, daß die öffentlich ausgestellten Weihegaben (cf bell 2,412f) auch entfernt wurden, da dies zur Logik der Opfereinstellung passen würde: Jos. berichtet zwar erst in bell 5,562, daß Johannes von Gischala Weihegeschenke einschmelzen ließ, und wiederum erst daran anschließend in § 563, daß dieser die Weihegaben herunterriß; aber aufgrund der umgedrehten Reihenfolge verbunden mit der unübersehbaren Polemik gegen den verhaßten Johannes in § 563 (wie auch sonst bei "Tempelvergehen": cf bell 5,36.100; 6,124ff; 7,264) halte ich es für möglich, daß Johannes zu diesem Zeitpunkt die Weihegaben zwar einschmelzen ließ, daß sie aber schon vorher entfernt worden waren.

[29] Der Protest des Adels gegen Agrippas Palasterhöhung (wodurch er in den Tempel schauen konnte) wird begründet mit Verweis auf die väterliche Tradition: "οὐ γὰρ ἦν πάτριον" (§ 191), also einer Begründung, die uns schon im Zuge der Herodes- und Vi-

der Verbindung zwischen Antonia und Tempel während Florus' Angriffen (bell 2,330f) war ebenso militärisch und theologisch motiviert wie die Eroberung und Zerstörung der Tempelzitadelle. Dies ist aus bell 6,311 abzuleiten: Die Herstellung der Quadratform des Tempels bezieht sich auf die Zerstörung der Antonia[30], denn dadurch "kehrte die ursprüngliche quadratische Form der Tempelanlage automatisch wieder"[31]. Die Quadratform ist ein apokalyptisches Idealmaß[32], das auf den salomonischen Tempel (cf 1 Kön 6,14-36) und den ezechielischen Entwurf (cf Ez 42,16-20) zurückgeht und sich sowohl in der Tempelrolle (s.o. 1.1, a) als auch in mMid 2,1 findet[33]. Die Zerstörung der Tempelburg ist daher nicht nur ein militärischer Erfolg, sondern hat zwei theologische Faktoren: die Beseitigung der fremden Tempelkontrolle sowie positiv die Herstellung des idealen, reinen Tempels, der die herodianische Konzeption ablöst[34] und den Anbruch der Heilszeit bedeutet[35].

---

telliuskonflikte begegnet war (cf 1.2, aa, Anm 37.39.44). Der Bau der Tempelmauer richtet sich auch nicht nur gegen Agrippas, sondern vor allem gegen die römische Kontrolle des Tempelbetriebs (cf §§ 191f); die Angelegenheit wird schließlich von Nero selbst entschieden, und zwar zugunsten des jüdischen Priesteradels (cf §§ 194f), aber - ähnlich wie in der Standartenfrage unter Vitell - es bleibt die römische (und Agrippas) Oberhoheit gewahrt, da die Führer der jüdischen Gesandtschaft, der Hohepriester Ismael und der Tempelschatzmeister Helkias, als Geiseln in Rom bleiben müssen. Auch zu diesem Zeitpunkt (wie bei Vitell) handelte es sich also noch um einen Adelsprotest zugunsten der Reinheit des Heiligtums!

30 S.o. Anm 20.

31 Hahn, Zwei dunkle Stellen in Josephus (Bellum Judaicum VI, § 311 und II, § 142), AOH 14 (1962) 131-138: zit. S. 132f.

32 Cf M/B, VI Anm 149; auch das neue Jerusalem in Apk 21 hat eine quadratische bzw. sogar kubische Form (cf VV 12-17).

33 Zu Ezechiel cf Busink, Tempel II, 709-713; der Tempelentwurf des Traktates Middot greift auf den salomonischen, in erster Linie jedoch auf den ezechielischen Tempel zurück: cf Busink, a.a.O., 1536-1539. Vielleicht hat der Essener Johannes, der später als Stratege erscheint (cf bell 2,567; 3,11-21) die Gruppe um Eleazar b. Ananias mit den Grundvorstellungen der qumranischen Tempelrolle bekannt gemacht, zu deren Besonderheit auch gehörte, daß ein Vorhof der Heiden am idealen Tempel nicht existierte (s.o. 1.1, a). Zur qumranischen Konzeption gehörte weiterhin, daß der gereinigte Tempel im Anschluß an den großen Krieg und zu Beginn der Heilszeit von Gott durch den endzeitlichen Tempel ersetzt wird (s.o. 1.1, b). Das Schema "Tempelreinigung - Krieg - Heilszeit" könnte als theologisches Deutungsmuster gut zum Aufstand passen (s.u. 1.2, bc). Zu Gemeinsamkeiten und Unterschieden zwischen den Jerusalemer Aufständischen und den Essenern cf auch Betz, Stadt und Gegenstadt, Ein Kapitel zelotischer Theologie, (1978), jetzt in: ders., Jesus, Der Messias Israels, WUNT 42, 1987, 25-38: cf S. 35-37.

34 Die Vergrößerung zu einer den Tempel wirklich beherrschenden Festung geht auf Herodes zurück (cf ant 15,403.409b), der auch eine geheime Verbindung zwischen An-

Diese eschatologische Ausrichtung unterscheidet die Tempelreform der Aufständischen von den Versuchen des Jerusalemer Adels unter Vitell (cf 1.2, aa) und unter Agrippa II (cf Anm 29). Während diese Bemühungen zwar theologisch motiviert sind und ebenfalls auf die Reinheit des Heiligtums abzielen, verbleiben sie doch in einem politisch-pragmatischen Rahmen (cf 1.2, aa, Anm 37). Die Aufständischen (schon unter Eleazar b. Ananias) sehen den Tempel dagegen als bereits verunreinigt an (durch die Römer und den kollaborierenden Adel), so daß eine radikale Tempelreform notwendig ist, die durch den eschatologischen Anspruch eine qualitative Verschärfung erhält[36]. Diese Verschärfung zeigt sich ebenso in der Zwangsbeschneidung des Metilius und den jüdischen Angriffen auf hellenistische Städte[37]. Hatten die Adligen unter Vitell die Reinheitsvorstellung über den Weg des verschärften Bilderverbots auf ganz Judäa übertragen - eine Forderung, die nach dem Sieg über Cestius Gallus nochmals ausgeweitet wurde (cf 1.2,aa) -, trat jetzt die Forderung nach Beseitigung der Verunreinigung von Stadt und Land durch die Unbeschnittenen hinzu; diese Forderung stützte sich auf Verheißungen bzw. sie setzte sich in die Tat um (cf vit 112f)[38]. Auch Bilderverbot und Zwangsbeschneidung werden damit von den Aufständischen unter eschatologischen Vorzeichen verstanden[39].

---

tonia und Tempel bauen ließ (cf ant 15,424). Daß das herodianische Heiligtum außerdem eine quadratische Form hatte bzw. intendierte, ist nirgends belegt (gegen Hahn, Stellen, 132), denn ant 15,397-400 bezieht sich nicht auf den herodianischen Bau oder den ezechielischen Entwurf (cf M/B, VI Anm 149), sondern auf den salomonischen Tempelberg (cf § 398); cf dazu Busink, Tempel II, 1535 Anm 18.

[35] Gerade dagegen wendet sich Jos. mit seiner Deutung in bell 6,311; cf M/B, VI Anm 149 sowie den dortigen Exkurs XV über den umstrittenen Gottesspruch samt Deutung in bell 6,312 (M/B, Bd. II, 2, S. 190-192).

[36] Cf die Fortführung durch Eleazar b. Simon: s.u. 1.2, ac).

[37] Cf Anm 21 sowie Hengel, Zeloten, 201-204.

[38] Cf Jes 52, 1 (Jerusalem); Ez 44,9 (Tempel); Joel 3,17 (Jerusalem); PsSal 17,28 (Land); (Jub 23,30; 50,5); cf auch 4 Qflor 1,4; syrBar 66,5; cf weiter die makkabäischen Vorbilder: 1 Makk 2,45f; ant 13,257f.318f.

[39] Die Elemente Bilderablehnung, Zwangsbeschneidung und Bekenntnis zu Gottes Alleinherrschaft auch im Martyrium finden sich auch in dem bekannten Essenerbericht Hippolyts, der bei Hengel, Zeloten, 73-76.195-204 und ders., Zeloten und Sikarier, 405 eine wichtige Rolle spielt. Hipp., Ref. IX, 26,1f ist gegenüber bell 2,150 ein von Hippolyt selbst eingefügtes Traditionsstück, dessen Herkunft jedoch ungewiß ist (cf Burchard, Die Essener bei Hippolyt, Hippolyt, Ref. IX 18,2-28,2 und Josephus, Bell. 2,119-161, JSJ 8, 1977, 1-41: cf S. 15f.29f.38); welche Nachrichten hierin einen historischen und nicht nur literarischen Hintergrund haben, ist daher offen: Während Hengel einen historischen Hintergrund für das Bilderverbot und die Zwangsbeschneidung annimmt (cf Zeloten und Sikarier, 405 Anm 1), denkt Burchard vor allem an die Zwangsbeschneidung

Die einzelnen Elemente der Herstellung von Reinheit und Heiligkeit, nämlich Kultreinigung, die Eroberung und Zerstörung der Tempelzitadelle, Zwangsbeschneidungen in Stadt und Land sowie (etwas später) Beschlüsse über das Bilderverbot verweisen in ihrer Gesamtheit und Kombination auf das Vorbild der Makkabäer[40].

Aufschlußreich ist in diesem Kontext auch ein Blick auf die Münzprägung der Aufständischen. Während die Silberschekel des 1. Jahres (= Herbst 66 bis Frühjahr 67 n.Chr.) in allen drei Prägungen die Legende "ירושלם קדשה" (= "Jerusalem ist heilig") aufweisen[41], wird diese Legende seit dem 2. Jahr geändert und heißt dann in allein weiteren Prägungen jeweils "ירושלים הקדשה" (= "Jerusalem, die Heilige")[42]. Da die Rückseite aller Münzen gleichzeitig ein Kultgefäß zeigt, wird hier die Heiligung von Stadt und Tempel verbreitet; die Silbermünzen des 1. Jahres könnten, auch wenn sie sich an die sonst gebräuchlichen tyrischen Schekel anlehnen und diese ersetzen[43], in ihrer Legende die Tatsache der gerade erkämpften Heiligung propagieren, zumal im besetzten Tempel die notwendigen Silberschätze deponiert waren. Die Änderung der Legende könnte dann auch mit der Entfernung der führenden Tempelreformer um Eleazar b. Ananias aus Jerusalem in Verbindung stehen.

Eine offene Frage ist weiterhin, inwieweit man bei diesen Aktionen einen (radikal-) pharisäischen Einfluß annehmen darf. Da Jos. in bell 2,411 die Angesehensten der Pharisäer erwähnt, die auf Seiten des prorömischen Adels stehen, wird man vermuten dürfen, daß dagegen andere Pharisäer zu den Aufständischen um Eleazar b. Ananias gehörten. Ein konkreteres Bild läßt sich kaum gewinnen, da es sich methodisch verbietet, rabbinische Texte einfach zur Auffüllung von Lücken, die Jos. läßt, heranzuziehen[44].

(cf Essener, 30 Anm 158). Ich halte den zweiten Vorschlag für wahrscheinlicher, möchte aber darüber hinaus zu bedenken geben, daß nach Ref. IX, 26,2a Zeloten/Sikarier die (Zwangs-) Beschneidungen an denen vornehmen, die über "Gott und seine Gesetze diskutieren" (cf Burchard, a.a.O., 30 Anm 155), während eine solche Einschränkung bei Jos. nicht erscheint: Dies mag für einen nicht-literarischen Hintergrund von Ref. IX, 26,2a sprechen, sagt aber über dessen historischen Wert noch nichts aus. Zumindest hinsichtlich der Verhältnisse bei Kriegsausbruch und -verlauf sind Jos.' Nachrichten (bell 2,454; vit 112f) ergiebiger und vorzuziehen, zumal sich aus Ref. IX, 26,2 auch nicht auf eine eschatologische Ausrichtung rückschließen läßt.

[40] Cf 1.1, a), S. 69ff.

[41] Cf Meshorer, Ancient Jewish Coinage, Bd. 2, 1982, S. 259f Nr. 1-7.

[42] Cf Meshorer, Coinage II, S. 260-263 Nr. 8-10.18f.23-25.31.

[43] Cf Meshorer, Coinage II, 104f: Die tyrischen Schekel haben die Legende "ΤΥΡΟΥ ΙΕΡΑΣ ΚΑΙ ΑΣΥΛΟΥ".

[44] Auch Roth, der einiges rabbinisches Material zusammengestellt hat, gewinnt kein konkretes Bild; cf Roth, The Debate on the Loyal Sacrifices, A.D. 66, HThR 53 (1960)

Eine wesentliche Rolle nimmt hierbci die Bewertung und Einordnung der im jTalmud überlieferten sog. 18 Halachot (jSchab 3c, 49ff) ein: Diese Bestimmungen enthalten 12 Verbote heidnischer Speisen, das Verbot der griechischen Sprache, "ihrer" Zeugenaussagen, "ihrer" Gaben, "ihrer" Söhne, Töchter und "ihrer" Erstlingsfrüchte. Wenn man, wie GRÄTZ[45] vorgeschlagen hat (dem HENGEL[46] folgte), die Annahme dieser gegen den Kontakt mit Heiden gerichteten Bestimmungen in die Zeit des Kriegsausbruches setzt und darüber hinaus in dem Verbot der heidnischen Gaben einen direkten Hinweis auf die Opferverweigerung sieht, wird man einen engen Kontakt zwischen den Aufständischen und radikalen Pharisäern schammaitischer Prägung annehmen müssen. Jedoch sind die Argumente für die zeitliche Ansetzung sehr unsicher: Da die von GRÄTZ vertretene Identifizierung von Eleazar b. Ananias mit (Eleazar b.) Chananja b. Chizquija (b. Garon), dem auch die Redaktion der Fastenrolle zugeschrieben wird[47], eher unwahrscheinlich ist[48], bleibt nur übrig, die Überlieferung, daß diese Lehrmeinung mit Waffengewalt durchgesetzt wurde (jSchab 3c, 34ff; cf bSchab 17a), unkritisch zu übernehmen[49]. Jedoch ist gerade hier die Ausweitung durch einen biographi-

93-97: "Clearly, then, the 'Priestly experts on tradition' [Bezug auf bell 2,417, H. S.] were not unanimous in their pro-Roman attitude" (S. 97); auch ders., The Pharisees in the Jewish Revolution of 66-73, JSS 7 (1962) 63-80 führt nicht viel weiter (cf S. 80), wobei man bei den verschiedenen Identifizierungen der Namen in den rabbinischen Texten und bei Jos. kritischer sein müßte, als dies ebd., 78f geschieht. Evtl. könnte die in bGit 56a überlieferte Legende über die Zurückweisung eines fehlerhaften Opfertieres des Kaisers durch Sacharja b. Abkolos die rabbinische Version der Opfereinstellung widerspiegeln und eine Identifizierung dieses Sacharja mit dem Zelotenführer Zacharias b. Amphikallei (bell 4,225) nahelegen: cf Roth, Debate, 93.96f; Hengel, Zeloten, 367f; M/B, IV Anm 59.

45 Cf Grätz, Geschichte III, 2, 805-813: "Eleazar ben Ananias und die achtzehn Verbote"; cf auch a.a.O., 797-799: "Der politische Zelotismus der Schule Schammais".

46 Cf Hengel, Zeloten, 204-211; vorsichtiger ist Stern, Zealots, EJ Year Book 1973, 135-152: cf S. 144.

47 Cf Lichtenstein, Fastenrolle, 351.

48 Cf Hengel, Zeloten, 366 Anm 1; Roth, Pharisees, 79 Anm 1; cf auch Neusner, The Rabbinic Traditions about the Pharisees before 70, Bd. 1, 1971, 416f. An dieser unwahrscheinlichen Identität würde auch ein mögliches anderes Argument scheitern, daß nämlich die Tempelreform auch einen Rekurs auf Ezechiel vermuten läßt, also auf das prophetische Buch, das Chananja b. Chizquija als kanonisch rettete (cf bSchab 13b; bMen 45a; bHag 13a).

49 Cf Grätz, Geschichte III, 2 ,809, der, um die zeitliche Ansetzung während des Kriegsausbruches wahrscheinlich zu machen, als Analogie auf die sog. Räubersynode von Ephesus verweist (übernommen bei Hengel, Zeloten, 207).

schen Bericht[50] - wie NEUSNER für bSchab 17a gezeigt hat - Hinweis auf eine späte Redaktion, die durch die Erwähnung der Gewaltdrohung letztlich die schammaitische Position diskreditiert[51].

Inhaltlich wird man außerdem einwenden müssen, daß es sinnlos ist, Bestimmungen gegen den Kontakt mit Heiden zu erlassen, wenn man daran interessiert ist, die Heiden aus dem Land zu vertreiben bzw. zu beschneiden.
Auch wenn man daher kein geschlossenes Bild über den pharisäischen Einfluß auf die Aufständischen vorlegen kann, ohne in Spekulationen zu verfallen, wird man das Faktum einer Wirkung pharisäischer (Reinheits-) Vorstellungen nicht von der Hand weisen können[52]. Gerade bei einer so heterogenen Gruppenzusammensetzung, wie die Aufständischen unter Eleazar b. Ananias sie bieten, wird man solche Einflüsse annehmen dürfen (man denke nur an die rigorose Toraobservanz).

Leider wissen wir über Eleazar b. Ananias selbst nicht viel. Daß er eine schillernde Biographie aufzuweisen hat, die ihn, den Sproß der hohenpriesterlichen Aristokratie, vom "Sikarieropfer"[53] zum Auslöser des Aufstandes führte, ist bekannt; nach seiner Ernennung zum Strategen von Idumäa (bell 2,566) wird er in den Quellen nicht mehr erwähnt[54]. Sein Anliegen, die Reinheit des Tempels zu verwirklichen, wird während des Aufstandes noch einmal aufgegriffen, und zwar von Eleazar b. Simon.

ac) Herstellung der "Reinheit des Heiligtums" durch die Tempelreform des Eleazar b. Simon

Daß es im jüdisch-römischen Krieg zu zwei Tempelreformen gekommen ist, ist schon als solches eine bemerkenswerte Tatsache, die - abgesehen von den Einzelerwägungen - die zentrale Bedeutung der Reinheit und Heiligkeit des

---

[50] Cf dagegen mSchab 1,4.

[51] Cf Neusner, Rabbinic Tradtions I, 318-321.

[52] Hengel verweist z.B. auf die Entdeckung des rituellen Bades und einer Synagoge auf Masada: cf Zeloten und Sikarier, 409. Zu den Pharisäern cf weiter 1.2, cd).

[53] Cf ant 20,208f: Eleazars Schreiber als Geisel, um gefangene Sikarier frei zu pressen; der Hohepriester Ananias (Eleazars Vater) setzt dabei die Freilassung der Sikarier gegenüber Albinus durch. Aufgrund dieses Kidnappings sowie weiterer Sikarieraktionen gegen Ananias' Familie (cf § 210) ist Baumbachs Bewertung, die ganze Familie sei nicht römerfreundlich und die spätere Ermordung des Ananias treffe nicht einen Kollaborateur, sondern sei schon aus den theologischen Spannungen zwischen Siakriern und "Zeloten" (Anhänger Eleazars b. Ananias) zu verstehen, m.E. verfehlt (cf Baumbach, Zeloten, 16).

[54] Cf den I. Teil, 1. Anm 25. 40.

Tempels unterstreicht, da es sich dabei nicht um die nur allgemeine Anerkennung eines unscharf umrissenen Theologumenons handelt, sondern immer wieder konkrete Aktionen veranlaßt werden.
Die Analyse und Interpretation der Tempelreform Eleazar b. Simons erfordert einen vorherigen *exkursartigen Überblick über die Zeloten*, um nicht an der Sprachverwirrung der Forschung teilzuhaben. Der Überblick konzentriert sich auf den zeitlichen Kontext der zweiten Tempelreform[1].

In der theologischen Forschung wird häufig - bes. in allgemeineren Darstellungen und Kommentaren - von den Zeloten als der jüdischen Aufstandsbewegung im 1. Jahrhundert n.Chr. gesprochen. Diese Rede wie auch die von zelotischer Bewegung und zelotischem Geist trägt einerseits der Tatsache Rechnung, daß der "Eifer" ein wesentliches Merkmal jüdischer, nicht nur zelotischer, Frömmigkeit dieser Zeit war[2], ist andererseits selbst in ihrer Eingrenzung auf die Aufständischen aber immer noch ein weiterer Sprachgebrauch, als er bei Jos. vorliegt[3]. Das Grundproblem heutiger (Spezial-) Forschung kann man als "Frage nach der Einheit und Vielfalt der jüdischen Befreiungsbewegung 6-74 n.Chr."[4] formulieren, in mehr methodischer Hinsicht als Frage nach der Angemessenheit des engen jos. Sprachgebrauchs; methodische und historische Probleme sind hierbei ohnehin kaum zu trennen.
Abgesehen von der konkreten Bestimmung der Bezeichnungen "Zeloten", "Sikarier" oder "Räuber" stehen sich, soweit ich sehe, in der Forschung zwei grundsätzlich verschiedene Positionen gegenüber: einmal die Annahme einer mehr oder weniger großen Unterschiedenheit der Aufstandsgruppen oder -banden[5] und demgegenüber die Auffas-

---

[1] Zur Ereignisgeschichte cf den I. Teil, 3.

[2] Cf nur Gal 1,14: "περισσοτέρως ζηλωτὴς ...τῶν πατρικῶν μου παραδόσεων" (cf auch Act 22,3). Ausführlich analysiert hat den Eifer als Wesensmerkmal jüdischer Frömmigkeit Hengel, Die Zeloten, AGJU 1, (1961) 1976[2], 151-234.

[3] Darauf haben schon Foakes Jackson und Lake hingewiesen; cf dies. (Hrg.), The Beginnings of Christianity, Part I, Bd. 1, 1920, 421, allerdings mit unzutreffender Begründung: cf z.B. Kingdon, Who were the Zealots and their Leaders in A.D. 66?, NTS 17 (1970/71) 68-72; Black, Judas of Galilee and Josephus's "Fourth Philosophy", in: O. Betz, u.a. (Hrg.), Josephus-Studien, FS O. Michel, 1974, 45-54: cf S. 51.

[4] So der Untertitel zu Hengels Aufsatz "Zeloten und Sikarier": erw. Fassung in: ders., Die Zeloten, 2. Aufl. 1976, 387-412; ähnlich auch die bisher letzte Untersuchung von Baumbach: Einheit und Vielfalt der jüdischen Freiheitsbewegung im 1. Jh. nChr., EvTh 45 (1985) 93-107.

[5] Hauptvertreter dieser Position: Baumbach, Hoenig, Horsley, Nikiprowetzky, Rhoads, Smith, Zeitlin. Cf Baumbach, Zeloten und Sikarier, ThLZ 90 (1965) 727-740; ders., Das Freiheitsverständnis in der zelotischen Bewegung, in: F. Maass (Hrg.), Das ferne und nahe Wort, FS L. Rost, BZAW 105, 1967, 11-18; ders., Die Zeloten - ihre geschichtliche und religionspolitische Bedeutung, BiLi 41 (1968) 2-25 (abgekürzt: "Zeloten"); ders., Jesus von Nazareth im Lichte der jüdischen Gruppenbildung, AVTRW, 1971, 11-31; ders., Die antirömischen Aufstandsgruppen, in: J. Maier/J. Schreiner (Hrg.), Literatur und Religion des Frühjudentums, 1973, 273-283; ders., art. cit. (Anm 4); Hoenig, Macca-

sung einer relativen Geschlossenheit der Aufstandsbewegung[6], die das gesate 1. Jh. n. Chr. existierte. Während innerhalb der ersten Position noch zahlreiche Differenzierungen und auch Gegensätze bestehen vor allem hinsichtlich der religionsgeschichtlichen Herkunft[7], der theologischen Grundlagen der einzelnen Gruppen sowie der Zuordnung der Bezeichnung "Zeloten", schlägt HENGEL eine maximalistische Lösung vor: Er bennent alle Aufständischen als "Zeloten", da dies ihrem religiösen Selbstverständnis entsprach, wogegen Begriffe wie "Sikarier", "Räuber", "Aufständische" teilweise tendenzielle Fremdbezeichnungen sind[8].
Die von mir vorgelegte Deutung besteht nicht in einer Harmonisierung (zu) unterschiedlicher Meinungen, geht aber davon aus, daß man bei den verschiedenen Aufstandsgruppierungen hinsichtlich Zusammensetzung (Trägerkreis) und theologischer Grundlage (Programm) so weit wie möglich differenzieren muß, um erst dadurch Gemeinsamkeiten und Unterschiede aufzeigen zu können. Gemäß der Fragestellung dieser Arbeit ist dabei der Tempel das entscheidende Symbol, an dem gleiche, ähnliche und unterschiedliche Erwartungen und Grundanschauungen expliziert werden können[9].
Kontrovers ist zwischen M. HENGEL und M. SMITH, ob man aus den antiken Quellen erheben kann, daß die Zeloten eine geschlossene Bewegung mit unverwechselbaren theologischen Grundanschauungen sind, welche wiederum auf Judas Galiläus zurückgehen[10], oder ob die Quellentexte, aus denen Bewunderung oder Ablehnung des reli-

---

bees, Zealots and Josephus (Rez. Farmer), JQR N.S. 49 (1958/59) 75-80; Horsley, Josephus and the Bandits, JSJ 10 (1979) 37-63; ders., The Sicarii: Ancient Jewish Terrorists, JR 59 (1979) 435-458; ders., Ancient Jewish Banditry and the Revolt against Rome, A.D. 66-70, CBQ 43 (1981) 409-432; ders., The Zealots, NT 28 (1986) 159-192; Nikiprowetzky, La Mort d'Éleazar Fils de Jaire et les Courants Apologétiques dans le De Bello Judaico de Flavius Josèphe, in: Homages à André Dupont-Sommer, 1971, 461-490: cf bes. S. 463-470; ders., Sicaires et Zélotes - Une Reconsideration, Sem. 23 (1973) 51-64; Rhoads, Israel in Revolution: 6-74 C.E., 1976, 94-149; Smith, Zealots and Sicarii, Their Origins and Relation, HThR 64 (1971) 1-19; Zeitlin, Zealots and Sicarii, JBL 81 (1962) 395-398.

[6] Kohler, Art. Zealots, JE 12, 1906, 639-643; ders., Wer waren die Zeloten oder Kannaim?, in: D. v.Günzburg, I. Markon (Hrg.), Festschrift zu Ehren des Dr. A. Harkavy, 1908/Repr. 1980, 6-18; Farmer, Maccabees, Zealots, and Josephus, 1956; sowie Hengel: cf op.cit. (Anm 2); art.cit. (Anm 4); cf auch Schäfer, Geschichte der Juden in der Antike, 1983, 124-127.

[7] Die beste Forschungsübersicht hierzu bietet Baumbach, Zeloten, 2-5. Eine Ableitung der Zeloten von den Essenern hat sich m.R. nicht durchgesetzt (cf ebd., 3). Daß Zeitlin, Zealots, 395.398 auch Hengel eine derartige Ableitung unterstellt, dürfte auf einem Mißverständnis beruhen (cf Hengel, Zeloten, 3) und diskreditiert seinerseits Zeitlins Urteil über Hengels Buch ("His entire structure is built on sand, as there is no foundation for his theories": Zeitlin, a.a.O., 398).

[8] Cf Hengel, Zeloten und Sikarier, 408. 411f.

[9] Cf den Aufbau von Teil II, 1; die Flüchtlinge und "Räuber" werden in 1.2, bb) behandelt.

[10] Das ist Hengels Hypothese: cf Zeloten, 5.

giösen "Eifers" hervorgeht, nur auf einzelne Eiferer hinweisen, deren Parteigründung als "Zeloten" erst in Jerusalem im Jahre 67/68 nach dem Auftreten des Johannes von Gischala erfolgte[11]. Die sog. "vierte Sekte" des Judas Galiläus existierte in den Sikariern weiter (bell 7,253-262)[12], die HENGEL unter der Selbstbezeichnung "Zeloten" mit einordnet[13]. Aus dieser Konstellation entstand die Debatte um "Zeloten" und "Sikarier", die sich in einigen Aufsatztiteln wiederfindet. Eine solche Entgegensetzung ist jedoch, insofern sie nur den jos. Sprachgebrauch reproduziert[14], ohnehin wenig nutzbringend. Demgegenüber sind die m.E. hier entscheidenden und weiterführenden Fragen die, ob es angemessen ist, die Bezeichnung "Zeloten" gegenüber einer bloßen Kennzeichnung der Gruppierung Eleazar b. Simons zu erweitern[15], und ob es dafür auch antike Belege gibt. Beide Fragen sind zu bejahen, wenn das Problem der Parteigründung vorerst ausgeklammert wird und man als Arbeitshypothese eine zelotische "Bewegung" annimmt. Formales Kriterium für die Belege muß sein, daß "ζηλωτής" absolut gebraucht wird und nicht durch ein Genitivattribut oder Possessivpronomen auf den sonstigen griechischen Sprachgebrauch hinweist, der als "Nacheiferer" bzw. "Anhänger" zu umschreiben ist[16]. Jos. selbst bietet zwei (evtl. vier) solcher Belege, die eine Ausweitung des Begriffs "Zeloten" über die Eleazargruppe hinaus beweisen: bell 2,444; 4,558 (evtl.: 2,564; 2,651)[17].
Während 2,564 die Zeloten unter dem Befehl Eleazar b. Simons erwähnt ("τοὺς ὑπ´ αὐτῷ ζηλωτάς") und durch die Näherbestimmung "ὑπ´ αὐτῷ" impliziert, daß es auch noch andere Zeloten gibt[18], spricht § 651 vom Wahnwitz der sogenannten Zeloten

---

[11] Cf Smith, Zealots, 4.16.18f.

[12] Baumbach, Zeloten und Sikarier, 730.735 hat die Diskussion dadurch verwirrt, daß er die Sikarier mit den Anhängern des Johannes von Gischala zu einer Gruppe verbindet, während bell 7, 262f hier deutlich trennt; außerdem ist der ebd., 730f aufgewiesene sozioökonomische Zusammenhang zwischen den Anhängern des Judas und des Johannes (verarmte galiläische Landbevölkerung) für die Gruppe des Judas Galiläus eher fraglich (cf Smith, Zealots, 15; Kippenberg, Religion und Klassenbildung im antiken Judäa, StUNT 14, 1978/1982[2], 131 Anm 14). Baumbach revidierte diese Sicht nur teilweise: cf ders., Einheit, 98 Anm 34.103f mit ebd., 96f (dazu s.u. Anm 22).

[13] Cf Hengel, Zeloten, 76-78; daß die "Sikarier" bei Jos. die Anhänger Menahems, die "Zeloten" bei ihm in der Regel die Anhänger Eleazar b. Simons sind, wird ebd. keineswegs übersehen oder verschwiegen.

[14] Ein Beispiel hierfür ist Zeitlin, Zealots, 395ff.

[15] Stern erwägt dies nur grundsätzlich, da die den Aufständischen gemeinsamen Faktoren die trennenden übertreffen; cf ders., Zealots, EJ Year Book 1973, 135-152: "From this point of view there is perhaps some justification for the view of those historians who are accustomed to speak generally of a zealot movement" (S. 147).

[16] Cf Hengel, Zeloten, 61-64; ders., Zeloten und Sikarier, 398f.

[17] Der erste Beleg (in Verbindung mit bell 2,564.651) bei Hengel, Zeloten und Sikarier, 396-399; auf den zweiten Beleg hat Nikiprowetzky in seinem wichtigen, aber bisher nicht beachteten Aufsatz hingewiesen: cf Sicaires, 58f.

[18] Cf Kingdon, Zealots, 70. Diese Deutung ist aufgrund des Textes näherliegend als z. B. eine gegenteilige Auffassung, die "ὑπ´ αὐτῷ" als Genitiversatz verstehen müßte.

("τῶν κληθέντων ζηλωτῶν"): Dies bezieht sich auf Zeloten in Jerusalem nach dem Auftreten Eleazars, aber vor dem Einzug des Johannes von Gischala, könnte also auf die Anhänger Eleazars beschränkt sein, weist aber durch "κληθέντων" auf eine feste Gruppierung (cf bell 4,160f) schon für das Jahr 66/67[19].
In bell 2,444 werden kurz vor dem Mord an Menahem die "Zeloten" erwähnt, die mit diesem Messiasprätendenten zusammen im Tempel auftreten ("τοὺς ζηλωτὰς ἐνόπλους ἐφελκόμενος"): Der absolute Gebrauch verbietet hier eine Deutung im Sinne von "his suite of armed fanatics" (Thackeray) oder "Schar bewaffneter Eiferer" (M/B)[20], wobei dieser Beleg nicht unbedingt eine Identifizierung von Zeloten und Menahems Sikariern nach sich ziehen muß[21]; die Zeloten können sich auch auf die in bell 2,433f erwähnten "anderen Räuber" beziehen, die Menahem neben "seinen Landsleuten" noch als Leibgarde zur Verfügung hatte[22].
HENGELs Gegner hatten bell 2,564.651 im Sinne einer mehr losen Gruppierung interpretiert, die aber immer auf Eleazar b. Simon bezogen war (mit einigen Zeitdifferenzen); dadurch wurde 2,444 isoliert, und in einem zweiten Schritt wurde dieser Beleg dann beiseite geschoben entweder mit der Begründung, daß ein einziger Beleg nicht die Beweislast für das Vorhandensein einer zelotischen Partei vor 67 tragen könne[23], oder mit der grundlosen Behauptung, daß Jos. sich hier geirrt habe[24]. Demgegenüber hat

---

[19] Bell 4,160 berichtet (wie 2,651) von Konflikten zwischen Ananos und den "Zeloten" und fügt in § 161 hinzu: "τοῦτο γὰρ αὑτοὺς (v.l.: αὐτοὺς) ἐκάλεσαν"; 4,160f ist nach dem Eintreffen des Johannes anzusetzen und ist für Smith, Zealots, 15f der Zentralbeleg für eine Parteigründung; dagegen weist aber der Bezug zu 2,651 und das dortige "κληθέντων" vielleicht auf die gleiche Gruppe, aber auf eine zeitlich frühere Formierung. Nach Hengel, Zeloten und Sikarier, 396f weist schon bell 2,651 auf die Zelotenpartei, während Nikiprowetzky, Sicaires, 62 diese Gruppierung als "l'embryon d'un parti" qualifiziert.

[20] Cf Hengel, Zeloten und Sikarier, 398f; richtig übersetzt von Williamson (cf S. 167: "a train of armed Zealots"), aber im Kommentarteil dieser Ausgabe (Josephus, The Jewish War, transl. by G. A. Williamson, rev. with a new introduction, notes and appendixes by E. M. Smallwood, 1981) von Smallwood bestritten (cf S. 435 Anm 13), und zwar bezeichnenderweise aufgrund ihrer Gesamtbeurteilung der Aufständischen als unterschiedliche Gruppierungen (cf ebd., S. 461f). Cf auch Pelletier, Flavius Josèphe, Guerre des Juifs, Bd. 2, 1980, S. 222 Anm 6 zu bell 2,444: "En fait, des Zélotes"; (cf die Übersetzung auf S. 84: "à sa suite ses sectateurs en armes").

[21] Cf Smith, Zealots, 7; Stern, Zealots, 150 Anm 13.

[22] So der Vorschlag von Baumbach, Einheit, 96f; dieser Vorschlag ist überzeugend, auch wenn man Baumbachs Identifizierung der "Landsleute" mit Galiläern nicht teilt (cf Anm 12). Den Bezug zu bell 2,433f hatte schon Kingdon gesehen, ohne hier zwischen "Landsleuten" und "anderen Räubern" zu trennen, wodurch sich dann eine Gleichsetzung mit den Sikariern ergibt (cf Kingdon, Zealots, 69 Anm 3).

[23] Cf z.B. Stern, Zealots, 150 Anm 13; Baumbach, Zeloten und Sikarier, 733f (korrigiert in: ders., Einheit, 97).

[24] Cf Smallwood, op.cit. (Anm 20), 435.462; Kreissig, Die sozialen Zusammenhänge des Judäischen Krieges, SGKA (B) 1, 1970, 134.

HENGEL bell 2,444, die "schwierigste und umstrittenste Stelle"[25], im Licht von 2,564.651 gedeutet und als Beleg für das Vorhandensein einer zelotischen Partei vor dem Krieg gewertet.
Der letzte Beleg bei Jos. ist bell 4,558: Nachdem schon 4,389f die Trennung des Johannes von Gischala vom Hauptverband der Aufständischen (unter Eleazar) berichtet hatte, erwähnt § 558 das Wüten der "Zeloten", und "unter diesen" ("κἀν τούτοις") übertrafen die Galiläer unter Johannes alle anderen; d.h. hier wird "Zeloten" in einem weiteren Sinn gebraucht, der erstens über die Eleazargruppe hinausweist[26] und zweitens als eine Gesamtbezeichnung der Aufständischen (in Jerusalem) erscheint.
Diesem Beleg kommt entscheidende Bedeutung zu, wenn man ihn mit den anderen drei Jos.-Stellen zusammenbetrachtet[27]. Hieraus ergeben sich dann m.E. folgende Schlußfolgerungen:

(a) Jos. verwendet "Zeloten" auch in einem weiteren Sinn, der aber aus seiner Sicht und Gesamttendenz eher versehentlich ist[28]; d.h. er weiß mehr, als er sagt[29].

(b) Dieser weite Sprachgebrauch liegt vor in bell 2,444 und 4,558, vielleicht auch in 2,564, mit Einschränklung in 2,651.

(c) Selbst diese Belege sind lokal auf Jerusalem begrenzt, zeitlich frühestens aus dem Jahr 66.

Die Frage, die wir nicht beantworten können, ob die lokale und zeitliche Begrenzung (c) auf Jos. zurückgeht bzw. genauer, ob sie in diesem Fall ein Versehen und daher historisch zutreffend oder ob sie verfälschende Absicht des Verfassers ist, erschwert das Folgeproblem: Ist der weite Sprachgebrauch bei Jos. seinerseits angemessen, oder ist auch er noch zu eng?
Da einige rabbinische Texte, in denen "Eiferer" oder "siqarin" vorkommen, erst die Zustände während der Belagerung Jerusalems widerspiegeln[30] und sich mSanh 9,6 einer

---

[25] Hengel, Zeloten und Sikarier, 398.

[26] Im Gegensatz zu anderen Stellen, die die Trennung von Eleazars Zeloten und Johannes' Leuten auch begrifflich klar unterscheidet: cf bell 5,5-11.98-105.358f; 6,92.148.

[27] Dies hat Nikiprowetzky, Sicaires leider nicht getan; er diskutiert bell 2,444.564.651 im Zusammenhang mit der Frage einer Parteigründung vor 67/68 (cf a.a.O., 61f; s.o. Anm 19).

[28] Denn Jos. verschweigt oder interpretiert ansonsten die positiven Konnotationen des Begriffs "Zeloten" um: cf bell 4,160f; 7,268-270.

[29] Hengel hatte aus der Beobachtung, daß Jos. in seiner großen Schlußabrechnung (bell 7,259-274) die Zeloten entgegen der historischen Reihenfolge als letzte Gruppe darstellt und ihr dadurch besondere Bedeutung zuschreibt, vermutet: "*vielleicht* deshalb, weil auch Josephus wußte, daß es sich hier im Grunde nicht um die kleinste Gruppe unter den Verteidigern Jerusalems handelte, sondern daß vielmehr die 'Eiferer' an der Vorgeschichte des Jüdischen Krieges einen viel größeren Anteil hatten, als die Einschränkung des Namens durch ihn zunächst vermuten läßt" (Zeloten, 67; Hervorhebung durch mich). Entgegen Smith's Angriff (Zealots, 11: "This 'perhaps' is pure conjecture") läßt sich jetzt Hengels Vermutung zumindest in ihrer formalen Struktur bestätigen.

[30] Cf ARN Version A, cp 6; ARN Vers. B, cp 13.7 sowie bGit 56ab; Ekha R 1,31; Qoh R 7,11. Die Texte finden sich, teilweise in synoptischer Zuordnung, bei Schäfer, Die

genauen Datierung entzieht, bleiben nur noch zwei weitere Belege[31] übrig: Lk 6,15/Act 1,13, die zu Unrecht bisher kaum beachtet wurden, sowie eine Inschrift aus einer jüdischen Katakombe in Rom[32]. Wenn MORIN den Jesusjünger Simon, den Zeloten, in eine Reihe mit dem Eifer des Paulus stellt[33], wendet er sich zwar zu Recht gegen die Deutung, die Jesus zu einem Zeloten stempelt[34], tut dies aber mit unzutreffender Begründung, da die Existenz eines Zeloten im Jüngerkreis eine solche Deutung ohnehin nicht zu tragen vermag[35].

Die sprachliche Form von Act 1,13 ("Σίμων ὁ ζηλωτής") und Lk 6,15 ("Σίμωνα τὸν καλούμενον ζηλωτήν") weist durch den Artikel und das Fehlen von Genitivattributen außerdem über den Gebrauch bei Paulus sowie den sonstigen griechischen Sprachgebrauch hinaus, so daß man hier durchaus mit "der Zelot" übersetzen kann; dafür spricht allerdings nicht, wie HENGEL meinte[36], eher Lk 6,15 als Act 1,13, sondern es verhält sich genau umgekehrt: Ob "τὸν καλούμενον" eine Selbst- oder Fremdbezeichnung meint, kann man nicht feststellen; sie läßt auch weniger auf die Existenz einer Zelotenpartei schließen, sondern dient im Kontext der Unterscheidung dieses Simon von Simon Petrus (Lk 6,14: "Σίμωνα ὃν καὶ ὠνόμασεν Πέτρον")[37]; eine solche Abgrenzung, und damit die Zufügung des Epiphetons "ὁ ζηλωτής", wäre aber in Act 1,13 gar nicht nötig, da hier Petrus ohne seinen eigentlichen Namen "Simon" erwähnt wird ("ὅ τε Πέτρος"). Daß "ὁ ζηλωτής" in determinierter Form dennoch beibehalten wird, ist ein Indiz dafür, in dem Jünger Simon nicht nur einen unbestimmten religiösen Eiferer zu sehen, sondern einen Zeloten.

Flucht Johanan b. Zakkais aus Jerusalem und die Gründung des 'Lehrhauses' in Jabne, ANRW II, 19, 2, 1979, 43-101: cf S. 48-66.

31 Zu Hipp., Ref. IX, 26, 1f cf 1.2, ab), Anm 39.

32 Cf Hengel, Zeloten, 71-73; ders., Zeloten und Sikarier, 400f.

33 Cf Morin, Les deux derniers des Douze: Simon le Zélote et Judas Iskariôth, RB 80 (1973) 332-258: "Son zèle était de la même étoffe que celui de Saul de Tarse, et sa présence au milieu des Douze ne nous révèle rien sur l'hypothétiques affinités révolutionaires de Jésus" (S. 349).

34 Cf Brandon, The Fall of Jerusalem and the Christian Church, 1957, 104-106.198f; ders., Jesus and the Zealots, 1967, 10.16.42f.243-245. u.ö.; ders., The Trial of Jesus, 1968, 35.40.65. u.ö.. Cf zu Brandon auch Gwyn Griffiths, Zealots and Para-Zealots, NTS 19 (1972/73) 483-485.

35 So m.R. Hengel, Zeloten und Sikarier, 400 Anm 1.

36 Cf Hengel, Zeloten, 72 Anm 1.

37 Die gleiche Funktion hat die Zufügung von "ὁ καναναῖος" bzw. "τὸν καναναῖον" in den Paralleltexten Mt 10,4; Mk 3,18: Auch hier erscheint Petrus als Simon Petrus (cf Mt 10,2: "Σίμων ὁ λεγόμενος Πέτρος"; Mk 3,16: "καὶ ἐπέθηκεν ὄνομα τῷ Σίμωνι Πέτρον"). "ὁ καναναῖος" ist die gräzisierte Form des aramäischen Äquivalents zu "ὁ ζηλωτής": cf Brandon, Fall, 105; Schürer, History I, 382 Anm 128; Hengel, Zeloten, 72. Die bei Mt und Mk übereinstimmende v.l. "κανανιτησ/-ν" ist demgegenüber eine Verschleierung des politischen Moments (auch die gräzisierte Beibehaltung des Aramäischen verschleiert insofern, als Mk sonst seine aramäischen Begriffe übersetzt: cf Brandon, Fall, 198f).

Der zweite, sehr unsichere Beleg ist eine Inschrift aus Rom; sie lautet: "ΙΩΝΙΟΣ | ΟΚΕΛΚΟΝΕ | ΣΕΦΩΡΗ | ΝΟΣ"[38] - "Ionios, der auch 'Akone' genannt wird, aus Sepphoris". Abgesehen von der unsicheren Datierung[39] ist die Bedeutung von "Ἀκονε" nicht zu klären: JUSTER vermutete immerhin einen Mt 10,4; Mk 3,18 ähnlichen Beinamen (cf Anm 37), also in der Bedeutung "der Eiferer"[40].

Wenn diese Deutung zuträfe, hätten wir sogar zwei verschiedene Belege, die darin übereinstimmen, daß sie als Herkunftsgegend eines Zeloten Galiläa angeben. Aber auch der lukanische Sprachgebrauch, unterstützt durch die anderen Synoptiker, belegt einen Zeloten, und zwar vor dem Krieg und außerhalb Judäas.

Dadurch liegen zwei weitere Schlußfolgerungen zumindest nahe:

(d) Es hat schon in den 20er Jahren des 1. Jahrhunderts n.Chr. auch außerhalb Judäas Männer gegeben, die eine zelotische Tradition (unter diesem Namen!) aufrecht gehalten haben.

(e) Da das Weiterwirken einer Tradition nicht nur "a private individual, imitating Phineas and Elijah"[41], sondern zumindest einen gewissen Zusammenhalt der Tradenten erfordert, können wir eine "zelotische Bewegung" vor dem Kriegsausbruch annehmen.

Offen ist m.E. weiter, wie weit ihr Einfluß reichte, ob sie auf Judas Galiläus zurückgeht, was möglich ist, und wann man eine regelrechte Parteigründung annehmen darf. Wenn die zelotische Bewegung durch Judas Galiläus entscheidende und weiterwirkende religiöse Impulse erhalten hat, kann man "Alleinherrschaft Gottes" und "Freiheit Israels" als ihre theologischen Basiselemente bezeichnen (cf ant 18,23; bell 2,118). Ohne diese Hypothese bleiben als religiöse Motivation das Vorbild der Eiferer Elia-Pinehas (cf 4. Makk 18,12) für Heiligtum und Tora[42].

Überblickt man die dargestellte Forschungsgeschichte, wird man kaum umhin können,

---

[38] Cf Müller-Bees, Die Inschriften der jüdischen Katakombe am Monteverde zu Rom, 1919, S. 72f Nr. 74; Leon, The Jews of Ancient Rome, 1960, S. 318 Nr. 362 (cf auch ebd., Pl. XV, Fig. 23; Pl. XXII, Fig. 39).

[39] Cf Müller-Bees, Katakombe, S. 72.175.

[40] Cf Juster, Les Juifs dans l'Empire Romain, Bd. 2, 1914, 229: "de l'hebreu הקנה Zélote? ... à moins que ce ne soit quelque modification du mot Cohen, prêtre" ("Cohen"-Deutung auch bei Leon, Jews, 118 Anm 3 vermutet). Juster verweist neben der Mk- und Mt-Stelle noch auf mBer 4,2: Dort ist von R. Nechunja die Rede mit dem Patronym "בן הקנה"; ob er damit als Sohn eines "Zeloten" (cj. הקנא) gelten kann, ist sehr unsicher (cf Hengel, Zeloten, 71; Roth, The Pharisees in the Jewish Revolution of 66-73, JSS 7, 1962, 63-80: cf S. 78).

[41] Smith, Zealots, 6.

[42] Cf Hengel, Zeloten, 151-234 (dieser Abschnitt wird auch bei Smith, Zealots, 12f gelobt, der aus seiner Sicht natürlich bei dieser "extensive documantation" die Unterschiede zwischen Zeloten und Sikariern vermißt: cf a.a.O., 13 Anm 69); cf auch den Überblick bei J. Maier, Die alttestamentlich-jüdischen Voraussetzungen der Zelotenbewegung, BiKi 37 (1982) 82-89: cf S. 83-86. Zum Eifer für die Tora in Verbindung mit der Tempelreinigung cf 1.2, ab), S. 124: Dies ist zumindest ein inhaltliches Indiz für die Existenz einer zelotischen Bewegung im Jahr 66.

die Fragerichtung nach Einheit und/oder Vielfalt der Aufstandsbewegung als inadäquat zu bezeichnen. Sie ist als Alternative gedacht unangemessen. Es ist sicher das Verdienst von M. SMITH, der diese Debatte imgrunde initiiert hat, auf Spekulationen hingewiesen zu haben, jedoch kann man m.E. nicht verschiedene Forschungsmeinungen - teilweise in übergroßer Polemik - aufgrund einer unkritischen Josephusrezeption kritisieren, zumal dann nicht, wenn es Einzelstellen bei Jos. gibt, die dessen schematischen Sprachgebrauch durchbrechen.
Die heutige Forschung sollte - wie BAUMBACH zu Recht betont hat[43] - nicht an Widersprüchen in den antiken Quellen partizipieren, sondern diese benennen und, wenn möglich, lösen. Daß diese Lösungen hypothetischen Charakter haben, bedarf eigentlich keiner Erwähnung[44]. Es wird von niemandem geleugnet, daß es in Judäa und Galiläa Banden gegeben hat, die zum Teil rivalisierten. Eine vordergründig an Ereignisgeschichte orientierte Forschung knüpft an dieses Faktum an, wobei die begriffliche Gegenübersetzung "Zeloten - Sikarier" nur ein Folge- oder Teilergebnis ist, das sich an den engen jos. Sprachgebrauch anschließt[45].
Demgegenüber ist die Fragerichtung, die die Einheit der Aufstandsbewegungen hervorhebt, auf die gemeinsamen und verbindenden religiösen oder theologischen Elemente bezogen. Unterschiede werden hierbei vor allem durch die einzelnen charismatischen Führer erklärt, der Bürgerkrieg in Jerusalem durch das menschliche Grundproblem von Machtkampf und -verteilung[46].
Die von mir unter (a) - (e) zusammengefaßten Schlußfolgerungen befürworten die Existenz einer zelotischen Bewegung vor dem Krieg. Zu leisten ist noch die Konkretisierung der theologischen Elemente, soweit sie an der Tempelreform Eleazar b. Simons ablesbar sind, und zweitens die Bestimmung des Verhältnisses der beiden Gruppierungen unter Eleazar b. Ananias und Eleazar b. Simon.

Aufgrund des engeren und weiteren Sprachgebrauchs bei Jos. ist es notwen-

---

[43] Cf Baumbach, Zeloten, 5.

[44] Erwähnenswert ist in diesem Zusammenhang auch, wo sowohl bei Smith als auch bei Hengel moderne Analogien herhalten müssen: Smith "argumentiert" gegen Hengel, daß man aufgrund der Unterstützung, die die "Räuber" bei der Landbevölkerung genossen, nichts über deren Ideologie sagen kann: "the Mafiosi still do" (Zealots, 14); Hengel verweist gegen Smith's Option für das private Ideal des Eifers auf die Notwendigkeit einer Organisation, wenn politischer Terrorismus dauerhaft und erfolgreich sein will: "Das gilt vom heutigen Irland so gut wie vom damaligen Palästina" (Zeloten und Sikarier, 396; cf auch ebd., 411f).

[45] Eine im Endergebnis jedoch untaugliche Überwindung der Diastase wird durch die Analyse der jos. Bezeichnung "Räuber" für die Aufständischen angeboten: cf die Arbeiten von Horsley (Anm 5). Problematisch ist bei Horsely, daß er in Übernahme und intendierter Weiterführung von M. Smith schreibt und dadurch sowohl eine religiöse Motivation weitgehend beiseite schiebt als auch die Grenze zwischen "sozialem Banditentum" und Aufstandsgruppen verwischt; cf zum Ganzen 1.2, bb). Auf die hier diskutierten Belege geht Horsley, Zealots gar nicht ein (cf ebd., 162-165).

[46] Cf Hengels Schlußbemerkungen: Zeloten, 383.

dig, die Gruppe unter Eleazar b. Simon, die in bell 2,564.651; 4,160f "Zeloten" genannt wird, auch begrifflich zu kennzeichnen. Ich werde sie im folgenden "*Tempelzeloten*" nennen. Dies ist gerechtfertigt aufgrund ihres Anliegens und ihrer ständigen Wirkungsstätte.
Jos.' Bericht über die Tempelreform Eleazar b. Simons (bell 4,147-157) ist durchzogen mit Polemik und Verdrehung des eigentlichen Anliegens in Form von kommentierenden Einschüben (§§ 147a. 148b. 149. 150b. 151f. 153a. 154. 156f) und durch einzelne Bemerkungen in §§ 155f. Eine historische Reihenfolge kann man erschließen, wenn man in §§ 147f einen vorherigen Überblick des Jos. annimmt und die in § 150a berichteten Intrigen gegen die Jerusalemer Führung mit bell 2,564 verbindet: Die Tempelzeloten unter Eleazar intrigierten mit verschiedensten Mitteln[47] schon seit dem Sieg über Cestius Gallus gegen die neue aufständische Führung unter Ananos.
Im Laufe des Jahres 67 setzten die im Tempel ansässigen Zeloten eine zweite Tempelreform durch: Sie wählten per Los aus ihren eigenen Reihen neue Oberpriester (§ 153) und einen neuen Hohenpriester (§§ 155f). Diese Aktionen waren nicht nur machtpolitisch orientiert, da - wie die folgenden Ereignisse gezeigt haben - die Tempelzeloten einer drohenden Niederlage nur durch das Eingreifen des Johannes von Gischala und der Hilfe der Idumäer entrinnen konnten.
Die theologische Motivation der Hohepriesterwahl ist nun zu entfalten[48]. Die Gesamtdeutung wurde schon von J. JEREMIAS vorgeschlagen[49]: Die Tempelzeloten wandten sich gegen die als illegitim betrachteten hohenpriesterlichen Familien und griffen durch die Wahl des Pinehas auf ein Mitglied des sadokidischen, also einzig legitimen, Geschlechts zurück. Diese Deutung ist jedoch näher zu begründen, um nicht als "highly doubtful"[50] zu erscheinen.
Ausgangspunkt ist ein Widerspruch bei Jos.: In § 155a qualifiziert er die Sippe (φυλή), aus der Pinehas stammt, als hohepriesterlich[51], während er in § 155b den Gewählten als einen Mann bezeichnet, der nicht hohepriesterlicher Abstammung sei[52].
Die von JEREMIAS vertretene Interpretation löst den Widerspruch inhalt-

---

[47] Bell 2,564: Verführungskunst und Geld; 4,150: Ränke und Klatschereien.

[48] Cf 1.1, a), S. 72f.

[49] Cf Joach. Jeremias, Jerusalem zur Zeit Jesu (1923-37) 1962[3], 216f; ihm folgten Baumbach, Zeloten und Sikarier, 736f und Hengel, Zeloten, 224f.

[50] So Stern, Zealots, 141; unkar: Horsley, Zealots, 180f.

[51] "μίαν τῶν ἀρχιερατικῶν φυλήν"; die v.l. "ἱερατικῶν" (VR Lat) ist eine inhaltliche Glättung.

[52] "οὐκ ἐξ ἀρχιερέων"; die v.l. "ἀνάξιος ἀρχιερεύς" (C) ist ebenfalls (cf Anm 51) eine inhaltliche Korrektur.

lich auf, jedoch ohne ihn direkt zu erwähnen: Die Abkömmlinge der Sadokiden, die in Judäa verblieben waren, unterschieden sich äußerlich nicht von anderen Priestergeschlechtern und hatten auch keine besondere Bildung, was zur Nachricht paßt, daß dieser Pinehas ungebildet war (§ 155bf). Als inhaltliches Argument kann hinzugefügt werden, daß in den rabbinischen Texten, obwohl sie eine sadokidische Herkunft nicht beweisen, an Pinehas keine Kritik geübt wird[53]. Eine inhaltliche und textkritische Schwierigkeit besteht darin, daß für die sadokidische Abstammung kein direkter Beweis geführt werden kann: Jos. spricht in § 155a von einer φυλή, also einer Unterabteilung[54], so daß eine Identifizierung dieser Unterabteilung "Ἐνιάχιν" - abgesehen von den textkritischen Problemen[55] - mit einer der 24 Dienstklassen aus 1. Chron 24,7-18 unwahrscheinlich ist[56]. Einen solchen Identifizierungsversuch unternimmt JEREMIAS gerade nicht[57], sondern er deutet "φυλή" als eine Unterabteilung, bzw. einen Stamm und damit als adäquaten Hinweis darauf, daß - wie wir ergänzen können - nur noch wenige sadokidische Abkömmlinge in Judäa lebten[58]. Daß Jos. bewußt und angemessen "φυλή" benutzt, ist ein wichtiger Hinweis; ein stichhaltiger Beweis, daß es sich hier um einen sadokidischen Stamm handelt, ist damit jedoch noch nicht geführt.
Die von JEREMIAS immerhin erreichte Plausibilität wird aber durch eine sprachliche Beobachtung entscheidend gestärkt[59]: Der Singulargebrauch von "φυλή" in § 155a (cf Anm 51) - statt Genitiv Plural - weist darauf hin, daß "τῶν ἀρχιερατικῶν" maskulinisch gedacht ist: Die Tempelzeloten ließen demnach "eine Sippe (nämlich die) der hohenpriesterlichen (Personen) kommen"; d.h.

---

[53] Cf M/B, IV Anm 40; nach tYoma 1,6 war Pinehas mit dem fürstlichen Haus verschwägert: cf M/B, Exkurs IV (Bd. II, 1, S. 211); Stern, Zealots, 151 Anm 23.

[54] Cf vit 2; die Hauptabteilung oder Dienstklasse heißt ἐφημερίς (vit 2), ἐφημερία (Lk 1,5.8) oder πατριά (ant 7,366); cf Schürer, History II, 249.

[55] Cf den I. Teil, 3., Anm 4.

[56] Cf M/B, IV Anm 38; dies bezieht sich nicht nur, wie M/B, ebd. erwähnen, auf eine Identifizierung mit der 12. Klasse Jakim (cf 1 Chron 24,12), sondern auch auf die 21. Klasse Jachin (cf 1 Chron 24,17). Baumbach, Zeloten und Sikarier, 736f identifiziert Eniachin ohne Begründung mit Jakim: Sein Verweis auf Jeremias, Jerusalem, 217 ist unangemessen und mißversteht den dortigen Begründungszusammenhang: s.u. Anm 57f.

[57] Es findet sich bei Jeremias, Jerusalem, 216f überhaupt kein Hinweis auf 1 Chron 24,7ff.

[58] Cf Jeremias, Jerusalem, 217: "Ein 'hochpriesterlicher Stamm' - mit Absicht wählt Josephus das Wort 'Stamm' als das einzig hier zutreffende -, das kann nur ein Geschlecht sein, das von dem *legitimen* çadhoqitischen hochpriesterlichen Geschlecht herstammte ...".

[59] Cf Schrenk, Art. ἱερός, κτλ., ThWNT III, 1938, 221-284: cf S. 269 Anm 17.

inhaltlich: In § 155a liegt die von Jos. noch nicht verschleierte Meinung der Tempelzeloten vor, nach der es nur die *eine* φυλή gibt, aus der Hohepriester gewählt werden können. Daß diese dann eine sadokidische Sippe war, bzw. für eine solche ausgegeben wurde, ist m.E. die nächstliegende Schlußfolgerung. Ist dies zutreffend, dann handelt es sich bei der Tempelreform nicht nur um einen Entmachtungsversuch des Jerusalemer Priesteradels, sondern tatsächlich um die Wiederherstellung der Tempelreinheit durch den Rückgriff auf das einzig legitime hohepriesterliche Geschlecht.

Damit wird die erste Tempelreform fortgesetzt, die hauptsächlich gegen Heiden gerichtet war und dann in der Folge auch den prorömischen Adel vom Kult ausschloß. Die Tempelzeloten radikalisierten diesen Ansatz, indem sie gegen den Priesteradel direkt vorgingen: Dieser Adel stand immerhin auf Seiten des Aufstandes[60], wurde aber von den Tempelzeloten abgesetzt, und zwar mit der Begründung, daß deren Ansprüche ungültig seien (§ 148). Der Priesteradel amtierte zwar in geregelter Abfolge (§ 148)[61], aber, seitdem Herodes die Erblichkeit und lebenslange Stellung beseitigt hatte, gab es sehr häufige Wechsel im Amt, das jedoch oft innerhalb der Familie verblieb[62]; die "geregelte Abfolge" bestand also in Wahrheit darin, daß die Amtsnachfolge von außen - bis 41 sogar von den Römern - geregelt wurde und gleichzeitig quasi doch eine Erbfolge war. Dieses Wissen sowie die Amtsführung der verschiedenen Hohenpriester und ihre Übergriffe gegen die einfachen Priester ließ die Überzeugung, daß sie das Heiligtum verunreinigten, unausweichlich werden[63]. Die Art und Weise der Neuwahlen, per Los, zeigt, obwohl es für eine Losbestimmung des Hohenpriesters kein alttestamentliches Vorbild gibt, daß nach vorheriger Auswahl der Würdigen Gott selbst die Entscheidung

---

60 Die offensichtlich prorömischen Kräfte waren schon, soweit sie den ersten Bürgerkrieg überlebt hatten, aus Jerusalem geflohen (bell 2,556f) oder wurden verhaftet und getötet (bell 4,140-146): Der Protest und Aufstand des Hohenpriesters und Strategen Ananos entzündete sich bezeichnenderweise nicht an diesen Aktionen, sondern erst an der Tempelreform (bell 4,151.158ff); cf dazu 1.2, cd).

61 "κατὰ διαδοχάς" kann heißen Amtsnachfolge aufgrund von Verdienst und Würdigkeit oder aufgrund der privilegierten Stellung der eigenen Familie: cf M/B, IV Anm 35.

62 Cf den Überblick bei Smallwood, High Priests and Politics in Roman Palestine, JThS N.S. 13 (1962) 14-34: cf S. 31f. Es waren mit wenigen Ausnahmen nur vier Familien (Ananos, Boethos, Phiabi, Camithos), die die Hohenpriester stellten, von denen wiederum die Familien des Ananos und Boethos zusammen seit Herodes über die Hälfte (15 oder 16 von 28) der Hohenpriester aufzuweisen hatten.

63 Baumbach vermutet, daß man bei der priesterlichen Opposition gegen den Adel auch auf den Vorwurf aus Ez 5,11; 22,26 zurückgriff (cf ders., Jesus, 17); dies ist zumindest bei der Gruppierung um Eleazar b. Ananias, die bei der Herstellung der Quadratform des Tempels auch auf den ezechielischen Tempelentwurf rekurrierte (cf 1.2, ab), möglich.

überlassen werden soll, und nicht dem Zufall, wie Jos. verdreht[64]; eine Analogie für eine solche Wahl ist bekanntlich die in Act 1,15-26 beschriebene Neuwahl zum Apostelkreis[65].
Zusammenfassend kann man sagen, daß bei dieser Aktion den Tempelzeloten die Herstellung der Reinheit des Heiligtums als Ziel vor Augen stand. Die Ansprüche des Priesteradels wurden als ungültig, ihr Wirken als illegitim und damit als den Tempel verunreinigend angesehen. Dagegen wird durch den Rückgriff auf ein Mitglied des sadokidischen Geschlechts die Legitimität des Hohenpriesteramtes wiederhergestellt, also die Angaben und Forderungen aus 1. Chron 24,1ff; Ez 40-48 verwirklicht. Das Losverfahren ist dazu nicht nur ein Mittel, sondern drückt das Anliegen der Tempelzeloten zutreffend aus: Der alte Priesteradel wird nicht zur Wahl zugelassen - die letzte Entscheidung und damit die Bestätigung des neuen Hohenpriesters (wie der Gesamtaktion) wird nicht Menschen, sondern Gott überlassen.

Wie waren die Tempelzeloten zusammengesetzt? SMITH hatte ihre Aktionen als Ausdruck einer "peasant piety" gedeutet und ihre priesterliche Zusammensetzung bezweifelt[66]. Dafür gibt es jedoch keinen Grund. Denn wir sind in dieser Frage nicht nur auf Rückschlüsse aus priesterlichen Taten (cf auch bell 4, 156) angewiesen, sondern haben einen direkten Beleg in bell 4,157[67]: Jos. rechnet hier mit der in seinen Augen frevelhaften Hohenpriesterwahl ab und bezeichnet die von ferne zusehenden Zelotengegner als "andere Priester". Hieraus läßt sich rückschließen, daß die in §§ 155f agierenden Tempelzeloten ebenfalls Priester waren, jedoch, nicht wie NIKIPROWETZKY vorschlägt[68], Jerusalemer Priester; wahrscheinlicher ist, daß es

---

64 Bell 4,155: "λαγχάνει δ΄άπὸ τύχης"; τύχη ist an dieser Stelle mit "Zufall" wiederzugeben: cf Lindner, Die Geschichtsauffassung des Flavius Josephus im Bellum Judaicum, AGJU 12, 1972, 46f.

65 Man sollte nicht darüber streiten, ob in dieser Neuwahl durch das Los eine demokratische Tendenz sichtbar wird (so Rhoads, Israel, 106) oder gerade nicht (so Baumbach, Einheit, 105 Anm 64). Entscheidend sind in dieser Wahl - genau wie in Act 1,15ff - die Vorauswahl der Geeigneten und die letztliche Entscheidung Gottes; daß es eine Aktion gegen den Adel ist, ist als solches noch kein Anzeichen für Demokratie; die Loswahl setzt aber zumindest unter den Würdigen die "Geltung des gleichen Rechts" (M/B, IV Anm 37) voraus. Daß darüber hinaus auch der Name des neuen Hohenpriesters, Pinehas, auf das große Vorbild des Eiferers Pinehas aus Num 25,7ff; 4 Makk 18,12 verweist, wie Baumbach, a.a.O., 105 vorschlägt, ist eher spekulativ.

66 Cf Smith, Zealots, 17-19: Zit. S. 19; vor allem gegen Baumbachs Konzeption (cf ders., Zeloten und Sikarier, 731ff; Aufstandsgruppen, 278-280; Einheit, 97.105-107); im Anschluß an Smith: Horsley, Zealots, 170f (mit Einschränkung: cf ebd., 184f).

67 Hierauf hat m.W. bisher nur Nikiprowetzky, Sicaires, 63f verwiesen.

68 Cf Nikiprowetzky, Sicaires, 64: "ils appartiennent au sacerdoce de Jérusalem".

sich - SMITH's Vorschlag modifizierend aufgenommen - um auf dem Land wohnende Priester handelte[69]. Damit wird ihre Gegnerschaft zu den Jerusalemer Priestern verständlich und ebenso, daß sie einen Landbewohner zum neuen Hohenpriester machten; auch die sozialen Konflikte sind hier präsent.

Für die priesterliche Zusammensetzung spricht weiter, daß die Tempelzeloten nach der (vorläufigen) Trennung von Johannes von Gischala im Tempel Dienst tun und sich von den Weihegaben ernähren[70]. Auch die Trennung selbst könnte, nachdem sie anfangs Galiläer und judäische Flüchtlinge in ihre Reihen aufgenommen hatten[71], ihre Ursache darin haben, die ursprüngliche priesterliche Zusammensetzung wiederzuerlangen. Daß sie nach der Trennung die zahlenmäßig kleinste Gruppe waren, ergänzt das Bild[72].

Fragen wir abschließend nach dem Verhältnis der Gruppierungen unter Eleazar b. Ananias und Eleazar b. Simon. Beide Gruppen hatten eine Tempelreform unternommen; bei beiden waren Landpriester zu finden. Die Jerusalemer Gruppe Eleazars b. Ananias war gekennzeichnet durch eine große Heterogenität, während die "Zeloten unter Eleazar b. Simon" (cf bell 2,564) als geschlossene Gruppe von außen in die Stadt gekommen waren. Schon von daher verbietet sich eine einfache Ineinssetzung.

Man kann vermuten, daß es nach der Ermordung Menahems zu Spaltungen oder Krisen innerhalb der ersten Aufständischen kam[73], die dann nach der Strategenwahl auch ihres Führers beraubt waren, während genau zu diesem Zeitpunkt Eleazar b. Simon in die Stadt kam. Daß es im Laufe der Zeit zu einer Koalition zumindest eines Teiles der ersten Gruppierung mit Eleazar b. Simon kam, ist sehr naheliegend; daß es sich hierbei hauptsächlich um die Landpriester handelte, ist wahrscheinlich aufgrund ihrer Ablehnung des Priesteradels, die dann Eleazar b. Simon radikaler weiterführte.

Für eine solche Koalition sprechen auch zwei weitere Indizien: Die in bell 4,327 erwähnte Ermordung junger Adliger, die sich standhaft geweigert hatten, sich den Tempelzeloten anzuschließen, betrifft sehr wahrscheinlich ehemalige Anhänger Eleazars b. Ananias[74]; zweitens die Tatsache, daß auch Johannes von Gischala bei seinem Einzug in Jerusalem Zustimmung vor allem bei der Jugend fand (bell 4,128); daß diese ebenfalls ehemalige Eleazaran-

[69] Cf Theißen, Die Tempelweissagung Jesu, (1976), jetzt in: ders., Studien zur Soziologie des Urchristentums, WUNT 19, (1979) 1983[2], 142-159: cf S. 150f Anm 20.

[70] Cf bell 5,5-10.15.21.99; cf weiter bell 6,278-280 sowie ihren Untergang im Tempel: cf DioCass 66,6; dazu s.u. 1.2, bc).

[71] Cf bell 4,121-138; dazu cf Nikiprowetzky, Sicaires, 58-62.

[72] Cf bell 5,250; Hengel, Zeloten und Sikarier, 410 Anm 2.

[73] Cf den I. Teil, 1., S. 9.

[74] Cf den I. Teil, 3., Anm 9.

hänger waren, ist m.E. sehr wahrscheinlich. Dann hätten sowohl Johannes von Gischala als auch Eleazar b. Simon Teile der Gruppierung unter Eleazar b. Ananias für sich gewonnen, während sich die ehemalige Führungsschicht um Eleazar b. Ananias (die jungen Adligen) nicht den neuen Machthabern unterordnete und daher ermordet wurde.
Wir haben bisher vermieden, auch die Anhänger Eleazars b. Ananias als "Zeloten" zu bezeichnen. Da nun die Grundanliegen der beiden Tempelreformen gleich sind, es sich bei der Gruppe um Eleazar b. Simon um Zeloten handelt und drittens über Jos.' normalen Sprachgebrauch hinaus eine zelotische Bewegung in der Vorkriegszeit angenommen werden darf, wird man auch für die ersten Tempelreformer einen zelotischen Einfluß erschließen können und sie in oder trotz ihrer Heterogenität als "Zeloten" bezeichnen dürfen.

Auf die Problemstellung "Einheit und Vielfalt" zurückkommend, läßt sich nun sagen, daß abgesehen von der Frage nach einer ursprünglichen "Einheitlichkeit" aller Widerstandsgruppen[75] die Sorge um die Reinheit des Heiligtums das zentrale und Einheit stiftende Anliegen der zelotischen Bewegung war. Auch wenn nicht alle Zeloten Priester waren, wie BAUMBACHS pointierte Anfangshypothese lautete[76], so ist doch das Heiligtum der Ort und das Ziel ihres Eifers[77]. Von daher erhält alles weitere seine Begründung und Notwendigkeit[78]: die Auseinandersetzung mit den Heiden und dem jüdischen Adel,

[75] Sie wird von Baumbach, Einheit, 107 abgelehnt. Diese Frage hängt entscheidend von der Beurteilung der Person und Funktion des Judas Galiläus ab (cf Hengel, Zeloten, 336-344), die m.E, historisch offen ist (s.o.).

[76] Cf Baumbach, Zeloten und Sikarier, 732.

[77] Gegen Horsley, Zealots, 177-180. Auf dem Hintergrund des inhaltlich erschlossenen zelotischen Programms kann man auch die im obigen Zelotenexkurs präsentierten jos. Belegstellen, in den begrifflich "Zeloten" auftauchen, neu einordnen: Während in bell 2,564.651; 4,160f die Zeloten mit den Tempelreformen identisch sind oder assoziert werden können, könnte die umstrittene Stelle bell 2,444 gerade deshalb den Begriff "Zeloten" verwendet haben, weil sich die Aufständischen in diesem Augenblick im Tempel befanden. Dann wäre 2,444 ein Hinweis darauf, daß auch Jos. um das zelotische Programm im Sinne des "Eifers um dein Haus" (s.o. 1.2, ab, Anm 24) wußte, aber es polemisch verdrehte (cf 4,161) und (fast) vollständig eleminierte, um seinen (späteren) Gegnern die Schuld an der Katastrophe zuzuschieben.

[78] Cf auch bell 4,334-344: Die Ermordung des Zacharias b. Bareis/Baruch geschieht "mitten im Tempel" (§ 343). Auch hier läßt sich denken, daß die Zeloten in der Anwesenheit eines Verräters im Tempel eine Verunreinigung sahen, die durch sofortiges Eingreifen beseitigt werden mußte. Diese Tat (cf auch mSanh 9,6) ist durchaus vergleichbar mit der in 1.1 a) erläuterten "als legal akzeptierten Gemeinschaftsjustiz": Der Verräter im Tempel entspricht dann einem Heiden, der die Warnungsinschrift mißachtet hat; beide verunreinigen den Tempel. Die gleiche Vorgehensweise gegen

Zwangsbeschneidungen, Zerstörung der Antonia sowie die Opferreform und die Neuordnung des Hohepriesteramtes. Daß soziale Motive hierin verschmolzen waren, ist dargelegt worden. Diese, jedoch verwoben mit der eschatologischen Verschärfung des Eifers (gewonnen aufgrund rigoroser Toraobservanz), trennten die Zeloten vom Adel und eröffneten nicht nur den Aufstand gegen Rom, sondern bestimmten auch den Bürgerkrieg in Jerusalem.

bb) Die Unzerstörbarkeitshoffnungen seitens der Flüchtlinge und Räuberbanden

Bei den Flüchtlingsgruppen und Räuberbanden, die infolge der römischen Eroberungen nach Jerusalem fliehen[1], spielt nicht nur der sicher vorhandene

einen Juden wie gegen einen Heiden entspricht den zelotischen Überzeugungen und Taten, die sich sowohl gegen Römer als auch gegen Kollaborateure richteten. Die Ermordung des Zacharias wäre dann aufgrund ihrer Motive weniger ein Lynchen (es fehlt auch die Masse) als eine als legal und notwendig empfundene Tat (cf dagegen Hengel, Zeloten, 179, der hier - etwas anders akzentuiert - das Vorbild des Eiferers Pinehas als wirksam ansieht: eifervolle, charismatische Tat statt Gerichtsbeschluß). Es ist z.B. von Wellhausen, Einleitung in die drei ersten Evangelien, (1905) 1911[2], 118-123 vorgeschlagen worden, daß dieser Zacharias mit dem in Mt 23,35 erwähnten Zacharias "υἱοῦ Βαραχίου" identisch sei, wobei das Patronym ein Zusatz des Mt gegenüber seiner Q-Vorlage ist (cf Lk 11,51; Steck, Israel und das gewaltsame Geschick der Propheten, WMANT 23, 1967, 33). Nimmt man dagegen einen literarischen Hintergrund an (cf M/B, IV Anm 86; Hengel, Zeloten, 179 Anm 1), wird man an Sacharja b. Jojada denken (2 Chron 24,20f), den letzten in der Buchreihenfolge des AT getöteten Propheten (denkbar wäre auch Sacharja b. Berechja aus Sach 1,1.7; cf auch Jes 8,2; über deren Tod ist z.Zt des Mt noch nichts überliefert, da die rabbinischen Texte eher später sind: cf Steck, a.a.O., 35). Steck, a.a.O., 33-40 befürwortet aufgrund einer ausführlichen literarkritisch-redaktionsgeschichtlichen Untersuchung die Identität des mt. mit dem jos. Zacharias, falls man nicht an einen Unbekannten dieses Namens vor 70 denken will (cf ebd., 39): Immerhin ist durch das redaktionelle "ἐφονεύσατε" in V. 35b, das die Juden als Täter und nicht nur wie in VV 29-31 als Mitschuldige qualifiziert, sowie durch den ebenfalls redaktionell gestalteten V. 34 (Tabelle bei Steck, a.a.O., 34), der das Geschick der christlichen Boten wiedergibt, ein Bezug auf eine atl. Gestalt sehr unwahrscheinlich. Die sehr konkrete Angabe des Todesortes in V. 35, "zwischen Tempelhaus und Altar", wobei "τοῦ ναοῦ" wiederum redaktionell ist, läßt sich außerdem mit bell 4,343 (s.o.) eher in Übereinstimmung bringen als z.B. mit 2 Chron 24,21 (Vorhof des Tempels), obwohl gerade hierbei Fragen offen bleiben (den Platz zwischen Altar und Tempelhaus durften nur Priester betreten, die opferten): cf Steck, a.a.O., 39f Anm 4; man könnte aber auch an den atl. bezeugten Asylplatz denken (cf Ex 21,14; 1 Kön 1,51; 2,28-34: cf Michel, Art. ναός, ThWNT IV, 1943, 884-895: cf S. 887).

[1] Zur Ereignisgeschichte cf den I. Teil, 2. und 3.

Wunsch, in die größte und gut befestigte Stadt zu gelangen, eine entscheidende Rolle; auch die religiös motivierte Hoffnung auf die Uneinnehmbarkeit der heiligen Stadt war bei verschiedenen Gruppierungen wirksam. Für diese These gibt es einen Beleg (bell 4,122f.127), der die Flüchtlingsgruppe des Johannes von Gischala betrifft.

Daß bei seinen Anhängern wie bei Johannes selbst ein religiös begründetes Selbstbild grundsätzlich vorhanden war, kann man wahrscheinlich machen. Dieses Selbstbild wie auch die Beurteilung der politisch-militärischen Lage hat sich bei Johannes jedoch erst entwickelt[2]: Vom lokal begrenzten Anführer wird er zu einem der beiden Hauptführer im belagerten Jerusalem, vom Räuberhauptmann[3] zum Verteidiger des Tempels.

Auch die Frühzeit des Johannes, also seine Wirksamkeit in Galiläa[4], läßt schon religiöse Motive und Motivationen erkennen. Man kann voraussetzen, daß die ersten Anhänger des Johannes, die er aus dem Gebiet von Tyrus um sich sammelte[5], "dezidierte Anhänger des jüdischen Glaubens waren"[6]. Legt sich eine solche Voraussetzung schon aufgrund der allgemeinen ethnischen und politischen Verhältnisse im tyrisch-galiläischen Grenzgebiet mit seinen ständigen Konflikten zwischen Heiden und Juden nahe[7], so ist die Geschichte über den Ölhandel des Johannes (bell 2,591f; vit 74-76) ein erstes konkretes Beispiel für eine (auch) religiös motivierte Tat: Johannes lieferte nach Ausbruch des Krieges den Juden in Cäsarea Philippi auf deren Bitte rituell reines Öl. Auch wenn Jos. seinem verhaßten Rivalen überteuerte Preise und Gewinnsucht vorwirft und ihm alle Frömmigkeit abspricht, wird in vit 75bf deutlich, daß diese Aktion unter der galiläischen Bevölkerung nicht nur breite Zustimmung fand, sondern auch - worauf die Furcht vor der Steinigung hinweist[8] - als fromme Tat eingestuft wurde, der sich niemand entziehen konnte;

---

[2] Cf dazu Rappaport, John of Gischala: From Galilee to Jerusalem, JJS 33 (1982) 479-493; Rappaport behandelt den Zeitraum bis zur Ankunft in Jerusalem samt dem "Übertritt" zu den Tempelzeloten: cf auch ebd., 492 Anm 39.

[3] Cf Horsley, Ancient Jewish Banditry and the Revolt against Rome, A.D. 66-70, CBQ 43 (1981) 409-432: cf S. 430f.

[4] Zur Rolle des Johannes in Jerusalem s.u. 1.2, bc), S. 160f.

[5] Cf bell 2,588 (400 Mann); 1500 Mann, die direkt aus der tyrischen Hauptstadt stammen, erwähnt vit 372.

[6] Theißen, Lokal- und Sozialkolorit in der Geschichte von der syrophönizischen Frau (Mk 7,24-30), ZNW 75 (1984) 202-225: S. 208.

[7] Cf dazu Theißen, Lokal- und Sozialkolorit, 207-209.217-219.

[8] Vit 75bf: Johannes "ließ das ganze Öl dorthin schicken, nachdem er auch von mir die Vollmacht (ἐξουσία) erhalten hatte, scheinbar so zu verfahren; denn ich habe ihm nicht freiwillig freie Hand gelassen, sondern aus Furcht vor der Menge, um nicht gesteinigt zu werden, wenn ich es verhinderte ...".

dies ist umso mehr verständlich auf dem Hintergrund der im 1. Jahrhundert n.Chr. immer stärker ausgeprägten Forderungen nach ritueller Reinheit der Speisen[9]. Religiöse Tradition und nationale Begeisterung gehen hier Hand in Hand. Über Johannes' eigene religiöse Einstellung erfahren wir zwar nichts, aber daß er eine solche Unternehmung auch propagandistisch einsetzte, ist höchst wahrscheinlich[10].
Ein zweites Beispiel für die religiöse Motivation der Johannesgruppe ist ihr "Rückzug" aus Gischala (bell 4,92-111). Da die Römer in Johannes zu Recht einen eher moderaten Vertreter sahen[11], gehen sie auf dessen Vorschlag eines eintägigen Waffenstillstandes mit anschließender Übergabe ein. Johannes begründete seinen Vorschlag durch Hinweis auf den Sabbat: Krieg und Friedensverhandlungen seien an diesem Ruhetag verboten (4,99f). In der Nacht, die auf den Sabbat folgte, gelingt die Flucht nach Jerusalem (4,106ff). Es liegt nahe, daß die Flüchtenden ihre Rettung dem wunderbaren Eingreifen Gottes zuschrieben: Nur durch seinen Sabbat wurde das Verhängnis abgewendet, gab es keine römischen Wachen vor der Stadt, glückte ihr erst nach dem Sabbat begonnener Rückzug in die heilige Stadt; d.h. folgende Deutung lag nahe: Gott hatte ihnen durch den Sabbat, den auch sie eingehalten haben, geholfen und sie bis nach Jerusalem[12] geführt.
Untersuchen wir auf diesem Hintergrund bell 4,122f.127. Die in Jerusalem eintreffenden Männer verkünden, daß sie nicht geflohen seien, sondern vielmehr gekommen, um die Römer von einem sicheren Ort ("ἐξ ἀσφαλοῦς") her zu bekämpfen (§ 122), denn nicht für Gischala, sondern für die Hauptstadt gilt es zu kämpfen und die Kräfte nicht zu zersplittern (cf § 123); Jo-

---

[9] Cf Hengel, Die Zeloten, AGJU 1, (1961) 1976², 204f (mit reichem Material).

[10] Während wir aus vit 75bf von der religiös-nationalen Einstufung dieser Tat erfahren, schließen sich nach bell 2 gleich Propagandamaßnahmen des Johannes gegen Jos. an (cf § 593f). Es liegt m.E. nahe, beides zusammen zu sehen: Erst aufgrund des erfolgreichen Unternehmens für die bedrängten Glaubensgenossen ist Johannes in der Lage, für sich Propaganda zu machen. Daß das gegen Jos. gerichtet war, hat dieser dann bewußt verzerrt.

[11] Dies hat Rappaport, John of Gischala, 480-485 nachgewiesen: Die Aktionen gegen die Heiden in Syrien sind vom Krieg gegen die Römer zu trennen; cf auch vit 43-45.

[12] Jos. diskreditiert derartige Vorstellungen durch den Hinweis auf die während der Flucht Umgekommenen (bell 4,107-111.115; cf auch § 125), wobei die hohen Zahlen in § 115 zweifelhaft sind. Aber auch Jos. bezeichnet diese Rettung als "Werk Gottes" (§ 104), jedoch nur um Johannes für das "Verderben Jerusalems" zu bewahren; daß die Flüchtlinge demgegenüber die entgegengesetzte Deutung vertraten, ist m.E. mehr als wahrscheinlich. Daß die Flüchtlinge erst nach dem Sabbat aufbrachen, ohne daß die Römer eingriffen, weist auf die unterschiedliche jüdische und römische Tageseinteilung hin: So konnten die Juden den Sabbat einhalten und in der Nacht fliehen, während die Römer diese Nacht noch zum Waffenstillstandstag zählten.

hannes weckte in den Bürgern allerlei Hoffnungen (cf § 126) und erklärte: "Nicht einmal wenn die Römer Flügel nähmen, würden sie jemals über die Mauern Jerusalems kommen" (§ 127a)[13], denn sie hätten schon in Galiläa ihre Not gehabt und ihre Kriegsmaschinen verbraucht (§ 127b). Jos. läßt hier die Johannesgruppe ihre Motive erklären, stellt sie aber durch kommentierende Einschübe gleichzeitig als unwahr dar. Diese Kommentare umrahmen die Reden der Aufständischen (§§ 122a.124f.126b) und greifen in § 125 (als Überleitung zu Johannes) das Schicksal der getöteten und gefangengenommenen Flüchtlinge auf, welches dann als Vorzeichen ("τεκμήρια") der Eroberung Jerusalems bezeichnet wird; während also die Rede der Flüchtlinge von Jos. als prahlerische Übertreibung "entlarvt" wird (§§ 122a.124), wird Johannes als unbarmherzig vorgestellt, weil er auf die Zurückgelassenen keine Rücksicht genommen hat (cf § 126a); gleichzeitig wird seinem Hinweis auf die Unüberwindlichkeit Jerusalems durch den Zusatz der Vorzeichendeutung, die sich für den nachmaligen Leser als wahr erwiesen hat, der Boden entzogen. Durch diese Darstellungsweise werden - wie später in den großen Reden (s.u. 1.2, bc) - Motive, Anliegen und Ziele der Aufständischen sowie deren theologische Begründung verschleiert, entkräftet und widerlegt. Man wird daher rückschließen dürfen, daß Jos. die Elemente des Kampfes vom sicheren Ort und der Unüberwindlichkeit der Jerusalemer Mauern bewußt säkularisiert, also ohne deren theologische Begründung mitgeteilt hat.
Der theologische Hintergrund seitens der Flüchtlinge ist dann vielmehr eine ungebrochene Zionshoffnung[14]: Gott hat sie sicher bis Jerusalem geführt, damit sie von seiner uneinnehmbaren Stadt aus und mit seiner Hilfe die Feinde im großen Endkampf besiegen. Eine derartig allgemein umschriebene Zionshoffnung wird man auch bei anderen galiläischen und judäischen Flüchtlingsgruppen[15] annehmen dürfen. Johannes hat immerhin sofort Erfolg bei vielen Jungen (cf § 128), findet also schon zu Beginn für seine Auffassungen Resonanz; während der Belagerung durch Titus sind ebenfalls "viele Propheten" bezeugt, die - laut Jos. von den Tyrannen Johannes und Simon eingesetzt - verkündeten, daß man auf die Hilfe von Gott ("τὴν ἀπὸ θεοῦ βοήθειαν") warten solle (bell 6,286) - diese Hoffnung haben viele Belagerte geteilt, wie Jos. widerstrebend und verschleiernd anfügt (cf § 287). Als aktuelle Bestätigung solcher Hoffnungen diente die Niederlage des Gessius Florus und noch mehr der überraschende Abzug des Cestius Gallus (bell 2,540ff;

---

[13] Mit den "Flügeln" kann auf die römischen (Legions-) Adler angespielt sein.

[14] So auch M/B, IV Anm 25; unklar Rhoads, Israel in Revolution: 6-74 C.E., 1976, 131-136.

[15] Zu weiteren galiläischen Flüchtlingsgruppen cf Rappaport, John of Gischala, 489 Anm 29; zu judäischen Gruppen cf bell 4,138.451.489.

vit 24), der dem Abzug des assyrischen Heeres unter Sanherib als sehr ähnlich empfunden werden konnte. Beziehen sich diese allgemeinen, teilweise populären Unzerstörbarkeitshoffnungen im wesentlichen auf die Stadt, so sollen im Abschnitt bc) konkretere Erwartungen dargestellt werden, die sich auf den Tempel konzentrieren.
Zuvor sind (forschungsgeschichtlich orientierte) Hinweise auf die Zusammensetzung der Flüchtlingsgruppen und Räuberbanden notwendig samt einem Ausblick auf den Messiasprätendenten Simon b. Giora.
Bezüglich der judäischen und galiläischen Flüchtlingsgruppen und Räuberbanden wird man nicht mehr sagen können, als daß es sich um verschiedenste Landbevölkerung sowie Bewohner der kleineren Städte handelt, die vor den anmarschierenden Römern fliehen konnten. Wenn allerdings bereits Kämpfe stattgefunden haben, muß man davon ausgehen, daß in der Regel - wie bei Johannes von Gischala - nur Männer der kämpfenden Abteilungen Jerusalem erreichen konnten. HORSLEY hat nun vorgeschlagen, daß man bei letzteren durchweg an Räuberbanden, spezieller an ein "soziales Banditentum" denken muß[16].

Der Idealtypus des "sozialen Banditentums" (moderne Beispiele sind Robin Hood, Schinderhannes und Pancho Villa) ist gekennzeichnet[17] durch den Entstehungsraum einer vorindustriellen bäuerlichen Gesellschaft, die von einer auswärtigen Besatzungsmacht oder der einheimischen, aber entfremdeten Aristokratie bedrückt und ausgebeutet wird. In Zeiten wirtschaftlicher Krisen und sozialer Entwurzelungen bedarf es dann oft nur eines einzelnen auslösenden Aggressionsaktes seitens der Unterdrücker, damit vereinzelte Desperados oder Banden sich in schwer zugängliche Gegenden zurückziehen, um von dort die Reichen zu bekämpfen und die Armen zu unterstützen. Diese Unterstützung verstärkt gleichzeitig die eigene Basis in der Dorfbevölkerung, die oft die gleichen religiösen Grundüberzeugungen vertritt wie die Räuber und jene in Legenden und Liedern verherrlicht und zum "Hoffnungssymbol" werden läßt. Die Wirkungsdauer der Banden ist in der Regel nur kurz.

Derartige Grundbedingungen hat HORSLEY auch für den syrisch-palästinischen Raum im 1. vor- und nachchristlichen Jahrhundert nachgewiesen und

---

[16] Cf Horsley, art. cit. (Anm 3); ders., Josephus and the Bandits, JSJ 10 (1979) 37-63. Die Bezeichnung "Social Banditry" verdankt sich den Untersuchungen von E. Hobsbawm (cf Horsley, Josephus, 42 Anm 14).

[17] Cf Horsley, Josephus, 42-47; Stenger, Bemerkungen zum Begriff "Räuber" im Neuen Testament und bei Flavius Josephus, BiKi 37 (1982) 89-97: cf S. 90f. Ein "Idealtypus" dient, wie schon Max Weber 1904 gezeigt hat, der Klassifikation und ist ein "Gedankenbild": "In seiner begrifflichen Reinheit ist dieses Gedankenbild nirgends in der Wirklichkeit empirisch vorfindbar, ..., und für die historische Arbeit erwächst die Aufgabe, in jedem einzelnen Falle festzustellen, wie nahe oder wie fern die Wirklichkeit jenem Idealbild steht" (Weber, Die "Objektivität" sozialwissenschaftlicher und sozialpolitischer Erkenntnis, in: ders., Gesammelte Aufsätze zur Wissenschaftslehre, hrg. v. J. Winckelmann, 1968[3], S. 146-214: zit. S. 191).

"soziales Banditentum" in drei Perioden vermutet: während der Aufstiegszeit des jungen Herodes, in den ersten Jahrzehnten des 1. Jahrhunderts n.Chr. und hauptsächlich in den 50er und 60er Jahren[18]. Die daraus abgeleitete Hypothese lautet, daß der Aufstand gegen Rom auf jüdischer Seite nicht durch eine mehr oder weniger geschlossene Widerstandsbewegung initiiert worden ist (gegen HENGEL)[19], sondern - so HORSLEY - "I suggest that Jewish banditry, which became epidemic under the last few procurators before the Revolt, was a significant, perhaps the most significant, identifiable social form taken by a nascent Jewish rebellion against the Romans as well as their sacerdotal aristocracy"[20]. Die Grundthese ist gleichfalls die eigentliche - auch von HORSLEY wohl empfundene[21] - Grundschwäche dieses Ansatzes: Die Entwicklung von einem "sozialen Banditentum", das nur in kleinen Banden organisiert ist zu einem großen Aufstand und Krieg gegen die Römer kann HORSLEY nicht wahrscheinlich machen. Weiterführend ist hier die differenziertere von STENGER vorgetragene Sicht[22]: Es gibt eine Koexistenz von "sozialem Banditentum" und jüdischen Aufstandsgruppen, wobei das (unpolitische) Banditentum einerseits (nur) eine Vorform der ideologisch-theologisch motivierten Widerstandsgruppen war; andererseits sind durch die (zeitliche) Koexistenz Berührungen, Kontakte und Mischformen zwischen beiden Erscheinungen denkbar. Für ein solches Nebeneinander sprechen sowohl Belege aus dem NT[23] als auch die Beobachtung, daß bei Jos. die "λῃσταί" gerade nicht nur auf "soziale Banditen" zu beschränken sind[24]. Darüber hinaus hat STENGER weitere charkteristische Unterschiede zwischen "sozialem Banditentum" und jüdischer Widerstandsbewegung zusammengetragen[25], wo-

---

[18] Cf Horsely, Josephus, 53-60; ders., Ancient Jewish Banditry, 412-422.

[19] Hengels Ergebnisse ("Zeloten") sind Horsleys "wichtigste" Gegenpositionen: cf Horsley, Josephus, S. 37 Anm 1. S. 63; ders., Ancient Jewish Banditry, S. 409 Anm 1. S. 432; ders., The Zealots, NT 28 (1986) 159-192: cf S. 159; s.o. 1.2, ac), Anm 45.

[20] Horsley, Ancient Jewish Banditry, 410f; entscheidend ist die Formulierung "the most significant": cf jedoch unten Anm 27.

[21] Cf Horsley, Ancient Jewish Banditry, 411.

[22] Cf Stenger, Bemerkungen, 92-96.

[23] Während die Schächer am Kreuz (cf Mk 15,32b; sie werden nur in Mt 27,44 "λῃσταί" genannt) Angehörige von Widerstandsgruppen gewesen sein dürften, da auch in Mk 15,7 von "Aufständischen" (στασιασταί = Barrabas und Genossen) die Rede ist, sind z.B. die "λῃσταί" aus dem Samaritergleichnis (Lk 10,30) "soziale Banditen" und keine Aufständischen: cf Stenger, Bemerkungen, 92.

[24] Cf Stenger, Bemerkungen, 92 (mit Rückgriff auf Hengel, Zeloten, 42-47). Dies konnte auch Horsley nicht übersehen: cf ders., Josephus, 38-40; ders., The Sicarii: Ancient Jewish "Terrorists", JR 59 (1979) 435-458: cf S. 436.454 Anm 59.

[25] Cf Stenger, Bemerkungen, 93-96: Soziale Banditen haben ein eher evasives Freiheits-

bei seine Grundannahme ist, "den Augenblick des Übergangs von sozialem Banditentum zu bewußtem Widerstand ... im Auftreten des Judas Galiläus zu sehen"[26].
STENGERs Bemerkungen sind also eine Verbindung von HENGELs These und HORSLEYs Antithese. Das enge Verhältnis von sozioökonomischen und ideologisch-theologischen Ursachen des Krieges ist damit erneut markiert[27].

Eine solch enge Verknüpfung - wiederum auf dem Hintergrund Räuberbanden/Widerstandsbewegung - zeigt sich auch bei den verschiedenen Messiasprätendenten[28], die seit dem Tod des Herodes auftraten. Durch die deutliche Unterscheidung von den Zeichenpropheten wird man in den Männern, die Jos. als "βασιλεῖς" benennt bzw. deren (angemaßte) Königswürde er darstellt, messianische Prätendenten annehmen dürfen[29]. Während wir bei Judas b. Hiskia/Judas Galiläus nicht nur aufgrund der umstrittenen Identität bei-

---

verständnis, die Widerstandsbewegung erstrebt dagegen politische Veränderung (Freiheit als "Realutopie"); die galiläischen Räuberbanden sind regional begrenzt, der politisch-religiöse Widerstand des Judas Galiläus wird aber auch in Judäa wirksam, erhebt die Censusfrage (6 n.Chr.) zum Bekenntnisakt und erstrebt die Kontrolle der Hauptstadt; die sozialen Banditen vertreten eher unklare apokalyptisch-millenaristische Erwartungen, während Judas Galiläus Freiheitsliebe und Gottes Alleinherrschaft verbindet (wobei später auch eine messianische "Vermittlung" - z.B. bei Menahem - wirksam sein kann: s.u.); während für die sozialen Banditen die Wüste nur ein Rückzugsgebiet ist und der Selbstmord vor der Kapitulation auch ohne theologische Motivation belegbar ist, haben beide Größen bei den jüdischen Widerstandsgruppen eine theologisch-eschatologische Ausprägung.

26 Stenger, Bemerkungen, 92f: Formale Hinweise sind vor allem die Bezeichnungen des Judas als "σοφιστής" (bell 2,118.433) und "ἡγεμών" der "4. Sekte" (ant 18,23); zu inhaltlichen Hinweisen s.o. Anm 25.

27 Cf auch Hengel, Zeloten und Sikarier, erw. Fassung in: ders., Die Zeloten, 2. Aufl. 1976, S. 387-412: cf S. 394f: "Als Ergänzung würde ich freilich die soziale Komponente ihres Kampfes noch stärker betonen, als es damals geschah": Während bei Horsley in den bisher genannten Aufsätzen apokalyptische Erwartungen eher am Rande behandelt wurden und eine Verhältnisbestimmung zu den aufständischen Gruppen fehlt (cf Josephus, 62f; Sicarii, 444f.457f; Ancient Jewish Banditry, 426), hat auch er neuerdings den Zusammenhang zwischen messianischen Bewegungen und sozialem Kontext hervorgehoben (cf Horsley, Popular Messianic Movements arround the Time of Jesus, CBQ 46, 1984, 471-495: cf bes. S. 480-491; ebd., 494 findet sich auch die - imgrunde korrigierende - Klarstellung hinsichtlich des *Unterschiedes* von sozialen Banditen und messianischen Bewegungen: Politisches Bewußtsein und Aktionsprogramm hatten nur die messianischen Bewegungen; diese zutreffende Kennzeichnung sollte jedoch m.E. - im Sinne der obigen Erwägungen - auf alle religiös-politischen Aufstandsgruppen ausgeweitet werden).

28 Zu den Messiasprätendenten cf die Zusammenstellung bei Hengel, Zeloten, 297-304.

29 Cf Barnett, The Jewish Sign Prophets - A.D. 40-70, NTS 27 (1981) 679-697: cf S. 686f.

der[30], sondern auch wegen der unklaren Belege[31] Zurückhaltung üben müssen, können wir sowohl bei dem Sklaven Simon in Peräa als auch bei dem Hirten Athronges königlich-messianische Ambitionen voraussetzen[32]; aus der Zeit des Krieges kommen Menahem und Simon b. Giora hinzu[33].

Gemeinsam ist allen vier Anwärtern, daß sie nur von niederer Herkunft sind[34], Simon b. Giora sogar von einem Proselyten abstammt. Wenn also in jener Zeit Menschen einfacher Herkunft zu religiösen Hoffnungsträgern werden[35], in den genannten vier Fällen sogar zu königlich-messianischen Prätendenten avancieren, so erhellt dies die fast unauflösliche Verknüpfung sozialer und religiöser Elemente. Ausdrücklich wendet sich ja die Opposition gegen Menahem (bell 2,443) sowohl gegen einen Messias als auch gegen Menahems einfache Herkunft und schließlich gegen die Kombination beider Teile: gegen den messianischen Anspruch eines Emporkömmlings[36]. Da nun

---

[30] Cf vor allem Hengel, Zeloten, 337f, der die Identität befürwortet; dagegen z.B. Horsley, Popular Messianic Movements, 485.

[31] Ant 17,271f erwähnt, daß Judas nach königlicher Ehre strebt, während bell 2,56 hiervon nichts berichtet.

[32] Zu Simon cf bell 2,57f/ant 17,273-276; Tac., hist 5,9; zu Athronges cf bell 2,60-65/ant 17,278-284.

[33] Zu Menahem cf bell 2,434.443f (zu den rabbinischen Belegen cf Hengel, Zeloten, 301f); zu Simon b. Giora cf bell 4,510.575; 7,26-31 (dazu cf M/B, VII Anm 20); zu Johannes von Gischala s.u. 1.2, bc), S. 160f.

[34] Gegen Farmer, Judas, Simon and Athronges, NTS 4 (1957/58) 147-155, der für seine Vermutung einer makkabäisch-hasmonäischen Abstammung dieser drei Prätendenten keine hinreichenden Argumente anführen kann.

[35] In diese Reihe gehören dann auch Johannes der Täufer und Jesus sowie die von Jos. erwähnten, meist anonymen, Zeichenpropheten (Überblick bei Barnett, Sign Prophets, 679.681-686).

[36] Beide Elemente sowie deren Kombination sind in bell 2,443 aufgeführt: Der Aufstand gegen die Römer geschah aus "Liebe zur Freiheit" (dies wendet sich gegen den Messias, der Gottes Alleinherrschaft, die die Freiheit ermöglicht, beeinträchtigt), und deshalb darf die Freiheit (und Gottes Alleinherrschaft) nicht "einem einfachen Mann aus dem Volk" (gegen Menahems Herkunft) preisgegeben werden und dürfen die Eleazaranhänger keinen "Gewaltherrscher dulden, der selbst wenn er keine Gewalttat beginge, doch seiner Herkunft nach weit unter ihnen stünde" (gegen Menahems messianische Ansprüche). Gegen Horsley, Menahem in Jerusalem, A Brief Messianic Episode among the Sicarii - Not "Zealot Messianism", NT 27 (1985) 334-348, der, um seine im Aufsatztitel ausgedrückte Hypothese zu beweisen, Menahem von den übrigen Messiasprätendenten auch der sozialen Herkunft nach trennt (cf ebd., 344-346), aber den dieser These entgegenstehenden Beleg bell 2,443 trotz eines suggerierten ausführlichen Zitats (cf ebd., 339) übergeht.

auch "soziale Banditen" zu (religiösen) Hoffnungssymbolen werden konnten[37] und Simon und Athronges derartige Räuberbanden, Menahem schon eine Widerstandsgruppe sowie Simon b. Giora eine expandierende Mischform zwischen beiden[38] befehligten, liegt die Vermutung nahe, daß diese Gruppen diejenigen messianischen Traditionen aufgegriffen haben, die einen kriegerischen Messias propagierten; das Vorbild König Davids bot dafür ein Deutungsmuster: Er war Hirte wie Athronges und später Bandenführer[39].
Während Simon und Athronges keine längerfristige Wirksamkeit beschieden war, gelangten Menahem und Simon b. Giora immerhin nach Jerusalem, wo es Simon erreichte, von dem größten Bevölkerungsteil anerkannt zu werden: Das Volk bejubelte ihn bei seinem Einzug als "σωτήρ" und "κηδεμών" (bell

---

[37] Bei Hiskia, dem Vater des Judas (s.o. Anm 30f), kann man dies begründet vermuten: cf bell 1,204f in Beziehung zu § 201f (cf M/B, I Anm 106).

[38] Die Simongruppe bestand, noch bevor sie in Jerusalem wirkte, "nicht mehr nur aus Sklaven ("δούλων") oder Räubern ("ληστῶν"), sondern umfaßte auch eine stattliche Zahl von Bürgern ("δημοτικῶν"), die ihm wie einem König ("ὡς πρὸς βασιλέα") gehorchten" (bell 4,510; cf auch § 508: Sklaven und Freie). Horsley, Ancient Jewish Banditry, 430 bezeichnet diese Gruppe als "peasants-turned-bandits", wodurch "bandits/λησταί" als Oberbegriff erhalten bliebe; dies ist jedoch m.E. nicht korrekt: Wir haben es hier vielmehr mit einer Mischform zu tun, die gerade nicht nur aus Sklaven und Räubern besteht (das wäre eine mögliche Zusammensetzung der sozialen Banditengruppen), sondern auch aus "Bürgern"; Die Mischform hat sich erst entwickelt, zumal auch die Sklaven (cf § 508) samt den Freien zur ursprünglichen Räubergruppe hinzukamen. Wer die δημοτικοί sind, ist unklar: Es kann sich um einfache Landbevölkerung handeln, die auch - aber nicht nur - aus Bauern besteht. Komplizierter wird der Sachverhalt, wenn sich die δημοτικοί (§ 510) nicht nur auf die ἐλεύθεροι (§ 508) beziehen, sondern auch die in § 353 erwähnten 2000 Jerusalemer Bürger ("δημότας") mitmeinen, die nach ihrer Befreiung durch die Idumäer zu Simon geflohen waren. Obwohl hierbei (auch aufgrund von Datierungsproblemen) Fragen offen bleiben, ist der allmähliche Zuwachs von Simons Anhängern sicher belegt: Erst waren es nur Räuber (soziale Banditen), hinzu kamen dann befreite Sklaven, einfache Landbevölkerung und die Jerusalemer Flüchtlinge, über deren Zusammensetzung wir nichts wissen (cf M/B, IV Anm 81.92 sowie meinen I. Teil, 3., Anm 9); diese Jerusalemer unterstützten in Simons Lager immerhin die Bitte des Adels, in die Hauptstadt einzuziehen, da sie dort Haus und Besitz hatten (cf § 574). Dies ist also eine komplizierte und heterogene Schichtung, die man weder mit dem Terminus "social banditry" noch mit "peasants-turned-bandits" zutreffend erfassen kann (richtiger jetzt Horsley, Popular Messianic Movements, 489: "Eventually, however, with the people as a whole groping for effective leadership against foreign domination, large numbers of people, including some of the notables, came to recognize him 'as a king'").

[39] Vor allem Simon b. Giora hat das vorkönigliche Leben Davids nachgeahmt - cf M/B, Exkurs VII "Simon bar Giora" (Bd II, 1, S. 229f) -, obwohl er "außerhalb irgendeiner Berufung auf ein Familienrecht" (Michel, Studien zu Josephus, Simon bar Giora, NTS 14, 1967/68, 402-408: S. 403) steht; cf auch unten Anm 47.

4,575) und akzeptierte dadurch seinen messianischen Anspruch[40]. Simon b. Giora hatte also eine immer größer werdende Anhängerschaft seiner messianischen Ambition gewonnen: anfangs wohl nur innerhalb seiner Räuberbande, die ihn (vielleicht) proklamiert hatte, dann durch die allmähliche Vergrößerung[41] seiner Bande (s.o. Anm 38) und schließlich sogar im größten Teil der Hauptstadt. Auch wenn MICHEL meint, daß Simon sicherlich auf jede "messianische Demonstration"[42] in Jerusalem verzichtet hat, um die anderen Aufstandsgruppen nicht zu brüskieren, muß man festhalten, daß das "Volk" seinen Einzug bejubelte, und nicht der Adel oder die Aufstandsgruppen unter Johannes von Gischala und Eleazar b. Simon. Daß Simon vom Adel wohl kaum, von den Aufstandsgruppen unter keinen Umständen eine Anerkennung seiner messianischen Stellung erreichen konnte, liegt auf der Hand. In dieser Anfangsphase hat Simon auf die Aufständischen in den Tempelanlagen jedoch keine diplomatische Rücksicht genommen, sondern sie bekämpft (bell 4,578ff). Eine messianische Demonstration wäre hier insofern nicht un-

---

[40] Ein weiteres Indiz auf Simons messianische Ansprüche könnten die Bronzeschekel aus dem 4. Jahr des Aufstandes (Abbildungen: Meshorer, Ancient Jewish Coinage, Bd 2, 1982, Pl. 19, Nr. 26-30; cf auch ebd., S. 262f: Katalog) sein: cf M/B, Exkurs XI (Bd. II, 1, S. 273f). Kanael, The Historical Background of the Coins "Year four ... of the Redemption of Zion", BASOR 129 (1953) 18-20 hatte vorgeschlagen, daß die Bronzemünzen mit der Legende "לגאלת ציון" ("für die Erlösung Zions") von Simon geprägt worden sind, der im Unterschied zu seinem Rivalen Johannes nicht im Besitz des Tempelschatzes war und daher nur Notgeld schlagen lassen konnte; die Legende weise auf messianische Ansprüche Simons hin (in dieser Hinsicht folgten ihm: Hengel, Zeloten, 121f.303; M/B, Exkurse VII und XI, Bd. II, 1, S. 230.274; cf auch den forschungsgeschichtlichen Überblick von Kanael, Altjüdische Münzen, JNG 17, 1967, 159-298: cf S. 184). Jedoch ist hier die Kritik Kadmans mitzubedenken, der gegen Kanael einwendet, daß es sich eher (nur) um Notgeld als um Propagandamünzen Simons handele, da die Simonpartei mit solch minderwertigem Metall alles Ansehen verloren hätte: Sie "would, therefore, have preferred not to issue any coins at all, rather than issue them of inferior material" (Kadman, The Coins of the Jewish War of 66-73 C.E., CNP R. 2, Bd. 3, 1960, S. 100 Anm 95). Man kann jedoch festhalten, daß גאלה eine eschatologische Erlösung meint (cf Meshorer, Ancient Jewish Coinage II, 122f: Er verweist hier, wie schon Kanael, Background, 19, zu Recht auf die römischen Verhältnisse nach Neros Tod, die auf jüdischer Seite als göttliche Strafe gedeutet werden konnten; Belege wären bell 1,5; 6,341). Ob גאלה darüber hinaus, wie später im Rabbinat (cf Hengel, Zeloten, 122 Anm 4), messianisch gedeutet wurde, muß offen bleiben - falls dies aber der Fall war, wird man Simon b. Giora kaum übergangen haben können, zumal Johannes von Gischala m.E. keine messianischen Ansprüche erhoben hat (anders: Hengel, a.a.O., 122).

[41] Die in bell 4,508 erwähnte Vergrößerung der Räuberbande durch Befreiung der Sklaven und Geschenke für die Freien ist die (erste?) Inanspruchnahme und Proklamation königlichen Rechts (cf Michel, Simon, 402f).

[42] Michel, Simon, 404; cf jedoch Anm 40.

angemessen[43], als ja das Heiligtum angegriffen werden mußte. Auch die spätere Hinrichtung derjenigen Adligen, die Simon in die Stadt geholt hatten (cf bell 5,527-533), könnte den Hintergrund haben, daß auch diese Simons messianische Stellung nicht akzeptierten[44]. Demgegenüber hat die Volksmenge solche Ansprüche Simons anerkannt (und vermehrt?), zumal wir begründet vermuten dürfen, daß die ehemaligen Jerusalemer Flüchtlinge in Simons Partei (s.o. Anm 38) für ihren "König" und kriegerischen "Nassi" Propaganda gemacht haben. Eine messianische Demonstration Simons ist schließlich seine freiwillige Selbstpreisgabe an die Römer: In weiß-roten Gewändern "erscheint" er auf dem ehemaligen Tempelplatz (bell 7,26-31)[45], wird verhaftet und später als (einziger) Anführer des Aufstandes während des Triumphzuges in Rom hingerichtet (§ 153f).

Trifft es zu, daß Simon schon aufgrund seiner Entwicklung als ein kriegerischer Messias[46] betrachtet werden konnte, so wird man die Schlußfolgerung

---

43 Angemessenheit sagt über Wahrscheinlichkeit jedoch noch nichts aus; denkbar wäre auch eine geplante Demonstration im Tempel nach dem - jedoch nicht eingetretenen - Sieg.

44 Darauf deuten die Formulierungen in bell 5,528 (Matthias hatte Simon als "Beistand" in die Stadt geholt, "und zwar ohne vorher irgendwelche Abmachungen festzusetzen oder eine Schlechtigkeit von ihm zu erwarten") und in § 529 (als Simon sich der Stadt bemächtigt hatte, "da zählte er diesen Matthias, der für ihn eingetreten war, genau wie alle anderen zu seinen Feinden, weil er seiner Meinung nach diesen Rat nur aus dummer Einfalt gegeben haben konnte"). Während Jos. - wie schon in 4,573ff - die Unwissenheit der Adligen herausstellt, könnte der reale Hintergrund der sein, daß die Adligen Simons militärische Stärke benötigten, und damit doch wohl auch einen Herrschaftsanspruch in Kauf nahmen, dessen messianische Ansprüche aber völlig übersehen hatten. Der Prozeß als solcher stellt Simons "disciplina" heraus, so daß Michel immerhin auf Simon als eschatologisch-charismatischen Nassi hinweist: "der eschatologische und charismatisch bestimmte Nassi hat offenbar von Anfang an ein apodiktisches Kriegsrecht durchgeführt ... Es war ein heiliger *cherem*, ein Bann, der das Unheilige aus dem Umkreis des Heiligen ausscheiden mußte" (Michel, Simon, 406). Horsley, Popular Messianic Movements, 490 vermutet darüber hinaus, daß hier Vorstellungen aus PsSal 17,26ff (der Messias reinigt und heiligt das Volk nach dem Endkampf) wirksam gewesen sein könnten: Dies könnte möglich sein, auch wenn der Endkampf hier noch bevorsteht; Vorsicht ist insofern geboten, als - wie Horsley m.R. hervorhebt - Erwartungen des (einfachen) Volkes nicht einfach mit denen der literarisch produktiven Gruppen ineinsgesetzt werden können (cf Horsley, ebd., 471f.481f).

45 Cf M/B, VII Anm 20.

46 Dafür spricht nicht nur seine Herkunft, sondern auch der Hinweis auf seine Körperkraft (cf bell 4,503; dies wurde schon bei den Messiasprätendenten Simon und Athronges hervorgehoben: cf bell 2,57.60). Zum messianischen "Gibbor"-Motiv cf Hengel, Zeloten, 298 Anm 2; Michel, Simon, 403. Unentschieden ist Rhoads, Israel, 142f.145 Anm 73.147.

ziehen müssen, daß sich an ihn - in Jerusalem angelangt - auch die Erwartungen und Hoffnungen knüpften, er werde von der uneinnehmbaren Gottesstadt aus die anstürmenden Feinde vernichten. Bestärkt werden konnten solche Erwartungen durch die (auch propagierbare) Erinnerung an die Niederlage des Cestius Gallus (s.o.): Schließlich war Simon der einzige, der schon das anmarschierende römische Heer erfolgreich angegriffen hatte (bell 2,521); ebenso wichtig sind Simons Erfolge im südlichen Judäa und in Teilen Idumäas (bell 4,514-544.556f)[47].

Die allgemeinen Unzerstörbarkeitshoffnungen haben damit in Simon b. Giora eine Personifikation gefunden[48], während die Tempelzeloten und Johannes von Gischala eine messianische Vermittlung im endzeitlichen Kampf nicht benötigten.

bc) Die Erwartung von Gottes Symmachie im Heiligen Krieg

In diesem Abschnitt sollen Erwartungen der göttlichen Kriegshilfe, die durch Tempel, Kult und geschichtliche Vorbilder begründet werden können, analysiert werden. Während M. HENGEL vor allem die Vorgeschichte und erste Phase des jüdisch-römischen Krieges (bis zur Belagerung Jerusalems) untersucht hat[1], liegt hier der Schwerpunkt auf der zweiten Phase des Krieges[2];

---

[47] Im Anschluß an Michel, Simon, 403 fragt Horsley, Popular Messianic Movements, 489: "whether it was only for strategic reasons that Simon solidified his control of as much of southern Judea and Idumea as possible, and especially the town of Hebron, before pressing on to Jerusalem. Was he not rather 'liberating' ... the original territory of Judah, including Hebron, which was surely remembered as the place where David was first anointed prince of Judah, and from which, recognized as king of all Israel, he went to take Jerusalem and to liberate the whole country?".

[48] Cf bell 5,309: "am größten waren übrigens Scheu und Ehrfurcht vor Simon, und so sehr war jeder Untergebene an ihn gebunden, daß er auf dessen Befehl hin auch zum Selbstmord fähig gewesen wäre".

[1] Cf Hengel, Die Zeloten, AGJU 1, (1961) 1976[2], 287-293; Hengel unterscheidet drei Stadien des Heiligen Krieges: 1. der Kleinkrieg in der Wüste (seit Judas Galiläus) als vorbereitende Prüfungs- und Läuterungszeit, 2. die Volkserhebung im Jahre 66 n.Chr. als aktive Periode (Auftakt zum großen endzeitlichen Vernichtungskrieg) und 3. die durch die römischen Erfolge eingeleitete passive Phase, in der "die große Wende immer weniger vom eigenen Waffenerfolg, als vielmehr von Gottes wunderbarem Eingreifen erwartet wurde" (ebd., 293). Den Endkampf um die inneren Tempelanlagen hatte Hengel zuvor unter dem Gesichtspunkt des Eifers für Gesetz und Heiligtum dargestellt (ebd., 226-229), wodurch in seiner Endbewertung die m.E. entscheidenden Elemente des Heiligen Krieges (Tempelorientierung und kultische Versicherung) nicht berücksichtigt werden; dazu s.u.

[2] Zur Ereignisgeschichte cf den I. Teil, 2. und 5.

dabei fragen wir nach Vorkommen, Begründung und Trägerkreisen.
Begründungs- und damit Propagierungsmöglichkeiten einer göttlichen Wirksamkeit im Heiligen Krieg können auf verschiedene Art und Weise erfolgen: einmal durch den Hinweis auf den eingetretenen Erfolg, zweitens durch Rekurs auf Vorbilder und Beispiele der eigenen Geschichte (s.o. 1.1, b) und schließlich durch eine kultische Versicherung der Hilfe. Alle drei Möglichkeiten sind - auch in Kombinationen - im jüdisch-römischen Krieg belegt, und zwar sowohl auf Seiten der Aufständischen als auch in den (prorömischen) Argumentationen des Jos.
Die Ansicht, daß der Erfolg die göttliche Kriegshilfe bestätigt habe (und umgekehrt)[3], erklärt Motive der Anfangsphase des Aufstandes. Die Niederlage des Cestius Gallus rief Siegesstimmung hervor (bell 2,554) und die Hoffnung, die Römer endgültig besiegen zu können (vit 24). Aus einer solchen Euphorie heraus sind die expansionistischen Aktionen gegen die heidnischen Nachbarn zu verstehen, wobei die eigenen Mißerfolge und Niederlagen (vor Askalon und in Galiläa) eine Korrektur erforderten[4], weil Gottes Symmachie sich hier nicht bewahrheitet hatte. Alle Hoffnungen und Erwartungen konzentrieren sich nun auf Zion/Jerusalem: Man erwartet passiv den Ansturm der feindlichen Mächte. Aber auch während der Belagerung Jerusalems konnte das "*Erfolgsmodell*" noch angewendet werden: Nachdem die Römer die zweite Mauer schon genommen hatten, können sie dennoch zurückgeschlagen werden; "Siegesstimmung" und "hochgespannte Erwartungen" sind auf jüdischer Seite die Folge: Man hielt es für "unmöglich, daß die Römer sich nochmals in die Stadt wagen würden, oder sie selbst, sollten jene doch kommen, noch unterliegen können" (bell 5,342)[5].
Das "Erfolgsmodell" wird, solange Erfolge errungen wurden, eine relativ weite Verbreitung und Anerkennung gefunden haben, wogegen Jos. dann auf die römische Gesamtmacht verweist (bell 2,355-387; 5,362-375).

Wirksamer als das "Erfolgsmodell" ist die Begründung der göttlichen Symma-

---

[3] Cf die makkabäischen Vorbilder: s.o. 1.1, b).

[4] Cf Hengel, Zeloten, 290f.

[5] Ähnliches läßt sich auch nach der Vernichtung der römischen Belagerungswälle und -maschinen (bell 5,466ff) denken: Jos. beendet diesen Abschnitt, indem er allerdings die Stimmung im römischen Lager schildert, die sich jedoch ebenfalls um die Unbesiegbarkeit der Stadt dreht (§ 490: "viele zweifelten allen Ernstes daran, ob mit gewöhnlichen Maschinen die Stadt überhaupt einzunehmen sei"). Darüber hinaus könnte auch der in bell 5,93 erwähnte "panische Schrecken" auf römischer Seite von den Juden als "Jahweschrecken" verstanden worden sein (cf M/B, V Anm 25) und auf Gottes erfolgreiche Kriegshilfe hindeuten; cf auch Betz, Stadt und Gegenstadt, Ein Kapitel zelotischer Theologie, (1978), jetzt in: ders., Jesus, Der Messias Israels, WUNT 42, 1987, 25-38: cf S. 30.

chie mit Hilfe der Vorstellung, Gott selbst beschütze das Heiligtum und daher alle Mitkämpfer, die sich in Stadt und/oder Tempel befinden. Wirksamer ist eine solche Begründung, weil sie eigene Niederlagen relativieren kann, vor allem aber weil sie durch geschichtliche Vorbilder und eine gefestigte Tradition[6] bestärkt wird. Ich werde dieses Begründungsmuster im folgenden "*Tempelmodell*" nennen. Konstitutiv für die Begründungsstruktur nach dem "Tempelmodell" ist die Auffassung der Gegenwart Gottes im Heiligtum[7], der durch angreifende Feinde oder kultische Verunreinigungen bedroht oder beleidigt wird und sich dagegen zu Wehr setzt.

Auch Jos. bedient sich des "Tempelmodells", indem er, da er selbst zu den angreifenden Feinden gehört, den Aufständischen (insbes. Johannes) dauernde Verunreinigungen und Tempelfrevel vorwirft[8].

Die Aufständischen ihrerseits wenden das "Tempelmodell" gegenüber den Belagerern an[9]. Nach bell 5,459 verspotten und beschimpfen die Juden die Römer, die gerade mit den Dammarbeiten gegen Tempelzitadelle und Oberstadt beschäftigt waren: "Aber trotzdem[10] werde auch der irdische Tempel

---

[6] S.o. 1.1, b).

[7] S.o. 1.1, a), S. 63f (im Kontext der Reinheitskonzeption) und 1.1, b), S. 80ff (makkabäische Tempelorientierung).

[8] Cf nur die grundlegenden Belege, die sich gleichzeitig auf Gottes Symmachie beziehen, in den verschiedenen Reden: bell 2,390ff (Agripparede: s.o. 1.2, ab, S. 118f); 4,189-192 (Ananosrede: cf dazu auch 1.1, a, S. 66f); 5,376f.403 (Josephusrede: s.u.); 6,99f (Josephusrede: s.u.); laut Jos. hilft Gottes Symmachie den Römern: cf bell 4,366; 5,412; 6,41; 7,319.

[9] Zur speziellen Frage der kultischen Verunreinigung samt der Positionen der Zeloten unter Eleazar b. Ananias und der Tempelzeloten s.o. 1.2, ab) und ac); ich werde darauf unten zurückommen.

[10] "trotzdem" bezieht sich auf den vorausgehenden Paragraphen bell 5,458 ("und wenn auch dieser Tempel dem Untergang geweiht sei, so habe doch Gott noch einen besseren als diesen, nämlich die Welt"); § 458 ist in seiner hellenistischen Färbung (cf M/B, V Anm 185) m.E. eher dem Jos. zuzuschreiben als den Aufständischen, weil dieser dadurch gegenüber seinen Lesern die ehrliche Orientierung der Aufständischen am irdischen Jerusalemer Tempel bestreiten kann. Auf keinen Fall sollte § 458 zu weitreichenden Spekulationen mißbraucht werden: cf auch die forschungsgeschichtliche Anm. bei Dexinger, Ein "messianisches Szenarium" als Gemeingut des Judentums in nachherodianischer Zeit?, Kairos N. F. 17 (1975) 249-278: cf S. 273 Anm 108: Weder Hengels Vorschlag, es ginge hier um die zelotische Hoffnung auf die weltweite Gottesherrschaft (cf Hengel, Zeloten, 312f), noch Thomas Interpretation, daß auch die Aufständischen "die Grundvoraussetzung jeder möglichen Überwindung der Katastrophe ... teilten: daß Israel in seinem Bestand nicht wesenhaft vom Fortbestand eines kultisch-nationalen Integrationszentrums abhängt" (Thoma, Die Zerstörung des jerusalemischen Tempels im Jahre 70 n.Chr., Diss.phil. Wien 1966, S. 52), sind angemessen. Daß § 458 eher ein

von dem gerettet werden, der in ihm wohne; und weil sie diesen zum Verbündeten ("σύμμαχον") hätten, könnten sie über alle Drohungen nur lachen, hinter denen ja doch die Tat zurückbleibe, denn die letzte Entscheidung ("τέλος") stehe bei Gott".
Die beiden folgenden Belege stehen mit Johannes von Gischala in Verbindung.

- Nach der Schleifung der Antonia und der erzwungenen Einstellung des Tamidopfers entgegnet er auf die Kapitualationsforderung des Jos., er fürchte die Eroberung niemals, "θεοῦ γάρ ὑπάρχειν τὴν πόλιν" (bell 6,98); daß es sich hier nicht nur um die Unbezwingbarkeit der Stadt als solches handelt, sondern eine Begründung nach dem "Tempelmodell" vorliegt, zeigt einerseits die scharfe und ironische Antwort des Jos. in § 99f, in der die Befleckung des Heiligtums und Gottes Symmachie verknüpft werden (cf auch 5,403), und andererseits wird dies durch realgeschichtliche Tatsachen erhärtet, nach denen Johannes sein militärisches Zentrum in den Tempelanlagen hatte und nicht die Eroberung der (Ober-) Stadt, sondern die des Tempels bevorstand.
- Wie die "vielen Propheten" so ist auch der "falsche Prophet", der die Volksmenge in den Tempel führt, um "τὰ σημεῖα τῆς σωτηρίας" (6,285)[11] zu erwarten, von Johannes und Simon beauftragt (§ 286).

Weiter wird aus 5,36.562-565 erkennbar, daß Johannes Kämpfer für Gott und Tempel sein wollte, so daß auch die Verpflegung seiner Leute ohne Furcht[12] aus den Weihegaben des Tempels erfolgen kann. Verbindet man die beiden oben erwähnten Belege aus bell 6 mit diesen Stellen aus dem 5. Buch, so wird folgendes Bild deutlich: Nicht nur Johannes' militärische Aufgabe, sondern gerade seine theologische Motivation besteht in der Verteidigung des Tempels gegen die anstürmenden Heiden; dabei ist er davon überzeugt, daß Gott selbst am Ende und dann endgültig seinen Kämpfern zu Hilfe kommen wird. Ein solches Selbstbild sowie die Begründung nach dem "Tempelmodell" ent-

---

versteckter Vorwurf gegen die Aufständischen ist, wird weiter dadurch wahrscheinlich, daß Jos. auch sonst keine Äußerung der Aufständischen bzgl. ihrer Hoffnung auf Gottes Kriegshilfe unkommentiert wiedergibt (cf bell 5,343.403; 6,99f.287; cf auch 4,122ff: s.o. 1.2, bb, S. 147f).

[11] Cf auch bell 5,306.

[12] Bell 5,564: ".. ὡς δεῖ μετ'ἀδείας καταχρήσασθαι τοῖς θείοις ὑπὲρ τοῦ θείου καὶ τοὺς τῷ ναῷ στρατευομένους ἐξ αὐτοῦ τρέφεσθαι"; cf auch M/B, V Anm 218, die allerdings vermuten, Johannes nehme messianisches Recht in Anspruch (cf Davids Vorbild in 1 Sam 21,7). Eher handelt es sich um eine Gleichstellung zwischen Verteidigern und Priestern (cf Num 18,8-19; Dtn 18,1-8): Diese Gleichstellung bzw. das "Brechen" des göttlichen Gebots läßt sich kaum mit Mk 2,25f (M/B, ebd.), sondern - aufgrund der gleichen militärischen Notsituation - mit der makkabäischen Erlaubnis, auch am Sabbat kämpfen zu dürfen (1 Makk 2,41), parallelisieren: Der Angriff der feindlichen Heiden suspendiert rituelle Verordnungen zwecks Verteidigung der Religion; schließlich spielte der Sabbat auch bei Johannes' Flucht aus Gischala eine große Rolle.

spricht makkabäischen Vorbildern[13], denn auch sie besiegten mit Gottes Hilfe den anstürmenden Tempelfrevler Nikanor und betrachteten sich als Verteidiger des Tempels[14].

Betrachtet man das Selbstbild auf dem Hintergrund von Johannes' Vorgeschichte und seinem Eintreffen in Jerusalem[15], so kann man auch hier annehmen, daß sich diese theologisch motivierte Selbsteinschätzung in der Zwischenzeit entwickelt hat. Johannes hatte ja anfangs noch Kontakte zur adligen Aufstandsführung unter Ananos, war deren Vermittler bei den Tempelzeloten und wechselte dabei die Seiten. Seine nachfolgende Leistung bestand darin, daß er verschiedenste Teile unter sein Kommando bringen konnte: junge Jerusalemer Aufständische (teilweise ehemalige Anhänger des Eleazar b. Ananias)[16], einzelne Flüchtlingsgruppen, seine galiläischen Anhänger als Kerntruppe und (bis zur Ankunft Simons) den idumäischen Verband. Unklar bleibt bei Jos. die Verbindung der Tempelzeloten Verbindung zu Johannes. Die Hinweise lassen sich m.E. in folgenden Zusammenhang bringen: Beim Eintreffen und anschließendem Wüten der Idumäer und Zeloten (bell 4,305-344) wird Johannes nicht erwähnt, so daß er in dieser Phase noch keine Macht gehabt haben wird[17]; nach dem Teilabzug der Idumäer entsteht ein Machtvakuum, das kurzfristig die Tempelzeloten (4,355-365), dann aber Johannes ausnutzt; er kann mit seinen vereinigten Truppen die Tempelzeloten isolieren und in Jerusalem wie ein König[18] herrschen (4,389-397); die Abgrenzung zu den Tempelzeloten hat Johannes aber (schnell?) überwunden, da belegt ist, daß er mit ihnen die Stadt beherrscht (4,558) und nach dem Abfall der restlichen Idumäer und dem Eintreffen Simons mit den Zeloten gegen jene kämpft (4,566-584); der Kern der Tempelzeloten trennt sich seinerseits unter Eleazar b. Simon von Johannes (5,5-10), konnte aber von jenem wieder unterstellt werden (5,98-105); anschließend verteidigen sie gemeinsam die Tempelanlagen gegen die Römer.

Daß Johannes zum Verteidiger des Tempels wurde, ist also erst das Ergebnis der wechselhaften internen Auseinandersetzungen. Parallel hierzu dürfen wir

---

[13] S.o. 1.1, b), S. 89: (a) und (b).

[14] S.o. 1.1, b), S. 89 mit Anm 80; zu Gemeinsamkeiten und Unterschieden zu den Makkabäern s.u..

[15] S.o, 1.2, bb).

[16] S.o. 1.2, ac), S. 143f.

[17] Sonst hätte Jos. ihn kaum geschont; vielleicht hatte Johannes sogar maßgeblichen Einfluß auf den Abzug des idumäischen Hauptverbandes (bell 4,345-354): cf M/B, IV Anm 90.

[18] Jos. diskreditiert hier: "καὶ τοῖς ἐναντιωθεῖσιν Ἰωάννης ἀντεβασίλευσεν" (bell 4,395).

auch eine innere Entwicklung bei Johannes voraussetzen; nachzeichnen können wir diese aber nicht[19], zumal es auch keine Belege gibt, daß an ihn messianische Erwartungen oder Würden herangetragen worden wären. Dem Fehlen solcher Belege korrespondieren vielmehr die Unterschiede zu Simon b. Giora: Johannes' Eintreffen in Jerusalem wird nicht wie Simons Einzug mit königlichen Akklamationen begleitet; sein Erfolg bei ehemaligen Anhängern des Eleazar b. Ananias, die den Messiasprätendenten Menahem ermordet hatten und Simon b. Giora nicht anerkannten, wie auch sein diplomatisch-taktierendes Verhalten ist das genaue Gegenteil zum machtvollen Auftreten Simons. Die Zeitspanne seiner Alleinherrschaft in Jerusalem war zu kurz, um messianische Demonstrationen zu erlauben[20]. Die Unterschiede zu Simon (cf auch bell 5,309) sprechen m.E. dafür, daß Johannes keine messianischen Ambitionen gehabt hat, auf jeden Fall solche auch nicht hätte durchsetzen können. Die Zwangskoalition mit den Tempelzeloten und die Verteidigung des Heiligtums ließ ihm ebenfalls wenig Raum für ein messianisches Selbstbild. Seine Rolle als Tempelverteidiger und seine theologische Motivation nach dem "Tempelmodell" konvergieren hingegen mit seiner Überzeugung beim Eintreffen in Jerusalem (nur) in dem einen Punkt, daß Gottes Symmachie den Sieg sichert. Diese eine Konstante ist belegt; für messianische Ansprüche lassen sich im Gegensatz zu Simon keine hinreichenden Indizien finden[21].

Die dritte Möglichkeit, Gottes Symmachie zu begründen, ist die kultische Versicherung seiner Hilfe. Dies hängt naturgemäß eng mit dem "Tempelmodell" zusammen, hat aber seine besondere Ausprägung: erst der gereinigte Kult stellt die Gott angemessene Verehrung her und führt ihm seine einzigen und wahren Diener vor Augen, die gleichzeitig den Angriff der Heiden und Abtrünnigen abzuwehren haben. Ich nenne diese Begründungsstruktur "*Kultmodell*".

---

[19] Cf höchstens den Hinweis in bell 4,219: Johannes als "nach Gottes Vorsehung gesandter Botschafter, um den Zwist beizulegen"; diese Selbsteinschätzung entspricht genau seinen Aktionen in Jerusalem bis zum Eintreffen Simon b. Gioras.

[20] Weder Jos.' Hinweis in bell 4,395 (s.o. Anm 18) noch die Tatsache, daß Johannes' Jerusalemer Hauptquartier der dortige adiabenische Königspalast war (4,569), lassen messianische Ansprüche oder Erwartungen durchscheinen.

[21] Unklar bleibt Michel, Studien zu Josephus, Simon bar Giora, NTS 14 (1967/68) 402-408: Er deutet Johannes' Einzug (bell 4,122ff) als Einzug des "Starken", wendet das "messianische Grundelement des 'Gibor'" (S. 403) dann aber - zu Recht - nur auf Simon an (cf S. 403f; denkt Michel hier an bell 4,503b?). Aus bell 4,122f (s.o. 1.2, bb) wird jedoch nur deutlich, daß sich einerseits die Flüchtlinge als von Gott Gerettete und für den Endkampf Auserwählte verstehen konnten und Johannes andererseits auf die Uneinnehmbarkeit der Stadt verweist: Der theologische Grund liegt in Gottes alleiniger Hilfe und nicht in eigenen messianischen Ansprüchen.

Trägerkreis des "Kultmodells" sind die priesterlichen Zeloten unter Eleazar b. Ananias und Eleazar b. Simon. Sie hatten die Reinheit des Tempels hergestellt, indem sie u.a. die heidnischen Opfer- und Weihegaben beseitigten und die illegitime Priesterschaft durch rechtmäßige Vertreter ersetzten (1.2, ab, ac). Daß hierin auch eine Voraussetzung für Gottes wunderbares Eingreifen gesehen worden ist, läßt sich, obwohl Jos. besonders in dieser Hinsicht alle positiven Anliegen verdreht oder fortgelassen hat, belegen aufgrund des Schicksals der Tempelreformer im Endkampf um das Heiligtum.

Der letzte Kampf um die inneren Tempelbezirke[22] war auf jüdischer Seite ein reiner Verzweiflungskampf und zeigt schon als solches, "wie sehr das Heiligtum Mittelpunkt und Rückhalt des Kampfes"[23] gegen die Römer war. Jedoch sind in dieser letzten Phase Differenzierungen notwendig: Nicht gekämpft haben die (von den Tempelzeloten abgesetzten) Angehörigen des Priesteradels[24], am Ende geflohen sind Johannes von Gischala und (Groß-) Teile seiner Truppen (bell 6,277). Während Jos. durch 6,277 (in Verbindung mit § 273) verdreht, daß die Aufständischen sich feige gerettet haben, während das Volk im Tempel getötet wurde (§§ 282-285)[25], sind jedoch nicht alle Zeloten geflohen: Die (priesterlichen) Tempelzeloten sind in hoher Zahl getötet worden, wofür es Belege bei Jos. und Cassius Dio gibt.

Von Jos. können wir trotz der erwähnten Tendenz immerhin soviel entnehmen, daß eine ganze Anzahl von Priestern - und das können nur Tempelzeloten gewesen sein - nach der Tempeleroberung umgekommen sind; er erwähnt zwei Priester namentlich - Meir und Joseph -, die sich selbst in den brennenden Tempel stürzten (bell 6,280), sowie eine Priestergruppe, die im Anschluß an die Flucht der Aufständischen in die Oberstadt (§ 277) noch gegen die Römer mit allen Mitteln kämpft (§ 278), sich aber auf eine Tempelmauer zurückzieht (§ 279); nachdem sie sich schließlich ergeben muß, wird sie nicht wie die Angehörigen des alten Priesteradels geschont, sondern auf ausdrücklichen Befehl des Titus hingerichtet (§ 321f)[26].

---

[22] Cf bell 6,149-192.220-270. (271-287).

[23] Hengel, Zeloten, 226.

[24] Sie waren, nachdem die Römer schon in den Vorhöfen standen, noch übergelaufen: bell 6,113f.

[25] Cf M/B, VI Anm 120.

[26] Zur Rechtfertigung dieser Entscheidung stellt Jos. noch die Episode von dem betrügerischen Knaben vorweg (bell 6,318-321): cf M/B, VI Anm 154. Auch die an die Hinrichtung gleich anschließende Erwähnung der Philanthropie des Titus (§ 323f) sowie sein neuerliches Angebot, den Aufständischen bei einer Kapitulation das Leben zu schenken (§ 350), passen nicht recht ins Bild. Dieses und der Hinweis, daß die Priester auf ausdrücklichen Befehl des Titus hingerichtet werden (anders bei der Volksmenge im Tempel: bell 6,284), sprechen dafür, daß jene Priester Tempelzeloten waren.

Cassius Dio, der hinsichtlich der verschiedenen Belagerungsphasen ganz Jos. gefolgt war[27], weicht in der Darstellung des Endkampfes um den inneren Tempel von seiner Vorlage ab. Den römischen Kriegsrat (bell 6,236-243), durch den Jos. Titus noch einmal von der Verantwortung für die Tempelzerstörung entlastet[28], erwähnt Cassius Dio nicht und berichtet vielmehr, daß Titus seine Soldaten, die aus abergläubischer Furcht nicht ins Tempelinnere vorrückten, dazu erst antreiben mußte (66,6,2)[29].
Für unseren Zusammenhang ist nun entscheidend, daß Cassius Dio nachfolgend die Verteidiger beschreibt (66,6,2f): Sie verteidigten sich entschlossener und mutiger als zuvor, und zwar das Volk ("δῆμος") in den Vorhöfen, die "βουλευταί"[30] auf den Stufen (zum Innenheiligtum) und die Priester im Tempelgebäude; obwohl sie nur wenige waren, werden sie von den überlegenen römischen Streitkräften nicht eher überwältigt, als bis ein Teil des Tempels in Brand gesetzt worden war[31]; danach werfen sie sich freiwillig in die römischen Schwerter, töten sich gegenseitig, verüben Selbstmord oder stürzen sich in die Flammen, wobei "es allen, am meisten aber den letzteren schien, daß es nicht Verderben, sondern Sieg und Rettung und Seligkeit sei, wenn sie mit dem Tempel zusammen zugrundegingen" (66,6,3).
Aus welcher Quelle Cassius Dio hier schöpft, läßt sich nicht mehr klären; für eine jüdische Beeinflußung oder Tradition, spricht der Umstand der der Heiligkeit gemäß abgestuften Aufstellung und das anschließende Martyrium[32].
Vergleicht man beide Darstellungen, kristallisieren sich zunächst zwei

---

[27] Cf die Zusammenstellung bei Weiler, Titus und die Zerstörung des Tempels von Jerusalem - Absicht oder Zufall?, Klio 50 (1968) 139-158: cf S. 151.

[28] Cf Lindner, Die Geschichtsauffassung des Flavius Josephus im Bellum Judaicum, AGJU 12, 1972, 122.

[29] Cf Weiler, Titus: 152: " ... wäre der josephische Bericht nicht auf uns gekommen, es würde nach der Darstellung des Cassius Dio kaum jemand daran zweifeln, daß die Brandlegung am Tempel auf das Konto Roms zu buchen sei. Ob der Autor hier bewußt von seiner Quelle abweicht, ob er ihr hierin keinen Glauben geschenkt hat, das sind Fragen, die kaum beantwortet werden können"; cf weiter 3.1.

[30] Hengel, Zeloten, 228 Anm 2 denkt hier an Leviten; Cary, Dio's Roman History VIII, LCL, 1925/1968[4], S. 269 Anm 1 vermutet Mitglieder des Sanhedrin (so auch M/B, VI Anm 120); diese wären nach der Neuwahl des Hohenpriesters und der Oberpriester (s.o. 1.2, ac) auch Aufständische (cf auch bell 4,336).

[31] DioCass 66,6,3: " ...πρὶν ὑποπρησθῆναί τι τοῦ νεώ".

[32] Cf M/B, VI Anm 120: Sie verweisen auch auf bTaan 29a, wonach Priesterjünglinge auf dem Dach des brennenden Tempels den Tempelschlüssel in den Himmel werfen (cf auch syrBar 10,18), wo ihn Gott aufgenommen hat; danach "sprangen sie hinab und stürzten sich ins Feuer" (im Anschluß an Hengel, Zeloten, 228; cf dagegen Weiler, Titus, 152 Anm 2).

Aspekte heraus, deren Historizität man nicht bezweifeln kann:

(a) Der Kampf um den Tempel wurde erst entschieden, als das Innenheiligtum brannte; erst in diesem Augenblick brach der jüdische Widerstand im Tempel zusammen (DioCass. 66,6,3; bell 6,253a[33]).

(b) Im Augenblick des Tempelbrandes kommt es zu Selbstmorden und Metzeleien ohne Gegenwehr (DioCass. 66,6,3; bell 6,253b.259[34]).

Über die Rolle der priesterlichen Tempelzeloten schweigt Jos. weitgehend; aus den erwähnten Einzelheiten kann man jedoch weitere Rückschlüsse ziehen, die ein hohes Maß an Wahrscheinlickeit besitzen:

(c) Ein Teil der *Priester* hat im Augenblick des Brandes Selbstmord verübt (DioCass. 66,6,2; bell 6,280).

(d) Während ein Teil der Tempelverteidiger in die Oberstadt gelangen kann, verlassen einige Tempelzeloten nicht den Tempel, sondern kämpfen verzweifelt weiter (bell 6,277-279) und werden trotz Kapitulation hingerichtet (6,321f).

Diese Schlußfolgerungen können durch eine m.W. bisher nicht beachtete Koinzidenz von DioCass. 66,6,2 und bell 6,259 bestätigt und weiter konkretisiert werden. Ich gebe zunächst eine Synopse bzgl. der verschiedenen Tempelkämpfer und ihrer Position im Heiligtum.

DioCass. 66,6,2	*bell 6,259*
ὁ μὲν δῆμος κάτω ἐν τῷ προνάῳ	τὸ δὲ πλέον ἀπὸ τοῦ δήμου λαὸς ἀσθενὴς καὶ ἄνοπλος (ὅπου καταληφθείη τις ἀπεσφάττετο),
οἱ δὲ βουλευταὶ ἐν τοῖς ἀναβασμοῖς	καὶ περὶ μὲν τὸν βωμὸν πλῆθος ἐσωρεύετο νεκρῶν κατὰ δὲ τῶν τοῦ ναοῦ βάθρων (*v.l.* βαθμῶν) αἷμά τ᾽ἔρρει πολύ
οἵ θ᾽ἱερῆς ἐν αὐτῷ τῷ μεγάρῳ τεταγμένοι	καὶ τὰ τῶν ἄνω φονευομένων σώματα κατωλίσθανε.

DioCass. beschreibt die schon skizzierte jüdische Verteidigung aus der Sicht der Angreifer und differenziert die Gruppen, während Jos. eine grausige

---

[33] Bell 6,253a: "Als nun die Flamme emporschoß, erhoben die Juden ein Geschrei, das diesem schrecklichen Unglück durchaus entsprach".

[34] Bell 6,253b: "Sie liefen zusammen, um dem Feuer zu wehren und nahmen dabei weder Rücksicht auf ihr eigenes Leben noch sparten sie ihre Kräfte". Von Selbstmorden berichtet Jos. nichts, doch wird hier (und in § 259: s.u.) an mindestens vergleichbare Vorgänge zu denken sein, wie sie DioCass 66,6,3 beschrieben hat.

Schilderung der Leichenhaufen nach dem Gemetzel liefert und anfangs nur das Volk erwähnt. Dennoch kann man in beiden Texten drei Gruppen unterscheiden: Während die Lokalisierung des Volkes bei Jos. unklar bleibt und er durch "ἀσθενὴς καὶ ἄνοπλος" außerdem gegen die fliehenden Tempelverteidiger polemisiert und dadurch unglaubwürdig ist[35], befindet sich die 2. Gruppe auf den Stufen, wobei DioCass. aus der Sicht von unten nach oben und Jos. umgekehrt schildert; wenn die "βουλευταί" auf den Stufen zum Vorhof der Priester gekämpft haben, konvergiert dies mit der jos. Beschreibung, daß sich am Brandopferaltar und auf den Tempelstufen die Leichen türmten; die 3. Gruppe - laut DioCass. die Priester (= Tempelzeloten) - verteidigt das Innenheiligtum und ist mit den "weiter oberhalb" Getöteten bei Jos. identisch, denn "ἄνω" kann sich nur auf das Tempelgebäude selbst, also auf das Heilige und Allerheiligste beziehen[36].

Man kann also die Schilderung, die Jos. von den Leichen nach dem Tempelkampf bietet, mit der abgestuften Verteidigung, von der DioCass. berichtet, in Übereinstimmung bringen. Dadurch gewinnt aber die Darstellung des DioCass. ein hohes Maß an historischer Wahrscheinlichkeit, so daß eine weitere Konkretisierung der obigen Schlußfolgerungen möglich ist:

(e) Ein Teil der Tempelzeloten - unter ihnen vielleicht Eleazar b. Simon - verteidigt das Tempelgebäude, ohne an eine Flucht zu denken, und wird von den Römern ohne Ausnahme getötet oder begeht Selbstmord.

Trifft das unter (e) Gesagte zu, wird man das von DioCass. 66,6,3 erwähnte Martyrium nicht als ein verzweifeltes, aber imgrunde resigniertes Sterbenwollen interpretieren, sondern als ein letztes Herbeizwingen in absolut größtmöglicher Not[37] von "νίκη" und "σωτηρία", zumal auch Jos. in bell 6,285 die Erwartung von σωτηρία in der gleichen Bedeutung belegt: als Hoffen auf Gottes wunderbares Eingreifen im Tempel im Augenblick der größten Not. Die konsequentesten Tempelverteidiger, die die Tempelzeloten waren, haben also - im Unterschied zur Gruppe um Johannes von Gischala - bis zuletzt im Heiligtum gekämpft und Gottes himmlische Hilfe erwartet. Die Art und Weise ihres Untergangs um den Altar und vor dem Heiligen/Allerheiligsten belegt weiter, daß für sie die himmlische Hilfe im Heiligtum selbst offenbar

---

[35] Man könnte bei der waffenlosen Menge auch an eine anbetende Gruppe denken (s.u. Exkurs) oder eben an beides, an Kämpfende und Beter (cf bell 6,259: "zum größten Teil").

[36] Erst nach dem Untergang dieser Verteidiger kann Titus das Allerheiligste betreten (cf bell 6,260ff).

[37] Zum Gedanken der Steigerung der gegenwärtigen Not mit anschließender heilvoller Zukunft cf Schottroff, Die Gegenwart in der Apokalyptik der synoptischen Evangelien, in: Hellholm (Hrg.), Apocalyptism in the Mediterranean World and the Near East, 1983, 707-728: cf S. 723 (mit Hinweis auf Mt 24,15-22.29ff).

werden sollte: Der "lokalisierbare" Ort von Gottes Gegenwart soll auch der Ort seines Machterweises gegen die Heiden sein. Dies ist die letzte Steigerung der Begründung nach dem "Kultmodell" und gleichzeitig die räumliche Zuspitzung der Erwartung von Gottes Eingreifen[38].

Läßt sich das "Kultmodell" am Endschicksal der Tempelzeloten ablesen, so darf man dieses auch für die frühere Zeit voraussetzen. Ein theologisches Programm der Tempelzeloten könnte sich z. B.hinter bell 6,290f.293-295 verbergen, wenn man annehmen darf, daß Jos. hier auch auf priesterliche Diskussionen über Unregelmäßigkeiten im Kult rekurriert: Bei diesen Diskussionen könnte sich eine Gruppe auf eine apokalyptische Heilszeichentradition berufen haben, die das Offenbarwerden der Schekhinah am Altar und Tempelhaus herausstellte (cf § 290f) und gegen die Heiden wendete (§§ 293ff)[39]. Außerdem hatten die Tempelzeloten mit ihrer Tempel- und Kultreinigung erst den Grund dafür gelegt, daß Gott an diesem Ort in rechter Weise verehrt wird.

Ich möchte eine Vermutung hinzufügen: Es könnte sogar sein, daß die Tempelreformer, und zwar beide Gruppen, die Vorstellung kannten, daß erst oder besonders der gereinigte Tempel den Angriff der Heiden provozieren wird[40], und sie die Tempelreinigung als Akt eines endzeitlichen "Szenariums" verstanden. Die Ablehnung der heidnischen Weihe- und Opfergaben wäre dadurch als eigentlicher "Kriegsgrund" (bell 2,409) eher verständlich: Sie bedeutet dann nicht nur nach außen die Verwerfung des kaiserlichen Opfers als symbolische Lossagung von Rom, sondern als Tempelreinigung auch nach innen - zumindest gegenüber aufständischen Gruppen - das Fanal zum endzeitlichen Krieg, in dem der Gegner vergeblich gegen "Israel" anstürmen wird; dabei mußte man auf jüdischer Seite im Verlauf des Krieges die Größe "Israel" immer mehr reduzieren: Zu Beginn stand das Land (Judäa samt den Küstenstädten und Galiläa), dann Jerusalem und schließlich nur noch der Tempel (das Allerheiligste) im Blickfeld der Erwartung der göttlichen Symmachie[41]. Aber auch eine solche Reduzierung konnte ja als Steigerung der letzten Not verstanden werden.

---

[38] S.o. 1.1, b), S. 90 unter Punkt (d). Zu Apk 11,1f cf den Exkurs im Anschluß an diesen Abschnitt.

[39] Cf hierzu Michel, Studien zu Josephus, Apokalyptische Heilsansagen im Bericht des Josephus (BJ 6,290f.293-95); ihre Umdeutung bei Josephus, in: Ellis/Wilcox (Hrg.), Neotestamentica et Semitica, FS M. Black, 1969, 240-244: cf S. 242f, der als atl. Vorbilder Jes 60,1f und 60, 11 annimmt; zur Prodigienreihe in bell 6,288ff cf aber auch 2.2, cc).

[40] S.o. 1.1, b), S. 89f unter Punkt (c).

[41] Dies hat eine parallele Struktur zur anfänglichen Ausweitung der Reinheitsvorstellung vom Tempel auf die Stadt, sowie das Land Judäa und schließlich auf Galiläa: s.o. 1.2, aa).

Fassen wir das bisherige Ergebnis zusammen.

Für die Begründung von Gottes Symmachie, und damit für das Verständnis dieses Krieges als eines Heiligen Krieges, haben wir drei "Modelle" unterschieden: das "Erfolgsmodell", das "Tempelmodell" und das "Kultmodell". Für jedes dieser Modelle lassen sich verschiedene Trägerkreise angeben: Das "Erfolgsmodell" wird eine eher allgemeine Akzeptanz gehabt haben, zumal es für die Zeit des Erfolges ohne theologischen Interpretationsaufwand einsichtig ist; das "Tempelmodell" haben wir in der Hauptsache Johannes von Gischala zugeordnet, der dazu auf makkabäische Vorbilder zurückgreifen konnte; das "Kultmodell" wurde von den Tempelzeloten vertreten und propagiert.
Auch Simon b. Giora, dessen militärische Aufgabe in der Verteidigung der übrigen Stadt bestand, könnte hier eingeordnet werden (cf 1.2, bb): als Repräsentant und Personifizierung eines "messianischen Modells".
Die Argumentationsstrukturen der verschiedenen Modelle, die sich natürlich auch berühren und überschneiden können, lassen sich folgendermaßen gegenüber stellen:

(a) "Erfolgsmodell": Gott beschützt Stadt und Land, weil und insofern er in die Kämpfe direkt eingreift, wie an den vergangenen und gegenwärtigen Erfolgen zu sehen ist.
(b) "Tempelmodell": Gott beschützt die Stadt und den Tempel, weil er in seinem Heiligtum anwesend ist.
(c) "Kultmodell": Gott beschützt die Stadt und den Tempel, weil und insofern dort der ihm angemessene Gottesdienst stattfindet.
(d) "messianisches Modell": Gott beschützt die Stadt, weil dort sein Messias herrscht, den er nicht in die Hände der Heiden fallen lassen wird.

Den Glauben an Gottes Symmachie haben alle aufständischen Gruppen geteilt. Ohne diese Hilfe wäre in ihren Augen ein Sieg unmöglich. Die Modelle kennzeichnen dabei besondere Ausprägungen in den verschiedenen Gruppierungen, soweit sie aus den Quellen zu erschließen sind.

Die beiden Gesichtspunkte - Gottes Symmachie und deren unterschiedliche Herleitungen - sind noch einmal abschließend auf dem Hintergrund von Jos.' Position zu diskutieren. Hierbei werden auch unterschiedliche Bewertungen der Forschung erwogen.

Die zentrale Bedeutung der Frage nach Gottes Symmachie zeigt sich daran, daß Jos. sie grundsätzlich aufgreift und erörtert[42]. In einer, wie MICHEL gezeigt hat, kunstvollen Komposition verschiedener Reden wird dieses Problem in bell zur Sprache gebracht: "Die Frage der 'Bundesgenossenschaft Gottes' war von Herodes Agrippa angezweifelt (2,390-394), von Ananos als Möglichkeit positiv in Erwägung gezogen worden (4,189f); sie wird jetzt von Josephus

[42] S.o. Anm 8.

selbst aufgegriffen und negativ entschieden (5,412)"[43]. Wir skizzieren daher die Josephusrede (bell 5,362-419), da darin auch noch einmal Vorstellungen der Aufständischen greifbar werden. In einer heilsgeschichtlich orientierten Belehrung (cf §§ 376-400) entfaltet Jos. seine Auffassung, daß Gottes Kriegshilfe immer nur so erfolgte, daß er als Rächer seines Volkes (§ 376f) die Feinde besiegte, und zwar nicht mit, sondern anstatt menschlicher Aktion (§ 399f). Für (den Priester) Jos. tritt dabei eine Tempelorientierung und kultische Versicherung in den Vordergrund:

(a) Der Tempel selbst hat die Feinde niedergeworfen (cf § 377).

(b) Israels einzige Aufgabe seit der Rückkehr aus der ägyptischen und babylonischen Gefangenschaft besteht im Tempeldienst für seinen Bundesgenossen (§ 389; cf § 383: Auszug des "Tempelvolkes" aus Ägypten).

(c) Die Juden haben alles Gottes Richterspruch zu überlassen, weil und insofern sie als "Hüter der heiligen Stätte" (§ 400) qualifiziert sind.

(d) Beim Rückgriff auf die Bedrohung durch Sanherib, die auffallenderweise zweimal berichtet wird (§§ 387f.404f), verändert Jos. die atl. Vorlage 2 Kön 18,25 durch Einfügung des "Tempels" als Angriffsobjekt[44].

Vor allem das unter (d) Gesagte hat FARMER veranlaßt, diese Rede als antizelotische Polemik zu werten, die die eigentlichen Anliegen der Zeloten verdreht, wodurch also das Vorbild der Bedrohung durch Sanherib, das auch die Makkabäer benutzt hatten, als positives heilsgeschichtliches Beispiel der Zeloten angenommen werden darf[45]; zumal Jos. darüber hinaus die makkabäischen Erfolge verschweigt, zeigt sich hier ein Ansatzpunkt für FARMERs Grundthese des makkabäischen Vorbilds für die nationalistischen Aufständischen[46].

HENGEL, der FARMERs Interpretation der Josephusrede zustimmte, hat der Grundthese insoweit widersprochen, als er in der (teils antimakkabäischen) Apokalyptik eine entscheidende Prägung für die zelotische Auffassung vom Heiligen Krieg erkannte[47]. Hinsichtlich der Josephusrede hat LINDNER

---

43 Michel, Die Rettung Israels und die Rolle Roms nach den Reden im "Bellum Iudaicum", ANRW II, 21, 2, 1984, 945-976: zit. S. 959.

44 2 Kön 18,25: "Bin ich etwa ohne den Willen Jahwes gegen diesen Ort (MT: על־המקום; LXX: ἐπὶ τὸν τόπον) hinaufgezogen, um ihn zu verderben?"; cf bell 5,405: er zog heran, "um den Tempel in Brand zu setzen"; cf M/B, V Anm 165.

45 Cf Farmer, Maccabees, Zealots and Josephus, 1956, 97-111; ihm folgten - teilweise mit eigenen Erweiterungen - Hengel, Zeloten, 246f; Lindner, Geschichtsauffassung, 30-33; de Jonge, Josephus und die Zukunftserwartung seines Volkes, in: Betz, u.a. (Hrg.), Josephus-Studien, FS O. Michel, 1974, 205-219: cf S. 213.

46 Cf Farmer, Maccabees, 198f; cf dagegen die kritische Rezension von Hoenig, Maccabees, Zealots, and Josephus, JQR N.S. 49 (1958/59) 75-80: cf S. 77ff.

47 Cf Hengel, Zeloten, 2f.176-178.292f.315-318.

darauf hingewiesen, daß diese Rede nicht nur als Ausdruck antizelotischer Polemik zu interpretieren sei, sondern auch davon unabängig Jos.' eigenen kultisch-priesterlichen Standort kennzeichne: Gott ist "vom Gottesdienst im Tempel her und allein von dort aus der σύμμαχος Israels ... Wird demnach der Tempel entweiht, die rechte θρησκεία zerstört, so ist alles verloren"[48]. Diese Einschätzung LINDNERs muß man insofern erweitern, als der kultischen Ausrichtung des Jos. die gleiche - von Jos. allerdings fast eleminierte - Grundanschauung der Tempelzeloten entspricht, da diese Gottes Symmachie nach dem "Kultmodell" begründen. Die verschiedenen Herleitungen und Bestimmungen von zelotischen Vorbildern (Orientierung an Makkabäern, Apokalyptik oder Kult) haben m.E. nur dann einen Erklärungswert, wenn man sie nicht exklusiv anwendet, aber gleichzeitig die verschiedenen Aufstandsgruppierungen differenziert betrachtet.

Eine apokalyptische Grundstimmung im Sinne der Erwartung eines alles wendenden sichtbaren göttlichen Eingreifens wird man in der Endphase der Eroberung Jerusalems für alle Gruppierungen annehmen dürfen. Am ausgeprägtesten wird dies bei den Anhängern des "Kultmodells" und des "messianischen Modells" der Fall gewesen sein. Inwieweit der Messias Simon ein (zusätzliches) göttliches Eingreifen erwartete, oder ob er bzw. seine Anhänger (nur) einen messianischen Krieg führten, bleibt unklar. Die letzte messianische Demonstration, Simons Selbstpreisgabe an die Römer, geschah bezeichnenderweise auf dem (ehemaligen) Tempelplatz und könnte als Selbstopfer gemeint und verstanden worden sein: es "könnte unmittelbar auf Gott bezogen sein, damit endlich das Maß voll werde und das apokalyptische Eingreifen kommen möchte"[49].

Einen Rückgriff auf makkabäische Vorbilder haben wir vor allem bei Johannes von Gischala festgestellt: Der Verteidiger des Tempels beschützte Stadt und Heiligtum gegen die Heiden wie schon Hiskia gegen Sanherib und die Makkabäer gegen Nikanor. Auf strenge priesterliche Vorschriften hat er dabei keine großen Rücksichten genommen; die Rechtsgleichstellung seiner Kämpfer mit den Priestern hat ebenfalls zwei makkabäische Parallelen, nämlich die Erlaubnis, sich auch am Sabbat verteidigen zu dürfen (man denke auch an Johannes' Flucht aus Gischala!), und das makkabäische Selbstbild, daß die Verteidiger des Tempels im Notfall auch dessen kultische Angelegenheiten regeln müssen. Die Grenze des makkabäischen Vorbilds liegt für Johannes ohne Zweifel darin, daß die Tempelreinigung nicht durch ihn, sondern durch die Gruppierungen unter Eleazar b. Ananias und Eleazar b. Si-

---

[48] Lindner, Geschichtsauffassung, 33 Anm 1; cf auch Michel, Rettung, 961f: Jos. hat kultische Zionsmotive mit paränetisch/prophetischen Forderungen verknüpft.

[49] Michel, Simon, 407.

mon erfolgt war. Konnte er durch die personelle Übernahme der ersten Gruppe auch deren Erfolge für sich in Anspruch nehmen, haben sich die Tempelzeloten bei der Abspaltung von Johannes auf ihren Vorrang berufen: Wenn Jos. behauptet, Eleazar b. Simon wollte einem "später aufgekommenen Tyrannen" (bell 5,5) nicht gehorchen, so wird jener nicht nur darauf verwiesen haben, daß Johannes erst spät nach Jerusalem gekommen war, sondern in erster Linie seine eigene zeitliche und sachlich-theologische Priorität herausgestellt haben.

Die Tempelzeloten sind ihrerseits durch eine strenge kultische Orientierung gekennzeichnet. Sie wollten Gottes Eingreifen durch einen gereinigten Tempeldienst bis zum Endkampf ermöglichen. Daß die Heiden auch den heiligsten Bereich zertreten könnten, war ihnen nach ihrer Tempelreinigung undenkbar.

Apokalyptische, makkabäische und kultische Orientierungen und Vorbilder konvergieren demnach imZentralsymbol Jerusalems, im sichtbaren Heiligtum.

Exkurs: Ein historischer Hintergrund von Apk 11,1f

WELLHAUSEN hat m. W. als erster eine zeitgeschichtliche Deutung von Apk 11,1f in dem Sinn vorgeschlagen, daß diese Verse ursprünglich das Orakel eines zelotischen Propheten waren[1]. Demgegenüber lehnt z. B. LOHMEYER eine Beziehung dieser Verse zur Belagerung Jerusalems ab: Einziger Realbezug ist dann nur die - allerdings nicht vom Seher hergestellte - "Anpassung der alten Weissagung an die durch den herodianischen Tempelbau geschaffenen Verhältnisse"[2], womit die Trennung von Vorhof und Innenheiligtum gemeint ist[3].

Da einseitige methodologische Vorentscheidungen deshalb nicht weiterhelfen, weil das Verhältnis von Tradition und Situation so vielschichtig und oft

---

[1] Cf Wellhausen, Skizzen und Vorarbeiten, Heft VI, 1899, 221-223; ders., Analyse der Apokalypse Johannis, AGWG. PH N.S. IX, 4, 1907, 15; ihm folgen: Bousset, Die Offenbarung des Johannes, KEK 16, 1906^{6}/Repr. 1966, 324f; Hengel, Die Zeloten, AGJU 1, (1961) 1976^{2}, 249; auch Kraft, Die Offenbarung des Johannes, HNT 16a, 1974, 152-154, der ein jüdisches Traditionsstück vermutet, schließt einen Bezug zu den Ereignissen des Krieges nicht aus; cf weiter Kretschmar, Die Offenbarung des Johannes, CThM B, 9, 1985, 38: "Wie sich Tradition und zeitgeschichtliche Erfahrung der Zerstörung Jerusalems hier zueinander verhalten, ist schwer zu beurteilen".

[2] Lohmeyer, Die Offenbarung des Johannes, HNT 16, (1953) 1970^{3}, 88.

[3] Auch McNicol, Revelation 11:1-4 and the structure of the Apocalypse, RestQ 22 (1979) 193-202 lehnt aufgrund von m.E. unzureichenden traditionsgeschichtlichen Erwägungen - s.o. 1.1, b), Anm 77 - einen zelotischen Ursprung ab: cf ebd, 196-198.

genug unklar ist, müssen m.E. zeitgeschichtliche Hypothesen erwogen werden, auch wenn sie, z.B. hinsichtlich der Trägerkreise, keine letzte Klarheit schaffen können.
Ebenso wie hinter Apk 11,3ff eine "Reminiszenz" an die Ermordung der Hohenpriester Ananos und Jesus durch die Zeloten (cf bell 4,314-317) stehen könnte, ohne daß durch diesen historischen Hintergrund "die Möglichkeit einer einfachen Herleitung bestünde"[4], könnte ähnliches auch für 11,1f zutreffen[5].
Aufgrund meiner Untersuchung in 1.2, bc) schlage ich vor, hinter 11,1f nicht einen wenig konkreten "zelotischen" Einfluß zu vermuten, sondern eine Beziehung zu den priesterlichen Tempelzeloten anzunehmen; d.h.: Nicht durch einen allgemeinen Hinweis auf bell 6,285ff, sondern durch bell 6,259; DioCass. 66,6,2f könnte man weiterkommen[6].
Die Volksmenge in bell 6,285ff befindet sich zudem in den äußeren Hallen (belegt wird dadurch also nur das Auftreten von zelotischen "Propheten"), während in Apk 11,1f die Aufzählung ναὸς τοῦ θεοῦ, θυσιαστήριον, προσκυνοῦντες ἐν αὐτῷ hervortritt, was mit bell 6,259 insofern übereinstimmt, als sich einerseits eine Menge von Toten am Altar (βωμός, gemeint kann aber nur der Brandopferaltar sein), andere weiter oberhalb (vor dem Tempelhaus) befinden, und andererseits eine "waffenlose" Volksmenge ebenfalls niedergemetzelt wurde. Hieraus kann geschlossen werden, daß die in das Tempelinnere (Hof der Israeliten) eindringenden Römer eine waffenlose (= anbetende?) Volksmenge, sowie im Hof der Priester die dort Kämpfenden (so: DioCass.). oder nur Anwesenden (so: Jos.) antrafen und töteten; d.h.: Diese Juden haben sich *genau in den Bereichen aufgehalten, die nach Apk 11,1f von den Heiden nicht betreten werden können*; es hat also am letzten Tag des Tempelkampfes Priester und Gläubige in endzeitlicher Naherwartung des göttlichen Eingreifens gegeben, während die Heiden von den äußeren Vorhöfen (cf Apk 11,2) her anstürmten.
Nimmt man an, daß sich diese um die Tempelzeloten gescharte Gruppe - ebenso wie die in bell 6,285ff erwähnte Volksmenge um die Propheten - auf eine propagierte Heilszusage verlassen hat, bestehen zwei Möglichkeiten: Eine derartige Heilszusage war akut - prophetisch (wie in bell 6,285ff), dann wird sie kaum schriftlich überliefert worden sein, oder sie war priesterlich-schriftauslegend, dann *kann* sie eine längere Vorgeschichte gehabt haben,

---

[4] Berger, Die Auferstehung des Propheten und die Erhöhung des Menschensohnes, StUNT 13, 1976, 27.

[5] Schon Bousset, Offenbarung, 326-330 hatte seine zeitgeschichtliche Deutung auch auf den von V. 1f zu unterscheidenden Abschnitt VV. 3-13 ausgedehnt, den er für älter als V. 1f hielt.

[6] S.o. 1.2, bc), S. 164f.

aufgeschrieben und schließlich in den Tagen des Tempelangriffs noch einmal (aktualisierend) propagiert worden sein. Eine derartige (mögliche) schriftliche Vorlage, die dann auch schon die in 1.1, b), S. 88 erwähnte Transformation der Aussagen beinhaltet haben könnte, kann m.E. in Apk 11,1f verwendet (nicht unbedingt zitiert) worden sein.
Diese grundsätzliche Möglichkeit wird durch ein weiteres Indiz bestärkt: Von der Tatsache zelotischer Schriftdeutung wissen wir nicht nur aus bell 6,312 (χρησμὸς ἀμφίβολος und messianische Deutung), sondern können eine solche auch aus 4,387f erschließen.
Während Jos. in 4,386 noch behauptet, die Zeloten spotteten über die Aussprüche der Propheten ("τοὺς τῶν προφητῶν χρησμούς"), fährt er fort: "denn diese (= Propheten) hatten in alter Zeit viel von Tugend und Bosheit verkündet; und die Zeloten, die diesen Sprüchen zuwider handelten, sorgten so dafür, daß sich die Weissagung erfüllte; denn es gab ein altes Wort von gottbegeisterten Männern ("παλαιὸς λόγος ἀνδρῶν ἐνθέων"), die Stadt werde dann eingenommen und das Allerheiligste nach Kriegsbrauch den Flammen preisgegeben werden, wenn es durch einen Aufstand heimgesucht werde und einheimische Hände den Bezirk Gottes befleckten; diese Weissagungen wiesen die Zeloten nicht ungläubig ab und machten sich dennoch selbst zu Werkzeugen ihrer Erfüllung" (§ 387f). Aufgrund des auffallenden Hinweises, daß die Zeloten (= Tempelzeloten) dies alte Wort im Unterschied zu den Prophetensprüchen nicht ablehnten, haben M/B, IV Anm 101 vermutet, daß es sich um das den übrigen Nebiim nicht gleichgestellte Buch Daniel handeln könnte, wobei das Orakel in Dan 9,24-27 die nächste inhaltliche Parallele aufweist ("Befleckung durch eigene Hände" ist dabei jos. Zusatz). Trifft zu, daß die Tempelzeloten auch Dan 9,24ff auslegten, dann könnten die 42 Monate (3 1/2 Jahre) in Apk 11,2, die sicherlich danielischen Ursprungs sind, auch auf die Tempelzeloten zurückgehen: Zu Beginn der römischen Belagerung Jerusalems[7] haben sie ihre Hoffnung formuliert, der Tempel werde diesmal nicht durch ein "Greuel der Verwüstung" (Dan 9,27) entweiht, sondern die Heiden könnten bis zur Erfüllung ihrer Zeiten[8] nur bis zum Tempelvorhof gelangen.
Die Möglichkeit eines "tempelzelotischen" Ursprungs der Tradition von/hinter Apk 11,1f ist somit aufgezeigt: Sowohl für V. 1 wie für V. 2 lassen sich zeitgeschichtliche Ereignisse assoziieren, die auf den gleichen priesterlichen Trägerkreis verweisen, auf die Tempelzeloten im Jerusalemer Heiligtum.

---

[7] Vom Beginn des Krieges im Herbst 66 bis zum Beginn der Belagerung sind es ziemlich genau 3½ Jahre, worauf schon Wellhausen, Skizzen, 222 hingewiesen hat.

[8] Cf Lk 21,24; Berger, Auferstehung, 263 Anm 90.

cc) Die prorömische Gruppe in Jerusalem um Ananias und Agrippa II

Stellung, Einfluß und Bedeutung des jüdischen Adels, insbesondere der hochpriesterlichen Aristokratie, im 1. Jahrhundert n.Chr. werden in der Literatur kontrovers behandelt. Finden sich in Darstellungen der Umwelt des NT über die Sadduzäer lediglich theologische Charakterisierungen meist ohne hinreichende Verweise auf deren politische Bedeutung im römisch regierten Judäa[1], sehen andere Autoren - in Übernahme des zelotischen Standpunktes - im Adel nur die Kollaborateure der heidnischen Herrschaft[2]. Dagegen haben schon E. M. SMALLWOOD und G. BAUMBACH antirömische Haltungen und Aktionen des jüdischen Adels untersucht[3] und eine Korrektur des gängigen Sadduzäerverständnisses vorgeschlagen[4]. Jedoch hat neuerdings HORSLEY in einer dem Selbstanspruch nach kritischeren Quellenanalyse als SMALLWOOD und BAUMBACH die alte Kollaborationshypothese wieder aufgegriffen[5]. Umstritten ist hierbei vor allem die Zeit nach dem Tod

---

[1] Cf z.B. Grundmann, Das palästinische Judentum im Zeitraum zwischen der Erhebung der Makkabäer und dem Ende des Jüdischen Krieges, in: Leipoldt/Grundmann (Hrg.), Umwelt des Urchristentums, Bd. 1, (1966) 1982^{6}, 143-291: cf S. 161f.267-269; Köster, Einführung in das Neue Testament im Rahmen der Religionsgeschichte und Kulturgeschichte der hellenistischen und römischen Zeit, 1980, 237-239; Lohse, Umwelt des Neuen Testaments, GNT 1, (1971) 1978^{4}, 51-53.

[2] Cf z.B. Farmer, Maccabees, Zealots, and Josephus, 1956, 189 ("The Sadducees were the party of collaboration ..."); Cullmann, Der Staat im Neuen Testament, (1956) 1961^{2}, 6 ("Die Sadduzäer sind ja die Kollaborationisten jener Zeit"); Kreissig, Die sozialen Zusammenhänge des Judäischen Krieges, SGKA (B) 1, 1970, 99.127ff.147f; unklar: Cassidy, Jesus, Politics and Society, (1978) 1979^{2}, 118f.

[3] Cf Smallwood, High Priests and Politics in Roman Palestine, JThS N.S. 13 (1962) 14-34; Baumbach, Das Sadduzäerverständnis bei Josephus Flavius und im Neuen Testament, Kairos N.F. 13 (1971) 17-37; ders., Der sadduzäische Konservativismus, in: Maier/Schreiner (Hrg.), Literatur und Religion des Frühjudentums, 1973, 201-213; cf weiter Theißen, Soziologie der Jesusbewegung, TEH 194, (1977) 1978^{2}, 67f; Rhoads, Israel in Revolution: 6-74 C.E., 1976, 87-91. Vorläufer: Rasp, Flavius Josephus und die jüdischen Religionsparteien, ZNW 23 (1924) 27-47: cf S. 38; Drexler, Untersuchungen zu Josephus und zur Geschichte des jüdischen Aufstandes 66-70, Klio 19 (1925) 277-312: cf S. 277-289.

[4] Cf Baumbach, Sadduzäerverständnis, 37: "Den Sadduzäern ging es nämlich nicht um eine bequeme und selbstsüchtige Akkomodation an die Wünsche der römischen Oberherren, sondern um das Bestreben, durch geschickte Ausnutzung der durch die ökonomische, religiöse und politische Machtstellung des Hohenpriesters gegebenen Möglichkeiten eine relative Autonomie und Stabilität der priesterstaatlichen Ordnung Judäas zum Besten des jüdischen Volkes zu erreichen".

[5] Cf Horsley, High Priests and the Politics of Roman Palestine, JSJ 17 (1986) 23-55.

Agrippas I.
Aufgrund dieser Ausgangslage ist eine möglichst differenzierte Betrachtung des jüdischen Adels notwendig[6]. In unserem Zusammenhang werden zwei verschiedene Gruppierungen untersucht, die zu Beginn des Krieges eine Rolle spielen: Ich unterscheide dabei die prorömische Gruppe um Ananias von der adligen Aufstandsführung unter Ananos (s.u. cd). Diese notwendige und aufgrund der Quellenlage evidente Differenzierung ist dagegen von den Vertretern der o.a. Forschungspositionen nicht beachtet worden.
Methodisch gehe ich von prosopographischen Beobachtungen aus, die zur Frage nach Zusammensetzung und Schichtungen des Personenkreises führen; es folgen dann Erwägungen zum sozoökonomischen Kontext und zu theologischen Grundanschauungen.

In der ersten Eskalationsphase im Frühjahr 66[7] existierte eine prorömische Gruppe in Jerusalem. Für ihre prorömische Einstellung sprechen zahlreiche Hinweise: Sie arbeiten mit dem Prokurator Gessius Florus zusammen, und zwar sowohl nach dessen Plünderung der Oberstadt und seinen Todesurteilen gegen Adlige (bell 2,318-320) als auch nach Florus' Niederlage und erzwungenem Abzug (§ 331f); dieser Kreis hatte beste Kontakte zu Agrippa II (§ 338) und kann ebenso den Abgesandten des römischen Legaten von der Romtreue Jerusalems überzeugen (§§ 333-336.338-341). Auch die Verbindungen zu Florus reißen nicht ab: Zu ihm werden Adlige geschickt, damit die Steuerfrage gelöst wird (§§ 405.407); nach der Opfereinstellung seitens der Aufständischen werden er und bei Agrippa um militärische Hilfe ersucht (§ 418). Im anschließenden Bürgerkrieg wird diese Gruppierung weitgehend ausgeschaltet bzw. getötet (§§ 422-441).

Jos. beschreibt diese prorömische Gruppe allgemein und nennt außer Berenike und Agrippa zunächst keine Namen von führenden Repräsentanten[8]. Aus den Folgeereignissen wird jedoch deutlich, daß der ehemalige Hohepriester Ananias b. Nedebaios, der Vater des Aufstandsführers Eleazar, der entscheidende Mann der romtreuen Jerusalemer gewesen ist: Neben dem königlichen Palast und dem Schuldarchiv wird - höchstwahrscheinlich unter

[6] Eine ausführliche Analyse des jüdischen Adels im 1. nachchristlichen Jahrhundert, die Zusammensetzungen klärt und ökonomische, politische und theologische Faktoren aufzeigt, ist m.E. ein bleibendes Desiderat der Forschung.

[7] Zur Ereignisgeschichte cf den I. Teil, 1.

[8] Erst in bell 2,418 (nach der Opfereinstellung und dem vergeblichen Protest des Adels) tauchen erste Namen auf; erwähnt werden die Führer der Gesandtschaften an Florus und Agrippa: Simon b. Ananias (cf dazu den I. Teil, 1. Anm 10), Saulus, Kostobar und Antipas.

Führung seines Sohnes[9] - nur sein Haus niedergebrannt (§ 426f)[10]; er selbst kann jedoch noch nicht gefangengenommen werden, da er sich mit der prorömischen Partei in der Königsburg verschanzt hatte[11]; während allen anderen Juden von den Aufständischen freier Abzug zugesichert wurde (§§ 433-440), werden Ananias und sein Bruder Ezekias als einzige Repräsentanten von Menahem getötet (§ 441), der aufgrund dieser Tat glaubt, er habe keine ernsthaften Gegner mehr in der Stadt (§ 442).

Als Führer der prorömischen Gruppe dürfen wir also Ananias voraussetzen. Unterstützt wurde er von Agrippa II. Die gleiche Koalition hatte es schon während der Amtszeit des Ananias gegeben, der im Jahre 47 n.Chr. noch von Herodes von Chalkis eingesetzt worden war (ant 20,103). Infolge der Streitigkeiten mit den Samaritanern unter der Prokuratur des Cumanus war außer den Samaritanern auch eine jüdische Delegation auf Befehl des Legaten Quadratus nach Rom gereist. Sprecher der Delegation waren Ananias, dessen Sohn Ananos und der ehemalige Hohepriester Jonathan[12]. Nur aufgrund der Fürsprache des Agrippa[13], der sich in Rom aufhielt, konnten sich die Juden gegen die drei Führer der Samaritaner und Cumanus durchsetzen; die Samaritaner werden hingerichtet, Cumanus wird verbannt. Agrippa hatte also nicht nur einen diplomatischen Sieg für die Juden errungen, sondern auch Ananias höchstwahrscheinlich vor dem Tod gerettet - eine Tatsache, die sicherlich eine weitere Verbindung zwischen beiden Männern eröffnete.

In Rom hatte es unterdessen Jonathan sogar erreicht, daß Felix die Prokuratur erhielt[14]. Dieser Jonathan war dann das erste prominente Opfer der Sikarier[15].

---

[9] S.o. 1.2, ab), S. 122.

[10] Von Häusern anderer Adliger erfahren wir nichts.

[11] Cf bell 2,428f: Jos. erwähnt auch hier allgemein Hohepriester und Vornehme, von denen sich ein Teil mit Agrippas Truppen in die Königsburg zurückzieht: "οἷς Ἀνανίας ὁ ἀρχιερεὺς Ἐζεκίας τε ὁ ἀδελφὸς αὐτοῦ καὶ οἱ πρεσβεύσαντες πρὸς Ἀγρίππαν ἦσαν" (§ 429) - daß Ananias sich nicht, wie der andere Teil der Adligen, nur in den unterirdischen Gängen versteckt, sondern mit den Königstruppen und der von Florus zurückgelassenen Kohorte (cf §§ 437f) gegen die Aufständischen kämpft, ist ein weiteres Indiz für seine Führungsrolle, zumal die römische Kohorte laut §§ 331f den prorömischen Adligen zur Verfügung gestellt war und die Gesandten an Agrippa (zumindest Saulus und Kostobar) enge Verbindungen zu Agrippas General Philipp b. Jakim hatten (cf § 556).

[12] Cf bell 2,243; ant 20,131.

[13] Cf bell 2,245f; ant 20,134-136.

[14] Cf ant 20,162.

[15] Cf bell 2,256; ob Felix den Mord an Jonathan veranlaßt hatte (so ant 20,162-164), ist nicht zu klären (bell 2,254ff weiß davon nichts). Interessant ist hier ein Blick in die Se-

Auch Ananias, der später ebenfalls von den Sikariern getötet wurde (s.o.), hatte nach seiner Absetzung (ca. 59)[16] wie vor ihm Jonathan noch großen innenpolitischen Einfluß. Mehrfach wird sein großer Reichtum erwähnt[17], seine führende Rolle in den Macht- und Bandenkämpfen zwischen den Hohepriesterfamilien, die die Verarmung der einfachen Landpriester zur Folge hatte[18], sowie seine guten Kontakte zum römischen Prokurator Albinus[19].
Während der Auseinandersetzungen unter den Priestern tauchen auch die späteren Gesandten an Agrippa, Saulus und Kostobar[20], auf: Von ihnen berichtet Jos., daß sie königlicher Abstammung waren und mit ihren Banden die Schwachen ausplünderten (ant 20,214).
Aufgrund dieser fragmentarisch überlieferten Einzelheiten kann man m.E. folgende Gesichtspunkte und Profile hervorheben:

(a) Ananias, der gerade nicht zu den vier großen Hohepriesterdynastien Boethos, Ananos, Phiabi und Camithos[21] gehörte, sicherte sich aufgrund seines Reichtums politischen Einfluß in Judäa und finanzierte zu diesem Zweck auch Privatarmeen.

(b) Seine Konfliktgegner waren andere priesterliche Adelsfamilien[22] und der

---

kundärliteratur: Während Baumbach, der die Konflikte zwischen Jonathan und den Prokuratoren sowie Jonathans Wirken für sein Volk hervorhebt, nur den Antiquitatesbericht wiedergibt (cf ders., Sadduzäerverständnis, 21), lehnt Horsley, High Priests, 42f im Hinblick auf seine Kollaborationsthese entschieden ab, daß Felix in diesen Mord verstrickt sein könnte.

16 Daß Ananias abgesetzt wurde, berichtet Jos. nicht: Ananias' Nachfolger ist Ismael b. Phiabi (cf ant 20,179); cf auch Schürer, History II, 231.

17 Cf ant 20,205.208-210.213; cf auch die in bPes 57a geschilderte Gefräßigkeit des Ananias/Jochanan בן־נדבאי: cf Schlatter, Die hebräischen Namen bei Josephus, (1913), jetzt in: ders., Kleinere Schriften zu Flavius Josephus, hrg. v. K. H. Rengstorf, 1970, S. 79.

18 Cf ant 20,206f.213f (cf auch §§ 180f): Es kann sich hier um Dubletten oder eher um ständige Praxis handeln. Horsley, High Priests, 45 zieht hier eine Verbindung zu bell 2,274-276. Zu Ursachen und Folgen dieses Verteilungskampfes cf Theißen, Soziologie der Jesusbewegung, 43-46.

19 Cf ant 20,205.208-210; daß Ananias in Wirklichkeit auf Seiten der jüdischen Aufrührer stand, also gegenüber den Römern ein doppeltes Spiel spielte (so mit Blick auf die Entführung von Eleazars Sekretär - cf §§ 208ff - Smallwood, High Priests, 27f; Baumbach, Sadduzäerverständnis, 22; Rhoads, Israel, 88f), ist m.E. nicht glaubhaft (mit Horsley, High Priests, 46-48; cf dazu 1.2, ab, Anm 53).

20 S.o. Anm 8.11.

21 Cf die Liste bei Smallwood, High Priests, 31f.

22 Welche Familien genau die Gegner der Ananias waren, bleibt undeutlich: In ant 20,213 erwähnt Jos. den Streit zwischen Jesus b. Damnaios, der ebenfalls nicht zu den vier großen Sippen gehörte und später zu den Römern überlief (cf bell 6,114), und Je-

alteingesessene Jerusalemer Laienadel[23]; seine Opfer waren verarmte Landpriester, die sich später teilweise den (zelotischen) Aufstandsgruppen anschlossen[24].

(c) Unterstützung fand Ananias bei der königlichen Familie, die prorömisch ausgerichtet war: Dazu zählten Agrippa[25], Berenike sowie Saulus, Kostobar[26] und auch Antipas, der die Jerusalemer Staatskasse verwaltet

---

sus b. Gamaliel, der zur Camithosfamilie zählte und durch Heirat mit der Boethosfamilie verbunden war und identisch ist mit Jesus b. Gamala (cf Schürer, History II, S. 232 Anm 20; M/B, IV Anm 44; Pelletier, Flavius Josèphe, Guerre des Juifs, CUFr, Bd. 3, 1982, S. 35 Anm 1; Williamson/Smallwood, Josephus, The Jewish War, 1981, S. 442 Anm 12). Dieser Jesus b. Gamala gehört später zur adligen Aufstandsführung unter Ananos (s.u. cd), so daß es wahrscheinlicher ist, daß der prorömische Ananias im Konflikt mit dieser Familie lag: Jos. fährt zwar unklar fort, daß Ananias aufgrund seines Reichtums alle anderen im Streit übertraf, indem er die meisten Anhänger auf seine Seite brachte (cf § 213b; in § 214 werden dann Saul und Kostobar erwähnt), jedoch wissen wir aus § 205, daß Ananias auch den Hohenpriester bestach, und dieser Hohepriester war Jesus b. Damnaios; cf weiter 1.2 cd), S. 192.

[23] In Ant 20,180 berichtet Jos. im Anschluß an die Einsetzung von Ananias' Nachfolger von einem Streit zwischen den Hohenpriestern einerseits und den Priestern und "τοὺς πρώτους τοῦ πλήθους τῶν Ἱεροσολυμιτῶν" andererseits; Priester und "οἱ πρῶτοι" könnten Synhedrionmitglieder sein, wobei οἱ πρῶτοι Angehörige des Geburtsadels bezeichnen (cf Buehler, The Pre-Herodian Civil War and Social Debate, ThDiss 11, 1974, 29.33f) und wegen der zusätzlichen Erwähnung der Priester wahrscheinlich Laien sind.

[24] S.o. 1.2, ab), S. 123f; ac), S. 142ff.

[25] Agrippa II war als Klientelfürst von den Römern abhängig und konnte wohl auch die wahren Machtverhältnisse durchschauen: Seine durchweg prorömische Position zeigt sich bei seinem Schlichtungsversuch in Jerusalem (bell 2,333ff); außerdem schickte er den prorömischen Adligen Truppen zur Unterstützung (§ 421), stellte Hilfstruppen für das Heer des Cestius Gallus (§ 500) und begleitete diesen als militärischer Berater (§§ 502ff); daß dagegen ihn gerade Tyrer später vor Vespasian vergeblich belasten (cf vit 407), weist nur auf die etwas undurchsichtige Rolle von Agrippas General Philipp b. Jakim (cf hierzu Drexler, Untersuchungen, 311f, der jedoch ein zu zwiespältiges Bild von Agrippa zeichnet; s.u. Anm 26). Daß es auch Überläufer aus dem königlichen Lager gegeben hat, ist unbestritten (cf bell 2,520; 3,11; 5,474; vit 220.397), jedoch handelt es sich hierbei um niedere Ränge.

[26] Saulus und Kostobar hatten die Gesandtschaft an Agrippa geleitet und waren mit dessen Truppen zurückgekehrt; nach der Niederlage des Cestius flohen sie mit Philipp b. Jakim aus Jerusalem und wurden von Cestius zu Nero gesandt (cf bell 2,556-558). Ob Saulus, Kostobar und Philipp in den Monaten zwischen ihrer Kapitulation vor Menahem und ihrer Flucht zu Cestius auf Seiten der Aufständischen aktiv waren, ist höchst zweifelhaft, da sie sonst kaum nach einer römischen Niederlage geflohen wären. Ansatzpunkt solcher Spekulationen ist der Bericht in vit 46ff, der behauptet, Philipp (Saul und Kostobar werden nicht erwähnt) sei schon vier Tage nach seiner Kapitulation aus Jerusalem geflohen: Während Drexler, Untersuchungen, 306ff hier eine Apologie des

hatte (bell 4,140)[27] und zusammen mit Levias, Syphas und anderen Adligen während der Herrschaft des Ananos im Gefängnis saß und von den radikalen Aufständischen wegen Konspiration mit den Römern getötet wurde (4,140-146)[28].

(d) Zu den römischen Prokuratoren nach Cumanus (insbes. zu Albinus) Ananias gute Kontakte besaß, wobei er auch die Korrumpierung ausnutzte (ant 20,205).

Ananias war demnach ein Machtpolitiker par excellence, der hinter den Kulissen mit Bestechungen, Intrigen und Gewaltanwendung[29] seine Interessen durchzusetzen versuchte. Daß er dabei mehr Gegner als Freunde hatte, wird man vermuten dürfen; wahrscheinlich war er nicht nur den Aufständischen sondern auch Teilen der Jerusalemer Aristokratie verhaßt oder zumindest verdächtig.

Fragen wir nach Zusammensetzung und Schichtung der Ananiasgruppe, so können wir zunächst nur allgemeine Vermutungen äußern. Vorausgesetzt, daß die bisher erwähnten Einzelpersonen auch Rückschlüsse auf die Position ihrer Familienangehörigen und Teilen ihrer anderen Klassenmitglieder zulassen[30], können wir aufgrund der jos. Belege folgern, daß sich die prorömische Gruppe aus priesterlichen Aristokraten, Angehörigen des Laienadels und Mitglieder der herodäischen Familie zusammensetzte, wozu noch die "Ange-

---

Jos. zugunsten Philipps (und Agrippas!) vermutete und daher den Bellumbericht vorzog (wodurch Philipps Verhalten ins Zwielicht geriet), hat Cohen gezeigt, daß sowohl bell als auch vit hier apologetische Ziele verfolgen, so daß dieses chronologische Problem nicht lösbar ist (cf Cohen, Josephus in Galilee and Rome, CSCT 8, 1979, 162-164).

[27] Daß Antipas die Staatskasse des aufständischen Jerusalems verwaltet hat, ist eine bloße Behauptung (gegen Drexler, Untersuchungen, 279): Ein solches Amt hätte man einem durch die Gesandtschaft an Agrippa exponierten Adligen kaum anvertrauen können.

[28] Die Ermordung dieser Adligen geschah kurz vor der Tempelreinigung des Eleazar b. Simon, die dann den Bürgerkrieg zwischen Tempelzeloten und Ananosgruppe hervorrief; man könnte grundsätzlich Antipas und die anderen also auch der Ananosgruppe zurechnen, aber immerhin berichtet Jos. von einem Protest und Aufstand des Ananos gegen die Tempelzeloten erst als Reaktion auf die zelotische Hohepriesterwahl (s.o. 1.2, ac, S. 139ff; s.u. 1.2, cd, S. 197ff).

[29] Hierin fügt sich auch gut das in Act 23,12-15 gezeichnete Bild.

[30] Vorsicht ist hier nicht nur aus methodologischen Gründen geboten, sondern Jos. erwähnt auch zwei Personen, die auf der jeweiligen Gegenseite zu ihrer Familie zu finden sind: einmal den uns schon häufig begegneten Eleazar, Sohn des Hohenpriesters Ananias, der die erste Tempelreform durchführte (s.o. 1.2, ab), und dann einen Ananos, Sohn des ehemaligen Hohenpriesters Jonathan (cf M/B, II Anm 229; Schalit, Namenwörterbuch, s.v. Ἰωνάθης Nr. 4, S. 67), der sich nicht zur antirömischen Ananosgruppe hielt, sondern Cestius Gallus in die Stadt lassen wollte (cf bell 2,533).

sehensten der Pharisäer" (bell 2,411) und reiche Bürger hinzukamen[31]: Sie alle waren "wegen ihres Vermögens friedliebende Männer" (§ 338). Jos. verwendet für sie die Bezeichnungen "ἀρχιερεῖς, δυνατοί, γνώριμοι, τὸ γνωριμώτατον τῆς πόλεως, βουλή, ἄρχοντες, βουλευταί" in folgenden Kombinationen und (sprachlichen) Oppositionen:

(Siehe umseitige Tabelle)

[31] Cf bell 2,315-317.318.331f.336.405.407.411.422.428f; 4,143ff.

bell	ἀρχιερεῖς	δυνατοί	γνώριμοι	τὸ γνωριμώτατον	βουλή	ἄρχοντες	βουλευταί	Opposition
2,301	X	X		X				Florus
315ff	X	X						Volk
318	X		X					Florus
322	X							γνώριμοι/Volk
331f	X				X			Florus
333						X		Gallus
336	X	X			X			Agrippa
405						X	X	Dorfbewohner
407		X				X		Agrippa/Florus
411	X	X						Aufständische
422	X	X						Aufständische
428f	X	X						Aufständische
(4,143)		(X)						Aufständische

Die Tabelle verdeutlicht drei Beobachtungen:

(a) Die Kombination "ἀρχιερεῖς / δυνατοί" taucht am häufigsten auf, und zwar bei allen Oppositionen, aber nur gegenüber der Volksmenge und den Aufständischen ohne eine zusätzliche Gruppierung.

(b) "βουλευταί" sind die offiziellen Magistratsmitglieder, die Angehörigen der "βουλή"; Jos. verwendet "βουλή" nicht selbständig, sondern in Kombination mit "ἀρχιερεῖς" bzw. "ἀρχιερεῖς / δυνατοί"; die "ἄρχοντες" sind nicht klar abgrenzbar, weil sie allein oder auch in Kombination mit "βουλευταί" oder "δυνατοί" auftauchen.

(c) "γνώριμοι / τὸ γνωριμώτατον" erscheint in Kombination mit "ἀρχιερεῖς" bzw. "ἀρχιερεῖς / δυνατοί" in Opposition zu Florus; es gibt darüber hinaus eine sehr wichtige Opposition zwischen "ἀρχιερεῖς" und "γνώριμοι" (§ 322).

Betrachten wir diesen Sprachgebrauch auf dem Hintergrund der bisherigen historischen Ergebnisse, so fällt auf, daß Jos.' Darstellung insofern unklar bzw. tendenziös ist, als er erstens die Hohenpriester durchweg als friedliebend und zweitens die Aufständischen als kleine vom Volk isolierte Gruppe erscheinen läßt. Beides ist aufgrund der Folgeereignisse (Niederlagen des Florus und Gallus/Bürgerkrieg/Strategenwahl) nicht glaubhaft. Gleichzeitig gibt es aber - wie oben gezeigt wurde - eine prorömische Gruppe um Ananias. Diese Partei läßt sich nun identifizieren als "ἀρχιερεῖς" und "δυνατοί" (s.o.: a), die einerseits gegenüber Florus prorömisch erscheint (bell 2,301.315ff.336.407), mit den Aufständischen aber andererseits in Konflikt gerät und unterliegt (§§ 411.422.428f; 4,143ff). Von den Hohenpriestern ist uns namentlich nur Ananias bekannt; unter dieser Bezeichnung werden außerdem weitere Oberpriester und Mitglieder von hohepriesterlichen Familien zu subsumieren sein[32].

Unklar ist, ob die "δυνατοί" sich noch genauer bestimmen lassen, oder ob wir uns mit der Allgemeinerklärung "Jerusalemer (Laien-) Adel" begnügen müssen.

---

[32] Cf Joach. Jeremias, Jerusalem zur Zeit Jesu, (1923-37), 1962[3], 181-204, der gegenüber Schürer darauf bestanden hat, daß "ἀρχιερεῖς" (pl.) nicht einfach die Hohenpriester (amtierende und ehemalige) *und* die Mitglieder der hohenpriesterlichen Familie bezeichnen, sondern nur den Hohenpriester und die im Amt befindlichen *Ober*priester; cf dazu jetzt den Rückblick bei Schürer, History II: "... the real difference between the two theories may be smaller than Jeremias and his followers believe. For if allowance is made for the somewhat elastic terminology in all the sources, and if we bear in mind also that, in an institution *de jure* dynastic, the principal offices were more than likely to have been assigned to the close relations of the office-holder, ..., priestly aristocracy on the one hand and present and post High Priests and their heirs on the other are bound to have been substantially the same" (S. 236).

Meine Hypothese ist, daß die prorömischen "δυνατοί" inhaltlich - wie später sprachlich in den Antiquitates[33] - den Geldadel bezeichnen, der von dem alteingessenen Geburtsadel zu unterscheiden ist. Diese Hypothese legt sich aufgrund von Untersuchungen des sozioökonomischen Kontextes nahe, wird jedoch durch Beobachtungen des jos. Sprachgebrauchs vorbereitet (s.o.: c).
In bell 2,301 kann man "τὸ γνωριμώτατον τῆς πόλεως" aufgrund der Strukturpartikel und der Neutrumform nicht zweifelsfrei als eine dritte Gruppe neben "ἀρχιερεῖς καὶ δυνατοί" isolieren[34]: Der Begriff kann die Hohenpriester und Mächtigen umfassen, *könnte* aber auch zusätzliche Vertreter bezeichnen. In §§ 318-324 begegnet ein unklarer Sprachgebrauch: Nach § 318 läßt Florus die Hohenpriester "σὺν τοῖς γνωρίμοις"[35] kommen und fordert von ihnen die Begrüßung zweier neueintreffender Kohorten; diese Forderung geben jedoch nur die Hohenpriester, ohne daß die "γνώριμοι" erwähnt werden, der Volksmenge bekannt, haben aber keinen Erfolg, da "τὸ πλῆθος" sich den Aufständischen zuneigt (§ 320); die Hohenpriester unternehmen daraufhin einen zweiten Versuch, bitten dabei jedoch nicht in erster Linie das Volk um Mäßigung, sondern gerade die "γνώριμοι", und zwar jeden einzelnen namentlich (§ 322)[36]. Hieraus läßt sich erschließen, daß die "γνώριμοι" in diesem Kontext erstens eine sehr kleine Gruppe angesehener Männer darstellen, die trotz § 318 im Gegenüber zu den Hohenpriestern stehen; zweitens wird deutlich, daß die "γνώριμοι" in § 322 in Verbindung mit der Volksmenge erscheinen, die wiederum mit den Aufständischen sympathisiert (cf § 320), so daß man vermuten kann, daß diese "γνώριμοι" eine Gruppierung sind, die, obwohl sie mit Florus verhandeln mußte, eine eher antirömische Position vertrat, gegen Florus opponierte, vielleicht sogar ebenfalls zum Aufstand tendierte[37].

---

[33] Cf dazu Buehler, Pre-Herodian Civil War, 35-43.

[34] Bell 2,301: "...καὶ προσελθόντες οἵ τε ἀρχιερεῖς καὶ δυνατοί τό τε γνωριμώτατον τῆς πόλεως ...".

[35] Es fehlen die "δυνατοί".

[36] Bell 2,322: "ὀνομαστὶ δ᾽ἕκαστον τῶν γνωρίμων καὶ κοινῇ τὸ πλῆθος ...".

[37] Laut bell 2,325 können die Hohenpriester "τὸ πλῆθος" beruhigen (über die "γνώριμοι" wird nichts gesagt!) und sie zur Begrüßung der Kohorten überreden; es folgt darauf der Angriff der Kohorten auf die Menge: Dieser Bericht ist jedoch aufgrund der unklaren Rolle, die Jos. den Aufständischen zuweist (§ 325a: die Aufständischen werden durch Drohungen und Autorität niedergehalten; § 325b: die Aufständischen gehören zur Begrüßungsmenge und provozieren durch Schmähworte gegen Florus, was den römischen Angriff veranlaßt; § 319: Florus hatte diese Entwicklung vorausgesehen und den Angriff befohlen), historisch wenig glaubwürdig und belegt darüber hinaus Jos.' These von der gemeinsamen Schuld der Aufständischen und der korrupten Prokuratoren.

§ 322 wäre damit der einzige sprachliche Hinweis bis zur Strategenwahl, der die Existenz einer antirömischen (Adels-) Gruppe durchscheinen läßt. Man kann daher vermuten, obwohl sich aufgrund der Bezeichnung "γνώριμοι" keine soziologisch abgrenzbare Gruppe erheben läßt[38], daß sich hinter diesen "γνώριμοι" historisch gesehen Teile der späteren adligen Aufstandsführung verbergen. Man kann hierzu nur zwei argumenta e silentio anfügen: Die "γνώριμοι" erscheinen weder in den Auseinandersetzungen zwischen "ἀρχιερεῖς/δυνατοί" und den Aufständischen noch vorher beim Schlichtungsversuch des Agrippa, der gerade daran gescheitert war, daß Agrippa eine Beschwerde über Florus abgelehnt hatte[39].

Als erstes Ergebnis ist festzuhalten, daß Jos. die prorömische Partei sprachlich als "ἀρχιερεῖς καὶ δυνατοί" kennzeichnet, in der sich historisch die Ananiasgruppierung widerspiegelt; weiter gibt es historische Indizien, die nahelegen, daß große Teile des einfachen Volkes mit den Aufständischen sympathisierte, wobei gerade in diesem Zusammenhang der sprachliche Hinweis auffallend ist, der Mitglieder der Führungsschicht auf Seiten des aufständischen Volkes verortet: Die Spaltung zwischen pro- und antirömischer Einstellung verläuft nicht entlang den Klassengegensätzen[40], sondern trennt schon während der Auseinandersetzung mit Florus auch die Aristokratie[41].

Um eine weitere Bestimmung der "δυνατοί" im Sinne der obigen Hypothese zu gewinnen, muß das sozioökonomische Umfeld unter Berücksichtigung des jos. Sprachgebrauchs (s.o.: b) untersucht werden.

---

[38] Cf nur den Gebrauch als Apposition in bell 2,411.533. Ein weiterer Beleg, der die "γνώριμοι" gemeinsam mit der Volksmenge auftreten läßt und davon getrennt auch "δυνατοί" erwähnt, ist bell 2,193.199: Während des Caligulakonflikts protestieren die "γνώριμοι" mit dem Volk vor Petronius in Galiläa (§ 193); dieser Protest, der sich auf die "väterliche Tradition" beruft (§ 195), verläuft ohne Ergebnis (§ 198); in einem zweiten Versuch versammelt Petronius "δυνατοί" für sich und von der Volksmenge getrennt (§ 199) und entscheidet sich aufgrund der nicht bestellten Felder zum Einlenken (§ 200): s.u. Anm 53; im Parallelbericht in ant 18,273ff werden die nicht bestellten Felder von den Angehörigen der königlichen Familie als Argument verwendet und mit möglichen Steuerausfällen verknüpft (s.u. Anm 55).

[39] Cf bell 2,342f.402-404.406.

[40] Gegen Kreissig, Zusammenhänge, 127ff.147f, der eher eine vulgärmarxistische Deutung vorträgt: Daß es dennoch durch sozialökonomische Bedingungen geschaffene gesellschaftliche Widersprüche gibt (cf ebd., 148), soll im folgenden gezeigt werden; daß diese jedoch als Letztbegründungen für historische Prozesse dienen, wird damit gerade nicht gesagt.

[41] Die Trennung der Aristokratie ist also nicht nur ein Generationsproblem. Zur Adelskonkurrenz cf auch Goodman, A Bad Joke in Josephus, JJS 36 (1985) 195-199: cf S. 197ff, der jedoch nicht zwischen pro- und antirömischen Adelsgruppen differenziert.

In den letzten Jahrzehnten vor dem Krieg ist es in Judäa zu mehreren sozial motivierten Konflikten gekommen. Neben den bereits erwähnten Machtkämpfen der priesterlichen Aristokratie, die auf dem Rücken des niederen Klerus ausgetragen wurde, sowie den Raubzügen des Saulus und Kostobar, wissen wir von dem Ende der Tempelbauarbeiten im Jahre 64, wodurch zahlreiche Arbeiter arbeitslos wurden (ant 20,219); Unruhen konnten nur vermieden werden, als Agrippa in Aussicht stellte, die Stadt mit weißen Steinen pflastern zu lassen (§ 222)[42].

Uns soll jedoch ein weiteres Beispiel beschäftigen, das im Verlauf der Eskalationsphase entscheidende Bedeutung erhält: die fehlenden Steuerbeträge, die Florus durch die Konfiszierung der 17 Talente aus dem Tempelschatz vorläufig sicherte (bell 2,293)[43] und die im Anschluß an Agrippas Schlichtungsversuch in einer Höhe von 40 Talenten eingezogen werden (cf §§ 405.407).

Im Gegensatz zur römischen Republik mit den Publicanengesellschaften war die Staatspacht in der Kaiserzeit so organisiert, daß die einheimische Aristokratie für die vollständige Entrichtung der Abgaben haftbar gemacht wurde: "Dieses System, kollektive Steuerschulden durch den Reichtum der in den Magistrat Gewählten zu sichern, trägt in der Antike die Bezeichnung Leiturgie und war Kennzeichen der römischen Kaiserzeit"[44].

Es ist KIPPENBERGs Verdienst, darauf hingewiesen zu haben, daß durch dieses System das unterschiedliche Verhalten der Adligen im Krieg erklärt werden kann: "Jener Teil der städtischen Aristokratie, der *nicht in der Staatspacht engagiert war*, der vielmehr mit seinem eigenen Vermögen für die Ablieferung des Tributes haftete, hatte gute Gründe, sich am Aufstand zu beteiligen"[45]. Diese These begründet KIPPENBERG mit den Berichten, die Jos. über die Verhältnisse in Tiberias liefert (cf bes. vit 32-39.64-67.134f)[46]; die "βουλή" der Stadt ist gespalten: Während eine Magistratsgruppe prorömisch votiert, tendiert eine andere zu den Aufständischen unter Jesus b. Sapphia. Diese beiden Ratsparteien spiegeln die im obigen Zitat implizierte

---

[42] Hierauf hat Kreissig, Zusammenhänge, 127f verwiesen: Er bezweifelt, ob diese Arbeiten noch ausgeführt werden konnten, zumal Florus vom Tempelschatz 17 Talente konfiszierte; cf aber bell 5,36f: Wahrscheinlich hat man auf Veranlassung Agrippas doch am Tempel weitergebaut.

[43] S.o. 1.1, c), S. 91ff.

[44] Kippenberg, Religion und Klassenbildung im antiken Judäa, StUNT 14, (1978) 1982[2], 126; cf auch ders., Politische und ökonomische Ordnung Judäas in hellenistischer und römischer Zeit, in: ders./Wewers (Hrg.), Textbuch zur neutestamentlichen Zeitgeschichte, GNT 8, 1979, 15-87: cf S. 16; im Anschluß an Kippenberg auch Stenger, "Gebt dem Kaiser, was des Kaiers ist", BBB 68, 1988, 59-65.

[45] Kippenberg, Religion, 135 (Hervorhebung durch mich).

[46] Cf Kippenberg, Religion, 128-130; ders., Politische und ökonomische Ordnung, 54-56.

Spaltung wider. Die Mitglieder der prorömischen Gruppe stehen in enger Beziehung zur herodäischen Familie (vit 33)[47], die ihnen zu Macht und Reichtum verholfen hat, während die zweite Gruppe den alteingesessenen Stadtadel umfaßt, der sich für die Wiederherstellung der alten Rechte einsetzt und Tiberias wieder zur Hauptstadt Galiläas erheben will (vit 36-39). Wie diese beiden Parteien jedoch konkret im Steuersystem eingebunden sind, mußte bei KIPPENBERG undeutlich bleiben, da er Tiberias' Sonderstatus nicht beachtet hatte[48]. Der Gegensatz zwischen einem seit Herodes aufgekommenen neuen Geldadel[49] und der alten Aristokratie läßt sich m.E. samt der Verflechtung im Steuersystem auf die Eskalationsphase in Jerusalem anwenden und dadurch besser verdeutlichen, als dies die Verhältnisse in Tiberias vermögen. Aus dem in der obigen Tabelle dokumentierten jos. Sprachgebrauch (s.o.: b) ist erkennbar, daß Jos. die "βουλή" von Jerusalem nicht nur zusätzlich zu den "ἀρχιερεῖς" auftreten läßt, um damit die offizielle Stadtvertretung zu bezeichnen, sondern auch neben "ἀρχιερεῖς" *und* "δυνατοί" erwähnt (bell 2,336): An dieser Stelle erscheinen also die "δυνατοί", die sich nicht im Rat der Stadt befinden. M.E. handelt es sich bei diesen "δυνατοί" um Angehörige des Geldadels, die nicht in den Magistrat gewählt worden sind, also auch nicht für das Steueraufkommen haften, aber gleichzeitig in der Staatspacht engagiert sind, diese mitbetreiben und organisieren. Belege für diese Hypothese sind bell 2,405.407. Nachdem Agrippa mit Teilen des Adels verhandelt hat, kann er durchsetzen, daß der Fehlbetrag der Steuern noch eingezogen wird. Zu diesem Zweck verteilen sich die "ἄρχοντες" und die Mitglieder des Rates ("βουλευταί") auf die Dörfer - wahrscheinlich auf die des Steuerbezirks Jerusalem - und können den Fehlbetrag in Höhe von 40 Talenten zusammenbringen (§ 405). Da der relativ große Betrag sehr schnell gesammelt worden ist, muß man annehmen, daß die Ratsmitglieder hierzu mit eigenem Vermögen geholfen haben[50]; auf dem

---

[47] Cf auch Freyne, Galilee from Alexander the Great to Hadrian 325 B.C.E. to 135 C.E., 1980, 199f, der jedoch zwischen den Magistratsgruppen nicht deutlich genug differenziert.

[48] Tiberias gehörte nicht zur römischen Provinz, sondern zum Herrschaftsbereich des Agrippa II (cf ant 20,159; vit 38); Klientelfürsten haben aber in der Regel keinen jährlichen Tribut an Rom abgeliefert: cf dazu Braund, Rome and the Friendly King, 1984, 63-66.

[49] Cf hierzu Kippenberg, Religion, 117-125: Der Aufbau einer traditionsfreien Herrschaft durch Herodes. Zu diesem Geldadel gehörten nach der Absetzung des Archelaos auch die Besitzer oder Pächter der ehemaligen königlichen Domänen (cf dazu Applebaum, Economic Life in Palestine, CRJ I, 2, 1976, 631-700: cf S. 658).

[50] Cf auch Stenger, "Gebt dem Kaiser...", 74; Stenger vermutet als Ursache des Steuerproblems einen Steuerboykott seitens der Aufständischen (cf ebd., 73): s.o. 1.1, c), Anm

Hintergrund der obigen Erwägungen über Geld- und Geburtsadel liegt folgende Schlußfolgerung nahe: Da die "βουλευταί" - immerhin einige Zeit nach Florus' Konfiszierung - erst von Agrippa dazu veranlaßt werden müssen, ihre Haftung wahrzunehmen, sind sie nicht durchweg prorömisch eingestellt und gehören zu der alteingesessenen Aristokratie, die von der Leiturgie nicht profitierte und daher eher einem Aufstand zuneigte als die in der Staatspacht Engagierten[51]. Die in der Staatspacht Engagierten sind hier vielmehr die "δυνατοί"[52]: Sie und nicht die "βουλευταί" werden, noch nachdem Agrippas Schlichtungsversuch gescheitert war, mit den "ἄρχοντες" zu Florus geschickt, "damit dieser aus ihrer Mitte die Steuereinnehmer für das offene Land benennen solle" (§ 407); während die "ἄρχοντες", die sich vorher über Florus bei dessen Vorgesetzten beschwert hatten (§ 333), wahrscheinlich nur den von ihnen und den Ratsmitgliedern aufgebrachten Fehlbetrag ablieferten, wird Florus die eindeutiger prorömischen "δυνατοί" bevorzugt haben. Daß die "δυνατοί" deshalb prorömisch waren, weil sie (auch) von Florus in der Staatspacht bevorzugt wurden, ist m.E. eine evidente Schlußfolgerung[53].

Die oben aufgestellte Hypothese hat damit ein sehr hohes Maß an Wahrscheinlichkeit gewonnen: Wir können in den "δυνατοί" Vertreter des Geldadels sehen, die in der Staatspacht aktiv mitwirkten und aufgrund dieser gewinnbringenden Verflechtung[54] eine durchweg prorömische Position

---

14. Stenger wendet sich ebd., 245 Anm 172 auch zu Recht gegen die Aufassung von Herrenbrück, Wer waren die "Zöllner"?, ZNW 72 (1981) 178-194, der glaubt, daß nicht nur die verschiedenen Zölle, sondern daß auch die Steuern in Palästina bis ins 3. oder 4. Jahrhundert n.Chr. hinein auf dem Wege der Kleinpacht eingezogen worden seien (cf Herrenbrück, ebd., 194 mit Hinweis auf rabbinische Quellen). Träfe diese Hypothese zu, dann wäre das Problem der fehlenden Steuern - zumindest für den Prokurator - gar nicht entstanden; daß demgegenüber in bell 2,405. 407 der Jerusalemer Adel aktiviert wird, deutet eher auf die Leiturgie.

[51] Hier kann das gleiche argumentum e silentio wie bei den "γνώριμοι" angefügt werden (s.o.): Die "βουλευταί" (und auch die "ἄρχοντες") tauchen in der folgenden Auseinandersetzung mit den Aufständischen nicht auf.

[52] Gegen Buehler, Pre-Herodian Civil War, 45, der die "βουλευταί" aus bell 2,405 mit den "δυνατοί" aus § 407 einfach identifiziert, weil in beiden Paragraphen die "ἄρχοντες" erscheinen.

[53] S.o. Anm 38: Laut bell 2,193ff.199f haben vor Petronius nur die "δυνατοί" in internen Verhandlungen Erfolg, nicht aber die "γνώριμοι"; während der Parallelbericht in ant 18,273ff diesen Erfolg auch mit der Steuerproblematik verknüpft, weiß bell 2 davon nichts: s.u. Anm 55. Daß die "δυνατοί" durchgängig prorömisch eingestellt waren, ist auch an bell 2,648 zu sehen: Zur Ananosgruppe gehören auch "δυνατοί", die Jos. aber auffällig kennzeichnen muß als "ὅσοι μὴ τὰ Ῥωμαίων ἐφρόνουν".

[54] Die Mißbräuche und Profite aus der Zeit der Publicanen sind allerdings in der

vertraten.

Daß in Jerusalem zwischen den verschiedenen Adelsgruppierungen gerade diese Spannung zwischen neuer und alter Aristokratie eine entscheidende Rolle gespielt hat, kann man auch weiter belegen. Analog zu den Verhältnissen in Tiberias gehörten zur Ananiasgruppe auch Anhänger der königlichen Familie, darüber hinaus sogar die namentlich bekannten Angehörigen des herodäischen Clans; daß außerdem einer der königlichen Familie, nämlich Antipas, die Jerusalemer Staaatskasse verwaltet hatte, verknüpft wiederum einen "Emporkömmling" mit der Finanzverwaltung[55]. Über die Herkunft des Ananias können wir zwar nichts aussagen, aber daß gerade er nicht zu den hohenpriesterlichen Dynastien zählte, fügt sich in dieses Bild hervorragend ein[56].

Abschließend soll nach theologischen Motiven der Ananiasgruppe gefragt werden[57]. Ausgeprägte Vorstellungen über die Reinheit und Heiligkeit des Tempels sind bei ihr im Unterschied zur Ananospartei (s.u.: cd) nicht greifbar.

Durch die Tempelreform des Eleazar b. Ananias wurde aber auch die proömische Gruppierung zu theologischen Argumenten herausgefordert. Setzt man daher voraus, daß Jos. die theologische Position der Ananiaspartei in den beiden Reden (bell 2,345-401 und vor allem 2,412-416), auch wenn diese nicht historisch sind, einigermaßen authentisch wiedergibt[58], wobei als Prüfungsinstanz nur die Koinzidenz von theologischer Position und politischem Verhalten zur Verfügung steht, so ergeben sich folgende Konturen:

(a) Sie lehnt die Verwerfung heidnischer Weihegaben oder Kultdotationen ab (§§ 410.412ff) und begründen dies zu Recht[59] mit den väterlichen Überlieferungen (§§ 412.417).

---

kaiserzeitlichen Leiturgie allmählich beseitigt worden: cf Bleicken, Verfassungs- und Sozialgeschichte des Römischen Kaiserreiches, Bd. 1, (1978) 1981², S. 127f.134f.201f.

55 Cf bell 4,140 (s.o. S. 177f: c); cf hierzu auch Anm 38: Im Caligulakonflikt verweisen gerade die Mitglieder der königlichen Familie auf einen möglichen Steuerausfall; daß ein solcher auch sie selbst betreffen würde, ist sehr naheliegend.

56 S.o. S. 176f, (a) und (b).

57 Nachdem die machtpolitischen und sozialökonomischen Ursachen und Interdependenzen aufgezeigt worden sind, fällt es modernen Historikern und Zeitgenossen vielleicht schwer, theologische Ursachen und Motive zu akzeptieren, ohne gleich an eine "Ideologisierung" zu denken. Es sollte in Erinnerung bleiben, daß in der Antike - in Palästina zumal - religiöse und theologische Anschauungen eine weit größere und eigenständigere Wirksamkeit besitzen als in der modernen Geschichte.

58 S.o. 1.2, ab), S.117ff.

59 S.o. 1.2, ab), Anm 10.

(b) Sie betrachtet das von Heiden in Jerusalem entrichtete Opfer als Ausdruck wahrer Frömmigkeit, die niemand durch fremde Kultordnungen hindern darf (§ 414).
(c) Sie akzeptiert die Eingliederung Jerusalems in die antike Kultgemeinschaft in Form der kaiserlichen Opfer (§ 415) und verteidigt so die reichsrechtliche Stellung der Stadt (§ 416).

Diese Auffassungen stimmen mit den prorömischen Handlungen der Ananiasgruppe überein. Nach außen wird die Einmütigkeit mit dem römischen Herrschaftssystem dokumentiert, nach innen die Übereinstimmung mit der väterlichen Tradition; ihr Konservativismus ist identisch mit der Bewahrung des status quo.

Trifft dies zu, so könnte man fragen, ob sie die Verteidigung ihrer gesellschaftlichen Stellung nicht auch in hohem Maße mit der Verteidigung des Tempels identifiziert hat. Jos. berichtet mehrmals, daß die Ananiasgruppe samt Agrippa ihren eigentlichen Beweggrund in der Rettung des Heiligtums vor den Aufständischen sahen, um nicht eine Zerstörung durch die Römer zu provozieren[60]. Auch wenn Jos. hier apologetisch und ex eventu schreibt, so waren doch beide Bedrohungen des Tempels in verschiedener Weise real: durch die Infragestellung der Institution seitens Aufständischer und tempelkritischer Bewegungen[61] als auch durch die Bedrohungen und Entweihungen seitens der Römer (s.o. 1.1, c). Jos.' polemische Apologie besteht darin, daß er beides kausal verknüpft: Der Tempel ist zerstört worden (von den Römern gegen ihren Willen), weil die Aufständischen sich des Heiligtums widerrecht-

---

[60] Cf bell 2,321-324.400f.416.421; cf auch § 237 (Cumanuskonflikt, infolge dessen Ananias nach Rom geschickt wurde).

[61] Cf dazu Theißen, Die Tempelweissagung Jesu (1976), jetzt in: ders., Studien zur Soziologie des Urchristentums, WUNT 19, (1979) 1983^2, 142-159, der hervorgehoben hat, daß eine Prophetie wie die Tempelweissagung Jesu (cf z.B. Mk 14,58) nicht nur der Aristokratie, sondern "den Interessen des ganzen Jerusalemer Gemeinwesens" (ebd., 153) entgegenlief. Die tempelkritischen Bewegungen kann man mit Theißen in prophetische und programmatische Tempeloppositionen unterteilen (cf ebd., 142-153): Zu der prophetischen Opposition, die alttestamentliche Vorbilder in Micha und Jeremia hat, gehörten Einzelpersonen wie Jesus von Nazareth, Jesus b. Ananias (s.u. Anm 62) und der um 35 n.Chr. auftretende samaritanische Prophet (cf ant 18,85-87) sowie Stephanus (cf hierzu Gaston, No Stone on another, NT. S 23, 1970, 154-161) und die Tempelprophetie in Mt 23,37ff; programmatische Tempeloppositionen sind die zelotische Bewegung (s.o. 1.2, ab.ac) und die Essener (cf hierzu Gaston, a.a.O., 119-128; Janowski/Lichtenberger, Enderwartung und Reinheitsidee, JJS 34, 1983, 31-62: cf S. 39-41). Kritisiert wurde in der Regel die priesterliche Aristokratie, die durch ihr Wirken und ihre nicht-sadokidische Herkunft das Heiligtum verunreinigt haben: Der Totalitätsanspruch der Reinheitsforderungen ermöglichte die Kritik an der gegenwärtigen (mangelhaften) Verwirklichung (s.o. 1.1, a, S. 74); cf aber auch 1.2, cd), S. 197ff.

lich bemächtigt und den Krieg verursacht hatten. Den Vorausblick auf eine solche Kausalverbindung muß man bei der proromischen Adelspartei nicht zu Grunde legen. Dennoch haben sie immerhin die Bedrohungen des Tempels wahrgenommen und darauf - wenn auch unterschiedlich - reagiert; belegt ist nicht nur ihr Vorgehen gegen die Tempelreform des Eleazar b. Ananias, die ja gleichzeitig antirömisch war, sondern auch gegen den Unheilspropheten Jesus b. Ananias, der seit der Zeit des Albinus seine Weherufe gegen Jerusalem und den Tempel ausrief[62].
Da sich die innerjüdische Tempelopposition gegen die Verunreinigung des bestehenden Tempels richtet, kann man zumindest erschließen, daß die Ananiasgruppe das Heiligtum verteidigte, um ihre gesellschaftlich-ökonomische Grundlage zu bewahren. Ob die Identifizierung von Tempelverteidigung und Bewahrung ihrer Vorrechte so vollständig war, daß diese Adligen ihr letztes und eigentliches Ziel tatsächlich in der Rettung des Heiligtums sahen, kann dagegen nicht belegt werden. Die römischen Bedrohungen werden eher akzeptiert als die innerjüdische Tempelkritik. Zwar zieht das militärische Vorgehen des Florus gegen den Tempel Beschwerden nach sich (bell 2,333); ob sich unter den jüdischen Beschwerdeführern ("ἄρχοντες") jedoch auch die proromische Ananiaspartei befindet, bleibt aufgrund des jos. Sprachgebrauchs in diesem Kontext unsicher[63], ist aber aufgrund der inhaltlichen Überlegungen[64] mehr als unwahrscheinlich.

cd) Die adlige Aufstandsführung unter Ananos

Nach dem Sieg über Cestius Gallus werden in Jerusalem "Strategen" für das Land und die Stadt ernannt (bell 2,562-568): für Jerusalem der ehemalige Hohepriester Ananos b. Ananos und Joseph b. Gorion, ein Mitglied des Laienadels[1]. Es ist vermutet worden, daß ein solcher Machtwechsel schon vor

[62] Cf bell 6,300-309. Schottroff/Stegemann haben vorgeschlagen, daß dieser Prophet Jesus b. Ananias "in die unmittelbare Nähe der Q-Propheten gehört, - in seiner Botschaft, in seinem Verhalten, in seinem Schicksal und in seiner sozialen Herkunft" (Schottroff/Stegemann, Jesus von Nazareth - Hoffnung der Armen, 1978, 88). Eine Akzentuierung der Drohung auf Jerusalem findet sich auch in Lk 13,34f, das wohl ebenfalls in die Zeit zwischen 66 und 70 n.Chr. gehört (cf Steck, Israel und das gewaltsame Geschick der Propheten, WMANT 23, 1967, 227-239).

[63] S.o. S. 181, (b).

[64] S.o. S. 185f.

[1] Cf bell 4,159.357: Der hier erwähnte Gorion/Gourion ist wohl eher der Vater als der Sohn des Strategen (s.o. I.Teil, 1., Anm 28).

dem Angriff des Cestius Gallus stattgefunden haben könnte[2]; jedoch ist dies unbeweisbar. Die Tatsache einer Machtübernahme durch Angehörige der alten Adelsfamilien, die radikalere Aufständische entfernt (Eleazar b. Ananias) oder fernhält (Eleazar b. Simon / Simon b. Giora), ist dagegen nicht abzuweisen[3].

Im Unterschied zur prorömischen Ananiaspartei sind uns von der Führungsgruppe um Ananos mehrere Mitglieder namentlich bekannt: Neben Ananos und Joseph werden der ehemalige Hohepriester Jesus b. Gamala und der Pharisäer Simon b. Gamaliel erwähnt; auch Niger von Peräa wird zur Führungsspitze zu zählen sein. Betrachten wir diese Personen nacheinander, um anschließend Zusammensetzung und Schichtung der Ananospartei zu erörtern.

Aus der Zeit vor dem Krieg berichtet Jos. über Ananos nur in ant 20,197-203: Ananos stammt aus der gleichnamigen hohenpriesterlichen Dynastie, die seit

---

[2] Cf Drexler, Untersuchungen zu Josephus und zur Geschichte des jüdischen Aufstandes 66-70, Klio 19 (1925) 277-312: S. 287: "es ist indessen zu sagen, daß nach dem ersten großen Sieg über die Römer unmöglich Leute die Führung erhalten oder behalten konnten, die an diesem Erfolg unbeteiligt waren"; ihm folgte Cohen, Josephus in Galilee and Rome, CSCT 8, 1979, 187.197-199.

[3] Dies kan auch Horsley nicht abweisen, obwohl sich die Aktionen des Ananos nicht in seine Kollaborationsthese (s.o. 1.2, cc, S.173f) fügen. Horsleys Vorgehen ist bezeichnend (cf ders., High Priests and the Politics of Roman Palestine, JSJ 17, 1986, 23-55: S. 51-54): Er bezweifelt erstens im Anschluß an Cohen (s.o. Anm 2) die Historizität der von Jos. berichteten Strategenwahl, erwähnt Cohens Argumente, jedoch nicht dessen Auffassung, daß dieser Machtwechsel schon früher, also vor Cestius' Angriff, stattgefunden haben könnte - statt dessen verweist Horsley, ebd., 51 Anm 54 allgemein auf die kritische Rezension von Cohens Werk durch H. R. Moehring, um Cohens Unzuverlässigkeit in der Rekonstruktion historischer Fakten zu belegen (Moehring, Rez. von S. J. D. Cohen, Josephus in Galilee and Rome ..., JJS 31, 1980, 240-242 bringt dafür in der Tat Hinweise, geht auf den Kontext der Strategenwahl aber überhaupt nicht ein: cf S. 241f). In einem zweiten Schritt bestätigt Horsley die Machtübernahme durch die Adligen, aber mit deutenden, unbewiesenen Einschränkungen: "Nevertheless, although it is most unlikely that high priests became head of a popular revolutionary government, they apparently did attempt to govern Jewish Palestine after the defeat of Cestius" (ebd., 51). Drittens untersucht Horsley die Motivation und Strategie dieser Adligen (ebd., 51-54), die er als prorömisch und defensiv bezeichnet: Als Beleg dafür verwendet er neben anderen apologetischen Stellen des Jos. auch zweimal Jos.' zwielichtige Selbstverteidigung aus vit 22 (cf ebd., 52f), die Horsley trotz seines quellenkritischen Selbstanspruchs (cf ebd., 25) nicht nur unkommentiert zitiert, sondern darüber hinaus auch unklar einführt: "Says a member of one eminent priestly family in retrospect" (ebd., 52); dies ist jedoch Jos.' eigene Apologie!

dem Jahre 6 n. Chr. acht Hohepriester stellte[4], darunter den Vater und vier Brüder[5] des Ananos (cf § 198); Ananos d.J. wurde im Jahre 62 Hoherpriester und nutzte die Zeit vor dem Eintreffen des römischen Prokurators Albinus, um widerrechtlich das Synhedrion einzuberufen (§§ 200.202)[6] und Todesurteile gegen den Herrenbruder Jakobus "καὶ τινας ἑτέρους" (§ 200) zu fällen und zu vollstrecken[7]; auf den Protest von Pharisäern wird Ananos von Agrippa II abgesetzt (cf §§ 201-203). Der Versuch, die Vakanz der Prokuratur zur eigenen Machterweiterung zu nutzen, scheiterte also, da die Gegner des Ananos, Teile der Pharisäer, Agrippa und Albinus[8], schnell reagierten und Ananos selbst - im Unterschied zu seinem Bruder Jonathan - nicht diplomatisch genug handelte, sondern die von der Römern gesteckten Grenzen zu offensichtlich übertrat.

Auf Ananos' Nachfolger im Hohepriesteramt, Jesus b. Damnaios, der wahrscheinlich unter dem Einfluß des Ananias stand (ant 20, 205), folgte Jesus b. Gamaliel/Gamala (§213). Er wird erst wieder bei der Auseinandersetzung mit den Tempelzeloten erwähnt; Jesus und Ananos werden dabei als Repräsentanten des Priesteradels von den Idumäern getötet (bell 4, 315-325). Auch wenn wir über die Frühzeit des Ananos und Jesus keine weiteren Nachrichten

---

4 Cf die Listen bei Smallwood, High Priests and Politics in Roman Palestine, JThS N.S. 13 (1962) 14-34: cf S. 32 und bei Schürer, History II, 230-232. Die Hohenpriester dieser Familie waren: Ananos d.Ä. (6-15 n.Chr.), Eleazar b. Ananos (16/17), Kaiphas, der Schwiegersohn des Ananos (18-36), Jonathan b. Ananos (36/37), Theophilos b. Ananos (37-41), Matthias b. Ananos (41-44), Ananos d.J. (62) und höchst wahrscheinlich auch Matthias b. Theophilos (cf dazu Smallwood, a.a.O. 15; Stern, Aspects of Jewish Society: The Priesthood and other Classes, CRJ I,2, 1976, 561-630: cf S. 607), der letzte Hohepriester vor der Reform der Tempelzeloten und der Wahl des Pinehas (s.o.1.2,ac). In den 60 Jahren vor Ausbruch des Krieges hat diese Dynastie also etwa 37 1/2 Jahre lang den Hohenpriester gestellt.

5 Cf hierzu auch Bammel, Die Bruderfolge im Hochpriestertum der herodianisch-römischen Zeit, ZDPV 70 (1954) 147-153: die Fratrigenitur bzw. das Fratriarchat sei als festes Ordnungselement auch in Judäa seit der herodianischen Zeit anzunehmen. Die Bruderfolge - ob sie nun als innerfamiliäres Gesetz von allen Machthabern anerkannt wurde oder nicht - ist, wenn sie eintritt, tatsächlich ein Kompromiß zwischen der Macht der Investitoren und der "Sicherungspolitik" der Familien (ebd., 152).

6 Cf hierzu Winter, On the Trial of Jesus, SJ 1, 1961, 18.

7 Vielleicht hängt die bei Eus., h.e. II,23,20 dem Jos. zugeschriebene, aber nicht verifizierbare Deutung, die Zerstörung Jerusalems sei Strafe für die Ermordung des Jakobus, auch damit zusammen, daß gerade Ananos eine entscheidende Rolle im Aufstand spielte; Jos.' überschwengliche Lobrede auf Ananos in bell 4,318ff, die sich von ant 20,199 deutlich unterscheidet, werden zumindest die Urheber der o.a. Deutung kaum geteilt haben.

8 Albinus schrieb einen zornigen Brief und drohte Ananos Strafe an (ant 20,203).

besitzen, zeigt ein Vergleich mit Ananias[9], daß sich die späteren Fronten schon vor dem Krieg abzuzeichnen begannen. Während Ananias von Anfang an zu Albinus gute Kontakte pflegte, kommt es zwischen Ananos und dem römischen Prokurator gleich zu einem Konflikt, den beide Seiten in der Folgezeit kaum behoben haben werden. Ebenfalls kann man vermuten, daß die Spannungen zwischen Ananos und Agrippa länger anhaltend gewesen sind. Daß zur Ananiaspartei auch Pharisäer gehörten (bell 2, 411), ergänzt das Bild, ist aber gleichzeitig ein weiterer Hinweis auf unterschiedliche Haltungen im pharisäischen Lager[10]. Jesus b. Gamala scheint eher eine mittlere Position eingenommen zu haben: Er gehörte einerseits zur aufständischen Führungsspitze um Ananos, hat aber gleichzeitig die "Intrigen" des Simon b. Gamaliel und des Ananos gegen Josephus verraten (vit 193.204); wenn die rabbinische Notiz zutrifft, daß die Frau Jesu das Hohepriesteramt für ihren Mann erst durch Bestechung Agrippas erlangen konnte[11], müßte man - im Unterschied zu Ananos - bei Jesus b. Gamala auch Kontakte zum Königshaus vermuten. Zu Ananias scheint Jesus dagegen keine Verbindung gehabt zu haben. Ananias hatte sogar bei den Machtkämpfen zwischen Jesus b. Damnaios und Jesus b. Gamala zugunsten des ersteren eingegriffen[12].
Mit aller Vorsicht ließen sich demnach folgende Gegenüberstellungen entwerfen: Der prorömische Ananias setzte seit jeher bzw. seit Cumanus auf gute Beziehungen zu Agrippa und zum römischen Prokurator, während Ananos diese beiden Machtpole (sowie Stimmungen und Parteiungen im Volk) ignoriert oder falsch eingeschätzt hatte; der - später antirömische - Jesus b. Gamala hatte durchaus eigene Präferenzen und unterhielt wahrscheinlich Kontakte zu Agrippa[13].
Die dritte entscheidende Figur in der Ananosgruppe war der Pharisäer Simon b. Gamaliel. Er war der Sohn des auch in Act 5,34 erwähnten Gamaliel, gehörte also zu den Hilleliten, und der Vater des später (zwischen 80/90 und 100/120 n. Chr.) in Jabne wirkenden Gamaliel II[14]. Obwohl er als Freund des

---

[9] S.o. 1.2,cc), S. 174ff.

[10] Man denke nur an Simon b. Gamaliel (cf auch Roth, The Pharisees in the Jewish Revolution of 66-73, JSS 7, 1962, 63-80: cf S. 64-72); s.u. S. 192ff.

[11] Cf bYom 18a (dagegen: mYev 6,4); cf Joach. Jeremias, Jerusalem zur Zeit Jesu, (1923-37) 1962[3], 113.177; Rengstorf, Jebamot, in: Beer u.a. (Hrg.), Die Mischna III,1, 1929, S. 79 (Anm 2 zu 6,4e).

[12] S.o. 1.2,cc), Anm 22.

[13] Auch Jos., dessen Familie mit Jesus b. Gamala befreundet war, bemühte sich während seiner Tätigkeit in Galiläa darum, Agrippa nicht zu provozieren: s.o. I. Teil, 1., Anm 37.

[14] cf Neusner, Josephus's Pharisees, in: Bleeker u.a. (Hrg.), Ex Orbe Religionum, Bd. 1, FS G. Widengren, SHR 21, 1972, 224-244: cf S. 231; Mayer/Möller, Josephus - Politiker

Johannes von Gischala wirksam gegen Jos. intrigiert und dabei auch Ananos auf seine Seite zieht (vit 192b-203), wird er von Jos. in diesem Kontext positiv vorgestellt: Er ist ein Jerusalemer Stadtbürger, von glänzender Herkunft, ein Mann, der voller Einsicht und Verstand auch ungünstige Verhältnisse durch sein Geschick bessern konnte (§ 191-192a). In bell 4 rechnet ihn Jos. gemeinsam mit Gorion b. Joseph zu den "δοκοῦντες" (§ 159) des Volkes, die gemeinsam mit den "δοκιμώτατοι τῶν ἀρχιερέων" (§ 160), Ananos und Jesus b. Gamala, zum Kampf gegen die Tempelzeloten aufrufen. Während Gorion[15] später von den Tempelzeloten getötet wird (§ 358), erwähnt Jos. Simons Ende nicht[16].
Im Anschluß an die Ermordung Gorions, die erst nach dem Teilabzug der Idumäer stattfand, berichtet Jos. von der Ermordung Nigers (§§ 359-363). Niger hatte schon gegen Cestius Gallus gekämpft (bell 2, 520) und hielt sich seit dem mißglückten Feldzug gegen Askalon (3, 9-28) in Jerusalem auf. Zwei Bemerkungen bestätigen seine Bedeutung: In 3, 28 wird er als der Feldherr bezeichnet, dessen Rettung den Juden als Gottes Vorsehung erschien; nach dessen Tod notiert Jos., daß dadurch die Tempelzeloten von ihrer "Furcht vor dem eigenen Sturz" (4,363) entlastet waren. Wir können also in Niger von Peräa den militärischen Führer der Ananospartei sehen, der mächtig genug war, den Tod der beiden Hohenpriester einige Zeit zu überleben. Für die Tempelzeloten stellte er ein Sicherheitsrisiko dar; jedoch konnten sie sich erst nach dem Idumäerabzug aller ihrer Gegner entledigen[17].
Die Zusammensetzung der Aufstandsführung unter Ananos stellt sich somit folgendermaßen dar: Zwei ehemalige Hohepriester, beide Angehörige der großen Dynastien (Ananos und Camithos/Boethos), Mitglieder des Laienadels und ein prominenter Vertreter der Pharisäer bilden den inneren Kreis der Führungsgruppe. Ihre dezidierten Anhänger entstammen den gleichen gesellschaftlichen Schichten: Die Jerusalemer Gesandtschaft gegen Jos. weist eine ähnliche Zusammensetzung auf - zwei Pharisäer, ein Priester, der ebenfalls Pharisäer war, und ein Vertreter der priesterlichen Aristokratie (vit 197). Diese Gesandtschaft sollte Josephus absetzen und die Befehlsgewalt in Galiläa übernehmen (vit 202f). Daraus läßt sich erschließen, daß sie einer zweiten Ebene der Aufstandsführung angehörten. Diese Parteigänger des Ananos und des Simon (vit 195f.216.309) verdeutlichen außerdem, daß beide

---

und Prophet, in: Betz, u.a. (Hrg.), Josephus-Studien, FS O. Michel, 1974, 271-284: cf S. 276f; Stemberger, Das klassische Judentum, 1979, 17f.

[15] S.o. Anm 1.

[16] Vielleicht wurde Simon durch ein zelotisches Gericht (cf bell 4,334-336) verurteilt und hingerichtet: cf Mayer/Möller, Josephus, 277 Anm 36. Ein natürlicher Tod ist jedoch nicht auszuschließen (so Roth, Pharisees, 71f).

[17] S.o. I. Teil, 3., Anm 12.

Führer es verstanden haben, Angehörige der eigenen Klasse oder Partei zu mobilisieren und um sich zu scharen[18], wobei der quantitative Vorrang der Pharisäer vielleicht die Zahlenverhältnisse unter den Anhängern zutreffend widerspiegelt: Gegenüber dem einen Adligen, der zudem noch der Jüngste der Gesandtschaft ist, gelten die beiden Pharisäer Jonathan und Ananias als Vertreter des Volkes[19].
Über die Rolle der Jerusalemer Volksmenge selbst kann man schwerlich Angaben machen, da Jos. sie je nach Bedürfnis zuordnet: Während sie nach vit 309f auf Seiten des Jos. gegen Ananos und Simon steht[20], lehnt sie sich laut bell 4, 151 unter der Führung des Ananos gegen die Tempelzeloten auf, wobei hier die Einschränkung in § 160 Beachtung verdient, nach der die Hohenpriester das Volk erst aus ihrer Untätigkeit herausreißen und gegen die Zeloten aufstacheln mußten. Aus der Notiz, daß sich viele vom Wachdienst loskauften (4, 207), ist ersichtlich, daß zur Ananospartei Vertreter des reichen Bürgertums gehörten. Auch Zacharias b. Bareis, dessen Reichtum eigens erwähnt wird, könnte sich zu dieser Gruppe gezählt haben (§§ 334-344)[21]. Priesteradel und reiches Bürgertum sowie Pharisäer auch aus weniger bevorzugten Schichten bildeten also die Ananosgruppe zusammen mit jungen Adligen (4, 327-333)[22] und Vertretern der Laienaristokratie, aus der wir die Familie Gorions konkret benennen können. Aufgrund der Unterscheidung zwischen Geld- und Geburtsadel[23] kann man m.E. voraussetzen, daß zu dieser Auf-

---

[18] Cf auch vit 21f; Jos.'Apologie sollte man hier keinesfalls übernehmen (s.o. Anm 3); cf auch Kreissig, Die sozialen Zusammenhänge des Judäischen Krieges, SGKA (B) 1, 1970, 137f.

[19] Vit 197a: "ἦσαν δ᾽αὐτῶν οἱ μὲν δημοτικοὶ δύο..."; Vorsicht ist allerdings geboten, da Jos. die Zusammensetzung der Gesandtschaft (Jerusalemer Bürger/Pharisäer/Priester) in § 198 zweckgerichtet motiviert und zwar mit der unausgesprochenen Pointe: So viele Leute braucht man, um die Qualitäten des Jos. annähernd zu erreichen. Jedoch gibt es zwischen § 197 und § 198 zwei unterschiedliche Nuancierungen: Während in § 198 die Herkunftsangabe "Jerusalemer Stadtbürger" alle vier Gesandten umfaßt, bezeichnet "δημοτικοί" in § 197 gegenüber "ἱερατικοῦ γένους" und "ἐξ ἀρχιερέων" eine gesellschaftliche Abstufung, und zweitens wird das Mitglied des Adels in § 198 nicht eigens erwähnt oder hervorgehoben; dies spricht m.E. dafür, in § 197 einen Querschnitt der Aufstandsführung zu sehen.

[20] In vit 310 berichtet Jos. übertreibend, daß die Volksmenge sogar die Häuser des Ananos und Simon aus Wut über deren Vorgehen gegen Jos. niederbrennen wollte.

[21] Cf hierzu auch 1.2, ac), Anm 78.

[22] S.o. I. Teil, 3., Anm 9; II. Teil, 1.2, ac), S. 143f: Wahrscheinlich gehörten die jungen Adligen zur ehemaligen Führungsgruppe des Eleazar b. Ananias.

[23] S.o. 1.2, cc), S. 182ff; zum Laienadel insgesamt cf die Darstellung bei Jeremias, Jerusalem, 252-264.

standsgruppierung nicht nur Teile des alteingesessenen Priesteradels (Ananos und Jesus) zählten, sondern auch der alten Laienaristokratie[24].
Das in der jos. Darstellung zwielichtigste Mitglied der adligen Aufstandsführung ist Johannes von Gischala. Durch die Verzerrungen des Jos. hindurch können wir immerhin soviel entnehmen, daß Johannes sich während seiner Anfangsphase in Jerusalem ständig in der engsten Umgebung des Ananos aufhielt (4, 208-215), wozu ihm sehr wahrscheinlich die Freundschaft Simon b. Gamaliels (vit 189-192) geholfen hatte; als Angehöriger einer städtischen Oberschicht[25] fügt er sich auch seiner sozialen Herkunft nach in diese Gruppe ein.

An einigen Stellen propagiert Jos., diese adlige Aufstandsführung - Ananos im besonderen - habe einen heimlichen Ausgleich mit den Römern angestrebt, sei also in Wahrheit nicht antirömisch eingestellt gewesen[26]. Wenn man diese Bewertung übernimmt[27], hat man dadurch die apologetischen Äußerungen des Jos. ebenso akzeptiert wie die Auffassung der radikalen Aufständischen, in deren Augen wahrscheinlich alle Adligen als Kollaborateure galten. Das Vorliegen einer Apologie ist jedoch in vit 21-23 deutlich erkennbar: Ohne Namensnennung berichtet Jos. von Hohenpriestern und Pharisäerführern, mit denen er sich zusammen nur zum Schein und mit der Hoffnung auf den Sieg des Cestius Gallus den Aufrührern anschloß. Daß nach Cestius' Niederlage gerade Hohepriester und Pharisäer zur Aufstandsführung in Jerusalem und Jos. zum Strategen von Galiläa avancierten, widerlegt diese Version. Jos.' Motiv, diese Aufstandsführung als prorömisch zu kennzeichnen, ist seine eigene Verflechtung in diese Gruppe.

Jos.' Darstellung ist weiterhin untersucht keineswegs stringent. An den zentralen Stellen der Auseinandersetzung zwischen dieser Aufstandsführung und den Tempelzeloten samt Idumäern kolportiert er Verdächtigungen gegen Ananos, die er zuerst Johannes von Gischala in den Mund legt (bell 4, 218), aber im gleichen Kontext als Lügengewebe entlarvt (§§ 224.226); nachdem die Idumäer auf dieses Gerücht hin (§228f) den Zeloten zur Hilfe eilten, dient die große Rede des Jesus b. Gamala an die Idumäer (§§ 238-269) auch dazu, den Vorwurf des Verrats abzuwehren[28]; in der anschließenden Rede

---

[24] Cf bell 2,653: Ananos und die Archonten schicken ein Heer gegen Simon b. Giora; vit 194: Hohepriester und Vorsteher des Volkes befürworten Jos.' Tätigkeit als Stratege in Galiläa.

[25] Cf Rappaport, John of Gischala: From Galilee to Jerusalem, JJS 33 (1982) 479-493: cf S. 479.

[26] Cf vit 22; bell 2,651; 4,320.

[27] Cf Horsley, High Priests, 51-54 (s.o. Anm 3).

[28] Cf Michel, Die Rettung Israels und die Rolle Roms nach den Reden im "Bellum

des Idumäers Simon wird dieser Vorwurf noch einmal wiederholt (§§ 273.282); abgeschlossen wird der Zusammenhang durch den Abzug der Idumäer, dem Jos. die Rede eines Zeloten[29] vorausstellt (§§ 347-352), aus der deutlich wird, daß es keine Beweise für eine Konspiration der Ananosgruppe gegeben hat (§347). Der skizzierte Zusammenhang ist also von Jos. durch die zahlreichen Reden so sehr literarisch gestaltet worden, daß eine historische Rekonstruktion als unmöglich erscheint.

Jedoch ist die zweckgerichtete Verwendung sowohl der von Jos. propagierten prorömischen Einstellung als auch des falschen Vorwurfs des Verrats zu beachten: Ersteres dient dazu, Jos. selbst - vielleicht auch überlebende Adlige - zu entlasten, also apologetischen Zwecken, das zweite belegt die moralische Verkommenheit des Johannes von Gischala und der Tempelzeloten, dient also polemischen Zwecken. Differenziert man subtiler, so könnte man sagen, daß Jos. alle Vorwürfe einer tatsächlichen Konspiration abweist, während er eine prorömische Gesinnung "beweist". Ein solcher "Beweis" kann jedoch nicht überzeugen, weil es keine Tatsachen gibt. Jos. hat hierfür nicht nur keine Argumente zur Verfügung, sondern behauptet die prorömische Gesinnung gerade an den Stellen, die ansonsten eine antirömische Haltung offenlegen würden:

(a) Vit 21ff: Die Hohenpriester, Pharisäer und Jos. schliessen sich den Aufständischen an - aber nur zum Schein.

(b) Bell 2, 648-651: Ananos und der Adel rüsten auf - planen aber die Einstellung der Rüstungsmaßnahmen.

(c) Bell 4, 320: Ananos trifft Kriegsvorbereitungen - aber nur notgedrungen und nur damit die Juden, kommt es zu keiner Verständigung, ehrenvoll abschneiden.

Diese apologetischen Zusätze vermögen die These einer römerfreundlichen Gesinnung innerhalb der Ananosgruppe nicht zu tragen. Dagegen spricht sowohl die antirömische Vergangenheit des Ananos[30] als auch die notwendige Differenzierung zwischen prorömisch und antirömisch orientierten Adelsgruppen, die auch untereinander in Konflikt standen. Daß es zu keinen Verständigungsmaßnahmen zwischen der Ananospartei und den Römern gekommen ist, unterstützt - seiner polemischen Zweckrichtung entkleidet - dieses Bild. Unter Leitung des Ananos wurden vielmehr planmäßige Kriegsvorbereitungen getroffen, die Mauern repariert (cf bell 2, 563.648), Kriegsmaschinen, Geschosse und Rüstungen hergestellt (§ 648f) und die Jugend trainiert und gedrillt (§ 649). Dies alles dient zur konsequenten Verteidigung ge-

Iudaicum", ANRW II,21,2, 1984, 945-976: cf S. 957f.

[29] Cf dazu M/B, IV Anm 90f.

[30] Cf Smallwood, High Priests, 30: "the record of his [Ananos', H.S.] career shows him as constantly anti-Roman".

gen die mögliche und erwartete Belagerung Jerusalems[31].

Fragen wir abschließend nach den theologischen Motiven und Anschauungen, die während der Wirksamkeit der Aufstandsführung relevant waren oder wurden. Die doppelte Frontstellung der Ananosgruppe gegenüber Tempelzeloten und Römern muß dabei beachtet werden.

Während die adlige Aufstandsführung auf die Verhaftungen und Hinrichtungen von Mitgliedern der Ananiaspartei nicht reagiert (bell 4, 140ff), kommt es nach der Tempelreform des Eleazar b. Simon zur bewaffneten Auseinandersetzung: In dem Augenblick, in welchem der Priesteradel selbst vom Heiligtum ausgeschlossen und der amtierende Hohepriester, ein Neffe des Ananos[32], abgesetzt wird, rufen die Führer der Ananospartei zum Kampf gegen die Tempelzeloten auf (cf bell 4, 158-161).

Während man für die Tempelreinigung Eleazars theologische Motive anführen kann (1.2, ac), bleibt die bloße Reaktion des Ananos am ehesten machtpolitisch verständlich. Jedoch werden hier machtpolitische Interessen in solcher Weise mit theologischen Vorstellungen verknüpft, daß diese nicht einfach als Ideologisierung abgetan werden können. Ananos befiehlt nämlich vor dem endgültigen Sturm auf die im Tempel verschanzten Zeloten eine siebentägige Reinigung seines Heeres (4, 205.218ff). Dieser gegen alle militärische Vernunft unternommene Ritus hat seine Ursache in der idealen Konzeption der "Reinheit und Heiligkeit des Tempels"[33]. Ananos setzt sich demnach selbst in dieser Bürgerkriegssituation nicht über die Vorstellungen von der Tempelreinheit hinweg, sondern trägt ihnen Rechnung. Die auch theologisch motivierte Tempelreform Eleazars, die im Selbstanspruch Verunreinigungen beseitigte, provozierte die Ananosgruppe also nicht nur zu einem militärischen, sondern auch zu einem theologischen Vorgehen, um ihrerseits Verunreinigungen zu vermeiden.

Trifft dies zu, stimmen beide Gruppen in der Notwendigkeit der Tempelreinheit überein[34], jedoch nicht darin, wer diese Reinheit bedroht oder beseitigt hat. Abgesehen davon, daß in der akuten Auseinandersetzung jeder seinem Gegner Verunreinigungen vorgeworfen haben wird, zeichnen sich hier m.E.

---

[31] Gegen Horsley, High Priests, 53.- Rhoads, der die Ananosgruppe zu den "Moderates in the war" zählt (cf Israel in Revolution: 6-74 C.E., 1976, 150-159: zusammen mit den Pharisäern und Essenern), vermutet, daß Ananos aus einer Position der Stärke heraus mit den Römern verhandeln wollte: Seine Kriegsvorbereitungen "increased the Jews' chances of coming to acceptable terms with Rome rather than having to capitulate" (151f). Jos.' apologetische Absichten werden dabei nicht zur Kenntnis genommen.

[32] S.o. Anm 4.

[33] S.o. 1.1, a), S. 66f.

[34] S.o. 1.1, a), S. 74.

zwei unterschiedliche Modelle ab: ein "eschatologisches Modell" und ein "Traditionsmodell".
Daß die Zeloten die Reinheit des Heiligtums unter eschatologischen Vorzeichen verstanden und in die Tat umgesetzt haben, ist bereits dargelegt worden[35]. Die Aktion des Eleazar b. Ananias war dabei antirömisch und führte zur Auseinandersetzung mit der prorömischen Ananiaspartei; die zweite Tempelreform richtete sich gegen den Priesteradel.
Demgegenüber wissen wir von mehreren Beispielen, in denen sich Adlige für die Reinheit des Tempels eingesetzt haben: Bei der Weiheschildepisode des Pilatus opponierte auch das Synhedrion (leg 300); die Bitte an Vitell um den hohenpriesterlichen Ornat hat sehr wahrscheinlich die priesterliche Führungsschicht vorgetragen[36]; die Bitte an Vitell bezüglich der Feldzeichen wurde vom alteingesessenen Geburtsadel - vielleicht unter pharisäischem Einfluß - vorgebracht[37]; im Caligulakonflikt hat das Volk mit den "γνώριμοι" auf die Reinheit von Stadt und Land verwiesen[38]; im Konflikt mit Agrippa II und den Römern um die Erhöhung der Tempelmauern hat sich der Priesteradel durchgesetzt[39]. In allen Beispielen ging es wesentlich um die Bewahrung der Tempelreinheit, und es wurde durchgängig die "väterliche Tradition" als Argument benutzt[40].
Da wir bei den Bitten an Vitell und der in bell 2, 193 erwähnten Gruppe vor Petronius Vertreter des alteingessenen Adels voraussetzen können und sich der Konflikt um die Tempelmauer gegen Agrippa und die Römer wendet, kann man erschließen, daß erstens die Bewahrung der Tempelreinheit nach dem "Traditionsmodell" im alteingesessenen Priester- und Laienadel eine breite Basis und Akzeptanz gefunden hat und daß zweitens diese Adligen von der prorömischen Ananiasgruppe zu unterscheiden sind und sich - zumindest Teile von ihnen[41] - in der Ananospartei organisierten.

---

[35] S.o. 1.2, ab), S. 125ff; ac), S. 144ff.

[36] S.o. 1.2, aa), S. 109ff.

[37] S.o. 1.2, aa), S. 116f.

[38] Cf bell 2,193-195; s.o. 1.2, aa), S. 115f; cc), Anm 38.53.

[39] S.o. 1.2, ab), Anm 29.

[40] Cf leg 300: ("ἔθη πάτρια"); ant 18,95: ("τῷ ἡμετέρῳ πατρίῳ"); 18,121: ("πάτριον"); bell 2,195: ("τὸν νόμον καὶ τὸ πάτριον ἔθος"); ant 20,191: ("πάτριον"); cf hierzu auch 1.2, aa), Anm 37.

[41] Andere Teile könnte man in der, in ihrer Ausrichtung jedoch unklaren, Adelsgruppierung um Matthias b. Boethos sehen: Sie stehen im Gegensatz zu Johannes von Gischala und den Tempelzeloten, konspirieren mit den in Jerusalem verbliebenen Idumäern und holen schließlich Simon b. Giora in die Stadt (cf bell 4,572.574), werden aber später von Simon ebenfalls bekämpft, wobei Matthias, drei seiner Söhne und 17 andere Jerusalemer getötet werden (5,527.529.532); der überlebende Sohn des Matthias kann

Hierfür sprechen zwei weitere Indizien. Einmal richtet sich das "Traditionsmodell" immer gegen Römer, und zum zweiten kann man gerade hierin einen Berührungspunkt zur Tempelreinigung des Eleazar b. Ananias sehen: Die Stoßrichtung gegen die Heiden konnten auch diese Adligen mittragen, wobei die eschatologische Verschärfung (zunächst) unbeachtet bleiben konnte. Als sich dagegen die Tempelreform Eleazar b. Simons auch gegen diejenigen Adligen wandte, die das "Traditionsmodell" verkörperten, waren dadurch auch die theologischen Gemeinsamkeiten erschöpft. Es kam zum bewaffneten Machtkampf, in dem Ananos' Aufruf zur Reinigung einen letzten Hinweis auf die Einhaltung des religiösen Überlieferung seitens dieser Gruppierung bildet.

Die theologische Profilierung gegenüber den Römern ist schon angeklungen. Entscheidend ist, daß die Adligen besonders in den Fällen der Verunreinigung und Bedrohung des Heiligtums seitens der Römer reagieren (cf 1.1,c). Hatte die Ananiasgruppe diese Bedrohung ebenfalls wahrgenommen, aber darauf nur passiv reagiert, vielleicht auch um ein massiveres römisches Vorgehen zu vermeiden, ist die Handlungsweise der Ananospartei aktiv. Sie bzw. ihre Familienangehörigen hatten gegen die römischen Übergriffe immer wieder protestiert und sich schließlich - vielleicht unter dem Eindruck der ersten Tempelreform - zu einem bewaffneten Widerstand entschlossen, um dadurch auch die römischen Verunreinigungen des Tempels zu beenden. Die Bewahrung der Tempelreinheit nach dem "Traditionsmodell" konnte unter den rasch wechselnden Prokuratoren, bes. unter Albinus und Florus, die Ananias und die proрömischen Adligen favorisierten, welche wiederum in Agrippa II einen einflußreichen Verbündeten hatten, unsicherer den je erscheinen[42]. Es ist m.E. schwer vorstellbar, daß die Ananospartei einen Krieg mit Rom veranlaßt hätte, um die Reinheit des Heiligtums zu gewährleisten, aber daß sie dieses Ziel als eigene Motivation oder Propaganda benutzen konnte, nachdem der Krieg einmal begonnen hatte, ist dagegen durchaus denkbar. Ob man aufgrund ihrer Strategie, die sich lediglich auf die Vorbereitung der Stadt für den Belagerungszustand konzentrierte, auch auf Unbesiegbarkeits-

---

gemeinsam mit den Hohepriestern Joseph Kabi und Jesus b. Damnaios, sieben anderen Hohepriestersöhnen und vielen der übrigen Vornehmen noch vor der Tempelzerstörung zu den Römern entkommen (6,113f).

[42] Hier liegt eine Verknüpfung mit machtpolitischen Erwägungen vor: Seitdem Agrippa II die juristische Aufsicht über den Tempel und das Recht, die Hohenpriester ein- und abzusetzen, innehatte (ant 20,222; cf weiter Schürer, History I, 472 Anm 6), kam es zu schnellen Amtswechseln (von 59-66 allein zu sechs Hohenpriestern). Aufgrund dieser Entwicklung verbunden mit dem Konflikt um die Tempelmauer könnte bei dem alteingesessenen Priesteradel auch die Befürchtung der eigenen Machteinbuße aufgekommen sein, zumal nicht auszuschließen war, daß Agrippa, wie sein Vater, auch einmal König über Judäa werden könnte.

hoffnungen in Form einer aktualisierten Zionstheologie (cf 1.1,b) schließen kann, muß hingegen offen bleiben[43].

1.3 Tabellarische Übersicht der Gruppierungen und Programme

Die folgende Übersicht faßt die bisherigen Ergebnisse zusammen und veranschaulicht die Differenzierung und Zuordnung der Programme zu verschiedenen Gruppierungen.

1) Die Aristokratie spaltet sich in zwei rivalisierende Gruppen.	Sie tritt für Erhaltung der Heiligkeitsforderungen ein (unter Vitell sogar für deren Ausweitung).
a) Die proömische Gruppe unter Ananias (= neue Aristokratie und Geldadel)	tritt für Offenheit des Tempels gegenüber heidnischen Weihegaben und Opfern ein.
b) Die Aufstandsführung unter Ananos (= traditioneller Adel, jüngere Generation)	tritt für die Erhaltung der "väterlichen Gesetze" gegen Übergriffe der Römer ein.
2) Die Zeloten (= im Kern unzufriedene Priester in Koalition mit anderen)	treten für Verwirklichung der eschatologischen Heiligkeit des Tempels ein. Symmachie Gottes nach dem Kultmodell: Bei reinem Kult schützt Gott Stadt und Tempel.
a) Der Kreis um Eleazar b. Ananias (= jüngere Jerusalemer Priester in brüchiger Koalition mit Menahem und Anhängern)	führt 1. Tempelreform durch: Ausschluß der Heiden vom Kult; Herstellung der quadratischen Idealform des Tempels.
b) Der Kreis um Eleazar b. Simon (= unzufriedene Landpriester, Verteidiger des inneren Tempels: "Tempelzeloten")	führt 2. Tempelreform durch: Ausschluß der traditionellen Hierarchie (s. o.: 1, b) von den Tempelämtern.
3) Johannes von Gischala und (galiläische) Flüchtlinge im äußeren Tempelbezirk	vertreten "Tempelmodell" der Symmachie Gottes: Gott schützt die Stadt, weil er im Tempel anwesend ist.

[43] Ein Hinweis darauf könnte bell 4,189f sein.

4) Simon b. Giora und seine Anhänger (= Flüchtlinge, Räuber, Bürger)	vertreten das "messianische Modell": Gott schützt den Tempel, weil der Messias in der Stadt ist. Dieser hat sich durch Erfolge gegen Cestius Gallus und in Judäa und Idumäa ausgewiesen. Wie bei allen anderen Gruppen liegt hier ein "Erfolgsmodell" vor: Gottes Symmachie zeigt sich in den bisherigen Erfolgen gegen die Römer (bes. im überraschenden Abzug des Cestius Gallus).

2. *Die römische Seite*

2.1 Ideologische Elemente

a) Ideale Konzeption: Die Pax Romana als Bestandteil der Prinzipatsideologie

Das Wesen römischer Friedensvorstellung, deren grundlegende Untersuchung immer noch H. FUCHS bietet[1], wird schon aufgrund etymologischer Beobachtungen erhellt: Da "*pax*" von "*pacisci*" in der Bedeutung "einen Vertrag schließen" stammt, bezeichnet sie ein wechselseitiges und hergestelltes Rechtsverhältnis zwischen äußeren Mächten, das als Auswirkung eine innerstaatliche Ruhelage ("otium") erzeugt[2]. Dabei gilt der Überlegene aber als Inhaber der *pax*; er gibt die Gesetze des Friedens, "indem er von sich aus das Rechtsverhältnis zum Gegner herstellt: *pacem dat*"[3]. Die *pax* ist hierbei unabhängig von einer bestimmten Vertragsform[4]. Die wesentlich rechtliche Grundbedeutung samt der außenpolitischen Orientierung von pax erhält durch die Expansion und Bürgerkriege der römischen Republik eine immer stärker werdende innenpolitische Färbung[5], die auch in der frühen Kaiserzeit (bis Trajan) wirksam bleibt[6]. *Concordia* und *securitas* werden zu sinnver-

---

[1] Cf Fuchs, Augustin und der antike Friedensgedanke, Neue Philolog. Unters. H. 3, 1926, S. 40. 182-205.

[2] Cf Fuchs, Augustin, 182-185; Dinkler/Dinkler-von Schubert, Art. Friede, RAC 8, 1972, 434-505: cf Sp. 436; Chantraine, Korreferat zu Z. Rubin: Pax als politisches Schlagwort im alten Rom, in: Schlenke/Matz (Hrg.), Frieden und Friedenssicherung in Vergangenheit und Gegenwart, 1984, 35-40: cf S. 35f.

[3] Fuchs, Augustin, 186.

[4] Es gibt bezeichnenderweise im römischen Staatsrecht keinen Friedensvertrag im engeren Sinne, sondern verschiedene Vertragsformen (Deditions-, Klientel-, Freundschafts-, Bundesgenossenschaftsvertrag): Pax heißt "die durch eine der genannten Vertragsformen geschaffene rechtliche Lage, in welcher Ansprüche, die sich anfangs entgegenstanden, zum Ausgleich gebracht sind" (Fuchs, Augustin, 184).

[5] Cf Chantraine, Korreferat, 38f. Cf weiter die Belege bei Cicero: leg. agr. 1, 23 (pax, concordia, otium); 2, 9 (pax, libertas, otium); 3, 4 (otium, concordia); Mur. 1 (pax, tranquillitas, otium, concordia); 78 (pax, otium, libertas, salus, vita); 86 (otium, pax, salus, vita); Phil. 8, 10 (libertas, leges, iura, iudicia, imperium orbis terrae, dignitas, pax, otium); 11, 36 (otium, concordia, leges, iudicia, libertas).

[6] Cf Rubin, Pax als politisches Schlagwort im alten Rom, in: Schlenke/Matz (Hrg.),

wandten Begriffen, Schlagworten und Personifikationen, die in der Münzprägung mit austauschbaren Symbolen verwendet werden[7]. Ihre zentrale Bedeutung erhält die *Pax Romana*[8] mit dem Beginn des Prinzipats und ist mit Augustus untrennbar verbunden, kann also gleichbedeutend als *Pax Augusta* oder *Pax Augusti* erscheinen[9].
Die Forschungskontroversen über Anspruch und Wirklichkeit der Pax Romana beiseite lassend[10] frage ich nach Vorstellungsgehalt und Propagierung

---

Frieden und Friedenssicherung in Vergangenheit und Gegenwart, 1984, 21-34; Chantraine, Korreferat, 39f.

[7] Cf Koch, Art. Pax, PRE XVIII, 4, 1949, 2430-2436: cf Sp. 2434; Dinkler/Dinkler-von Schubert, Art. Friede, 494.

[8] Der Begriff findet sich zuerst bei Sen., clem. I, 4, 2; de prov. 4, 14; ad Polyb. 15, 1; Plin., nat. 27, 3: cf Fuchs, Augustin, 197 Anm 1; Wengst, Pax Romana, Anspruch und Wirklichkeit, 1986, 21f. 178 Anm 16.

[9] Ein literarischer Beleg für "pax Augusta" ist Vell. II, 126, 3. "PAX AVGVSTA", "PAX AVGVSTI", "PAX AVG." u. ä. tauchen später häufig als Münzlegenden auf: cf die Überblicke bei Bernhart, Handbuch zur Münzkunde der römischen Kaiserzeit, Textband, 1926, 95f; Stevenson/Smith/Madden, A Dictionary of Roman Coins, 1889/1964, 594. 613f. Ein Bedeutungsunterschied zwischen "pax Augusta" und "pax Augusti", den man früher vermutet hatte, existiert nicht: cf neben der vorsichtigen Kritik bei Koch, Art. Pax, 2432-2434 jetzt Latte, Römische Religionsgeschichte, HAW V, 4, (1960) 1967[2], 324 Anm 1.

[10] Während Chantraine, Korreferat, 40 bezweifelt, daß die Wiederherstellung des Friedens ein Hauptthema der augusteischen Propaganda war, interpretieren andere Autoren zu Recht diese Epoche unter dem Leitbegriff "pax Augusta/Romana" (cf z. B. Schulz, Die Rechtstitel und Regierungsprogramme auf römischen Kaisermünzen, SGKA XIII, 4, 1925: cf S. 54ff. 84-87; F. Christ, Die römische Weltherrschaft in der antiken Dichtung, TBAW 31, 1938: cf S. 103-110; Beckmann, Der Friede des Augustus, Schriften der Gesellschaft zur Förderung der westfälischen Landes-Universität zu Münster Bd. 25, 1951: cf S. 21-39). Der wesentliche Unterschied ergibt sich in den Bewertungsfragen, ob also die Pax Augusta nur Propaganda oder auch Wirklichkeit war, bzw. für wen sie Wirklichkeit war: Während Stier, Augustusfriede und römische Klassik, ANRW II, 2, 1975, 3-54 das Ziel der augusteischen Politik in der Herstellung und Bewahrung des Weltfriedens sieht und daher alle kriegerischen Aktionen als defensive Sicherungsmaßnahmen und Grenzbegradigungen deutet (cf Stier, a.a.O., S. 16ff; ebenso: Nestle, Der Friedensgedanke in der antiken Welt, PH.S 31, 1, 1938, S. 61), was hinsichtlich seines Hauptargumentes, der defensiven Ostpolitik, durchweg vereinfachend ist (cf dazu Kienast, Augustus, Prinzeps und Monarch, 1982, 274-310), hat demgegenüber Wengst in seiner reichen Dokumentation den Blick immer wieder auf die Opfer gelenkt und den propagandistischen Hintergrund der Pax Romana hervorgehoben (cf Wengst, Pax Romana, 19-71); eine mittlere Position besteht darin, den militärisch-expansionistischen Grundzug der augusteischen Politik (samt ihren Opfern) zu verdeutlichen sowie gleichzeitig den ethisch-moralischen Anspruch der Pax Romana, wie er sich in der augusteischen Literatur unterschiedlich ausdrückt, als Kritik und Auftrag zu verstehen: cf

des Friedensgedankens in der augusteischen Zeit. Hierbei gehe ich von der Selbstdarstellung in den "Res Gestae Divi Augusti" (ResG)[11] zu archäologischen Forschungsergebnissen über, untersuche dann zwei provinziale Inschriften und wende mich erst abschließend der augusteischen Dichtung zu[12].

Schon die (nachaugusteische) Überschrift zu den ResG verdeutlicht den römischen und militärischen Aspekt: "Rerum gestarum divi Augusti, quibus orbem terrarum imperio populi Romani subiecit ...". Hier, wie in weiteren Kapiteln des Tatenberichts[13], wird das siegreiche Vorgehen des Augustus hervorgehoben; ein Friede ist immer ein "durch Siege gefestigter Friede" (ResG 13). Dieser Grundgedanke wird vom Prinzeps durch die Schließung des Janustempels symbolhaft propagiert. Denn die Pforten des Tempels werden nur dann geschlossen, wenn im ganzen römischen Herrschaftsbereich der Friede durch Siege errungen und gesichert worden ist[14]. Der Senat beschloß dies "ter me principe" (ResG 13)[15]. Höchstwahrscheinlich hat Augustus selbst diesen Brauch wiederentdeckt und die Zeremonie aus alten Quellen neu belebt und entwickelt[16]. Das gleiche gilt auch für das im Zusammenhang mit der ersten Schließung vorgenommene "Augurium salutis" (DioCass. 51, 20, 4; Suet., Aug. 31, 4), das nur stattfinden durfte, wenn kein Heer ausrückte oder sich im Kampf befand[17].

---

z. B. Fuchs, Augustin, 196-205; Klingner, Virgil, Bucolica, Georgica, Aeneis, 1967, 492-494; Pöschl, Virgil und Augustus, ANRW II, 31, 2, 1981, 709-727: cf S. 726f.

[11] Ich zitiere die Res Gestae nach Kapiteln und nicht nach der Kolumneneinteilung des Monumentum Ancyranum.

[12] Cf hierzu die methodischen Bemerkungen bei Nock, die auch in unserem zeitlichen Kontext gelten: cf Nock, *A Diis Electa*: A Chapter in the Religious History of the Third Century, (1930), jetzt in: ders., Essays on Religion and the Ancient World, hrg. v. Z. Stewart, Bd. 1, 1972, 251-270: cf S. 262.

[13] Cf ResG 3 ("Bella terra et mari civilia externaque toto in orbe terrarum saepe gessi"). 4. 25-27. 29f.

[14] Cf Liv. I, 19, 2 f; ResG 13; Suet., Aug. 22 sowie Latte, Religionsgeschichte, 132f Anm 3.

[15] Die ersten beiden Schließungen erfolgten im Anschluß an den Sieg bei Actium und nach der Beendigung der Kriege in Spanien (29 und 25 v. Chr.): cf DioCass. 51, 20, 4; 53, 27, 1. Einen entsprechenden Senatsbeschluß für das Jahr 10 v. Chr., der infolge des Dakereinfalls nicht zur Ausführung kam, gibt DioCass. 54, 36, 2 wieder (ResG 13 erwähnt nur Beschlüsse). Vielleicht wurden die Pforten des Janustempels im Jahre 8 oder 7 v. Chr. im Anschluß an Tiberius' Erfolge (s. u. Anm 35) tatsächlich ein drittes Mal geschlossen (so: Syme, History in Ovid, 1978, 25).

[16] Cf Latte, Religionsgeschichte, 297f; Eisenhut, Art. Ianus, KP 2, 1975/79, 1311-1314: cf Sp. 1312; Kienast, Augustus, 186.

[17] Cf Latte, Religionsgeschichte, 140. 298.

Aus dem Tatenbericht erfahren wir von einer weiteren symbolhaften Propagierung des augusteischen Friedens: Als der Prinzeps nach dreijähriger Abwesenheit im Jahre 13 v. Chr. aus Gallien und Spanien nach Rom zurückkehrte, beschloß der Senat die Errichtung einer "Ara Pacis Augustae" auf dem Marsfeld (ResG 12). Die Einweihung des Altars erfolgte am 30. Januar 9 v. Chr.[18]. Diesen Friedensaltar, der 1938 aus Originalstücken und Abgüssen rekonstruiert werden konnte[19], hat jüngst A. H. BORBEIN auf sein ideologisches Programm hin untersucht. Für unseren Zusammenhang sind die folgenden Ergebnisse von Belang: Aufgrund der Zitierung des Parthenonfrieses wird dem Betrachter vor Augen geführt, daß Augustus selbst, und nicht mehr die alten Götter der Polis, der Garant der *concordia civium* ist[20]; weiterhin wird durch die Nachahmung des athenischen Zwölfgötteraltars mit dem "Ἐλέου βωμός" die *pax Augusta* mit der *clementia Augusti* verbunden[21], jedoch insofern neu interpretiert, als die Ara Pacis gerade nicht mit dem Asylrecht ausgestattet war, das sonst durch "ἔλεος" motiviert wurde: Die Ara Pacis "symbolisiert den gesicherten Frieden, der die Institution des Asyls überflüssig macht"[22]. In seinem zusammenfassenden Urteil rekurriert BORBEIN auf die Dominanz des formalen Aspekts in der gesamten augusteischen Kunst: "Man darf hieraus schließen, daß die propagandistische Absicht vor allem auf eine Veränderung der Sehweise zielt, während die mitgeteilten Inhalte sich einer eindeutigen Festlegung oft entziehen. Die neue Ordnung von Staat und Gesellschaft soll durch die klassizistische Form, in der sie dargestellt wird, von vornherein als zeitlos gültig erscheinen, so daß jede Diskussion über ihre Richtigkeit im einzelnen sich erübrigt. Der Betrachter - auch der Ara Pacis - soll davon überzeugt sein, daß geschichtliche Wirklichkeit und

---

[18] Cf die Kalendarien, die sowohl den Tag der constitutio (4. Juli 13 v. Chr.) als auch vor allem den der dedicatio (30. Januar) unter den feriae publicae verzeichnen: CIL I^2, S. 244 (Fasti Amiterni); CIL I^2, S. 232 (Fasti Praenestini); cf hierzu Wissowa, Art. Pax, ALGM III, 2, 1902-1909, Sp. 1719-1722: cf Sp. 1720; Borbein, Die Ara Pacis Augustae, JDI 90 (1975) 242-266: cf S. 245 Anm 8; im "Feriale Cumanum" (4 n. Chr.) wird der Dedikationstag ebenfalls erwähnt: cf CIL I^2, S. 229; CIL X, 8375 (S. 1010); cf hierzu Dinkler/Dinkler-von Schubert, Art. Friede, 443f; cf weiter Ov., fast. 1, 709-712.

[19] Cf die Abb. bei Nash, Bildlexikon zur Topographie des antiken Rom, Bd. 1, 1961, S. 64-73 (Abb. 60-64); E. Simon, Augustus, Kunst und Leben in Rom um die Zeitenwende, 1986, S. 31-45 (Abb. 26-44).

[20] Cf Borbein, Ara Pacis, 261f.

[21] Cf Borbein, Ara Pacis, 262f; ebd., 264f erwägt Borbein, ob die Rankendekoration der Ara Pacis neben der Deutung auf die neue Fruchtbarkeit des "goldenen Zeitalters" nicht auch auf die athenische Ara Clementiae, die von einem blühenden Hain umgeben war, hinweisen könnte.

[22] Borbein, Ara Pacis, 264.

Programm nicht auseinanderklaffen, sondern identisch sind"[23].

Das ideologische Programm der Ara Pacis ist durch die Untersuchungen E. BUCHNERs zum "Solarium Augusti" noch einmal in einen weiteren aufschlußreichen Rahmen gestellt worden. BUCHNER hat gezeigt, daß das "Solarium Augusti", die größte Sonnenuhr und der größte Kalender der Welt, mit der Ara Pacis (und dem bereits im Jahre 28 v. Chr. fertiggestellten Mausoleum[24]) zu einem genau konzipierten und aufeinander abgestimmten Gesamtkomplex gehört[25]. Zwei Linien des Solarium verknüpfen es mit der Ara Pacis: Die Linie der Tag- und Nachtgleiche (Äquinoktienlinie) sowie die Wintersonnenwendlinie. Das überraschende Ergebnis hat verblüffende Folgen: "... an den Herbstäquinoktien, ..., ist der Geburtstag des Augustus, und neun Monate vorher, an der Wintersonnenwende, ..., ist sein Empfängnistag. Auf Empfängnis- und Geburtstag ist also die Gesamtanlage Solarium mit Ara Pacis abgestellt"[26]. Stellt man weiter in Rechnung, daß am Tag der *dedicatio* der Geburtstag der Kaiserin Livia war, gewinnt man einen Eindruck von der wohlüberlegten Konzeption dieser Anlage, deren Symbolik und Ideologie vielschichtig sind: "Welch eine Symbolik! Am Geburtstag des Kaisers - und dieser ist noch dazu *paulo ante solis exortum* geboren; gleich nach ihm also, mit ihm geht die Sonne auf - wandert der Schatten von Morgen bis Abend etwa 150 m weit die schnurgerade Äquinoktienlinie entlang genau zur Mitte der Ara Pacis; es führt so eine direkte Linie von der Geburt dieses Mannes zu Pax, und es wird sichtbar demonstriert, daß er *natus ad pacem* ist. Der Schatten kommt von einer Kugel, und die Kugel ... ist zugleich Himmels- wie Weltkugel, Symbol der Herrschaft über die Welt, die jetzt befriedet ist. Die Kugel wird getragen von dem Obelisken, dem Denkmal des Sieges über Ägypten (und Marcus Antonius) als Voraussetzung des Friedens. An der Wendelinie des Capricorn, der Empfängniskurve des Kaisers, fängt die Sonne wieder an zu steigen. Mit Augustus beginnt also ... ein neuer Tag und ein neues Jahr: eine neue Ära, und zwar eine Ära des Friedens mit all seinen

---

[23] Borbein, Ara Pacis, 265; ebd., 266 verweist Borbein darauf, daß sich Augustus in seinen schriftlichen und mündlichen Äußerungen um elegantia und temperantia bemühte (cf Suet., Aug. 86): Dies "zeugt von demselben Stilwillen, der die augusteische Dichtung prägt" (ebd.); daher legte Augustus "auch den größten Wert darauf, daß sich zweitrangige Literaten von der Verherrlichung seiner Verdienste fernhielten" (Flach, Die Dichtung im frühkaiserzeitlichen Befriedungsprozeß, Klio 54, 1972, 157-170: S. 160). Zu Augustus als Schriftsteller cf jetzt Gagé, Auguste écrivain, ANRW II, 30, 1, 1982, 611-623.

[24] Cf Suet., Aug. 100, 4.

[25] Cf Buchner, Solarium Augusti und Ara Pacis, MDAI. R 83 (1976) 319-365: cf S. 319-345.

[26] Buchner, Solarium Augusti, 346.

Segnungen"[27].

Die Ara Pacis verdeutlicht und vermischt also die wesentlichen Aspekte der Paxpropaganda - Augustus als Friedenshersteller und -garant, Beendigung der Bürgerkriege als Voraussetzung für Frieden und Eintracht - und steigert sie in einen weltgeschichtlichen und kosmischen Verstehenshorizont, der wiederum auf die Person des Prinzeps zentriert wird. Realgeschichtlicher Erkenntnisgrund der Friedenspropaganda ist der Sieg über Marc Anton und damit die endgültige Überwindung der Bürgerkriege.

Diese Leistung erscheint auch auf der einzigen eindeutigen "Friedensmünze"[28] des Augustus, einem Kistophor[29] aus Ephesus, der im Jahre 28 v. Chr. geprägt wurde: Auf der Vorderseite ist der bekränzte Kopf des Oktavian mit der Umschrift "IMP · CAESAR · DIVI · F · COS · VI · LIBERTATIS · P · R · VINDEX", während sich die "cista mystica" auf der Rückseite befindet; davor steht eine weibliche Gestalt mit *caduceus*, links unten vor ihr lautet die Aufschrift "PAX"[30]. Hier werden Friede und Oktavian in der Rächer- und Bewahrerrolle der römischen Freiheit programmatisch verbunden und in Marc Antons ehemaligem Herrschaftsgebiet verbreitet. Vindexrolle und Pax werden darüber hinaus im gleichen Jahr auch in Rom propagiert. Der neue Apollotempel auf dem Palatin weist den Gott als *vindex* und gleichzeitig als Herrn einer befriedeten und musischen Welt aus: "Es liegt auf der Hand, wieviel Selbstdarstellung und politische Ideologie in dieser Apollokonzeption enthalten sind. Der augusteische Gott und der apollinische Herrscher sind in ihrem Wirken beinahe verschmolzen"[31].

Auch der Kult der Göttin Pax ist eine Neuschöpfung des Augustus. Gemeinsam mit Concordia und Salus werden ihr im Jahre 10 v. Chr. Altäre gestiftet

---

[27] Buchner, Solarium Augusti, 347.

[28] Weitere Pax-Münzen (jedoch ohne entsprechende Legende) sind die ebenfalls im Osten nach dem Sieg über Marc Anton geprägten Münzen: cf BMC, Rom. Emp. I, S. 99 Nr. 605-608.

[29] Kistophoren sind in Kleinasien geprägte Silbermünzen (seit dem 2. Jh. v. Chr.), die normalerweise auf der Vorderseite eine zum Dionysoskult gehörige "cista mystica" zeigen; cf zum Ganzen Franke, Kleinasien zur Römerzeit, Griechisches Leben im Spiegel der Münzen, 1968, 32-35.

[30] Cf BMC, Rom. Emp. I, S. 112 Nr. 691-693; Franke, Kleinasien, Nr. 473; RIC I, rev. ed., S. 79 Nr. 476.

[31] Wlosok, Einführung, in: dies. (Hrg.), Römischer Kaiserkult, WdF 372, 1978, 1-52: S. 38; auf die apollinischen Züge des Vindex - Libertatis - Kistophors (gegen Marc Anton als "Neos Dionysos") hatte schon Mannsperger hingewiesen: cf z. B. ders., ROM. ET AVG., Die Selbstdarstellung des Kaisertums in der römischen Reichsprägung, ANRW II, 1, 1974, 919-996: cf S. 940.

(DioCass. 54, 35, 2)[32]. Die Verbindung der drei Begriffsgottheiten kennzeichnet wieder den innenpolitischen auf Rom bezogenen Rahmen der Friedenspropaganda. Jedoch entgrenzt schon Ovid diesen Rahmen und fügt für den 30. März den Gebeten an Concordia, Salus und Pax die an Janus hinzu (fast. 3, 881), stellt also das römische *pax/concordia*-Motiv in einen außenpolitischen Bedeutungszusammenhang[33].

Diese Maßnahmen des Augustus[34] zusammengenommen belegen die Vielschichtigkeit und auf breite Wirkung abzielende planmäßige Paxpropaganda:

(a) Nach der Beendigung der Bürgerkriege wird die Friedenszeit proklamiert, und zwar in Rom durch die (erste) Schließung des Janustempels, in Kleinasien durch den Kistophor mit der PAX-Aufschrift;

(b) inhaltlich wird diese Friedenszeit anfangs qualifiziert als Wiedergewinnung der Libertas (Kistophor) und neue Zeit des Heils (Augurium Salutis) und der ungefährdeten musischen Tätigkeiten (Apollotempel);

(c) schon die zweite Schließung des Janustempel und der (vorerst) nicht ausgeführte dritte Beschluß verknüpfen die Friedensthematik mit der Niederwerfung von Unruhen in den Provinzen;

(d) in den Maßnahmen der Jahre 13-8 v. Chr.[35] fließen innen- und außenpoli-

---

[32] Schon zur Zeit Cäsars, von dem auch eine Münze mit der Aufschrift "PAXS" erhalten ist (cf BMC, Rom. Rep. I, S. 547 Nr. 4162), ist ein Senatsbeschluß für einen Concordianova Tempel belegt (DioCass. 44, 4, 5): Dinkler sieht in Augustus' Friedenspropaganda eine Fortführung der von Cäsar eingeleiteten Politik (cf Dinkler/Dinkler-von Schubert, Art. Friede, 442f), während Latte den Senatsbeschluß des Jahres 44 v. Chr. nur als verfrühten Versuch qualifiziert, ohne hier eine Verbindung zwischen Cäsar und Augustus zu erwägen (cf Latte, Religionsgeschichte, 294. 300).

[33] Während Bömer, P. Ovidius Naso, Die Fasten, Bd. 2, 1958, 204 hier nur vordergründig auf Ovids "Unzuverlässigkeit" verweist, hatte schon Koch eine inhaltliche Verbindung zur dritten Schließung des Janustempels (s. o. Anm 15) erwogen: "Man wird freilich annehmen dürfen, daß ... zunächst nur das P. [= Pax, H. S.] - Concordia-Motiv zur Ausführung kam und später erst ... der Janus-Dienst, d. h. die betonte Einbeziehung auch des außenpolitischen Rahmens, hinzugefügt und vorangestellt wurde" (Koch, Art. Pax, 2431).

[34] Man könnte noch die Aufstellung von zwei Alexanderbildern des Apelles hinzufügen: Das eine Bild ist eine Darstellung des Krieges mit auf dem Rücken gebundenen Händen, das andere zeigt Alexander d. Gr. auf dem Triumphwagen; beide Bilder, die genau zum Programm des "durch Siege gefestigten Friedens" passen, stellte Augustus an der belebtesten Stelle seines Forums aus; Claudius ließ später das Gesicht Alexanders durch das des Augustus ersetzen; cf hierzu Plin., nat. 35, 27. 93f.

[35] Außenpolitisch sind diese Jahre gekennzeichnet durch die erfolgreichen Eroberungskriege des Tiberius im Donauraum und die Offensive des Drusus gegen das freie Germanien, die durch Augustus' Neuordnung in Gallien (während seiner dreijährigen Abwesenheit aus Rom!) vorbereitet wurde; cf hierzu Kienast, Augustus, 101. 105.

tische Aspekte, die Konzentration auf den Friedensherrscher sowie die religiös-kultische Komponente ineinander: *constitutio* der Ara Pacis nach der Befriedung Spaniens (13 v. Chr.), Altäre für Pax, Salus und Concordia (10 v. Chr.), Senatsbeschluß über die dritte Schließung des Janustempels (10 v. Chr.), Einweihung der Ara Pacis, ihre symbolhaft gesteigerte Verbindung mit dem Solarium Augusti (9 v. Chr.), evtl. tatsächliche Schließung des Janustempels (8/7 v. Chr.).

Wirkungsvoll verkündet wurde die neue Friedensära in der großen Säkularfeier des Jahres 17 v. Chr.[36], deren Ablauf und Ausgestaltung Augustus und seine Berater genau inszeniert hatten: Augustus opferte des Nachts allein, um mit der Vergangenheit abzuschließen, während die Opfer am Tage, die Augustus mit seinem Mitregenten Agrippa vornahm, Jupiter Optimus Maximus und Juno Regina galten (dazu Apollo und Diana) und die glückliche und segensreiche Zukunft erbitten sollten; das auf dem Höhepunkt der Feier vorgetragene "carmen saeculare" des Horaz verherrlicht das politische Programm des Augustus: Anspielungen auf die Ehegesetze (carm. saec. 17-20), Erwartungen des Wohlstandes und Überflusses (29-32) und Hinweise auf Augustus' Siege und weltweite Befehlsgewalt (51-56) werden in 57-60 programmatisch zusammengefaßt: "iam Fides et Pax et Honos Pudorque / priscus et neglecta redire Virtus / audet adparetque beata pleno / Copia cornu"; der Säkulargesang schließt mit der Hoffnung, daß dies Jupiters und aller Götter Meinung sei, wobei Apollo und Diana, als die neuen Schutzgötter des Prinzips noch einmal hervorgehoben werden (73-76).

In welchem Maße die Paxpropaganda auch in den Provinzen rezipiert wurde, läßt sich schwer deutlich machen. Keinesfalls sollte man jedoch die bei Suet., Aug. 98 berichtete Episode von der Huldigung der alexandrinischen Seeleute unkritisch als spontanes und ehrliches Empfinden der dankbaren Bevölkerung interpretieren[37], sondern eher, worauf die einheitliche Kleidung, Kranzschmuck und Weihrauch hinweisen, als eine von Oberschichtangehörigen bezahlte, vorbereitete und gestellte Inszenierung[38]. Zumindest die loyale provinziale Oberschicht hat die Friedenspropaganda aufgegriffen, wie die zwei bekannten Inschriften aus Priene und Halikarnassos zeigen. Die Prieneinschrift[39] (ca. aus dem Jahre 9 v. Chr.) beinhaltet einen Kalendererlaß der

---

[36] Cf Wissowa, Religion und Kultus der Römer, HKAW V, 4, (1902) 1912², 430-432; Nock, Religious Developments from the Close of the Republic to the Death of Nero, CAH 10, 1934, 465-511: cf S. 477f; Latte, Religionsgeschichte, 298-300; Kienast, Augustus, 187f.

[37] So Stier, Augustusfriede, 50.

[38] Cf Wengst, Pax Romana, 178f Anm 17.

[39] Cf OGIS 458; Ehrenberg/Jones, Documents Illustrating the Reign of Augustus and

griechischen Städte Kleinasiens, die auf Anstoß des Proconsuls P. Fabius Maximus den römischen solaren Kalender einführen, darüber hinaus jedoch den Jahresanfang auf den Geburtstag des Augustus (23. Sept.) festlegen. In der Begründung hierzu wird Augustus u. a. als Retter (σωτήρ) gepriesen, "der dem Krieg ein Ende gesetzt hat und den Frieden ordnen wird"[40]. Dieser Kalendererlaß verknüpft Herrscherverehrung und Paxpropaganda, wobei nicht nur die parallele Kalenderreform in Rom eine Rolle spielt[41], sondern m. E. auch die Konzeption der Ara Pacis, da gerade sie - mit der Sonnenuhr und dem Kalender "Solarium Augusti" 9 v. Chr. eingeweiht - den Geburtstag des Prinzeps[42] mit dem Beginn der Friedenszeit eindrucksvoll verbindet. Die Kalenderreform verbleibt damit nicht nur in dem von Oktavian 20 Jahre zuvor gesteckten Rahmen über die Provinzialkulte[43], sondern trägt gleichzeitig auch der neuen Entwicklung in Rom Rechnung, indem sie den Geburtstag des Augustus zum Beginn einer Zeitenwende und Friedensära erhebt. Die Inschrift aus Halikarnassos[44] nennt Augustus "den Vater seines Vaterlandes", "den Zeus unserer Väter" und "Retter des allgemeinen Menschengeschlechtes" und fügt als Begründung an: "denn Land und Meer haben Frieden, die Städte blühen durch vortreffliche Rechtsordnung, Eintracht und Gedeihen, in Reife und Fülle ist jegliches Gute, voller guter Hoffnung auf die Zukunft und voll guten Muts für die Gegenwart sind die Menschen".

Beide Inschriften sind bedeutende Dokumente für den Kaiserkult im Osten

---

Tiberius, 1976[3], Nr. 98; Pfohl, Griechische Inschriften als Zeugnisse des privaten und öffentlichen Lebens, (1966) 1980[2], S. 134f Nr. 118; deutsche Übersetzung auch bei Leipoldt/Grundmann, Umwelt des Urchristentums, Bd. 2, (1967) 1979[5], S. 105-107 Nr. 130; englische Übersetzung in: Braund, Augustus to Nero, A Sourcebook on Roman History 31 BC-AD 68, 1985, S. 56-58 Nr. 122.

40 "Τόν παύσαντα μὲν πόλεμον, κοσμήσοντα δὲ εἰρήνην" (Text nach Ehrenberg/Jones, Documents, S. 82).

41 So Kienast, Augustus, 205: "Die Neuordnung des Kalenderwesens wurde also um die gleiche Zeit wie in Rom auch in der Provinz Asia in den Dienst des monarchischen Gedankens gestellt"; cf auch ebd., 188-190.

42 Schon Nilsson, Geschichte der griechischen Religion, HAW V, 2, Bd. 2, (1950) 1961[2], 388f hatte, ohne natürlich auf die Ara Pacis-Konzeption eingehen zu können, im Kontext der Prieneinschrift auf Geburtstag und Äquinoktien hingewiesen.

43 Zur vorausgehenden Entwicklung der Provinzialkulte cf Habicht, Die augusteische Zeit und das erste Jahrhundert nach Christi Geburt, in: den Boer (Hrg.), Le Culte des Souverains dans l'Empire Romain, Entretiens sur l'Antiquité Classique 19, 1973, 39-88: cf S. 80-82.

44 Ehrenberg/Jones, Documents, S. 83f Nr. 98a; deutsche Übersetzung bei Leipoldt/Grundmann, Umwelt II, S. 107 Nr. 131; englische Übersetzung in: Braund, Augustus, S. 59 Nr. 123.

des Reiches. Auch wenn hier auf das komplexe Phänomen des römischen Kaiserkultes mit seinen verschiedensten, auch lokal unterschiedlichen Ausprägungen, Anlässen und Ursachen nicht eingegangen werden kann[45], ist zumindest deutlich, daß die Friedenspropaganda, die kaum ohne Erfahrungsgrundlage wirksam gewesen sein kann[46], eine der Begründungen der kultischen Verehrung des Augustus war; daß der Kaiserkult umgekehrt auch zur einflußreichen Propaganda für den Friedensherrscher wurde, ist evident, ohne daß mit dieser Aussage eine funktionalistische Erklärung für den Kaiserkult als Herrschaftslegitimation gegeben werden soll[47].

Auch Philo hebt in seiner Lobrede auf Tiberius hervor, daß dieser "den Frieden und die Segnungen des Friedens"[48] freigiebig schenkte, und preist Augustus (leg 143-147) als "εἰρηνοφύλαξ" (§ 147) und kennzeichnet ihn damit - wie ein Vergleich mit seinem sonstigen Sprachgebrauch zeigt - zumindest als Werkzeug Gottes[49].

---

[45] Cf die Forschungsüberblicke bei Wlosok, Einführung, 1-52 und Pöhlmann, Art. Herrscherkult II, TRE 15, 1986, 248-253: cf S. 251; Pöhlmann verweist ebd. vor allem auf den neuen Deutungsansatz von S. R. F. Price, der den Herrscherkult als Phänomen des religiösen und politischen Lebens erklärt, weil es (im Osten) eine neue Regierungsform mit der alten Polisverfassung verbinden kann: "The Greeks were faced with the rule first of Hellenistic kings and then of Roman Emperors which was not completely alien, but which did not relate to the traditions of the self-governing cities. They attempted to evoke an answer by focussing the problem in ritual. Using their traditional symbolic system they represented the emperor to themselves in the familar terms of divine power. The imperial cult, like the cults of the traditional gods, created a relationship of power between subject and ruler. It also enhanced the dominance of local élites over the populace, of cities over other cities, and of Greek over indigenous cultures. That is, the cult was a major part of the web of power that formed the fabric of society" (Price, Rituals and Power, 1984, 247f).

[46] Hierauf hat auch Price, Rituals, 54-56 für die Provinz Asia verwiesen: Die Piraterie wurde weitgehend beseitigt, es war keine Legion in Asia Minor stationiert, und es gab in diesem Gebiet keine Invasionen von feindlichen Heeren.

[47] Cf die Einwände von Price, Rituals, 241. Interessant ist in diesem Zusammenhang auch, daß die griechische Version der ResG die Person des Augustus auf Kosten seiner republikanischen Ämter hervorhebt: "The version boosts Augustus to the status of a king and degrades the senate and the people, if necessary, to accomplish this goal" (Wigtil, The Ideology of the Greek 'Res Gestae', ANRW II, 30, 1, 1982, 624-638: zit. S. 637).

[48] Cf Philo, leg 141: "τὴν εἰρήνην καὶ τὰ τῆς εἰρήνης ἀγαθὰ ...".

[49] Cf Delling, Philons Enkomion auf Augustus, Klio 54 (1972) 171-192: cf S. 184; cf vor allem decal. 178, wo Gott gepriesen wird: "... εἰρηνοφυλακοῦντι καὶ τὰ τῆς εἰρήνης ἀγαθὰ πάντα τοῖς πανταχοῦ πᾶσιν ἀεὶ πλουσίως καὶ ἀφθόνως χορηγοῦντι· τῷ γὰρ ὄντι ὁ μὲν θεὸς πρύτανις εἰρήνης ..." (cf auch Thießen, Art. Frieden III, TRE 11, 1983, 610-613: cf S. 613, der jedoch leg 141. 147 nicht erwähnt).

Solche Äußerungen von Provinzialen aus dem Osten[50] belegen die Wirksamkeit der Friedenspropaganda bei der städtischen Oberschicht: Rezipiert wurde die Verknüpfung von Friedenszeit und Augustus als Friedensgarant, Erfahrungsgrundlage war die Befriedung der Meere und die Sicherung der Grenzen mit ihren günstigen Auswirkungen auf Handel und Wirtschaft.

In der augusteischen Dichtung und Literatur nimmt die Verkündung der Friedenszeit und der Leistungen des Augustus einen breiten Raum ein[51]. Gerade durch ihren Einfluß - im Verbund mit den oben skizzierten direkten Maßnahmen des Augustus - wird die Pax Augusta zur Kulturidee der frühen Kaiserzeit, erhält sie eine Vielzahl von Komponenten, die man mit K. WENGST in militärische, politische, wirtschaftliche, rechtliche, kulturelle und religiöse Aspekte unterteilen kann[52].

Der militärische Aspekt dominiert die römische Friedensvorstellung. Dies war schon an den ResG deutlich geworden und zeigt sich darüber hinaus in den Verbindungen von Pax mit Victoria oder deren Attributen[53]. Im Konnex mit dem römischen Weltherrschaftsanspruch gibt es eine Fülle von Belegen, die die "Befriedung" des Orbis terrarum als Sendung und Aufgabe Roms preisen[54]; klassisch ausgeprägt geschieht dies in den berühmten Versen Vergils "tu regere imperio populos, Romane, memento - haec tibi sunt artes - pacique[55] imponere morem, parcere subiectis et debellare superbos" (Aen. 6, 851-853). Hier werden zwar *pax* und *mos* verknüpft, was sich in der Praxis der Provinzverwaltung unterschiedlich niedergeschlagen hat[56], jedoch bleibt der

---

50 Einen späteren Höhepunkt der Romverehrung stellt die Romrede des aus Kleinasien stammenden griechischen Rhetors Aelius Aristides vor Antonius Pius dar: cf bes. Arist., or. εἰς Ῥώμην 58-70. 92-109 sowie die Einführung von Klein, Die Romrede des Aelius Aristides, 1981, 114-160, der die rhetorische Tradition, die Grundgedanken der Rede und den politischen Hintergrund untersucht. In der früheren Kaiserzeit ist eine Verbindung von Rom-Lyrik und Pax Romana seitens der Griechen selten: cf Gauger, Der Rom-Hymnos der Melinno (Anth. Lyr. II[2] 6, 209f.) und die Vorstellung von der "Ewigkeit" Roms, Chiron 14 (1984) 267-299: cf S. 274f Anm 23.

51 Cf den Überblick bei Weber-Schäfer, Einführung in die antike politische Theorie II, 1976, 128-157.

52 Cf Wengst, Pax Romana, 23-68.

53 Cf Wissowa, Art. Pax, 1721f; Koch, Art. Pax, 2434f.

54 Cf Verg., Aen. 1, 291-296; 4, 231; 7, 258; georg. 1, 24-26; 2, 136-139. 171f; Hor., carm. III, 3, 53f; IV, 14; Ov., fast. 2, 136; 4, 926; Pont. 2, 5, 17f; Vell. II, 126, 2f; Sen., ep. 91, 2; prov. 4, 14; brev. vit. 4, 5; Plin., nat. 14, 2; 27, 3.

55 Hier ist Dativ und nicht Genitiv zu lesen; zur textkritischen Herkunft der Genitivform "pacisque" cf Fraenkel, Zum Text von Aeneis 6, 852, MH 19 (1962) 133-134.

56 Cf Swoboda, Zur Frage der Romanisierung, Aen. VI 851f, AÖAW. PH 1963, S. 153-173: cf S. 164ff.

römische Herrschaftsanspruch bestimmend, der nur die Fügsamen schont und alle, die sich nicht der römischen Rechtsordnung beugen, als Empörer niederkämpft[57]. Von da gewinnt auch der rechtliche Aspekt seine inhaltliche Qualifizierung: Es sind die römischen Sieger, die *leges* und *iura* den Unterworfenen geben[58]. Die augusteische Friedensideologie schloß Kriege zu ihrer Verwirklichung nicht aus, sondern ein. "Die *pax Augusta* implizierte ... den imperialen Anspruch auf Herrschaft über den *orbis terrarum*"[59]. Der politisch-rechtliche Aspekt der Pax Romana ist eine Folge dieses Weltherrschaftsanspruches: Den unterworfenen Völkern wird Schutz vor äußeren Feinden garantiert, von Rom geordnete Verhältnisse im Inneren, die die Beendigung interner Zwistigkeiten und Gehorsam zur Folge haben muß sowie die pünktliche Entrichtung der Tribute[60]. Innere und äußere *securitas*[61] stehen in Korrelation zueinander und begrenzen auch den Freiheitsraum der Provinzialen[62]. FUCHS hat den politisch-rechtlichen Aspekt zusammenfassend formuliert: Die Pax Romana entspricht "in ihrer ausgedehnten Weite, begrifflich betrachtet, jedem einzelnen aller der jemals durch siegreichen Kampf geschaffenen, durch die überlegene Setzung von *ius* und *leges* gefestigten und in ihren Wirkungen als *securitas* begriffenen *pax*-Verhältnisse wie in ihr andererseits, geschichtlich gesehen, alle Kämpfe, Siege und Herrschaftsbegründungen ... aufgehoben waren"[63].

Mit der wirtschaftlichen und kulturellen Seite wird einmal der zivilisatorische Anspruch der Römer umschrieben und zum anderen ihre Strategie, die provinziale Oberschicht an der Verwaltung und wirtschaftlichen Ausbeutung des Landes zu beteiligen[64]. Wie weit Rom von den wirtschaftlichen Leistungen der Provinzen abhängig war, erhellt die Rolle Ägyptens als Kornkammer Roms, die zur Verpflegung der *plebs urbana* unerläßlich war[65]. Immer wieder

---

57 Cf Klingner, Virgil, 492-494.

58 Cf Cic., Phil. 12, 2; Verg., Aen. 4, 231; georg. 4, 559-562; Hor., carm. III, 3, 43f; ep. I, 12, 27f; Ov., fast. 2, 136. 141; met. 15, 832f; Vell. II, 89, 3; II, 126, 1-3. In der Praxis überließen die Römer - bei Sicherstellung ihrer Oberhoheit - den Unterworfenen weitgehend das einheimische Rechtswesen.

59 Kienast, Augustus, 276; cf auch Fuchs, Augustin, 201; Dinkler/Dinkler-von Schubert, Art. Friede, 441; Wengst, Pax Romana, 22. 31.

60 Alle diese Elemente finden sich in der Rede des Cerealis an die Treverer und Lingonen: cf Tac., hist. 4, 73f.

61 Cf auch Sen., ep. 73, 2; Tac., hist. 2, 12. 21.

62 Cf Wengst, Pax Romana, 36f.

63 Fuchs, Augustin, 202.

64 Cf Wengst, Pax Romana, 39-53. 57-61.

65 Cf Kienast, Augustus, 166f. 311.

werden in der augusteischen Dichtung Reichtum und Überfluß als sichtbare Segnungen der Pax Romana gepriesen, häufig aber mit Blick auf die italische Landwirtschaft[66].

Der religiöse Aspekt der Pax Romana konzentriert sich auf die Herrscherverehrung bzw. auf die Betonung, daß der Herrscher den römischen Frieden garantiert[67]. Die panegyrische Dichtung hebt vor allem die Person des Augustus hervor. Neben Ovid[68], der jedoch nach seiner Verbannung ans Schwarze Meer zahlreiche Passagen der fasti umgearbeitet und auf Germanicus bezogen hat[69], sind hier Horaz und Vergil zu nennen. Beide Dichter verknüpfen Augustus' Aufrichtung der römischen Weltherrschaft als Erfüllung der Verheißung Jupiters[70] mit der Vergöttlichung des Prinzeps.

Für Horaz, der diese Leistung auch mit der Tilgung der mythischen Blutschuld, die seit dem Brudermord des Romulus über Rom verhängt ist (epod. 7, 17-20), verbindet (cf carm. IV, 15, 11)[71], herrscht Augustus als zweiter nach Jupiter (carm. I, 12, 49-52)[72], hilft als "praesens divus" (III, 5, 2) gegen die Barbaren und wird einst zum Himmel zurückkehren (I, 2, 45-48). In der Augustusode "Divis orte bonis" (IV, 5), die die Heimkehr des Prinzeps nach Rom erfleht (13 v. Chr.), verwendet Horaz sogar hellenistisch-orientalische Form- und Traditionselemente, indem er die Rückkehr des Augustus mit dem Kommen des Frühlings vergleicht (IV, 5, 5-8)[73]; am Ende dieses Gedichts ordnet

---

[66] Cf bes. Hor., carm. IV, 5, 18. 29-32; IV, 15, 5f; carm. saec. 59f; Verg., georg. 1, 27f; 2, 425; Ov., fast. 1, 704; 4, 407; für die spätere Zeit cf Mart., epigr. 9, 70, 7f; Plin., nat. 14, 2.

[67] Cf Plin., nat. 2, 117; Sen., clem. I, 4, 1f (Seneca sieht hier in der Monarchie das einzige Mittel, um den Staat noch zusammenzuhalten und die Weltherrschaft Roms zu sichern: cf Adam, Clementia Principis, KiHiSt 11, 1970, 57f. 114).

[68] Cf met. 15, 832f. 858-860.

[69] Z. B. wurde fast. 1, 709-722, das in der 1. Fassung ein Friedenslied auf Augustus war, ab V. 713 zugunsten des Germanicus geändert (cf Bömer, Fasten, Bd. 2, 77).

[70] S. u. 2.1, b).

[71] Cf Weber-Schäfer, Einführung, 134-137: "Der Fluch ... ist mehr als die Blutschuld des Gründungsmythos, die sich in die Bürgerkriege hinein fortgesetzt hat, er ist die Strafe für den Verstoß gegen den göttlichen Heilsplan, den Rom begangen hat, als es ... den Anspruch auf Weltherrschaft verspielte" (ebd., 137). In diesen Vorstellungskreis fügt sich auch die Symbolik der Säkularfeier, für die Horaz das Festgedicht verfaßt hatte, wenn Augustus die nächtlichen Opfer allein entrichtete, um die Vergangenheit zu sühnen (s. o.).

[72] So wie Jupiter "gentis humanae pater atque custos" ist (carm. I, 12, 49), ist auch Augustus custos rerum (cf IV, 15, 17); zur custos-Bezeichnung cf Dahlmann, Die letzte Ode des Horaz (carmen IV 15), (1968), jetzt in: Oppermann (Hrg.), Wege zu Horaz, WdF 99, 1972, 328-348: cf S. 342. Cf weiter 2.1, b).

[73] "Es ist ein Motiv, in dem die Lichtsymbolik des hellenistisch-orientalischen Erlösers und der alte Zusammenhang zwischen Frühling und Epiphanie eines Gottes begegnet"

er Augustus in Gestalt seines "numen"[74] den römischen Hausgöttern (Laren) zu (IV, 5, 31-36).

Während in Vergils Bucolica und Georgica die Vergöttlichung des Augustus mehr indirekt zum Ausdruck kommt und Identifizierungen umstritten bleiben[75], wird in den drei großen historischen Durchblicken der Aeneis (1, 257-296; 6, 756-892; 8, 626-731) Roms Aufstieg zur Weltmacht entfaltet[76], wobei die Herrschaft des Augustus jeweils als Vollendung und Erfüllung dargestellt wird: Die Jupiterprophetie, die die grenzen- und zeitlose römische Herrschaft verkündet (1, 278-282)[77] mündet ein in die visionäre Beschreibung der weltweiten augusteischen Friedensordnung (1, 291-296), wobei Augustus mit der "Beute des Orients" (1, 289)[78] im Himmel empfangen wird; in der Heldenschau wird Augustus von anderen eingerahmt (6, 791-807), jedoch emphatisch hervorgehoben, als Sproß des Göttlichen bezeichnet, der das goldene Saeculum wiederbringt[79] und ein Herrschaftsgebiet regiert, das alle Grenzen der bekannten Welt umfaßt (6, 794-800); in der Schildbeschreibung des achten Buches wird die Schlacht bei Actium ausgemalt (8, 671-713) und schließlich Augustus' Triumph und Weltherrschaft (8, 714-728) als Endziel der Geschichte Roms (cf 8, 626) dargestellt.

Diese Herrscherpanegyrik, die sich im Ton durchaus mit den oben erwähnten Inschriften berührt, ist ganz aus römischer Sicht formuliert: Die Verherrlichung und Vergöttlichung des Augustus geschieht aufgrund seiner Expansi-

---

(Pöschl, Horaz und die Politik, 1956, jetzt in: Klein, Hrg., Prinzipat und Freiheit, WdF 135, 1969, 136-168: S. 141).

[74] Cf hierzu Ogilvie, ... und bauten die Tempel wieder auf, Die Römer und ihre Götter im Zeitalter des Augustus, (1982/engl. 1969), 1984[2], 130; Pötscher, "Numen" und "Numen Augusti", ANRW II, 16, 1, 1978, 355-392: cf S. 387ff.

[75] Cf Weber-Schäfer, Einführung, 140-142.

[76] Cf Weber-Schäfer, Einführung, 143-145; Buchheit, Vergil über die Sendung Roms, Gym. Beihefte 3, 1963, 57 Anm. 210. 93 Anm 367; Rieks, Vergils Dichtung als Zeugnis und Deutung der römischen Geschichte, ANRW II, 31, 2, 1981, 728-868: cf S. 851.

[77] "His ego nec metas rerum nec tempora pono, imperium sine fine dedi ..." (Aen. 1, 278f).

[78] Gemeint sind wahrscheinlich die an die Parther verlorenen Feldzeichen, die im Jahre 20 v. Chr. zurückgegeben wurden und schließlich nach der Fertigstellung des Mars-Ultor-Tempels dort aufgestellt wurden: cf ResG 29; Suet., Aug. 21, 3; Tib. 9, 1; DioCass. 54, 8, 1f; Hor., carm, IV, 15, 7f. Die Rückgabe wird außer auf Münzen (cf Kienast, Augustus, 284 Anm 91) auch auf der bekannten Primaportastatue dargestellt: cf Heintze, Statue des Augustus von Prima Porta, in: Helbig/Speier (Hrg.), Führer durch die öffentlichen Sammlungen klassischer Altertümer in Rom, Bd. 1, 1963[4], S. 314-319 (Nr. 411); Vierneisel/Zanker (Hrg.), Die Bildnisse des Augustus, Herrscherbild und Politik im kaiserlichen Rom, 1979, 45f; cf weiter Kienast, a.a.O., 284 Anm 92 (mit weiterer Literatur und Diskussion).

[79] "Hic vir hic est, tibi quem promitti saepius audis, Augustus Caesar, Divi genus, aurea condet saecula ..." (Aen. 6, 791f); cf hierzu auch den Kommentar von Norden, P. Vergilius Maro, Aeneis Buch VI, 1957[4], 323f und Buchheit, Vergil, 171f.

onserfolge[80], die nach Horaz und Vergil den römischen Weltherrschaftsanspruch, und damit Jupiters Verheißung und Gebot, erfüllen. *Pax Augusta*, *imperium Romanum* und *orbis terrarum* werden zu identischen, also auch austauschbaren Begriffen.

Eine zweite Perspektive innerhalb des religiösen Aspekts der Pax Romana soll noch angefügt werden, obwohl sie weniger von der augusteischen Dichtung propagiert wurde. Infolge der Romanisierung der Provinzen sowie der Mobilität der Bürger durch Handel und Heer kam es auch zur *interpretatio Romana* verschiedener Gottheiten[81]. Machte man seit der Hellenisierung im Verlauf des 2. Jh. v. Chr. keinen Unterschied mehr zwischen römischen und griechischen Göttern[82], so war eine Theokrasie von römisch-griechischen Göttern und orientalischen Gottheiten ein vielschichtiger und äußerst komplizierter Prozeß mit zahlreichen Unterschieden, Ursachen und Ausprägungen[83]. Für unseren Zusammenhang ist nur entscheidend, daß die Römer diejenigen Kulte und Gottheiten akzeptierten - wie abstrus sie ihnen auch erscheinen mochten -, die sich in das System des Imperium Romanum einfügten und dessen Frieden, Sicherheit und Eintracht festigten und garantierten[84]. Diese tolerante Religionspolitik war ein stabilisierendes Moment in der Konzeption der Pax Romana: Waren die verschiedenen Götter miteinander verwandt oder identisch, so konnten sich die verschiedenen Völkerschaften nicht im Namen oder mit Hilfe dieser Götter bekämpfen.

Alle verschiedenen Aspekte der Pax Romana sind in der Literatur belegt und propagieren die römische Seite des neugewonnenen Friedens. Die augustei-

---

[80] Cf auch ResG 26-33.

[81] Cf Wissowa, Religion, 85-87 und die kritischen Bemerkungen bei Latte, Religionsgeschichte, 337f. Cf weiter Girard, Interpretatio Romana, Questions historiques et problèmes de méthode, RHPhR 60 (1980) 21-27.

[82] Cf Latte, Religionsgeschichte, 264. Ein leicht zugängliches Beispiel sind die ResG, wo die römischen Götter in der griechischen Version der ResG mit ihrem griechischen Namen erscheinen: cf ResG 11. 13. 19-22 (ebenso der Auszug am Ende des Tatenberichts).

[83] Nilsson, Geschichte II, 294. 573f hebt in diesem Zusammenhang vor allem die henotheistischen Tendenzen hervor.

[84] Cf Colpe, Einführung in die Geschichte und neue Perspektiven, in: Vermaseren (Hrg.), Die Orientalischen Religionen im Römerreich, EPRO 93, 1981, 1-40: cf S. 4. In diesem Sammelband gibt es 19 weitere speziellere oder auch zusammenfassende Untersuchungen zu orientalischen Kulten und Gottheiten; cf weiter MacMullen, Paganism in the Roman Empire, 1981, 90-94. An antiken Belegen cf z. B. (aus römischer Sicht) Ov., fast. 4, 270 ("dignus Roma locus, quo deus omnis eat"); trist. I, 5, 70 ("imperii Roma deumque locus"); Lucan 3, 91 (Rom als "deum sedes"); cf hierzu auch Christ, Weltherrschaft, 163.

sche Dichtung greift dabei die Propagandamaßnahmen des Augustus auf, steigert sie jedoch insoweit, als sie den römischen Herrschaftsanspruch über den Erdkreis religiös legitimiert[85] und gleichzeitig als in Augustus erfüllt betrachtet, so daß sie die Vergöttlichung des ersten Prinzeps schon zu dessen Lebzeiten offener vertreten kann, als es sich der "Divi filius" selbst - zumindest in Rom - politisch erlauben konnte. In den östlichen Provinzen werden demgegenüber Herrscherverehrung und Herstellung des Friedens ohne die imperiale Sichtweise verknüpft, sondern auf der Erfahrungsgrundlage der sicheren Verkehrs- und Handelswege. Die Pax Romana, von Römern und Nichtrömern unterschiedlich erlebt, kann aufgrund ihrer begrifflichen Weite von beiden Seiten propagiert werden. Wer den Frieden tatsächlich als Segnung erfuhr, hat ihn aber jeweils mit der Leistung und Person des Augustus verbunden und dessen Selbstbild als Friedenshersteller und -garant akzeptiert.

Daß Friedensherstellung und -bewahrung zu den integralen Aufgaben eines Prinzeps zählten[86], zeigt die nachaugusteische Entwicklung. Nero, der anläßlich des unterwürfigen Besuchs des Tiridates in Rom als erster nach Augustus wieder den Janustempel schließen ließ (Suet., Nero 13), verbreitete dies auf seinen Münzen und verknüpfte damit, wie RUBIN gezeigt hat, dynastische Absichten mit der Friedensherstellung[87]; gerade durch diese Tat konnte er sich - so glaubte Nero jedenfalls - als legitimer Nachahmer des Augustus darstellen. Auch Galba, Otho und Vitell ließen mehrere Pax-Münzen prägen. Die innenpolitische Stoßrichtung ist in der Bürgerkriegssituation bei allen drei Herrschern offensichtlich. Bei Galba taucht dazu zum ersten Mal das Motiv auf, daß die personifizierte Pax Waffen anzündet[88]. Otho und Vitell

---

[85] Cf hierzu auch Rubin, Pax, 34: "Die Rechtfertigung einer Expansionspolitik als Versuch, den Bereich der *pax Romana* auszudehnen, kommt auf den Münzen nur sehr selten deutlich vor (wie z. B. bei Trajan). Die Tatsache, daß sie in der Literatur ein hervorragendes Thema bildet, bezeugt einen ungeheuren Unterschied zwischen der Ideologie, die sich aus der täglichen politischen Tätigkeit gestaltete, und dieser Tätigkeit selbst, die meist von dem Standpunkt aus vollzogen wurde, die römische Herrschaft sei selbstverständlich und brauche keine Rechtfertigung".

[86] Cf auch Kienast, Augustus, 428f, der verdeutlicht, daß sowohl die militärischen Erfolge als auch die Friedenspolitik aus der inneren Struktur des Prinzipats heraus zu begreifen sind: Die militärischen Erfolge rechtfertigen die Verleihung oder Verlängerung des "imperium proconsulare", die Friedenspolitik oder -propaganda ermöglichen den Ausbau der monarchischen Stellung.

[87] Cf Rubin, Pax, 29-34. Zu Nero und Janus cf auch Turcan, Janus à l'époque impériale, ANRW II, 17, 1, 1981, 374-402: cf S. 381-384.

[88] Cf RIC I, rev. ed., S. 256 Nr. 496-498 mit der Legende "PAXS AVGVSTI, S-C"; weitere Pax-Münzen: ebd., S. 239 Nr. 129; S. 240 Nr. 140; S. 246 Nr. 277-280; S. 247 Nr. 319-323; S. 249 Nr. 368-371; S. 251 Nr. 413-415; S. 252 Nr. 444f; cf auch Chantraine,

verwenden zu ihrer Legitimierung auch solche Pax-Münzen, die real nicht vorhandene außenpolitische Erfolge propagieren: Otho mit der Münzlegende "PAX ORBIS TERRARUM"[89], Vitell mit "PAX ROM GERM", die ihn zusammen mit Roma und Victoria zeigen[90]. Diese Münzprägungen appellieren nicht einfach an die innerrömische Eintracht[91], sondern stellen (bes. bei Vitell) eine Qualität des neuen Prinzeps heraus, die ihn zur Herrscherwürde und zur Bewältigung der neuen Aufgaben befähigt. Einen Höhepunkt erreicht die Pax-Verehrung und -propaganda unter Vespasian: Er schließt ebenso wie Augustus die Pforten des Janustempels, läßt zahlreiche Pax-Münzen prägen und errichtet schließlich einen eigenen Friedenstempel[92].

b) Positive Erwartung: Jupiter als Garant der römischen Herrschaft

Zwar gehört die kapitolinische Trias (Jupiter, Juno und Minerva) nicht zu den ältesten Bestandteilen der römischen Religion, aber die Einweihung des Kapitols fällt bezeichnenderweise in das erste Jahr der römischen Republik. Aus dem Himmels- und Wettergott wurde Jupiter Capitolinus zum politischen Schutzgott des neuen Gemeinwesens: "Die *res publica* und Juppiter, ihr Gott, gehören von Anfang an unauflöslich zusammen"[1]. Die religiös-politische Bedeutung Jupiters findet ihren Ausdruck in mehreren offiziellen Handlungen[2]: Das Amtsjahr (ursprünglich am Stiftungstag des kapitolinischen Tem-

---

Korreferat, 40.

[89] Cf RIC I, rev. ed., S. 260 Nr. 3-6; cf hierzu auch Mattingly, BMC, Rom. Emp. I, S. CCXX.

[90] Cf RIC I, rev. ed., S. 274 Nr. 119; cf weiter ebd., S. 275 Nr. 138-140; S. 276 Nr. 146f. 149. 164; S. 277 Nr. 172.

[91] Cf Béranger, Remarques sur la *Concordia* dans la Propagande Monétaire Impériale et la Nature du Principat, (1969), jetzt in: ders., Principatus, Université de Lausanne, Publications de la Faculté des Lettres 20, 1975, 367-382: cf S. 372-374, der auch hinsichtlich der Concordia-Prägungen feststellt: "Il ne s'agit pas d'un appel à la concorde, mais de la constatation tendancieuse d'un fait, encourageante et décisive" (S. 374).

[92] Zu Vespasians Maßnahmen s. u. 3.3.

[1] Koch, Der römische Juppiter, FSRKA 14, 1937, 126.

[2] Cf zum Folgenden die enzyklopädischen Artikel von Aust und Thulin: Aust, Art. Iuppiter, ALGM II, 1, 1890-97, 618-762: cf Sp. 722-728; Thulin, Art. Iuppiter, PRE X, 1919, 1126-1144: cf Sp. 1135-1137; die neueste umfassende Arbeit über Jupiter stammt von J. R. Fears, der - ebenfalls sehr materialreich - die obigen Artikel dadurch sinnvoll ergänzt, daß er die chronologische Entwicklung bis in die Kaiserzeit hinein differenziert entfaltet: cf Fears, The Cult of Jupiter and Roman Imperial Ideology, ANRW II, 17, 1, 1981, 3-141 (mit 72 Abb., darunter 69 Münzabbildungen; ein kommentierter For-

pels) beginnt mit einer Festsitzung des Senats im Kapitol, wobei die neugewählten Konsuln vorher das von ihren Vorgängern gelobte Opfer eines weißen Stieres als Dank für Jupiters Schutz darbringen und das gleiche Gelübde für ihr Amtsjahr wiederholen; hier opferten die Arvalen bei allen wichtigen politischen Entscheidungen; außerdem waren im Tempel die sibyllinischen Bücher und Staatsverträge deponiert; auf dem Tempelplatz fanden die Versammlungen der Geschlechterverbände und zur Feststellung der Heerespflichtigkeit die Tribusversammlungen statt; der militärische Aspekt wird dadurch hervorgehoben, daß der Feldherr vor seinem Abzug aus Rom im Kapitol Gelübde für den Sieg aussprach und daß der Triumphzug ganz auf den Jupitertempel bezogen war. Der Triumphzug[3] erfüllte das Gelübde des Feldherrn und endete daher am Jupitertempel, in dem der Triumphator, versehen mit dem Gewand und den Insignien Jupiters und das Gesicht wie die Jupiterstatue mennigrot gefärbt, seinen Lorbeerkranz und -zweig niederlegte und so dokumentierte, daß Jupiter den römischen Sieg ermöglicht hat. Die politische Bedeutung Jupiters wird weiterhin daran kenntlich, daß jeder Römer an dem Tag, an dem er vollberechtigtes Mitglied der *res publica* wird - also die *toga virilis* anlegt - dem Jupiter Optimus Maximus ein Opfer darbringt[4]. Gegenüber den gentilizierenden Kulten gilt Jupiter als Gott des gesamten Gemeinwesens, das - zumindest als Kollektiv - von ihm beschützt wird[5]. Diese Schutzfunktion des Jupiter Optimus Maximus[6] richtet sich sowohl nach innen, auf die *res publica* und ihre Institutionen, als auch nach außen, auf die politisch-militärischen Erfolge des römischen Staates. Beide Aspekte sollen hier skizziert werden.

Die innenpolitische Bedeutung Jupiters wurde oben schon herausgestellt. Aber nicht nur die zeitliche Koinzidenz von Tempeleinweihung und Republik, sondern auch deren Vorgeschichte hatte bereits eine innenpolitische

---

schungsüberblick schließt diese Untersuchung ab: cf ebd., 122-138).

[3] Zu Vespasians Triumph s. u. 3.2.

[4] Cf Latte, Römische Religionsgeschichte, HAW V, 4, (1960) 1967[2], 152; Fears, Cult, 13f.

[5] Cf Koch, Juppiter, 124-126.

[6] "Optimus" ist seiner Herkunft nach die Steigerungsform von "ops" in der Bedeutung "hilfreiche Macht": cf Eisenhut, Art. Iuppiter, KP 3, 1975/79, 1-6: cf Sp. 5; zur Forschungsgeschichte hierzu cf Fears, Cult, 20 Anm 59. Cicero umschreibt später den Namen Jupiter als "iuvans pater", erklärt, daß die Vaterbezeichnung von den Dichtern stammt, die Jupiter "pater divomque hominusque" nennen (cf Enn., ann. 592: Skutsch, The Annals of Q. Ennius, 1985, 126. 730), und fährt fort, daß die Epitheta "optumus maxumus" von den Vorfahren herrühren, wobei "optumus" im Sinne von "beneficentissimus" zu verstehen sei: cf Cic., nat. 2, 64; cf auch Cic., fin. 3, 66.

Komponente[7]. Auf den Hügeln der umliegenden Dörfer existierten verschiedene Jupiterkulte - teils gab es auch triadische Zusammenstellungen -, so daß die Einführung des Kultes für Jupiter Optimus Maximus auf dem damals noch unbewohnten Kapitol nicht einer völlig neuen Gottheit galt, sondern dem bekannten, auch sonst verehrten Jupiter, jedoch in seiner höchsten Steigerungsform (Maximus) und als machtvolle Schutzgottheit (Optimus) des neuen Gemeinwesens. Sowohl während der plebeisch-patrizischen Auseinandersetzungen als auch in der sullanischen Zeit wurde Jupiter zwar von allen Fraktionen angerufen, konnte jedoch von keiner Partei vereinnahmt werden[8]. Auch dies indiziert seine der gesamten *res publica* zu- und übergeordnete Rolle.

In der Catilinarischen Verschwörung propagiert dann Cicero das Bild von Jupiter als Beschützer der römischen Republik: Berufen sich die Feinde der Republik auf den zwanzig Jahre zurückliegenden Brand des Kapitols unter Sulla (Cic., Catil. 3, 9)[9], so benutzt Cicero die Gelegenheit, um das vor zwei Jahren anläßlich eines Blitzschlages im Kapitol gelobte größere Jupiterbild aufzustellen, damit die damaligen Vorhersagen über Bürgerkrieg und Untergang der Stadt nicht eintreffen (3, 19ff). Dieses Jupiterbild soll erhöht aufgestellt, aber im Gegensatz zu früher nach Osten gewendet werden, um dadurch Forum und Senatsgebäude unter seinen schützenden Blick zu bringen; all das geschieht genau in dem Moment, in dem die Verschwörer gefangengenommen und abgeführt werden: "Dies aber hat doch wohl ganz offenkundig der Wille des Jupiter Optimus Maximus verursacht" (3, 21). Cicero steigert - nicht ohne Blick auf seine Hörer[10] - diesen Gedanken durch die emphatische Hervorhebung Jupiters: "ille Iuppiter restitit; ille Capitolium, ille cunctam urbem, ille vos omnis salvos esse voluit" (3, 22), ohne dabei natürlich seine eigenen Verdienste zu vergessen. Daß Jupiter mit den Institutionen der *res publica* fest verknüpft war, zeigt sich auch bei Cäsar: positiv daran, daß es irreguläre Münzprägungen seitens der Optimaten Cornelius Lentulus und Claudius Marcellus gibt (49 v. Chr.), die Jupitermotive aufweisen[11], negativ daran, daß Jupiter auf Cäsars Münzen überhaupt keine Rolle spielt, sondern stattdessen der Diktator selbst mit seiner persönlichen Schutzgottheit Venus dominiert[12].

---

[7] Cf Fears, Cult, 33f.

[8] Cf Fears, Cult, 51f.

[9] Cf weiter 2.2, bb).

[10] Cf hierzu Goar, Cicero and the State Religion, 1972, 41-45.

[11] Cf Fears, Cult, 55; ebd., Pl. IV, 20 (Nr. 22 zeigt eine Jupitermünze des Q. Metellus Scipio, des Oberbefehlshabers der Pompejaner nach der Schlacht bei Pharsalos, aus dem Jahre 47/46 v. Chr.).

[12] Cf Fears, Cult, 54f, der Etappen von Cäsars Vergöttlichung/Vergottung nachzeich-

Hieran knüpft auch Augustus an. In seiner offiziellen Propaganda ist spätestens seit 27 v. Chr. (Verleihung des Augustusnamens) kein Platz mehr für Jupiter. FEARS faßt dies prägnant zusammen: "Jupiter was relegated to a position of honoured insignificance"[13].

Augustus beabsichtigte, die kapitolinische Trias zurückzudrängen und durch den neu errichteten Mars Ultor-Tempel, in dessen Cella Mars Ultor, Venus Genetrix and Divus Julius standen[14], ein neues religiös-politisches Zentrum zu schaffen: Hier sollte von nun an der Senat über Krieg und Frieden entscheiden sowie über die Gewährung von Triumphen; hier sollten die Triumphatoren ihre Insignien niederlegen, hier opferten die Magistrate vor ihrer Abreise in die Provinzen sowie die Mitglieder der kaiserlichen Familie bei Anlegung der *toga virilis*; hier sollten ferner die neu erbeuteten Feldzeichen wie schon die "signa recepta" nach den Partherverträgen deponiert werden (cf DioCass. 55, 10, 2; Suet., Aug. 29). All dies waren Privilegien, die vorher mit Jupiter Optimus Maximus verbunden waren, und nun auf Mars als Stammgott des julischen Geschlechts und Vater des römischen Volkes übertragen wurden[15]. Daß die sibyllinischen Bücher in den neuen Tempel des Apollo Palatinus verlegt wurden, ergänzt das Bild.

Die neuen Tempel - ebenso wie der für Jupiter Tonans (cf Suet., Aug. 29) - waren persönliche Gelübde des Prinzeps; diese Götter waren ihm, und d. h. der neuen Dynastie und dem neuen Staat verbunden. Die Zurückdrängung des republikanischen Jupiter findet ihren Nachhall in einer von Sueton be-

---

net; dabei wird man jedoch das Zeugnis Cassius Dios, der als Cäsars praemortalen Kultnamen "Δία Ἰούλιον" angibt (44, 6, 4), was "Iuppiter Iulius" entspräche und nicht dem tatsächlichen postmortalen Kultnamen "Divus Iulius", dahingehend deuten dürfen, "daß Dios Angabe <u>Δία</u> eine Entstellung oder Umsetzung des lateinischen *Divus* ist" (Wlosok, Einführung, in: dies., Römischer Kaiserkult, WdF 372, 1978, 1-52: S. 29). Zuzustimmen ist dagegen Fears, wenn er die umstrittene Luperkalienszene, in der Cäsar das ihm angebotene Diadem ablehnt und es Jupiter Capitolinus als einzigem "König der Römer" (cf DioCass. 44, 11, 3) überbringen läßt, als Zeichen dafür versteht, daß die Zeit nur noch nicht reif war, die Alleinherrschaft in diesem Sinne politisch durchzusetzen (cf Fears, ebd., 55); daß also noch eine Herrschaftskonkurrenz zwischen Jupiter Capitolinus und einem irdischen "rex" empfunden wurde, ist zu beachten und für die weitere Entwicklung kennzeichnend.

[13] Fears, Cult, 59.

[14] Cf Kienast, Augustus, Prinzeps und Monarch, 1982, 201; zum Mars Ultor-Tempel auf dem Forum Augustum cf Nash, Bildlexikon zur Topographie des antiken Rom, Bd. 1, 1961, 401-410; E. Simon, Augustus, Kunst und Leben in Rom um die Zeitenwende, 1986, 46-51; Stambaugh, The Functions of Roman Temples, ANRW II, 16, 1, 1978, 554-608: cf S. 554-556.

[15] Cf Wissowa, Religion und Kultus der Römer, HKAW V, 4, (1902) 1912^2, 78; Latte, Religionsgeschichte, 303; Kienast, Augustus, 201f.

richteten Anekdote: Als Augustus den neuen Jupiter Tonans-Tempel häufiger besuchte, träumte er, Jupiter Capitolinus beklage sich, daß ihm seine Anhänger entzogen würden; Augustus entgegnete darauf, daß Jupiter Tonans ja nur der Türhüter für Jupiter Capitolinus sei (Suet., Aug. 91, 2)[16]. LATTE bemerkt dazu, daß die Geschichte, sollte sie aus der Autobiographie des Augustus stammen, eine witzige Antwort auf Kritik darstellt, ist sie aber von anderen erfunden, "so zeigt sie die verbreitete Opposition gegen diese Zurückdrängung des kapitolinischen Kults"[17]. Auch dieser Aspekt der augusteischen Religionspolitik hat seinen Initiator nicht überlebt[18]. In der offiziellen kaiserlichen Propaganda tauchen jedoch erst seit Nero wieder Jupitermotive auf Münzen auf (s. u.).
Die Verbindung zwischen Jupiter Capitolinus und der *res publica* zeigt sich abschließend in der Tatsache, daß die senatorische Opposition nach Caligulas Ermordung nicht im Rathaus, sondern im Kapitol zusammen kam, um dort über die Wiederherstellung der Republik zu beratschlagen (cf Suet., Cal. 60; Claud. 10).

Daß Jupiter auch mit den außenpolitisch-militärischen Erfolgen Roms verbunden wurde, ist nahezu selbstverständlich. Anfangsstationen dieser Entwicklung sind die Tempel für Jupiter Victor, den Q. Fabius Maximus Rullianus im Samnitenkrieg versprach (295 v. Chr.), und für Jupiter Stator, den M. Atilius Regulus ein Jahr später dem Jupiter, der das Heer zum Stehen brachte, gelobte[19]. Auch in der Folgezeit, die die großen Auseinandersetzungen mit Karthago brachte, in der sich Roms Weltherrschaftsansprüche herauskristallisierten[20], wurde immer wieder Jupiters Garantie der römischen Siege propagiert. FEARS, der die Entwicklung im einzelnen nachgezeichnet und vor allem numismatisch belegt hat[21], kommt zu dem Ergebnis: Jupiters "realm is infinitely wider, his actions carried out on a world-wide scale; but the image of Jupiter as champion and nourisher of the Roman commenwealth remained as vivid as in the early regal period"[22]. Livius berichtet das

[16] Cf auch DioCass. 54, 4, 2-4.

[17] Latte, Religionsgeschichte, 305.

[18] Cf Latte, Religionsgeschichte, 309-311.

[19] Cf Eisenhut, Art. Iuppiter, 3f; eine Liste der verschiedenen Beinamen bei Aust, Art. Iuppiter, 750-754 und Thulin, Art. Iuppiter, 1142-1144.

[20] Cf Vogt, Römischer Glaube und römisches Weltreich, in: ders., Vom Reichsgedanken der Römer, 1942, 118-169: cf S. 137; ders., Orbis Romanus, Ein Beitrag zum Sprachgebrauch und zur Vorstellungswelt des römischen Imperialismus, (1929/1942), jetzt in: ders., Orbis, 1960, 151-171: cf S. 156-159.

[21] Cf Fears, Cult, 34-47.

[22] Fears, Cult, 47. Neben den verschiedenen Münztypen, die Jupiter auf seinem Tri-

Prodigium, daß während des Baus des Kapitols ein unversehrter menschlicher Kopf gefunden wurde, aus dem die Wahrsager geschlossen haben, daß hier die Burg des Reiches und das Haupt der Welt entstünde (Liv. 1, 55, 5f)[23]. Einen Höhepunkt solcher Vorhersagen bildet Vergils Jupiterprophetie (s. u.).

In teilweiser Konkurrenz zu der Vorstellung, daß Jupiter die römische Herrschaft verbürgt, steht der Glaube an die Unterpfänder der Herrschaft ("pignora imperii"). Solche Unterpfänder sind vor allem das trojanische Palladium, in dessen Besitz sich (auch) Rom wähnt[24], sowie das heilige Feuer der Vesta[25]. C. KOCH hat gezeigt, daß das immerwährende Feuer der Vesta gerade nicht mit dem Glauben der ewigen Herrschaft Roms verbunden war, sondern mit der Kontinuität der "salus publica", zu der eine Vielzahl von Bereichen zählten, denen Vesta Fortdauer verleihen sollte[26]. Der Besitz des Palladium aber, das im Innersten des Vestatempels aufbewahrt wurde, verbürgt nach antiker Vorstellung die Herrschaft: "Diese Bürgschaft der Herrschaft überträgt das Bild überall dorthin, wo es aufbewahrt wird"[27]. Auf dieser Linie liegt es wohl auch, wenn Augustus nach der Übernahme des Oberpontifikats in seinem Palast einen Vestatempel mit Palladium einrichtete (DioCass. 54, 27, 2f). Damit genügte er nicht nur der Forderung, daß der Pontifex Maximus in einem öffentlichen Gebäude in der Nähe des Vestafeuers wohnen mußte[28], sondern verknüpfte das die Herrschaft verbürgende Palladium mit seiner Person und Dynastie[29]. Wenn Ovid das Palladium gerade mit Apollo

---

umphwagen und/oder mit Victoria abbilden, ist in diesem Zusammenhang auch auf die Jupiter Imperator-Statue hinzuweisen, die Titus Quinctius Flamininus nach seinem Sieg über Philipp V von Makedonien aus ihrem Tempel entnahm, um sie dann im Kapitol aufzustellen: "hoc est in terrestri domicilio Iovis poneret" (Cic., Verr. II, 4, 129); zwei Aspekte sind hier wichtig: einmal die der "evocatio" analoge Vorstellung, daß die Götter der Besiegten in Rom neu verehrt werden, und zweitens, daß der kapitonische Tempel als Wohnort Jupiters und damit als Zentrum der (römisch beherrschten) Welt gilt: Jupiter Imperator legitimiert das neue Imperium.

[23] Zu den verschiedenen Traditionen und Vorbildern cf Ogilvie, A Commentary on Livy, Books 1-5, 1965, 211f; zur Terminuslegende, die Livius im gleichen Zusammenhang erwähnt (cf 1, 55, 3) cf Latte, Religionsgeschichte, 80.

[24] Zu den verschiedenen römischen Versionen über das Palladium cf Ziehen/Lippold, Art. Palladion, PRE XVIII, 3, 1949, 171-201: cf Sp. 182-185.

[25] Cf z. B. Cic., Catil. 4, 18; Phil. 11, 24; leg. 2, 20; dom. 144; Font. 47; Liv. 5, 52, 7; 26, 27, 14; Ov., fast. 3, 421-428; 4, 949-954; 6, 417-460; Prop. IV, 4, 45f.

[26] Cf Koch, Art. Vesta, PRE VIII A 2, 1958, 1717-1776: cf bes. Sp. 1753f. 1771; cf auch ders., Drei Skizzen zur Vesta-Religion, (1953), jetzt in: ders., Religio, Erlanger Beiträge zur Sprach- und Kunstwissenschaft Bd. 7, 1960, 1-16: cf S. 11ff (= Extrakt des PRE-Artikels); ders., Roma aeterna, (1949/1952), jetzt in: Klein, (Hrg.), Prinzipat und Freiheit, WdF 135, 1969, 23-67: cf S. 50-54.

[27] Groß, Die Unterpfänder der römischen Herrschaft, NDF 41, Abt. Alte Geschichte, Bd. 1, 1935, 87.

[28] Cf Kienast, Augustus, 104. 196f.

[29] Der Vestakult wurde Livia übertragen und gleichzeitig ist eine "supplicatio Vestae" an

und Augustus verbindet (fast. 3, 421ff; 4, 949ff), wird sich darin auch die augusteische Zurückdrängung des kapitolinischen Jupiters widerspiegeln, dem gegenüber Augustus selbst als Unterpfand des Reiches gilt[30].

Auch wenn man den Glauben an die "pignora" als gering einschätzt, auf die "urbs" begrenzt und zu Recht nicht als Wurzel des römischen Herrschaftsanspruchs wertet[31], muß man beachten, daß diese auf anderer Ebene als Staatssymbol, d. h. ideologisch, verwendet wurden: von Cicero als (eine) hörergerechte Motivierung der zu lösenden Aufgabe der römischen Weltherrschaft[32], in augusteischer Zeit als inzwischen eingelöste Aufgabe der in der Person des Kaisers verbürgten Herrschaft. Hieran schließt sich auch die Münzpropaganda Vespasians an, die ihn mit Victoria und Palladium zeigt[33].

Der kapitolinische Tempel wurde ebenfalls als Unterpfand der Herrschaft betrachtet: Tacitus nennt den "Sitz des Jupiter Optimus Maximus" in seinem Kapitolsexkurs im Kontext der Tempelzerstörung "pignus imperii"[34] und knüpft damit an Jupiters Rolle als oberster Schutzgott des römischen Reiches an.

Waren Vestafeuer und Palladium zu verdoppeln und augusteisch zu interpretieren, so gilt dies für das traditionsverhaftetere Kapitol nicht im gleichen Maße, auch wenn es Augustus durch die Mars Ultor-Konzeption - bezeichnenderweise vergeblich - versucht hat.

Die augusteische Dichtung beschritt demgegenüber andere und auf lange Sicht gesehen, wirksamere Wege, den Kaiser mit Jupiter zu verbinden: durch die Vorstellung der *aeternitas* der römischen Herrschaft und durch den Gedanken, daß Jupiter das Reich durch und über die Person des Kaisers beschützt.

Die Vorstellung der Aeternitas Roms bricht sich seit augusteischer Zeit Bahn. KOCH hat gezeigt, daß hierfür nicht griechische Aion-Spekulationen[35] oder der Glaube an die "pignora imperii"[36] verantwortlich waren, sondern die augusteischen Dichter und Historiker, die die Idee der "Roma aeterna" propagieren und dazu auf die nationale Überlieferung der Stadtgründung durch Romulus zurückgreifen[37]. Während Horaz in seiner 3. Römerode die weltum-

---

den Geburtstagen des Germanicus, des Drusus Cäsar und des Tiberius verzeichnet: cf Charlesworth, Providentia and Aeternitas, HThR 29 (1936) 107-132: cf S. 124.

[30] Cf Bömer, P. Ovidius Naso, Die Fasten, Bd. 2 (Kommentar), 1958, 172. 290.

[31] Cf Gauger, Der Rom-Hymnos der Melinno (Anth. Lyr. II^2 6, 209f.) und die Vorstellung von der "Ewigkeit" Roms, Chiron 14 (1984) 267-299: cf S. 293f. 299.

[32] Cf Vogt, Ciceros Glaube an Rom, (1935) 1963^2, 92-94; differenzierter: Koch, Roma aeterna, 36-39; Gauger, Rom-Hymnos, 294-298.

[33] Cf Groß, Unterpfänder, 91; zum Ganzen s. u. 2.2, bc), S.291ff.

[34] Tac., hist. 3, 72, 1; s. u. 2.2, bb).

[35] So z. B. Sasse, Art. Aion, RAC 1, 1950, 193-204: cf Sp. 197-200.

[36] So z. B. Vogt, Ciceros Glaube, 72-76.

[37] Cf Koch, Roma aeterna, 25ff. Cf hierzu auch die von B. Kytzler herausgegebene Anthologie: Roma Aeterna, Lateinische und Griechische Romdichtung von der Antike bis

spannende Herrschaft Roms an die Bedingung knüpft, daß Troja nicht wieder aufgebaut wird (carm. III, 3, 42ff)[38], und damit die Ewigkeit Roms, von der er überzeugt war[39], nur verschlüsselt zum Ausdruck bringt, wagen Tibull und Livius klare Formulierungen der Aeternitas. Tibull verwendet - was die erhaltene Literatur angeht - als erster die Bezeichnung "ewige Stadt", und zwar in Verbindung mit der Gründung durch Romulus: "Romulus aeternae nondum firmaverat urbis moenia" (2, 5, 23f). Livius nennt die Stadt an zwei Stellen "in aeternum condita" (4, 4, 4; 28, 28, 11)[40], wobei die zweite Stelle auch Jupiter und die im Gründungsaugurium sichtbar gewordene Hilfe der Götter hervorhebt[41]. Die höchste Steigerung bietet Vergils Jupiterprophetie, in der ein Reich ohne räumliche und zeitliche Grenzen verheißen wird: "his ego nec metas rerum nec tempora pono, imperium sine fine dedi" (Aen. 1, 278f).
Diese Belege spiegeln die Zeitstimmung wider und sind keineswegs als in sich geschlossene Aeternitastheologie zu deuten[42]. Daher bleibt auch unklar, inwieweit Augustus selbst solche Vorstellungen initiiert hat[43]. Wenn ihm (nur)

in die Gegenwart, BAW. SA, 1972, 24-187 (Klassische Zeit).

38 "wer wollte, konnte aus der Gegenstandslosigkeit dieser Möglichkeit seit Actium seine Schlüsse ziehen" (Koch, Roma aeterna, 50).

39 Cf Hor., carm. III, 30, 8f: In der Nachwelt noch wächst mein Name "dum Capitolium scandet cum tacita virgine pontifex".

40 Cf auch Liv. 5, 7, 10.

41 Cf Liv. 28, 28, 11: "ne istuc Iuppiter optimus maximus sirit, urbem auspicato dis auctoribus in aeternum conditam huic fragili et mortali corpori aequalem esse"; diese Stelle aus der Scipiorede setzt bereits Vergils Aeneis voraus: cf Koch, Roma aeterna, 58f Anm 43.

42 Cf Gauger, Rom-Hymnos, 287 Anm 59. Gauger schlägt in seinem Aufsatz auch für den bekannten Rom-Hymnus der Melinno (Text und Übersetzung ebd., 272f) das frühe Prinzipat als Entstehungszeit vor.

43 Koch, Roma aeterna, 64f vermutet als Ansatzpunkt die Wiederbelebung der Romulussage, zumal das Gründungsaugurium der 12 Geier sich bei Augustus' erstem Konsulat wiederholt haben soll: Dies ist jedoch nur bei Suet., Aug. 95 überliefert und kann durch Kalendarien nicht unterstützt werden; Koch verweist zwar ebd., Anm 49 auf CIL XII, 4333, wo für den 7. Januar (dem Tag, an dem Augustus "primum fasces sumpsit") verzeichnet ist "qua die primum imperium orbis terrarum auspicatus est" (Z. 24), und fährt dann fort: "Man wird zwischen der religiösen Gedankenwelt des *consulatem inire* und des *primum fasces sumere* keinen Unterschied konstruieren dürfen" (ebd.), jedoch ist dies genauso wenig konkret und unscharf wie seine dortige Schlußbemerkung: "Man wird wohl nicht fehlgehen, wenn man Vergil und das Kalendarium von Bestrebungen des Kaiserhauses in dieser Richtung abhängig sein läßt"; "in dieser Richtung" bezieht sich auf die auffällige Hervorhebung Jupiters im Kalendarium als "sempiternus", was m. E. aufgrund der oben skizzierten Zurückdrängung Jupiters seitens der offiziellen augusteischen Propaganda schwerlich als vom Kaiserhaus initiiert vorzustellen ist; cf

von Ovid das Prädikat "aeternus" zugeordnet wird[44], so ist dies eine singuläre und historisch unwirksam gebliebene Erscheinung[45]. Die Aeternitasvorstellungen, die sich unter Tiberius weiter entwickeln[46], erreichen erst unter Nero eine neue Stufe (s. u.).

Die obigen Belege sind dadurch hervorgehoben, daß sie die Ewigkeit der römischen Herrschaft nicht als Wunsch, den wahrscheinlich viele teilten[47], sondern als Wirklichkeit gewordene göttliche Offenbarung propagieren[48]. Wenn Livius und Vergil dies mit Jupiter verbinden, wählen sie bewußt den höchsten Staatsgott, der die römische Herrschaft seit jeher verbürgt hat: "Wenn Einer, dann ist Juppiter der gegebene Verkünder der Berufung Roms zu Weltherrschaft und Ewigkeit"[49].

Eine mögliche Herrschaftskonkurrenz zwischen Jupiter und Augustus soll dadurch vermieden werden, daß beide zueinander in Beziehung gesetzt werden; die Machtverhältnisse zwischen dem alten Garanten der *res publica* und dem monarchischen Herrscher der *res publica restituta* werden jedoch noch nicht systematisch geklärt und können auch in der Schwebe bleiben. Preist

---

auch die Einschränkung bei Koch, ebd., 56.

44 Cf z. B. Ov., fast. 3, 421-428; 4, 951-954; Pont. 2, 2, 47f.

45 Cf Instinsky, Kaiser und Ewigkeit, Hermes 77 (1942) 313-355: "Die Entwicklung der Folgezeit lehrt hingegen, daß der Princeps, ... nur als Wahrer und Hüter der *aeternitas* Roms und des Imperiums verstanden wird; ihn selbst darum als *aeternus* zu bezeichnen, widerstrebte römischer Auffassung, deren Ethos zu überschreiten Ovid in Gefahr ist" (S. 322).

46 Für Tiberius, anläßlich dessen Adoption schon Vell. II, 103, 3f von "spemque conceptam perpetuae securitatis aeternitatisque Romani imperii" sprach, ist eine Weihinschrift nach der Beseitigung Sejans überliefert: Neben Dedikationen "saluti perpetuae Augustae libertatique publicae populi Romani" ist dort verzeichnet "providentiae T. Caesaris Augusti nati ad aeternitatem Romani nominis sublato hoste perniciosissimo ..." (CIL, XI, 4170); Tiberius' eigene Haltung kann man in dem Dictum sehen, das Tacitus anläßlich der für Tiberius unangenehmen übermäßigen Trauer nach Germanicus' Tod überliefert: "principes mortales, rem publicam aeternam esse" (ann. 3, 6, 3); cf hierzu Instinsky, Kaiser, 323f; Koch, Roma aeterna, 30f. Die Vorstellung der "immortalitas rei publicae" als einer politischen Aufgabe kennt schon Cicero: cf Gauger, Rom-Hymnos, 295 Anm 88.

47 Cf z. B. Cic., rep. 3, 34; Prop. III, 4, 19f; IV, 2, 55f; Ov., fast. 3, 421-428; 4, 831f. 949-954; Dion. Hal., ant. 3, 69, 6; cf auch die Epigramme von Alpheios, Lollius Bassus und Antiphilos (Kytzler, Roma Aeterna, 104-107); zu Vell. s. o. Anm 46.

48 Cf Koch, Roma aeterna, 55f: "Bitte und Hoffnung sind von Verheißung und Offenbarung ... grundverschieden. Um etwas Dauerndes, Ewiges zu *bitten*, steht jedem Menschen frei".

49 Koch, Roma aeterna, 28.

Ovid den Prinzeps sogar als irdischen Jupiter[50], so stellt Vergil die Leistungen des Augustus als Erfüllung der Jupiterprophetie dar und begründet dadurch Augustus' Vergöttlichung, jedoch ohne ihn explizit Jupiter unter- oder überzuordnen[51]. Die Verbindungen, die Horaz zwischen Augustus und Jupiter herstellt, sind vielfältig und auch von den Beziehungen zwischen Dichter und Prinzeps abhängig[52]. Hatte Horaz nach dem Sieg bei Actium Oktavian noch als "potentielle Inkarnation des Gottes und Juppitersohnes Hermes-Merkurius"[53] (cf carm. I, 2, 17ff. 44ff) gepriesen, so wird Augustus in den folgenden Jahren zum heroischen Halbgott (cf III, 3, 9-16) und schließlich zum Abbild und Platzhalter Jupiters auf Erden (cf III, 1, 5f; 5, 1ff). Dies drückt vor allem carm. I, 12 aus: Jupiter "gentis humanae pater atque custos" (49) ist das Wohl des Cäsar anvertraut; Jupiter möge herrschen und Cäsar als zweiter (51f. 57); Augustus bleibt aber zu seinen Lebzeiten ein Mensch (1)[54]. Die Qualifizierung des Herrschers als eines göttlich legitimierten Machthabers greift hellenistische Vorbilder auf, hat ihre römische Erfahrungsgrundlage jedoch ansatzweise in den "vota": Jupiter ist der Empfänger der Vota, die zum Wohl

---

[50] Cf Ov., fast. 1, 608f; 2, 127-144; met. 15, 858-860; cf auch Man. 1, 916-918.

[51] S. o. 2.1, a), S. 214ff.

[52] Die Literatur zum Thema "Horaz und Augustus" ist uferlos: cf den Forschungsüberblick bei Doblhofer, Horaz und Augustus, ANRW II, 31, 3, 1981, S. 1922-1986: cf S. 1922-1936.

[53] Doblhofer, Horaz, 1951.

[54] Cf zum Ganzen Doblhofer, Horaz, 1949-1961 und Pietrusinski, L'Apothéose d'Octavien Auguste par le Parallèle avec Jupiter dans la Poésie d'Horacc, Eos 68 (1980) 103-122: cf S. 107ff, die auch - durchaus unterschiedlich - die hellenistischen Wurzeln der Herrscherpanegyrik aufzeigen. Ein Kurzüberblick findet sich bei Muth, Horaz-Parcus Deorum Cultor et Infrequens, zu Carm. I 34, GrB 4 (1975) 171-206: cf S. 200. Fears, der ebenfalls die literarischen Traditionen aufführt (Cult, 66-69), hebt bei Horaz vor allem den Unterordnungsaspekt hervor: "the intensity of his emphasis on Augustus' subordination to Jupiter suggests a personal statement as well, a subtle caution against the minor role of Jupiter in the political theology of the new principate and a harbinger of Augustus' own misgivings expressed in nocturnal admonitions from Jupiter Optimus Maximus" (Fears, Cult, 69); dies ist m. E. im Hinblick auf carm. I, 34 nicht zu halten, zumal dann nicht, wenn Muths Interpretation zutrifft, daß Horaz hier Octavian in humorvoll-ironischer Weise mit dem blitzenden und donnernden Jupiter gleichstellt (cf Muth, ebd., 196ff), und auch die "nächtlichen Ermahnungen" sind wohl nicht so ernst zu nehmen (s. o. S. 221f). Pietrusinski spricht treffend von der "théorie de corégence": "le parallèle entre Auguste et Jupiter est basé sur les attributs, les traits, les liens, les fonctions, les épithètes commun à l'un et à l'autre. La théorie de corégence est appuyé sur les principes de la philosophie grecque concernant les problèmes de la monarchie περὶ Βασιλείας et sur la littérature encomiastique" (a.a.O., 121).

und Glück des Prinzeps geleistet werden[55]. Die Weiterentwicklung, daß Jupiter den Staat gerade dadurch schütze, daß er den Kaiser bewahrt, lag nahe und wurde dann unter Nero auch propagiert.

Wurde Nero schon in literarischen Quellen als Abbild Jupiters gepriesen[56], so werden unter seiner Herrschaft zum ersten Mal wieder Jupitermünzen geprägt. Die Münzen mit der Legende "IVPPITER CVSTOS"[57] sind gemeinsam mit Salus-Münzen nach Aufdeckung der Pisonischen Verschwörung geprägt worden[58]. Dadurch wurde - auch dem Senat gegenüber[59] - hervorgehoben, daß in erster Linie der Kaiser unter dem Schutz Jupiters steht und daher das Heil des Staates garantiert ist[60]. Die anläßlich der Griechenlandreise geprägten Münzen für den Befreier des Landes zeigen auf der Vorderseite den bekränzten Kopf Neros mit der Legende "IMP NERO CAESAR AVGVSTVS" und auf der Rückseite den thronenden Jupiter mit "IVPPITER LIBERATOR"[61]. "In contrast to the Jupiter Custos type, with its emphasis on the god's protection of Nero, the Jupiter Liberator type commemorates the emperor's role as performer of the functions of Jupiter on earth"[62].

Gleichzeitig mit der Hervorhebung Jupiters als Beschützer des Kaisers ist unter Nero auch die Weiterentwicklung der Aeternitasvorstellungen zu beobachten[63]. Wir wissen von einer Gesandtschaft aus Rhodos, die 55 n. Chr. auf dem Kapitol für den dauernden Bestand (διαμονή) der persönlichen Herrschaft Neros Vota dargebracht hat[64]. Einige Jahre später stiftete Nero Spiele

---

[55] Cf Fears, Cult, 63f. 97-100.

[56] Cf Calp., Ecl. 4, 92-94. 142-146; zu Seneca cf Fears, Nero as the Vicegerent of the gods in Seneca's De Clementia, Hermes 103 (1975) 486-496; ders., Cult, 69f.

[57] Cf BMC, Rom. Emp. I, S. 209f Nr. 67-76; RIC I, rev. ed., S. 153 Nr. 52.

[58] Fears, Cult, 70 nimmt an, daß die Jupitermünzen gemeinsam mit Salus-, Roma- und Vesta-Münzen geprägt wurden; die Vesta- und Roma-Münzen wurden jedoch schon 64 n. Chr. geprägt: cf RIC I, rev. ed., S. 145-147.

[59] Cf Huss, Die Propaganda Neros, AnCl 47 (1978) 129-148: cf S. 142f.

[60] Cf auch Tac., ann. 15, 74.

[61] Cf BMC, Rom. Emp. I, S. 214 Nr. 110.

[62] Fears, Cult, 71; cf weiter ebd.: "The reign of Nero then was central in the re-establishment of Jupiter as the dominant divine figure in official imperial ideology ... In the last years of his reign, Nero was moving towards a Jovian theology of imperial power, the establishment of the principate upon an ideological foundation deriving the emperor's power directly from Jupiter". Zu Caligula als möglichem Vorläufer cf ebd., 71-73; kritisch dagegen Simpson, The Cult of the Emperor Gaius, Latomus 40 (1981) 489-511: cf bes. S. 492-501.

[63] Cf hierzu Instinsky, Kaiser, 327-332, der vor allem die hellenistischen Elemente herausarbeitet.

[64] Cf SIG[3] 810 (S. 501-503). Übersetzung in: Historische Inschriften zur römischen

"pro aeternitate imperii"[65], die schon in den Augen Cassius Dios nicht dem Reich, sondern der eigenen Herrschaft Neros gegolten haben (cf 61, 21, 1). Den Höhepunkt bildet die Einführung der "Aeternitas imperii" in den Staatskult: ihr opferten die Arvalen nach der Aufdeckung der Pisonischen Verschwörung[66]. Die Entwicklung seit Augustus ist enorm: "... im Ritual des augusteischen Staatskultes war die *aeternitas urbis et imperii* nicht einmal als Bitte zulässig. Unter Nero konnte man *pro aeternitate imperii*, ja sogar der *Aeternitas imperii* opfern, unter Augustus noch nicht"[67].
M. E. kann man beide Entwicklungen unter Nero - die der Jupiterpropaganda und die der Aeternitasvorstellungen - zusammen sehen. Gemeinsamer Auslöser für die Jupiter Custos-Münzen und für die Einführung der "Aeternitas imperii" in den Staatskult war die Aufdeckung der Pisonischen Verschwörung. Wurden in augusteischer Zeit die Vota für den Kaiser an Jupiter gerichtet, so handelte die Gesandtschaft aus Rhodos ebenso: Die Vota wurden im Tempel des Jupiter Capitolinus dargebracht, galten aber darüber hinaus speziell der διαμονή Neros. Boten die römischen Vota den augusteischen Dichtern noch eine Erfahrungsgrundlage, den Prinzeps mit Jupiter zu verbinden, so verknüpften jetzt die Abgesandten aus Rhodos den Schutz Jupiters mit dem dauernden Bestand der neronischen Herrschaft. Sie praktizierten damit genau die Konzeption, die Nero nach seiner Rettung vor der Verschwörung - allerdings römisch interpretiert - propagierte: Jupiter bewacht den Kaiser und garantiert dadurch das Heil des Staates und die Ewigkeit der Herrschaft. Pointiert ausgedrückt kann man sagen, daß unter Nero die Jupiterprophetie Vergils die Ebene der offiziellen Propaganda erreicht hat und auf die Person des Kaisers zugeschnitten wurde: Jupiter verbürgt die ewige Herrschaft Roms, indem er seinen irdischen Platzhalter als Garanten dieser Herrschaft beschützt.
Ein Ausblick auf die Münzen des Vierkaiserjahres bestätigt diese Schlußfolgerung. Verbinden die anonymen Münzen, die von Galba oder dem Vitellianer Fabius Valens geprägt wurden[68], noch Jupiter Optimus Maximus Capito-

---

Kaiserzeit von Augustus bis Konstantin, übers. und hrg. v. H. Freis, TzF 49, 1984, S. 104 Nr. 46.

[65] Cf Suet., Nero 11, 2.

[66] Cf CIL VI, 2044 pag. I c, Z. 5f (S. 491); cf zum Ganzen Instinsky, Kaiser, 328f.

[67] Koch, Roma aeterna, 56. Mannsperger resümiert im Kontext der Untersuchung von neronischen "IVPPITER CVSTOS" - und "SALVS"-Münzen sowie den häufigen Romadarstellungen: "Auch hier sehen wir das Bestreben am Werke, die Rom- in die Kaiserideologie einmünden zu lassen" (Mannsperger, ROM. ET AVG., Die Selbstdarstellung des Kaisertums in der römischen Reichsprägung, ANRW II, 1, 1974, 919-996: zit. S. 957).

[68] Cf Martin, Die anonymen München des Jahres 68 nach Christus, 1974, 46. 61; RIC I,

linus mit Vesta Populi Romanum Quiritium auf einer Münze[69], so werden spätestens mit Vitellius[70] beide Motive jeweils zusammen mit dem Kopf des Kaisers auf provinzialen Prägungen verbreitet[71]. In Rom jedoch tauchen in allen drei verschiedenen Prägungen Vitells immer auch "IVPPITER VICTOR"-Münzen auf[72], die wahrscheinlich durch den Sieg über Otho veranlaßt wurden[73]. Durch dieses konstante Motiv konnte Vitell propagieren, daß seine Herrschaft durch Jupiter ermöglicht und legitimiert worden ist: Der siegreiche Jupiter beschützt den siegreichen Prinzeps.

Ich vermute, daß Vitell auch nach der vorläufigen Festigung seiner Macht eine Legitimation durch Jupiter angestrebt hat. Einen Hinweis hierauf bietet eine erst jüngst publizierte Münze: Sie zeigt auf der Vorderseite den bekränzten Kopf Vitells mit der Legende "A VITELLIVS GERMANICVS IMP AVG P M TR P" und auf der Rückseite den viersäuligen kapitolinischen Tempel samt Jupiterstatue und unten die Aufschrift "I O MAX CAPITO"[74]. Abgesehen von der kunsthistorischen Bedeutung dieser Münze als der letzten Darstellung des kapitolinischen Tempels vor dem Brand[75] zeigt sie, daß Vitell sich in Rom mit Jupiter Capitolinus in Verbindung brachte. Daß hierbei legitimatorische Absichten ausschlaggebend waren, ist aufgrund der Jupiter Victor-Münzen anzunehmen; historische Hintergründe und Intentionen bleiben hingegen weitgehend verborgen. Auf dem Hintergrund der neronischen Propaganda stellt diese Münze jedoch einen neuen Beleg für die Hypothese dar, daß in jener Zeit - im Gegensatz zur offiziellen Propaganda des Augustus, aber in Weiterentwicklung der augusteischen Dichtung - die Prinzipatsherrschaft und die Person des Prinzeps durch Jupiter Capitolinus im Sinne einer "théorie de corégence"[76] auch offiziell legitimiert wurde. Aus der Tatsache, daß die gefundene Vitelliusmünze nur von niedrigem Wert ist, kann man vielleicht außerdem schließen, daß sie hauptsächlich bei der einfachen (zivilen) Bevölkerung als Propagandamittel in Umlauf gebracht worden war.

---

rev. ed., S. 200f.

[69] Cf RIC I, rev. ed., S. 213f Nr. 123-125. 127f.

[70] Otho prägte anläßlich seines Oberpontifikats verschiedene Münzen, die u. a. auch Jupiter oder Vesta zeigen: cf RIC I, rev. ed., S. 261 Nr. 21. 23f.

[71] Cf RIC I, rev. ed., S. 269 Nr. 31. 33; S. 271 Nr. 56. 58-60.

[72] Cf RIC I, rev. ed., S. 271 Nr. 68; S. 272 Nr. 74f. 92f.

[73] Zu den drei Prägungen insgesamt cf RIC I, rev. ed., S. 265-267.

[74] Cf Bastien, Vitellius et le Temple de Jupiter Capitolin: un As Inédit, Quaderni Ticinesi 7 (1978) 181-202; Abb. ebd., S. 184 fig. 1-3; inzwischen katalogisiert (ohne Abb.) bei RIC I, rev. ed., S. 274 Nr. 127.

[75] Dies untersucht Bastien, Vitellius, 187ff.

[76] S. o. Anm. 54.

Die direkte Verbindung von Vitells Herrschaft mit Jupiter Capitolinus wird nach der Zerstörung des Jupitertempels auch die flavische Propaganda beachtet und darauf reagiert haben[77].

c) Negative Befürchtung: Der Untergang der römischen Herrschaft und das Erstarken des Orients

Gegenüber den römischen Ansprüchen auf Weltherrschaft, der Verbreitung der Pax Romana und den Vorstellungen der Roma Aeterna (s. o. a und b) gibt es auch die gegenteilige Auffassung: die Befürchtung, daß Rom ebenso wie die anderen antiken Weltreiche der Assyrer, Meder, Perser und Makedonen einmal untergehen werde. Nach der Zerstörung Karthagos zitiert Scipio von dieser Befürchtung ergriffen die Voraussage des Untergangs Trojas (Il. 6, 448f) und deutet sie auf seine Vaterstadt (Polyb. 38, 22). Vielleicht sind ihm diese griechisch beeinflußten Vorstellungen von seinem Freund Polybios vermittelt worden[1]; in der langen Zeit der römischen Bürgerkriege fanden sie auch in Rom Verbreitung.

Die Befürchungen der Sieger sind zugleich die Hoffnungen der Besiegten. Jedoch gibt es schon seit Herodot (1, 4) die literarische Tradition, den Ablauf der Weltgeschichte als Kampf zwischen Ost und West zu deuten[2], und in Vorderasien bildet die Vorstellung, daß der Orient den Okzident beherrschen wird, die Grundaussage des geistigen Widerstandes gegen Rom[3] und hat vielleicht ihrerseits die römischen Befürchtungen beeinflußt. Im Folgenden sollen zunächst der geistig-politische Widerstand Asiens gegen Rom und dann die römischen Untergangsbefürchtungen dargestellt werden.

Der geistige Widerstand Asiens artikulierte sich in verschiedenen Orakeln, von denen die von Phlegon überlieferten, das Hystaspesorakel, ein Beispiel aus den jüdischen Sibyllinen und bell 6, 312f hier vorgestellt werden[4]. Die

---

[77] S. u. 2.2, bb). bc).

[1] Cf W. Weber, Der Prophet und sein Gott, Eine Studie zur vierten Ekloge Vergils, BAO 3, 1925, 56; Gauger, Phlegon von Tralleis, mirab. III, Zu einem Dokument geistigen Widerstandes gegen Rom, Chiron 10 (1980) 225-261: cf S. 225.

[2] Cf Norden, Josephus und Tacitus über Jesus Christus und eine messianische Prophetie, (1913), jetzt in: ders., Kleine Schriften zum klassischen Altertum, 1966, 241-275: cf S. 264; Collins, The Sibylline Oracles of Egyptian Judaism, SBLDS 13, 1974, 58; cf auch Philo, leg 144.

[3] Hierzu ist immer noch die Baseler Antrittsvorlesung von H. Fuchs grundlegend, die mit einem ausführlichen Anmerkungsteil veröffentlicht wurde: Fuchs, Der geistige Widerstand gegen Rom in der antiken Welt, 1938 (Nachdr. 1964).

[4] Zu den ägyptischen Orakeln cf Gwyn Griffiths, Apocalyptic in the Hellenistic Era, in:

Analyse derartiger Widerstandsorakel wird vor allem dadurch erschwert, daß sie die historische Erfüllung ihrer Verheißungen undeutlich lassen (müssen), was manchmal eine Scheidung zwischen *vaticinia ex eventu* und nicht eingetroffener Vorhersage ermöglicht[5], in vielen Fällen aber spätere aktualisierende Verwendungen älterer Orakel zur Folge hatte[6]. Interpolationen lassen sich aber nie mit Sicherheit erkennen, so daß zu allen Orakeln verschiedenste Datierungsvorschläge sowie traditionsgeschichtliche Wurzeln, Abhängigkeiten und spätere Rezeptionen diskutiert werden. Da textimmanente Analysen allein nicht zu Datierungen führen und externe Referenzen oft unsicher sind, muß vieles mehr als hypothetisch bleiben.

Aus diesen Überlegungen kann man immerhin positiv schließen, daß solche Orakel lange Zeit aktuell gehalten wurden, was sowohl ein orakelgläubiges Publikum voraussetzt als auch impliziert, daß die römische Herrschaft von vielen Generationen in ähnlicher Weise als Unterdrückung erlebt wurde.

In dem Wunderbuch des Phlegon von Tralleis, einem Schriftsteller aus hadrianischer Zeit, sind im 3. Kapitel antirömische Orakel überliefert, die in einer gruseligen, mit märchenhaften Zügen ausgestatteten Rahmenerzählung verbunden sind[7].

Ihr Inhalt ist folgender:

Nach der Schlacht bei den Thermophylen zwischen Antiochus III und Rom (191/190 v. Chr.) steht der verwundete oder tote[8] Hipparch Buplagos auf, geht zum römischen Lager und spricht dort mit dünner Stimme das erste Orakel (§ 3): Man möge das Einsammeln der Waffen der gefallenen Feinde einstellen, denn schon zürne Zeus, der ein mutiges Volk in ihr Land schicken wird, das ihre Untaten vergelten und ihre Herrschaft beenden werde; darauf stirbt Buplagos; die erschreckten Offiziere lassen die Leiche einäschern und

---

Hellholm (Hrg.), Apocalyptism in the Mediterranean World and the Near East, 1983, 273-293; eine kritische Edition des "Töpferorakels" bietet Koenen, Die Prophezeiungen des "Töpfers", ZPE 2 (1968) 178-209: cf S. 195ff. Das Töpferorakel bekämpft die verhaßten Griechen und setzt historisch die Zeit um 130 v. Chr. voraus (cf Koenen, ebd., 192). Gute Überblicke über die verschiedenen Widerstandsorakel finden sich bei Collins, Sibylline Oracles, 9-19 und bei Hengel, Judentum und Hellenismus, WUNT 10, (1969) 1973², 337-341.

[5] Das ist bekanntlich in Dan 11 der Fall: VV 40-45 sind nicht eingetroffene Weissagungen.

[6] Cf Gauger, Phlegon, 244f.

[7] Text: FGrHist 257 F 36 III (= Zweiter Teil B, S. 1174-1178); die Orakeltexte werden auch bei Gauger, Phlegon, 249ff vollständig zitiert; cf auch Schalit, Die Erhebung Vespasians nach Flavius Josephus, Talmud und Midrasch, ANRW II, 2, 1975, 208-327: cf S. 219-221.

[8] Cf Gauger, Phlegon, 231f.

beisetzen, befehlen die Reinigung des Lagers, opfern dem Zeus Apotropaios und schicken nach Delphi. Hier ergeht das zweite Orakel (§ 5), in dem die Pythia den Römern die Rache von Athene und Ares androht, falls sie nicht das Recht zu ihrem ständigen Begleiter machen. Die Rahmenhandlung fährt fort, daß die Römer daraufhin beschließen, alle Kriegshandlungen gegen Europa einzustellen; sie ziehen sich nach Naupaktos zurück, wo sie am panhellenischen Heiligtum[9] Opfer darbringen. Dort gerät der römische Stratege Poblios/Publius in Ekstase und verkündet eine nur wenig unterbrochene Folge von fünf verschiedenen Orakeln in Hexametern und Prosa (§§ 7-11. 13): Im ersten Versorakel (§ 7) wird der erste Übergang Roms nach Asien - im Widerspruch zur Rahmenhandlung - vorausgesetzt und die Rache durch einen König aus Asien, vom Sonnenaufgang, angekündigt, der mit einem gewaltigen Heer den Hellespont überschreitet und mit dem Herrscher des Festlandes Sklaverei und Verderben über Rom bringt; nach einem *vaticinium ex eventu* (§ 8), das vom Frieden von Apameia spricht (188 v. Chr.), folgt ein Prosaorakel (§ 9), das Könige "ἐκ τῆς Ἀσίας" verkündet, die - sich rächend - gegen Europa ziehen werden; im nächsten Versorakel (§ 10) verbindet der Sprecher ein Vorzeichen (die Verlebendigung einer Helios-Statue) mit dem Beginn der Rache gegen Rom, ohne weitere Lokalisierungsangaben oder Vollstrecker der Rache zu erwähnen; schließlich verkündet Publius seinen eigenen Tod durch einen von den Göttern geschickten roten Wolf; dieses trifft ein, jedoch frißt der rote Wolf nicht den Kopf des Römers, so daß der Kopf ein letztes Orakel verkünden kann (§ 13) und die Tötung der römischen Männer und die Verschleppung der Frauen und Kinder nach Asien prophezeit. Die bestürzten Römer errichten daraufhin einen Tempel für Apollo Lykeios und segeln anschließend nach Haus. Mit der Versicherung, daß alles, was Publius verkündet hat, eingetroffen sei, endet die Geschichte (§ 14).

J.-D. GAUGER hat gezeigt, daß hier eine Orakelsammlung vorliegt, deren Teile verschiedenen Zeiten zuzuordnen sind[10]: Während der Buplagos-Pythia-Komplex aus der Zeit um 191/190 v. Chr. stammt (Krieg gegen Antiochus III und die Ätoler), sind die Publiusweissagungen, in denen sich der Haß gegen Rom deutlich steigert, jüngeren Datums; ihre Endredaktion erhielten Orakel und Rahmenerzählungen im Zusammenhang des ersten mithradatischen Krieges (88 v. Chr.); sie ist vielleicht dem athenischen Philosophen Antisthenes zuzuschreiben, der zu den Propagandisten des Mithradates zählt.[11].

Wir haben also eine Komposition verschiedener antirömischer Orakel, die

---

[9] Ein solches Heiligtum hat in Naupaktos nie existiert: cf Gauger, Phlegon, 234.

[10] Cf Gauger, Phlegon, 249ff (Zusammenfassung: ebd., 260f).

[11] Cf Gauger, Phlegon, 238-244.

über hundert Jahre lang tradiert und aktualisiert wurden[12]. Neben dem sich ändernden Götterapparat (Zeus, Athene, Ares) sind es ein König aus Asien (§ 7) bzw. asiatische Königskoalitionen (§ 9), die Rom vernichten werden.

Die Vorstellung, daß Rom untergehen werde und der Orient die Herrschaft antritt, findet sich auch in den Hystaspesorakeln[13]. Den Untergang Roms verkünden diese Orakel, die uns nur indirekt in unterschiedlichen christlichen Schriften überliefert wurden[14], in einem bei Lact., Inst. VII wiedergegebenen Stück, das heidnisch-jüdischen Ursprungs ist[15].

In VII, 15, 19 wird Hystaspes als uralter König der Meder vorgestellt, der einen wundersamen Traum hatte, den ein Knabe dahingehend auslegte, daß die römische Befehlsgewalt und der römische Name von der Erde entfernt werden[16]. Den Untergang Roms hatte Lact. schon in 15, 18 eine Sibylle sagen lassen, woran er Hystaspes bestätigend anknüpfen läßt; diese und die vorangehenden Verse[17] sollen die grundsätzliche Eingangserwähnung begründen

[12] Was aus diesen Orakeln in nachchristlicher Zeit wurde, ist unbekannt; ihre Aufnahme in Phlegons "περὶ θαυμασίων καὶ μακροβίων" verdanken sie trotz der antirömischen Propaganda ihrem phantastisch-gruseligen Charakter: cf Gauger, Phlegon, 226f.

[13] Cf hierzu die grundlegende Arbeit von Windisch, Die Orakel des Hystaspes, VAW N.S. 28, 3, 1929.

[14] Cf Schürer, History III, 1, 655; Textzusammenstellung bei Bidez/Cumont, Les Mages Hellénisés, Bd. 2, 1938, 359-376.

[15] Cf Windisch, Orakel, 5-8, der in seinem Einführungskapitel ein christliches Hystaspesbuch von den bei Lact. überlieferten Orakeln, die heidnisch-jüdischen Ursprungs sind, grundsätzlich trennt; im weiteren grenzt Windisch diese Herkunftsangabe ein und entfaltet seine Hypothese, daß diese Orakel nicht jüdischer, sondern persisch-hellenistischer Herkunft seien (cf ebd., 44ff); methodisch geht er so vor, daß er durch Aufführung verschiedener heidnischer Parallelen die Annahme einer jüdischen Beeinflussung als nicht notwendig qualifiziert (bes. prägnant: ebd., 44-49). Demgegenüber versucht Flusser den jüdischen Ursprung zu beweisen, der sich auch in dem direkten, literarisch greifbaren Einfluß auf die ApkJoh niederschlage: cf Flusser, Hystaspes and John of Patmos, in: Shaked (Hrg.), Irano-Judaica, 1982, 12-75.

[16] Lact., Inst. VII, 15, 19: "Hystaspes quoque, qui fuit Medorum rex antiquissimus, a quo amnis nomen accepit quinunc Hydaspes dicitur, admirabile somnium sub interpretatione vaticinantis pueri ad memoriam posteris tradidit: sublatuiri ex orbe imperium nomenque Romanum multo ante praefatus est quam illa Troiana gens conderetur".

[17] In Inst. VII, 15, 12f verweist Lact. auf die bisher untergegangenen Weltreiche der Ägypter, Perser, Griechen und Assyrer, und in 15, 14f erwähnt er die Periodisierung der römischen Herrschaft durch Lebensalter (aetates), qualifiziert die Monarchie, die den Bürgerkrieg (= senectus) beendet hat, aber nicht als "Ende", sondern als "altera Infantia" (cf V. 16); das Ende Roms verkündet erst die Sibylle (V. 18) und bestätigt Hystaspes (V. 19).

und bezeugen: Nach 15, 11 wurde der Grund der Verwüstung und Verwirrung sein, "daß der römische Name, in dem jetzt die Welt regiert wird (...), von der Erde entfernt wird und die Befehlsgewalt nach Asien zurückkehrt; dann wird der Orient herrschen, und der Okzident wird dienen"[18].

Schon WINDISCH hat auf den deutlichen Zusammenhang zwischen 15, 11 und 15, 19 hingewiesen und erschlossen, daß das Hystaspesorakel nicht nur den Untergang Roms beinhalte, sondern auch die Rückkehr der Weltherrschaft an Asien samt der Knechtung des Okzidents[19].

Steht diese Hypothese auf einigermaßen gesichertem Boden, so ist das weitere spekulativ: Gibt das Hystaspesorakel auch eine Person an, die Rom vernichten wird und den Übergang der Weltherrschaft vollbringt?

Lact. erwähnt einen Herrscher in Inst. VII, 16: Nachdem die zentrale Regierungsgewalt gespalten und vernichtet wurde und viele Bürgerkriege herrschten, erstehen zehn Könige, die die Welt unter sich aufteilen und verwüsten werden (V. 1f); darauf ersteht ein mächtiger König von Norden ("ab extremis finibus plagae septentrionalis"), der drei der zehn Herrscher töten wird, worauf er in den Besitz Asiens gelangt und sich mit den übrigen Königen verbündet, die ihn als ihren Herrn anerkennen (V. 3); dieser gottlose Herrscher wird die ganze Welt bedrücken und schließlich unter Abänderung des Namens des Reiches den Sitz der Herrschaft verlegen; darauf wird völlige Verwirrung über die Menschheit kommen (V. 4)[20]. Während man die folgende Schilderung der Naturkatastrophen (16, 5-14) durchaus Hystaspes zuschreiben kann, scheint Lact. in 16, 1-4 verschiedene Traditionen miteinander vermischt zu haben[21]. Mit Blick auf die Epitome, die den Besitz Asiens und die Veränderung des Namens und des Sitzes der Herrschaft hervorhebt (66, 3), kann man vermuten, daß hier schon im Hystaspesorakel verheißen wird, und er es ist, der Rom vernichten wird. Das Problem, das sich hieraus ergibt, ist, daß dieser König keine positive Gestalt, sondern ein Unheilsherrscher prophezeit wird. Will man diese Konzeption Hystaspes zuschreiben, so hat man als Anhaltspunkt die zweifache Erwähnung der "Verwirrung" in 15, 11 und 16, 4[22].

Komplizierter wird das Bild dadurch, daß in Lact., Inst. VII, 17, 2 ein "alter rex orietur e Syria" angekündigt wird, der als eigentlicher Antichrist den Nordkönig vernichten wird. Erst in 17, 11 wird ein Heilskönig verheißen, ein großer König vom Himmel, der auf

---

[18] Lact., Inst. VII, 15, 11: "cuius vastitatis et confusionis haec erit causa, quod Romanum nomen, quo nunc regitur orbis - (horret animus dicere, sed dicam, quia futurum est) - tolletur e terra et imperium in Asiam revertetur ac rursus oriens dominabitur atque occidens serviet".

[19] Cf Windisch, Orakel, 50-52.

[20] Cf Lact., Inst. VII, 16, 4: "... denique immutato nomine atque imperii sede translata confusio ac perturbatio humani generis consequetur"; cf dazu die Epitome: "... existet alius longe potentior ac nequior, qui tribus deletis Asiam possidebit et ceteris in potestatem suam redactis et adscitis vexabit omnem terram ... rem publicam suam faciet, nomen imperii sedemque mutabit" (66, 3).

[21] Cf Fuchs, Widerstand, 32f.

[22] So Fuchs, Widerstand, 33f.

das Schreien der Frommen hin von Gott geschickt wird, die Frommen befreit und die Gottlosen vernichtet[23]. In der Verdopplung des Unheilsherrschers kann man ein Werk des Lact. sehen, der Elemente der Nero redivivus-Sage verwenden konnte[24]. Die Vorstellung eines positiven "großen Königs vom Himmel" ist zumindest später iranisiert worden[25], könnte ihren Ursprung aber auch in der Erwartung eines wiederkehrenden nationalen Perserkönigs haben, der von hellenisierten Magiern auf dem Wege astraler Repräsentation im Himmel verortet wurde[26]. Diese Herkunft scheint auch Hystaspes zu bestätigen, den Lact. an 17, 11 anschließend wieder direkt erwähnt: Daß diese Dinge geschehen werden, haben alle Propheten aus göttlicher Eingebung verkündet und genauso die Wahrsager durch Aufreizung der Dämonen (18, 1), und auch Hystaspes hat die Bosheit der letzten Zeit beschrieben und gesagt, daß die Frommen von den Gottlosen getrennt um den Schutz Jupiters/Zeus bitten werden, der daraufhin die Gottlosen vernichten werde (18, 2)[27]. Nun wird aber in 18, 2 zumindest direkt kein Heilskönig erwähnt, so daß es m. E. fraglich bleibt, ob die Vorstellung des "rex magnus de caelo" im Hystasepesorakel verankert war; nimmt man dies an, so hat man als Anhaltspunkt die zweifache Erwähnung des Weinens und Flehens der Frommen zu Gott bzw. Zeus in 17, 11 und 18, 2.
BIDEZ/CUMONT haben nun vorgeschlagen, den "rex magnus de caelo" mit dem "βασιλεὺς ἀπ´ ἠέλιοιο / ἡλίου", der im Töpferorakel[28] und in Sib 3, 652 verheißen wird, zu identifizieren als eine "vom Sonnengott" gesandte Gestalt[29]. Sprechen hiergegen philologische und sachliche Gründe[30], so ist auch der in Sib 3, 652 verheißene König einer, der vom Sonnenaufgang, also von Osten her kommt[31]. Diese Interpretation wird dadurch gestützt, daß eine ähnliche Formulierung auch über den bei Phlegon erwähnten König aus Asien belegt ist, der von dorther, wo die Sonne aufgeht[32], kommt und schließlich Rom vernichten wird.

---

[23] Cf Lact., Inst. VII, 17, 11: "... exaudiet eos deus et mittet regem magnum de caelo, qui eos eripiat ac liberet omnesque inpios ferro ignique disperdat".

[24] Cf Fuchs, Widerstand, 34f.

[25] Cf Kippenberg, Die Geschichte der mittelpersischen apokalyptischen Traditionen, Studia Iranica 7 (1978) 49-80: cf S. 70-75.

[26] So Colpe, Der Begriff "Menschensohn" und die Methode der Erforschung messianischer Prototypen, Kairos N. F. 12 (1970) 81-112: cf S. 107f mit Verweis auf Lact., Inst. VII, 18, 2; grundsätzlich dagegen: Collins, Sibylline Oracles, 90-92.

[27] Cf Lact., Inst. VII, 18, 2: "... Iovem respecturum ad terram et auditurum voces hominum atque inpios extincturum". Lact. fügt dem ebd. hinzu, daß alle diese (von Hystaspes angekündigten) Dinge wahr seien mit der einen Ausnahme, daß er Jupiter/Zeus zuschreibe, was in Wahrheit Gott tun werde.

[28] Cf Koenen, Prophezeiungen, 206 Z. 40; 207 Z. 65.

[29] Cf Bidez/Cumont, Mages II, 372 Anm 3.

[30] Cf Fuchs, Widerstand, 31; Colpe, "Menschensohn", S. 107 Anm 194; S. 109 Anm 201.

[31] Cf Nikiprowetzky, La troisième Sibylle, EtJ 9, 1970, 133-137. 323; anders: Collins, Sibylline Oracles, 40-44.

[32] Cf Phlegon, mir. 3, 7: "... ἐξ Ἀσίης, ὅθεν ἡλίου ἀντολαί εἰσιν".

Literarische oder engere traditionsgeschichtliche Abhängigkeiten lassen sich zwischen den Texten nicht aufweisen. Vermutungen in dieser Richtung würden auch nur eine Unbekannte durch eine andere ersetzen und somit keinen echten Erklärungswert besitzen.

Bei Lact. werden also in diesem Kontext drei königliche Gestalten erwartet: Der erste König verändert Namen und Sitz des Reiches und herrscht über Asien, was aber nicht positiv gedeutet wird, sondern zur Unheilszeit gehört; der zweite König ist der eigentliche Antichrist, der u. a. den ersten König tötet und die Unheilszeit steigert; der dritte König ist eine himmlische Gestalt, der von Gott gesandt wurde, um die bedrängten Frommen zu retten und die Gottlosen zu vernichten. Eine Entscheidung darüber, welcher oder welche Könige im Hystaspesorakel prophezeit werden, ist aufgrund der verschiedenen Traditionsmischungen seitens Lact. m. E. nicht möglich. Weiterhin ist es offen, ob - bei Hystaspes - einer dieser Könige den in 15, 11. 19 verkündeten Untergang Roms herbeiführt: Lassen die sprachlichen Indizien (VII, 16, 4; Epit. 66, 3) am ehesten an den ersten König denken, so würde auf die Zerstörung Roms (noch) keine Heilszeit folgen; demgegenüber werden beim "rex magnus de caelo" keine Verbindungen zum Kampf Rom - Asien sichtbar. Im Licht des antirömischen Orakels (15, 11. 19) ist es zumindest sinnvoll zu vermuten, daß Roms Untergang von Hystaspes "in triumphierender Überlegenheit angekündigt wurde"[33], der damit, wie auch FLUSSER annimmt, eine persische Quelle verarbeitet, die jedoch ihrerseits nicht rekonstruierbar ist[34].

Auch in den jüdischen Sibyllinen spielt der Orient-Okzident-Gegensatz eine große Rolle[35]. Im 3. Buch wird jedoch nur in VV 350ff der Ost-West-Gegensatz eindeutig als Rom-Asien-Konflikt dargestellt. In VV 350-355 prophezeit die Sibylle, daß der Tribut, den Rom von Asien erpreßt hat, in dreifacher Höhe an Asien zurückkehrt, und die Anzahl der römischen Sklaven in Asien wird nach der Rache an Rom zwanzigmal so hoch sein wie die Zahl der jetzigen asiatischen Sklaven, die in Italien dienen. Darauf folgt die Beschreibung Roms als Dirne, die von der "δέσποινα" (V. 359) gedemütigt und verstoßen wird. Die VV 367-380 malen den neuen paradiesischen Frieden aus, der in Asien einziehen wird, aber auch Europa Glück bringt.

Gegenüber anderen Orakeln, die Roms Untergang vor dem Kommen des Gottesreiches verkünden[36], wird hier "Asien" als positive Größe gesehen, das sich an Rom rächen und ihr die Herrschaft abnehmen wird: "καὶ Ῥώμη ῥύμη" (V. 363). Unklar ist auch in diesem Orakel, wer die Rache an Rom vollziehen

---

[33] Fuchs, Widerstand, 34.

[34] Cf Flusser, Hystaspes, 66.

[35] Cf den Überblick bei Kocsis, Ost-West Gegensatz in den Jüdischen Sibyllinen, NT 5 (1962) 105-110.

[36] Cf Sib 3, 46-62: mit Bezug auf das zweite Triumvirat (V. 52); cf auch 3, 175-193.

wird. Genannt wird - in Bildrede - im Gegensatz zur Dirne (Rom) die "Herrin", die neuerdings COLLINS wieder mit Kleopatra-Isis in Verbindung gebracht hat und auf deren ideologische Auseinandersetzung mit Oktavian bezieht, so daß wir hier - im Gegensatz zu Sib 3, 75-92 - ein proägyptisches jüdisches Orakel vor uns hätten[37]. Auch wenn dies zutreffen sollte, nähmen die Eröffnungsverse (VV 350-355) konkrete Erfahrungen römischer Herrschaft auf, die für ganz Asia stimmten. Damit konnte man in weiten Teilen Asiens zum Kampf gegen Rom aufrufen[38].

Jos. berichtet am Ende seiner Prodigienreihe, die er nach der Zerstörung des Tempels einfügt (bell 6, 288ff), von einer Weissagung, die die Juden am meisten zum Krieg aufstachelte (§ 312f): Dieser "zweideutige Gottesspruch", der sich ebenfalls in den heiligen Schriften fand, besagt, "daß in jener Zeit einer aus ihrem Land über die bewohnte Erde herrschen werde; dies bezogen sie auf einen aus ihrem Volk, und viele Weise täuschten sich in ihrem Urteil; der Gottesspruch zeigt vielmehr die Herrscherwürde des Vespasian an, der in Judäa zum Kaiser ausgerufen wurde"[39].

Fast gleichlautende Notizen haben Tacitus und Sueton. In hist 5, 13 erwähnt Tac. ebenfalls Prodigien, die nur eine Minderheit als Unheilszeichen versteht; die Mehrheit war dagegen überzeugt von dem in den alten priesterlichen Schriften enthaltenen Wort, "daß zu eben jener Zeit der Orient erstarke und daß Männer, die aus Judäa aufbrechen, sich der Herrschaft bemächtigen

---

[37] Cf Collins, Sibylline Oracles, 57-64, der vor allem die Parallelität von Isishymnen und dem sibyllinischen Orakel hinsichtlich der paradiesischen Friedenszeit hervorhebt (cf ebd., 62); cf auch ders., The Development of the Sibylline Tradition, ANRW II, 20, 1, 1987, 421-459: cf S. 433.

[38] Eine andere Einordnung dieser Verse in historische Auseinandersetzungen ergäbe die Zeit der mithradatischen Kriege: cf Norden, Josephus, 264 und Fuchs, Widerstand, 35f. Collins weist dies mit dem Argument zurück, daß die in Sib 3, 367ff beschriebene Friedenszeit (s. o. Anm 37) samt Wiederversöhnung zwischen Asien und Europa nicht zu den mithradatischen Kriegen paße (cf Colllins, Sibylline Oracles, 60f); zumindest 3, 350-363 sind aber in ganz Asia möglich, während in den VV 367ff von einer "δέσποινα" keine Rede mehr ist; schon Weber übte m. R. Zurückhaltung: "die Orakel brauchen doch nicht nur verhüllte Berichte von Geschehenem zu sein, zumal sie so allgemein sind" (Weber, Prophet, 59 Anm 1). Hadas-Lebel, L'évolution de l'image de Rome auprès des Juifs en deux siècles de relations judéo-romaines -164 à +70, ANRW II, 20, 2, 1987, 715-856 nimmt die Zeit nach 63 v. Chr. (Pompejus im Tempel) an (cf S. 757f).

[39] Cf bell 6, 312f: "Τὸ δ᾽ἐπᾶραν αὐτοὺς μάλιστα πρὸς τὸν πόλεμον ἦν χρησμὸς ἀμφίβολος ὁμοίως ἐν τοῖς ἱεροῖς εὑρημένος γράμμασιν, ὡς κατὰ τὸν καιρὸν ἐκεῖνον ἀπὸ τῆς χώρας αὐτῶν τις ἄρξει τῆς οἰκουμένης. τοῦθ᾽ οἱ μὲν ὡς οἰκεῖον ἐξέλαβον καὶ πολλοὶ τῶν σοφῶν ἐπλανήθησαν περὶ τὴν κρίσιν, ἐδήλου δ᾽ἄρα τὴν Οὐεσπασιανοῦ τὸ λόγιον ἡγεμονίαν ἀποδειχθέντος ἐπὶ Ἰουδαίας αὐτοκράτορος".

werden; dies dunkle Wort hatte den Vespasian und Titus vorausgesagt"[40], aber die Volksmenge legte dies menschlichem Wunschdenken entsprechend zu ihren Gunsten aus und ließ sich nicht einmal durch Mißerfolge zur Wahrheit bekehren. Suet. berichtet in seiner Vespasianvita (4, 5) im Kontext der Ernennung Vespasians zum Oberbefehlshaber in Judäa davon, daß "im ganzen Orient der alte, sich hartnäckig behauptende Glaube verbreitet war, es stehe in den Gottessprüchen, daß zu jener Zeit Leute aus Judäa aufbrechen und sich der Herrschaft bemächtigen werden; wie die späteren Ereignisse zeigten, betraf diese Voraussage einen römischen Kaiser, die Juden aber haben sie auf sich bezogen und einen Aufstand angezettelt ..."[41].
Die literarischen Abhängigkeiten der Texte sind vielfach untersucht worden entweder mit der Lösung, daß Jos. oder Tac. die Priorität zukomme, oder daß beide von einer gemeinsamen Quelle abhängig seien; ein weiteres Problem betrifft mögliche atl. Traditionen, die eine derartige Weissagung inspiriert haben könnten[42].
Vergleicht man die drei Texte hinsichtlich der Weissagung, fällt auf, daß Tac. gegenüber Jos. ein Plus hat: das Erstarken des Orients ("ut valesceret Oriens")[43]; gemeinsam bezeugen sie, daß es in der Verheißung um die nahe bevorstehende Weltherrschaft geht, die in der Jos.-Version "einer" erlangt, während es nach Tac. mehrere sind ("profecti")[44]; auch die ("richtige") Deutung der Weissagung auf Vespasian (Jos.)[45] bzw. Vespasian und Titus (Tac.) oder einen römischen Kaiser (Suet.) stimmt zumindest in der Tatsache der Interpretatio Romana überein.

[40] Cf hist 5, 13: "... eo ipso tempore fore ut valesceret Oriens profectique Iudaea rerum potirentur; quae ambages Vespasianum ac Titum praedixerat ...".

[41] Suet., Vesp. 4, 5: "Percrebuerat Oriente toto vetus et constans opinio esse in fatis ut eo tempore Iudaea profecti rerum potirentur; id de imperatore Romano, quantum postea eventu paruit, praedictum Iudaei ad se trahentes rebellarunt ...".

[42] Cf die Überblicke bei M/B, Bd. II, 2, S. 190-192 (Exkurs XV) und bei Fischer, Eschatologie und Jenseitserwartung im hellenistischen Diasporajudentum, BZNW 44, 1978, 158-167, der die gesamte Prodigienreihe untersucht.

[43] Suet. zieht den "Orient" aus dem Inhalt der Verheißung heraus und macht ihn zum Subjekt der Erwartungen: Was Suet. gibt, "ist von Anfang bis Ende mattes Exzerpt" (W. Weber, Josephus und Vespasian, 1921, 36).

[44] Auch Suet. hat diese Pluralform in der Weissagung, obwohl er in der Deutung nur auf eine Person weist (cf M/B, Bd. II, 2, S. 191), die er im Kontext seiner Vespasianvita überraschend unscharf und ohne Bezug auf Vespasian nur "römischer Imperator" nennt. Schalit vermutete, hier die ursprüngliche römische Quelle fassen zu können, die, noch bevor man sich auf Vespasian geeinigt hatte, einen römischen Gegenkaiser aus dem Osten propagiere: cf Schalit, Erhebung Vespasians, 216-218 Anm 17.

[45] Cf bell 3, 401: Kaiserwürde für Vespasian und Titus.

Diese Beobachtungen lassen es als möglich erscheinen, daß Tac., Suet. und Jos. von einer gemeinsamen schriftlichen Vorlage abhängig sind, die das Erstarken des Orients samt römischer Deutung propagiert; die Annahme einer solchen Vorlage - und nicht nur der Priorität des Tac. - ist wahrscheinlich aufgrund der Prodigienreihe, die ebenfalls zu dieser Quelle gehörte[46], in unserem Zusammenhang aber übergangen werden kann (s. u. 2.2, cc).
Nicht zu beantworten ist die Frage, an welche atl.-jüdischen Vorbilder zumindest Jos. denkt, da er von "heiligen Schriften" spricht. Schon der fehlende Konsens in der bisherigen Forschung[47] könnte die Unangemessenheit dieser Fragestellung indizieren. Aufgewiesen wurde sie erst von H. G. KIPPENBERG, der in einem kurzen gehaltvollen Aufsatz auch für die Einordnung der hier vorgestellten Texte wichtige Anregungen gibt[48]. Jos. berichtet in bell 6, 312, daß die Weissagung "ὁμοίως" in den heiligen Schriften gefunden wird. Das bedeutet entweder, daß auch diese Verheißung wie die vorhergehende (cf § 311), die nur in den Orakelsprüchen aufgeschrieben wurde, sich ebenfalls dort und nicht in der Tora befindet, oder es zeigt an, daß die Weissagung aus § 312 von den heiligen Schriften bestätigt wird. In beiden Fällen liegt kein Thora*zitat* vor: "Nimmt man diese Interpretation ernst, dann erklärt sich ganz zwanglos, daß erst durch eine Deutung, also durch eine Auslegung einer nicht-biblischen Prophezeiung, der Bezug auf einen Juden (οἰκεῖος) herge-

---

46 Cf Fischer, Eschatologie, 166f.

47 Vor allem die Forscher, die eine literarische Priorität des Jos. annehmen, suchen solche Vorbilder; meist denkt man an Dan 7, 13f; Num 24, 7. 17ff; Gen 49, 10 oder eine Kombination dieser Stellen: cf M/B, Bd. II, 2, S. 191; Hengel, Die Zeloten, AGJU 1, (1961) 1976[2], 244-246 (eher Num 24, 17 als Dan 7, 13f). Aber auch diejenigen Forscher, die eine gemeinsame literarische Quelle für hist 5, 13 und bell 6, 312 annehmen, erwägen atl. Vorbilder: Lindner hält Num 24, 17b, Fischer eher Num 24, 7 als 24, 17 für wahrscheinlich (cf Lindner, Die Geschichtsauffassung des Flavius Josephus im Bellum Judaicum, AGJU 12, 1972, 71; Fischer, Eschatologie, 160f). In keiner der atl. Stellen finden sich jedoch alle drei Elemente, die Jos. in bell 6, 312 aufführt (irdischer Herrscher, aus Judäa kommend, Weltherrschaft). Demgegenüber denkt Friedländer, Les Prophéties sur la Guerre Judéo-Romaine de l'An 70, REJ 30 (1895) 122-124 an den Einfluß der jüdischen Sibyllinen (bes. 3, 194f. 652), den auch Kocsis, Ost-West Gegensatz, 105f Anm 4 andeutet, während Hahn eine essenische Aktualisierung, vielleicht von Num 24, 17, vorschlägt (cf Hahn, Josephus und die Eschatologie von Qumran, in: Bardtke, Hrg., Qumran-Probleme, SSA 42, 1963, 167-191: cf z. B. S. 169. 186 Anm 10); Schalit, Erhebung Vespasians, 235-255 schlägt Num 24, 17-19 vor, die im (schwer datierbaren) Targum Onkelos (Texte: ebd.) messianisch gedeutet werden; weitere Forschungspositionen bei Fischer, Eschatologie, 158f Anm 5.

48 Cf Kippenberg, "Dann wird der Orient herrschen und der Okzident dienen", Zur Begründung eines gesamtvorderasiatischen Standpunktes im Kampf gegen Rom, in: Bolz/Hübener (Hrg.), Spiegel und Gleichnis, FS J. Taubes, 1983, S. 40-48.

stellt wurde"[49].

Aufgrund dieser Prämisse kann KIPPENBERG - literarkritische und traditionsgeschichtliche Probleme zusammenfassend - die bei Tac., Suet. und Jos. kolportierte Verheißung mit dem geistigen Widerstand Asiens gegen Rom in eine sinnvolle Verbindung bringen: Die Verheißung repräsentiert ursprünglich einen gesamtvorderasiatischen Standpunkt, der aber mit spezifisch ethnischen Traditionen aktualisiert und verändert werden konnte; und genau dies taten auch die jüdischen Weisen, indem sie die Erwartung vom Erstarken des Orients auf die tradierten jüdischen Verheißungen zuschnitten, damit jedoch den gesamtvorderasiatischen Charakter aufgaben; diese jüdische Auslegung samt ("richtiger") Interpretatio Romana gibt Jos. wieder, während Tac. den gesamtvorderasiatischen Anspruch beibehalten konnte[50].

Die Annahme eines gesamtvorderasiatischen Standpunktes, den man m. E. jedoch auf die Kreise des antirömischen Widerstandes eingrenzen sollte, bildet ein Strukturmoment für das Verständnis der bisher behandelten Texte, die zum Teil bei KIPPENBERG fehlen. Die Hoffnung auf den Sieg und die Herrschaft des Orients war allen gemeinsam, wurde jedoch auf verschiedene Weise aktualisiert und teilweise ethnisch verengt zum Ausdruck gebracht: Im ägyptischen Töpferorakel erhoffte man die Vernichtung der feindlichen Griechen und anschließend das Erscheinen des Heilskönigs[51]; in den bei Phlegon überlieferten Orakeln erwartete man die Vernichtung Roms durch verschiedene Herrschergestalten oder göttliches Eingreifen; im Hystaspesorakel wird ebenfalls Roms Untergang, dazu die Herrschaft des Orients über den Okzident prophezeit, ebenso in Sib 3, 350ff; die Verheißung im Jüdischen Krieg propagiert das Erstarken des Orients und die Welteroberung, die von Judäa ausgeht. Zu den wechselnden Bestandteilen gehört demnach auch die jeweilige Figur, die den Sieg des Orients herbeiführt: Im Töpferorakel erscheint der König erst nach der Selbstvernichtung der Feinde; in der Orakelsammlung bei Phlegon sind es unterschiedliche irdische Herrscher (§§ 7. 9) oder Zeus (§ 3) oder Athene und Ares (§ 5), oder es fehlen Angaben darüber (§ 10); im Hystaspesorakel ist der Sachverhalt unklar, während in Sib 3, 350ff eine "Herrin" erscheint; das Orakel im Jüdischen Krieg wird von den jüdischen Auslegern messianisch interpretiert und so in Übereinstimmung zu den "heiligen Schriften" gebracht.

Die Varianten sind immer Ergebnis einer Auslegung, die den Bezug zu den aktuellen Hoffnungsträgern, falls vorhanden, herstellt. Die generelle Erwar-

---

[49] Kippenberg, "Orient", 41.

[50] Cf Kippenberg, "Orient", 43f; Kippenberg folgert daraus die Priorität der Tac.-Version: dazu s. u.

[51] Cf Koenen, Prophezeiungen, 180f. 206f.

tung eines Königs aus dem Osten, der Rom vernichtet und dadurch die Weltherrschaft des Orients begründet, scheint es m. E. nicht in dieser Ausprägung gegeben zu haben[52], wohl aber den gesamtvorderasiatischen Standpunkt, daß der Orient die Erde beherrschen werde: "oriens dominabitur atque occidens serviet" (Lact., Inst. VII, 15, 11). Dieser allgemeine Standpunkt konnte aber von verschiedenen Herrschern vereinnahmt bzw. von verschiedenen Propheten einer Person zugeordnet werden[53]. In zwei unterschiedlichen Texten (Sib 3, 652; Phlegon, mir. 3, 7) geschah dies, indem ein positiv gezeichneter "König vom Sonnenaufgang" verheißen wurde. Daher kann man vermuten, daß auch in ethnisch verschiedenen Gegenden des Orients eine ersehnte Heilsgestalt als "König vom Sonnenaufgang" bezeichnet werden konnte.

Es ist demgegenüber zu beachten, daß ein König oder Könige vom Sonnenaufgang in jüdischen und christlichen Texten auch negativ vorgestellt werden können. In AssMos 3, 1 ist der König vom Osten Nebukadnezar, der den Tempel zerstört und Israel ins Exil führen wird. In Apk 16, 12[54] sind die Könige vom Aufgang der Sonne mit dem "Tier" aus cp 17 verbunden, worin sich verschiedene Gestalten der Nero redivivus-Sage vermischen[55]; Nero wurde als derjenige vorgestellt, der mit den Parthern - daher aus dem Osten - gegen Rom marschiert, es zerstört und dadurch zur endzeitlichen Geschehnisabfolge beiträgt[56]. Setzt man voraus, daß die Erwartung eines positiven Königs vom Aufgang der Sonne weit verbreitet war, müßte man annehmen, daß in Apk 16, 12 diese Vorstellung bewußt in ihr Gegenteil verändert und in das apokalyptische Szenarium

---

[52] Cf Collins, Sibylline Oracles, 39f. 58; anders: Kippenberg, "Orient", 43, der auch den "rex magnus de caelo" zum gesamtvorderasiatischen Erwartungsreservoir zählt (cf auch ders., Geschichte, 74f).

[53] Eine andere Möglichkeit, dieser allgemeinen Hoffnung Ausdruck zu verleihen, ist die Erwartung, daß nach Abfolge von vier Weltreichen ein fünftes ideales Reich ersteht, das wieder orientalisch sein werde (cf Kippenberg, "Orient", 46). Zu den Ursprüngen der "Vier-Reiche-Konzeption" cf jetzt Burkert, Apokalyptik im frühen Griechentum: Impulse und Transformationen, in: Hellholm (Hrg.), Apocalyptism in the Mediterranean World and the Near East, 1983, 235-254: cf S. 244-251.

[54] Cf auch äthHen. 56, 5f.

[55] Cf Bousset, Die Offenbarung Johannis, KEK 16, (1896) 1906[6], 410-418; cf weiter ders., Der Antichrist in der Überlieferung des Judenthums, des neuen Testaments und der alten Kirche, 1895, 77-83; Lohmeyer vermutet in Apk 16, 12 hingegen die geschichtliche Erfahrung aller antiken Kulturreiche, "die ihren Bestand gegen die zerstörenden Einfälle der östlichen Gebirgsvölker ständig zu sichern hatten" (Lohmeyer, Die Offenbarung des Johannes, HNT 16, 1953/1970[3], 136).

[56] Diese Vorstellung nimmt auch in Sib 5 einen breiten Raum ein und kann auf pagane Nerolegenden und -aspiranten zurückgreifen; cf zum Ganzen Collins, Sibylline Oracles, 80-87; Taeger, Charisma, Bd. 2, 1960, 566-575; Warmington, Nero, Reality and Legend, 1969, 167-169; Böcher, Art. Antichrist II, TRE 3, 1978, 21-24: cf S. 23f; Hengel, Entstehungszeit und Situation des Markusevangeliums, in: Cancik, (Hrg.), Markus-Philologie, WUNT 33, 1984, 1-45: cf S. 39-41.

eingefügt wurde.
Die schriftlichen Belege lassen hingegen erkennen, daß der "König vom Sonnenaufgang" auch, vielleicht in erster Linie, aber keineswegs nur eine Heilsgestalt darstellt[57]. Kehren wir auf diesem Hintergrund noch einmal zum literarkritischen Problem des Orakels aus dem Jüdischen Krieg zurück.
Der gesamtvorderasiatische Standpunkt findet sich in der Verkündigung, daß der Orient erstarke (Tac.) und die Welteroberung beginne (Tac./Jos.). Daß eine Person (Jos.) diesen Herrschaftswechsel vollbringt, könnte ebenfalls eine gesamtorientalische Erwartung ausdrücken. Das Orakel wird konkretisiert durch die Angabe, daß die Welteroberung "von Judäa aus" beginne. Weitere Konkretionen erfolgen erst durch die Auslegungen: Die jüdischen Weisen deuten innerjüdisch (Jos.), was die Mehrzahl der Juden überzeugt und zum Krieg aufstachelt (Tac./Jos.), während es eine damit konkurrierende Interpretatio Romana gab (Tac./Jos.).
Hatte KIPPENBERG die Tac.-Priorität vertreten, so muß man dies dahingehend erweitern, daß in einer schriftlichen Vorlage, die aufgrund der Prodigienreihe notwendig anzunehmen ist, die Tac.-Version mit ihrer gesamtorientalischen Ausrichtung gestanden hat. Danach ließe sich folgende Genese vermuten:

(a) Vorausgesetzt, daß es jüdische Trägerkreise für ein gesamtorientalisches Orakel gab[58], so könnten diese schon "Judäa" als Ausgangspunkt der Eroberung in das Orakel eingetragen und so ein judaisiertes gesamtorientalisches Orakel verbreitet haben, ohne daß hier messianische Erwartungen eine Rolle spielen[59]. In dieser Form (1. Interpretatio Judaica) müßte das Orakel auch den Römern bekannt gewesen sein.

(b) Die jüdischen Weisen legten das judaisierte gesamtorientalische Orakel innerjüdisch-messianisch aus, indem sie die Person oder die Personen, die die Welteroberung vollbringen, als "οἰκεῖος" bezeichnen und so auf einen Juden deuten, während das "Erstarken des Orients" entfällt. Die

---

[57] Zu weitgehend ist die Kritik von Collins, Sibylline Oracles, 41: "There is no evidence to suggest that the 'king from the east' was such a standard figure that it could be used without explanation"; seine dortigen Versuche (cf ebd., 40-44), den König "ἀπ´ἠέλιοιο" (Sib 3, 652) allein aus ägyptischen Traditionen abzuleiten, überzeugt nicht; ebenso fehlt dort ein Hinweis auf Phlegon, mir. 3, 7.

[58] Kippenberg, "Orient", 47 schlägt "Banditen" vor, die im Unterschied zu den traditionalistischen und national geprägten Aufstandsgruppen, eine gesamtvorderasiatische Erwartung geteilt und propagiert haben könnten.

[59] Gegen Fischer, Eschatologie, 167, der annimmt, daß die jüdische Messiaserwartung schon in ein hellenistisch-heidnisches Orakel umgesetzt war und von Jos. dann "rejudaisiert" wurde; richtig: Kippenberg, "Orient", 42: "Der Vorgang der Eroberung und nicht eine bestimmte Person bilden den Inhalt der Prophezeiung".

zweite Interpretatio Judaica war immer noch antirömisch, aber nicht mehr gesamtorientalisch.

(c) Tac. und Jos. konterkarieren diese Auslegungen, indem sie die Interpretatio Romana anfügen; die Tac.-Version "bekämpft" die erste, Jos. die zweite Interpretatio Judaica.

(d) Die Annahme einer schriftlichen Vorlage, die eine Prodigienreihe, das Orakel (a) samt römischer Deutung beinhaltet hat, impliziert, daß es sich hierbei um ein flavisches Propagandamittel gehandelt hat, in der das judaisierte gesamtorientalische Orakel ("Erstarken des Orients" und "Judäa") auf Vespasian und Titus gedeutet wurde (s. u. 2.2, cc).

(e) Jos. hat diese Quelle dahingehend verändert, daß er mit der vorgegebenen flavischen Deutung die innerjüdische Auslegung "widerlegt" und damit im Kontext der Tempelzerstörung die Schuld der falschen Ausleger bloßstellt.

Es ist schon angeklungen, daß der geistige Widerstand gegen Rom auch mit konkreten kriegerischen Auseinandersetzungen verbunden war: Sowohl die mithradatischen Kriege als auch die Kämpfe zwischen Kleopatra/Marc Anton und Oktavian fanden in der Orient-Okzident-Ideologie ein wirksames Sprachrohr. Mithradates, der zahlreiche Philosophen und Schriftsteller um sich sammelte, die seinen Kampf gegen Rom propagandistisch unterstützten[60], führte diesen Kampf als Verkörperung des Dionysos[61] und konnte auch auf günstige Orakel verweisen: Während in der Endredaktion der bei Phlegon überlieferten Orakelsammlung ein konkretes Beispiel vorliegt, werden in der promithradatischen Rede des Aristion in Athen Orakel von überall her erwähnt[62]. Mithradates machte sich dabei den Römerhaß zunutze und wollte als Bewahrer Asiens Rom vernichten[63]. Auch wenn aus dem Krieg Kleopatras und Marc Antons gegen Oktavian[64] keine proägyptischen Quellen überliefert sind - vielleicht mit Ausnahme von Sib 3, 350ff - läßt sich aus den römischen Quellen erschließen, daß hier auf ideologischer Ebene ein Kampf des Orients

[60] Cf Reinach, Mithradates Eupator, König von Pontus, 1895, 279f.

[61] Cf die inschriftlichen Belege CIG 2277 a/b (= Bd. 2, S. 231); CIG 2278 (ebd., S. 232-234); OGIS 370 (= Bd. 1, S. 577) sowie die literarischen Hinweise: Poseid. bei Athen. 5, 212 D (= Theiler, Bd. 1, Frgm. 247, S. 181); Cic., Flacc. 60; Plut., quaest. conviv. I, 6, 2.

[62] Cf Poseid. bei Athen. 5, 213 (= Theiler, Bd. 1, Frgm. 247): "χρησμοὶ δὲ πάντοθεν τὸ κράτος τῆς οἰκουμένης θεσπιῳδοῦσι"; cf auch Plut., quaest. conviv. I, 6, 2.

[63] Cf Sall., hist. frg. 4, 69; Trog. 38, 3-7 (cf dazu Syme, Sallust, 1975, 281; Volkmann, Antike Romkritik, 1964, jetzt in: ders., Endoxos Duleia, 1975, 141-154: cf S. 142-150); Cic., Flacc. 60 ("Mithradatem deum, illum patrum, illum conservatorem Asiae ... nominabant"); App., Mithr. 68 ("πολλὰ περὶ τῆς Ἀσίας αὐτὸν καὶ τῶν ἐγγύς ἐθνῶν ἐπελπίζοντες").

[64] Zur Ereignisgeschichte cf Kienast, Augustus, Prinzeps und Monarch, 1982, 51-66.

gegen den Okzident, ägyptischer gegen römische Götter um die Weltherrschaft geführt wurde[65].

Auf diesem Hintergrund wäre es durchaus möglich, daß auch der Jüdische Krieg als ein Kampf zwischen Orient und Okzident propagiert worden wäre. Wir wissen zwar aus bell 1, 5 und DioCass 66, 4, 3, daß die aufständischen Juden Unterstützung aus dem Partherland fanden, bezeichnenderweise jedoch nur von dort wohnenden Juden. Diese Tatsache konvergiert mit dem oben untersuchten Orakel: Gerade die jüdische Aufstandsführung, die ein gesamtorientalisches Orakel unter Preisgabe des orientalischen Standpunktes innerjüdisch umformt, wird sich kaum um heidnisch-orientalische Militärhilfe bemüht haben; der mögliche Trägerkreis des judaisierten gesamtorientalischen Orakels (die Banditengruppen) hat demgegenüber eine gesamtorientalische Option vertreten, aber kaum den Einfluß gehabt, diese in Judäa/Jerusalem durchzusetzen[66].

Die Auffassung, daß der jüdische Aufstand zu einer Erhebung des ganzen Ostens führe, hat nur aus römischer Sicht bestanden (cf bell 1, 4; 3, 3)[67]. Die gesamtvorderasiatische Hoffnung auf das Erstarken des Orients, die Tac. erwähnt, wurde von den Flaviern zu ihren Gunsten genutzt: Nur in ihrer Propaganda wurde der Jüdische Krieg zu einem Bestandteil der Ost-West-Auseinandersetzung[68].

Nach dem Ende des Krieges und der Zerstörung des Tempels wurde in apokalyptischen Schriften Rom immer mehr zur Verkörperung des letzten Feindes[69]. Römerhaß und apokalyptische Erwartungen kulminierten später in den

---

[65] Auf die meisten Belege hatte schon Tarn verwiesen: cf Tarn/Charlesworth, The War of the East against the West, CAH 10, 1934, 66-111: cf S. 76; cf weiter Collins, Sibylline Oracles, 59f: cf DioCass. 50, 4, 1; 5, 4; Flor. 2, 21; Hor., carm. I, 37; Verg., Aen. 8, 685-688. 705f; Prop. III, 11, 27-50; Ov., met. 15, 828; Plut., Anton. 26; cf außerdem Manil. 1, 914-918; Philo, leg 144.

[66] Dies gilt umso mehr, wenn die Gruppe um Simon b. Giora, wie hier vorgeschlagen, nicht als "soziale Banditen" eingestuft werden kann: s. o. 1.2, bb).

[67] Während bell 1, 4 von der römischen Befürchtung spricht, die Juden könnten sich des ganzen Ostens bemächtigen, fährt § 5 fort, daß die Juden (nur) die Hilfe ihrer Stammesgenossen jenseits des Euphrat erhofften; hierauf wird sich vermutlich auch der polemische Vorwurf des Titus in 6, 343 (cf auch 2, 388f) beziehen. Auch die erwähnten Glieder des adiabenischen Königshauses (cf 2, 520; 5, 474; 6, 356) waren ja zum jüdischen Glauben übergetreten. Adiabene war im 1. Jahrhundert n. Chr. von den Parthern abhängig und wurde 116 n. Chr. von Trajan erobert (cf DioCass. 68, 26).

[68] S. u. 2.2, cc).

[69] Cf bes. syBar. 36-40; 4. Esra 11f; Apk 13. 17f; in Sib 5 tritt vor allem Nero als Feind auf (cf VV 52ff. 111ff. 179ff. 286ff), dem auch die Verantwortung für die Tempelzerstörung angelastet wurde (cf V. 150f); in VV 397-401 wird die Tempelzerstörung in Jeru-

jüdischen Aufständen unter Trajan und Hadrian[70].

Die Träume vom römischen Untergang fanden auch Eingang in Italien. Spätestens seit der Zeit des ersten mithradatischen Krieges und der großen innerrömischen Krisen und Bürgerkriege tauchten Prodigien auf, die z. B. einen feuerspeienden Himmel schildern (cf Obseq. 51f) und auch in anderen Einzelheiten orientalisches Material aufweisen[71]. "Wieviele östliche Orakel damals in Rom Eingang fanden, wissen wir nicht. Sicher aber ist, daß sich dieser ideologische Kampf auch in den Mauern Roms abspielte"[72].

Für die Folgezeit bis zur Catilinarischen Verschwörung besitzen wir bessere Belege, die zeigen, daß die Untergangsstimmung auch in römischen (Adels-) Kreisen gegenwärtig war[73]. Während im etruskischen Bereich seit ca. 89 v. Chr. ein antirömisches Orakel umlief, das das Ende des letzten Saeculum prophezeit[74], deuten etruskische Wahrsager ein Jahr später die römischen Prodigien ebenfalls auf das Ende des letzten (achten)[75] Saeculum: Der scharfe Trompetenton, der aus heiterem Himmel erschollen war und alle erschüttert hatte, zeigt den Wechsel und das Heraufkommen eines neuen Sae-

---

salem (70 n. Chr.) mit dem Brand des römischen Vestatempels, der unter Nero 64 n. Chr. niederbrannte, in Zusammenhang gebracht: Der Verfasser "fait du premier le châtiment *anticipé* d'un forfait commis six ans plus tard" (M. Simon, Sur quelques aspects des Oracles Sibyllins juifs, in: Hellholm, Hrg., Apocalyptism in the Mediterranean World and the Near East, 1983, 219-233: zit. S. 226). In der rabbinischen Literatur wird Nero nicht negativ dargestellt, während dort Titus als Tempelfrevler par excellence gilt: cf Stemberger, Die Beurteilung Roms in der rabbinischen Literatur, ANRW II, 19, 2, 1979, 338-396: cf S. 346-349. 351-358.

[70] S. u. 4.1.

[71] Cf die Zusammenstellungen bei Günther, Der politisch-ideologische Kampf in der römischen Religion in den letzten zwei Jahrhunderten v. u. Z., Klio 42 (1964) 209-297; cf S. 218-231; cf auch ders., Politik und Religion im 2. Jh. v. u. Z., Klio 68 (1986) 580-582.

[72] Günther, Kampf, 230; Günther vermutet ebd. als Trägerkreise die asiatischen Sklaven, die sich in großer Zahl in Italien und Rom befanden und deren Gedankengut auch die Sklaven und armen Freien in Italien und Sizilien erfaßte. Cf auch Strobel, Weltenjahr, große Konjunktion und Messiasstern, ANRW II, 20, 2, 1987, 988-1187: cf S. 1030: "Die Lehre von dem Wechsel der Zeitalter war im 1. Jahrhundert v. Chr. längst aus dem Osten nach Italien gelangt".

[73] Cf Weber, Prophet, 60f.

[74] Cf Alföldi, Redeunt Saturnia regna, IV: Apollo und die Sibylle in der Epoche der Bürgerkriege, Chiron 5 (1975) 165-192: cf S. 177.

[75] Cf hierzu Gladigow, Aetas, aevum und saeclorum ordo, Zur Struktur zeitlicher Deutungssysteme, in: Hellholm (Hrg.), Apocalyptism in the Mediterranean World and the Near East, 1983, 255-271: cf S. 263 Anm 45: An sich gibt es in der etruskischen Lehre 10 Saecula.

culum an[76]. Als fünf Jahre später der Tempel des Jupiter Capitolinus niederbrannte, deutete dies die Volksmenge auf den Untergang Italiens und Roms und die "μεταβολὴ πολιτείας" (cf App., civ. 1, 83): Anstelle des neuen glücklichen Zeitalters nach dem Weltenbrand erwarteten jetzt viele den politischen Umsturz[77]. Auch auf diesen Kapitolsbrand des Jahres 83 v. Chr.[78] samt Deutung beriefen sich die Catilinarier; Lentulus konnte ferner darauf verweisen, daß es ein sibyllinisches Orakel gebe, das nach der Deutung der Haruspices den Untergang von Stadt und Reich samt Herrschaftswechsel beinhalte[79].

Den Untergang der Stadt durch Mord, Feuersbrunst, Aufhebung der Gesetze und Bürgerkrieg hatten etruskische Haruspices auch schon im Jahre 65 v. Chr. anläßlich eines Blitzschlages im Kapitol prophezeit, falls nicht eine Sühnung in Form eines größeren Jupiterbildes erfolge[80]. Sowohl Lentulus als auch Cicero haben die Untergangsstimmungen jener Zeit aufgegriffen und in der innenpolitischen Auseinandersetzung - jeder auf seine Weise - nutzbar gemacht. Auch in der Zeit nach Cäsars Ermordung blieben Untergangsstimmungen in Rom vorherrschend. Horaz verlieh ihnen in der 16. Epode Ausdruck: Als "Seher" (V. 66) verkündet er die bevorstehende Vernichtung des römischen Geschlechts (V. 9f); die Barbaren werden in Rom hausen und es verwüsten (VV 11-14), so daß jetzt nur noch die rasche Flucht zu den Inseln der Seligen helfen kann (VV 15ff), die als Paradies existieren (VV 42ff) und von Jupiter beim Übergang des goldenen zum ehernen Zeitalter ausgesondert worden waren (VV 63-65). Da sich Rom seit der Niederlage des Crassus mit den Parthern im latenten Kriegszustand befand, Cäsars Feldzugspläne nicht durchgeführt werden konnten und die Parther seit 41 v. Chr. in Syrien und Kleinasien standen[81], ist es durchaus möglich, daß Horaz mit den "Barbaren" die Parther meint und eine Vernichtung Roms durch das Reich aus dem Osten befürchtet. Vergils berühmte 4. Ekloge, die, wohl Ende des Jahres 41 v.

[76] Cf Plut., Sulla 7: "Τυρρηνῶν δὲ οἱ λόγιοι μεταβολὴν ἑτέρου γένους ἀπεφαίνοντο καὶ μετακόσμησιν ἀποσημαίνειν τὸ τέρας". Cf auch Cancik, Libri fatales, Römische Offenbarungsliteratur und Geschichtstheologie, in: Hellholm (Hrg.), Apocalyptism in the Mediterranean World and the Near East, 1983, 549-576: cf S. 556-558.

[77] Cf Alföldi, Redeunt Saturnia regna, 178.

[78] S. u. 2.2, bb).

[79] Cf Cic., Catil. 3, 9; Sall., Cat. 47, 2.

[80] Cf Cic., Catil. 3, 19f; s. o. 2.1, b).

[81] Cf hierzu Ziegler, Die Beziehungen zwischen Rom und dem Partherreich, 1964, 32-36. Die Parther verschafften auch Antigonos/Mattathias die Herrschaft in Judäa, was zur Flucht des Herodes nach Rom führte: cf Schürer, Geschichte I^4, 352-360.

Chr. verfaßt[82], Horaz vor Abfassung seiner 16. Epode vorlag[83], greift die Stimmungen seiner Zeit auf und prophezeit unter Rückgriff auf die cumäische Sibylle (V. 4) nun den Anbruch des neuen goldenen Zeitalters: "redeunt Saturnia regna" (V. 6)[84]. Auch durch das Vorhandensein "eines für uns undurchdringlichen Synkretismus von ursprünglich orientalischen Weltaltermythen und Erlösungsprophetien"[85] kontrastiert Vergil römische Befürchtungen und orientalische Hoffnungen[86] und verweist so schicksalshaft auf die neue augusteische Zeit.

Vermehrten die ständigen Bürgerkriege des 1. Jh. v. Chr. die Untergangsstimmungen in Rom, so konnten sie durch die Herrschaft des Augustus allmählich überwunden werden. Jedoch ging auch dies ohne Zwangsmaßnahmen nicht vonstatten. Schon im Jahre 33 v. Chr. schritt Agrippa gegen Wahrsager und Zauberer ein und ließ sie aus Rom ausweisen[87]. Nach der Übernahme des Oberpontifikats veranlaßte Augustus, daß alle lateinischen und griechischen Orakelbücher eingesammelt und verbrannt wurden; nur aus den (populären) sibyllinischen Prophezeiungen ließ er eine Auswahl herstellen, die er dann im Tempel "seines" Gottes Apoll deponierte (Suet., Aug. 31, 1) und damit kontrollieren konnte. Zu den Maßnahmen gegen politische Pro-

---

[82] Cf Hommel, Vergils "messianisches" Gedicht, (1950), jetzt in: Oppermann (Hrg.), Wege zu Vergil, WdF 19, 1966, 368-425: cf S. 384f.

[83] Cf Briggs, A Bibliography of Virgil's "Eclogues" (1927-1977), ANRW II, 31, 2, 1981, 1267-1357: cf S. 1318f; anders z. B. Rieks, Vergils Dichtung als Zeugnis und Deutung der römischen Geschichte, ANRW II, 31, 2, 1981, 728-868: cf S. 771: Die 16. Epode lag Vergil vor, der sie umdeutend zitiert.

[84] Dem goldenen Zeitalter Saturns geht die von Apoll beherrschte "ultima aetas" (cf VV 4. 10) als Übergangszeit voraus: cf auch Strobel, Weltenjahr, 1034.

[85] Rieks, Vergils Dichtung, 772. Zu möglichen Berührungen zwischen Vergils 4. Ekloge und den jüdischen Sibyllinen cf jetzt Schürer, History III, 1, 647-650.

[86] Schon Windisch, Orakel, 59-61 hatte darauf hingewiesen, daß es im Jahre 40 v. Chr. zu einem bedeutungsvollen Zusammentreffen verschiedener Ereignisse kam: Herodes befand sich von den Parthern und Antigonos vertrieben in Rom und war mit dem damaligen Konsul Asinius Pollio, dem Vergil seine 4. Ekloge widmete, befreundet (cf ant 15, 343: cf dazu jetzt Feldman, Asinius Pollio and Herod's Sons, CQ N. S. 35, 1985, 240-243), der ihn auch bei seinem Gang zum Kapitol zwecks Bekräftigung der Königswürde begleitete (cf ant 14, 389); ob es Kontakte gegeben hatte zwischen dem neuen jüdischen König von Roms Gnaden, der helfen sollte, die Gefahr aus dem Osten zu bekämpfen, und dem römischen Dichter, der die Friedensherrschaft über den Erdkreis prophezeite (Ecl. 4, 17), wissen wir nicht.

[87] Cf DioCass. 49, 43, 5. Solche Ausweisungen wurden auch in späterer Zeit wiederholt: cf Latte, Römische Religionsgeschichte, HAW V, 4, (1960) 1967[2], 328 Anm 5.

phetien[88], die die neue Herrschaft unterminieren könnten, fügt sich auch die Beobachtung, daß von dieser Zeit an keine offiziellen römischen Unheilszeichen gegen die *res publica restituta* überliefert sind[89]. Die positive Gegenpropaganda hebt die Leistungen des Augustus hervor: Die weltweite Friedensherrschaft wird in Rom wirkungsvoll verkündet, und auch der Gedanke, daß diese Herrschaft ewig währe, findet bei vielen Römern begeisterte Zustimmung[90]. Dennoch brechen in Krisensituationen des frühen Prinzipats Untergangsorakel auf: Nach dem Brand Roms unter Nero ist z. B. eine derartige Befürchtung - zudem als Aktualisierung aus der Zeit des Tiberius - belegt[91]. In analoger Weise wurde das Vierkaiserjahr mit seinen Bürgerkriegen und häufigen Herrscherwechseln durch Mord oder Selbstmord als Untergangsdrohung von Römern befürchtet (cf Tac., hist. 1, 11, 3; 3, 49, 1) oder von Juden erhofft (cf bell 6, 341)[92].

Abschließend sei die klassische Formulierung WINDISCHs zitiert, der über den Kampf zwischen Rom und dem Osten folgendes resümiert: "Das Merkwürdige an diesem Kampfe ist nun, daß er nicht nur mit den Waffen, sondern auch durch Orakel, nicht nur von den Militären, auch von den Propheten und Wahrsagern ausgefochten worden ist. In Träumen und Orakelsprüchen, in Liedern, Apokalypsen und Epen kommt das Wünschen und Hoffen der Völker hüben und drüben zur Auswirkung. Rom geht unter - rufen die schauerlichen Stimmen von Osten her, hört man schliesslich auch in Rom verkünden. Rom steht ewig - ist die Antwort der gottbegeisterten Sibyllen und Dichter"[93]. Ich halte diese Charakterisierung für zutreffend. Abgewandelt gilt sie auch

---

[88] Aus Justin, Apol. 1, 44, 12 wissen wir, daß auch die Hystaspesorakel bei Androhung der Todesstrafe verboten wurden; einen Datierungshinweis gibt Justin nicht. Vielleicht wurden sie jedoch schon unter Augustus verboten (so Balsdon, Romans and Aliens, 1979, 191).

[89] Cf Günther, Kampf, 233: "Alle Unheilszeichen sind auf seine [= Oktavians, H. S.] Feinde gemünzt: er selbst ist in diesen Prodigien bereits der Auserwählte des strahlenden Lichtgottes Apollon ... Es scheint, als ob die Prodigienzusammenstellung seit 44, nach dem Tode Caesars, in späterer Zeit von anderer Hand umgeformt worden ist".

[90] S. o. 2.1, a) und b). Cf auch Cancik, Libri fatales, 560: "Vergils *imperium sine fine* ist die Negation einer Negation, die Antwort auf die Untergangsängste der späten Republik, der konservativen Partei, des *nomen Etruscum* und auf die Herrschaftsansprüche des Orients".

[91] Cf DioCass. 57, 18, 4f; 62, 18, 2; cf dazu Balsdon, Romans, 189; cf weiter 2.2, bb).

[92] S. u. 2.2, bb); 3.1.

[93] Windisch, Orakel, 70; übernommen bei Günther, Kampf, 225; cf auch Berger, Hellenistisch-heidnische Prodigien und die Vorzeichen in der jüdischen und christlichen Apokalyptik, ANRW II, 23, 2, 1980, 1428-1469: cf S. 1431.

für die Bürgerkriege nach Neros Tod mit dem brennenden Kapitol als Fanal (cf 2.2, bb) und für den jüdisch-römischen Krieg, in dessen Verlauf sich die flavische Propaganda der Orient-Okzident-Ideologie bediente (cf 2.2, cc).

aa) Römische Friedens- und Herrschaftssicherung in Judäa: Politische Maßnahmen

In allen Gebieten, die unter römischer Befehlsgewalt stehen - seien es Provinzen oder Klientelreiche - soll Pax Romana herrschen. Das heißt negativ das Fehlen von Aufständen sowie positiv, geordnete Verhältnisse im politischen, rechtlichen und wirtschaftlichen Bereich[1]. Verantwortlich für Ruhe und Frieden waren die von Rom abhängigen Landesfürsten (*reges socii*)[2] bzw. die römischen Beamten, denen die Verwaltung übertragen war. Ihre Pflicht, die Pax Romana in den Provinzen zu garantieren, findet später durch Ulpian ihre bindende juristische Formulierung: "Congruit bono et gravi praesidi curare, ut pacata atque quieta provincia sit quam regit"[3].

Im folgenden soll gezeigt werden, wie dies in Judäa mit unterschiedlichen Mitteln versucht wurde. Dabei werden aus Darstellungsgründen politische von religionspolitischen Maßnahmen (s. u. 2.2, ab) getrennt, obwohl sie eng zusammengehören. Im vorliegenden Abschnitt wird die römische Friedens- und Herrschaftssicherung hinsichtlich ihres verfassungsrechtlichen und ihres sozioökonomischen Aspekts samt deren Folgen untersucht. Als zeitlicher Rahmen dienen die Jahre von der herodianischen Herrschaft bis zum Jüdischen Krieg.

Judäa erlebte in diesem Zeitraum einen mehrfachen Wechsel ihres verfassungsrechtlichen Status. War Herodes seit dem Jahre 40 v. Chr. "rex socius et amicus populi Romani" und damit in den Kreis der orientalischen Klientelfürsten aufgenommen[4], so wurde das Reich nach seinem Tod unter seinen Söhnen Archelaos, Philippus und Antipas aufgeteilt. Die Neuverteilung ge-

---

[1] S. o. 2.1, a), S. 212f.

[2] Für die "reges socii" wird hier aus konventionellen Gründen die Bezeichnung "Klientelkönige" beibehalten, obwohl dadurch die Tatsache verdeckt wird, "daß die Beziehungen der abhängigen Bündner zu Rom rechtlich nicht unter dem Begriff der Klientel gefaßt wurden ... und daß erst die großen Heerführer der ausgehenden Republik, Pompejus, Caesar, Antonius und Oktavian, fremde Könige zu ihren persönlichen Klienten gemacht haben" (Kienast, Augustus, Prinzeps und Monarch, 1982, 407 Anm 193).

[3] Dig. I, 18, 1 (aus Ulpians 7. Buch "de officio proconsulis"); cf auch Stat., silv. 5, 3, 189.

[4] Cf Schalit, König Herodes, SJ 4, 1969, 81-88. 146-167. Einige der orientalischen Dynasten hegten in dieser Zeit durchaus antirömische Ambitionen in der Hoffnung, ihre Unabhängigkeit wiederzuerlangen: cf hierzu Sherwin-White, Roman Foreign Policy in the East, 168 B.C. to A.D. 1, 1984, 306.

schah in Rom und wurde von Augustus vorgenommen, der Archelaos zum Ethnarchen Judäas ernannte (cf bell 2, 1-100; ant 17, 200-323).

Die Gründe für die Ernennung des Herodes waren vielfältig. Entscheidend war jedoch, daß man in ihm einen absolut romtreuen Mann sah, der in der Lage war, der akuten Parthergefahr in Judäa entgegenzutreten und den hasmonäischen König Antigonos, der mit Hilfe der Parther an die Macht gelangt war, zu besiegen. Herodes Romtreue und politischer Pragmatismus veranlaßte auch Oktavian, den jüdischen König nach Actium zu bestätigen und sein Reich sukzessiv zu vergrößern, was zu immer neuen Loyalitätsbezeugungen des Herodes führte[5]. Die Aufteilung der Macht nach Herodes' Tod hatte ebenfalls mehrere Gründe, die durch die Intrigen der Herodessöhne vor Augustus und die innerjüdischen Aufstände kompliziert wurden. Im Ergebnis bestätigte Augustus das letzte Testament des Herodes, das die Gebietsverteilung an seine Söhne vorsah, jedoch mit der Modifikation, daß Archelaos nicht den Königstitel erhielt[6]. Durch diese Maßnahme konnte einerseits die Rivalität zwischen den Herodessöhnen vorerst gemildert werden, andererseits ließ Augustus die Möglichkeit offen, daß Archelaos die Königswürde später erhält, falls er sich bewähren kann (bell 2, 93f). Die kaiserliche Politik setzte also in Bezug auf Judäa weiter auf das Instrument der indirekten Herrschaft: Man glaubte, daß ein einheimischer Klientelfürst[7] die gespannte Lage nach dem Krieg des Varus, der auch durch das Auftreten des kaiserlichen Finanzbeamten Sabinus verursacht wurde (s. o. 1.1, c), am ehesten kontrollieren könne. Dieser Gesichtspunkt wog schwerer als die Tatsache, daß auch Archelaos vor seiner Romreise ein Blutbad in Jerusalem angerichtet hatte (bell 2, 8-13), und schwerer als der Wunsch der jüdischen Gesandtschaft, Judäa unter direkte römische Herrschaft zu stellen (§§ 80-92). Wie in vergleichbaren anderen Fällen erwartete man, daß auch hier ein Klientelfürst erfolgreicher gegen einheimische Unruhestifter vorgehen könnte als ein römischer Statthalter[8], zumal Archelaos unter Erfolgszwang stand.

---

[5] Cf Schalit, Herodes, 127-131. 412-426; Baumann, Rom und die Juden, Die römisch-jüdischen Beziehungen von Pompejus bis zum Tode des Herodes (63 v. Chr.-4 v. Chr.), Studia Philosophica et Historica 4, 1983, 193-216.

[6] Cf Schürer, Geschichte I[4], 418-425; A. H. M. Jones, The Herods of Judaea, 1939, 156-164; Stern, The Reign of Herod and the Herodian Dynasty, CRJ I, 1, 1974, 216-307: cf S. 277-282; Smallwood, The Jews under Roman Rule, SJLA 20, 1976, 105-110.

[7] Die Römer betrachteten die Herodäer anfangs (seit Antipatros) wohl nur nominell als Juden, dagegen in erster Linie als traditionelle Repräsentanten Roms auch gegenüber dem alteingesessenen Adel, was für die Erhebung des Herodes von Bedeutung war (cf Baumann, Rom, 147. 263). Die Herodessöhne konnten aber schon als einheimische Dynasten gelten.

[8] Cf Braund, Rome and the Friendly King, The Character of Client Kingship, 1984, 91f.

Die jüdische Opposition erreichte ihr Ziel erst 10 Jahre später: Eine jüdische und samaritanische Delegation konnte in Rom so schwerwiegende Vorwürfe gegen Archelaos vorbringen, daß dieser nach Rom zitiert und anschließend nach Vienna in Gallia Narbonensis verbannt wurde[9]. Wenn es zutrifft, daß auch Antipas und Philippus ihren Bruder in Rom verklagten, aber auch selbst (von Archelaos) beschuldigt worden waren und nur mit Mühe ihr eigenes Herrschaftsgebiet halten konnten[10], erklärt sich auch die folgende Umwandlung Judäas in eine römische Provinz: Da Archelaos selbst die Ruhe in Judäa nicht garantieren konnte und andere qualifizierte herodianische Herrscher nicht zur Verfügung standen, blieb nur die Errichtung der direkten römischen Herrschaft übrig. Dies konnte in römischen Augen die Möglichkeit zur Befriedung des Gebietes bieten, zumal sich die jüdische Führungsschicht[11] schon länger für eine solche Lösung eingesetzt hatte. Beeinflußt wurde die römische Entscheidung auch durch die allgemeine Finanzmisere jener Zeit, die durch eine schärfere Provinzbesteuerung aufgefangen werden sollte[12].

Die direkte römische Herrschaft über Judäa begann dann auch mit dem bekannten Census, den Quirinius, der Legat von Syrien, durchführte, um eine Bemessungsgrundlage für die direkten Steuern, das "tributum soli" (Grundsteuer) und das "tributum capitis" (Kopfsteuer) zu erhalten[13]. Die regelmäßige Steuer an den Kaiser war eines der Kennzeichen des neuen Status; hinzu kamen die ständige militärische Besatzung und die römische Oberhoheit über die öffentliche Ordnung, also über Gerichtsbarkeit, Kultus und Verwaltung[14].

Die Umwandlung eines Klientelreiches in eine Provinz rief immer Spannungen in der Bevölkerung hervor[15]. In Judäa versuchte man möglichen Konflik-

---

[9] Cf bell 2, 111; ant 17, 342-344; dies geschah im 10. (ant) und nicht im 9. (bell) Regierungsjahr des Archelaos: cf M/B, II Anm 29.

[10] Cf Strabo 16, 2, 46; DioCass. 55, 27, 6; cf weiter Hoehner, Herod Antipas, MSSNTS 17, 1972, 103-105.

[11] Wahrscheinlich handelt es sich hierbei um den alteingesessenen (Priester-)Adel: s. o. 1.2, aa) Anm 36f.

[12] Cf Kienast, Augustus, 335 Anm 99.

[13] Cf ant 18, 1-3; cf hierzu Kippenberg, Religion und Klassenbildung im antiken Judäa, StUNT 14, (1978) 1982^2, 125-128; Stenger, "Gebt dem Kaiser, was des Kaisers ist", BBB 68, 1988, 56-59.

[14] Cf hierzu Schürer, History I, 357-381; Smallwood, Jews, 144-156; Sherwin-White, Roman Society and Roman Law in the New Testament, 1963, 5-12; Stern, The Province of Judaea, CRJ I, 1, 1974, 308-376: cf S. 308-315; einen guten Überblick über das römische System der Provinzverwaltung vor und nach Augustus bietet Heuß, Römische Geschichte, (1960) 1987^6, 246-248. 289-293.

[15] Cf Tac., ann. 2, 42, 5: Kommagene und Kilikien.

ten dadurch zu entgegnen, daß man das Gebiet nicht der Provinz Syrien einverleibte, sondern in den Status einer eigenen verwaltungsmäßigen Einheit erhob[16]: Judäa wurde zur Provinz, die von einem Präfekten (bis Claudius) bzw. einem Prokurator (seit 44 n. Chr.) von ritterlichem Rang verwaltet wurde[17]. Diese Präfekten und Prokuratoren[18] wurden vom Kaiser überall dort eingesetzt, wo neue, noch nicht völlig befriedete Provinzen zu verwalten waren; in der Regel blieben sie "dem kaiserlichen Legaten einer Nachbarprovinz zugeordnet"[19]. Diese normale Maßnahme, also die Entsendung eines Präfekten mit militärischen, juristischen und steuerlichen Vollmachten, führte in Judäa jedoch nicht zur endgültigen Befriedung, sondern zu immer neuen Konflikten.

Da die verschiedenen einzelnen Konflikte bereits dargestellt wurden[20], gilt es hier nur festzustellen, daß diese Auseinandersetzungen auch systembedingt waren:

---

[16] Cf Schürer, History I, 360; Smallwood, Jews, 145: Jos. berichtet - im Kontext des Quiriniuscensus - fälschlicherweise, daß Judäa mit der Provinz Syrien verbunden wurde (cf ant 17, 355; 18, 2): s. u. Anm 19.

[17] War dies schon früher vermutet worden (cf z. B. A. H. M. Jones, Procurators and Prefects in the Early Principate, in: ders., Studies in Roman Government and Law, 1960, 117-125), so können wir diese Titulatur seit Entdeckung der Pilatusinschrift auch für Judäa voraussetzen: s. o. 1.1, c), Anm 36.

[18] Die Namensdifferenz ist in unserem Zusammenhang nicht entscheidend: Die Bezeichnung "procurator" stammt ursprünglich aus der Privatwirtschaft und meint den persönlichen Gehilfen in Finanzfragen; seit Augustus heißen Prokuratoren einmal seine persönlichen Finanzbeamten, die z. B. kaiserliche Domänen verwalten (wie Herennius Capito in Jamnia: ant 18, 158), dann aber auch die ritterlichen Statthalter in kaiserlichen Provinzen. Diese "Provinzprokuratoren" hatten jedoch im frühen Prinzipat den Titel "praefectus" und erst seit Claudius und Nero den Titel "procurator": "Diese neue Erkenntnis liefert einen nicht unerheblichen Beweis für die staatsrechtliche Vorsicht, mit der Augustus und seine ersten Nachfolger die Reichsverwaltung aufbauten. Indem sie Prokuratoren nicht zu der Leitung der Provinzen heranzogen, vermieden sie den Vorwurf, die Staatsverwaltung mit ihren persönlichen Angestellten zu durchsetzen" (Volkmann, Die Pilatusinschrift von Caesarea Maritima, 1968, jetzt in: ders., Endoxos Duleia, 1975, 203-215:zit., 211).

[19] Bleicken, Verfassungs- und Sozialgeschichte des Römischen Kaiserreiches, Bd. 1, (1978) 1981[2], 149. Cf weiter Schürer, History I, 360 Anm 35, der den unklaren Sprachgebrauch bei Tac. und Jos. präsentiert, die beide Judäa einerseits als Provinz bezeichnen (cf bell 2, 117; ann 2, 42; hist 5, 9), andererseits als Teil der Provinz Syrien (ant 17, 355) bzw. als Annex Syriens (ant 18, 2; ann 12, 23). Der erste und dritte Sprachgebrauch läßt sich harmonisieren und bezeichnet den neuen Staus Judäas: Judäa ist eine verwaltungsmäßige Einheit, eine Provinz dritter Klasse (Strabo 17, 3, 25), deren Statthalter dem syrischen Legaten in Konfliktfällen unterstellt ist.

[20] S. o. 1.1, c); 1.2, aa).

- Der Census sollte die Steuerpflichtigkeit und Abgabenhöhe feststellen, führte jedoch auch zur Entstehung einer militanten Opposition, die ihre Ziele religiös legitimierte;
- die Auxiliartruppen, die die innere Ruhe herstellen sollten, waren aufgrund ihrer Präsenz am Tempel und ihrer antijüdischen Aktionen immer wieder Anlaß zu Unruhen;
- die jüdische Selbstverwaltung - vor allem hinsichtlich der Gerichtsbarkeit - war in vielen Fällen relativ autonom, aber diese Eigenständigkeit war nicht garantiert[21];
- die römischen Statthalter waren auf Zusammenarbeit mit der jüdischen Führungsschicht angewiesen, konnten aber die lokalen Instanzen immer wieder übergehen und dadurch schwächen oder z. B. unbequeme Hohepriester einfach absetzen.

Inwieweit die Römer die Ursachen der Konflikte registriert haben, erscheint oft fraglich. Solange solche in Bezug auf die jüdischen Verhältnisse teils unwissende, teils unsensible Statthalter wie Pilatus regierten, über den wir im Unterschied zu anderen Präfekten Näheres wissen, blieb aber die Befriedung eine Fiktion[22].

Die Probleme der Statthalter, Judäa konfliktarm zu verwalten, könnte auch eine der Ursachen gewesen sein, die Claudius die Entscheidung zumindest erleichterte, ein zweites Mal ein jüdisches Klientelreich zu bilden. War für die Ernennung Agrippas I in erster Linie die persönliche Dankesschuld des Claudius maßgebend[23], so zeigten doch die Vorgänge des Caligulakonflikts (s. u. 2.2, ab), daß Judäa für die direkte römische Herrschaft (noch) nicht geeignet war.
Die Claudiusedikte zugunsten der Juden[24] sowie besonders sein berühmter Brief an die Bewohner Alexandrias[25], der die dortigen Konflikte zwischen Juden und Alexandrinern beenden sollte, zeigen als Richtschnur seiner Politik die Überzeugung, daß Ruhe und Frieden besser seien als ein übertriebener Kaiserkult. Eine derartige Option auch in Judäa durchzusetzen, schien nach dem großen Konflikt vor allem nötig zu sein; dafür bot ein loyaler jüdischer König die beste Gewähr. Während der nur kurzen Regierungszeit Agrippas (41-44 n. Chr.) sind uns keine Konflikte zwischen ihm und dem jüdischen Adel oder den oppositionellen Bewegungen überliefert. Jos. berichtet von der Frömmigkeit Agrippas und der Übereinstimmung seiner Taten mit den vä-

---

[21] Cf Schürer, History I, 377f.

[22] Zum taciteischen "sub Tiberio quies" (hist 5, 9) s. o. 1.1, c), Anm 49.

[23] Cf bell 2, 204-217; ant 19, 236-275; DioCass. 60, 8, 2f.

[24] Cf ant 19, 280-285. 287-291.

[25] Cf CPJ II, Nr. 153 (= S. 36-55).

terlichen Überlieferungen[26]; gleichzeitig wissen wir aus dem NT von Verfolgungen der Christen (Act 12, 1ff) sowie durch Jos. von der Freude und den Schmähungen seitens der heidnischen Bevölkerung Cäsareas und Samarias nach Agrippas Tod (ant 19, 356-359). Hieraus läßt sich rückschließen, daß Agrippa um die Zusammenarbeit mit der jüdischen Führungsschicht (Adel und Pharisäer) bemüht war, sie zumindest in Judäa nicht durch Handlungen gegen das Gesetz brüskierte[27], während er bei der heidnischen Bevölkerung und den Auxiliartruppen trotz generöser Geschenke und Bauten[28] keine Unterstützung fand, höchstwahrscheinlich, weil in ihren Augen Agrippa die Juden zu sehr bevorzugte[29]. Die Spannungen, die aus der Inhomogenität der Bevölkerung entstanden, konnte (auch) Agrippa nicht lösen; damit scheiterte die Integrationspolitik, die die Römer von einem Klientelfürsten erwarteten[30].

Daß die Römer nach Agrippas Tod die jüdischen Gebiete ein zweites Mal zur Provinz machten[31], wird eine Hauptursache im Scheitern der Integrationspolitik haben. Als weiterer Grund kommt in Betracht, daß Claudius und seine Berater befürchten konnten, daß die Klientelfürsten des Vorderen Orients - ohnehin untereinander verwandt oder durch Heirat verbunden - eine zu eigenständige Politik betrieben, d. h. vor allem außenpolitische Ambitionen hegen könnten. Entstehen konnten derartige Befürchtungen einmal durch das unangemeldete Treffen von fünf Klientelfürsten bei Agrippa, das durch den syrischen Legaten Marsus rasch aufgelöst wurde[32], sodann durch die Befesti-

---

[26] Cf ant 19, 292-296. 331; auch in der rabbinischen Literatur wird Agrippa gerühmt: cf Feldman, Josephus IX, LCL, 1965/1969[2], S. 370f Anm b und c; Schürer, History I, 446f.

[27] Die Existenz von Bildern seiner Töchter (ant 19, 356ff) widersprach den väterlichen Gesetzen; sie standen bezeichnenderweise in Cäsarea, das nicht als jüdisches Gebiet galt; ähnliches läßt sich in Agrippas Münzprägung beobachten: Während seine Jerusalemer Münzen keine anstößigen Bilder aufwiesen, sind Münzen aus Cäsarea auch mit dem Portrait des Königs versehen worden (cf Meshorer, Ancient Jewish Coinage, Bd. 2, 1982, 51-64).

[28] Cf ant 19, 335-337. 343. 356.

[29] Cf ant 19, 300-311. 328-330.

[30] Cf Theißen, Soziologie der Jesusbewegung, TEH 194, (1977) 1978[2], 72f; Braund, Rome, 105-122.

[31] Die ehemaligen Gebiete des Philippus und Antipas kamen das erste Mal unter direkte römische Verwaltung. Einen mehrfachen Verfassungswechsel zwischen Provinz und Klientelreich gab es auch in Kommagene: cf Schalit, Herodes, 415 Anm 937; Sullivan, The Dynasty of Commagene, ANRW II, 8, 1977, 732-798: cf S. 783-794.

[32] Cf ant 19, 338-342; cf hierzu Schürer, History I, 448-451 Anm 34; Charlesworth, Gaius und Caligula, CAH 10, 1934, 653-701: cf S. 680f; (Stevenson)/Momigliano, Rebellion within the Empire, CAH 10, 1934, 840-865: cf S. 851; Millar, Die griechischen

gungsmaßnahmen, die Agrippa in Jerusalem durchführen ließ und nach Claudius' Einspruch einstellen mußte[33]. Jos. berichtet, daß Claudius nach Agrippas Tod zunächst beabsichtigte, Agrippas Sohn, den späteren Agrippa II, in die Herrschaft seines Vaters einzusetzen, aber von seinen Beratern durch den Hinweis auf dessen Jugend und die schwierige Lage in Judäa davon abgehalten wurde (ant 19, 360-363). Daß auch die oben erwähnten römischen Befürchtungen im Verbund mit der bisher gescheiterten Integrationspolitik entscheidend waren, erhellt die Tatsache, daß man die Fortführung einer indirekten Herrschaft unter einem anderen Klientelkönig als den jungen Agrippa nicht in Erwägung zog. Es hätte ja in Agrippas Bruder, Herodes von Chalkis, ein möglicher Kandidat zur Verfügung gestanden. Herodes von Chalkis, der nach Agrippas Tod durchaus politische Verbindungen in Judäa besaß und nutzte (ant 19, 353), hatte jedoch ebenfalls an dem Treffen der Klientelfürsten teilgenommen und war daher vielleicht nicht unverdächtig. Die römische Entscheidung verzichtete jedoch nicht völlig auf diesen König jüdischer Herkunft: Judäa wurde - wie im Jahre 6 n. Chr. - wieder eine eigenständige Provinz[34], die ein Statthalter ritterlicher Abstammung verwaltete, jedoch wurde die Oberaufsicht über den jüdischen Kultus Herodes übertragen und ging später auf Agrippa II über[35]. Hinter dieser Lösung steht römischerseits das Bestreben, religiöse Konflikte in Judäa zu vermeiden (s. u. 2.2, ab). Durch die Reprovinzialisierung entstanden jedoch alte und neue Auseinandersetzungen:

- Die erneute direkte römische Herrschaft erweckte den Eindruck des Verlustes der Freiheit; die militanten Oppositionsbewegungen wurden in dieser Zeit immer stärker (bell 2, 238; ant 20, 160. 165. 167-172);
- die Prokuratoren wechselten im Gegensatz zu früher sehr häufig und waren fast durchgängig korrupt (Cumanus, Felix, Albinus, Florus);
- die antijüdisch eingestellten Auxiliartruppen, die Agrippa nach dessen Tod verhöhnt hatten, wurden nicht aus Judäa entfernt (ant 19, 364-366);

Provinzen, in: ders., (Hrg.), Das Römische Reich und seine Nachbarn, Fischer-Weltgeschichte Bd. 8, 1966/1986, 199-223: cf S. 202.

[33] Ant 19, 326f erwähnt im Gegensatz zu bell 2, 218 einen Befehl des Claudius, der durch Marsus informiert worden war, die Arbeiten einzustellen, da er Aufstände befürchtete.

[34] Cf bell 2, 220; auch jetzt blieb der Prokurator von Judäa dem syrischen Legaten zugeordnet (cf Schürer, History I, 454). Wenn es aber in ant 19, 363 ausdrücklich heißt, daß dem syrischen Legaten Marsus (wegen seiner Feindschaft mit Agrippa) nicht Agrippas Königreich zugesprochen wurde, impliziert dies auch, daß Judäa nicht in die Provinz Syria einverleibt wurde (unklar: Feldmann, Josephus IX, LCL, 387 Anm e); s. o. Anm 19.

[35] Cf ant 20, 15f. 222.

- der jüdische Adel verlor sich in internen Machtkämpfen (s. o. 1.2, cc. cd);
- bei den Konflikten zwischen Juden und Heiden handelten die Prokuratoren immer eindeutiger zugunsten der nichtjüdischen Bevölkerung[36].

Im Ergebnis wurden die Instabilitäten auch durch die Entscheidung Roms verstärkt, die Kultusangelegenheiten und damit das Hohepriesteramt der Aufsicht des Herodes von Chalkis bzw. des Agrippa II zu unterstellen. Dadurch wurde ein weiterer Machtpol geschaffen, der zum jüdischen Adel und zu den Prokuratoren hinzukam. Der Klientelkönig agierte gleichzeitig extern - konnte also die innerjüdischen Angelegenheiten nicht immer angemessen beurteilen[37] - wie auch von den beiden anderen Machtpolen unabhängig; darüber hinaus hatte er u. U. bessere Kontakte zum Kaiserhaus als ein ritterlicher Prokurator. Der häufige Wechsel im Hohepriesteramt[38] ist ein deutlicher Indikator für die zunehmende Machtlosigkeit des Priesteradels[39]. Gleichzeitig favorisierte Agrippa zunehmend die prorömischen Adelsgruppierungen[40] und trug auch damit zur Schwächung des Jerusalemer Adels bei.

Die Verfassungswechsel in Judäa hatten auch sozioökonomische Aspekte und Auswirkungen. Schon Herodes hatte durch den Aufbau einer traditionsfreien Herrschaft präbendaler Art[41] die Entstehung eines neuen Geldadels verursacht. Die direkte römische Herrschaft leitete im Jahre 6 n. Chr. nicht nur einen Census ein, sondern auch die Veräußerung der großen königlichen Domänen (cf ant 17, 355; 18, 2), die nun in den Besitz einheimischer, vor allem aber fremder Großgrundbesitzer kamen[42]. Hinsichtlich der Oberschicht bedeutete dies die Spaltung in eine von der römischen Herrschaft profitierende Adelsgruppe und in eine eher alteingesessene Gruppierung (s. o. 1.2, cc. cd). Hinsichtlich der Unterschichten zogen die Maßnahmen Verschlechte-

---

[36] Cf bell 2, 233. 266-270. 284-292; diesen Gesichtspunkt hat U. Rappaport in einem hebräisch publizierten und mir nicht zugänglichen Aufsatz über "Die Beziehungen zwischen Juden und Nichtjuden und der große Krieg gegen Rom" (Tarbiz 47, 1978, 1-14) untersucht: cf H. E. Gaylords "Review" in JSJ 10 (1979) 255.

[37] Dies zeigt der Konflikt um die Erhöhung von Agrippas Jerusalemer Palast: s. o. 1.2, ab) Anm 29.

[38] Cf den Überblick bei Schürer, History II, 231f.

[39] Cf auch ant 20, 216-218: Agrippa begünstigt und fördert die Leviten gegenüber dem Priesteradel; cf hierzu auch Büchler, Die Priester und der Cultus im letzten Jahrzehnt des jerusalemischen Tempels, 1895, 145f.

[40] S. o. 1.2, cc); cd), Anm 42.

[41] Cf Kippenberg, Religion, 117-125; Baumbach, Art. Herodes/Herodeshaus, TRE 15, 1986, 159-162: cf S. 159f.

[42] Cf Applebaum, Economic Life in Palestine, CRJ I, 2, 1976, 631-700: cf S. 658; ders., Judaea as a Roman Province, the Countryside as a Political and Economic Factor, ANRW II, 8, 1977, 355-396: cf S. 367f.

rungen der wirtschaftlichen Lage nach sich[43]: Durch die römische Oberhoheit über das Steuersystem waren Steuererleichterungen fast ausgeschlossen; die fortschreitende Besitzkonzentration begünstigte Export und Fernhandel, die vor allem den Großgrundbesitzern enorme Profite verschafften; Katastrophen wie Erdbeben (Mk 13, 8) und die große Hungersnot unter Claudius wurden nicht durch Hilfsaktionen gemildert und verstärkten daher Verschuldung und Abhängigkeit der Kleinbauern. Konnten die konkurrierenden Adelsfamilien sozialen Druck nach unten weitergeben und sich im Extremfall mit Waffengewalt Steuern und Abgaben verschaffen[44], so waren zahlreiche kleine Leute ständig vom Ruin bedroht.

Die normalen römischen Verwaltungsmaßnahmen wie Census, Verkauf und Verpachtung von Grundbesitz sowie die Leiturgie führten im Ergebnis also nicht zu einer Stabilisierung der neuen Provinz:

- Anstelle einer loyalen Oberschicht, die sich gleichermaßen in das römische Herrschaftssystem einfügte - und sich vielleicht sogar assimilieren wollte - wie auch genügend Macht und Ansehen besaß, die römische Provinzverwaltung zu unterstützen, gab es konkurrierende Adelsgruppierungen, die ihre Machtkämpfe auch auf dem Rücken des Volkes austrugen;
- aufgrund der Verschlechterung der wirtschaftlichen Lage waren große Teile der Bevölkerung von Abstieg und sozialer Entwurzelung bedroht, was auch zu einem Anwachsen der militanten Opposition führte;
- die Widerstandsbewegung unter Judas Galiläus konnte ihre Verweigerung des Census religiös begründen (ant 18, 4-10) und damit antirömische Aktionen und religiöse Tradition verbinden.

Die politischen Maßnahmen, die die Römer zur Friedens- und Herrschaftssicherung in Judäa unternahmen, konnten also keine Befriedung gewährleisten. Die Verfassungswechsel schufen keine Stabilität, sondern häufige Machtveränderungen; die wirtschaftlichen Maßnahmen ergaben keine gegenseitige Solidarität der Herrschenden, sondern Verteilungskämpfe auch zwischen Adligen. Dadurch fehlte in Judäa ein wesentlicher Grundpfeiler der römischen Friedenssicherung: die Integration der provinzialen Oberschicht in die römische Gesellschaft[45]. Die von den Römern im Jahre 6 n. Chr. vorgefunde

---

[43] Cf Theißen, "Wir haben alles verlassen" (Mc. X, 28), Nachfolge und soziale Entwurzelung in der jüdisch-palästinischen Gesellschaft des 1. Jahrhunderts n. Chr., (1977), jetzt in: ders., Studien zur Soziologie des Urchristentums, WUNT 19, (1979) 1983^2, 106-141: cf S. 136-138.

[44] S. o. 1.2, cc), Anm 18.

[45] Cf hierzu Alföldy, Die römische Gesellschaft - Struktur und Eigenart, Gym. 83 (1976) 1-25: cf S. 20f; ders., Römische Sozialgeschichte, Wissenschaftliche Paperbacks Sozial- und Wirtschaftsgeschichte 8, (1975) 1984^3, 85.

soziale Struktur Judäas basierte nicht auf einer stabilen sozial wie politisch führenden timokratischen Elite[46], sondern war durch noch nicht beendete Konkurrenzkämpfe des Adels gekennzeichnet. Census und Verkauf der Domänen evozierten daher nicht nur den antirömischen Widerstand "von unten"[47], sondern verstärkten auch - wie Verfassungswechsel und externe Kultuskontrolle - die Krisen in der jüdischen Oberschicht, die dadurch als verläßliche Verwaltungshilfe und konstanter Ansprechpartner der Römer ungeeignet war.

ab) Römische Friedens- und Herrschaftssicherung in Judäa: Religionspolitische Maßnahmen

Religionspolitische Maßnahmen sollen der Friedenssicherung dienen. Konnten die Römer in den Zeiten der indirekten Herrschaft über Judäa religiöse und kultische Fragen weitgehend ignorieren[1], so wurden sie seit 6 n. Chr. mit ihnen vor Ort konfrontiert. Die Leitlinie der römischen Politik kann man zusammenfassen als Nichteinmischung in den engeren Kultbetrieb bei gleichzeitiger Sicherstellung der römischen Oberaufsicht. Es ist einsichtig, daß beides gegeneinander balanciert werden muß und daß diese Kunst in der Praxis oft scheitern kann.

Ihre Kontrolle über den jüdischen Kult übten die Römer aus, indem sie bis 41 n. Chr. die Hohenpriester ein- und absetzten und bis 37 n. Chr. den hohenpriesterlichen Ornat verwahrten; gleichzeitig demonstrierte die Besatzung in der Tempelzitadelle militärische Präsenz während der Feste. Das Recht zur Hohenpriestereinsetzung haben die Römer von Herodes und Archelaos übernommen. Nachdem Herodes die Erblichkeit und Lebenslänglichkeit dieses Amtes beseitigt hatte, konnte er nach innenpolitischen Gesichtspunkten

---

[46] Cf Vittinghoff, Soziale Struktur und politisches System der hohen römischen Kaiserzeit, HZ 230 (1980) 31-55: cf S. 44f.

[47] Schon die Aufstände nach Herodes' Tod in Peräa und Jericho (bell 2, 57-59) begannen auf königlichen Domänen: cf Applebaum, Judaea, 368.

[1] Religiöse Fragen wie Sabbatobservanz, Speisegebote, Tempelsteuer und das Recht zur Religionsausübung in den Synagogen tauchen jedoch immer wieder in den Edikten zugunsten der Diasporajuden auf, die Cäsar als Dank für die Unterstützung durch Hyrkan erlassen hatte (cf ant 14, 190ff), nach seiner Ermordung vom Senat bestätigt worden waren (cf §§ 219-222) und auch von Augustus und M. Agrippa garantiert wurden (cf ant 16, 162-170; cf auch §§ 171-173). Zu den verschiedenen römischen Maßnahmen und Privilegien gegenüber dem Diasporajudentum cf Baumann, Rom und die Juden, Die römisch-jüdischen Beziehungen von Pompejus bis zum Tode des Herodes (63 v. Chr.-4 v. Chr.), Studia Philosophica et Historica 4, 1983, 238-261.

entsprechende Kandidaten ein- und absetzen. Den Römern blieb als Nachfolgern der Klientelfürsten das gleiche Recht vorbehalten.
Gleichzeitig sahen sie in der Übernahme dieser Funktion eine wirksame Gelegenheit, den jüdischen Priesteradel zu überwachen und in römischer Abhängigkeit zu halten. Die Möglichkeit einer externen jüdischen Kultuskontrolle, wie sie im Jahre 44 n. Chr. durchgeführt wird, wurde im Jahre 6 n. Chr. nicht in Erwägung gezogen. Sie hätte bedeutet, daß das Hohepriesteramt unter die Aufsicht der Tetrarchen Philippus oder Antipas gestellt worden wäre. Während man die tatsächliche römische Entscheidung auch als Entgegenkommen auf die Wünsche der jüdischen Delegationen und ihrer antiherodianischen Einstellung[2] werten kann, bedeutet sie doch gleichermaßen die Beaufsichtigung des Priesteradels und dessen Einbindung in die römische Ordnung. Dies erhellt die Tatsache, daß Judäa von einem eigenen Statthalter verwaltet wurde, dem das Recht der Hohenpriestereinsetzung zukam. Das war eine Lösung, die die jüdische Gesandtschaft vor Augustus nach Herodes' Tod wahrscheinlich nicht angestrebt hatte: Sie hatte zwar die Vereinigung mit der Provinz Syrien gefordert und die Verwaltung durch eigene Statthalter (bell 2, 91)[3], jedoch kaum, daß dem Statthalter das Recht der Hohenpriestereinsetzung zugesprochen wurde. Ein Indiz hierfür ist, daß der Parallelbericht in ant 17, 314 auch eine Verbindung mit Syrien vorschlägt, jedoch nicht einen Statthalter, also z. B. einen ἡγεμών[4] erwartet, sondern στρατηγοί. Zwar hat στρατηγός auch bei Jos. eine weite Bedeutungsspanne[5], ist aber in ant 17, 314 dadurch näher bestimmt, daß die στρατηγοί (Plural) von Syrien geschickt werden, also vom dortigen Legaten, und somit diesem direkt und in allen Belangen unterstellt sind. Hieraus läßt sich rückschließen, daß die jüdische Delegation im Jahre 4 v. Chr. die Verwaltung durch eher subalterne Beamte erhofft hatte, die vom (entfernten) syrischen Legaten abhängig wären. Trifft dies zu, dann liegt es nahe zu vermuten, daß es weiterhin jüdische Option war, daß ebenfalls der syrische Legat, und nicht ein ihm unterstellter Beamter, die Einsetzung der Hohenpriester regeln würde. Eine derartige Forderung würde übereinstimmen mit dem verständlichen Wunsch der jüdischen Gesandten, möglichst viel Freiraum in Judäa zu erhalten, ein Wunsch, den

---

[2] S. o. 1.2, aa), S. 110; 2.2, aa), S. 252f.

[3] Bell 2, 91: "συνάψαντας δὲ τῇ Συρίᾳ τὴν χώραν αὐτῶν διοικεῖν ἐπ΄ ἰδίοις ἡγεμόσιν".

[4] Andere Bezeichnungen bei Jos. sind ἐπίτροπος, ἔπαρχος, ἡγησόμενος, προστησόμενος oder ἐπιμελητής: Zusammenstellung und Belege bei Schürer, History I, 359 Anm 26.

[5] Στρατηγός kann bei Jos. sowohl "Feldherr" als auch "Räuberhauptmann", "Gouverneur" als auch "Beamter" heißen: cf Rengstorf (Hrg.), A Complete Concordance to Flavius Josephus, Bd. 4, 1983, S. 53 s. v. στρατηγός.

Nikolaos von Damaskus als Anwalt des Archelaos polemisch verdrehen konnte (cf ant 17, 316b; bell 2, 92). Wenn man den gleichen Wunsch auch für das Jahr 6 n. Chr. voraussetzen darf[6], so ist die römische Entscheidung, daß der Präfekt Judäas auch die Hohepriesterwürde verleiht, gegen Ansprüche des jüdischen Adels gerichtet. Der Hohepriester steht demnach keinesfalls auf gleicher Stufe mit dem Präfekten, wie eine gemeinsame Abhängigkeit vom syrischen Legaten zumindest suggeriert hätte. Aus römischer Sicht bedeutete diese Entscheidung, daß die Amtsgewalt des Statthalters gestärkt war, weil er sich jederzeit mißliebiger Hoherpriester entledigen konnte; den Juden wurde signalisiert, daß die vorherodianische Konzeption des Hohenpriesters als eines auch politischen Führers des jüdischen Gemeinwesens nicht zu restaurieren war. Die Römer haben also im Jahre 6 n. Chr. nicht einfach nur die Praxis des Herodes fortgesetzt, sondern den Jerusalemer Priesteradel diszipliniert und seine Einflußmöglichkeiten durch die Macht des ritterlichen Präfekten begrenzt.

Herodes und Archelaos hatten den hohenpriesterlichen Ornat in der Antonia aufbewahrt. Diese Entscheidung behielten die Römer ebenfalls bei. Ich habe jedoch schon oben vermutet, daß die Römer die Ornatsverwahrung nicht nur von den Klientelfürsten übernommen haben, sondern die Kontrolle ihrerseits verschärften und den Gebrauch auf vier Tage im Jahr beschränkten[7].

Die römische Aufsicht über das hohepriesterliche Amt und den Ornat war also keine Neueinführung, wurde jedoch gleichzeitig bewußt als Macht- und Kontrollinstrument gebraucht, um den jüdischen Kult indirekt - über seine Repräsentanten - zu überwachen. Die gleiche Aufgabe sollten die Auxiliartruppen hinsichtlich der Tempelbesucher erfüllen.

Gegenüber den Kontrollmechanismen steht eine weitgehende religiöse Toleranz der Römer. Sie akzeptierten, daß Heiden den Jerusalemer Tempel nicht betreten dürfen[8] und begnügten sich mit Opfern, die im Namen des Kaisers statt ihm selbst dargebracht wurden[9]. Wie labil dieses Gleichgewicht zwischen Toleranz und Kontrolle in der Praxis war, zeigen die Konfliktepisoden des Pilatus[10], die Vitellius dadurch neutralisieren konnte, daß er nach Rücksprache mit dem Kaiser die jüdischen Bitten um den hohenpriesterlichen Ornat

---

[6] Jos. berichtet in bell 2, 111; ant 17, 342-344 nichts über die Wünsche der jüdischen Delegation hinsichtlich des neuen Status' Judäas; daß wir hier die gleiche antiherodianische Opposition vor uns haben, ist sehr wahrscheinlich: s. o. 1.2, aa), Anm 37.

[7] S. o. 1.2, aa), S.107ff.

[8] S. o. 1.1, a), S.57ff.

[9] S. o. 1.2, ab), Anm 9; hinzu kamen römische Kultdotationen und Weihegaben für den jüdischen Tempel: s. o. ebd., Anm 10. 25f.

[10] S. o. 1.1, c).

erfüllte[11]. Dadurch wurde ein Element der Kultüberwachung zugunsten der Beruhigung Judäas preisgegeben. Auch die gleichzeitige Absetzung des Hohenpriesters Kaiphas (ant 18, 95) könnte als Beruhigung gedacht gewesen sein, da dieser mit Pilatus eng zusammengearbeitet hatte[12]. Demgegenüber ließe sich die rasche Absetzung Jonathans (ant 18, 123), der Nachfolger des Kaiphas war, nach den erfolgreichen jüdischen Bitten um Ornat und Verlegung der Marschroute auch als Hinweis auf die römische Oberhoheit und Befehlsgewalt deuten[13]. Hier wäre dann ebensowie - wie beim späteren Konflikt um die Erhöhung der Tempelmauer unter Agrippa II[14] - das Junktim Kontrolle und Entgegenkommen Leitlinie der römischen Befriedungsstrategie. Im Abschnitt 1.2, aa) wurden die jüdischen Bitten an Vitell als Ausweitung der Reinheitsbestimmungen des Heiligtums auf ganz Judäa interpretiert. Im Erfolg, den diese Bitten hatten, liegt die Gefahr, die Grenzen römischen Entgegenkommens zu übersehen, indem die Gegenseitigkeit zwischen römischen Zugeständnissen und erwartetem Wohlverhalten nicht beachtet wird.
Man kann den Ausbruch des Caligulakonflikts[15] in dieser Hinsicht verständlich machen, wie P. BILDE gezeigt hat[16]: Caligulas Befehl, sein Standbild im Jerusalemer Tempel aufzustellen, hängt ursächlich mit den Ereignissen in Jamnia[17] zusammen, wo ein Kaiseraltar von Juden zerstört worden war (leg 200-202); dies mußte in Rom als Angriff auf die gegenseitige Tolerierung und

---

[11] S. o. 1.2, aa); gleichzeitig verfügte Vitell einen Steuernachlaß (ant 18, 90), was in Krisensituationen immer eine dämpfende Wirkung haben soll; analog handelte Agrippa I nach dem Caligulakonflikt (ant 19, 299).

[12] S. o. 1.2, aa), Anm 38.

[13] S. o. 1.2, aa), Anm 55.

[14] S. o. 1.2, ab), Anm 29.

[15] Zur Ereignisgeschichte cf Schürer, History I, 388-398; Balsdon, The Emperor Gaius (Caligula), 1934/1964, 135-145; Smallwood, The Jews under Roman Rule, SJLA 20, 1976, 174-180.

[16] Cf Bilde, The Roman Emperor Gaius (Caligula)'s Attempt to Erect his Statue in the Temple of Jerusalem, StTh 32 (1978) 67-93: cf S. 70-76.

[17] Jamnia wurde von Simon Makkabäus erobert (ant 13, 215) und gehörte in der Zeit Alexander Jannäus' zum jüdischen Gebiet (ant 13, 395), bis es von Pompejus wieder abgetrennt wurde (bell 1, 156; ant 14, 75); nach dem Tod des Herodes wurde es von Augustus der Salome übergeben (bell 2, 98; ant 17, 321), die es nach ihrem Tod der Kaiserin Livia vermachte (bell 2, 167; ant 18, 31), so daß es in der Folgezeit von einem kaiserlichen Finanzbeamten (procurator) - während des Caligulakonflikts von Herennius Capito (ant 18, 158) - verwaltet wurde; in leg 199 wird Capito als Steuerverwalter von ganz "Judäa" vorgestellt: "Ἰουδαίας, found in all the MSS, is probably an error for Ἰαμνείας which crept into the text as a very early stage" (Smallwood, Philonis Alexandrini Legatio ad Gaium, 1961, 261); cf weiter Schürer, History II, 109f.

als Aufkündigung der politischen Loyalität verstanden werden: "*The action in Jamnia, therefore, has to be seen as a destruction of one of the basic preconditions for the Roman policy towards the Jews,* viz. Jewish toleration and non-intervention in non-Jewish cults"[18]. Diese Deutung wird gestützt durch den späteren Befehl Caligulas an Petronius, nichts Neues zu unternehmen, aber den Kaiserkult im Land zu schützen (leg 333f). Aus römischer Sicht sollten ihre weitgehenden religionspolitischen Zugeständnisse ein loyales Verhalten der Juden und ihrer Religion hervorrufen; religiöse Toleranz mußte auf beiden Seiten herrschen.

Auf jüdischer Seite wird der Konflikt völlig anders gesehen worden sein: Auf dem Hintergrund der Pogrome gegen die Juden Alexandrias konnten die Juden in Jamnia die Errichtung eines Kaiseraltars als Versuch begreifen, auch hier den Kaiserkult durchsetzen zu wollen, worauf sie mit der Zerstörung des Altars reagierten und damit vielleicht makkabäische Vorbilder nachahmten[19]. Aber auch die Ausweitung der Reinheit auf ganz Judäa, wozu die jüdischen Bewohner Jamnia gerechnet haben, kann hierbei eine wesentliche Rolle gespielt haben. Philo berichtet ausdrücklich, daß die Juden der Meinung waren, der Kaiseraltar zerstöre den dem Heiligen angemessenen Zustand des heiligen Landes[20]. Wenn es weiterhin zutrifft, daß sich in bell 2, 195 die gerade durchgesetzte Ausweitung der Reinheitskonzeption widerspiegelt[21], so liegt es nahe, daß die Juden schon im Kaiseraltar wie im späteren Caligulabefehl eine Verletzung der erst von Vitell garantierten Sonderstellung des heiligen Landes gesehen haben. Gerade der Erfolg unter Vitell könnte dann die Aktivisten dazu ermuntert haben, die Reinheit des Landes auch in Jamnia herzustellen. Damit wäre der potentiell antirömische Aspekt der Reinheitskonzeption, den die Adligen vor Vitell vermieden hatten, in Jamnia wie später bei den zelotischen Gruppierungen[22] zutage getreten, hier jedoch in einer Situation der Bedrohung.

Das bedeutet, daß sowohl Römer wie Juden in der Jamniaepisode eine Verletzung des *status quo* sehen konnten: Die Römer erwarteten auf dem Hintergrund der Zugeständnisse Vitells von den Juden friedfertiges und loyales Verhalten untereinander, der nichtjüdischen Bevölkerung und der römischen

---

[18] Bilde, The Roman Emperor Gaius (Caligula)'s Attempt, 74f.

[19] Cf 1 Makk 2, 25: Mattathias zerstört einen heidnischen Altar in Modein. Zu den Konflikten in Alexandria (38-41 n. Chr.) cf Balsdon, Gaius, 125-135; Smallwood, Jews, 235-255; Kasher, The Jews in Hellenistic and Roman Egypt, TSAJ 7, 1985, 20-24.

[20] Leg 202: "... δυσανασχετήσαντες ἐπὶ τῷ τῆς ἱερᾶς χώρας τὸ ἱεροπρεπὲς ὄντως ἀφανίζεσθαι...".

[21] S. o. 1.2, aa), S.115f.

[22] S. o. 1.2, ab).

Regierung gegenüber; die Juden erwarteten, daß die Römer den Schutz des heiligen Landes vor Verunreinigung und Götzendienst garantierten, sich selbst daran binden und auch die Nichtjuden im Übertretungsfall, als wenn sie den Tempel beträten, bestrafen würden.
Durch Caligulas Befehl eskalierte die Entwicklung, so daß das labile Gleichgewicht in den römisch-jüdischen Beziehungen schweren Schaden litt und auch nach Caligulas Tod die jüdische Befürchtung vor neuen Verunreinigungen bestehen blieb[23]. Man kann vermuten, daß eine längere Regierungszeit Agrippas I die gespannte Lage beruhigt hätte, zumal die Aufhebung des Caligulabefehls wesentlich ihm zu verdanken war[24] und er in Simon Cantheras einen Hohenpriester einsetzte, der vielleicht als Symbolfigur des Widerstandes gegen Caligula galt[25].
Die religionspolitischen Maßnahmen des Claudius sind dadurch gekennzeichnet, daß er eine Beruhigung erzielen wollte, indem er die alte Situation wiederherzustellen beabsichtigte: In Alexandria soll Ruhe und Frieden auf der Basis gegenseitiger Anerkennung herrschen[26], was für die Juden dieser Stadt und in aller Welt bedeutete, daß sie ihre väterlichen Überlieferungen ohne Hinderung befolgen dürfen, aber die der anderen Völker nicht verachten, sondern nur ihre eigenen Gesetze halten sollen[27]. Diese Forderung entspricht genau der Leitlinie der römischen Politik vor dem Jamniakonflikt[28], aber auch dem letzten Befehl Caligulas an Petronius nach leg 333f (s. o.), jedoch mit dem wichtigen Unterschied, daß durch die Installierung Agrippas über das gesamte Herrschaftsgebiet des Herodes (cf ant 19, 274), also auch über Jamnia, solche Konflikte in Judäa nicht noch einmal zu Lasten der Römer auftauchen sollten. Die Problematik, daß es in Städten mit jüdischer und nichtjüdischer Bevölkerung immer wieder zu Auseinandersetzungen auch hinsichtlich der Religion kam, blieb aber bestehen. Loyalitätsbezeugungen via Kaiserkult konnten von römischer Seite natürlich nicht verboten werden, sollten sich aber in Zukunft nicht direkt gegen die Juden wenden, indem z. B. Kaiserbilder vor den Synagogen aufgestellt werden. Ein entsprechender Versuch in der Stadt Dora wird auf Intervention Agrippas von Petronius - unter ständigem Hinweis auf Claudius' Befehl - untersagt (ant 19, 300-311). Daß im Hintergrund solcher Aktionen lange schwelende Auseinandersetzungen um

---

[23] S. o. 1.1, c), Anm 53.

[24] Cf Bilde, The Emporor Gaius (Caligula)'s Attempt, 83-89.

[25] Cf ant 19, 297 und dazu Feldman, Josephus IX, LCL, 1965/1969², S. 354f Anm c.

[26] Cf hierzu den Claudiusbrief an die Alexandriner: CPJ II, 153 (S. 41, Z. 73-104).

[27] Cf ant 19, 290: "... καὶ μὴ τὰς τῶν ἄλλων ἐθνῶν δεισιδαιμονίας ἐξουθενίζειν, τοὺς ἰδίους δὲ νόμους φυλάσσειν".

[28] Cf Smallwood, Legatio, 264.

die Macht in den Städten standen, in denen der heidnischen Bevölkerung in Form von Synagogenentweihungen ein wirksames Mittel der Provokation zur Verfügung stand, zeigen sowohl die Kämpfe in Cäsarea im Jahre 66 n. Chr. (bell 2, 266-270. 284-292) als auch die Pogrome nach Ausbruch des Krieges (§§ 457-498). In den Städten in und außerhalb Judäas gab es aufgrund der Inhomogenität der Bevölkerung ein latentes Konfliktpotential, das die Befriedung des Gebietes immer wieder erschwerte[29].

Nach dem Tod Agrippas I mußte Claudius erneut religionspolitische Entscheidungen treffen. Der erste Prokurator Fadus wollte den hohenpriesterlichen Ornat wieder unter römische Verwahrung nehmen, was aufgrund jüdischer Proteste Claudius dazu bestimmte, den Ornat gemäß der Vitelliusmaßnahme den Juden zu überlassen[30]. Auch das zweite Element der indirekten Kultkontrolle, das Recht zur Ein- und Absetzung der Hohenpriester, gab Claudius aus römischer Hand: Es wurde Herodes von Chalkis und später Agrippa II übertragen[31]. Man kann durchaus vermuten, daß diese kaiserlichen Entscheidungen zugunsten der Juden nicht von Anfang an feststanden: Ob Fadus in der Ornatsfrage eigenmächtig gehandelt hat, kann man zu Recht bezweifeln[32]; die Übertragung der Kultaufsicht an Herodes geschah erst - im Kontext des Jos. nach dem jüdischen Erfolg in der Ornatsfrage - auf eigene Bitte des Herodes (ant 20, 15). Der Claudiusbrief, der dem jüdischen Gesuch stattgab, erwähnt als ersten Grund der positiven Entscheidung die gleiche Leitlinie, die Claudius nach dem Caligulakonflikt vertreten hatte und die auch vor jenem Konflikt vorausgesetzt werden darf: "Ich will, daß alle gemäß ihren väterlichen Überlieferungen den Kult ausüben" (ant 20, 13). Diese konstante Leitlinie hat Claudius vielleicht anfangs über den Weg der direkten Kultkontrolle durchzusetzen versucht, aber dann sehr schnell mittels Übertragung der Kultaufsicht an einen jüdischen König.

Die greifbaren Entscheidungen des Claudius bedeuten einen Verzicht auf die römischen Kontrollmechanismen und sind verursacht durch den Wunsch, sich in Judäa nicht in religiöse Fragen zu verstricken. Gerade die neuerliche Aus-

---

29 S. o. 2.2, aa), S. 256.

30 Cf ant 15, 406f; 20, 6-14: s. o. 1.1, c), S.100.

31 Cf ant 20, 15f. 222: s. o. 2.2, aa), S. 258.

32 Nach ant 20, 7 war auch Cassius Longinus, der syrische Legat (cf § 1), mit Truppen in Jerusalem, weil er befürchtete, daß Fadus' Befehl, den Ornat zu übergeben, "das jüdische Volk in den Aufstand zwingen würde" (§ 7); die jüdische Bitte, eine Delegation an Claudius senden zu dürfen, wird unter der Bedingung, daß Geiseln gestellt werden, erlaubt (§ 8). Diese Tatsachen legen m. E. den Schluß nahe, daß Longinus und Fadus - vielleicht mit kaiserlicher Einwilligung - die neue Lage nach der Reprovinzialisierung, also auch die Grenze der jüdischen Bereitschaft zur römischen Kultkontrolle, testen sollten.

einandersetzung um den Ornat wird dem Kaiser die Verworrenheit der jüdischen Kultprobleme vor Augen geführt haben.
Die Zielvorstellung der römischen Religionspolitik änderte sich also nicht, sollte aber unter veränderten politischen Bedingungen (Provinz statt Klientelreich) funktionieren. Die Errichtung der direkten römischen Herrschaft über Judäa bei gleichzeitigem weitgehenden Verzicht auf Religionskontrolle (bis auf die militärische Präsenz) war jedoch vom Ergebnis her betrachtet eine falsche Maßnahme, weil sie die instabilen Verhältnisse und Krisen des jüdischen Adels verstärkte[33]. In der Praxis zeigte sich außerdem, daß die Auseinandersetzungen zwischen Römern und Juden damit nicht zu beseitigen waren, die bes. unter Cumanus und Florus erneute Zuspitzungen erfuhren[34], die durch kaiserliche Leitlinien zwar nicht initiiert worden waren, aber durch sie auch nicht verhindert werden konnten. Dies ist m. E. die wesentliche Grundschwäche der gesamten römischen Religionspolitik in Judäa: Sie bot keine konkreten Vorgaben z. B. für Konfliktfälle, sondern war darauf angewiesen, daß fähige Provinzstatthalter Kontrolle und Toleranz in konkreten Situationen balancieren konnten, und auf politisch ebenso fähige jüdische Adlige, die diese Balance akzeptierten und in der Lage waren, das der Bevölkerung zu vermitteln. In der ersten Provinzphase wurde das Gleichgewicht zwischen Kontrolle und Toleranz durch Pilatus und bleibend durch den Caligulabefehl gestört, während in der zweiten Phase gerade der Verzicht auf politische Kontrolle von Tempel und Priesterführung destabilisierend wirkte. Der Versuch, die jüdische Religion gewaltsam zu romanisieren (Caligula), scheiterte ebenso wie der, die politischen Aspekte der jüdischen Religion zu ignorieren (Claudius); pointiert ausgedrückt: Weder intolerante Kontrolle noch unkontrollierte Toleranz konnten diese Provinz im römischen Herrschaftssystem dauerhaft befrieden.

bb) Die Auswirkungen der Zerstörung des Kapitols

Am 19. Dezember 69 n. Chr. wurde der Haupttempel des Jupiter Optimus Maximus im Zuge der Kämpfe zwischen Vitellianern und Flavianern in Rom zerstört[1]. Wie die verschiedenen Berichte, die flavische Propaganda einerseits und die taciteische Korrektur andererseits[2], erkennen lassen, hatte dieses

---

[33] S. o. 2.2, aa), S. 258ff.

[34] S. o. 1.1, c).

[1] Zur Ereignisgeschichte cf den I. Teil, 4.

[2] Die flavische Version findet sich in bell 4, 645-655; Suet., Vit. 15; DioCass. 65, 17; Tac. berichtet hierüber in hist. 3, 71-75. Cf hierzu die grundlegende Arbeit von Briessmann, Tacitus und das flavische Geschichtsbild, Hermes. E 10, 1955, 69-83 sowie die Kom-

Faktum eine nicht zu unterschätzende Bedeutung. Denn jede Seite bemühte sich sogleich, die Schuld am Brand des Kapitols dem Gegner zuzuschieben: Vitellius, der Flavius Sabinus nach der Niederlage nicht vor der vom Pöbel und von den Soldaten geforderten Hinrichtung rettete (hist. 3, 74, 2), ist in der gleichen Situation sofort bereit (und in der Lage!), dem Konsul Q. Atticus dieses Schicksal zu ersparen, nur weil der sich die Schuld am Kapitolsbrand zuschrieb, um dadurch die vitellianische Partei zu entlasten (3, 75, 3)[3]; die gesamte flavische Propaganda stellt demgegenüber die vitellianischen Soldaten als Brandstifter und Tempelplünderer dar (bell 4, 649; Suet., Vit. 15; DioCass. 65, 17, 3)[4], die auf ausdrücklichen Befehl Vitells das Kapitol stürmten (bell 4, 647), während dieser bei einem Festmahl zusah (Suet., Vit. 15. 17).

In unserem Zusammenhang ist nicht die Frage, wer den Brand tatsächlich

---

mentare von Heubner, P. Cornelius Tacitus, Die Historien, Bd. 3, WKLGS, 1972, 151-155 und von Wellesley, Cornelius Tacitus, The Histories Book III, 1972, 7f. 16-18.

[3] Die dortige Formulierung "invidiam crimenque adgnovisse" lautet wörtlich: "den Haß und die Anschuldigung (als zu Recht auf sich bezogen) anerkannt zu haben" (Heubner, Historien III, 176); nach Tac., hist. 3, 75, 3 ist dieses Schuldbekenntnis des Atticus eine Notlüge. Wellesley, Histories III, 177 meint, daß Atticus wahrscheinlich nur beabsichtigte, die Brandlegung an den Gebäuden (aedificia) zuzugeben, die schließlich zur Zerstörung des Tempels führte (cf hist. 3, 71, 3); gerettet wird Atticus aber nur wegen seiner Selbstanklage auf die Frage "quis Capitolium incendisset" (hist. 3, 75, 3). Die Unklarheit entsteht daraus, daß "Capitolium" keine präzise Bezeichnung ist, sondern sowohl den gesamten "mons Capitolinus" als auch speziell den Haupttempel ("aedes Iovis O. M.") meinen kann (cf Wellesley, ebd., 17); während diese Unklarheit Wiseman benutzte, um vorzuschlagen, daß sich die Flavianer während des Kampfes gar nicht in der Nähe des Haupttempels befanden, sondern auf der davon entfernten nördlich gelegenen "arx" (cf Wiseman, Flavians on the Capitol, American Journal of Ancient History 3, 1978, 163-178), hat Wellesley diese Spekulation mit guten Gründen zurückgewiesen, die auch hinsichtlich des Brandes des Jupitertempels vor unlösbare Fragen führen würde: cf Wellesley, What happened on the Capitol in December AD 69?, American Journal of Ancient History 6 (1981) 166-190: cf bes. S. 186f. Die unklare Bedeutung von "Capitolium" kann Wellesley dann bei dem Atticusbekenntnis folgendermaßen interpretieren: "It is open to us to claim the possibility that in fact Atticus only admitted firing the *aedificia coniuncta Capitolio*, but allowed his hearers to misinterpret this as an admission that he had fired the Temple too" (Wellesley, Histories III, 18). Auch wenn man Atticus eine solche Spitzfindigkeit angesichts eines grausamen Todes (cf hist. 3, 74, 2) zutrauen will, geschieht seine Rettung aufgrund des "invidiam crimenque adgnovisse", was allein im Hinblick auf den Haupttempel sinnvoll ist.

[4] Wichtig ist auch DioCass. 65, 8, 1f: Diese Prodigienreihe, die einen Kometen, eine Mondfinsternis und zwei Sonnen erwähnt, beschließt DioCass. damit, daß die kapitolinischen Gottheiten ihren Tempel verlassen haben und damit nicht mehr auf Seiten der Vitellianer stehen, sondern zu Vespasian übergelaufen sind; s. u. 2.2, cc), S. 300.

verursacht hat[5], entscheidend, sondern nur, daß in der Volksmeinung vor allem die Flavianer hieran schuldig waren[6]. Ebenso ist weniger wichtig, ob es sich eher um einen Unfall oder um eine offensichtliche Brandstiftung gehandelt hat[7]: Allein das Faktum zählt, also die Zerstörung der "sedes Iovis Optimi Maximi" (hist. 3, 72, 1).

Um Auswirkung und Bedeutung sinnvoll würdigen zu können, sollen zunächst mögliche Analogien dargestellt werden. Die wichtigste Parallele, auf die auch Tac. hinweist (hist. 3, 72), ist der Kapitolsbrand im Jahre 83 v. Chr.[8]. Auch bei diesem Brand ist die Schuldfrage ungeklärt: Während Tac. die Bosheit eines einzelnen bzw. einzelner annimmt[9], läßt Dionysios von Halikarnassos die Frage offen, ob es absichtlich oder durch einen Unfall geschehen ist (ant. 4, 62, 6); der konkreteste Bericht hierüber (App., civ. 1, 86) erwähnt verschiedene Anschuldigungen, die im Volk kursierten, schließt aber mit der persönlichen Bemerkung, daß die genauen Tatsachen undeutlich bleiben und daß die wahren Gründe nicht rekonstruierbar seien[10]. Über den historischen Rahmen sind wir jedoch gut informiert: Der Tempel brannte am 6. Juli nieder (Plut., Sull. 27)[11], also zu einem Zeitpunkt, wo Sulla nach seinem Sieg

[5] Aus dem genauen Bericht des Tac. in hist. 3, 71. 73 geht hervor, daß der Brand von den Gebäuden, deren Dächer auf dem gleichen Niveau wie das Kapitol lagen, auf den Haupttempel Jupiters übergriffen; da von diesen Dächern die Vitellianer angriffen (§ 71, 3), ist es eher denkbar, daß die Flavianer sie mit Feuerbränden zurücktreiben wollten, als daß die Vitellianer ihre eigene Angriffsbasis in Brand setzten (cf Heubner, Historien III, 151; Wellesley, Histories III, 171). Dadurch, daß sich das Feuer in Richtung auf die Flavianer wandte, wird auch verständlich, daß der Brand bei den Belagerten mehr Schrecken hervorrief als bei den Belagerern (cf § 73, 1). Erst nach diesem Brand konnten die Vitellianer eindringen und alles in Blut, Eisen und Feuer ersticken (cf § 73, 2).

[6] Cf hist. 3, 71, 4: "... quae crebrior fama".

[7] An einen unglücklichen Zufall könnte man nach der Lektüre von hist. 3, 71 denken, während es Tac. in § 72, 1 als Brandstiftung wertet.

[8] Cf hierzu Aust, Art. Iuppiter, ALGM II, 1, 1890-1897, 618-762: cf Sp. 714f; Platner/Ashby, A Topographical Dictionary of Ancient Rome, 1929/1965, 299f.

[9] Hist. 3, 72, 1: "fraude privata"; cf hierzu Heubner, Historien III, 171, der auch weitere Parallelen bietet.

[10] App., civ. 1, 86: "... τὸ δ᾽ἀκριβὲς ἄδηλον ἦν, καὶ οὐκ ἔχω τὴν αἰτίαν ἐγὼ συμβαλεῖν, δι᾽ ἣν ἂν οὕτως ἐγένετο".

[11] Nach dieser Plutarchstelle wird Sulla der Sieg von einem "servus fanaticus" der Bellona verheißen (cf hierzu Latte, Römische Religionsgeschichte, HAW V, 4, 1960/1967[2], 281f), der gleichzeitig Sulla zur Eile mahnt, da sonst das Kapitol niederbrenne; daß Sulla diesen Brand nicht verhindert hat bzw. nicht verhindern konnte, wird in Sull. 27, das auch sonst nur positive Vorzeichen für Sulla bietet, nicht negativ gewertet.

über Mithradates gerade wieder in Italien gelandet war (Frühjahr 83 v. Chr.) und die ersten Erfolge gegen die Konsuln C. Norbanus und L. Cornelius Scipio Asiaticus errungen hatte (App., civ. 1, 84f); die endgültige Entscheidung zugunsten Sullas fiel in Italien aber erst am 1. November 82 v. Chr. in der Schlacht am Collinischen Tor[12]. Der Tempelbrand geschah also während der brutalen Bürgerkriege zwischen Marianern und Optimaten, die infolge der wechselnden Machtverhältnisse auch in Rom zu Verfolgungen, Massenhinrichtungen und Gemetzel führten. Daher ist es gut verständlich, daß dieser Kapitolsbrand, durch den auch die wichtigen, Staatsorakel enthaltenen sibyllinischen Bücher mitverbrannten (Dion. Hal., ant. 4, 62, 5f), als Vorzeichen gedeutet wurde, und zwar von der "Menge" als Zeichen der künftigen Gemetzel und der Eroberung Italiens, von den "Römern" aber als Hinweis auf die Eroberung der Stadt und den politischen Umsturz (App., civ. 1, 83). Die Deutungen des Jahres 83 v. Chr. verbinden also den Brand des Jupitertempels mit Mord und Blutvergießen, militärischen Niederlagen sowie einer Revolution des Gemeinwesens.

Ein zweites Mal wird dieser Brand in der Catilinarischen Verschwörung (63 v. Chr.) aufgegriffen. Selbst nach 20 Jahren konnte man die Katastrophe noch politisch verwerten[13]. Während Cicero die Rolle von Jupiter Optimus Maximus als Beschützer der Res Publica propagiert und in seiner 3. Catilinarischen Rede vor dem Volk auf das neue Jupiterbild hinweisen kann, das alle göttlichen Untergangsdrohungen wirksam entsühnt[14], haben die Catilinarier den 20. Jahrestag als Hinweis auf den Untergang von Stadt und Reich ausgelegt (so Cic., Catil. 3, 9), was in ihren Augen natürlich nicht das allgemeine Chaos bedeutete, das Cicero ihnen unterstellt (cf 4, 2), sondern den politischen Herrschaftswechsel und die Absetzung der derzeit führenden Senatsaristokratie[15]. Die Deutungen des Jahres 63 v. Chr. sind also innenpolitisch ausgerichtet: Während Cicero den Kapitolsbrand und den Blitzschlag des Jahres 65 v. Chr. auf Mord, Bürgerkrieg und Untergang von Stadt und Reich

---

[12] Zur Ereignisgeschichte cf Bengtson, Grundriß der römischen Geschichte mit Quellenkunde, Bd. 1, HAW III, 5, (1967) 1982^3, 199f; Grimal, Von den Gracchen zu Sulla, in: ders., (Hrg.), Der Aufbau des römischen Reiches, Fischer Weltgeschichte Bd. 7, 1966/1984, 123-144: cf S. 139f; Heuß, Römische Geschichte, (1960) 1987^6, 175f.

[13] Hierbei ist allerdings zu beachten, daß die Neuweihe des Kapitols, obwohl der Wiederaufbau von Sulla sofort in Angriff genommen wurde, erst im Jahre 69 v. Chr., also 6 Jahre vor der Verschwörung stattfand: cf Platner/Ashby, Topographical Dictionary, 299.

[14] S. o. 2.1, b); cf Cic., Catil. 3, 19ff: Gerade hierdurch hat Cicero nach DioCass. 37, 34, 3f großen Erfolg bei der Bevölkerung (cf auch Gelzer, Cicero, 1969, 94f).

[15] S. o. 2.1, c), S.247; auf den Herrschaftswechsel weist die sibyllinische Prophezeiung über den 3. Cornelius, die C. Lentulus auf sich bezog (Cic., Catil. 3, 9).

deutet (Catil. 3, 9. 19), verstehen die Catilinarier den Brand im Verbund mit ihrer sibyllinischen Verheißung als Hinweis auf einen Bürgerkrieg, der jedoch den erfolgreichen Umsturz zur Folge haben wird. Damit greifen sowohl Cicero als auch Lentulus auf die Deutungen des Jahres 83 v. Chr. zurück, fügen aber verschiedene Aktualisierungen ein: Cicero mit Hilfe der etruskischen Vorhersage aus dem Jahre 65 v. Chr., Lentulus durch das sibyllinische Orakel[16].

Aus den folgenden Jahren sind uns weitere Unglückszeichen überliefert, die zwar nicht das Kapitol bzw. den Jupitertempel zerstören, aber immerhin beschädigen:

- Im Jahre 49 v. Chr. zerschlägt ein Blitz das Szepter der Jupiterstatue auf dem Kapitol (DioCass. 41, 14, 3);
- im Jahre 48 v. Chr. wird ein Bienenschwarm am Herkulesstandbild auf dem Kapitol gesehen (DioCass. 42, 26, 1);
- ein Jahr später schlagen wiederum Blitze in das Kapitol (DioCass. 42, 26, 3);
- im Jahre 42 v. Chr. wird der Altar des Jupiter Victor von Blitzen getroffen und der Wagen der Minerva auf dem Rückweg zum kapitolinischen Haupttempel zertrümmert (DioCass. 47, 40, 2. 4).

Alle Vorzeichen werden von DioCass. im Rahmen der Bürgerkriege berichtet: Die ersten drei Unglückszeichen gehören in die Auseinandersetzungen zwischen Cäsar und Pompejus, das letzte zählt zu den Vorzeichen der Schlacht von Philippi. Bei R. GÜNTHER, der verschiedenste Prodigien untersucht hat und vor allem die Feuer- und Sonnenzeichen in ihrer Bedeutung für die Kämpfe zwischen Senatsaristokratie und politisch-sozialen Bewegungen interpretierte[17], spielen die Tempelprodigien oder spezieller, die Vorzeichen im Umkreis des kapitolinischen Jupitertempels keine Rolle. Dennoch sind gerade sie politische Prodigien erster Ordnung: Aufgrund der Bedeutung des Jupiter Optimus Maximus als des Schutzgottes der Res Publica gelten diese Himmelszeichen als Bedrohung der staatlichen Ordnung, was sowohl für die Jahre 83 und 63 v. Chr. (s. o.) als auch für 42 v. Chr. belegt ist (DioCass. 47, 39. 40, 7).

Aus der Kaiserzeit ist ein Vorzeichen für das Jahr 9 v. Chr. bezeugt: Das Heiligtum des Jupiter Capitolinus wurde gemeinsam mit anderen Tempeln durch Sturm und Blitzschläge beschädigt (DioCass. 55, 1, 1). Anschließend berichtet DioCass., daß sich Drusus um diese Vorzeichen nicht kümmerte,

[16] Die Aktualisierung des Lentulus durch das Orakel über den 3. Cornelius (s. o. Anm 15) greift in der Deutung ebenfalls auf den Bürgerkrieg unter Sulla zurück: Der 1. Cornelius war Cinna, der zweite Sulla.

[17] Cf Günther, Der politisch-ideologische Kampf in der römischen Religion in den letzten zwei Jahrhunderten v. u. Z., Klio 42 (1964) 209-297: cf S. 212-236.

zum Feldzug nach Germanien aufbrach und dort den Tod fand (55, 1, 2-5). Auch im Jahre 56 n. Chr. wurde der Jupitertempel durch Blitzschlag beschädigt, anläßlich dessen Tac. eine Lustratio erwähnt, die der Prinzeps auf Geheiß der Opferschauer durchführt (ann. 13, 24, 2)[18]. Für diese beiden Ereignisse außerhalb von Bürgerkriegen sind uns keine politischen Deutungen überliefert. Im ersten Fall entsteht jedoch durch die Verbindung mit Drusus' Tod, der auch von weiteren Vorzeichen umrahmt wird (cf DioCass. 55, 1, 3-5), ein politischer Aspekt: Mit Drusus starb nicht nur einer der erfolgreichsten Feldherrn, sondern auch ein zumindest möglicher Nachfolger des Augustus[19]. Die Germanienfeldzüge wurden jedoch nicht abgebrochen, sondern von Tiberius in den Jahren 8 und 7 v. Chr. erfolgreich fortgesetzt[20]. Die Beschädigung des Jupitertempels hatte demnach in dieser Situation keine außenpolitische Auswirkung.

Die Bedeutung der Beispiele kann folgendermaßen zusammengefaßt werden:

(a) In großen innenpolitischen Krisen werden Zerstörung oder Beschädigungen des kapitolinischen Jupitertempels als bedrohliche Vorzeichen gedeutet;

(b) der Kapitolsbrand des Jahres 83 v. Chr. wurde seiner Zeit als Hinweis auf Morde, die Eroberung von Stadt und Land und den politischen Umsturz verstanden; diese Deutung ist im Rahmen der blutigen Bürgerkriege verständlich und nimmt gleichermaßen vorhandene Untergangsbefürchtungen auf[21];

(c) dieser Kapitolsbrand wird samt Deutung in den innenpolitischen Auseinandersetzungen des Jahres 63 v. Chr. erneut als Vorzeichen aufgegriffen und von den verschiedenen Parteien entsprechend aktualisiert; das konstante Element bleibt aber nach 20 Jahren und in beiden Fraktionen die Überzeugung oder Propaganda, daß die Zerstörung dieses Tempels die Zerstörung des Staates nach sich ziehe; Cicero entsühnt daher mit dem bereits versprochenen größeren Jupiterbild, während die Catilinarier die Untergangsbefürchtungen mit einem positiven Orakel kontrastieren und daher den Brand (nur) als Zeichen für den Untergang der alten Ordnung verstehen;

(d) auf den Untergang der alten Ordnung, also auf einen Herrschafts- und Verfassungswechsel statt einer Vernichtung, weisen auch die Prodigien

---

[18] Cf Koestermann, Cornelius Tacitus, Annalen, Bd. 3 (Buch 11-13), WKLGS, 1967, 280: "Vielleicht hat Lucan. 1, 592ff die hier erwähnte *lustratio*, die vom Princeps in seiner Eigenschaft als *pontifex maximus* durchgeführt wurde, vor Augen gehabt".

[19] Cf Kienast, Augustus, Prinzeps und Monarch, 1982, 105. 108.

[20] Cf Kienast, Augustus, 299-301.

[21] S. o. 2.1, c), S.247f.

der Jahre 49-42 v. Chr.;

(e) die erwähnten Vorzeichen der Jahre 9 v. Chr. und 56 n. Chr. belegen zumindest die Notwendigkeit der Entsühnung, um das Unglück abzuwenden[22]; diese Vorzeichen gehören in eine innenpolitisch ruhige Zeit.

Fragen wir auf diesem Hintergrund nach Auswirkungen und Bedeutung des Kapitolsbrandes im Jahre 69 n. Chr.! Die erste wichtigste Übereinstimmung bezieht sich auf die Rahmensituation: Auch im Jahre 69 wurde der Haupttempel Jupiters in einem Bürgerkrieg zerstört. Damit ist die grundlegende Voraussetzung dafür gegeben, daß man dieses Ereignis als bedrohliches Vorzeichen verstehen konnte.

Seit Neros Tod waren in kürzester Zeit vier Anwärter auf die Macht erschienen, die sich gegenseitig bekämpft und abgelöst hatten. Alle Machtkämpfe wurden mit äußerster Brutalität ausgefochten. Auf Menschenleben nahm man keine Rücksicht, ebenso wenig auf religiöse Vorschriften oder heilige Bezirke[23]. Daß in dieser Situation die alten Erinnerungen an die vergangenen Bürgerkriege von Marius bis zur Schlacht von Philippi wieder auftauchten, bezeugt Tac. an zwei Stellen (hist. 1, 50; 2, 38). Während Tac. die Ursachen der Bürgerkriege nicht nur im Zorn der Götter, sondern auch in der menschlichen Raserei und in Freveltaten sieht (2, 38, 2), werden einfachere Gemüter in den Bürgerkriegen allein die Strafe der Götter erblickt haben; selbst Tac. gibt zu, daß es Leute gegeben hat, die im Stillen für Ruhe und einen besseren Fürsten Gelübde ablegten (2, 37, 2)[24]. Was Tac. im Zuge der Bataverkämpfe als Stimmung in den Legionen schildert, wird in ähnlicher Weise auch für Rom vorausgesetzt werden dürfen; in den Augen der ungebildeten Masse ("apud imperitos") galt vieles als böses Vorzeichen: "Was in Friedenszeiten als Zufall (fors) oder natürlicher Vorgang (natura) bezeichnet wurde, das hieß jetzt Schicksalsfügung (fatum) oder göttlicher Zorn (ira dei)" (hist. 4, 26, 2). Eine ähnliche Distanz des Historikers findet sich beim Kapitolsbrand gerade nicht (s. u.). Daher kann man m. E. die Vermutung wagen, daß die Zerstörung des Kapitols von vielen Römern als bedrohliches Vorzeichen aufgefaßt wurde. Bedrohlich war ein solches Ereignis in erster Linie für diejenigen, die den Brand verursacht hatten. Dadurch erklären sich die anfangs erwähnten Schuldzuschreibungen der beiden Parteien.

Wenn es zutrifft, daß gerade Vitell Jupiter Capitolinus als Garanten seiner eigenen Herrschaft propagierte, und zwar auch auf Münzen mit niedrigem

---

22 Cf auch Tac., hist. 5, 13: Bevor Tac. die den Juden die Katastrophe anzeigenden Vorzeichen aufführt, erwähnt er, daß jenen als einer "gens superstitioni obnoxia" keine wirksamen Entsühnungsmöglichkeiten zur Verfügung stünden.

23 Cf nur Tac., hist. 1, 40. 43; 2, 11-13. 44. 49. 56; 3, 15. 25f. 33f. 49-51. 83; 4, 1.

24 Cf dagegen hist. 1, 50, 3; über Vespasian herrschte derzeit noch eine "ambigua ... fama" (1, 50, 4).

Wert[25], so könnte in dieser Zeit vor allem die einfache Bevölkerung die Verbindung von Jupiter mit dem regierenden Kaiser, die die Dichter schon seit Augustus verkündeten, rezipiert haben. Verknüpft man hiermit die Äußerung des Tac., daß in der Volksmeinung eher den Flavianern die Schuld am Tempelbrand gegeben wurde, kann man daraus folgern, daß die zwar siegreichen Flavier ihre Herrschaft dennoch mit einer ideologischen Hypothek begannen, die von der breiten Bevölkerung Roms auch als solche eingestuft wurde. Das bedeutet weiter, daß die neue Dynastie ihre Legitimierung durch Jupiter erst noch sichtbar beweisen mußte, um möglichen Untergangsbefürchtungen entgegentreten zu können.

Der Kapitolsbrand spielte nicht nur auf der Ebene der *plebs urbana*, sondern auch in der innenpolitischen Auseinandersetzung im Senat eine Rolle. In der ersten Sitzung nach Vitells Tod beschloß der Senat außer der Anerkennung Vespasians (hist. 4, 6, 3) verschiedene Ehrungen für die flavianischen Heerführer sowie die Wiederherstellung des Kapitols, einen Beschluß den Tac. mit den Worten einleitet "*mox* deos respexere" (4, 4, 2): "diese Bemerkung ist ironisch zu verstehen, denn nach altem Brauch hatten im Senat sonst die sakralen Angelegenheiten den Vorrang vor den profanen"[26].

Die bewußte und auffallende Umstellung der Beschlüsse (auf Veranlassung des Val. Asiaticus) ist m. E am besten erklärbar, wenn man annimmt, daß die Senatsmehrheit sich bemühte, den Kapitolsbrand in seiner bedrohlichen Bedeutung herunterzuspielen oder zu ignorieren. Hätte man dieses Ereignis als erstes verhandelt, so hätte es nicht nur einen zentralen Stellenwert erhalten, sondern auch die Schuldfrage wäre u. U. öffentlich diskutiert worden. Durch die tatsächliche Reihenfolge erhielten demgegenüber die Ehrungen für die neuen Machthaber die eigentlich überragende Bedeutung, während der Wiederaufbau des Kapitols an marginaler Stelle und ohne Kontroversen beschlossen wurde. Laut Tac. geschah alles in einer schmeichlerischen Atmosphäre (hist. 4, 4, 2f). Der einzige, der widerspricht, ist der designierte Prätor Helvidius Priscus. Worauf sich sein Protest zu diesem Zeitpunkt bezieht, bleibt verborgen, da im Text eine Lacuna vorliegt (hist. 4, 4, 3). Seine Worte sind zumindest nicht offenkundig antiflavisch.

Mit Musonius Rufus, dem Lehrer Epiktets, gehört Helvidius Priscus zu den stoischen Senatsmitgliedern, nimmt aber im Gegensatz zu jenem eine eher oppositionelle Haltung ein, da er den Tod seines Schwiegervaters Thrasea Paetus an den senatorischen Delatoren, bes. an Epirus Marcellus, rächen will[27]. Gleichzeitig drängt Helvidius schon in der oben erwähnten Senatssit-

---

[25] S. o. 2.1, b), S. 230f.

[26] Heubner, P. Cornelius Tacitus, Die Historien, Bd. 4, WKLGS, 1976, 22.

[27] Cf hierzu Melmoux, C. Helvidius Priscus, Disciple et Héritier de Thrasea, ParPass 30

zung auf eine größere Selbständigkeit des Senats gegenüber dem neuen Prinzeps[28]. Er scheitert jedoch in beiden Anläufen, die er zu diesem Zweck unternimmt. Während er sich im ersten Streitfall ausgerechnet mit Epirus Marcellus darüber auseinandersetzt, ob die Gesandten an Vespasian ausgelost oder namentlich gewählt werden sollen (hist. 4, 6-8), betrifft der zweite Streitfall die Wiedererrichtung des Kapitols. Tac. berichtet hierüber in hist. 4, 9: Nachdem die Ärarprätoren auf die schlechte Lage der Staatsmittel hingewiesen haben, die eine unbedingte Einschränkung der Ausgaben erforderlich mache, versucht der designierte Konsul, dieses Problem undiskutiert beiseite zu schieben und es der Entscheidung des Prinzeps vorzubehalten; dagegen protestiert Helvidius Priscus, um eine Senatsentscheidung zu erzwingen; als diese Entscheidung auf Antrag der Konsuln getroffen werden soll, bringt sie der Volkstribun durch die - letzte belegte - Interzession zu Fall, und zwar ebenfalls mit Hinweis auf die Abwesenheit Vespasian; wenn HEUBNERs Rekonstruktion zutrifft[29], läßt sich Helvidius Priscus außer der Reihe noch einmal das Wort erteilen und beantragt, daß das Kapitol auf Staatskosten wiederhergestellt werden soll, während Vespasian hierzu nur Beihilfen zu leisten habe[30]; über diesen Antrag gehen die Gemäßigten mit betretenem Schweigen hinweg.

Auch wenn die Wiederherstellung des Kapitols nur im letzten Antrag direkt erwähnt wird, kann man voraussetzen, daß sie schon für den Vorschlag der Ärarprätoren den eigentlichen Anlaß bietet[31], so daß die zwei Abwiegelungsversuche auf der gleichen Ebene liegen wie die oben beschriebene schnelle Behandlung des Problems: Man will in dieser Sache nichts entscheiden oder lange diskutieren, was später als Opposition verstanden werden könnte. Dies belegt sowohl das Schweigen der Senatsmehrheit, nachdem Helvidius seinen letzten Antrag gestellt hat[32], als auch die Abschlußnotiz des Tac., nach der es

---

(1975) 23-40: cf S. 31ff. Zur Darstellung des Helvidius bei Tac. cf Briessmann, Tacitus, 95-97; R. T. Scott, Religion and Philosophy in the Histories of Tacitus, PMAAR 22, 1968, 109f.

[28] Cf Grenzheuser, Kaiser und Senat in der Zeit von Nero bis Nerva, Diss. phil. 1964, 82-84.

[29] Cf Heubner, Historien IV, 30.

[30] Hist. 4, 9, 2: "Helvidius censuerat, ut Capitolium publice restitueretur, adiuvaret Vespasianus".

[31] Cf Heubner, Historien IV, 29.

[32] Cf Güngerich, Rez. E. Paratore, Tacito, 1951, Gnomon 26 (1954) 85-89: "Diese Äußerung des Helvidius wird als anstößig empfunden, sicherlich deshalb, weil er dem Princeps bei der wichtigen und repräsentativen Aufgabe nur eine untergeordnete Rolle zuweist, seine Initiative einschränkt; das geht aus § 1 klar hervor" (ebd., 87); ebenso: Heubner, Historien IV, 30.

einige Leute gegeben habe, die den Vorfall in Erinnerung behielten, womit eher Helvidius' Gegner[33] gemeint sind als sein späterer Biograph[34]. Hinzu kommt, daß der in hist. 4, 9 erwähnte designierte Konsul nur Valerius Asiaticus sein kann[35], also derjenige, der schon die erste Behandlung des Kapitolaufbaus an marginaler Stelle einbrachte (cf hist. 4, 4).

Ich halte es daher für sehr wahrscheinlich, daß der Kapitolsbrand, die Umstände, die zu ihm führten, samt den verschiedenen Anschuldigungen in der ersten Senatssitzung unausgesprochen präsent waren. Hierfür lassen sich weitere Indizien zusammentragen:

- In Q. Atticus war der Parteigänger der Flavier im Senat anwesend, der den Brand öffentlich zugegeben hatte;
- nur in der Frage des Wiederaufbaus versuchte man, lange Diskussionen zu unterbinden;
- nichtsdestotrotz wurde im Volk über die Schuld am Brand geredet, und auch in einem Gespräch zwischen Epiktet und Musonius Rufus taucht dieser Brand als Anlaß auf, ohne daß wir näheres erfahren[36].

Gerade auf diesem Hintergrund sind die taktierenden Verhaltensweisen im Senat am ehesten verständlich: Erst als Helvidius Priscus wiederholt und unverblümt die Wiederherstellung des Kapitols mit den Flaviern in Verbindung bringt, entsteht das peinliche Schweigen. Ob Helvidius hiermit bewußt die Schuldfrage am Brand tangieren wollte, wissen wir nicht; daß dies so ausgelegt werden konnte, ist m. E. naheliegend.

Eine solche dem Helvidius feindlich gesonnene Auslegung konnte sich noch auf ein weiteres Ereignis stützen: die Lustratio des Baugeländes (hist. 4, 53). Vespasian hatte die Sorge für den Wiederaufbau dem Ritter Luc. Vestinus übertragen, also von Alexandria aus sofort diverse Befehle ausgegeben. Hieran wird deutlich, daß der Kapitolsbrand auch in den Augen Vespasians einen zentralen Stellenwert einnahm, so daß eine schnelle Reaktion des Kaisers erforderlich war. Da er selbst erst im Laufe des Sommers nach Rom reiste, mußte er diese Aufgabe delegieren. Die Platzweihe fand am 21. Juni 70 statt, und zwar unter der Leitung des Prätors Helvidius Priscus. Helvidius konnte als Prätor nur deshalb die Zeremonie leiten, weil keine höheren Beamte, also Konsuln,

---

33 Cf Briessmann, Tacitus, 93; Heubner, Historien IV, 30f

34 So Wellesley, The Long Year A. D. 69, 1975, 211.

35 Cf Townend, The Consuls of A. D. 69/70, AJP 83 (1962) 113-129: cf S. 125f.

36 Cf Epikt., diss. I, 7, 32f: Zumindest Epiktet qualifiziert den Kapitolsbrand als schlechte Tat. Während es Millar, Epictetus and the Imperial Court, JRS 55 (1965) 141-148 offen läßt, ob dieses Gespräch auf die Zerstörung des Jahres 69 oder auf den Brand des Jahres 80 (DioCass. 66, 24; Suet., Tit. 8) anspielt (cf ebd., 141), weist der Ausspruch Epiktets ("Es ist nicht so schlimm, als wenn *ich* das Kapitol niedergebrannt hätte") m. E. eher auf den Brand des Jahres 69, da hier die Frage der menschlichen Schuld kontrovers war; außerdem verbrannten im Jahre 80 in Rom eine Vielzahl von Tempeln und nicht nur das Kapitol.

anwesend waren[37]. Da Vespasian und Titus Konsuln "in absentia" waren[38], blieb mindestens Domitian dem Helvidius auch in der offiziellen Rangfolge vorgeordnet: Er übernahm nach dem Rücktritt des Julius Frontinus die städtische Prätur für das Jahr 70 (cf hist. 4, 39, 1f) und leitete, da ihm auch das "imperium consulare" übertragen worden war (4, 3, 4), als Stellvertreter seines Vaters die Senatssitzungen (4, 40. 43f). Unklar ist, ob sich Domitian (und Mucian) am 21. Juni noch in Rom befand, oder ob er wegen des Gallienfeldzuges schon aufgebrochen war. Die Notizen, die Tac. in seinem Bericht verstreut (hist. 4, 68. 80. 85), korrigieren zwar einerseits die flavische Version, nach der Domitian schon auf die erste Kunde vom Aufstand hin gegen die Feinde marschierte (cf bell 7, 85-88), lassen aber den genauen Zeitpunkt, an dem Domitian und Mucian Rom verließen, nicht erkennen. HEUBNER folgert aus der Tatsache, daß beide bei der Platzweihe in hist. 4, 53 nicht erwähnt werden, offenbar, daß sie am 21. Juni bereits unterwegs waren[39]. Trifft dies zu, dann wäre Helvidius als Prätor z. Z. der Lustratio der ranghöchste Beamte in Rom gewesen; unter den in hist. 4, 53 erwähnten "ceteri magistratus et sacerdotes et senatus ..." hätten sich demnach keine amtierenden Konsuln (suffecti) befunden[40]. Dadurch konnte gerade derjenige Vertreter der Senatsopposition, der bei der Wiedererrichtung des Kapitols den Flaviern nur eine untergeordnete Aufgabe zubilligen wollte, die repräsentative Rolle bei der Lustratio übernehmen. Auch diese Tatsache können die Gegner des Helvidius Priscus vor Vespasian geltend gemacht haben.

Könnte man die Abwesenheit Domitians auch als Hinweis auf die Nebensächlichkeit der Platzweihe deuten, so werden die Ereignisse in der flavischen Propaganda immerhin retuschiert: Während über die Platzweihe - und damit über Helvidius' Rolle - Berichte fehlen, erwecken DioCass. und Suet. den Eindruck, daß sogar die Aufräumarbeiten, die schon in hist. 4, 53, 1 vorausgesetzt werden, erst nach Vespasians Ankunft in Rom beginnen, und zwar auf ausdrücklichen Befehl des Kaisers, der selbst beim Schuttwegräumen geholfen habe[41]. In dieser Literatur erscheint allein Vespasian als

---

[37] Cf Syme, Consulates in Absence, (1958), jetzt in: ders., Roman Papers, Bd. 1, 1979, 378-392: cf S. 387.

[38] Cf hist. 4, 3, 4; 4, 38, 1.

[39] Cf Heubner, Historien IV, 207: "Wann Mucian und Domitian Rom verließen, wissen wir nicht; daß sie am 21. Juni 70 bereits unterwegs waren, ergibt sich aus 53, 2 (vgl. den Kommentar)"; der Kommentar zu hist. 4, 53, 2 führt in dieser Frage nicht weiter und erläutert nur, daß mit dem dortigen "XI kalendas Iulias" der 21. Juni, der Tag der Sommensonnenwende, bezeichnet ist (cf ebd., 125).

[40] Cf hist. 4, 47: Auf Antrag Domitians werden die von Vitell verliehenen Konsulate aberkannt. Valerius Asiaticus, der von dieser Abrogation *nicht* betroffen war (vielleicht auch, weil er sich in der Frage des Wiederaufbaus des Kapitols so betont "schmeichlerisch" verhalten hatte?) und sein Amt evtl. am 1. April (vielleicht für 3 Monate, also bis Ende Juni) hätte antreten können, starb kurz vorher; cf hierzu Townend, Consuls, 126f, der über das Jahr 70 resümiert: "we know nothing of the actual suffects of 70, apart from the incidential knowledge that Mucianus and Petelius were suffects at some time, presumably while in Germany" (ebd., 127f); cf hierzu auch Syme, Consulates, 386f.

[41] Cf Suet., Vesp. 8; DioCass. 66, 10, 2; gegen Nicolas, der den taciteischen und die fla-

Restitutor des Kapitols, das von den Vitellianern seiner Zeit bewußt zerstört worden war, während Helvidius Priscus nur als Querulant beschrieben wird, der seine spätere Ermordung (auf Befehl Vespasians, der ihn noch im letzten Augenblick gerettet haben wollte) imgrunde selbst zu verantworten hat[42].

Durch Helvidius' Ermordung (ca. 75 n. Chr.)[43] wurde jedoch nicht nur ein stoischer Kritiker des durch die Armee ausgerufenen Kaisers beseitigt, sondern auch diejenige Person, die von Anfang an die flavischen Versuche kritisiert hatte, das Kapitol propagandistisch zu vereinnahmen. Jedoch blieb der Beginn des Wiederaufbaus mit Helvidius verbunden, und zwar auch für die "magna pars populi" (hist. 4, 53, 3), und nicht mit Vespasian oder seinem Delegierten; damit erschien Helvidius der flavischen Propaganda anstößig: Sein Wirken beim Kapitolsaufbau wurde ignoriert, seine Kritik an Vespasian desavouiert[44], so daß die Sorge für den neuen Tempel allein dem neuen Kaiser als seiner ersten Aufgabe in Rom vorbehalten blieb.

Wenn es zutrifft, daß der Kapitolsbrand in den Senatssitzungen (nur) unausgesprochen präsent war, so erklärt sich auch, daß wir keine direkten Zeugnisse dieser Zeit besitzen, die die innenpolitische Bedeutung konkretisiert. Aufgrund der aufgeführten Analogien kann man jedoch mit Recht vermuten, daß der Kapitolsbrand als Bedrohung der römischen Herrschaft verstanden werden konnte, und zwar nicht nur seitens der einfachen Bevölkerung, sondern ebenso in der Aristokratie. Im Unterschied zur Zeit Ciceros wird der Brand des Jupitertempels im Vierkaiserjahr jedoch nicht zum ideologischen Argument in der innenpolitischen Auseinandersetzung. Die neuen Machtverhältnisse ließen dergleichen nicht zu. Aber die Art und Weise, wie dieser Tatbestand verhandelt bzw. verschwiegen wurde, läßt zumindest die politische

vischen Berichte harmonisieren will (cf Nicolas, De Néron à Vespasien, Bd, 2, CEA, 1979, 1076f); einen Alternativvorschlag macht Townend, The Restoration of the Capitol in A. D. 70, Hist. 36 (1987) 243-248: Er glaubt, daß die Aufräum- und Bauarbeiten erst nach Vespasians Ankunft und unter seiner Mithilfe begannen, während die bei Tac., hist. 4, 53 wiedergegebene Zeremonie die Verrückung des "Terminus-Steines" schildere: "the transfer, even for the most vital religious seasons, needed all the elaborations of religion to sanctify it ... It was particular important to avoid any possible consequences to the eternity of the Empire" (Townend, a.a.O., 246). Auch diese Deutung kommt zu dem Schluß, daß zwischen Helvidius und Vespasian ein Rivalitätskonflikt entstanden ist (cf ebd., 247).

[42] Cf Suet., Vesp. 15; DioCass. 66, 12, 1-3; entgegengesetzte Bewertung bei Epikt., diss. I, 2, 19-21; IV, 1, 123.

[43] Cf MacMullen, Enemies of the Roman Order, 1967, 55; Grant, Roms Cäsaren, (1978/1983) 1984^2, 271.

[44] Sowohl Herennius Senecio, der eine Biographie des Helvidius verfaßt hatte, als auch Junius Rusticus, der seine "laudes" auf Thrasea und Helvidius veröffentlichte, wurden (wie Helvidius' Sohn) von Domitian ermordet (cf Tac., Agr. 2; Suet., Dom. 10; DioCass. 67, 13, 2), was die lange Nachwirkung von Helvidius' Persönlichkeit anzeigt; cf auch Melmoux, C. Helvidius Priscus, 39f.

Brisanz erkennen.
Da der Bericht des Tac. die flavische Propaganda korrigiert, welche ihrerseits gegenteilige Auffassungen ins Unrecht setzen will, ist es m. E. möglich, auch aus den Bewertungen des Tac. auf Deutungen der Jahre 69/70 zu schließen, wobei die obigen Analogien und Parallelen aus der Zeit Neros diese Annahme erhärten. Die negativen Deutungen aus den Jahren 83 und 63 v. Chr. beinhalten den politischen Umsturz und die Eroberung von Stadt und Land. Tac. nimmt beide Deutungselemente auf, entgrenzt jedoch den innenpolitischen Horizont, wenn er den Kapitolsbrand als Zerstörung des "Unterpfandes der römischen Herrschaft" qualifiziert[45]: Wie das Vierkaiserjahr mit seinen Bürgerkriegen, Aufständen und auswärtigen Kriegen, bes. aber der Kriegszug der Flavianer, als "Erschütterung des gesamten Erdkreises"[46] beschrieben wird, so zieht die Zerstörung des *pignus imperii* auch die Bedrohung Roms von außen nach sich. Die gallischen Druiden orakeln, daß durch die Zerstörung des Jupitertempels die göttliche Garantie der Unbesiegbarkeit Rom entzogen worden ist: jetzt stehe Roms Untergang bevor, und durch die schicksalshafte Feuersbrunst ist ein Zeichen des himmlischen Zorns gegeben und die Weltherrschaft den Völkern jenseits der Alpen in Aussicht gestellt worden[47]. Selbst WALSER, der dieses Orakel nicht für authentisch hält, vermutet als historische Grundlage stadtrömisches Gerede[48]. Für unseren Zusammenhang ist nicht entscheidend, ob dieses Orakel tatsächlich einen Aufstand auslösen konnte[49], sondern nur, daß die Möglichkeit in Rom beredet worden ist und zumindest so weit verbreitet war, daß Tac. das Orakel als "superstitio" diskreditieren mußte.
Tac. selbst hatte ja durch seine Bewertung in hist. 3, 72 eine derartige Deu-

---

[45] S. o. 2.1, b), S. 223f.

[46] Cf hist. 3, 49, 1: "dum hac totius orbis nutatione fortuna imperii transit"; cf hierzu Heubner, Historien III, 125. Cf auch hist. 1, 11, 3 (über das Jahr 69).

[47] Cf hist. 4, 54, 2: "sed nihil aeque quam incendium Capitolii, ut finem imperio adesse crederent, impulerat. captam olim a Gallis urbem, sed integra Iovis sede mansisse imperium: fatali nunc igne signum caelestis irae datum et possessionem rerum humanarum Transalpinis gentibus portendi superstitione vana Druidae canebant".

[48] Cf Walser, Rom, das Reich und die fremden Völker in der Geschichtsschreibung der frühen Kaiserzeit, 1951, 109-111. Andere Autoren halten an der Historizität des Orakels fest: Altheim, Rez. Walser, Rom, das Reich und die fremden Völker .., Gnomon 23 (1951) 428-434: cf S. 433f; Pöschl, Tacitus und der Untergang des römischen Reiches, WSt 69 (1956) 310-320: cf S. 319f; Syme, Tacitus, Bd. 1, 1958, 458; Merkel, Der Bataveraufstand bei Tacitus, Diss. phil. 1966, 73-77; Heubner, Historien IV, 129f. Die neueste Arbeit zum Bataveraufstand läßt die Frage offen: cf Urban, Der "Bataveraufstand" und die Erhebung des Iulius Classicus, Trierer Historische Forschungen 8, 1985, 47.

[49] Cf als Parallele bell 6, 312.

tungsmöglichkeit impliziert, aber in Gestalt der Parenthese ("si per mores nostros liceret") einen Hinweis auf seine eigene Erklärung gegeben: Die eigentliche Ursache der Bürgerkriege, des Kapitolsbrandes und der daraus resultierenden Bedrohung ist der Verlust von "concordia"[50], wobei zu beachten bleibt, daß für Tac. auch nach dem Sieg über die Bataver die militärische und ideelle Bedrohung Roms (von innen und außen) bestehen bleibt[51].

Können wir Tac.' eigene "Lösung" in dieser Weise skizzieren, so bleibt die erste Deutung für die Zeit des Kapitolsbrandes denkbar: Die Zerstörung des Jupitertempels zeigt das Ende der römischen Weltherrschaft an. Diese globale Ausweitung ist in erster Linie auf dem Hintergrund verständlich, daß Jupiter Optimus Maximus als Garant der römischen Herrschaft galt (2.1, b), so daß eine Zerstörung seines Tempels auch seine Garantie zerstört. Dies wird durch die Deutung in der catilinarischen Verschwörung unterstützt. Gleichzeitig kann man sie aber auch mit den römischen Untergangsbefürchtungen verbinden (2.1, c): Die antirömischen Orakel hatten das Ende der römischen und den Beginn der orientalischen Weltherrschaft prophezeit[52]. Daß derartige Vorstellungen - zumindest hinsichtlich der Befürchtungsebene - auch in Rom im 1. Jh. n. Chr. gegenwärtig waren, ergibt sich aus folgenden Indizien:

- Die Hystaspesorakel zu lesen, war in Rom unter Androhung der Todesstrafe verboten; die Christen taten es dennoch (Just., Apol. I, 44, 12f);
- die Hystaspesorakel verkündeten den Untergang durch einen Weltenbrand (Apol. I, 20, 1);
- nach dem Brand Roms unter Nero wurden Christen verhaftet, verhört und u. a. als Brandstifter verurteilt (Tac., ann. 15, 44, 4).

Aufgrund dieser Indizien sowie einer Analyse der apokryphen Paulusakten meint RORDORF, daß aus römischer Sicht die Anklage der Christen wegen Brandstiftung durchaus "ein wenig" begründet sein konnte, und zwar "im Hinblick auf gewisse eschatologische Vorstellungen, die die Christen hegten und denen gemäß ihnen potentiell Brandstiftung zuzutrauen war, was übrigens u. a. gerade ihr 'odium humani generis' demonstrierte"[53]. Die "Christianer" gal-

[50] Cf Merkel, Bataveraufstand, 75f.

[51] Cf Pöschl, Tacitus, 319f; anders Altheim, Rez. Walser, 434, der annimmt, Tac. stelle die romfeindlichen Orakel dadurch ins Unrecht, daß er sie mit der geschichtlichen Wirklichkeit, also dem römischen Sieg, konfrontiere.

[52] Schon Altheim, Rez. Walser, 433f hatte eine Verbindung zwischen den Vorstellungen im Druidenorakel und im Hystaspesorakel vorgeschlagen.

[53] Cf Rordorf, Die neronische Christenverfolgung im Spiegel der apokryphen Paulusakten, NTS 28 (1982) 364-374: zit. S. 371.

ten also als politisch verdächtig[54] und als Vertreter orientalischer Hoffnungen, die den Untergang Roms implizierten. Fügt man zu RORDORFs Hypothese die Beobachtung hinzu, daß es gerade anläßlich des Brandes im Jahre 64 n. Chr. auch Aktualisierungen der innerrömischen Untergangsbefürchtung gegeben hat, die sich entweder auf die Zerstörung Roms durch Bürgerkriege (DioCass. 57, 18, 4f; 62, 18, 2f) oder auf die Eroberung der Stadt durch die Gallier 387 v. Chr. (Tac., ann. 15, 41, 2) beziehen, so zeigt sich, daß schon diese Katastrophe auch als Bedrohung der römischen Herrschaft von außen eingestuft werden konnte. Die Verfolgung der Christen könnte dann auch verstanden werden als "Beseitigung" der gefährlichen Hoffnungen auf Roms Untergang.

Ein Vergleichspunkt zum Jahr 69 n. Chr. ergibt sich dadurch, daß das Kapitol ebenfalls durch Feuer vernichtet wurde. Daher ist es m. E. durchaus möglich, daß hierauf nicht nur die Gallier rekurrierten, sondern in erster Linie römische Gerüchte über die Gallier, als Repräsentanten der westlichen Bedrohung[55], und daß - per Analogieschluß - der Weltenbrand als Ende des Reiches und vielleicht als Beginn der Knechtschaft gegenüber der orientalischen Weltherrschaft befürchtet wurde.

Daß Deutungen des Kapitolsbrandes in dieser Bandbreite vorhanden gewesen sein können, bestätigt auch ein Blick auf die flavische Propaganda, die Domitians Rolle hervorhebt[56]. Domitian, der auch ein eigenes (verlorenes) Werk über den Kampf am Kapitol verfaßt hatte (Mart. 5, 5, 7), wird nicht nur als derjenige dargestellt, der mit göttlicher Hilfe den Vitellianern entkommen konnte (bell 4, 649), sondern auch als "puer", der am Kapitol den "Krieg für seinen Jupiter" führte (Mart. 9, 101, 14). Diesen Kampf als Teil der "bella Iovis" verknüpfen Statius und Silius Italicus mit den anderen auswärtigen Kriegserfolgen Domitians[57] und verkünden auf diese Weise, daß Jupiter nicht nur den Herrscher beschützt habe, sondern durch ihn weitere Siege erringt, so daß Domitian zu Jupiters Teilhaber einer gefestigten und unbesiegten Weltherrschaft bestimmt ist[58]. Damit wird gerade im Kontext des Kampfes am Kapitol ein Gegenbild propagiert, daß die teilweise erschlossenen und teilweise durch Tac. belegten Befürchtungen negieren soll.

Besonders Silius Italicus dürfte demgegenüber auch die tatsächlichen Vor-

---

[54] Cf Rordorf, Christenverfolgung, 368.

[55] Auch in hist. 3, 72 und 4, 54 finden sich Hinweise auf die Eroberung der Stadt durch die Gallier im Jahre 387 v. Chr.

[56] Cf Briessmann, Tacitus, 76f.

[57] Cf Sil. III, 607-611; Stat., silv. I, 1, 78-81; V, 3, 195-197; Theb. I, 18-22.

[58] Cf auch Schubert, Jupiter in den Epen der Flavierzeit, Studien zur klassischen Philologie 8, 1984, 65f.

kommnisse gekannt haben: Er war im Jahre 68 letzter "consul ordinarius" unter Nero, im Dezember 69 einer der beiden Zeugen, der den Vertrag zwischen Vitell und Flavius Sabinus im Apollotempel beglaubigte, und gehörte zu den "amici" Vitells und später Vespasians[59].

Der Vergleich mit dem Brand Roms unter Nero erhellt noch einen weiteren Aspekt: Nero war gezwungen, eine öffentliche Entsühnung vorzunehmen (Tac., ann. 15, 44, 1), benötigte darüber hinaus aber "Sündenböcke", um das Gerücht zu zerstreuen, er selbst habe den Brand verursacht; in ähnlicher Weise übernimmt die Lustratio des Kapitols und der Wiederaufbau die Rolle der Entsühnung[60], während in diesem Fall die besiegten Vitellianer zu "Sündenböcken" gemacht wurden. Beide Maßnahmen sind Versuche, sich von der Schuld zu befreien. Aber weder unter Nero noch unter Vespasian genügen sie, um Anschuldigungen wirksam zu entkräften.

Auswirkungen und Bedeutungen des Kapitolsbrandes im Jahre 69 n. Chr. können folgendermaßen zusammengefaßt werden[61]:

(a) Der Haupttempel des Jupiter Optimus Maximus brannte gegen Ende der blutigen Bürgerkriege nieder, was in dieser Krisensituation als bedrohliches Vorzeichen gedeutet wurde;

(b) in der Bevölkerung konnte das Ereignis als Zeichen des göttlichen Zorns verstanden werden, der gerade die neuen Herrscher belastete und deren göttliche Legitimierung als zweifelhaft erscheinen ließ;

(c) in der innenpolitischen Auseinandersetzung 69/70 ist der Kapitolsbrand samt Anschuldigungen unausgesprochen präsent, wird jedoch nicht offen als ideologisches Argument benutzt, sondern soll verschwiegen und beiseite gedrängt werden; allein Helvidius Priscus protestiert - wenn auch aus anderen Motiven - gegen die flavische Vereinnahmung der Wiedererrichtung des Kapitols; seine Proteste wie seine Rolle bei der Lustratio können von seinen Gegnern später benutzt werden, um ihn vor Vespasian zu diskreditieren; seine repräsentative und öffentlichkeitswirksame Aufgabe bei der Lustratio wird von der flavischen Propaganda verschwiegen, die die Sorge für den Wiederaufbau allein Vespasian zu-

---

[59] Cf hist. 3, 65 und Heubner, Historien III, 158.

[60] Der Wiederaufbau geschah unter Heranziehung der Opferschauer (hist. 4, 53, 1); die Wiederherstellung der anderen zerstörten Tempel Italiens wurde auch durch die Sorge Vespasians veranlaßt (3, 34), der dadurch vielleicht das Vorbild des Augustus nachahmte, der ebenfalls nach Beendigung der Bürgerkriege (ResG 34) die Tempel restaurierte (cf ResG 20 und den Auszug am Ende der ResG); jedoch waren durch Vespasians Sparsamkeit und wegen des fehlenden persönlichen Reichtums gewisse Grenzen gesetzt: cf Wellesley, Histories III, 125f.

[61] Cf als Folie die Zusammenfassung auf S. 272f.

schreibt;

(d) der Kapitolsbrand wurde konkret als Bedrohung der Herrschaft gedeutet, sogar als Entzug der göttlichen Garantie für Roms Unbesiegbarkeit und damit als Ende der römischen und Beginn einer westlichen oder östlichen Weltherrschaft: Innerrömische Untergangsbefürchtungen konnten sich wie zur Zeit Neros mit den Ängsten vor dem Weltenbrand verbinden, wofür der Kapitolsbrand als schicksalshaftes himmliches Zeichen galt;

(e) Entsühnung, Wiederaufbau und die Propagierung von "Sündenböcken" konnten die Flavier nicht von Anschuldigungen und Gerüchten über ihre Urheberschaft am *incendium Capitolii* als der Zerstörung des *pignus imperii* befreien.

bc) Der Jüdische Krieg als Prüfstein der neuen Dynastie und als Bestätigung der römischen Hegemonie

Der Kapitolsbrand verursachte den Flaviern ein ideologisches Legitimationsdefizit (s. o. bb). Als ebenso defizitär konnten Vespasians Abstammung von einer eher bescheidenen italischen Adelsfamilie[1] sowie seine Erhebung durch die Legionen gedeutet werden. Während Vespasian die übereifrigen Versuche verspottete, seine Ahnen als Gründer seiner Geburtsstadt zu fingieren und auf einen Gefährten des Herkules zurückzuführen[2], hielt er als erster Prinzeps auch nach seiner Bestallung durch den Senat im Dezember als offiziellen "dies imperii" den 1. Juli 69, also den Tag der Akklamation durch die Truppen, fest[3]. Schon dies wirft ein bezeichnendes Licht auf die Grundzüge flavischer Propaganda: Während Fragen der Herkunft (in bestimmten Grenzen) weniger wichtig sind, gehört die Verbundenheit mit den Truppen zu den überlebensnotwendigen Faktoren einer Militärmonarchie[4]. Machtpolitik und

---

[1] Zu Vespasians Herkunft und Ämterlaufbahn bis 66 n. Chr. cf Weynand, Art. T. Flavius Vespasianus (s. v. Nr. 206), PRE VI, 2, 1909, 2623-2695: cf Sp. 2626-2629; Graf, Kaiser Vespasian, Untersuchungen zu Suetons Vita Divi Vespasiani, 1937, 11-21; Nicols, Vespasian and the Partes Flavianae, Historia Einzelschriften 10, 1978, 1-12; Bengtson, Die Flavier, 1979, 12-24.

[2] Cf Suet., Vesp. 12; K. Scott, The Imperial Cult under the Flavians, 1936, 2.

[3] Cf Tac., hist. 2, 79; Suet., Vesp. 6; cf dazu Béranger, Recherches sur l'Aspect Idéologique du Principat, SBA 6, 1953, 13-17; Heubner, P. Cornelius Tacitus, Die Historien, Bd. 2, WKLGS, 1968, 256; cf auch Buttrey, Documentary Evidence for the Chronology of the Flavian Titulature, BKP 112, 1980, 8-11.

[4] Die Verbundenheit mit den Legionen wird auch auf Münzen hervorgehoben: cf Mattingly, BMC, Rom. Emp. II, S. XLV. LVf. LVIII. LX. LXIII und ebd., S. 114 Nr. 528*;

Propaganda bilden - zumal für einen Usurpator - ein unauflösliches Junktim. Daher arbeitet die Propaganda je nach Adressatenkreis mit unterschiedlichen Inhalten und Formen. Während im nächsten Abschnitt die orientalischen Herrschaftslegitimierungen untersucht werden, soll hier die propagandistische Bedeutung des Jüdischen Krieges dargestellt werden. Im Hintergrund steht dabei die Frage, ob sich bereits hier auch das Legitimationsdefizit durch die Zerstörung des Jupitertempels ausgewirkt hat[5].

Aufgrund der chronologischen Notizen bei Tac. wird deutlich, daß Vespasian, erst nachdem er die Nachrichten über Vitells Tod erhalten hatte, Titus mit der Fortsetzung des Krieges in Judäa beauftragte[6]. Dies impliziert, daß Vespasian auch über die Zerstörung des Kapitols unterrichtet war, zumal er auf diese Nachricht sofort reagierte[7].

Der allgemeine Inhalt des Auftrages ist klar: "ad reliqua Iudaici belli perpetranda" (Tac., hist. 4, 51); dies bedeutet konkret die Eroberung Jerusalems[8]. Aus den antiken Quellen geht jedoch nicht zweifelsfrei hervor, ob außer der Eroberung auch die völlige Zerstörung der Stadt (und damit des Tempels) von Anfang an geplant war. Tac. und Suet. präsentieren übereinstimmend als

---

S. 184 Nr. 756; S. 197 Nr. 799*. Aufschlußreich ist in diesem Kontext auch ein Blick auf die politisch-propagandistische Aussage des Kaiserportraits Vespasians: "Das Vespasiansportrait steht in stärkstem Kontrast zum Bildnis des Augustus. Wir haben in dem vierschrötigen Schädel mit dem fleischigen Gesicht, der breiten Glatze, der faltenreichen, erschlafften Haut und dem zahnlosen Mund offenbar ein realistisches Abbild des alten Mannes aus den Jahren seiner Erhebung zum Kaiser vor uns. Die stark angespannten Züge geben dem Gesicht einen energischen, unmittelbar auf Umwelt und Augenblick bezogenen Ausdruck. Der Verzicht auf jede verschönende Stilisierung paßt zu Vespasians Persönlichkeit und Selbstverständnis. Das Bildnis enthält ... wichtige Aussagen: Der Kaiser zeigt sich jedermann verbunden in allem, was Conditio humana ist. Der neue Princeps konnte sich nicht auf mythisch verbrämte Familientraditionen berufen wie Augustus und seine Familie, aber er durfte auf seine im Krieg bewiesene Leistungskraft und Energie verweisen. Der Ausdruck der Willenskraft und Entschlossenheit muß vor allem für das Heer, dem Vespasian seine Herrschaft verdankte, unmittelbar verständlich gewesen sein ..." (Vierneisel/Zanker, Hrg., Die Bildnisse des Augustus, Herrscherbild und Politik im kaiserlichen Rom, 1979, 101 samt Abb.).

[5] Dieser Abschnitt dient insofern als Vorbereitung für die Erörterungen im 3. Kapitel.

[6] Cf Tac., hist. 4, 51; 5, 10 und dazu Heubner, P. Cornelius Tacitus, Die Historien, Bd. 4, WKLGS, 1976, 119f: "in Alexandria, wo er sich seit Dezember 69 aufhielt ..., erhielt Vespasian die Freudenbotschaft vom Tod des Vitellius ..., und zwar vermutlich noch im Januar 70" (ebd., 119); cf auch bell 4, 657f. Aus hist.5,1 wissen wir außerdem, daß zum Heer des Titus auch viele Leute aus Rom und Italien gehörten, die sich dadurch der Gunst des neuen Fürsten versichern wollten.

[7] S. o. 2.2, bb), S. 276.

[8] Cf Tac., hist. 2, 4, 3; bell 4, 658.

letzte Konkretion des Auftrages an Titus die "vollständige Unterwerfung" (perdomare) Judäas (hist. 5, 1; Suet., Tit. 5, 2)[9]. Jos. erwähnt in der Titusrede vor dem Endkampf um die Oberstadt, also nach der Tempelzerstörung, "schicksalsschwere Befehle" (σκυθρωπὰ παραγγέλματα), die Vespasian ("nur widerwillig") Titus mitgegeben hatte (bell 6, 344); diese Befehle beziehen sich in der jos. Darstellung jedoch nicht auf die Tempelzerstörung, sondern sind noch nicht zur Ausführung gelangt, da Titus bisher gemäß seiner φιλανθρωπία gehandelt habe[10]. Da die Propagierung der φιλανθρωπία ganz auf das Konto des Jos. geht[11], erhebt sich die Frage, ob die "schicksalsschweren Befehle" ursprünglich einen anderen Sinn hatten. Über Vermutungen wird man aber in dieser Sache kaum hinauskommen[12]. Die "vollständige Unterwerfung" Judäas ist nach Tac. notwendig, weil sich "allein die Juden nicht gefügt hätten" (hist. 5, 10). Diesen historisch betrachtet falschen oder zumindest übertriebenen Sachverhalt[13] leitet Tac. mit den Worten "augebat iras" ein und rekurriert damit auf das römische Urteil, daß die Juden "ein zu Rebellion und obstinater Widersetzlichkeit neigendes Volk"[14] seien, das endlich niedergekämpft werden müsse. Diese Sichtweise findet sich auch in der Titusrede bei Jos.: Nach den Hinweisen auf die stetigen jüdischen Umsturzversuche seit Pompejus einerseits (bell 6, 329) und auf die entgegenkommende römische Verwaltung andererseits (§§ 333-335) erwägt Titus die Möglichkeit, daß sein Vater - hätte er nur die Absicht gehabt, das Volk zu vernichten - sogleich zur Wurzel (ῥίζα) hätte eilen und diese Stadt verheeren müssen, anstatt Galiläa

[9] Cf auch die Kommentare zu den Stellen von Heubner/Fauth, P. Cornelius Tacitus, Die Historen, Bd. 5, WKLGS, 1982, 15 und von Martinet, C. Suetonius Tranquillus, Divus Titus, BKP 123, 1981, 42f.

[10] Cf M/B, VI Anm 177.

[11] Cf Michel, Die Rettung Israels und die Rolle Roms nach den Reden im "Bellum Iudaicum", ANRW II, 21, 2, 1984, 945-976: cf S. 962f.

[12] Während M/B, VI Anm 177 eine Beziehung zur debellatio annehmen, "die unter diesen Umständen vielleicht härter ausfallen mußte als sonst", kehrt Schalit den Inhalt der Titusrede einfach ins Gegenteil, so daß Titus in Wahrheit gesagt habe, daß es erklärte Absicht gewesen sei, die Juden "mit Stumpf und Stiel auszurotten" (Schalit, König Herodes, SJ 4, 1969, 26 Anm 71); Weiler sieht in dieser Stelle eine Andeutung darauf, "daß die Zerstörung der Stadt das selbstverständliche Ziel der Belagerung war" (Weiler, Titus und die Zerstörung des Tempels von Jerusalem - Absicht oder Zufall 7, Klio 50, 1968, 139-158: zit. S. 147).

[13] Es gab in den Jahren 69/70 den bekannten Aufstand der Bataver, Treverer und Lingonen in Gallien und Germanien, ferner instabile Verhältnisse oder feindliche Überfälle in Britannien, Africa, Mösien und Pontus: cf Weynand, Art. T. Flavius Vespasianus, 2643-2646; Bengtson, Flavier, 33f. 66-68.

[14] Heubner/Fauth, Historien V, 138.

zu erobern (§ 339). SCHALIT hat darauf hingewiesen[15], daß sich eine ähnliche Formulierung auch bei Sulpicius Severus findet, der in seinen Chronica, in denen er auch auf die verlorenen Teile der Historien des Tac. zurückgegriffen hätte[16], schreibt, daß Titus für die Zerstörung des Jerusalemer Tempels plädiere, um die jüdische und christliche Religion zu beseitigen: "Christianos ex Iudaeis extitisse: *radice* sublata stirpem facile perituram" (Chron. II, 30, 6). Ist die Vernichtung des Christentums in diesem Kontext ein Anachronismus, so bedeutet die Tempelzerstörung immerhin eine Entwurzelung des Judentums. Hieran ist anzuschließen, daß in der jos. Titusrede die Grundpfeiler des jüdischen Widerstandes - Volk, Stadt und Tempel - den Rahmen bilden (§§ 328. 349) und daß der Tempel als Zentralsymbol der jüdischen Widerstandskraft erkannt wird (§ 347). Dann ist die Schlußfolgerung nicht unwahrscheinlich, daß nicht nur die "völlige Unterwerfung" des Volkes, sondern auch die Zerstörung von Stadt und Tempel den Inhalt der "schicksalsschweren Befehle" darstellten. Möglich ist ferner, daß Vespasian ausdrücklich die Tempelzerstörung befohlen hatte, da er den Tempel als religiöse "Wurzel" des Aufstandes betrachtete[17].

Über die Frage nach dem möglichen Inhalt der vespasianischen Befehle hinweg ist zumindest belegt, daß der neue Kaiser in Alexandria von den militärischen Ereignissen vor Jerusalem unterrichtet war: DioCass. 66, 9, 2 berichtet, daß Vespasian ursprünglich mit seinem siegreichen Sohn gemeinsam die Rückreise nach Rom antreten wollte, aber schließlich doch allein segelte, da sich die Belagerung in die Länge zog; ferner wissen wir von der bekannten Inschrift des ersten Titusbogens (80/81 n. Chr.), daß Titus den Krieg führte "praeceptis patr[is] consiliisq[ue] et auspiciis"[18].

Daß der Jüdische Krieg siegreich beendet werden mußte und bereits von Vespasian als Prüfstein der neuen Herrschaft eingestuft wurde, ist aus hist. 5, 10 ersichtlich: An die Äußerung, daß "allein die Juden sich nicht gefügt hätten", schließt Tac. an, daß es "gegenüber allen Erfolgen und Rückschlägen der

---

[15] Cf Schalit, Herodes, 24-26 Anm 71.

[16] S. u. 3.1.

[17] An eine Ausrottung des Volkes "mit Stumpf und Stiel" (s. o. Anm 12), die auch Schalit, Herodes, 25 Anm 71 eingrenzen muß ("Entwurzelung des jüdischen Volkes, zum mindesten in Judäa"), ist dagegen nicht zu denken: Die Äußerungen bei Sulp. Sev. beziehen sich auf die Tempelzerstörung, bell 6, 339 bezeichnet die Eroberung der Stadt. Die Hypothese, daß Titus den Jerusalemer Tempel absichtlich zerstört hat, wird in 3.1 näher entfaltet.

[18] CIL VI, 944 (S. 171); Weber vermutet in der Änderung der Strategie (Beginn der Circumvallatio: s. o. I.Teil, 5.) den Einfluß Vespasians und nimmt an, daß Vespasian nach der Eroberung der Antonia und dem ersten mißlungenen Tempelangriff abreiste: cf W. Weber, Josephus und Vespasian, 1921, 243f.

neuen Prinzipatsherrschaft"[19] nützlich wäre, wenn Titus bei den Heeren bliebe. Damit wird eine erste allgemeine Bedeutung des Jüdischen Krieges für die neue Dynastie ausgesagt: Dieser Aufstand, der als reichsgefährdende Unruhe noch unter Nero ausgebrochen war, wird von den neuen Herrschern niedergekämpft, weil sie durch einen solchen außenpolitisch-militärischen Erfolg ihre Befehlsgefalt (imperium) zweifelsfrei rechtfertigen konnten. Man kann zwar bezweifeln, daß ein römischer Feldherr unter "normalen" innenpolitischen Verhältnissen einen Verhandlungsfrieden erreicht haben könnte, jedoch war durch die Verknüpfung dieses Krieges mit den Flaviern nur ein großer, öffentlichkeitswirksamer und rascher Erfolg möglich. Titus suchte dies zu erreichen[20], mußte aber zumindest die Zeitvorstellungen korrigieren (s. o.). Ich vermute, daß gerade die Zerstörung von Stadt und Tempel, zuletzt durch die von Titus befohlene Schleifung[21], nicht unwesentlich durch die Tatsache des "principatus novus" verursacht wurde (s. u. 3.1).
Die flavische Propaganda bestätigt nach dem Erfolg die grundlegende Bedeutung des Jüdischen Krieges für die neue Dynastie. Die Münzen, die zur Erinnerung an den Sieg geprägt wurden, zeigen dies[22]. Auffällig ist zunächst die große Typenvielfalt der Münzen[23]: Sie zeigen z. B. eine weibliche Gestalt, die entweder in realer Bedeutung als Jüdin (häufig samt Mann) in demütiger Haltung vor dem Kaiser kniet[24], oder "Judäa" symbolisiert und weinend oder

[19] Tac., hist. 5, 10, 2: "ad omnes principatus novi eventus casusve ...".

[20] Cf Tac., hist. 5, 11, 2.

[21] Cf bell 7, 1-4; Weiler bemerkt hierzu: "Auch diese Order mag ein Hinweis darauf sein, daß die Zerstörung des Heiligtums zu diesem Zeitpunkt nicht vollständig war, und wenn dem Kaisersohn wirklich so viel an der Erhaltung des Bauwerkes als eines κόσμος τῆς ἡγεμονίας gelegen wäre, wie er es - nach Josephus - im Kriegsrat betont hatte, so hätte sich vor seiner Schleifung noch immer die Möglichkeit geboten, anstatt der drei Türme den Tempel stehen zu lassen, oder gar, was freilich nicht erwartet werden konnte, ihn wiederherzustellen" (Weiler, Titus, 146).

[22] Zum Triumphzug s. u. 3.2.

[23] Cf die Zusammenstellung samt Abbildung bei Madden, History of Jewish Coinage and of Money in the Old and New Testament, 1864/1967, 183-196; ders., Coins of the Jews, 1881, 207-225 und im Anschluß an ihn den Überblick bei Meshorer, Ancient Jewish Coinage, Bd. 2, 1982, 192f, der 15 Typen unterscheidet; zum Ganzen cf auch Hart, Judaea and Rome, The official Commentary, JThS 3 (1952) 172-198: cf S. 184-190.

[24] Cf BMC, Rom. Emp. II, S. 147 Nr. 652 (72/73 n. Chr. in Rom geprägt): Die Rückseite zeigt vor dem jüdischen Paar Titus als Feldherrn mit einem Speer in der linken und vielleicht einer Victoria in seiner ausgestreckten rechten Hand (das gleiche Motiv mit Vespasian statt Titus: ebd., S. 137 Nr. 623*: 72/73 n. Chr., Rom). Das Motiv einer sitzenden Jüdin samt einem stehenden, manchmal gebundenen Juden findet sich auf folgenden Münzen: ebd., S. 115-117 Nr. 532-541 (71 n. Chr. in Rom); S. 185 Nr. 761-763 (71 n. Chr. in Tarraco); S. 256f Nr. 161-170 (80/81 n. Chr. in Rom); S. 266 Nr. 211 ǂ

an den Händen gefesselt unterhalb eines Palmbaums oder einer Trophäe sitzt, wozu noch der Kaiser oder eine geflügelte Victoria erscheinen kann oder auch ein Waffenhaufen[25]. Die Legenden der Münzen lauten in den meisten Fällen "IVDAEA CAPTA (S C)", "IVD CAP (S C)" oder "IVDEA CAPTA"; andere Legenden heißen "IVDAEA DEVICTA", "DEVICTA IVDAEA S C", "DE IVDAEIS" oder nur "IVDAEA"[26]. Die Münzen wurden in allen Metallen geprägt , und zwar nicht nur von den kaiserlichen Münzstät-

---

(80/81 n. Chr. in Rom); S. 299 Nr. 308 (80/81 n. Chr. in Rom).

[25] *Sitzende "Judäa" unterhalb eines Palmbaums*: BMC, Rom. Emp. II, S. 193 Nr. 793 ǂ (ca. 70 n. Chr. in Gallien). *Weinende "Judäa" unterhalb einer Palme*: ebd., S. 79 Nr. 387 ǂ (undatiert, Lugdunum); S. 154 Nr. 672 (73 n. Chr. in Rom; auf der Vorderseits ist Titus abgebildet). *Weinende "Judäa" unterhalb einer Palme mit Waffen, Schilden o. a.*: ebd., S. 173 Nr. 736 § (77/78 n. Chr. in Rom); S. 192 Nr. 788-790 (71 n. Chr. in Tarraco); S. 210 Nr. 845 (77/78 n. Chr. in Lugdunum); S. 213f Nr. 862-865 (77/78 n. Chr. in Lugdunum, mit Tituskopf auf dem Avers); S. 222 Nr. 894 + (undatiert, Commagene, mit Titus auf dem Avers); S. 131f Nr. 604-609 (71 n. Chr. in Rom); S. 142 Nr. 642* (72 n. Chr. in Rom, mit Titus); S. 279 Nr. 259 (während Titus' Herrschaft in Rom). *Gefesselte "Judäa"*: ebd., S. 16 Nr. 43 (70 n. Chr. in Rom); S. 62 Nr. 27 (Hybrids); S. 74 Nr. 371 (undatiert, Gallien); S. 79 Nr. 388-391 (undatiert, Lugdunum). *"Judäa" unterhalb einer Trophäe*: ebd., S. 5f Nr. 31-42 (70 n. Chr. in Rom); S. 57 Nr. 335-337 (Hybrids); S. 62 Nr. 26 (Hybrids); S. 67 Nr. 348 (undatiert, Tarraco); S. 70f Nr. 357-359 (undatiert, Tarraco); S. 74 Nr. 370 (undatiert, Gallien); S. 79 Nr. 387 + (undatiert, Lugdunum); S. 192 Nr. 791 (71 n. Chr. in Tarraco). *"Judäa" unterhalb einer Trophäe mit Waffen*: ebd., S. 7 Nr. 44* (70 n. Chr. in Rom). *"Judäa" unterhalb einer Palme mit stehendem Kaiser*: ebd., S. 11 Nr. 63 ǂ (70/71 n. Chr. in Rom); S. 14 Nr. 78 (72/73 n. Chr. in Rom); S. 15 Nr. 83-85 (72/73 n. Chr. in Rom; auf dem Avers ist ein Tituskopf - Revers wie Nr. 78); S. 64 Nr. 43 (Hybrids); S. 107 Nr. 510f (72 n. Chr. in Antiochia); S. 108 Nr. 518f (72 n. Chr.? in Antiochia, mit Tituskopf); S. 117f Nr. 543-547 (71 n. Chr. in Rom); S. 140 Nr. 631f (72 n. Chr. in Rom, mit Tituskopf, aber sonst wie Nr. 543); S. 185 Nr. 765 (71 n. Chr. in Tarraco); S. 196 Nr. 796 (71 n. Chr., Gallien); S. 197 Nr. 800 (71 n. Chr. in Lugdunum); S. 202 Nr. 812 (72 n. Chr., Lugdunum); S. 206 Nr. 826 (77/78 n. Chr. in Lugdunum). *Geflügelte Victoria einen Schild, der an einer Palme hängt, beschriftend und eine weinende "Judäa"*: ebd., S. 112 Nr. 526 ǂ (70 n. Chr. in Rom; Legende: VICTORIA AVGVSTI S C); S. 126 Nr. 582-584 (71 n. Chr. in Rom; Legende: VICTORIA AVGVSTI); cf auch S. 126 Nr. 585 (Typ wie Nr. 582ff, wobei die Jüdin jedoch den Schild unterstützt), und cf S. 125 Nr. 577-581; S. 190 Nr. 783, die das gleiche Victoriamotiv aufweisen, jedoch ohne Jüdin, aber mit einer Palme, die Symbol für Judäa ist: Die Inschrift auf dem Schild lautet "OB CIVES SER[VATOS]" (s. u. Anm 49).

[26] Cf hierzu den Index in BMC, Rom. Emp. II, S. 462. 473. Die überwiegende Anzahl der Münzen mit der einfachen Legende "IVDAEA" scheinen schon im Jahre 70 (oder früher?) geprägt worden zu sein, da auf der Vorderseite keine Konsulatsangaben o. ä. auftauchen: cf BMC, Rom. Emp. II, S. 5f Nr. 31-42; S. 67 Nr. 348; S. 70f Nr. 357-359; S. 74 Nr. 370; cf auch unten Anm 42.

ten, sondern auch in Cäsarea Maritima[27] bis zum Ende der Herrschaft des Titus[28]. Schon die Typenvielfalt, die Menge der Gold-, Silber- und Erzprägungen sowie der lange zeitliche Rahmen der Prägungen indizieren die große propagandistische Bedeutung des römischen Sieges über Judäa: "Niemals zuvor ist ein erfolgreicher Feldzug eines römischen Kaisers in diesem Maße auf Münzen gefeiert worden"[29].

Einen weiteren Interpretationshinweis liefert die "Judaea capta"-Legende. Sie nimmt das Vorbild des Augustus auf, der "Aegypto capta"[30]- und "Armenia capta"-Münzen[31] prägen ließ. Die "Aegypto capta"-Münzen feiern den Sieg Oktavians über Ägypten[32] und die Errichtung der neuen kaiserlichen Provinz. Demgegenüber wurden die "Armenia capta/recepta"-Münzen anläßlich der Einsetzung des Klientelfürsten Tigranes geprägt; sie propagierten damit

---

[27] In Cäsarea wurden die gleichen Münzen auch mit der griechischen Legende "ΙΟΥΔΑΙΑΣ ΕΑΛΩΚΥ(Ι)ΑΣ" oder einer entsprechenden Abkürzung geprägt (cf Meshorer, Coinage II, S. 288f; Pl. 35: am häufigsten mit stehender Nike - Victoria, Schild und Palmbaum). Levine hat herausgestellt, daß sonst nie "capta"-Münzen mit griechischer Legende geprägt worden sind, sondern nur mit lateinischer Legende in Rom oder einer kaiserlichen Münzstätte: cf Levine, Some Observations on the Coins of Caesarea Maritima, IEJ 22 (1972) 131-140: cf S. 132.

[28] Unter Domitian wurden keine "Judaea capta"-Münzen mehr geprägt (cf Meshorer, Coinage II, 197). Aus dem Jahre 89/90 n. Chr. existiert jedoch eine Münze, die Agrippa II prägen ließ und eine stehende Nike mit Schild und Palme (s. o. Anm 27) zeigt: cf Meshorer, ebd., S. 257 Nr. 46. Diese Münze hat auf dem Avers jedoch nicht den Kopf des Kaisers Domitian, wie früher angenommen wurde (cf Meyshan, A New Coin Type of Agrippa II and its Meaning, IEJ 11, 1961, 181-183: cf S. 182), sondern den Kopf des Titus (cf Meshorer, ebd., 89); diese Münze erinnert daher an die 20 Jahre zurückliegende Eroberung Jerusalems durch Titus, wobei es m. E. unsinnig ist, wenn man bei der Interpretation nur den römischen Sieg über Judäa hervorhebt, dessen der jüdische König gedenkt (so Meyshan, Jewish Coins in Ancient Historiography, PEQ 96, 1964, 46-52: cf S. 51), oder nach Klärung des Kopfes auf dem Avers im Gegenzug hierin nur eine Titusgedenkmünze "rather than emphasizing the destruction of the city" (Meshorer, ebd., 89) erblickt.

[29] H.-G. Simon, Historische Interpretationen zur Reichsprägung der Kaiser Vespasian und Titus, Diss. phil., 1952, 90.

[30] Cf RIC I, rev. ed., S. 61 Nr. 275a (zwischen 29 und 27 v. Chr. in Italien); S. 86 Nr. 544-546 (um 28/27 v. Chr.).

[31] Cf RIC I, rev. ed., S. 82f Nr. 513-516. 519f (19/18 v. Chr. in Pergamun); Nr. 517f haben statt "ARMENIA CAPTA" die Legende "ARMENIA RECEPTA" bzw. "ARMEN RECE".

[32] Der Krieg gegen Marc Anton und Kleopatra wurde nominell gegen Ägypten und seine Königin geführt: cf Kienast, Augustus, Prinzeps und Monarch, 1982, 64.

einen militärischen Erfolg Roms[33]. Die "capta"-Legende bedeutet also die Übernahme eines Gebietes in die römische Befehlsgewalt, ohne daß hiermit eine genaue staatsrechtliche Bestimmung gegeben wäre. Hinsichtlich der "Judaea capta"-Münzen heißt dies, daß immerhin verschwiegen wird, daß Judäa bereits eine römische Provinz gewesen ist, denn sonst hätte man z. B. "recepta" erwarten müssen[34]; dadurch wird propagiert, daß Vespasian und Titus als erste dieses Gebiet unterworfen und es unter römische Befehlsgewalt gebracht haben[35]. Die Propaganda erweckt also den Anschein, als sei nicht ein Aufstand niedergekämpft, sondern eine Provinz gewonnen worden.
In diesen Zusammenhang fügt sich auch die bereits erwähnte Inschrift des ersten Titusbogens, die weiter davon spricht, daß Titus "das Volk der Juden bezwungen und die Stadt Jerusalem zerstört hat, die von allen Heerführern, Königen und Völkern vor ihm entweder vergeblich oder gar nicht angegriffen worden ist"[36]. Schon MOMMSEN hatte darauf hingewiesen, daß hier die Eroberung durch Pompejus ignoriert wurde[37], wobei ja außerdem die Unternehmungen des Sossius und des Varus zur Einnahme der Stadt geführt hatten. Demgegenüber hat INSTINSKY vorgeschlagen[38], die Aussage der Inschrift nicht als historische Kunde über Roms gesamte Erfolge zu interpretieren, sondern die "Heerführer, Könige und Völker" nur auf die syrischen "Legaten" (= Heerführer/duces) Cestius Gallus und Mucian, die "Klientelfürsten" (= Könige/reges) und ihre "Hilfstruppen" (= Völker/gentes) zu bezie-

---

[33] Cf Kienast, Augustus, 284.

[34] Die ungenaue Legende "devicta" umgeht dies Problem.

[35] Cf hierzu Simon, Historische Interpretationen, 91f, der auch darauf hingewiesen hat, daß entsprechende Siegesmünzen, z. B. nach dem Erfolg in Gallien, fehlen; "capta"-Münzen wurden weder vorher noch nachher anläßlich der Niederschlagung eines Aufstandes geprägt: cf Levine, Observations, 131f.

[36] CIL VI, 944: "... gentem Iudaeorum domuit et urbem Hierusolymam omnibus ante se ducibus regibus gentibus aut frustra petitam aut omnino intemptatam delevit".

[37] Cf Mommsen, Römische Geschichte, Bd. 5, 1886[3], 538 Anm 1, dessen Wertung allerdings sehr befremdlich ist: "Daß Kaiser Vespasianus, ein tüchtiger Soldat, es nicht verschmäht hat wegen eines solchen unvermeidlichen Erfolges über ein kleines längst unterthäniges Volk als Sieger auf das Capitol zu ziehen ..., giebt keine hohe Vorstellung von dem kriegerischen Sinn dieser Zeit" (ebd., 537f); oder in Bezug auf CIL VI, 944: "Die historische Kunde dieses seltsamen Schriftstückes ... steht auf gleicher Höhe mit der Ueberschwenglichkeit des Preises einer recht gewöhnlichen Waffenthat" (ebd., 538 Anm 1); cf hierzu auch Bengtson, Flavier, 80.

[38] Cf Instinsky, Der Ruhm des Titus, Ph. 97 (1948) 370-371; ihm folgte mit Einschränkung (s. u. Anm 39) Martinet, Divus Titus, 44f. Unklar ist Simon, Historische Interpretationen, 92 Anm 1, der Mommsens Beobachtung vorträgt, aber auf Instinskys Miszelle verweist.

hen; damit erhielten wir eine exakte Aussage über die Ereignisse von 66/67. Wenn man die Deutung auf Mucian als deplaziert betrachtet[39], so ergibt sich als weiteres Problem der scharfsinnigen Interpretation, daß diese "Heerführer, Könige und Völker" ja Jerusalem angegriffen haben - unter Cestius Gallus vergeblich, unter Titus erfolgreich -, daß es aber unter *ihnen* keine nicht stattgefundenen Angriffe gegeben hat, zumal Vespasians Zögern zugunsten seiner "Vorschriften, Anweisungen und Auspizien" (s. o.) verschwiegen wurde. Da man folglich nicht voraussetzen sollte, daß hier der Ruhm des Titus auf Kosten seines zögernden Vaters verkündet wurde, ist es m. E. sinnvoller anzunehmen, daß mit dieser Inschrift der Ruhm der beiden Flavier auf Kosten des Pompejus, der Judäa als erster unter Roms Herrschaft brachte[40], verbreitet wird. Eine solche Deutung koinzidiert mit der Interpretation der "Judaea capta"-Münzen (s. o.) und dem großen Triumphzug (s. u. 3.2).

Neben den "Judaea capta/devicta"-Münzen gibt es nur noch eine Motivgruppe, die einen eigenständigen Beitrag der Flavier im Münzbereich darstellen: die "Aeternitas"-Münzen[41]. Für unseren Zusammenhang sind nur die frühen Münzen von Bedeutung: Bereits 69/70 n. Chr. werden - wahrscheinlich in Rom - Münzen mit der Legende "AETERNITAS P R S C" geprägt[42]; sie zeigen auf der Rückseite eine geflügelte Victoria, die Vespasian (mit Speer) das Palladium überreicht. Durch diese Motivkombination (Aeternitas,

---

[39] Martinet, Divus Titus, 45 bezweifelt mit Recht, ob Vespasians Verbündeter Mucian zu den Führern gerechnet werden darf, die Jerusalem umsonst oder gar nicht angegriffen haben; dagegen spricht außerdem die Chronologie (s.o. I.Teil, 2., Anm 1); damit bliebe von den römischen Heerführern nur Cestius Gallus übrig, was mit der Pluralform kollidiert; will man den Pluralen retten, könnte man an Gessius Florus' unglückliche Aktion in Jerusalem denken, jedoch hat der nicht die Stadt vergeblich angegriffen, sondern in der Stadt den Tempel.

[40] Zur Siegespropaganda des Pompejus und des Sossius cf Hart, Judaea and Rome, 176. 178-180: Sie hatte weder große Bedeutung noch einen breiten Wirkungsbereich, so daß ein zeitgenössischer Leser der Titusinschrift die Ereignisse unter Pompejus wahrscheinlich ebenso wenig kannte wie die Einzelheiten unter Gessius Florus und Cestius Gallus.

[41] Cf Mannsperger, ROM. ET AVG., Die Selbstdarstellung des Kaisertums in der römischen Reichsprägung, ANRW II, 1, 1974, 919-996: cf S. 964f; Belloni, Significati storico-politici delle figurazioni e delle scritte delle monete da Augusto a Traiano, ANRW II, I, 1974, 997-1144: cf S. 1062-1066.

[42] Cf RIC II, S. 61 Nr. 384: ein As oder Dupondius mit dem bekränzten Kopf Vespasians auf der Vorderseite samt der Legende "IMP CAESAR VESPASIANVS AVG", das die Hrgg. auf 69/70 n. Chr. (es fehlen Konsulatsangaben) datieren (s. o. Anm 26); ebd., S. 65 Nr. 408 aus dem Jahre 70 n. Chr. wegen der Legende "IMP CAESAR VESPASIANVS AVG P M T P P P COS II DES III" (cf auch BMC, Rom. Emp. II, S. 111 Anm; S. 194 Nr. 793 ¶).

geflügelte Victoria, Palladium, Vespasian als Feldherr) wird sofort nach Vitells Tod propagiert, daß der neue Prinzeps Vespasian die Ewigkeit der römischen Herrschaft garantieren kann, weil ihm von der Siegesgöttin das die Herrschaft verbürgende Palladium[43] verliehen wird.

Im Abschnitt 2.1, b) wurde dargestellt, wie sich unter Nero Aeternitasvorstellungen und Jupitertheologie verbinden und auf den Kaiser als Garanten der ewigen Herrschaft Roms übertragen wurden. Zu Beginn Vespasians haben wir dagegen eine Aeternitaspropaganda mit Victoria und Palladium. Ist es nicht denkbar, daß gerade die Verstrickung der Flavianer in den Kapitolsbrand dazu geführt hat, ein anderes *pignus imperii* mit dem neuen Prinzeps zu verbinden? Damit hätte man eine allzu direkte und (noch) unglaubhafte Legitimierung Vespasians durch Jupiter vermieden, ohne dabei die Botschaft preiszugeben. Gleichzeitig wäre Jupiter keinesfalls übergangen worden, sondern immer noch indirekt präsent: Die Flügel der Victoria kennzeichnen sie als eine von Jupiter gesandte Göttin[44]. Damit ist es letztlich Jupiter, der den Sieg Vespasians gewollt hat. Dies ist außerdem eine Propaganda, die in der Lage wäre, die "Jupiter Victor"-Propaganda Vitells[45] zu bekämpfen und auch die Verbindung zwischen Vitell und Jupiter Capitolinus zu konterkarieren[46]. Eine Verbindung dieses Vorstellungskreises zum Sieg über Judäa ergibt sich daraus, daß das Münzmotiv der geflügelten Victoria, die das Palladium an den Feldherrn Vespasian überreicht, auch mit der Legende "VICTORIA AVGVSTI S C" geprägt wurde, und zwar ein Jahr später, also im Jahre des Triumphzuges[47]. Der göttlich legitimierte Prinzeps hat durch diesen Sieg[48] den Besitz des Palladium erwiesen. Damit gewinnt der Krieg gegen die Juden nicht nur den Stellenwert eines die neue Dynastie prüfenden Ereignisses, sondern kann - nach dem Erfolg - als Bestätigung der römischen Hegemonie propagiert werden, die von den Flaviern neu errungen[49] und nicht etwa durch

[43] S. o. 2.1, b), S.223f.

[44] Cf Mattingly, BMC, Rom. Emp. II, S. XXXV Anm 4: "The wings are no otiose detail. Victory is a winged 'battle-maiden', sent by *Jupiter*, not indeed to choose the slain, but to give mastery to the side *he* prefers, and her wings bear her on this errand over the field of battle" (Hervorhebung durch mich).

[45] S. o. 2.1, b), S. 230f.

[46] Zur "Jupiter Capitolinus"-Münze Vitells s. o. 2.1, b), S.230f: Sie hat den gleichen Wert und damit die gleiche mögliche Adressatengruppe wie die beiden Aeternitasmünzen Vespasians; daß Vitell von den kapitolinischen Gottheiten verlassen wurde, propagiert auch das bei DioCass. 65, 8, 2 berichtete Prodigium (s. o. 2.2, bb, Anm 4).

[47] Cf BMC, Rom. Emp. II, S. 126 Nr. 586; S. 191 Nr. 786; cf auch ebd., S. 198.

[48] Cf auch die in Anm 24f beschriebenen Victoriamünzen.

[49] Bezeichnenderweise propagieren die Victoriamünzen, die einen Schild am Palmbaum

den Kapitolsbrand verspielt wurde.

cc) Vespasian als Weltherrscher aus dem Osten

In diesem Abschnitt werden die Herrschaftslegitimierungen Vespasians im Orient sowie die schon in 2.1, c) erwähnte Prodigienreihe[1] untersucht. War im Abschnitt bc) der Jüdische Krieg vor allem in seiner propagandistischen Bedeutung für die römischen Sieger beleuchtet worden, so liegt jetzt der Schwerpunkt bei dem Aufstieg Vespasians. Diese chronologische Unstimmigkeit mußte aufgrund des Gliederungsentwurfes der Teile 2.1 und 2.2 in Kauf genommen werden. Sie ist auch insofern verzeihlich, als dem Jüdischen Krieg in beiden Abschnitten (bc und cc) eine zentrale Bedeutung zukommt.

Es gibt eine Reihe von Vorzeichen, Wundertaten und Prophezeiungen, die mit Vespasian im Orient in Verbindung gebracht wurden[2]. Tac. berichtet in hist. 4, 81f von den Heilungen eines Blinden und eines an der Hand Verkrüppelten, die Vespasian in Alexandria vollbringt, und von einem Besuch Vespasians im dortigen Sarapistempel, der mit einer Erscheinung und einer für Vespasian günstigen Deutung endet[3]; während Suet., Vesp. 7 die gleichen Ereignisse mit nur geringen sachlichen Abweichungen wiedergibt[4], hat DioCass.

beschriften (s. o. Anm 25), im Kontext des Sieges über Judäa die Flavier als "Retter der Bürger" (so die Inschrift des Schildes): Damit wird eine auch im innenpolitischen Bereich verwertete Botschaft (cf BMC, Rom. Emp. II, S. XLVII. LIII; S. 123 Nr. 573) auf den außenpolitisch erfolgreichen Kaiser übertragen und dessen Sieg als Bewahrung der römischen Herrschaft verkündet.

[1] Tac., hist. 5, 13; bell 6, 288-315: s. o. 2.1, c), S. 238ff.

[2] Einen Überblick bietet Lattimore, Portents and Prophecies in Connection with the Emperor Vespasian, CJ 29 (1933/34) 441-449: Er hat zwar darauf hingewiesen, daß es bei keinem Kaiser des 1. Jahrhunderts mit Ausnahme des Augustus mehr "supernatural decoration" (ebd., 449) gebe als bei Vespasian, ist aber in der Interpretation wenig hilfreich; besser ist hier K. Scott, The Imperial Cult under the Flavians, 1936, 1-19, der die westlichen und östlichen Vorzeichen, Wunder und Prophezeiungen unter der Überschrift "Vespasian's Auctoritas et Maiestas" summiert (cf hierzu Suet., Vesp. 7).

[3] Cf hierzu W. Weber, Josephus und Vespasian, 1921, 250-258; Gagé, "Basileia", Les Césars, les Rois d'Orient et les "Mages", CEA, 1968, 125-137; Henrichs, Vespasian's Visit to Alexandria, ZPE 3 (1968) 51-80; Hornbostel, Sarapis, EPRO 32, 1973, 371-374 und den Beitrag von W. Fauth über Vespasian in Alexandria und Sarapis in: Heubner, P. Cornelius Tacitus, Die Historien, Bd. 4, WKLGS, 1976, 175-206 (mit weiterer Literatur); Forschungsüberblick bei Franchet D'Espèrey, Vespasien, Titus et la Littérature, ANRW II, 32, 5, 1986, 3048-3086: cf S. 3069-3072.

[4] Die Erscheinungsgeschichte steht in Vesp. 7 vor den Wundergeschichten, die von den Heilungen eines Blinden und eines Lahmen handeln; cf Derchain/Hubaux, Vespasien

66, 8, 1 ein zusätzliches Wunder (Überfluten des Nils), jedoch nicht die Erscheinung im Sarapistempel.
Auch wenn herrscherliche Wundergeschichten geläufige Topoi sind, "die in einer weit zurückreichenden Tradition stehen"[5], ist doch bei diesen Heilungsgeschichten auffallend, daß Tac. und Suet. Vespasians Zögern und Skepsis betont hervorheben[6]. Hierin kann man einen Hinweis auf den historischen Vespasian sehen, dessen fast rationalisierende Nüchternheit auch anderweitig belegt ist[7].
Daß die Heilungsgeschichte einen propagandistischen Rahmen besitzt, bestätigt die taciteische Version: Tac. leitet den Bericht mit der Bemerkung ein, daß zu der Zeit, als Vespasian in Alexandria weilte, "sich viele Wunder ereigneten, die die Gunst des Himmels und eine gewisse Neigung der Götter zu Vespasian darlegten"[8]; vor den Heilungen erwähnt er die zweideutigen Gutachten der Ärzte, die u. a. auch erwägen, daß "den Göttern die Sache am Herzen liege und der Prinzeps als göttliches Werkzeug ausersehen sei"[9]; Tac. beschließt die erfolgreichen Heilungen mit der Notiz, "daß auch heute noch Augenzeugen beide Geschichten erzählen, nachdem doch durch eine Lüge kein Lohn mehr zu erlangen sei"[10].
Beide Kranke bitten Vespasian um Heilung auf Weisung und Geheiß des Gottes Sarapis (hist. 4, 81, 1). Während der Blinde durch Speichel auf den Wangen und Augenlidern geheilt wird, geschieht die Heilung des Verkrüppelten durch Berührung mit Vespasians Fußsohle ("pede ac vestigio"). Gegenüber WEINREICH, der hinsichtlich der letzten Heilung nur eine allgemeinorientalische Auffassung von der Heilkraft des Fußes vermutete[11], hat HENRICHS durch verschiedene Parallelen aus der religiösen Kunst, insbesondere von Votivgaben, die den Fuß des Sarapis als bekanntes Symbol des Gottes ausweisen, wahrscheinlich gemacht, daß selbst die Art und Weise der Heilung

---

au Sérapéum, Latomus 12 (1953) 38-52: cf S. 42f.

[5] Hornbostel, Sarapis, 372.

[6] Cf Henrichs, Vespasian's Visit, 65f.

[7] Angesichts seines nahen Todes soll Vespasian gesagt haben: "wehe, ich glaube, ich werde ein Gott" (Suet., Vesp. 23); andererseits wissen wir, daß Vespasian Horoskopen und Prophezeiungen (insbes. über seinen Aufstieg) geglaubt hat: cf Tac., hist. 2, 78; Suet., Vesp. 25.

[8] Hist. 4, 81, 1: "... multa miracula evenere, quis caelestis favor et quaedam in Vespasianum inclinatio numinum ostenderetur".

[9] Hist. 4, 81, 2: "id fortasse cordi deis et divino ministerio principem electum".

[10] Hist. 4, 81, 3: "utrumque qui interfuere nunc quoque memorant, postquam nullum mendacio pretium".

[11] Cf Weinreich, Antike Heilungswunder, RVV 8, 1, 1909 (Repr. 1969), 67-73.

direkt mit Sarapis assoziiert werden konnte[12]. Das bedeutet, daß Vespasian nicht nur als Vertreter oder Beauftragter des Gottes handelte, wie es schon der taciteische Bericht nahelegt, sondern, daß der Kaiser - zumindest für die Alexandriner - in diesem Moment Sarapis war[13].
Eine enge Verbindung zwischen Sarapis und dem neuen Prinzeps zeigt auch Vespasians Besuch im Sarapistempel, den er unternahm "ut super rebus imperii consuleret" (hist. 4, 82, 1)[14]; dabei erwähnt Tac. weiter, daß es Vespasian nach diesem Besuch verlangte ("cupido") und daß er allen anderen befahl, "vom Tempel fernzubleiben"[15]. Diese drei Motive haben direkte Parallelen im Besuch der Oase Siwa durch Alexander d. Gr.[16]: "These similarities entitle us to assume that the common source from which Tacitus and Suetonius' accounts are derived had embellished its narrative by borrowing highlights from the story of Alexander's visit to the oracle of Ammon"[17]. Dann ist es sehr wahrscheinlich, daß Vespasian als "neuer Alexander", und damit als Weltherrscher, angesehen werden sollte, und wie jener als "Sohn des Ammon"[18] propagiert wurde und ihm die gottähnlichen Würden der pharaonischen und ptolemäischen Könige zugesprochen wurden[19].
Dies findet seine Bestätigung durch den bekannten P. Fouad Nr. 8, auf dem die Akklamation Vespasians durch die Alexandriner verzeichnet ist. Vespasian wird hier "εἷς σωτὴρ καὶ ε[ὐεργέτης" (Z. 12), "῎Αμμωνος υἱός" (Z. 16) und "ϑεὸς Καῖσαρ" (Z. 20) genannt, womit auf die Alexandertradition, aber auch auf pharaonische Vorbilder rekurriert wird[20]. Gleichzeitig ist dort in Z. 15 "σαρ" verzeichnet, worauf eine Lacuna folgt. Wenn man den Vorschlag von

---

[12] Cf Henrichs, Vespasian's Visit, 68-71. Diese Interpretation fehlt bei Vidman, so daß dessen Deutungen des Sarapisfußes ganz unbestimmt bleiben: cf Vidman, Isis und Sarapis, in: Vermaseren (Hrg.), Die orientalischen Religionen im Römerreich, EPRO 93, 1981, 121-156: cf S. 140.

[13] Cf Henrichs, Vespasian's Visit, 71: "It was, in fact, the foot of Sarapis which healed the crippled hand. In rationalistic terminology we could probably say that Vespasian acted as a representative of the god. For the Alexandrians, however, the emperor was Sarapis at this moment".

[14] Cf auch Suet., Vesp. 7, 1: "de firmitate imperii capturus auspicium"; cf hierzu Fauth in: Heubner, Historien IV, 176.

[15] Cf auch Suet., Vesp. 7, 1.

[16] Cf Henrichs, Vespasian's Visit, 55-57.

[17] Henrichs, Vespasian's Visit, 57.

[18] Cf hierzu Henrichs, Vespasian's Visit, 58; Hölbl, Andere ägyptische Gottheiten, in: Vermaseren (Hrg.), Die orientalischen Religionen im Römerreich, EPRO 93, 1981, 157-192: cf S. 158f.

[19] Cf Fauth in: Heubner, Historien IV, 182.

[20] Cf auch Hornbostel, Sarapis, 373.

HENRICHS übernimmt[21], liegt hier nicht eine Nominativ-, sondern eine Vocativform von Sarapis vor, so daß Vespasian in dieser Zeile angerufen wird als "κύριε] σ[ε]βαστέ, εὐεργέτα, σάρ[απι". Dies wiederum koinzidiert mit der obigen, von HENRICHS übernommenen, Deutung der Heilungsgeschichten.
Zusammenfassend läßt sich also festhalten, daß Vespasian in Alexandria mit dem großen Reservoir ägyptischer Königsideologie ausgezeichnet wurde[22], und daß man ihn in besonderer Weise als "neuen Alexander" und Verkörperung des Sarapis bezeichnete.
Hieraus ergibt sich die Frage nach den Initiatoren eines solchen Programms. Wir können zwei Personen benennen, die mit dieser Propaganda verbunden sind: einmal den ägyptischen Präfekten Tiberius Alexander, der seine Truppen am 1. Juli 69 auf Vespasian verpflichtete (hist. 2, 79), die "notwendigen Vorkehrungen für Vespasians Ankunft" in Alexandria traf (bell 4, 618) und auch im P. Fouad 8 erwähnt wird (Z. 2.17f); zum anderen den Priester Basilides, der dem Prinzeps im Sarapisheiligtum erschienen war (hist. 4, 82; Suet., Vesp. 7), und wahrscheinlich mit dem Basilides, der Vespasian schon am Karmelheiligtum ein günstiges Orakel verkündet hatte (hist. 2, 78), identisch ist[23]. Auch wenn man weitere Identifikationen dieses Basilides offen läßt[24],

---

[21] Cf Henrichs, Vespasian's Visit, 71; anders Nock, Deification and Julian, JRS 47 (1957) 115-123: cf S. 118 Anm 28, der Σάρ[απις ὁ νέος] vorgeschlagen hatte (ihm folgte auch Hornbostel, Sarapis, 372f); eine wesentliche inhaltliche Differenz ergibt sich hieraus nicht.

[22] Auch die von DioCass. 66, 8, 1 berichtete Nilschwemme soll Vespasian als "Pharao" legitimieren: cf Henrichs, Vespasian's Visit, 72f; Hölbl, Andere ägyptische Gottheiten, 175. Zu Vespasians Titulaturen in Ägypten cf die Zusammenstellung bei Bureth, Les Titulatures impériales dans les papyrus, les ostraca et les inscriptions d'Égypte (30 a.C.-284 p.C.), 1964, 37-40.

[23] Cf hierzu Scott, Imperial Cult, 11-13; ders., The Rôle of Basilides in the Events of A.D. 69, JRS 24 (1934) 138-140; L. Herrmann, Basilides, Latomus 12 (1953) 312-315; Fauth in: Heubner, Historien IV, 182f.

[24] Cf hierzu Scott, Rôle, 138; ders., Imperial Cult, 12 Anm 1: Er nimmt Identität mit dem "libertus" (cf auch Suet., Vesp. 7, 1) "Βασιλείδης" an, der auf einem Edikt des ägyptischen Präfekten Cn. Vergilius Capito erscheint (49 n. Chr.): cf OGIS II, 665 (S. 374-381), Z. 35f ("Βασιλείδην τὸν Καίσαρος ἀπελεύθερον"). Während v. Rohden, Art. Basileides, PRE III, 1, 1897, 45-46 diesen Basilides auch für einen "procurator" hält, ihn aber im übrigen von dem Priester am Karmel und dem Ägypter im Sarapistempel unterscheidet (cf ebd., s. v. Nr. 3-6), nimmt Stein an, daß es sich um zwei Männer namens Basilides handele, nämlich den Priester am Karmel und den Ägypter (cf PIR^2 I, S. 355 Nr. 60f). Herrmann, Basilides, 312ff, der diese Hypothesen nicht erwähnt, sieht in Basilides einen Priester des jüdischen Tempels von Leontopolis, kann aber die von Vespasian später befohlene Zerstörung dieses Tempels nicht überzeugend in seine Konstruktion einfügen (cf ebd., 315).

kann man immerhin vermuten, daß er politischer Verbindungsmann zwischen Mucian und Vespasian einerseits und Tiberius Alexander andererseits war[25] und damit bei den Absprachen, die zu Vespasians Thronerhebung führten[26], eine nicht unerhebliche Rolle spielte. Trifft dies zu, so ergeben sich folgende Konsequenzen:

(a) Vespasians Aufstieg gingen politische Absprachen der führenden Männer im syrisch-palästinisch-ägyptischen Raum voraus;

(b) schon bei den Absprachen spielte auch die propagandistische Seite des Aufstiegs eine Rolle, wie das Orakel am Karmel zeigt[27];

(e) die führenden Männer der flavischen Partei produzierten und propagierten günstige Orakel für Vespasian, um den Aufstieg zu legitimieren, den Staatsstreich zu verschleiern und um für die Flavier zu werben;

(d) diese Propaganda setzten Tiberius Alexander und Basilides auch in Ägypten fort, indem sie Elemente der dortigen Königs-, Alexander- und Sarapistraditionen auf den römischen Prinzeps übertrugen.

Ist die ägyptische Propaganda für Vespasian, wie sie sich im P. Fouad 8 summiert wiederfindet, das Werk der flavianischen Parteigänger, so können auch die besagten Heilungsgeschichten nicht in erster Linie als Versuche der ägyptischen Priesterschaft interpretiert werden, durch Eintreten für den neuen Kaiser ihre eigene Position (zu Missionszwecken) zu stabilisieren oder zu stärken[28]. Vespasians keineswegs proägyptische Maßnahmen (DioCass. 66, 8, 2-7) lassen sich zwar dahingehend deuten, daß Vespasian schon zu diesem Zeitpunkt die Hoffnungen der Ägypter enttäuschte, um die römische Hegemonie zu demonstrieren[29], wobei aber zu beachten bleibt, daß propagandistische Anstrengungen gerade dann erforderlich sind, wenn unpopuläre Entscheidungen anstehen; daß ein römischer Karrierist wie Tiberius Alexander etwaige nationalägyptische Träume um ihrer selbst willen entfachte, ist m. E. nicht glaubhaft. Die Übertragung ägyptischer Herrscherelemente auf Vespasian soll den römischen Kaiser ägyptisch legitimieren und ist nicht Ausdruck einer römischen Wiederbelegung jener Elemente.

---

[25] Cf Scott, Rôle, 138ff; ihm folgten z. B. Turner, Tiberius Iulius Alexander, JRS 44 (1954) 54-64: cf S. 61; Heubner, P. Cornelius Tacitus, Die Historien, Bd. 2, WKLGS, 1968, 255f; Fauth in: Heubner, Historien IV, 183.

[26] In diesen Kontext gehört die Prophezeiung vom Karmel.

[27] Cf auch hist. 2, 2-4: Titus, der die begonnene Reise zu Galba nach Othos Machtergreifung und Vitells Erhebung abgebrochen hatte, erhält auf dem Rückweg zu Vespasian im Aphroditeheiligtum von Paphos günstige Orakel, die aber nicht näher konkretisiert werden.

[28] Gegen Hornbostel, Sarapis, 374; daß Basilides auch Priester war, vermag eine solche Deutung nicht zu tragen (gegen Henrichs, Vespasian's Visit, 76).

[29] Cf Henrichs, Vespasian's Visit, 75.

Welchen genauen Adressatenkreis diese Propaganda erreichen wollte, wissen wir nicht. Ob sie Erwartungen persönlicher Frömmigkeit befriedigen konnte[30], ist ebenso ungewiß. Da die ägyptische Isis- und Sarapisreligion in Rom eher spärlich vertreten war, vielleicht Anhänger in niederen sozialen Schichten fand, aber im Bereich der Staatskulte seit der Oktavian-Marc Anton-Auseinandersetzung nur ein Schattendasein führte[31], wird diese Vespasianpropaganda vor allem auf den ägyptisch-orientalischen Raum ausgerichtet gewesen sein. Hier sollte sie die Vespasian fehlende "maiestas et auctoritas" schaffen bzw. vergrößern[32]. Daß sie angemessen war, müssen wir voraussetzen; überprüfen können wir dies nicht.

Nach der Übertragung ägyptischer Traditionen auf Vespasian soll nun die Propaganda im Zusammenhang des Jüdischen Krieges untersucht werden. Jos. hat seinen Bericht von der Zerstörung des Jerusalemer Tempels und der Eroberung der Oberstadt durch die Einfügung einer Prodigienreihe (bell 6, 288ff) unterbrochen; einige dieser Vorzeichen gibt auch Tac. wieder, und zwar bereits in hist. 5, 13, also gemäß den Regeln antiker Historiographie vor dem eigentlichen Kriegsbericht[33].

Ich gebe zunächst eine Synopse der Prodigien:

---

[30] So Morenz, Vespasian, Heiland der Kranken, Würzburger Jb. f. d. Altertumswiss. 4 (1949/50) 370-378.

[31] Cf Vidman, Isis und Sarapis, 133-135.

[32] Diese räumliche Einschränkung ist nötig, da man sonst durch Suetons Zeugnis (s. o. Anm 2) irregeleitet wird (wie Graf, Kaiser Vespasian, Untersuchungen zu Suetons Vita Divi Vespasiani, 1937, 57. 59); schon Grenzheuser, Kaiser und Senat in der Zeit von Nero bis Nerva, Diss. phil., 1964, 246f hat darauf hingewiesen, daß Suetons Notiz (Vesp. 7, 2) über die angeblich Vespasian fehlende Auctoritas im Vergleich zu anderen römischen Quellen, aber auch im eigenen Kontext isoliert dasteht, hat daraus aber nur literarkritische Schlüsse gezogen; demgegenüber geht Hornbostel, Sarapis, 374 Anm 2 durch seine Ablehnung der Deutung Grafs zu weit, wenn er eine Legitimierung Vespasians durch ägyptische Götter grundsätzlich verwirft.

[33] Daß Jos. die Prodigienreihe nicht an den Anfang des Kriegsberichtes gestellt hat, hat ihm Kritik moderner Autoren eingetragen: cf z. B. Norden, Josephus und Tacitus über Jesus Christus und eine messianische Prophetie, (1913), jetzt in: ders., Kleine Schriften zum klassischen Altertum, 1966, 241-275: cf S. 262; Weber, Josephus, 41. Aber schon Corssen hat hierzu eine überzeugende Deutung gegeben: Jos. lenkt durch die Prodigien den Blick zurück, bevor er das in jüdischen Augen Fürchterlichste erzählt, die heidnische Inbesitznahme des Tempels in Form der Siegesopfer für die römischen Adler (cf Corssen, Die Zeugnisse des Tacitus und Pseudo-Josephus über Christus, ZNW 15, 1914, 114-140: cf S. 119f).

hist. 5, 13	*bell 6*
(fehlt)	1. schwertähnlicher Stern und Komet am Himmel (§ 289)
1. kämpfende Schlachtreihen am Himmel und rötlich schimmernde Waffen	= 5. bewaffnete Schlachtreihen und Streitwagen am Himmel, die die Städte umzingeln (§§ 296-298)
2. plötzliches Umleuchten des Tempels durch den Feuerschein der Wolken	= 2. mitternächtliches Licht, das den Altar und den Tempel umstrahlt (§ 290)
(fehlt)	3. eine Opferkuh wirft auf dem Weg zur Schlachtstätte ein Lamm (§ 292)
3. Aufspringen der Tempeltüren	= 4. das Osttor des Tempels springt von selbst auf (§ 293)
	5. s. o.
4. laute übermenschliche Stimme, die den Auszug der Götter ankündigt, samt gewaltigem Getöse wie von einem Auszug	= 6. Bewegung und Getöse im Tempel und vielfältiger Ruf, der den Auszug der Gottheiten verkündet (§ 299)
(fehlt)	7. Weherufe des Propheten Jesus b. Ananias gegen Tempel, Stadt und Volk (§§ 300-309)
Hinzu kommen zwei weitere Zeichen, die allerdings keine Prodigien im engeren Sinne sind:	
(fehlt)	8. Herstellung der Quadratform des Tempels (§ 311)
5. Orakelspruch über das Erstarken des Orients, die Weltherrschaft von Judäa aus samt Interpretatio Romana (cf auch Suet., Vesp. 4)	= 9. zweideutiger Gottesspruch über die Weltherrschaft von Judäa aus samt Interpretatio Romana (§ 312f)

Eine genaue literarkritische Analyse erübrigt sich hier, da sie bereits von U. FISCHER überzeugend geleistet wurde[34]. Drei Beobachtungen sind wich-

[34] Cf Fischer, Eschatologie und Jenseitserwartung im hellenistischen Diasporajudentum, BZNW 44, 1978, 161-167 in teilweiser Aufnahme von Weinreich, Türöffnung im

tig:

(a) Alle Prodigien bei Tac. haben eine inhaltliche Entsprechung bei Jos., der darüber hinaus vier weitere Zeichen aufführt, von denen mindestens zwei (Nr. 7 und 8) genuin jüdischer Herkunft sind;

(b) Jos. hat gegenüber Tac. eine teilweise andere Reihenfolge, die dadurch entstanden ist, daß er den inhaltlichen und durch die Tradition vorgegebenen Zusammenhang zwischen dem Aufspringen der Tempeltür und dem Auszug der Gottheiten[35] zerstört hat durch die Einführung der himmlischen Schlachtreihen, also des ersten taciteischen Prodigiums;

(c) die Jos.-Fassung ist erweitert durch Erwähnung von konkurrierenden Auslegungen seitens wissender und unwissender Juden in Jerusalem (§§ 291. 295), durch Jos.' eigene jüdische Deutung der Prodigien als "Warnrufe Gottes" (§ 288b)[36] samt resümierender Sentenzen (§§ 310. 314f), durch Zufügung von Datierungen der Vorzeichen an bestimmten jüdischen Festen (§§ 290. 292. 296. 299) sowie durch Erwähnung verschiedener Augenzeugen (§§ 297. 299).

Zu diesen Beobachtungen tritt der Tatbestand, daß auch DioCass. 65, 8, 1f[37] eine Liste von fünf (römischen) Prodigien aufführt, die den Untergang Vitells ankündigen, sich jedoch sprachlich eng mit bell 6, 288ff und hist. 5, 13 berühren[38]. Damit ergibt sich als Schlußfolgerung[39], daß es eine (lateinische) heidnische Quelle gegeben hat, die eine Prodigienreihe enthielt, die von Jos. und

---

Wunder-, Prodigien- und Zauberglauben der Antike, des Judentums und Christentums, in: Genethliakon Wilhelm Schmid zum 70. Geburtstag, TBAW 5, 1929, 200-464: cf S. 264. 271-279; anders: Schalit, Die Erhebung Vespasians nach Flavius Josephus, Talmud und Midrasch, ANRW II, 2, 1975, 208-327: cf S. 322ff Anm 142.

[35] Cf Weinreich, Türöffnung, 273; s. u. Anm 46.

[36] Cf M/B, Exkurs XIV: Die Bedeutung des "Zeichens" bei Josephus (= Bd. II, 2, S. 186-189: cf bes. S. 187); Lindner, Die Geschichtsauffassung des Flavius Josephus im Bellum Judaicum, AGJU 12, 1972, 132.

[37] S. o. 2.2, bb), Anm 4: Das erste Prodigium ist ein Komet, die beiden letzten bezeichnen den Auszug der kapitolinischen Götter unter lautem Getöse aus ihrem Tempel. DioCass. 65, 8, 3 (Xiphilinexzerpt) setzt diese Prodigienreihe mit einem Hinweis auf den mit dem Jüdischen Krieg beschäftigten Vespasian fort; demgegenüber verknüpft das Zonarasexzerpt (XI, 16; DioCass. 65, 8, 1f) die römischen Vorzeichen direkt mit dem jüdischen Aufstand, bietet aber als Vorzeichen nur die zwei *nicht* mit Jos. und Tac. konvergierenden Prodigien (Mondfinsternis und 2 Sonnen), so daß weitergehende literarkritische Spekulationen ohne Belege sind; Zonarastexte bei Cary, Dio's Roman History, Bd. 8, LCL, 1925/1968[4], S. 232f Anm 1f.

[38] Cf Fischer, Eschatologie, 162 Anm 18: Nahezu wörtliche Übereinstimmungen bieten der "Komet" (cf bell 6, 289), die "von selbst unter lautem Getöse sich öffnenden Tempeltüren" (cf hist. 5, 13, 1) und die "Wächter" des Tempels (cf bell 6, 294).

[39] Cf Fischer, Eschatologie, 166.

Tac. vollständig benutzt worden ist, von Suet. nur im Hinblick auf das Schlußorakel und evtl. auch von DioCass.; diese Quelle bot die Prodigienreihe in der Tac.-Version, könnte aber auch mit dem Kometenprodigium[40] begonnen haben, das Tac. wegen einer Dopplung zu den folgenden Lufterscheinungen weggelassen hat; den abschließenden Höhepunkt der Liste bildete das Orakel samt seiner Deutung auf Vespasians und Titus' Weltherrschaft[41]. Daher ist deutlich, daß inhaltlich eine proflavische Quelle vorliegt; ich nenne sie "*flavianischer Traktat*".
Im folgenden sollen nicht die jüdischen Umformungen des Jos.[42], sondern dieser Traktat selbst untersucht werden, und zwar hinsichtlich seiner propagandistischen Bedeutung. Der flavianische Traktat führt auf die ideologische Ebene des jüdisch-römischen Krieges. Er ist das einzige literarische Dokument, das die römische Sichtweise präsentiert, und daher von entscheidender Bedeutung.
Schon das erste Prodigium der kämpfenden himmlischen Heere propagiert, daß dieser Krieg nicht nur auf Erden, sondern auch im Himmel ausgetragen wird. Jos., der in der anachronistischen Erwähnung von "Streitwagen" atl. Material verarbeitet hat[43], berichtet weiter von "φάλαγγες ἔνοπλοι διάττουσαι τῶν νεφῶν καὶ κυκλούμεναι τὰς πόλεις" (bell 6, 298) und bildet damit das irdische Geschehen des ganzen Krieges und nicht nur der Belagerung Jerusalems im Himmel ab, allerdings aus römischer Sicht[44]; ein Hinweis auf den

---

[40] Tac., ann. 14, 22; 15, 47 berichtet von Kometenerscheinungen in Rom in den Jahren 60 und 64 n. Chr., die in der Volksmeinung einen Herrscherwechsel anzeigten (cf auch Suet., Vesp. 23: vor Vespasians Tod).

[41] Zum Abschlußorakel ließe sich als Gegengewicht gut eine Kometenerscheinung (s. o. Anm 40) vorstellen; dies ist allerdings eine Spekulation (s. o. Anm 37).

[42] Cf hierzu den ausführlichen Kommentar von M/B, VI Anm 135-150. Exkurs XIII-XV (= Bd. II, 2, S. 179-192) und Michel, Studien zu Josephus, Apokalyptische Heilsansagen im Bericht des Josephus (BJ 6, 290f., 293-95); ihre Umdeutung bei Josephus, in: Ellis/Wilcox (Hrg.), Neotestamentica et Semitica, FS M. Black, 1969, 240-244. Diese traditionsgeschichtlichen Untersuchungen, die sich hauptsächlich auf jüdische (atl. und rabbinische) Parallelen stützen, werden sinnvoll ergänzt durch den Tacituskommentar von Heubner/Fauth, der auch hellenistisch-heidnisches Material bietet: cf Heubner/Fauth, P. Cornelius Tacitus, Die Historien, Bd. 5, WKLGS, 1982, 149-155; cf auch McCasland, Portents in Josephus and the Gospels, JBL 51 (1932) 323-335: cf S. 327-333 sowie den Quellenüberblick bei Berger, Hellenistisch-heidnische Prodigien und die Vorzeichen in der jüdischen und christlichen Apokalyptik, ANRW II, 23, 2, 1980, 1428-1469: cf S. 1457.

[43] Cf M/B, VI Anm 141.

[44] Cf M/B, VI Anm 141: "Die Darstellung wirkt wie das Urbild (τύπος) späterer Truppenbewegungen und Einschließungen von Städten". Wichtig ist m. E. weiter, daß ein Kampf im Himmel gerade nicht geschildert wird, sondern höchstens impliziert ist.

Tempelkampf ist nur allgemein durch den Kontext gegeben, in den Jos. das Vorzeichen immerhin umgestellt hat (s. o.). Demgegenüber schilderte der flavianische Traktat "Schlachtreihen, die im Himmel *miteinander* kämpften"[45], und zentriert durch die Fortsetzung diesen himmlischen Kampf auf den Tempel: "et subito nubium igne conlucere templum" (hist. 5, 13). Der "Feuerschein der Wolken" geschieht hier nicht durch irgendein unerklärliches zeichenhaftes Licht wie bei Jos.[46], sondern durch den Kampf mit "rötlich schimmernden" Waffen. Dieser himmlische Kampf um das Jerusalemer Heiligtum wird durch die beiden folgenden Tempelomina zugunsten der Römer entschieden: Die Türen öffnen sich, und die Götter ziehen unter gewaltigem Getöse aus. Damit propagiert der Traktat nicht etwa, daß die Götter in den himmlischen Kampf eingreifen, sondern ihre Flucht bzw. Desertion[47]. Ich halte es für durchaus möglich, hier an eine der "Evocatio" vergleichbare Vorstellung zu denken[48].

Der Ritus der Evocatio wird von den relativ jungen Zeugen als alt beschrieben[49]; er besteht darin, daß die römischen Priester, die das Heer begleiteten, die Schutzgottheiten einer belagerten Stadt feierlich aufforderten, ihre Stadt zu verlassen, und ihnen dafür die Fortführung ihres Kultes in Rom zusicherten[50]. Auch wenn wir nicht wissen, in welchen historischen Fällen eine derartige Evocatio tatsächlich vollzogen wurde[51], blieb die

---

[45] Cf hist. 5, 13: "visae per caelum concurrere acies"; daß es sich um einen "richtigen" Kampf handelte, ist aus der Fortsetzung ("rutilantia arma") ersichtlich.

[46] Cf bell 6, 290: Durch die Umstellung des Prodigiums der kämpfenden Heere hat Jos. also nicht nur den Zusammenhang zwischen Türprodigium und Götterauszug zerstört (s. o.), sondern auch die Verbindung zwischen dem himmlischen Kampf und dem Tempelkampf; einen Reflex der ursprünglichen Verbindung könnte man noch im Stichwort "τῶν νεφῶν" (§ 298) sehen, das in der Tac.-Version als "nubium igne" wiederkehrt.

[47] Cf Weinreich, Türöffnung, 257f; cf auch Plut., Ant. 75: Dionysos flieht von Marc Anton zu Oktavian.

[48] Cf Nikiprowetzky, La mort d'Éléazar fils de Jaire et les courants apologétiques dans la De Bello Judaico de Flavius Josèphe, in: Hommages à André Dupont-Sommer, 1971, 461-490: cf S. 476f Anm 1; kritischer: Weber, Josephus, 40f Anm 2; Weinreich, Türöffnung, 276.

[49] Cf Plin., nat. 28, 18; Macr., Sat. 3, 9 (zit. auch Verg., Aen. 2, 351f).

[50] Cf Wissowa, Religion und Kultus der Römer, HKAW V, 4, (1902) 1912², 44. 383f; Weinreich, Primitiver Gebetsegoismus, in: Genethliakon Wilhelm Schmid zum 70. Geburtstag, TBAW 5, 1929, 169-199: cf S. 181f; Pfister, Art. Evocatio, RAC 6, 1966, 1160-1165: cf Sp. 1162; Latte, Römische Religionsgeschichte, HAW V, 4, (1960) 1967², 43.

[51] Cf Liv. 5, 21, 3ff: Evocatio der Juno Regina aus Veji; die Evocatio der Juno Caelestis aus Karthago ist nicht historisch: cf Wissowa, Religion, 374; Latte, Religionsgeschichte, 125. 346 Anm 4. Eine Evocatio der Götter (Plural!) Karthagos behauptet Macr., Sat. 3,

Vorstellung von städtischen Schutzgottheiten in der Kaiserzeit lebendig, wie die Belege bei Plinius, Macrobius und Vergil zeigen. Die bei Macrobius zitierte Vergilstelle berichtet über den Fall Trojas "excessere omnes adytis ..." (Aen. 2, 351), wobei die Parallelität zu hist. 5, 13 auffallend ist: "excedere deos"; die Übereinstimmung bezieht sich nun nicht nur auf das Verb, sondern auch auf die Pluralform, die in der Tac.-Version trotz des zuvor skizzierten jüdischen Monotheismus (5, 5, 4) beibehalten wurde und sich gleichfalls in bell 6, 299 wiederfindet und somit den stärksten Hinweis auf die heidnische Quelle liefert. Diese Pluralform könnte gerade auf eine Evocatio hinweisen: Sie ist nicht nur bei Macr., Sat. 3, 9 belegt, sondern auch bei Liv. 5, 21, 5 ("vocatos deos"), wo sie (ebenfalls) eine Übertreibung darstellt, da im Kontext nur von einer Gottheit die Rede ist[52].

Da ein Evocationsritus vor Jerusalem nicht belegt ist, wir aber eine Formulierung vor uns haben, die eine Flucht bzw. Desertion der Götter (Plural!) beschreibt, liegt es m. E. nahe, daß diesem Prodigium eine dem Ursprung der Evocatio analoge Vorstellung zugrunde liegt, die propagiert, daß die Schutzgötter der Stadt ihren Wohnort verlassen haben, so daß die Zerstörung von Stadt und Tempel möglich ist und keine Freveltat darstellt. Ich vermute, daß eine derartige Propaganda, als Vorbereitung der Eroberung und Zerstörung des Tempels notwendig war. Denn der einzige zusammenhängende Bericht über die Tempelzerstörung, der nicht die Flavier entlastet, erwähnt, daß die Soldaten durch die offenen Tempeltore "aus Furcht vor den Göttern nicht sofort einfielen"[53], sondern durch Titus erst gedrängt werden mußten (DioCass. 66, 6, 2). Herrschte eine derartige Stimmung bei den römischen Truppen, wozu noch Gerüchte kamen, daß diese Stadt uneinnehmbar sei[54], so war eine römische Propaganda notwendig. Die vorliegende Prodigienreihe wäre als eine solche Gegenpropaganda gut denkbar. Die Tempelprodigien erfüllen damit die gleiche Funktion wie ein Evocationsritus.

Einen letzten Hinweis auf eine der Evocatio vergleichbare Vorstellung, die jedoch zugleich die Differenz zur klassischen Evocatio verdeutlicht, bietet die Tatsache, daß die Römer die Jahweattribute nach Rom mitnahmen, im Triumphzug vorzeigten und später in Vespasians Friedenstempel bzw. in seinem Palast deponierten (bell 7, 148f. 158-162). Der Unterschied zur Evocatio besteht darin, daß der Jahwekult nicht in Rom fortgesetzt wird, sondern daß der jüdische Gott als besiegt gilt[55]. Wenn COLPE damit Recht hat, daß den römischen Führern bewußt war, daß sich der jüdische Gott nicht

---

9, 7ff, jedoch "hat dies wohl erst der von Macrobius indirekt benützte Serenus Sammonius, ein Zeitgenosse des Septimus Severus ... so angeordnet" (Wissowa, ebd., 374 Anm 3).

[52] Cf Eisenhut, Art. Evocatio, KP 2, 1975/79, 472-473: cf Sp. 472.

[53] Cf DioCass. 66, 6, 2: "οὐ μὴν καὶ παραχρῆμα διὰ τὸ δεισιδαιμονῆσαι ἐσέδραμον".

[54] S. o. 1.1, b), S. 89.

[55] S. u. 3.

evozieren und synkretistisch vereinnahmen ließ[56], so ist die Besiegung dieses Gottes eine notwendige Konsequenz. Der Evocatio vergleichbar ist aber die Überführung nach Rom und die dortige Kontrolle Jahwes.

Wurde der Sieg über Jahwe für die Bevölkerung Roms propagiert, so waren die Tempelprodigien für die Soldaten vor Jerusalem notwendig, um deren Siegeszuversicht zu steigern: Durch die Belagerung war Jahwe gezwungen, seinen Wohnort zu verlassen. Nicht zu entscheiden ist in diesem Zusammenhang die Frage, ob der Auszug der Götter bzw. Jahwes nur als Flucht oder auch als ein Überlaufen zu den Römern propagiert werden sollte. An ein Überlaufen könnte man denken, wenn eine Evocatio o. ä. vorläge; eine Flucht ließe auch die Möglichkeit offen, die Götter als besiegt darzustellen. Sprechen für die erste Möglichkeit evtl. zwei Zeugnisse bei Jos.[57], so ist die zweite Variante im Licht der obigen Überlegungen wahrscheinlicher und vielleicht die Sichtweise des flavianischen Traktats.

Der Traktat schließt nach den Tempelprodigien mit dem Orakelspruch, der die Herrschaft des Orients und die Weltherrschaft von Judäa aus prophezeit, samt der Interpretatio Romana. In 2.1, c) wurde herausgestellt, daß das ursprüngliche Orakel nicht jüdische Messiaserwartungen aufgriff und auf Vespasian übertrug, sondern, daß in der Tac.-Version ein gesamtorientalischer Standpunkt wiedergegeben wird, der sowohl von den jüdischen Aufständischen als auch von den Flaviern den eigenen Bedürfnissen entsprechend umgeformt und verwertet wurde[58].

---

[56] Cf Colpe, Einführung in die Geschichte und neue Perspektiven, in: Vermaseren (Hrg.), Die orientalischen Religionen im Römerreich, EPRO 93, 1981, 1-40: cf S. 5.

[57] Jos. läßt Titus sagen, daß Gott nicht mehr auf Stadt und Tempel herabblicke (cf bell 6, 127), und ruft selbst den Aufständischen zu, daß "die Gottheit ("τὸ θεῖον") aus dem Heiligtum gewichen ist und sich auf die Seite derer gestellt hat, mit denen ihr Krieg führt" (5, 412): Während Lindner, Geschichtsauffassung, 59 Anm 2 hierin keine direkte Parallele zur Tyche-Konzeption des Jos. sehen will, ist bell 5, 412 nach Michel die "hebraisierende Parallele" zur hellenistisch-pragmatischen Tycheaussage in 5, 360 (Michel, Die Rettung Israels und die Rolle Roms nach den Reden im 'Bellum Iudaicum', ANRW II, 21, 2, 1984, 945-976: cf S. 960). M. E. ist Michels Interpretation auf der literarischen Grundlage zutreffend (s. o. 1.2, bc, S. 167f) - falls man jedoch, was nicht zu beweisen ist, in 5, 412 einen Reflex der historischen Auseinandersetzung um Gottes Bundesgenossenschaft auf Seiten der Juden oder auf Seiten der Römer annimmt, wäre 5, 412 ein Beleg der ideologischen Auseinandersetzung im Vorfeld der Tempelzerstörung; aufgrund der auffälligen Neutrumformulierung (τὸ θεῖον; cf § 367: ὁ θεός steht zu Italien, aber nicht erst seit Vespasian und nicht in einem die Juden ausschließenden Sinn) könnte man dann § 412 auch als Aussage aus heidnischer Sicht werten, die - wie die Tempelprodigien - eine Flucht, hier sogar eine Desertion der jüdischen Gottheit behauptet.

[58] S. o. 2.1, c), S. 243f.

Es ist m. E. naheliegend, daß die Umdeutung des Orakels auf die Flavier von den gleichen Parteigängern vorgenommen wurde, die im Zuge der politischen Absprachen vor dem Staatsstreich auch in dieser Hinsicht tätig waren[59]. Sie konnten dabei auf ein gesamtorientalisch gültiges Orakel zurückgreifen, das schon eine erste jüdische Interpretation hinter sich hatte[60] und gleichzeitig ohne inhaltliche Änderung, nur durch Anfügung der Interpretatio Romana, auf Vespasian und Titus paßte. Dieses Orakel propagierte damit nicht eine im Wesen jüdische Legitimation Vespasians durch Jahwe, wie sie beispielsweise Jos. im charismatischen Selbstbild nach der Eroberung Jotapatas verkündet hatte[61]; daher handelt es sich auch nicht um eine jüdische, sondern vielmehr um eine gesamtorientalische Parallele zu den spezieller ägyptischen Herrschaftslegitimierungen. Dem Orakel und der ägyptischen Propaganda ist aber gemeinsam, daß Vespasian mit der Herrschaft des Orients in Zusammenhang gebracht wird: Während das Orakel das Erstarken des Orients direkt erwähnt, wissen wir aus bell 4, 618, daß Vespasian nach seiner Thronerhebung in Ägypten als "τὸν ἐπὶ τῆς ἀνατολῆς αὐτοκράτορα" verstanden wurde. Eine solche Propaganda wird Vespasian in erster Linie vor seinem Erfolg in Rom nützlich gewesen sein. Denn er war auf die Unterstützung des Ostens (der Legionen, Auxiliartruppen und Klientelfürsten) angewiesen, um gegen den Westen marschieren zu können. Gleichzeitig konnte er sich nach seinem Sieg keine Erinnerung an eine exklusive "Herrschaft über den Orient" erlauben, da dies seit Marc Anton in Rom negative Assoziationen geweckt hätte. Durch zwei Taten ist Vespasian in der Lage, solche Befürchtungen in

---

[59] S. o. 2.1, c), S. 244.

[60] S. o. 2.1, c), S. 243 (a).

[61] Cf Lindner, Geschichtsauffassung, 61f. 147f; in bell 3, 403f erwähnt Jos. auch summarisch andere Zeichen, die auf Vespasians Thronerhebung hingedeutet hatten (cf auch 4, 623); Lindner faßt nach der Erwähnung des Karmelorakels zusammen: "Josephus wird nicht ohne Mühe sein eigenes Omen einer solchen Tradition gegenüber behauptet haben ... Der jüdische Priester tritt dabei in eine Reihe mit anderen Sehern und Orakelgebern und in der Geschichtsschreibung notwendig in Konkurrenz zu ihnen" (ebd., 63). Schalit hat versucht, Jos. und Johanan b. Zakkai zu kontrastieren, wobei er Jos. als denjenigen beschreibt, der um den Preis der Ehre willen sein Leben rettete, während Johanan vor Vespasian den Tempel retten wollte und dabei scheiterte (cf Schalit, Erhebung Vespasians, 321f = Zusammenfassung); cf hierzu die ausführliche methodische und quellenkritische Replik von Moehring, Joseph ben Matthia and Flavius Josephus: the Jewish Prophet and Roman Historian, ANRW II, 21, 2, 1984, 864-944: cf S. 917ff. Zur Unhistorizität der Weissagung Johanans über Vespasians Kaiserwürde, die in diesem Zusammenhang auch auftaucht, cf Neusner, Development of a Legend, StPB 16, 1970, 228-234; Schäfer, Die Flucht Johanan b. Zakkais aus Jerusalem und die Gründung des 'Lehrhauses' in Jabne, ANRW II, 19, 2, 1979, 43-101: cf S. 87f.

Rom zu zerstreuen: einmal durch die Ablehnung der parthischen Militärhilfe und die Entsendung der Parther an den Senat (hist. 4, 51), zum anderen durch den Jüdischen Krieg bzw. die flavische Propaganda darüber.
Vespasian konnte jetzt den Jüdischen Krieg als Krieg des Westens gegen ein östliches Reich propagieren[62]. Das bedeutet gleichzeitig, daß durch Vespasians Aufstieg zum römischen Kaiser auch die ideologische Auseinandersetzung im jüdisch-römischen Krieg verschärft wurde. Die Hoffnungen des Orients, die zu Beginn des Aufstiegs von den flavischen Parteigängern noch zu ihren Gunsten genutzt worden waren, werden nun umgekehrt und gegen Judäa gerichtet, um gerade die Hegemonie des Okzidents zu erweisen. Da auch bei den Juden das gesamtorientalische Orakel eine ideologische Rolle spielte und sie es innerjüdisch-messianisch ausgelegt hatten, konnte der Jüdische Krieg als ein Prüfstein der neuen Herrschaft (s. o. bc) - auch im Sinne einer römischen Vorherrschaft über den Orient propagiert werden[63].
Der flavianische Traktat spiegelt dabei die historische Verbindung von Vespasians Aufstieg mit dem Jüdischen Krieg auf ideologisch-theologischer Ebene wider, indem er den Tempelprodigien des Orakel anfügt. Wenn es zutrifft, daß der Propagandatraktat bei den römischen Truppen vor Jerusalem verwendet wurde, konnte durch die Verknüpfung von Prodigien und Orakel zweierlei erreicht weren: Zum einen hatte sich die römische Deutung des Orakels bereits bestätigt und konnte daher als Beglaubigung der Prodigien dienen; zum anderen "widerlegten" Prodigien und Orakel die jüdischen Hoffnung auf Jahwes Kriegshilfe vom Tempel aus und auf ein messianisches Reich[64].
Auch der jüdisch-römische Krieg wurde nicht nur mit Waffen, sondern auch mit Orakeln, nicht nur von Soldaten, auch von Propheten und Wahrsagern, und zwar auf beiden Seiten ausgefochten[65]. Dabei konzentriert sich die ideo-

---

[62] S. o. 2.1, c), S. 245.

[63] Cf auch Suet., Tit. 5, 3: Gerüchte über Titus "orientisque sibi regnum vindicare temptasset"; diese Gerüchte entstanden bezeichnenderweise in den Legionen nach der Eroberung Jerusalems und verstärkten sich, als Titus an religiösen Feierlichkeiten in Ägypten teilnahm (cf dazu Martinet, C. Suetonius Tranquillus, Divus Titus, BKP 123, 1981, 50-52); Titus selbst beeilte sich, solche Gerüchte zu zerstreuen: Eine exklusive Herrschaft über den Orient lag nicht mehr auf der Linie der flavisch-römischen Politik; auch die auffällige Tatsache, daß in Cäsarea "Judaea capta"-Münzen mit griechischer Legende geprägt wurden (s. o. 2.2, bc, Anm 27), könnte dadurch mitverursacht sein, daß Rom seine Vorherrschaft in der gesamten Region verkünden wollte (cf Levine, Some Observations on the Coins of Caesarea Maritima, IEJ 22, 1972, 131-140: cf S. 133).

[64] S. o. 1.2, bc).

[65] S. o. 2.1, c), S. 249 (Windischzitat).

logische Auseinandersetzung auf den Jerusalemer Tempel: Er ist nicht nur das Zentrum der jüdischen Widerstandstheologien[66], deren Recht Jos. polemisch bestreitet, sondern auch das ideologische Angriffsobjekt der paganen Prodigien, die während der Belagerung propagieren, daß der himmlische Krieg um das Heiligtum bereits entschieden sei und daß die neuen Weltherrscher aus dem Osten nicht Juden, sondern die römischen Kaiser sind, die mit Hilfe ihrer Götter auch den Jerusalemer Tempel zerstören können.

Damit steht die Botschaft des flavianischen Traktats in Parallele zu den ägyptischen Akklamationen: Hatten jene die Weltherrschaft aus dem Orient mit den Alexanderepitheta ausgedrückt und mit Hilfe der Wundergeschichten begründet, so "beweist" der Traktat die göttliche Legitimierung der Flavier durch ihren Sieg über die Juden und deren Kult[67]. Illustriert wird Vespasians "Herkunft" aus dem Osten auf einer römischen Münze (70/71 n. Chr.), die auf der Vorderseite *Sol Oriens*, auf der Rückseite Vespasian als *Comes Solis* zeigt[68].

---

[66] S. o. 1.2, bc), S. 166ff.

[67] Dies ist ein inhaltlicher Hinweis darauf, daß in einer flavischen Liste ihrer "omina imperii", wie sie Weber, Josephus, 44-53 wahrscheinlich gemacht hat (cf auch Lindner, Geschichtsauffassung, 61-65), jedoch ohne diese Hypothese für die hier untersuchten Prodigien auszuwerten (cf Weinreich, Türöffnung, 276), auch der flavianische Traktat gestanden hat. Einen späten Beleg, der die Beherrschung des Orients mit der Herrschaft über Jerusalem verbindet, bietet Suet., Nero 40, 2, den Schalit, Erhebung Vespasians, 230 m. E. anachronistisch auslegt.

[68] Cf Kent/Overbeck/Stylow, Die Römische Münze, 1973, S. 31. 106; Taf. 58, Nr. 226.

3. Die Zerstörung des Jerusalemer Tempels als Ergebnis der ideologisch-theologischen Auseinandersetzungen

Der Tempel von Jerusalem steht mindestens bei zwei Taten im Zentrum des jüdisch-römischen Krieges: zu Beginn bei dem Opferboykott der Aufständischen unter Eleazar b. Ananias und gegen Ende der Belagerung Jerusalems bei der Eroberung, dem Brand und der Schleifung des Heiligtums. Symbolischer Anfang und symbolisches Ende des Krieges sind mit diesem Tempel verbunden. Ist das ein Zufall? - Insofern nicht, als in der gesamten Antike Praxis und Ideologie eines Krieges religiös-kultische Komponenten besitzen[1], so daß Ereignis- und Ideologiegeschichte auch in dieser Hinsicht eine Fülle von Wechselbeziehungen aufweisen. Jedoch sind derartige allgemeine Erwägungen solange ohne Informationsgewinn und Erklärungswert, als sie nicht am konkreten Fall überprüft werden. Dies ist im 1. und 2. Kapitel geschehen, indem theologische und ideologische Elemente dargestellt (1.1 und 2.1) und auf ihre Funktionalität im Umfeld des Krieges hin untersucht wurden (1.2 und 2.2). Konnte der Opferboykott dort eingeordnet werden (1.2, ab), so bleibt die Tempelzerstörung weiterhin erklärungsbedürftig. Hierzu sollen unter erneutem Rückgriff auf die bisherigen Ergebnisse Hypothesen erwogen werden.

3.1 Die Zerstörung des Jerusalemer Tempels und die ideologische Verschärfung des jüdisch-römischen Krieges im Zuge des Aufstiegs der Flavier

Der römische Bürgerkrieg nach Neros Tod führte zu einer Verschärfung des jüdisch-römischen Krieges. Diese Verschärfung hat bei beiden Konfliktparteien sowohl eine militärische als auch eine theologisch-ideologische Seite. Vespasian, der schon in den Feldzügen der Jahre 67 und 68 n. Chr. systematisch, aber auch seine Truppen schonend vorgegangen war[1], verzichtete im Jahre 69 auf jede militärische Aktion in Judäa, um in den römischen Machtkampf eingreifen zu können[2]. Diese Abstinenz ermöglichte Simon b. Giora den Zugang zur Hauptstadt, wodurch zwar einerseits erneute interne Ausein-

---

[1] Cf Weippert, "Heiliger Krieg" in Israel und Assyrien, ZAW 84 (1972) 460-493: cf S. 484-491; daß sich hieran bis in die Gegenwart strukturell nicht viel verändert hat, bedarf keines Beweises.

[1] S. o. I. Teil, 2.

[2] S. o. I. Teil, 4.

andersetzungen begannen, andererseits aber ein fähiger und mächtiger Führer die spätere Verteidigung der Stadt entscheidend stärkte[3].

Auch die theologisch-ideologischen Folgen lassen sich kurz skizzieren: Aus bell 6, 341 kann man nicht nur entnehmen, daß es im Jahre 69 zu planmäßigen Verteidigungsvorbereitungen kam, sondern auch daß Neros Tod in Jerusalem bekannt geworden ist und man dort auf die Erschütterungen des Reiches durch Bürgerkriege gehofft hat; inwieweit man dies als göttliche Strafe gedeutet hat, wissen wir nicht - es ist zumindest sehr naheliegend[4]. Auf dem Hintergrund, daß alle Aufständischen in Jerusalem von Gottes Symmachie und der Uneinnehmbarkeit der Stadt überzeugt waren[5], ist es wahrscheinlich, daß die Juden den ausbleibenden römischen Angriff im Sinne des "Erfolgsmodells"[6] gedeutet haben. Demgegenüber mußten die Flavier nach ihrem Erfolg in Rom den Jüdischen Krieg siegreich beenden, um ihre Herrschaft zu konsolidieren. Dieser Krieg wurde zum Prüfstein der neuen Dynastie[7], die hiermit auf ideologischer Ebene die Weltherrschaft des Okzidents verband[8].

Die militärische und ideologische Verschärfung stellt einen Gesamtrahmen dar, der für die Frage nach den Ursachen der Tempelzerstörung erhellend ist: Während die Römer den Krieg unter allen Umständen gewinnen mußten, verteidigten die Juden ihre Stadt und insbesondere den Tempel mit äußerster Anstrengung; daher kann man begründet vermuten, daß die Römer auch mit allen zur Verfügung stehenden Mitteln den Widerstand brechen mußten, ohne daß für Schonung und Milde Raum blieb[9].

Bevor man nach konkreten Ursachen fragen kann, ist zunächst zu erörtern, ob und inwieweit die Römer den Tempel absichtlich zerstört haben. Die Lösung dieses Problems hat einen stark hypothetischen Charakter, da wir auf Vermutungen, Indizien und Rückschlüsse angewiesen sind; denn die Quellenbasis ist ungünstig: Auf der einen Seite besitzen wir den ausführlichen Bericht des Jos., der aber gleichzeitig alle Schuld an der Tempelzerstörung von Titus abweist und die Aufständischen bzw. einen anonymen römischen Solda-

---

[3] S. o. I. Teil, 3.

[4] S. o. 1.2, bb), Anm 40.

[5] S. o. 1.2, bb). bc).

[6] S. o. 1.2, bc), S. 157. 166.

[7] S. o. 2.2, bc).

[8] S. o. 2.2, cc).

[9] Dies gilt auf jeden Fall für die Zeit nach der Errichtung der circumvallatio (cf bell 5, 491-511); zu den "sekundären Motivationen", mit denen dagegen Jos. sein Titusbild zeichnet, cf Lindner, Die Geschichtsauffassung des Flavius Josephus im Bellum Judaicum, AGJU 12, 1972, 97. 99-125.

ten beschuldigt[10], während auf der anderen Seite nur ein christlicher Text vom Beginn des 5. Jahrhunderts, nämlich Sulp. Sev., Chron. II, 30, 6f, Titus' Plan für die Zerstörung direkt erwähnt, aber mit der anachronistischen Aussage begründet, die Zerstörung solle in erster Linie die christliche Religion treffen; dieser Text könnte jedoch auf die verlorenen Teile der Historien des Tac. zurückgehen[11].

Gegenüber einer bis heute unklaren Forschungssituation[12] hatte I. WEILER bereits 1968 in einem kaum rezipierten Aufsatz[13] die Frage nach Absicht oder Zufall der Tempelzerstörung aufgegriffen. Ich folge seiner Argumentationsstruktur:

(a) Ausgangspunkt sind zwei innere Widersprüche bei Jos.[14]: Gegen seine apologeti-

---

[10] Die Apologetik des Jos. ist an zahlreichen Stellen sichtbar: cf bell 5, 363. 444f. 456; 6, 94-97. 119-121. 122f. 128. 165. 216f. 230. 236-245. 251f. 256-266. 346f.

[11] S. o. 2.2, bc), S. 285f.

[12] Der Version bei Sulp. Sev., Chron. II, 30, 6f folgen gegen Jos.: Bernays, Ueber die Chronik des Sulpicius Severus, 1861, 48-61; W. Weber, Josephus und Vespasian, 1921, 72f Anm 1; Stern, Die Zeit des Zweiten Tempels, in: Ben-Sasson (Hrg.), Geschichte des jüdischen Volkes, Bd. 1, 1978, 229-373: cf S. 373 (ohne Problematisierung); ders., Greek and Latin Authors on Jews and Judaism, Bd. 2, 1980, 65-67; cf auch Mommsen, Römische Geschichte, Bd. 5, 1886[3], 538f. Für Jos. und ausdrücklich gegen Sulp. Sev. ist Grätz, Geschichte der Juden von den ältesten Zeiten bis auf die Gegenwart, Bd. III, 2, 1906[5], 539-541; etwas unklar und abgeschwächt ist dies auch das Ergebnis bei M/B, VI Anm 108. Die vermittelnde Position, die darin besteht, daß historisch Titus die Besetzung, aber nicht die Zerstörung des Tempels beabsichtigte, daß also Jos. auf literarischer Ebene nur die halbe Wahrheit sage, bieten Schürer, Geschichte I[4], 631f Anm 115 (mit Rückgriff auf I. M. J. Valeton); Montefiore, Sulpicius Severus and Titus' Council of War, Hist 11 (1962) 156-170 (ebenfalls mit Rückgriff auf Valeton; cf z. B. Valeton, Hierosolyma Capta, Mn. N.S. 27, 1899, 78-139: cf S. 115ff). Montefiore folgen nun: Smallwood, The Jews under Roman Rule, SJLA 20, 1976, 325f; Schürer, History I, 506f Anm 115. Unentschieden bleiben: Lindner, Geschichtsauffassung, 122; Hengel, Die Zeloten, AGJU 1, (1961) 1976[2], 215 Anm 2; Bengtson, Die Flavier, 1979, 75f (cf auch ders., Grundriß der Römischen Geschichte mit Quellenkunde, Bd. 1, HAW III, 5, 1967/1982[3], 333: Hier wird der Tempelkampf gar nicht erwähnt, sondern nur die befohlene Zerstörung von Unter- und Oberstadt); Schäfer, Geschichte der Juden in der Antike, 1983, 142.

[13] Cf Weiler, Titus und die Zerstörung des Tempels von Jerusalem - Absicht oder Zufall?, Klio 50 (1968) 139-158. Dieser Aufsatz wird weder bei Schürer, History I, 506f noch bei Smallwood, Jews, 325f überhaupt erwähnt, obwohl Weiler eine profilierte Gegenposition zu Montefiore vertritt (s. o. Anm 12); allgemeiner Hinweis auf Weiler bei Stern, Greek and Latin Authors II, 67; positiv aufgenommen wurde Weiler im Forschungsüberblick bei Franchet D'Espèrey, Vespasien, Titus et la Littérature, ANRW II, 32, 5, 1986, 3048-3086: cf S. 3066f.

[14] Cf Weiler, Titus, 143-147.

sche Tendenz erwähnt er, daß Titus nach der Eroberung der Antonia und mißlungenen Angriffen auf den Tempel befahl, Feuer an die Tempeltore zu legen, weil er einsah, "daß die Schonung fremder Heiligtümer nur Nachteil und Verderben für die eigenen Soldaten bringe" (bell 6, 228)[15]; während beim Tempelbrand die römischen Soldaten Titus' Löschbefehle nicht ausführen (§§ 256-258. 262-266), lobt der Cäsar seine Soldaten nach dem Sieg und hebt deren Gehorsam ausdrücklich hervor (7, 7f).

(b) Im jos. Bericht lassen sich folgende Einzelheiten auf eine beabsichtigte Tempelzerstörung deuten: Die "schicksalsschweren Befehle", die Vespasian seinem Sohn mitgegeben hatte (6, 344)[16]; die Tatsache, daß der Tempel durch den Brand noch nicht vollständig zerstört war (cf auch 6, 387-391), sondern daß dies erst durch die Schleifung nach dem Sieg geschah (7, 1); die Beobachtung, daß sich die Flavier mit dem Tempelbrand während des Triumphzuges rühmten (7, 144).

(c) In Sulp. Sev., Chron. II, 30, 6f und in bell 6, 236-243 wird der gleiche Kriegsrat beschrieben, in dem das Schicksal des Tempels diskutiert wird[17]. Jos. unterscheidet dabei drei Meinungen: Die erste Gruppe setzt sich für die unbedingte Zerstörung ein, da der Tempel das Rückgrat des jüdischen Widerstandes darstellt (§ 239) - die zweite Gruppe votiert für eine Schonung, falls die Juden abziehen und keine Waffen deponieren, im anderen Fall für eine Zerstörung, da es sich dann um eine Festung und kein Heiligtum mehr handele und der Frevel den Juden und nicht den Römern zuzurechnen sei (§ 240) - die dritte Gruppe setzt sich für eine unbedingte Schonung ein, auch wenn die Juden im Tempel kämpfen, da man nicht an leblosen Dingen Rache üben solle, der Schaden einer Zerstörung die Römer träfe und der Tempel ein "Schmuck des Reiches" sei (§ 241).
Demgegenüber schildert Sulp. Sev. nur zwei Gruppen, von denen sich die erste Gruppe für eine Schonung aus ähnlichen Gründen wie die dritte jos. Gruppe einsetzt, während die zweite Gruppe die Zerstörung des Tempels wünschte, um die Religion der Juden und Christen zu beseitigen.
Während Jos. Titus der dritten Gruppe zurechnet ("unbedingte Schonung"), gehört er nach Sulp. Sev. ausdrücklich zu seiner zweiten Gruppe ("unbedingte Zerstörung"). Daraus läßt sich folgern, daß Sulp. Sev. auch hier - wie schon in II, 30, 3[18] - nicht Jos., sondern einer anderen Darstellung des Jüdischen Krieges folgte, die er, seiner Technik entsprechend, nicht namentlich erwähnt. Diese Quelle könnten die verlorenen Bücher der Historien des Tac. sein[19].

---

[15] Dies Feuer wird gelöscht, um für die römischen Truppen den Aufmarsch zu erleichtern (bell 6, 235f: vor dem Kriegsrat; cf § 243: nach dem Kriegsrat).

[16] S. o. 2.2, bc), S. 285ff.

[17] Cf Weiler, Titus, 147-151.

[18] Hinweis darauf, daß die Juden keine Kapitulationsmöglichkeiten hatten; cf dagegen bell 5, 452-459; 6, 111-123. 323-350 (352f). 378-391.

[19] Montefiore, Sulpicius Severus, 162f hatte demgegenüber vorgeschlagen, daß Sulp. Sev. von dem verlorenen Werk "De Iudaeis" (?) des M. Antonius Julianus, über dessen Existenz wir aus Min. Fel., Oct. 33, 4 wissen, abhängig sei: dies ist jedoch unwahrscheinlich (s. u.: d). Abgesehen von dem literarkritischen Problem an dieser Stelle ist

(d) Dafür, daß Tac. die Tempelzerstörung dem Titus zugewiesen hat, spricht eine Notiz bei Orosius, Hist. adv. pagan. VII, 9, 6f: Oros. berichtet einerseits, daß "Titus, der vom Heer zum Imperator ausgerufen wurde, den Tempel in Jerusalem niederbrannte und zerstörte"[20], und andererseits, daß ihm für die Kenntnis des Jüdischen Krieges die Schriften des Suet., Tac. und Jos. zur Verfügung standen (V. 7). Da Suet. unergiebig ist, bleiben nur Jos. und Tac. übrig; denach hat sich Oros. bei der Tempelzerstörung nicht für die Jos.-Version entschieden, sondern "somit für die gleiche Unterlage ..., die wenige Jahre vor ihm sein Zeit- und Glaubensgenosse Sulpicius für seine Chronik herangezogen hat"[21], nämlich die Historien des Tac.[22]. Demnach hat Tac die Tempelzerstörung als Titusbefehl dargestellt.

---

bemerkenswert, daß ein Römer M. Antonius Julianus ein Werk über die Juden verfaßte, das noch im 2./3. Jahrhundert mit Jos. konkurrierte (cf Min. Fel., Oct. 33, 4: "Scripta eorum relege, vel si Romanis magis gaudes, ut transeamus veteres, Flavi Iosephi vel Antonii Iuliani de Iudaeis require"; "Flavi Iosephi" ist hier keine Glosse: cf Kytzler, BSGRT, S. 32 Textkritik z. St.; unsicher: Halm, CSEL 1, S. 47 z. St.), so daß es durchaus möglich ist, daß auch dieses Werk von Jos. in seinem Proömium angegriffen wird (cf bell 1, 1: gegen Leute, die nur vom Hörensagen die Tatsachen kennen; § 2: gegen Augenzeugen, die die Tatsachen verdreht haben, und zwar aus Schmeichelei gegen die Römer oder aus Haß gegen die Juden); wenn man in M. Antonius Julianus einen Augenzeugen sehen will, könnte man an den gleichnamigen Prokurator von Judäa des Jahres 70 n. Chr. denken, der ebenfalls im besagten Kriegsrat (bell 6, 237f) anwesend war und - laut Jos. - nicht mit Titus übereinstimmte, also eine bedingte oder unbedingte Zerstörung des Tempels befürwortete, so daß - die Identität vorausgesetzt - der (mögliche) Bericht des M. Antonius Julianus über die Tempelzerstörung die entgegengesetzte Tendenz zu Jos. beinhaltet haben könnte. Die Identität von Historiker und Prokurator vertritt am profiliertesten A. Schlatter, Der Bericht über das Ende Jerusalems (1923), jetzt in: ders., Kleinere Schriften zu Flavius Josephus, hrg. v. K. H. Rengstorf, 1970, 21. 43-47. 59-68; cf zum Ganzen auch Stern, Greek and Latin Authors on Jews and Judaism, Bd. 1, 1976, 455-461.

[20] Oros., hist. adv. pagan VII, 9, 6: "itaque Titus, imperator ab exercitu pronuntiatus, templum in Hierosolymis incendit ac diruit"; Oros. folgt also verkürzend der Tatsachenbeschreibung bei Jos., der die Imperatorakklamation (cf auch Suet., Tit. 5, 3) nach dem Tempelbrand wiedergibt (bell 6, 316) und im Anschluß an die Eroberung der Oberstadt die Schleifung von Stadt und Tempel (7, 1), nicht jedoch den jos. Versuchen, Titus von der Schuld am Tempelbrand zu entlasten.

[21] Weiler, Titus, 152; cf auch Barnes, The Fragments of Tacitus' "Histories", CP 72 (1977) 224-231: cf S. 226-228.

[22] Ob Tac. seinerseits auf das verlorene Werk des M. Antonius Julianus (s. o. Anm 19) zurückgegriffen hat (Bernays, Chronik, 56), läßt sich natürlich nicht entscheiden. Es ist außerdem nicht notwendig, einen taciteischen Text zu konstruieren (cf z. B. Bernays, a.a.O., 57); die Annahme, daß Sulp. Sev. eine Paraphrase der Tac.-Version (samt christlicher Interpretation) liefere (so auch F. F. Bruce, Tacitus on Jewish History, JSS 29, 1984, 33-44: cf S. 44), ist in unserem Kontext ausreichend.

(e) Auch DioCass. 66, 5f, der sich eng an Jos., bell 5f angelehnt hatte[23], löst sich auffällig bei der Beschreibung des Endkampfes um den Tempel von seiner Vorlage[24] und stellt Titus als den dar, der seine Soldaten in den Tempel vorantrieb[25].

(f) Zwei weitere Belege können für eine von Titus befohlene Tempelzerstörung sprechen[26]: Während Plinius, der seine "Naturalis historia" dem Titus gewidmet hat, in nat. 5, 70 dadurch übertreibt und den Kaisersohn indirekt lobt, daß er Jerusalem als "longe clarissima urbium orientis" bezeichnet und die Stadt gleichzeitig mit einer Perfektform vorstellt ("fuere Hierosolyma"), legt Val. Flaccus dem dichtenden Domitian nahe, über Titus zu schreiben wie er "geschwärzt durch den Schlachtenstaub Jerusalems ... in eigener Person den Brandpfeil geschleudert habe ..."[27]; da Val. Fl. sein Werk Vespasian gewidmet hat, kommt diesem Beleg zumindest der Rang einer offiziösen Propaganda zu[28].

Diese Beobachtungen, Belege und Argumente machen es m. E. sehr wahrscheinlich, daß der Jerusalemer Tempel nicht zufällig in der Hitze des Gefechts, sondern bewußt und auf Befehl des Titus zerstört wurde[29]. Diese Hypothese muß jedoch ergänzt und präzisiert werden durch die Erörterung möglicher Ursachen und Voraussetzungen der Tempelzerstörung, auf die WEILER nicht eingeht.

Die rein militärischen Gründe für eine Eroberung des Tempels liegen auf der Hand: Wer den Tempelberg besitzt, beherrscht die Stadt[30]. Es ist weiterhin ersichtlich, daß sich im Laufe der Belagerung herausgestellt hat, daß der Tempel konzentriert angegriffen werden muß: In einem Kriegsrat werden die *circumvallatio* und der Angriff auf den Tempel und seine Zitadelle beschlossen[31]. Zur Eroberung des Heiligtums gehören die Belagerung und die Angriffe mit verschiedenen Mitteln. Eines der letzten Mittel, das Titus einsetzen

---

[23] Cf Weiler, Titus, 151f.

[24] Aus DioCass. 66, 6 und einzelnen Notizen bei Jos. läßt sich dagegen durchaus ein Bild vom Endkampf rekonstruieren: s. o. 1.2, bc).

[25] S. o. 2.2, cc), S. 303.

[26] Cf Weiler, Titus, 153; Bernays, Chronik, 49-51.

[27] Val. Fl., Argon. I, 13: "Solymo nigrantem pulvere fratrem spargentemque faces (et in omni turre furentem)"; cf hierzu auch Scaffai, Rassegna di studi su Valerio Flacco (1938-1982), ANRW II, 32, 4, 1986, 2359-2447: cf S. 2389. 2393f.

[28] Cf Franchet D'Espèrey, Vespasien, 3073-3075, der für eine Datierung des Proömiums zu Lebzeiten Vespasians votiert.

[29] Cf auch ant 20, 250: "Von der Zeit des Herodes bis zu dem Tag, an dem Titus den Tempel und die Stadt eingenommen hatte und durch Feuer zerstörte, gab es im ganzen 28 Hohepriester ..." (cf auch Alon, The Burning of the Temple, in: ders., Jews, Judaism and the Classical World, 1977, 252-268: cf S. 262; Busink, Der Tempel von Jerusalem, Bd. 2, 1980, S. 1509. 1511f).

[30] Cf bell 5, 357; 6, 73; s. o. I. Teil, 5. Anm 32.

[31] Cf bell 5, 491-501; s. o. Anm 9.

läßt, ist die Brandlegung an den Außenbezirken mit anschließenden Löscharbeiten, um den Aufmarsch der römischen Truppen zu ermöglichen. Dieser Befehl wird auffälligerweise zweimal berichtet, und zwar sowohl vor als auch nach dem Kriegsrat[32], der über das Schicksal des Tempels entscheiden soll. D. h. dieser Kriegsrat ändert an dem militärischen Ziel, der Eroberung des Tempels, nichts und bestätigt im Ergebnis den Befehl des Titus, den er getroffen hatte zugunsten seiner Truppen und zuungunsten "fremder Heiligtümer" (s. o.: a). Damit ist die militärische Ursache benannt: Zumindest Teile des Tempels müssen in Brand gesetzt werden, um die römischen Verluste zu minimieren.

Sobald es aber um die Zerstörung des gesamten Tempels geht, werden bei Jos. und Sulp. Sev./Tac. ideologische Gründe angeführt (s. o.: c): Eine unbedingte Zerstörung ist notwendig, weil der Tempel das theologische Zentrum des jüdischen Widerstandes darstellt; eine bedingte Zerstörung wäre gerechtfertigt, da ein verteidigtes Heiligtum nur noch als Festung angesehen werden kann. Dafür, daß sich in der römischen Führung die erste Meinung durchgesetzt hat, sprechen drei Indizien:

- Diese Überzeugung wird auch in einer Titusrede (bell 6, 328ff) in einer Form wiedergegeben, die sich mit Sulp. Sev., Chron. II, 30, 6f berührt: Die Tempelzerstörung ist eine Entwurzelung der jüdischen Aufständischen[33].
- Mit der inhaltlich gleichen Begründung motiviert Jos. ohne Apologie Vespasians Befehl, den jüdischen Tempel von Leontopolis zu zerstören (bell 7, 421)[34].
- Im Vorfeld der Belagerung wird der Kampf um den Tempel auch auf ideologischer Ebene geführt: Der flavianische Traktat propagiert den himmlischen Kampf um das Heiligtum und "widerlegt" die jüdischen Heilserwartungen, die sich mit dem Tempel verbanden[35].

Wenn wir voraussetzen, daß die Römer durch Tiberius Alexander, Agrippa II und Berenike (vielleicht auch durch Jos.) darüber informiert waren, welchen hohen Stellenwert der Tempel für die Juden besitzt, ist eine erste ideologische Ursache für die Eroberung des Tempelkomplexes die Besetzung des jüdischen Aufstandssymbols, um die theologische Grundlegung des Widerstandes nicht nur zu schwächen, sondern zu beseitigen[36].

---

[32] S. o. Anm 5.

[33] S. o. 2.2, bc), S. 286.

[34] Hierauf hat Stern, Greek and Latin Authors II, 67 hingewiesen (cf auch Alon, Burning, 255f); zur Tempelzerstörung von Leontopolis s. u. 3.3, S. 335f.

[35] S. o. 2.2, cc), S. 301f.

[36] Eine ähnliche Zielsetzung kennzeichnet auch die Zerstörung der britannischen

An die militärische Tempeleroberung schließt sich die kultische Besitzergreifung an. Noch als das innere Tempelgebäude niederbrannte, stellen die Römer ihre Feldzeichen im Männervorhof, zwischen Osttor und Innenheiligtum, auf, opfern ihnen und rufen Titus zum Imperator aus (bell 6, 316)[37]. Die Opfer gelten den Legionsadlern, die ihrerseits Symbol für Jupiter Optimus Maximus im engeren und dadurch für die Herrschaft des römischen Volkes im weiteren Sinne sind[38]. Damit bedeutet dieser Akt, daß die Götter des römischen Heeres, Jupiter im besonderen, den jüdischen Gott besiegt haben[39], und gleichzeitig, daß an die Stelle des jüdischen Heiligtums das Fahnenheiligtum, also der transportable religiös-kultische Bezirk der Legionen, gesetzt wurde[40].

Es ist durchaus möglich, daß die Opfertiere der Römer Schweine waren, so daß eine doppelte Verletzung des jüdischen Heiligtums intendiert war[41]. Auffällig ist, daß bell 6, 316 der einzige literarische Beleg ist, der einen tatsächlichen Opfervollzug vor den Adlern, und nicht nur eine allgemeine Signaverehrung (cf Plin., nat. 13, 23) beschreibt; daher erscheint es angemessen, wenn man diese Opfer auf Vorbilder der römischen Republik zurückführt, da auch die Imperatorakklamation hier eher republikanische Traditionen aktualisiert und nicht auf die Kaiserverehrung hinweist[42].

Die kultische Inbesitznahme des Tempels geschieht also durch die Errichtung eines römischen Heiligtums in der jüdischen Tempelruine und durch den

---

Druidenheiligtümer auf der Insel Mona im Jahre 61 n. Chr.: cf Tac., ann. 14, 30; Agr. 14, 3 (cf auch ann. 1, 51: Zerstörung des germanischen Fanfanabezirks); ein nicht zu vernachlässigender Unterschied zu Jerusalem besteht allerdings darin, daß es sich in der jüdischen Hauptstadt um einen weltbekannten und auch mit römischen Kultdotationen ausgestatteten Tempel handelte, während es in Britannien heilige Haine waren mit von Tac. vermuteten barbarisch-kannibalischen Kultpraktiken (ann. 14, 30); außerdem gab es eine Vielzahl von heiligen Bezirken, aber nur ein jüdisches Kultzentrum (abgesehen von Leontopolis).

[37] Cf auch M/B, VI Anm 151. Siegesopfer werden auch nach der endgültigen Zerstörung der Stadt dargebracht (cf bell 7, 16f).

[38] Cf Domaszewski, Die Religion des römischen Heeres, 1895, 12; Helgeland, Roman Army Religion, ANRW II, 16, 2, 1978, 1470-1505 : cf S. 1473f.

[39] Cf Domaszewski, Religion, 12; Corssen, Die Zeugnisse des Tacitus und Pseudo-Josephus über Christus, ZNW 15 (1914) 114-140: cf S. 119f; Kraeling, The Episode of the Roman Standarts at Jerusalem, HThR 35 (1942) 263-289: cf S. 275.

[40] Cf Helgeland, Roman Army Religion, 1503.

[41] So Smallwood, Jews, 325 Anm 143 mit Rückgriff auf Atkinson, The Historical Setting of the Habakkuk Commentary, JSS 4 (1959) 238-263: Schweineopfer vor Feldzeichen sind bei den Römern seit dem 3. Jahrhundert v. Chr. belegt, jedoch nur anläßlich von Soldateneiden (cf Atkinson, ebd., 249-252).

[42] Cf Atkinson, Historical Setting, 253f; Atkinson präsentiert ebd., 250f Nr. 4 eine römische Münze (82-79 v. Chr.), die ein Opfer vor dem Legionsadler zeigt und wahrscheinlich zu einem Feldzug gehört.

Vollzug der Opfer für die eigenen siegreichen Götter.
Die Tempeleroberung ist nicht nur die ereignisgeschichtliche Voraussetzung der römischen Opfer, sondern jene beglaubigen vielmehr die Tempelprodigien des flavianischen Traktats und bilden dessen kultisches Gegenstück. Gehörte der Traktat in die Zeit der ideologischen Auseinandersetzungen vor dem Sieg, so legt die enge Verbindung von Tempelprodigien und Siegesopfern die Schlußfolgerung nahe, daß Aussage und Symbolik der Opfer ihrerseits schon zu den ideologischen Voraussetzungen der Tempeleroberung gehören. Somit ist deren zweite ideologische Ursache der römische Wunsch, das "fremde Heiligtum" in kultischen Besitz zu nehmen, um die Überlegenheit Jupiters und der römischen Götter zu demonstrieren.
Diese Ursache deckt sich auch mit der abschließenden Tempelzerstörung durch die Schleifung (s. o.: b), die von der Eroberung und dem Brand noch einmal zeitlich zu unterscheiden ist. Nicht die Erhaltung oder der Wiederaufbau des jüdischen Tempels als eines "Schmuckes des Reiches" (s. o.: c) gehört zum Plan des Titus, sondern die völlige Zerstörung des Heiligtums. Die Schleifung, die vielleicht im Zusammenhang mit der neuen Prinzipatsherrschaft der Flavier steht[43], ist ideologisch nur möglich, weil der jüdische Gott als besiegt gilt und dessen Attribute nach Rom transportiert werden (s. u.: 3.2). Ein Wohn- und Kultort ist dann für Jahwe nicht mehr nötig. In der Stadt verbleibt vielmehr zum ersten Mal eine reguläre römische Legion (bell 7, 5. 17) und damit auch ein Legionsadler und ein Fahnenheiligtum: Aus der Tempelstadt wurde ein römischer Garnisonsort samt "religio signorum"[44], so daß die Sicherheit der Legionäre auch kultisch gewährleistet ist[45].
Wenn man die militärische und die beiden ideologischen Ursachen mit dem Kriegsverlauf in Verbindung bringt, ergibt sich folgender - etwas schematisierter - Zusammenhang:

(a) Die militärische Ursache begründet die Notwendigkeit der ersten römischen Brandlegungen an den äußeren Tempelbezirken.
(b) Die erste ideologische Ursache begründet die Notwendigkeit der Tempeleroberung samt den anfänglichen Zerstörungen.
(c) Die zweite ideologische Ursache[46] begründet die endgültige Zerstörung des Heiligtums durch die Schleifung.

---

[43] S. o. 2.2, bc), S. 287.

[44] Zu den früheren jüdischen Protesten gegen die "religio signorum" (der Auxiliartruppen) s. o. 1.1, c), S. 94ff.

[45] Cf Helgeland, Roman Army Religion, 1502f mit Hinweis auf Tac., ann. 2, 22.

[46] Cf hierzu die Fortsetzung in 3.3, S. 333ff.

3.2 Der Triumphzug und die Einrichtung des "Fiscus Judaicus"

Die römische Propaganda anläßlich der Eroberung Jerusalems fand ihren sichtbarsten Ausdruck in den Siegesmünzen, die im gesamten Imperium Romanum verbreitet wurden: "Judaea capta" wurde als der außenpolitisch-militärische Erfolg der Flavier (übermäßig) propagiert (2.2, bc). Das auf Rom bezogene Gegenstück bildet der Triumphzug, den Vespasian und Titus im Sommer 71 n. Chr. begingen[1]. Analog zur Botschaft der "Judaea capta"-Münzen, die die Eroberung einer neuen Provinz suggeriert[2], ist auch der Triumphzug zu verstehen, da er (theoretisch) nur vom Senat bewilligt werden konnte, wenn ein "gerechter Krieg" gegen äußere Feinde gewonnen wurde[3]. Die Niederschlagung eines Aufstandes oder gar der Sieg in einem Bürgerkrieg berechtigten nicht zu einem Triumph[4]. Wenn Vespasian und Titus den

---

[1] Natürlich wurde auch der Triumphzug auf Münzen propagiert: cf BMC, Rom. Emp. II, S. 12 Nr. 67; S. 14 Nr. 79 (Aureus, 72/73 n. Chr. in Rom geprägt: Vespasian in Quadriga); S. 107 Nr. 512f (Denar, 72 n. Chr. in Antiochia: Vespasian in Quadriga); S. 123 Nr. 572 (Sesterz, 71 n. Chr. in Rom: Vespasian in Quadriga, davor: Victoria und Palme); S. 137 Nr. 623 (Sesterz, 72/73 n. Chr. in Rom: Vespasian in Quadriga); S. 143 Nr. 646 (Dupondius, 72 n. Chr. in Rom: Vespasian in Quadriga; auf dem Avers: Domitian); S. 149 Nr. 659 (Sesterz, 73 n. Chr. in Rom: Vespasian in Quadriga); S. 151 Nr. 663 ‡ (Dupondius, 73 n. Chr. in Rom: Vespasian in Quadriga); S. 75 Nr. 371 ‡ (Aureus, undatiert, in Gallien geprägt: Vespasian mit Titus und Domitian); S. 15 Nr. 85 + (Aureus und Denar, 72/73 n. Chr. in Rom: Titus in Quadriga); S. 18 Nr. 94 (Denar, 73 n. Chr. in Rom: Titus in Quadriga); S. 20 Nr. 106* (Denar, 73 n. Chr. in Rom: Titus in Quadriga); S. 108f Nr. 520-522 (Aureus und Denare, 72 n. Chr. in Rom: Titus in Quadriga); S. 141f Nr. 636. 642 § (Sesterz und As, 72 n. Chr. in Rom: Titus in Quadriga); S. 145 Nr. 650 (Sesterz, 72 n. Chr. in Rom: Titus in Quadriga, an der Seite: Gefangener und Palme); S. 147 Nr. 651* (Sesterz, 72/73 n. Chr. in Rom: Titus in Quadriga); S. 153 Nr. 668 (Sesterz, 73 n. Chr. in Rom: Titus in Quadriga, auf der auch eine Victoria abgebildet ist); S. 155 Nr. 673 § (As, 73 n. Chr. in Rom: Titus in Quadriga); S. 260 Nr. 188* (Sesterz, 80/81 n. Chr. in Rom: Titus in Quadriga). Eine Abbildung des Triumphzuges ist uns nur auf einer undatierten gallischen Münze (Aureus) erhalten, die sehr aufwendig gearbeitet wurde: ebd., S. 81 Nr. 397 (Vespasian in Quadriga, der von einer hinter ihm stehenden Victoria gekrönt wird; vor dem Triumphwagen geht ein gefesselter Gefangener, der von einem römischen Soldaten geführt wird; im Hintergrund steht ein Trompeter; die Legende heißt: TRIVMP AVG).

[2] S. o. 2.2, bc), S. 288f.

[3] Cf Ehlers, Art. Triumphus, PRE VII A, 1939, 493-511: cf Sp. 498; Vretska, Art. Triumphus, KP 5, 1975/79, 973-975: cf Sp. 973f.

[4] Daß Caesar über die Pompejaner triumphierte, wird schon bei DioCass. negativ gewertet (cf 43, 42, 1-3); Oktavian hielt seinen dreifachen Triumph im Jahre 29 v. Chr. nach den Siegen über die Dalmatier, bei Actium und der Eroberung Ägyptens offiziell nicht über Marc Anton, sondern über Kleopatra, deren Bild und Kinder im Triumphzug

Triumph über die Juden wählten und nicht den siegreichen Krieg gegen die Gallier und Germanen feierten, der immerhin als "bellum internum simul externum"[5] galt, so geschah dies aus naheliegenden Gründen: Nur im Jüdischen Krieg waren beide Flavier selbst als Feldherrn tätig gewesen, und er allein bot die nötige vorzeigbare Beute für einen Triumphzug.

Dennoch wurde der Triumph, wie Jos. verdeutlicht, nicht nur als vergangener Sieg über die Feinde gefeiert, sondern darüber hinaus als "Ende der Bürgerkriegswirren und als Anfang der Hoffnungen auf eine glückliche Zukunft (εὐδαιμονία)" (bell 7, 157). Auch wenn man hieraus nicht schließen sollte, daß im Triumphzug selbst ebenfalls die Siege über die Gallier, Germanen und sogar über die Vitellianer herausgestellt wurden[6], so ist doch dessen überaus prächtige Gestaltung aus Elementen von "πομπή" und "triumphus"[7] durch die Absicht motiviert, die "glückliche Zukunft", die mit den neuen Herrschern beginnt, darzustellen. In unserem Zusammenhang soll nicht der gesamte Triumphzug[8], sondern dessen Bedeutung an drei exemplarischen Punkten untersucht werden; diese sind der Anfang am Isis- und das Ende am Jupitertempel sowie die mitgeführten kultischen Geräte aus Jerusalem.

Die Triumphzüge begannen außerhalb der Stadt auf dem Marsfeld; von dort zog man durch die "porta triumphalis" in die Stadt und durch verschiedene Theater zum Kapitol[9]. Der jos. Bericht über die Anfangsstation des Triumphzuges bereitet philologische und sachliche Schwierigkeiten, die benannt,

---

vorgezeigt wurden: cf Suet., Aug. 22; DioCass. 51, 21, 5-9.

[5] Cf Tac., hist. 2, 69; 4, 22.

[6] Gegen W. Weber, Josephus und Vespasian, 1921, 279f, der allerdings auch hier eine proflavische lateinische Quelle als Vorlage des Jos. annimmt, die Jos. dann teilweise fehlerhaft übertragen und allein auf den Jüdischen Krieg und Titus bezogen habe (ebd., 278-284). Während sich die Quellenfrage hier kaum lösen läßt, bezeichnen auch andere Quellen den Triumph als einen über Judäa, was mit der Münzpropaganda konvergiert: cf Suet., Dom. 2; DioCass. 66, 7, 2; 66, 12, 1; Oros., hist. adv. pagan. VII, 9, 8 (wahrscheinlich auf Tac., hist. zurückgehend: cf Barnes, The Fragments of Tacitus' "Histories", CP 72, 1977, 224-231: cf S. 230).

[7] Cf M/B, VII Exkurs XX: Zur Schilderung des Triumphzuges nach Josephus (= Bd. II, 2, S. 240-242); cf hierzu auch Bonfante Warren, Roman Triumphs and Etruscan Kings: the Changing Face of the Triumph, JRS 60 (1970) 49-66: cf S. 64f.

[8] Cf hierzu den ausführlichen Kommentar bei M/B, VII Anm 61-85 (= Bd. II, 2, S. 238-249).

[9] Zu den Stationen cf Ehlers, Art. Triumphus, 501f. Der Zug durch die "porta triumphalis" hat eine religiöse Bedeutung: Er wird in der Forschung entweder als reinigender Durchgangsritus ("rite de passage") verstanden (so z. B. Ehlers, ebd., 496) oder in Analogie zur griechischen "εἰσέλασις" als Einzug des heilbringenden "Mana-Trägers" (so Versnel, Triumphus, 1970, 132-163; cf hierzu aber Bonfante Warren, Rez. Versnel, Triumphus, Gnomon 46, 1974, 574-583: cf S. 577-579).

aber nicht mehr alle geklärt werden können. In bell 7, 123f heißt es, daß das Heer "um die Türe ("περὶ θύρας") stand, und zwar nicht um die des/der oberen Palastes/Paläste, sondern um die in der Nähe ("πλησίον") des Isistempels, denn dort ("ἐκεῖ γάρ") hatten die Feldherren während jener Nacht geruht", während dann § 130 berichtet, daß Vespasian nach Ansprachen bei den Hallen der Octavia (§ 124b), Gebeten und einem Morgenimbiß für die Truppen (§§ 126ff) "zu dem Tor zurückkehrte ("πρὸς δὲ τὴν πύλην ... ἀνεχώρει"), durch das schon seit alten Zeiten die Triumphzüge geleitet wurden, woher es auch seinen Namen bekommen hat". Die Unklarheiten bestehen darin, wo man "περὶ θύρας" lokalisieren kann und in welchem Verhältnis diese Türen zum "Tor" in § 130 steht, das seinerseits klar als "porta triumphalis" erkennbar ist[10]; die eigentliche Frage ist dann die nach dem Übernachtungsort ("ἐκεῖ γάρ").

WEBER hat - eine lateinische Vorlage annehmend - vorgeschlagen[11], daß "περὶ θύρας" erstens eine nachlässige Übersetzung von "extra portam" (Singular!) sei, was lediglich ein allgemeiner Hinweis darauf ist, daß der Triumphzug außerhalb der Stadtgrenze beginne[12], und daß dieses Tor dann zweitens mit der "porta triumphalis" aus § 130 identisch sei, da Vespasian dorthin "zurückkehre"; da sich die "porta triumphalis" neben dem Isistempel befand, hätten Vespasian und Titus die Nacht in diesem Heiligtum verbracht und nicht z. B. in der "villa publica", wie später noch EHLERS angenommen hat[13]. WEBERs Konstruktion ist hypothetisch und daher nicht ohne Schwächen[14], so daß die in unserem Zusammenhang relevante Frage, ob Vespasian und Titus die Nacht vor dem Triumphzug tatsächlich im Isistempel auf dem Marsfeld zugebracht haben oder nicht, philologisch nicht zu klären ist[15],

---

[10] Cf den Überblick bei M/B, VII Anm 61, die Webers Gesamtdeutung (s. u. Anm 22), aber nicht dessen Textkonstruktion befürworten.

[11] Cf Weber, Josephus, 280f Anm 2.

[12] Cf Weber, Josephus, 281 Anm 2: dies habe Jos. nicht mehr verstanden und in bell 7, 123 den "oberen Palast" hinzugefügt, weil er außerdem in § 155 den "Palast" erwähnt, in den sich Vespasian und Titus nach Ende des Triumphzuges begaben.

[13] Cf Ehlers, Art. Triumphus, 501.

[14] Cf die Einwände von M/B, VII Anm 61, die z. B. für "den/die oberen Palast/Paläste" eine konkrete Lokalisierung vorschlagen. M. E. ist es weiterhin problematisch, ob "extra portam" tatsächlich mit der langen Umschreibung "περὶ θύρας ... οὐ τῶν ἄνω βασιλείων ἀλλὰ πλησίον τοῦ τῆς Ἴσιδος ἱεροῦ" (bell 7, 123) wiedergegeben werden sollte, zumal das Argument, daß in § 155 ein anderer "Palast" erscheint (s. o. Anm 12), in § 123 nur die Näherbestimmung durch "ἄνω" erklären könnte und nicht die ganze Phrase; außerdem legt die sprachliche Unterscheidung θύραι (pl.) - πύλη (sg.) nicht unbedingt eine Identifizierung nahe.

[15] Gegen Hornbostel, Sarapis, EPRO 32, 1973, 374, der diese Problematik nicht erkannt

zumal wenn bedacht wird, daß Jos. selbst schon die ägyptischen Herrschaftslegitimierungen Vespasians ignoriert hatte (2.2, cc), um den Einfluß fremder Götter zu beseitigen.
Zwei weitere Belege können aber die Vermutung stützen, daß Vespasian den Triumphzug bewußt mit Isis verbunden hatte. Es gibt nämlich eine römische Münze aus dem Jahre 71 n. Chr., die das Iseum auf dem Marsfeld darstellt[16] und die überdies mit einer Münze, die anläßlich des Triumphes geprägt wurde, zusammengehört[17]. Die gleiche Kombination wurde in Rom noch einmal im Jahre 73 n. Chr. wiederholt[18]. Gleichzeitig wissen wir vom Haterier-Grab, das einen Fries mit flavischen Bauwerken aufweist, daß die Flavier einen dreitorigen "Arcus ad Isis" als Eingang zum Iseum auf dem Marsfeld errichtet haben[19]; dieser Bogen hat als bekrönenden Schmuck "ein Viergespann in Vorderansicht zwischen Palmbäumen, an die Gefangene gefesselt sind"[20], so daß es naheliegt, an einen Zusammenhang mit dem Triumphzug über Judäa zu denken. Wenn also die flavische Münze und der flavische Bogen das Isisheiligtum und den Triumphzug zeitlich und sachlich verbinden, ist es nicht unwahrscheinlich, daß dadurch der tatsächliche Sachverhalt reflektiert wird. Da sich diese Verbindung auch in bell 7, 123 wiederfindet und Jos. Gründe hatte, das zu verschleiern[21], ist es m. E. trotz der philologischen Un-

---

hat und durch den einfachen Hinweis auf "πλησίον" (bell 7, 123) meint konstatieren zu können, daß die Flavier zufällig in der Nähe des Isistempels waren; es bleibt aber auffällig, daß Jos. den Übernachtungsort ("ἐκεῖ") so unbestimmt mitgeteilt hat (s. u. Anm 21).

16 Mattingly ist (wahrscheinlich in Anlehnung an Weber) wegen dieser Münze der Meinung, daß Vespasian und Titus den Vorabend des Triumphzuges im "Iseum Campense" verbracht haben: cf ders., BMC, Rom. Emp. II, S. XLIX.

17 Cf BMC, Rom. Emp. II, S. 123 Nr. 572 +; Triumphmünze; ebd., Nr. 572 (s. o. Anm 1).

18 Cf BMC, Rom. Emp. II, S. 149 Nr. 659 (s. o. Anm 1) und ebd., Nr. 659 ǂ; weitere Isistempel-Münzen ebd., S. 189 Nr. 780 (71 n. Chr., Tarraco); S. 202 Nr. 812 // (72 n. Chr., Lugdunum). Die Wahl der Tempeldarstellungen war "Ausdruck persönlicher Entscheidung des Herrschers" (K. Christ, Antike Numismatik, 1967/1972[2], 65).

19 Cf Nash, Bildlexikon zur Topographie des antiken Rom, Bd. 1, 1961, S. 119 Abb. 123; cf auch Hart, Judaea and Rome, The official Commentary, JThS 3 (1952) 172-198: cf S. 180f und ebd., Pl. V Nr. 8.

20 E. Simon, Fries mit flavischen Bauten Roms, in: Helbig/Speier (Hrg.), Führer durch die öffentlichen Sammlungen klassischer Altertümer in Rom, Bd. 1, 1963[4], 778-780 Nr. 1076: zit. S. 779.

21 Vielleicht hat Jos. durch Hinzufügung von "πλησίον" (bell 7, 123) diese Unklarheit bewußt hergestellt; bei einer solchen Annahme würden sich alle Schwierigkeiten von selbst lösen: "περὶ θύρας" würde sich auf den Isistempel beziehen und müßte nicht umständlich mit der "porta triumphalis" (§ 130) identifiziert werden, während der unbe-

klarheit wahrscheinlich, daß Vespasian und Titus den Vorabend ihres Triumphzuges im Iseum verbracht haben. Trifft dies zu, so ist auch WEBERs Gesamtdeutung diskutabel, daß sich in diesem auffälligen Akt die Legitimierung der Flavier durch die ägyptischen Gottheiten niederschlage[22]. Bevor ich hierzu Stellung nehme, sollen noch die beiden weiteren o. a. Punkte untersucht werden.

Wie jeder andere Triumphzug endete auch der flavische auf dem Kapitol[23]. Nach der Hinrichtung des feindlichen Oberbefehlshabers (Simon b. Giora), die auch als kultischer Reinigungsakt verstanden wurde[24], legten die Triumphatoren im Haupttempel des Jupiter Optimus Maximus ihre Insignien nieder und verrichteten dort ihre Opfer und Gebete (bell 7, 153-155). Auch hierbei gibt es ein wichtiges Problem, das nicht mit Sicherheit zu klären ist: War der unter Mitwirkung der Flavianer zerstörte Haupttempel bereits wieder aufgebaut oder nicht[25]?

M. E. sprechen die Indizien dafür, daß das Staatsheiligtum des Jupiter Capitolinus im Sommer 71 n. Chr. noch nicht vollständig wiedererrichtet war. Am

---

stimmte Hinweis auf den Übernachtungsort ("ἐκεῖ γάρ") ebenfalls ohne philologische Zweifel des Iseum bezeichnete. Die "ausdrückliche Antithese von § 123" (M/B, VII Anm 61), Palast vs. Isistempel, wäre bei dieser Annahme geklärt.

22 Cf Weber, Josephus, 257: "Tyche, die Vespasian als die Begründerin seines späten Glücks feiert, ist die Stadtgöttin von Alexandrien, der Alexandriner Sarapis, in dessen Schutz die erste Anrufung Vespasians vollzogen ward, ihr Genosse. Sie erheben den Anspruch, seine Schutzgötter zu sein. Darum ist es sicher wohlüberlegt, daß Vespasian vor dem römischen Triumph mit Titus die Nacht im großen Iseum in campo zubringt ..., auch wenn das noch kein Imperator getan hatte".

23 Der Versuch des Augustus, die Triumphzüge am Mars Ultor-Tempel enden zu lassen, hatte sich nicht durchgesetzt (s. o. 2.1, b, S. 221f): cf Suet., Tib. 20; DioCass. 60, 23, 1-5 (Claudius); cf auch Suet., Nero 13.

24 S. o. I. Teil, 3., Anm 17.

25 Während z. B. Eltester und Brauer ohne Problematisierung annehmen, der Tempel sei noch im Aufbau (cf Eltester, Der Siebenarmige Leuchter und der Titusbogen, in: ders., Hrg., Judentum, Urchristentum, Kirche, FS J. Jeremias, BZNW 26, 1960/1964[2], 62-76: cf S. 74 Anm 22; Brauer, Judaea Weeping, The Jewish Struggle against Rome from Pompey to Masada, 63 B.C. to A.D. 73, 1970, 264), Platner/Ashby die Frage offen lassen (cf dies., A Topographical Dictionary of Ancient Rome, 1929/1965, 300), glaubt Weynand aufgrund numismatischer Belege, der Tempel sei bereits im Sommer 71 n. Chr. fertiggestellt worden (cf ders., Art. T. Flavius Vespasianus, s. v. Nr. 206, PRE VI, 2, 1909, 2623-2695: cf Sp. 2648f); demgegenüber deutet Mattingly die Münzbefunde dahingehend, daß der Neubau erst 76 n. Chr. abgeschlossen wurde (cf ders., BMC, Rom. Emp. II, S. LII f). Wenn Hill, Aspects of Jupiter on Coins of the Rome Mint, A.D. 65-318, NumC 6. Ser., 20 (1960) 113-128 für die Weihe das Jahr 75 n. Chr. ohne Begründung angibt (ebd., 114), so verwechselt er wahrscheinlich den Jupitertempel mit dem Paxtempel (cf DioCass. 66, 15, 1).

21. Juni 70 n. Chr., also etwa ein Jahr vor dem Triumphzug, fand erst die Platzweihe statt; wenn Tac. in diesem Kontext berichtet, daß der neue Tempel nur in der Höhe, nicht aber in der Form verändert wurde (hist. 4, 53, 1. 4), so ist das nicht ganz zutreffend. Wir wissen - zuletzt von der "Jupiter Capitolinus"-Münze Vitells[26] -, daß der Tempel im Jahre 69 n. Chr. noch viersäulig war, während der flavische Neubau sechssäulig ist, so daß nicht nur eine Erhöhung, sondern auch eine formale Veränderung vorgenommen wurde[27]. Ob dies innerhalb eines Jahres geplant, gebaut und vollendet werden konnte, ist zweifelhaft, wenn man weiter in Rechnung stellt, daß der Neubau Domitians nach dem Brand des Jahre 80 n. Chr. sogar zwei Jahre in Anspruch nahm, obwohl dieser Bau zwar prächtiger, aber nicht größer oder formal verändert errichtet wurde und man den Wiederaufbau sogleich in Angriff nahm[28]. Außerdem ist aus Suet., Vesp. 18 bekannt, daß Vespasian es aus sozialpolitischen Gründen unterlassen hat, ein neu entwickeltes technisches Hilfsmittel zu verwenden, das den Neubau beschleunigt hätte. Auf diesem Hintergrund sind die römischen Kapitolsmünzen der Jahre 71-74 n. Chr.[29] als Wiedergabe des geplanten und im Bau befindlichen Tempels zu deuten, während der Neueinsatz der Münzen im Jahre 76 n. Chr. darauf hinweisen könnte, daß erst in diesem Jahr die endgültige Tempelweihe stattgefunden hat[30]. Das hat zur Folge, daß der Triumphzug nicht im fertiggestellten, sondern in dem noch im Bau befindlichen Jupitertempel endete. Wenn Vespasian und Titus dort ihre Lorbeerkränze niederlegten, so wurde den Zuschauern nicht nur der Sieg über Judäa vorgeführt, sondern auch der Brand des Kapitols in Erinnerung gerufen.

Während in den Beschreibungen anderer Triumphzüge die einzelne Aufführ-

---

26 S. o. 2.1, b), S. 230f.

27 Zu den Einzelheiten cf Bastien, Vitellius et le Temple de Jupiter Capitolin: un As Inédit, Quaderni Ticinesi 7 (1978) 181-202: cf S. 191-193. 200-202.

28 Cf Platner/Ashby, Topographical Dictionary, 300.

29 Cf BMC, Rom. Emp. II, S. 123 Nr. 572* (Nr. 572 ist eine Triumphmünze, Nr. 572 + eine Isistempelmünze: s. o. Anm 1. 17f; Nr. 572 ǂ zeigt das Palmbaummotiv: auf dem Avers ist jeweils Vespasian); S. 133 Nr. 614 (Vespasian); S. 155 Nr. 673 // (Nr. 673 § ist eine Triumphmünze: auf dem Avers ist jeweils Titus); S. 144 Nr. 647 (Domitian); S. 158 Nr. 690 § (Nr. 690* ist eine Triumphmünze: auf Avers ist jeweils Domitian); S. 160 Nr. 695* (Vespasian).

30 So im Anschluß an Mattingly (s. o. Anm 25); 76 n. Chr.: cf BMC, Rom. Emp. II, S. 168 Nr. 721f; 77/78 n. Chr.: S. 173 Nr. 734; S. 175 Nr. 741 ǂ; S. 210 Nr. 850 (Lugdunum); S. 216 Nr. 877 (Lugdunum); 79 n. Chr.: S. 178 Nr. 746 +; 80 n. Chr.: S. 261 Nr. 188*; cf auch S. 206 Anm und S. 280; vielleicht ist es kein Zufall, daß die Prägungen außerhalb Roms erst für die spätere Zeit belegt sind. Zu den durchaus unterschiedlichen Darstellungen cf Bastien, Vitellius, 193.

rung der kostbaren Beutestücke einen breiten Raum einnimmt, um die Großartigkeit des Sieges zu demonstrieren[31], werden im Triumph über Judäa außer solchen Kostbarkeiten (bell 7, 132-138) auffälligerweise auch Kultgegenstände, der Schaubrottisch, der siebenarmige Leuchter und eine Torarolle (§§ 148-150), als Beutestücke (§ 148) präsentiert; ihnen folgen zahlreiche Statuen der Victoria (cf § 151) und dann Vespasian und Titus in Triumphwagen und Domitian zu Pferd (§ 152). Eine bildliche Darstellung dieser Szene mit Schaubrottisch und Leuchter (samt zwei Trompeten) sowie einem Bogen mit fliegender Victoria, zwei Quadrigen, einem Reiter und einer weiblichen Gestalt zu Fuß einerseits und dem Triumphwagen des von Victoria bekränzten Titus andererseits bietet der Titusbogen in Rom, der nach dem Tod des Kaisers errichtet wurde[32]. Die Beschreibung bei Jos. und die bildliche Darstellung zusammengenommen belegen, daß diese Szene den eindrucksvollen Höhepunkt innerhalb des Zuges bildete: Die Flavier haben mit Hilfe der von Jupiter gesandten Victoria[33] den Sieg über Judäa errungen.

Jedoch läßt sich diese Interpretation durch Erhebung des genaueren Symbolgehalts der Szene noch präzisieren. Der siebenarmige Leuchter auf dem Titusbogen ist auffällig, weil besonders sein Fußteil - ein zweistufiger Sockel mit reichen Ornamentierungen - von den bekannten synagogalen Leuchtern abweicht, die in der Regel einen Dreifuß besitzen[34]. Da man voraussetzen darf, daß der Leuchter auf dem Titusbogen die Jerusalemer Tempelmenora kor-

---

[31] Cf Liv. 26, 21, 7-10; 37, 59, 2-5; Plut., Lucull. 37; Aem. 32f; DioCass. 7, 21; 51, 21, 7; cf auch die Darstellungen bei Tac., ann. 2, 41 und App., Pun. 66: kultische Gegenstände der Besiegten tauchen hier nirgendwo auf; demgegenüber propagierte Augustus, daß er die kleinasiatischen Tempel, die durch Marc Anton geplündert worden waren, wiederherstellt habe (cf ResG 24; cf auch DioCass. 51, 17, 6). Im Kampf zwischen Marc Anton und Oktavian ist zudem eine Desertion des Dionysos belegt (s. o. 2.2, cc, Anm 47). Diebstähle von griechischen Götterstatuen, die in Rom neu aufgestellt wurden, belegt Pausanias (cf Paus. VIII, 46, 1f; IX, 33, 6; X, 7, 1).

[32] Cf Kähler, Art. Triumphbogen, PRE VII A, 1939, 373-493: cf Sp. 386f; Abbildungen z. B. bei Nash, Bildlexikon I, S. 133-135 Abb. 143-147. Auf dem Titusbogen ist nur eine kurze Dedikationsinschrift auf der Ostseite erhalten (cf auch CIL VI, 945), während sich auf der Westseite eine Inschrift von Papst Pius VII findet, der den Bogen 1823 wiederhergestellt hatte; die in 2.2, bc) zitierte längere Inschrift (CIL VI, 944) gehört zum ersten nicht mehr erhaltenen Titusbogen, der dreitorig war und als Eingang zum Circus Maximus aufgestellt worden war (zu den Überresten cf Nash, a.a.O., S. 240 Abb. 278f).

[33] S. o. 2.2, bc), S. 292f.

[34] Cf hierzu die ausführlichen Kommentare bei M/B, V Anm 82f; VI Anm 223 und VII Anm 80. Die Abweichung bestätigt auch Jos. in bell 7, 148 ("in seiner Ausführung aber ganz verschieden von der Art, wie sie bei uns gewohnt ist"): Diese Notiz bereitet nur Schwierigkeiten, wenn man eine lateinische Vorlage für Jos.' Bericht annimmt, wodurch sich die Abweichung dann auf römische Leuchter bezöge.

rekt wiedergibt[35], so ist damit zunächst gesichert, daß die Flavier die Tempelmenora im Triumphzug präsentierten und daß die historische Reihenfolge Schaubrottisch, Leuchter, Torarolle war[36]. Der Schaubrottisch und der Leuchter standen im "Heiligen" des Jerusalemer Tempels (bell 5, 215-217); der ebenfalls dort befindliche Räucheraltar wurde von den Römern nicht weggeschafft; aber da man auf dem Schaubrottisch des Titusbogens ein Gefäß entdecken kann, das der Darbringung der Erstlingsfrüchte diente oder sogar der Mischung des Räucherwerks und gleichzeitig auf den jüdischen Aufstandsmünzen von der ersten bis zur letzten Prägung symbolisch verwendet wurde[37], so können die Römer dieses Tempelgefäß als wichtiges Kultgerät und zugleich zentrales Aufstandskennzeichen verstanden haben. Schaubrottisch samt Tempelgefäß, Leuchter und die Torarolle, aus der der Hohepriester am Versöhnungstag im Tempel vorlas[38], können damit in ihrer Gesamtheit den Jerusalemer Tempelkult symbolisieren - zumindest aus römischer Sicht.

Die Wichtigkeit der Tempelgeräte kommt auch in zwei Anekdoten zum Ausdruck, nach denen Titus solchen Priestern das Leben schenkte, die ihm Kultgegenstände auslieferten (bell 6, 387-391); hierbei werden zwei Leuchter übergeben, die "den im Tempel befindlichen ähnlich waren" (§ 388), dazu Tische, Mischgefäße und Schalen. Hieraus geht hervor, daß diese Geräte nicht

---

[35] Cf Eltester, Der Siebenarmige Leuchter, 69-74 und Kon, The Menora of the Arch of Titus, PEQ 82 (1950) 25-30, der den Sockel und die Ornamentierungen verschiedenen Stilepochen zuordnet, die auch auf Judäa gewirkt haben, während römische Einflüsse bei der Gestaltung des Fußes überhaupt nicht erkennbar sind (cf Kon, ebd., 28ff). Eine forschungsgeschichtliche Zusammenfassung, die leider die Arbeiten von Kon und Eltester übergeht, bietet Busink, Der Tempel von Jerusalem, Bd. 2, 1980, 1156-1172: Er verweist auch ebd., 1158 auf eine erst 1970 veröffentlichte Jerusalemer Wandkritzelei aus der Zeit des Herodes, die einen siebenarmigen Leuchter darstellt, der nicht einen Dreifuß, sondern eine pyramidenförmige, vielleicht sechseckige Basis besitzt (cf ebd., Abb. 251) und - mit unwesentlichen Einschränkungen (cf ebd., 1159) - die Identität von Tempelmenora und ihrer Darstellung auf dem Titusbogen nahelegt.

[36] Diese Reihenfolge bestätigt auch Jos. in bell 7, 148, während er in 5, 216; 6, 388 den Leuchter betont voranstellt: "Der Vergleich mit der Darstellung auf dem Titusbogen besagt, daß Josephus hier seine sonst im Bellum übliche Reihenfolge um der historischen Treue willen aufgegeben hat" (M/B, VII Anm 81). Zum Schaubrottisch cf die Rekonstruktion von Holzinger, Der Schaubrottisch des Titusbogens, ZAW 21 (1901) 341-342.

[37] Cf Meshorer, Ancient Jewish Coinage, Bd. 2, 1982, S. 106f (mit Abb. der Szene auf dem Titusbogen); S. 259f Nr. 1-10 (Jahr 1 und 2); S. 261 Nr. 18f (Jahr 3); S. 262f Nr. 23-25. 30 (Jahr 4); S. 261 Nr. 31 (Jahr 5). Daß das Gefäß der Mischung des Räucherwerks diente, glaubt Busink, Tempel II, 1173.

[38] Cf M/B, VII Anm 81.

identisch sind mit der Tempelmenora, dem Schaubrottisch und den anderen Gegenständen auf dem Titusbogen oder den in bell 7, 148ff beschriebenen. Daher ist es m. E. sehr wahrscheinlich, daß zumindest der siebenarmige Leuchter und der Schaubrottisch noch im "Heiligen" standen, als Titus und seine Begleiter dieses betraten: Während Jos. nur apologetisch beschreibt, wie Titus das Innenheiligtum und "das, was sich darin befand", anschaute (6, 260), über die Pracht des Tempels staunte und daher seine Soldaten noch einmal zum Löschen anhielt, jedoch aufgrund des neu gelegten Brandes im Inneren zurückweichen mußte (§§ 261-266), behauptet bGit. 56b polemisch, daß Titus das Allerheiligste mit einer Hure auf einer Torarolle geschändet habe, den Vorhang durchstach und dann alle Tempelgeräte stahl, "sie auf das Schiff brachte, um damit in seiner Stadt zu triumphieren"[39]. Auch wenn durch Apologie und Polemik[40] der historische Sachverhalt verdunkelt wurde, müssen der Schaubrottisch und der riesige Leuchter in den Besitz der Römer gekommen sein, obwohl Jos. über die Art und Weise sowie den Zeitpunkt des Raubes schweigt und sich weder in den oben erwähnten Anekdoten noch in bell 6, 271. 281ff ein Hinweis darauf findet. Daß die Römer beide Gegenstände aus dem Innenheiligtum raubten, ist daher möglich; aufgrund der Überlegungen, daß der Tempel auf Befehl des Titus niederbrannte (3.1), ist es am wahrscheinlichsten, daß diese Gegenstände ebenfalls absichtlich und mit Blick auf den Triumphzug sichergestellt wurden. Dann hätten die Flavier auf dem Höhepunkt des Triumphzuges nicht nur zentrale Kultgeräte mitgeführt, sondern die Gegenstände des Innenheiligtums, die dort in ihren Augen anstelle eines Bildes oder einer Götterstatue standen: Sie sind ein Attribut des Kultes (Schaubrottisch) und ein Attribut Jahwes (Menora). Dies wird abschließend unterstützt durch die Interpretation der Tempelmenora (aus jüdischer Sicht), die W. ELTESTER vorgelegt hat[41]: Während die sieben Lampen die göttliche Himmelswelt symbolisieren, verweisen die Seeungeheuer auf dem Sockel des Leuchters auf die Beherrschung des Meeres und der Chaosgewalten, so daß die Menora "als sinnenfällige Repräsentation des Gedankens an Gottes Allmacht aufgefaßt werden"[42] darf.

[39] Der Einzelzug, daß die Menge der Beute auf ein Schiff geladen wird, um sie nach Rom zu transportieren, findet sich auch in bell 7, 20.

[40] Cf M/B, VI Anm 114; VII Anm 89.

[41] Cf Eltester, Der Siebenarmige Leuchter, 64-66. 74-76; ders., Schöpfungsoffenbarung und natürliche Theologie im frühen Christentum, NTS 3 (1956/57) 93-114: cf S. 102-107.

[42] Eltester, Schöpfungsoffenbarung, 106; diese Interpretation ist deswegen plausibel, weil sie den Leuchter in seiner Gesamtheit (Lampen und Sockel) beachtet: Demgegenüber versteht Busink, Tempel II, 1168 (im Anschluß an Goodenough, The Menora among the Jews of the Roman World, HUCA 23, 2, 1950/51, 449-492: cf S. 463) den

Daher kann eine letzte Präzisierung dieser Triumphzugszene gegeben werden: Vorgeführt werden nicht nur wichtige Kultgegenstände des Jerusalemer Tempels, sondern im Leuchter das greifbarste Attribut Jahwes, das dessen Herrschaftsgewalt und Macht repräsentiert. Trifft das zu, dann ist es mehr als wahrscheinlich, daß diese Gegenstände im Triumphzug ganz bewußt von den übrigen kostbaren Beutestücken (bell 7, 132ff) getrennt wurden[43].
Der Höhepunkt des Triumphzuges bringt damit, obwohl Jos. dies verschleiert[44], zum Ausdruck, daß der jüdische Gott von den römischen Göttern besiegt worden ist[45] und sich in deren Gefangenschaft befindet[46]. Damit propagiert der römische Triumphzug die gleiche Botschaft, die wir auch bei den Siegesopfern im brennenden Tempel ermittelt haben und die abgewandelt auch der flavianische Traktat vor der Belagerung verbreitet hatte[47]. Die Propaganda des Triumphzuges kann im übrigen auch verbal ausgedrückt worden sein, da auf dem Titusbogen Soldaten mit großen Tafeln ("tabula ansata") abgebildet sind, auf denen die Bedeutung der eroberten Gegenstände verzeichnet war[48].
Ich möchte hieran anschließend eine Gesamtdeutung des flavischen Triumphzuges vorschlagen, der die drei untersuchten Problemfelder - Isistempel, Kapitol, Sieg über Jahwe und seinen Kult - zusammenfaßt. Wenn Vespasian den Vorabend des Triumphzuges im Isistempel verbrachte und dann zum Haupttempel des Jupiter Capitolinus zog, um dessen Sieg über den jüdischen

---

Tempelleuchter als Symbol für Gott selbst (cf dazu auch Eltester, Der Siebenarmige Leuchter, 64-67, der in Auseinandersetzung mit Goodenough an seiner Interpretation festhält, aber darin nicht eine Gegenposition, sondern eher eine Parallele sieht, weil man voraussetzen muß, daß schon in der Antike bzgl. der Menora "viele Auffassungen nacheinander und nebeneinander galten" - ebd., 64f). M. E. können gerade die Römer, die die Menora aus dem Heiligtum raubten, hierin das Attribut Jahwes gesehen haben, das anstelle einer anderen Darstellung dessen Gegenwart symbolisiert (s. o.).

43 U. a. wurden Nachbildungen des Krieges gezeigt, wie sie auch sonst in Triumphzügen üblich waren; eines dieser Bilder zeigt die Zerstörung des Tempels (bell 7, 144): Weiler, Titus und die Zerstörung des Tempels von Jerusalem - Absicht oder Zufall?, Klio 50 (1968) 139-158: cf S. 147.

44 Cf M/B, VII Anm 70.

45 Cf auch Eltester, Schöpfungsoffenbarung, 106; über die Deponierung der Geräte im Jupitertempel schweigen die antiken Quellen, sie ist aber im Duktus des Triumphzuges wahrscheinlich; zur späteren Aufbewahrung im vespasianischen Paxtempel s. u. 3.3.

46 Die Vorstellung von der Gefangenschaft Jahwes bei den Römern ist literarisch bei Min. Fel., Oct. 10, 4 wiederzufinden; dafür, daß diese Auffassung auf den Sieg der Flavier zurückgeht, spricht, daß in der Entgegnung auf 10, 4 auf die Schriften des Jos. und des Antonius Julianus verwiesen wird (cf 33, 4f; cf auch 3.1, Anm 19).

47 S. o. 2.2, cc), S. 304; 3.1, S. 315f.

48 Cf Eltester, Der Siebenarmige Leuchter, 70f.

Gott zu dokumentieren, so kehren dabei drei Stationen und Gottheiten wieder, die Vespasians Aufstieg in unterschiedlicher Weise begleitet haben: Die ägyptischen Gottheiten hatten ihn anerkannt (2.2, cc), die aufständischen Juden und ihr Gott verharrten im Widerstand[49], und die Legitimierung durch Jupiter Optimus Maximus blieb durch den Kapitolsbrand zweifelhaft (2.1, b; 2.2, bb). Setzt man voraus, daß dem Triumphzug eine genaue Planung und Inszenierung zugrunde lag[50] und daß dessen Besonderheiten - die Übernachtung im Iseum und die Propagierung des Sieges über Jahwe und den jüdischen Kult - zu dieser Planung gehörten, so scheint mir folgende Deutung angemessen zu sein: Der durch die ägyptischen Götter schon legitimierte Kaiser zieht zum Kapitol, um die Anerkennung Jupiters dadurch zu erlangen oder zu bekunden, daß er ihm den besiegten Gott in Gestalt von dessen Attributen zu Füßen legt. Damit wird der Aufstieg Vespasians, der im Osten begann und mit den Schlagworten "profecti Iudaea" und "neuer Sarapis und Weltherrscher" umrissen werden kann (2.2, cc), auch in Rom augenfällig nachvollzogen und durch den obersten römischen Gott endgültig bestätigt[51]. Daher liegt m. E. die propagandistische Zielrichtung auch nicht in einer Werbung für Isis und Sarapis, wie sie WEBERs Gesamtdeutung nahelegt, sondern in der Bevollmächtigung der Flavier durch Jupiter Optimus Maximus[52].

Der zweite wesentliche Beleg für die Deutung des römischen Sieges im Sinne der Herrschaft Jupiters über Jahwe ist die Einrichtung des "Fiscus Judaicus": Diese Behörde[53] beaufsichtigt die neue Steuer, die alle Juden anstelle der Je-

---

[49] Cf nur die Äußerung in der Titusrede in bell 6, 341f.

[50] Schließlich war Vespasian schon seit einem dreiviertel Jahr in Rom.

[51] Cf bell 7, 155: die Flavier verrichteten ihre Opfer und Gebete auf dem Kapitol "unter günstigen Vorzeichen".

[52] S. o. 2.2, cc), S. 305ff: nach dem Sieg über die Vitellianer betrieben die Flavier römische und nicht ägyptisch-orientalische Politik, und auch das Orakel ist in seiner von den Römern aufgegriffenen Gestalt nicht jüdisch-messianischer Provenienz. Daß die Legitimierung alle drei Flavier umfaßt, ist auch an den Kapitolsmünzen abzulesen, die - teilweise in Kombination mit Triumphzugsmünzen - Vespasian, Titus und Domitian herausstellen (s. o. Anm 29). Zur Rolle Jupiters in der flavischen Epik resümiert Liebeschuetz: "There has been a simplification and concentration of the Roman heritage. But the core of the old religion, the providential care of Jupiter Optimus Maximus for Rome, is proclaimed with greater assurance than ever. Developing a theme from Vergil's *Georgics* Silius presents the Hannibalic war as a text devised by Jupiter to shake the Romans out of sloth and complacency and thus to fit them for their role of governing the world" (Liebeschuetz, Continuity and Change in Roman Religion, 1979, 173 mit Bezug auf Sil., Pun. 3, 571); cf hierzu auch Schubert, Jupiter in den Epen der Flavierzeit, Studien zur klassischen Philologie 8, 1984, 140-144.

[53] "Fiscus Judaicus" ist die Bezeichnung für die in Rom befindliche Behörde, die die Ju-

rusalemer Tempelsteuer nun an Jupiter Capitolinus entrichten müssen. Die drei wichtigsten Merkmale der neuen Steuer sind folgende[54]:

(a) Die Steuer wird 71 n. Chr., also im Jahre des Triumphzuges, eingeführt, gilt jedoch rückwirkend seit der Zerstörung des Jerusalemer Tempels.

(b) Die literarischen Quellen (bell 7, 218; DioCass. 66, 7, 2) belegen die sachliche Kontinuität zur alten Tempelsteuer[55]: Die neue Steuer für Jupiter löst die alte für Jahwe ab.

(c) Steuerpflichtig sind alle Juden, auch die in der Diaspora Wohnenden; der Kreis der Steuerpflichtigen wird darüber hinaus auf Frauen und Kinder ausgeweitet.

Wenn man diese Steuer nur als "verhüllte Kriegsentschädigung"[56] wertet, hat man allenfalls die rein finanzielle Seite erfaßt und nur das dritte Merkmal (c) beachtet. Die zeitliche und sachliche Kontinuität zur Jerusalemer Tempelsteuer (a + b) erfordert jedoch eine genauere Interpretation. In der Antike galten Steuern immer auch als ein Zeichen von Herrschaft bzw. Unfreiheit[57], so daß schon allein die Umwandlung einen Herrschaftswechsel symbolisiert. Dies wird am Adressaten und am Rechtsgrund der Steuer deutlich. Als Empfänger der Steuer nennt DioCass. 66, 7, 2 "Jupiter Capitolinus", während Jos. hier bewußt undeutlich bleibt und nur vom "Kapitol" spricht[58]. Der Sonderstatus der Judensteuer ist dadurch klar benannt: Während die wahrscheinlich zeitlich parallel eingerichteten Alexandriner- und Asiatensteuern in die dafür vorgesehenen kaiserlichen "fisci" fließen[59], besteht ein solcher kaiserlich verwalteter "fiscus" auch für die neue Judensteuer[60], aber mit dem entscheidenden Unterschied, daß nur diese Steuer an Jupiter weitergeleitet wird. Der "Fiscus Judaicus" sammelt daher nicht (nur) für den Kaiser, sondern in dessen Namen für Jupiter die Steuern ein. Dies wird unterstrichen durch die Tatsache, daß die Tempelsteuer in Höhe von zwei Drachmen in fast allen Fällen auf gesonderten Quittungen aufgeführt, also nicht mit anderen Steuern und Abgaben vermischt wurde[61]. Ob sich die Aufgaben des "Fiscus Judai-

---

densteuer einzieht, und nicht der Name der Steuer selbst; in CIL VI, 8604 ist ein (kaiserlicher) "procurator ad capitularia Iudaeorum" belegt.

[54] S. o. I. Teil, 6., S. 44f.

[55] Cf auch Carlebach, Rabbinic References to Fiscus Judaicus, JQR N. S. 66 (1975/76) 57-61.

[56] Bengtson, Die Flavier, 1979, 77f, der diese Deutung allerdings nicht näher begründet.

[57] Cf Stenger, "Gebt dem Kaiser, was des Kaisers ist", BBB 68, 1988, 79.

[58] S. o. I. Teil, 6., Anm 29.

[59] Cf Rostowzew, Art. Fiscus, PRE VI, 2, 1909, 2385-2405: cf Sp. 2402ff.

[60] S. o. Anm 53.

[61] Cf CPJ II, S. 115: Aber auch die vier Ausnahmefälle, bei denen die Steuer zusammen

cus" in dieser Sonderrolle erschöpften, wissen wir nicht, obwohl es m. E. eher unwahrscheinlich ist[62]. Zumindest in der Theorie wird aber propagiert, daß die ehemalige Jerusalemer Tempelsteuer nun an Jupiter entrichtet wird, womit höchstwahrscheinlich zunächst die Kosten für den Neubau des Kapitols bestritten wurden[63].

Schon die zeitliche Verknüpfung mit der Jerusalemer Tempelzerstörung, die erst durch eine rückwirkende Klausel hergestellt werden mußte (s. o.: a), indiziert die Bedeutung der Tempelzerstörung für diese Steuer. Die Tempelzerstörung ist aber nicht nur die reale, sondern auch die juristische Voraussetzung der Steuer: Zum einen konnten die Römer den Jerusalemer Tempel selbst in Analogie zu den "bona damnatorum" als "damnatum" einstufen und sich dadurch dessen Güter aneignen[64], und zum anderen konnten auch die zukünftigen Tempelgelder umgewandet werden, weil man imstande war, darauf hinzuweisen, daß Jahwe und seine (Kult-) Attribute sich in Rom befanden, was zwar nicht die Fortführung eines neuen, aber doch das Ende des alten Kultes bedeutete (s. u.: 3.3). Damit war auch die frühere Rücksicht, die man gegenüber jüdischen Diasporagemeinschaften insofern übte, als sie aus-

---

mit anderen Abgaben erhoben und quittiert wurde (ebd., Nr. 183. 202f. 217), unterscheiden die verschiedenen Steuern; diese Ausnahmen sind außerdem aus später Zeit (85 bzw. 105/106 und 108 n. Chr.).

[62] Da als sicher gelten kann, daß Vespasian die Steuern des besiegten Judäa erhöhte (cf Stenger, "Gebt dem Kaiser...", 75-78), ist es durchaus möglich, ohne daß man dies direkt belegen könnte, daß jene Summen zusammen mit dem Verkaufserlös Judäas (bell 7,216; s. o. I. Teil, 6., Anm 23) ebenfalls in den "Fiscus Judaicus" flossen, wofür immerhin spricht, daß die Einrichtung des "Fiscus" und die Neuordnung Judäas von Jos. im gleichen Kontext berichtet wird. Da dieses Geld aber dem Kaiser gehörte, hätte dann der "Fiscus Judaicus" nicht nur die Aufgabe, Geld für Jupiter einzusammeln, sondern auch - ähnlich wie der "Fiscus Alexandrinus" und der "Fiscus Asiaticus" - kaiserliches Geld zu verwalten. Durch diese Hypothese, die voraussetzt, daß der "Fiscus Judaicus" nicht allein mit der Tempelsteuer in Zusammenhang gebracht werden kann (ähnlich auch Mandell, Who paid the Temple Tax when the Jews were under Roman Rule?, HThR 77, 1984, 223-232: cf S. 228), erhält dieser "Fiscus" ein Doppelgesicht: Er ist eine kaiserliche Kasse, die Geld für Jupiter und den Kaiser verwaltet, wodurch das praktische Verfügungsrecht über das Geld zu keiner Konkurrenz führen dürfte, sondern dem Kaiser, der ja auch Pontifex Maximus war, vorbehalten blieb (dadurch erklärt sich m. E. auch das lange Bestehen dieser Kasse); cf auch Smallwood, The Jews under Roman Rule, SJLA 20, 1976, 375.

[63] Vielleicht erklärt sich die Verschärfung unter Domitian u. a. auch dadurch, daß das Kapitol erneut niedergebrannt ist und wieder aufgebaut werden mußte: cf I. A. F. Bruce, Nerva and the *Fiscus Iudaicus*, PEQ 96 (1964) 34-45: cf S. 39 Anm 34.

[64] Cf Mandell, Who paid the Temple Tax, 230-232, die allerdings den Kreis der Steuerpflichtigen auf die Pharisäer eingrenzt; daß und wie dies römische Praxis gewesen sein soll, ist m. E. nicht vorstellbar.

drücklich davor bewahrt blieben, ihre für eigene religiöse Zwecke bestimmten Gelder für heidnische Kulte verwenden zu müssen, an entscheidender Stelle durchlöchert: "The Roman legal view, presumably, was that Jewish sacred funds had ceased to exist in so far as they were connected with the Temple"[65]. Die Gleichzeitigkeit von Triumphzug und Einrichtung des "Fiscus Judaicus" läßt vermuten, daß beide Maßnahmen aufeinander abgestimmt waren: Nicht nur die Attribute Jahwes, sondern auch dessen (zukünftiges) Geld werden Jupiter Optimus Maximus, dem siegreichen Gott[66], untergeordnet[67].

3.3 Der Zusammenhang zwischen dem Brand des Kapitols und der Zerstörung des Jahwetempels

Die Arbeitshypothese, die ich im folgenden begründen möchte, lautet: Die Zerstörung des Jahwetempels wollte nicht nur das Zentralsymbol des jüdischen Widerstandes treffen und beseitigen[1], sondern steht auch in Verbindung mit dem Tempelbrand in Rom; sie diente dazu, ein anfänglich entscheidendes ideologisches Defizit der Flavier zu beseitigen.
Ein Zusammenhang zwischen der Zerstörung des Jupitertempels in Rom (Dezember 69 n. Chr.) und der des Jahwetempels in Jerusalem (August 70) wird m. W. weder in einer antiken Quelle noch in der modernen Forschung

[65] Applebaum, The Legal Status of the Jewish Communities in the Diaspora, CRJ I, 1, 1974, 420-463: zit. S. 462; ihm folgte Stenger, "Gebt dem Kaiser...", 88.

[66] Cf auch Zeitlin, Judaism as a Religion, An historical study, (1943-45), jetzt in: ders., Solomon Zeitlin's Studies in the Early History of Judaism, Bd. 3, 1975, 1-245: cf S. 60 (allgemeiner Hinweis auf den "Fiscus Judaicus"). Die Deutung der Besiegung Jahwes durch Jupiter widerspricht der Auffassung von M. Simon, der sowohl im Triumphzug als auch im "Fiscus Judaicus" einen Hinweis darauf sieht, daß Vespasian Jupiter und Jahwe identifiziert habe (cf Simon, Jupiter-Yahvé, Sur un essaie de théologie pagano-juive, Numen 23, 1976, 40-66: cf S. 56ff). Simon übersieht völlig die ideologische Auseinandersetzung bei der Belagerung Jerusalems und der Tempelzerstörung (s. o. 2.2, cc; 3.1), übergeht das Problem der (absichtlichen) Tempelzerstörung (cf ebd., 63) und schließt sich statt dessen der jos. Apologie und Polemik unkritisch an (cf ebd., 64); außerdem ignoriert Simon den Zerstörungsbefehl für den jüdischen Tempel von Leontopolis ebenso wie die ausdrückliche Qualifizierung der jüdischen Kultgeräte - selbst im jos. Bericht - als "Beutestücke" (bell 7, 148) sowie deren Einbindung in das Bildprogramm des römischen Triumphbogens. Zum Jupiter Sabazius-Problem (Simon, ebd., 52-56 sieht hierin ein Äquivalent zu Jahwe Sabaoth) cf jetzt Lane, Sabazius and the Jews in Valerius Maximus: A Re-Examination, JRS 69 (1979) 35-38.

[67] Zu Ursachen und Zweck dieser Handlungen s. u. 3.3.

[1] S. o. 3.1, S. 314ff.

hergestellt oder begründet erwogen[2]: Die Arbeitshypothese ist also neu und hat den Charakter einer Extrapolation. Wesentlich ist, daß die völlige Zerstörung einer Stadt wie Jerusalem ein zu jener Zeit eher singuläres Ereignis war[3].

Der flavische Triumphzug und die Einrichtung des "Fiscus Judaicus" haben die Zerstörung des Jerusalemer Heiligtums zur Voraussetzung und verbinden gleichzeitig die Tempelzerstörungen in Rom und Jerusalem[4]: Der Triumphzug ist in seiner auffälligen Gestaltung auch ein Triumph über Jahwe, dessen Kultgeräte im Kapitol deponiert werden, das seinerseits jedoch noch nicht vollständig wiedererrichtet war, also Erinnerungen an den Brand wecken konnte; der "Fiscus Judaicus" sammelte die ehemalige jüdische Tempelsteuer nunmehr für Jupiter ein, um (zunächst) dessen irdischen Wohnsitz neu zu bauen. Der Triumphzug und der "Fiscus Judaicus" sind Elemente der römischen Siegespropaganda, gehören also in die Zeit nach dem Erfolg der

---

[2] Tcherikover/Fuks kommen dem Zusammenhang bei der Erörterung des "Fiscus Judaicus" nahe: "Vespasian ordered the didrachmon to be paid to Jupiter Capitolinus; the victorious god (whose temple, too, was consumed by flames in the year 69) had the right to use the income of his vanquished rival" (CPJ II, S. 112f). Ich habe meine Arbeitshypothese unabhängig von Stenger entwickelt, der - ebenfalls im Kontext des "Fiscus Judaicus" - nach ausführlichen Zitaten von Min. Fel., Oct. 10, 3f und Tac., hist. 3, 71f; 4, 53f schlußfolgert: "Für die Festigung der Herrschaft des Vespasian konnte darum nichts günstiger sein, als daß der Feuerschein der Flammen des brennenden Tempels von Jerusalem den Brand des Jupitertempels in Rom überstrahlte, zumal sich so die Gelegenheit ergab, die ehemalige jüdische Tempelsteuer dem Wiederaufbau des Kapitols zugute kommen zu lassen" (Stenger, "Gebt dem Kaiser, was des Kaisers ist", BBB 68, 1988, 84).

[3] Für die völlige Zerstörung einer feindlichen Stadt gibt es höchstens zahlreiche alttestamentliche, altorientalische und makkabäische Belege, die z. B. Rengstorf gesammelt hat, um den Toposcharakter von Mt 22, 7 zu beweisen (cf ders., Die Stadt der Mörder, Mt 22, 7, in: Eltester, Hrg., Judentum, Urchristentum, Kirche, FS J. Jeremias, BZNW 26, 1960/1964², 106-129 cf S. 110-114. 125; gegen die Alternative literarischer Topos versus geschichtliche Erfahrung hat im Blick auf Mt 22, 7 neuerdings L. Schottroff Einspruch erhoben: cf dies., Das Gleichnis vom großen Gastmahl in der Logienquelle, EvTh 47, 1987, 192-211: cf S. 207). Hengel, der die völlige Zerstörung von Städten samt ihrer Tempel als einen sehr verbreiteten Kriegsbrauch einstuft (cf ders., Entstehungszeit und Situation des Markusevangeliums, in: Cancik, Hrg., Markus-Philologie, WUNT 33, 1984, 1-45: cf S. 22 Anm 87), um in Mk 13, 2 das Vorliegen eines literarischen Topos zu beweisen, kann ebd. außer auf die bekannten Zerstörungen von Korinth und Karthago im Jahre 146 v. Chr. (cf hierzu Bengtson, Grundriß der römischen Geschichte mit Quellenkunde, Bd. 1, HAW III, 5, 1967/1982³, 145-151) nur noch auf solche Belege bei Jos. verweisen, die entweder alttestamentliches Material aufnehmen oder im Kontext der Zerstörung Jerusalems stehen; cf auch 3.1, Anm 36.

[4] S. o. 3.2.

Flavier. Diese Propaganda verkündet den flavischen Sieg als einen Sieg Jupiters, und zwar nicht allein durch die traditionelle Geste des Niederlegens von Lorbeerzweig und -kranz der Triumphatoren im Kapitol, sondern vor allem durch die betonte Unterordnung Jahwes unter Jupiters Herrschaft[5].
Da beim Triumphzug auch der Kapitolsbrand erinnert werden konnte und der "Fiscus Judaicus" den Neubau des zerstörten Kapitols finanzierte, ist es mehr als wahrscheinlich, daß mit beiden Propagandaelementen auch das Legitimationsdefizit der Flavier, das aus eben dieser Zerstörung resultierte[6], beseitigt werden sollte. Der auf diese Weise verkündete Sieg über Judäa vervollständigt damit die flavische Propaganda, die beim Kapitolsbrand die eigene Unschuld beteuert und die Vitellianer zu Sündenböcken gestempelt hatte, indem sie die verbreiteten Befürchtungen eines römischen Untergangs widerlegt: Die Konsequenzen des Kapitolsbrandes werden als unwahr erwiesen, da Jupiters Garantie der Unbesiegbarkeit nicht entzogen, sondern vielmehr bestätigt worden ist. Diese Botschaft koinzidiert nicht nur mit der späteren flavischen Propaganda über Domitians Rolle beim Kapitolsbrand[7], sondern ist zeitlich und sachlich auch mit der Aeternitas- und Victoriapropaganda verknüpft, die Vespasian als Empfänger des Palladium zeichnet[8]: War vor dem Sieg über Judäa eine direkte Legitimierung Vespasians durch Jupiter vermieden worden, so ist die plötzliche Hervorhebung Jupiters, indem er die Kultgeräte, Attribute und Steuern Jahwes empfängt, besonders auffällig; man hat also die Notwendigkeit empfunden, Jupiters Weltherrschaft erneut zu propagieren, und zwar in einer Weise, die verdeutlicht, daß er seinerseits diese Herrschaft mit den neuen Machthabern teilt[9]. Als konkrete Ursache für die Notwendigkeit einer solchen Propaganda kommt m. E. nur der Kapitolsbrand in Betracht, da dadurch sowohl Jupiters Machtgarantie als auch die Berechtigung der flavischen Herrschaft in Zweifel gezogen worden war. Während die Flavier die Berechtigung ihrer Herrschaft durchaus unterschiedlich darstellten und dazu auch den Sieg über Judäa verwandten (2.2, bc. cc), ist die Voraussetzung für die Hervorhebung Jupiters, und damit der flavischen Legitimation, nicht der Sieg über Judäa im allgemeinen, sondern die Zerstörung des Jerusalemer Tempels. Denn nur durch diese Tat konnten einmal Jahwes

---

[5] S. o. 3.2, S. 323ff.

[6] S. o. 2.2, bb).

[7] S. o. 2.2, bb), S. 281.

[8] S. o. 2.2, bc), S. 292f.

[9] Zur Gesamtdeutung des Triumphzuges als einer Bevollmächtigung der Flavier durch Jupiter s. o. 3.2, S. 326f; daß Vespasian auch das Jupitervermögen, das der "Fiscus Judaicus" einsammelte, kontrollierte, ist naheliegend (s. o. 3.2, Anm 62).

Kultgeräte in Rom deponiert[10] und zum anderen seine Steuern für Jupiter erhoben werden[11]. Die Zerstörung des Jerusalemer Tempels bot demnach den Flaviern die Bedingung der Möglichkeit, Jupiters Herrschaft konkret vor Augen zu führen und gleichzeitig ihre eigene Macht zu stabilisieren; die notwendige Veranlassung hierzu lag in der Zerstörung des Kapitols. Insofern ist also die Zerstörung des Kapitols samt deren Folgen die Voraussetzung für die Zerstörung des Jerusalemer Tempels. Diese Schlußfolgerung ist m. E. angemessen und gilt für die Ebene der Propaganda, die nach der Eroberung Jerusalems einsetzt und sich im Jahre 71 n. Chr. im Triumphzug und in der Einrichtung des "Fiscus Judaicus" greifen läßt[12]. Ob den Flaviern eine derartige Konzeption in allen Einzelmomenten schon vor Beendigung des Krieges vor Augen stand, läßt sich aufgrund der Quellen nicht nachweisen. Dennoch ist es nicht unergiebig, die Arbeitshypothese in einem 2. Schritt für die Zeit und Situation der römischen Belagerung Jerusalems zu überprüfen.

In 3.1 habe ich dargelegt, daß der Jerusalemer Tempel absichtlich und auf Befehl des Titus zerstört wurde, und eine militärische und zwei ideologische Ursachen der Zerstörung benannt. Die zweite ideologische Ursache, nämlich das Jerusalemer Heiligtum in kultischen Besitz zu nehmen, um Jupiters Überlegenheit zu demonstrieren, ist in ihrer Botschaft identisch mit der durch den Triumphzug und den "Fiscus Judaicus" propagierten Weltherrschaft Jupiters. Der ideologische Extrakt, daß Jahwe durch Jupiter besiegt worden ist, ist also nicht nur in der Propaganda des Jahres 71. n. Chr. belegt, sondern findet sich schon nach dem Vollzug der Tempeleroberung und als Begründung für die endgültige Zerstörung durch die Schleifung. Auch der flavianische Traktat, den ich der ideologischen Auseinandersetzung im Vor-

---

[10] Wäre der Tempel erhalten oder unter römischer Ägide wiederhergestellt worden, hätte dies auch eine Fortsetzung des Kultes zur Folge gehabt.

[11] Wäre der Tempel nicht zerstört worden, hätte man zwar sowohl die römische Erlaubnis zur Einsammlung der jüdischen Tempelsteuer (s. o. 2.2, ab, Anm 1) wiederrufen als auch die Juden finanziell bestrafen können, aber man hätte keine Grundlage gehabt, Jahwes Steuern für Jupiter zu erheben.

[12] Auf der Grundlage von Plin., nat. 5, 70 und Val. Fl., Argon. I, 13 (s. o. 3.1, S. 313: f) hat Weiler vorgeschlagen, daß sich die Flavier anfangs durchaus der Zerstörung des Jerusalemer Tempels gerühmt haben (cf auch bell 7, 144: s. o. 3.1, S. 311: b), während man später (etwa seit 75 n. Chr. - vielleicht im Zusammenhang des Besuches von Berenike und Agrippa II in Rom) diese Tat eher verschwiegen hat oder eine neue Bewertung bevorzugte: "Die Koinzidenz beider Ereignisse, des königlichen Besuches und die Herausgabe des *bellum Iudaicum*, mag Ursache dafür sein, daß Titus die Zerstörung des jüdischen Heiligtums in ein neues Licht zu stellen wünschte und daß Josephus diesem Wunsche zu entsprechen hatte" (Weiler, Titus und die Zerstörung des Tempels von Jerusalem - Absicht oder Zufall?, Klio 50, 1968, 139-158: zit. S. 154).

feld der Tempeleroberung zugewiesen habe[13], propagiert eine ähnliche Botschaft: Der himmlische Kampf um das Jerusalemer Heiligtum ist zugunsten der Römer entschieden, und der jüdische Gott ist gezwungen, aus seinem Tempel zu fliehen.

Während der flavianische Traktat die Siegeszuversicht der vor Jerusalem kämpfenden Truppen steigern sollte und daher den Aspekt der Götterflucht aus dem angegriffenen Tempel hervorhob, liegt der Schwerpunkt nach der Tempeleroberung und -schleifung auf dem Sieg des römischen über den jüdischen Gott. Da die Tempelschleifung ihrerseits vermeidbar gewesen wäre, jedoch von Titus ausdrücklich befohlen wurde (bell 7, 1)[14], und zwar aufgrund der besagten ideologischen Ursache, die der späteren flavischen Propaganda entspricht, ist es nicht unwahrscheinlich, daß die Veranlassung der flavischen Propaganda ebenfalls die Veranlassung zur Schleifung bildete, daß also der Brand des Kapitols die endgültige Zerstörung des Jerusalemer Heiligtums sogar verursacht hat. Der Zusammenhang der beiden Tempelzerstörungen würde dann nicht nur für die (nachträgliche) Propagandaebene, sondern bereits für die Ereignisse selbst gelten. Dieser Indizienbeweis konkretisiert zwar das Ergebnis, daß das römische Vorgehen bei der Belagerung Jerusalems überhaupt durch die Tatsache des flavischen Sieges in Rom militärisch und ideologisch beeinflußt wurde[15], verbleibt aber (nur) im Bereich des Möglichen.

Als sicheres Ergebnis dürfte demgegenüber folgendes gelten: Mit der Eroberung und Zerstörung des Jahwetempels sollte bewußt auch der Unzerstörbarkeitsmythos dieses Tempels gebrochen werden, der bei den Belagerten lebendig war und sogar Überläufer zu ihnen bewegt hat; die Flavier konnten den Sieg propagandistisch und finanziell ausnützen und den ihnen angelasteten Kapitolsbrand nachträglich kompensieren. Beide Tempelzerstörungen waren im Erleben der Beteiligten und in der anschließenden Propaganda verbunden[16]. Dies gilt umso mehr, wenn man den weitergehenden Zweck der

---

[13] S. o. 2.2, cc), S. 303f.

[14] S. o. 2.2, bc), Anm 21.

[15] S. o. 2.2, bc). cc).

[16] Trifft meine Arbeitshypothese auch in ihrer spezielleren Variante zu, wonach es eine Interdependenz der beiden Tempelzerstörungen bereits auf der Ebene der Ereignisse gegeben hat, so ließe sich auf dem Hintergrund der in 3.1 herausgestellten ideologischen Ursachen folgende Abwägung denken: Während die Einsicht, daß der Jahwetempel das Zentralsymbol des jüdischen Widerstandes darstellt, eine hinreichende Ursache für dessen Eroberung ist, bildet der Kapitolsbrand samt Folgen und Anschuldigungen die notwendige Ursache der endgültigen Zerstörung/Schleifung des Jerusalemer Heiligtums. Was eine gewünschte Nebenfolge war, muß zwar nicht unbedingt ein Hauptmotiv zur Zerstörung gewesen sein, könnte aber bewußt in Kauf genommen wor-

Zerstörung erhebt.
Während Jos. die Tempelzerstörung imgrunde als eine Gebäudezerstörung darstellt, weisen die verschiedenen Stationen der Tempeleroberung sowie die Deportation der Kultgeräte nach Rom und die Umwandlung der ehemaligen jüdischen Tempelsteuer samt deren Rechtsgrund in eine andere Richtung: Die Tempelzerstörung ist eine Kultzerstörung[17]. Hierzu fügt sich auch die Tempelzerstörung von Leontopolis (bell 7, 420f. 433-436)[18]. Auch wenn der jos. Bericht viele Dinge unklar läßt[19], bleibt erkennbar, daß Vespasian die Zerstörung dieses jüdischen Tempels selbst befohlen hat[20] und daß der Statt-

---

den sein.

[17] Ähnlich auch schon Mommsen, Römische Geschichte, Bd. 5, 1886[3], 538f; dagegen behauptet Clark, Worship in the Jerusalem Temple after A.D. 70, NTS 6 (1959/60) 269-280, daß der Tempelkult in Jerusalem auch nach 70 in eingeschränktem Maße weitergeführt wurde: Clarks erstes "Argument" (sic!) ist die "*a priori* assumption" (ebd., 271), daß der Kult weitergeführt wurde, was er mit der allgemeinen Parallelität zur ersten Tempelzerstörung und der Exilierung "begründet" (271f); er verweise darauf, daß es kein eindeutiges Verbot der Römer gegeben habe, den Tempeldienst fortzuführen (cf S. 273), was sich m. E. nach der Zerstörung erübrigt hat; anschließend erwähnt Clark verschiedene Belege aus bell 6, die die nicht vollständige Zerstörung des Tempels beweisen sollen, läßt aber die von Titus befohlene Schleifung (bell 7, 1) bezeichnenderweise unerwähnt (cf S. 273); auch Clarks Behauptung, daß nach der Eroberung Jerusalems "only a small garrison force" (S. 273) hier stationiert wurde, ist eine unzutreffende Untertreibung und übergeht völlig das Problem der kultischen Sicherung Jerusalems durch die Römer (s. o. 3.1); abschließend zitiert Clark einige neutestamentliche, patristische und rabbinische Quellen (cf S. 275ff), die s. E. die tatsächliche Existenz des Opferkultes voraussetzen und nicht vergangene oder ideale Zustände reflektieren (mit dem gleichen "Argument" könnte man sogar die tatsächliche Existenz des Tempels "beweisen"): Zu den von den Rabbinen überlieferten Tempel- und Kultraditionen cf Thoma, Auswirkungen des jüdischen Krieges gegen Rom (66-70/73 n. Chr.) auf das rabbinische Judentum, BZ N.F. 12 (1968) 30-54. 186-210: cf 36-43.

[18] S. o. I. Teil, 8.

[19] Im Duktus der jos. Darstellung sind die Unruhen bereits beendet (cf bell 7, 409-419), als Lupus Vespasian in Kenntnis setzte (nach § 420 hat Lupus dies jedoch "κατὰ τάχος" getan, wobei aber unklar bleibt, ob sich dies auf das Ende, den Verlauf oder den Beginn der Unruhen bezieht); § 421 referiert Vespasians schriftliche Antwort, die Lupus nach § 433 nicht in dieser Form ausführte (konnte sich das ein kaiserlicher Beamter erlauben? Jedoch starb Lupus bald darauf, so daß wir in dieser Frage nicht weiterkommen). Der Nachfolger des Lupus, Paulinus, war höchstwahrscheinlich ein Freund Vespasians (s. o. I. Teil, 8., Anm 9); er ließ die (restlichen?) kultischen Aktivitäten der Priester endgültig unterbinden, untersagte den Zugang, entfernte alle Weihegaben und machte so den Gottesdienst unmöglich; von einer direkten Zerstörung wird aber nichts mehr erwähnt (cf auch M/B, VII Anm 207), obwohl § 435b diesen Eindruck erwecken könnte.

[20] S. o. 3.1, S. 314.

halter Lupus den Befehl nicht in dieser Form ausführte, sondern dem Tempel nur einige Weihegaben entnehmen und ihn dann schließen ließ (7, 433), während sein Nachfolger Paulinus den Kult endgültig beendete (§ 434f). Obwohl die Unruhen schon unter Lupus, spätestens aber vor Paulinus' Ankunft beendet waren, wird auch dieser jüdische Kultort, der zudem nur eine lokal begrenzte Bedeutung hatte, zerstört oder völlig unzugänglich gemacht, so daß sich als Schlußfolgerung ergibt, daß Vespasian bewußt und zielstrebig den jüdischen Tempelkult auslöschen wollte.

Wenn die Maßnahmen des Lupus auf den Herbst 74 n. Chr. datiert werden können[21] und die endgültige Kultzerstörung von Leontopolis etwas später vollzogen wurde, so kommen wir in das Jahr, das gleichzeitig einen Höhepunkt der flavischen Propaganda darstellt: Im Jahre 75 n. Chr. wurde der große Tempel der Pax eingeweiht[22]. Da Vespasian auch die Pforten des Janustempels schließen ließ[23], darf man annehmen, daß er die augusteische Konzeption, die sich in der Ara Pacis symbolisch ausdrückt[24], nachahmen und übertreffen wollte. Eine Verbindung zur Zerstörung des jüdischen Kultes ergibt sich dadurch, daß im Paxtempel auch die jüdischen Kultgeräte aufgestellt wurden, auf die Vespasian "stolz war" (bell 7, 161). Setzt man voraus, daß diesem Tempel nicht nur ein musealer Charakter zu eigen war[25], sondern daß er in erster Linie den Frieden des gesamten Erdkreises[26] propagieren und darstellen sollte und daher eine religiös-politische Ausrichtung hatte, so kann man die Deponierung der jüdischen Kultgeräte auch deuten als eine zwangsweise Einordnung des jüdischen Gottes in die antike Göttergemeinschaft, die angesichts der weltweiten Friedensherrschaft eine stabilisierende Funktion innehatte[27]. Der gefangene Jahwe[28] sollte damit den religiösen Frieden nicht

---

[21] S. o. I. Teil, 8.

[22] Cf DioCass. 66, 15, 1; cf auch bell 7, 158-162 (im Anschluß an den Bericht über den Triumphzug).

[23] Cf Oros., hist. adv. pagan. VII, 3, 7; 9, 9; 19, 4 (jeweils mit Rückgriff auf Tac.).

[24] S. o. 2.1, a), S. 205ff; der Kult der Göttin Pax ist eine Neuschöpfung des Augustus: cf ebd., S. 207f.

[25] Cf hierzu Wengst, Pax Romana, Anspruch und Wirklichkeit, 1986, 190 Anm 161.

[26] Cf. Oros., hist. adv. pagan. VII, 9, 9 (mit Hinblick auf die Schließung des Janustempels).

[27] Im "templum pacis" ließ Vespasian auch eine riesige von 16 Putten umgebene Nilstatue aufstellen (cf Plin., nat. 36, 38), die höchstwahrscheinlich auf das Steigen der Nilflut während Vespasians Ägyptenaufenthalt erinnern sollte (s. o. 2.2, cc, S. 293f: cf DioCass. 66, 8, 1): "Umstritten ist dabei, ob der Statue ein bestimmter Platz innerhalb eines bewußt-programmatischen (uns verlorenen) Bildzusammenhangs zukommt" (Hornbostel, Sarapis, EPRO 32, 1973, 373f). Der allgemeine Bedeutungszusammenhang ist aber erkennbar: Der flavische Paxtempel propagiert die erneuerte Friedens-

mehr stören können[29], und auch dessen Anhänger waren gezwungen, ihre religiösen Abgaben an Jupiter zu entrichten und so die römische Weltherrschaft anzuerkennen. Ob man in Rom die Erwartung hegte, daß sich die Juden dem auch innerlich fügten, bleibt dahingestellt[30]. Die metaphysische Bedrohung durch den kultisch nicht integrierbaren und schließlich bekämpften jüdischen Gott war jedoch nun in römischen Augen abgewendet: Jahwe befand sich (symbolisch) in Rom unter der Ägide der römisch-flavischen Pax, seine Steuern kamen Jupiter zugute, und in Jerusalem war eine römische Legion stationiert, so daß dort statt eines Tempels ein Fahnenheiligtum existierte.

---

herrschaft nach dem Bürgerkrieg in weltweiter Auswirkung, wobei die göttlichen Legitimierungen des vespasianischen Aufstiegs in Ägypten und durch die Besiegung des jüdischen Gottes hier ein- bzw. untergeordnet werden, was man m. E. analog zum Triumphzug als Betonung der römisch-nationalen Tradition verstehen sollte. Zu Petersons These, daß die nationalen Gottheiten zu untergeordneten Beamten der römischen Götter werden (cf Peterson, Der Monotheismus als politisches Problem, 1935, 48-51. 60-62. 98f; cf hierzu auch Kippenberg, Versuch einer soziologischen Verortung des antiken Gnostizismus, Numen 17, 1970, 211-231: cf. S. 218-220), cf die Kritik in dem von A. Schindler herausgegebenen Sammelband: "Monotheismus als politisches Problem? Erik Peterson und die Kritik der politischen Theologie", SEE 14, 1978, 23-32. 36-42.

[28] S. o. 3.2, S.326.

[29] S. o. 2.1, a), S. 216.

[30] Vielleicht gehört gerade in diesen Kontext auch die Neubewertung der Zerstörung des Jerusalemer Tempels (s. o. Anm 12).

4. Ausblick

In diesem letzten Kapitel werden weniger eigene Untersuchungen als neuere Forschungsergebnisse präsentiert, mit denen ich die Linien der bisherigen Resultate ausziehen (4.1) bzw. theologische Implikationen benennen möchte (4.2).
Im historischen Ausblick sollen hierzu die ideologisch-theologischen Hintergründe der Diasporaaufstände unter Trajan und des Bar Kokhba-Krieges aufgezeigt werden. Die theologischen Reaktionen auf die Jerusalemer Tempelzerstörung sind so vielschichtig, daß sie hier nicht angemessen dargestellt werden können. Es soll aber wenigstens der Versuch unternommen werden, theologische Implikationen und Grundfragen im Duktus der Ergebnisse dieser Arbeit zu strukturieren und einige beispielhafte Antworten zu skizzieren.

4.1 Historischer Ausblick

45 Jahre nach der Eroberung Jerusalems kam es in verschiedenen östlichen Gebieten des römischen Reiches, in Nordafrika (Kyrene und Ägypten), Zypern, Mesopotamien und evtl. in Palästina zu jüdischen Aufständen. Aufgrund der schlechten Quellenlage läßt sich nur noch ein fragmentarisches Bild entwerfen, wobei nicht nur der genaue Kriegsverlauf, sondern auch die Ursachen und Anlässe der Erhebung undeutlich bleiben[1]. Wenn im folgenden ideologisch-theologische Aspekte dargestellt werden, geschieht dies daher ohne den Anspruch, hiermit die entscheidenden Ursachen erfassen zu wollen. Ich beschränke mich gleichfalls auf den nordafrikanisch-palästinischen Raum[2].

---

[1] Einen Überblick hat Conzelmann, Heiden - Juden - Christen, BHTh 62, 1981, 33f; eine kurze Darstellung mit Quellenübersicht bietet Schürer, History I, 529-534; längere Darstellungen finden sich bei Smallwood, The Jews under Roman Rule, SJLA 20, 1976, 389-427 und bei Applebaum, Jews and Greeks in Ancient Cyrene, SJLA 29, 1979 (hebr. 1969), 261-344; cf weiter CPJ I, S. 85-93 (allgemeine Einführung); CPJ II, S. 225-260 (= Pap. Nr. 435-450); A. Fuks, Aspects of the Jewish Revolt in A.D. 115-117, JRS 51 (1961) 98-104; Kasher, Some Comments on the Jewish Uprising in Egypt in the Time of Trajan, JJS 27 (1976) 147-158; Hengel, Messianische Hoffnung und politischer "Radikalismus" in der "jüdisch-hellenistischen Diaspora", Zur Frage der Voraussetzungen des jüdischen Aufstandes unter Trajan 115-117 n. Chr., in: Hellholm (Hrg.), Apocalyptism in the Mediterranean World and the Near East, 1983, 655-686: cf S. 658-668.

[2] Über Zypern wissen wir nicht viel mehr, als daß es unter der Führung eines gewissen Artemion zu einem Aufstand gekommen ist, der 240 000 Menschen das Leben gekostet haben soll; DioCass. berichtet außerdem, daß nach der Niederschlagung kein Jude die

Nach lokalen Unruhen in Alexandria entwickelte sich der jüdisch-griechische Konflikt durch die Verbindung der ägyptischen und kyrenischen Juden zu einem Krieg gegen Rom, der erst durch das Eintreffen neuer römischer Truppen unter Q. Marcius Turbo blutig niedergekämpft wurde[3]. Die Juden hatten in diesem Krieg zahlreiche heidnische Tempel, aber auch säkulare Gebäude, bewußt und planmäßig zerstört[4]. Diese Tempel- und Gebäudezerstörungen, dazu die weitgehenden Verwüstungen ländlicher Gebiete[5], sind nur verständlich, wenn die Aufständischen beabsichtigten, nicht in Kyrene oder Ägypten zu bleiben. Daher ist es wahrscheinlich, daß die Juden ihr eigentliches Ziel in der Eroberung und dem Wiederaufbau Israels sahen[6], also den Exodus wiederholen wollten. Darüber hinaus könnte ihr Anführer Lucuas[7], den Euseb als "König" bezeichnet (h. e. IV, 2, 4), durchaus messianische Ansprüche erhoben haben.
HENGEL hat ausgeführt, daß Sib. 5, das zahlreiche polemische Anspielungen auf die römische Reichsideologie bietet, ein Dokument ist, daß die militant-messianischen Hoffnungen der Aufständischen widerspiegelt, ohne daß man es im strengen Sinn als Programmschrift des Aufstandes deuten müßte[8]. Gerade auch die Erwähnung der Jerusalemer Tempelzerstörung[9] in Sib. 5,

---

Insel mehr betreten durfte und daß auch schiffbrüchige Juden sofort getötet worden seien (cf DioCass. 68, 32, 2f; cf auch Oros., hist. adv. pagan. VII, 12, 8). Die jüdischen Aufstände in Mesopotamien stehen dagegen im Zusammenhang mit der parthischen Gegenoffensive nach Trajans Erfolg im Osten: Die älteste und vielleicht größte jüdische Diasporagemeinschaft kämpfte hier auf Seiten der Parther gegen die Römer; dieser Aufstand wurde vom maurischen Prinzen und römischen General L. Quietus grausam niedergekämpft, der anschließend die Legatur von Judäa erhielt (cf Smallwood, Jews, 393. 415-421).

[3] Cf Eus., h. e. IV, 2, 1-4.

[4] Cf Applebaum, The Jewish Revolt in Cyrene in 115-117, and the Subsequent Recolonisation, JJS 2 (1950/51) 177-186; ders., Cyrensia Judaica, JJS 13 (1962) 31-43: cf S. 36ff; ders., Jews, 269-296.

[5] Cf Smallwood, Jews, 400f; einen interessanten und lebendigen Eindruck aus der Perspektive der Ägypter liefern die Briefe aus dem Familienarchiv des Apollonios: cf CPJ II, Nr. 436f. 439-446 (= S. 233-236. 239-254).

[6] Dies vermutete schon Fuks, Aspects, 104: "... the Jews of Cyrene left their country, leaving scorched earth behind. Was this trek only a first stage in leaving the Diaspora? Was Judaea the final destination of the rebels?".

[7] DioCass. 68, 32, 1 erwähnt als Führer der kyrenischen Juden einen gewissen "Andreas".

[8] Cf Hengel, Messianische Hoffnung, 668-679; cf auch Collins, The Sibylline Oracles of Egyptian Judaism, SBLDS 13, 1974, 94f.

[9] Cf Hengel, Mesianische Hoffnung, 672f. 675; der Hinweis auf die Zerstörung Jerusalems in Sib. 5, 225-227 (cf Hengel, ebd., 672 Anm 66) ist allerdings eher allgemein und

150f. 398-413 spricht m. E. für diese Hypothese. In beiden Orakeln (VV 111-178. 286-433) markiert die Tempelzerstörung den Beginn der letzten Zeit[10]: Rom wird vernichtet (VV 155-178), bzw. der Messias erscheint (VV 414-433). Im letzten Orakel wird nicht nur die Jerusalemer Tempelzerstörung mit dem Kommen des Messias, der den Tempel mit einem bis an die Wolken reichenden Turm wieder aufbaut, verbunden, sondern zuvor die Zerstörung eines römischen Tempels (VV 394-397) - gemeint ist der Vestatempel, der 64 n. Chr. niederbrannte - als antizipierte Strafe für die Zerstörung des Jerusalemer Tempels beschrieben[11]. Auf diesem Hintergrund halte ich es für denkbar, daß die Zerstörungen der heidnischen Tempel in Kyrene nicht nur eine Taktik der "verbrannten Erde", sondern auch eine Rache für die Zerstörung des Jerusalemer Heiligtums darstellen[12], die ihrerseits den Zug nach Israel zur Folge hat, da dort der himmlische Messias mit Feuer die Feinde vernichtet und Jerusalem und den Tempel prachtvoll errichten wird; zumindest ist hiermit die Möglichkeit belegt, daß die Jerusalemer Tempelzerstörung durch die Zerstörung heidnischer Tempel "beantwortet" werden konnte. Daß man dann - bei günstiger Gelegenheit - selbst zur Tat schritt, ist m. E. naheliegend[13]. In den Augen der Ägypter sind die Juden damit als "gottlos" erwiesen: Die Bezeichnung "ἀνόσιος" taucht hier zum ersten Mal als stehender Terminus für die Juden auf, und zwar auch in offiziellen Dokumenten[14].
Einen Einblick in die religiöse Kriegführung der Römer liefert eine Inschrift aus Jerusalem. Ob es jedoch in Palästina tatsächlich zu Kämpfen gekommen ist oder ob die Entsendung des L. Quietus eine erfolgreiche Präventivmaß-

---

erwähnt den Tempel nicht direkt, wobei auch die Beschreibung des heilvollen Zustandes in VV 250-255 nur Stadt und Land umfaßt.

10 Cf Collins, Sibylline Oracles, 75.

11 S. o. 2.1, c), Anm 69; wenn hier der Vestatempel und nicht der Kapitolsbrand auftaucht, hat das seinen Grund in der Nero-redivivus-Konzeption.

12 Applebaum hat sogar angenommen, daß die Juden Kyrenes die Menora (in Erinnerung an den Tempel) als nationales Aufstandssymbol verwendet haben: cf ders., A Lamp and Other Remains of the Jewish Community of Cyrene, IEJ 7 (1957) 154-162: cf S. 157-159; kritisch hierzu: Goldberg, Der siebenarmige Leuchter, zur Entstehung eines jüdischen Bekenntnissymbols, ZDMG 117 (1967) 232-246: cf S. 233 und Busink, Der Tempel von Jerusalem, Bd. 2, 1980, 1168. Zur Vernichtung ägyptischer Tempel cf Sib. 5, 54-59. 81-86. 484-488.

13 Daß die Tempelzerstörungen auch einen ikonoklastischen Aspekt haben (cf Fuks, Aspects, 104), ist unbenommen, scheint mir aber eher ein allgemeiner Hintergrund zu sein.

14 Cf Fuks, Aspects, 103f; Hengel, Messianische Hoffnung, 661f: cf CPJ II, Nr. 438, Z. 4 (= S. 238); Nr. 443 Col. II, Z. 4f (= S. 248).

nahme Trajans war, ist weiterhin ungewiß[15]. Aus dem Jahre 116/117 n. Chr. ist eine Weihinschrift einer Abteilung der Legion III Cyrenaica anläßlich des Parthererfolges Trajans überliefert: "[I]ovi o. m. Sarapidi pro salutate et victoria imp. Nervae Traiani Caesaris optumi Aug. Germanici Dacici Parthici et populi Romani, vexill. leg. III Cyr. fecit"[16]. Es ist gut möglich, daß diese Weihung durch Quietus veranlaßt worden ist, zumal er aus Mesopotamien kam. Eine indirekte Quelle, auf die APPLEBAUM hingewiesen hat[17], ist das in einer syrischen Übersetzung des 12. Jahrhunderts erhaltene Kommentarfragment Hippolyts zu Mt 24, 15-22: "Vespasianus nun hat kein Götzenbild im Tempel aufgerichtet, sondern vielmehr jene Legion, welche Trajanus Quintus, ein römischer Befehlshaber, hinstellte, errichtete dort ein Götzenbild, Namens Kore"[18]. Ob sich die Weihinschrift und Hippolyts Kommentar verbinden lassen, ist natürlich äußerst unsicher. Immerhin könnte mit dem römischen Befehlshaber "Trajanus Quintus" durchaus "Quietus" gemeint sein; entscheidender ist aber, daß der Einzelzug, daß die Legion, und nicht eine Person, ein Götzenbild errichtet hat, mit der Inschrift übereinstimmt[19]. Dies

---

[15] Cf Schürer, History I, 533f.

[16] ILS 4393 (= Bd. II, 1, S. 181): Datierung aufgrund des Beinamens "Parthicus".

[17] Cf Applebaum, Notes on the Jewish Revolt under Trajan, JJS 2 (1950/51) 26-30: cf S. 29; ders., Jews, 302; Applebaum hat das Hippolytfragment entgegen Smallwoods Darstellung (cf dies., Jews, 427 Anm 153) nicht mit der obigen Weihinschrift verbunden, die er gar nicht erwähnt.

[18] Hippolyt's Kleinere exegetische und homiletische Schriften, hrg. v. H. Achelis, in: Hippolytus Werke, Erster Band, hrg. v. C. N. Bonwetsch/H. Achelis, 2. Hälfte, GCS 1, 1897, S. 244f.

[19] Dieser Einzelzug fehlt in der koptischen Version eines Hippolytfragments zu Mt 24, 15, das Smallwood, Palestine c. A.D. 115-118, Hist 11 (1962) 500-510: cf S. 506 mit dem syrischen Kommentarfragment verbinden will; die koptische Version bietet zwei griechische Wörter in folgendem Text: "'Der Greuel der Verwüstung', sagte er, ist die εἰκών des καῖσαρ, welche vor den Altar in Jerusalem gestellt wurde" (Hippolyt's Kleinere exegetische und homiletische Schriften, S. 197); Smallwood hat a.a.O. vorgeschlagen, daß der Name der Gottheit "Kore" (im syrischen Fragment) eine Korruption aus dem obigen "καῖσαρ" sein könnte. Aber gerade das Fehlen des Einzelzuges (bzw. dessen Übereinstimmung mit der Inschrift) scheint m. E. weder dafür zu sprechen noch für Smallwoods weitergehenden Vorschlag (cf ebd., 507), daß mit dem Kaiserbild nicht auf Trajan, sondern auf Hadrians Errichtung seines Standbildes in Jerusalem angespielt werde, die bei Hieronymus an zwei Stellen erwähnt wird: cf Comment. in Isaiam II, 9 (PL XXIV, 1845, Sp. 49: "Ubi quondam erat Templum et religio Dei, ibi Adriani statua, et Jovis idolum collocatum est" - es folgt dann ein Hinweis auf den "Greuel der Verwüstung" in Mk 13, 14) und Comment. in Ev. Matthaei XXIV, 15 (PL XXVI, 1845, Sp. 177: "Potest autem simpliciter aut de Antichristo accipi, aut de imagine Caesaris, quam Pilatus posuit in templo; aut de Hadriani equestri statua, quae in ipso sancto sanctorum

spricht dafür, daß die Römer den heidnischen Charakter Jerusalems erneut dokumentierten und die Stadt kultisch sicherten[20].

Damit ergibt sich, daß die Tempelzerstörung des Jahres 70 n. Chr. für die jüdischen Aufstände der Jahre 115-117 ein konkreter Aspekt der ideologisch-theologischen Auseinandersetzungen war: Während die Juden Kyrenes und Ägyptens sich mit Zerstörungen heidnischer Tempel rächten und den endzeitlichen Wiederaufbau des Jerusalemer Heiligtums, der mit der Vernichtung der Heiden verknüpft ist, erwarteten, bekräftigten die römischen Truppen in Jerusalem, daß in der Stadt und auf dem ehemaligen Tempelberg ihre Götter herrschten.

Dieser theologisch-ideologische Komplex wird im Bar Kokhba-Krieg (132-135 n. Chr.)[21] erneut relevant; jedoch ist auch hier die literarische Quellenlage fragmentarisch und die archäologische alles andere als abgeschlossen[22].

Hadrian, der über das Ausmaß der jüdischen Diasporaaufstände gut informiert gewesen sein dürfte[23], versuchte, auch Judäa in sein neues römisch-

---

loco usque in praesentem diem stetit"). M. E. ist es wahrscheinlicher, daß bei Hippolyt und Hieronymus unterschiedliche aktualisierende Interpretationen vorliegen, die sich im syrischen Hippolytfragment auf die Zeit der Diasporaaufstände bezieht (nicht Vespasian, aber die Legion des Trajan Quintus, der zudem nur als Befehlshaber und nicht als Kaiser vorgestellt wird, hat ein Götzenbild errichtet), während Hieronymus auf das zu seiner Zeit noch vorhandene Reiterstandbild Hadrians rekurriert.

[20] S. o. 3.1, S. 315f.

[21] Cf Conzelmann, Heiden, 34-36; Schürer, History I, 534-557; Smallwood, Jews, 428-466; Schäfer, Geschichte der Juden in der Antike, 1983, 159-175 (= kurze konstruktive Zusammenfassung seiner quellenkritischen Monographie "Der Bar Kokhba-Aufstand", TSAJ 1, 1981; ebd., 1-4: forschungsgeschichtlicher Überblick); Applebaum, The Second Jewish Revolt (A.D. 131-35), PEQ 116 (1984) 35-41; Isaac/Oppenheimer, The Revolt of Bar Kokhba: Ideology and Modern Scholarship, JJS 36 (1985) 33-60. Bisher noch nicht veröffentlicht wurde M. Hengels Vortrag über "Die Politik Hadrians gegenüber Juden und Christen": cf das Protokoll über die Sitzung der Phil.-Hist. Klasse der Heidelberger Akademie der Wissenschaften am 25. Januar 1986 (Jb. der Heidelberger Akademie der Wissenschaften für 1986, Heidelberg 1987, S. 33-35).

[22] Die beste und zukunftsweisende Untersuchung bietet hierzu Schäfer, Bar Kokhba-Aufstand, 10 passim, der die Quellenlage systematisch dargestellt und analysiert hat. Zumindest die Münzen Bar Kokhbas sind inzwischen von L. Mildenberg in einer umfassenden Edition vorgelegt worden: ders., The Coinage of the Bar Kokhba War, Typos Bd. 6, 1984. Eine Übersicht über die archäologischen Forschungen und Ergebnisse findet sich bei Isaac/Oppenheimer, Revolt, 39-44.

[23] Hadrian befand sich beim Partherkrieg Trajans im Generalstab, war wohl 115/116 n. Chr. beim jüdischen Aufstand in Zypern (cf Applebaum, The Second Jewish Revolt, 37) und seit 117 n. Chr. als kaiserlicher Legat in Syrien, wo er von Trajans Tod erfuhr (cf DioCass. 68, 33, 1; 69, 1f); unter seiner Herrschaft wurde dann der Wiederaufbau in Ky-

hellenistisches Reichssystem einzubinden. Ideologische Grundpfeiler dieser Politik waren die religiös-kultische Integration der verschiedenen Gottheiten und die Intensivierung des Kaiserkultes[24]. Während solche Maßnahmen des Philhellenen in Griechenland begeistert durchgeführt wurden, waren in Judäa die Konflikte praktisch vorprogrammiert[25]. Als Hadrian im Jahre 130 n. Chr. Judäa besuchte, veranlaßte er die Neugründung Jerusalems als "Aelia Capitolina"[26] und die Errichtung eines Jupitertempels. Während DioCass. 69, 12, 1f diese Maßnahme als Kriegsursache bezeichnet, ist sie nach Euseb, der keine Ursachen des Aufstandes erwähnt, erst die Kriegsfolge[27]. SCHÄFER hat darauf hingewiesen, daß die Frage, ob Hadrians Befehl als eine oder die Ursache des Aufstandes gelten kann, zunächst einmal unabhängig von der Frage diskutiert werden muß, ob Hadrians Befehl vor oder nach dem Krieg anzusetzen sei und daß selbst im Fall der frühen Ansetzung über tatsächliche Kriegsursachen noch nichts entschieden sei[28].
Man kann aufgrund numismatischer Belege wahrscheinlich machen, daß Hadrian gemäß dem Zeugnis Cassius Dios tatsächlich die Umformung Jerusalems in Aelia Capitolina im Jahre 130 n. Chr. befohlen hat. Es gibt zwei hadrianische Münzserien aus Rom, in denen auch "Judäa"-Münzen erscheinen: Die "Adventus"-Serie und die "Provinzen"-Serie[29]. Obwohl die "Judäa"-Münzen beider Serien keine direkten Datierungshinweise liefern, kann man ihre Prägung für die Zeit vor Ausbruch des Krieges annehmen[30]:

---

rene und Ägypten abgeschlossen (cf Applebaum, The Jewish Revolt in Cyrene, 177-186).

[24] Cf Thornton, Hadrian and his Reign, ANRW II, 2, 1975, 432-476: cf S. 455-459.

[25] Die griechische Sichtweise (mit einem gewissen Unverständnis über die Juden) präsentiert z. B. Paus. I, 5, 5 sehr bezeichnend: "Er [Hadrian, H. S.] begann willentlich keinen einzigen Krieg, unterwarf aber die Hebräer in Syrien; und wie viele Heiligtümer der Götter er teils von Grund auf baute, teils mit Weihegeschenken und Verbesserungen schmückte, und die Geschenke, die er den griechischen Städten, aber auch den Barbaren, die darum baten, machte, das ist von ihm alles in Athen in dem gemeinsamen Heiligtum der Götter aufgeschrieben" (Übers. v. E. Meyer); cf auch I, 18, 6-9.

[26] Der Doppelname "Aelia Capitolina" setzt sich zusammen aus Hadrians "gens" (Aelius) und Jupiters Beinamen; die Gründung einer eigenen Stadt hatte Vespasian seiner Zeit unterlassen (bell 7, 217): cf hierzu Isaac, Judaea after AD 70, JJS 35 (1984) 44-50: cf S. 47ff.

[27] Cf Eus., h. e. IV, 6, 4, der für die Umbennenung der Stadt zu Ehren Hadrians in "Aelia" ("Capitolina" fehlt) auch nicht einen Befehl des Kaisers erwähnt, sondern den Selbstentschluß der Bürger der nach dem Sieg gänzlich römischen Stadt.

[28] Cf Schäfer, Bar Kokhba-Aufstand, 37f Anm 32.

[29] Cf Mattingly, BMC, Rom. Emp. III, S. CLXXI f. CLXXIV-CLXXXVI.

[30] Im Anschluß an Mildenberg, Coinage, 97-99.

- Die Münzen mit der Legende "ADVENTVI AVG IVDAEAE S C" oder einer entsprechenden Abkürzung[31] zeigen auf der Rückseite Hadrian und eine weibliche Gestalt ("Judäa"), die an einem Altar opfern, dazu zwei oder drei Kinder (teilweise mit Palmzweigen); während die Kinder die neue Generation symbolisieren, ist Hadrian mit einer Toga bekleidet: Es handelt sich also um eine Friedensmünze, die demnach entweder vor oder nach dem Krieg geprägt wurde.
- Wären die Münzen zwischen 135 und 138 n. Chr. geprägt worden, müßte man voraussetzen, daß sie allein Hadrians Neuanfang ohne Rückbezug auf den grausamen und langwierigen Krieg (DioCass. 69, 13f) propagieren[32]; wäre dies u. U. noch denkbar, so verkünden die Münzen jedoch gleichzeitig eine Ankunft des Kaisers in Judäa, für die es nach dem Krieg keine Belege gibt und die aufgrund von Hadrians schlechter Gesundheit in den letzten zwei Jahren unwahrscheinlich ist.
- Das Hauptargument für eine Prägung vor dem Krieg liefert die Legende selbst: Da von "Judäa" die Rede ist, das Gebiet nach dem römischen Sieg aber in "Syria-Palaestina" umbenannt wurde, ist eine Datierung dieser römischen Münzen vor 132 n. Chr. wahrscheinlicher als nach 135 n. Chr.
- Da die "Judäa"-Münzen der "Provinzen"-Serie[33] auffälligerweise nahezu das gleiche Motiv aufweisen wie die Münzen der "Adventus"-Serie, ist auch ihre Prägung für die Zeit vor 132 n. Chr. anzunehmen.

MILDENBERG resümiert: "These two sestertii issues, therefore, fit perfectly into the emperor's grand scheme for changing the character of the province and its Jewish population, a scheme worked out during his visit to Judaea in 130"[34].

Hierauf verweisen auch die in Jerusalem geprägten "Aelia Capitolina"-Münzen, die in drei Gruppen zu unterscheiden und folgendermaßen zu datieren sind[35]: Während die erste Münzgruppe, die Hadrian mit Pflug bei der Stadtgründung, eine stehende "Tyche" oder die kapitolinische Trias in einem zweisäuligen Tempel zeigt[36], in die Zeit vor 132 n. Chr. gehört und die zweite Gruppe mit militärischen Symbolen[37] von der römischen Besatzung (Legio X Fretensis) wahrscheinlich während des Krieges geprägt wurde, gehören die Münzen der dritten Gruppe, die Aelius Caesar bzw. Antonius Pius zeigen[38],

---

[31] Cf BMC, Rom. Emp. III, S. 493f Nr. 1655-1661.

[32] So z. B. Mattingly, BMC, Rom. Emp. III, S. CLXXII (Adventusmünzen), S. CLXXIX (Provinzenserie) und Thornton, Hadrian, 446-448, der dann diese Münzen mit Vespasians "Judaea capta"-Münzen kontrastiert.

[33] Cf BMC, Rom. Emp. III, S. 512 Nr. 1757; Legende der Rückseite: "IVDAEA SC".

[34] Mildenberg, Coinage, 99.

[35] Cf Mildenberg, Coinage, 99-101.

[36] Cf Kadman, The Coins of Aelia Capitolina, CNP 1, 1956, S. 80f Nr. 1-4.

[37] Cf Kadman, Coins, S. 80f Nr. 5f.

[38] Cf Kadman, Coins, S. 80f Nr. 8f; S. 154 Nr. 1; zur "Sabina Augusta"-Münze cf Mildenberg, Coinage, 100f.

in die Zeit nach 136. "Thus, the numismatic evidence lends credence to Dio's statement that Aelia was founded before the war"[39].
Auf diesem Hintergrund kann man einen weiteren literarischen Beleg einführen, der einen Tempelbau in Jerusalem beweist und in die Zeit vor dem Krieg gehört: Barn 16, 3f. Während sich 16, 1f gegen die vergangene jüdische Hoffnung auf das Tempelgebäude wendet, fährt V. 3 als geoffenbartes Gotteswort fort: "ἰδού, οἱ καθελόντες τὸν ναὸν τοῦτον αὐτοὶ αὐτὸν οἰκοδομήσουσιν"; dies ist eine freie Formulierung nach Jes 49, 17[40]. Barn 16, 4 bietet nun die Deutung: "γίνεται· διὰ γὰρ τὸ πολεμεῖν αὐτοὺς καθῃρέθη ὑπὸ τῶν ἐχθρῶν. νῦν καὶ αὐτοὶ οἱ τῶν ἐχθρῶν ὑπηρέται ἀνοικοδομήσουσιν αὐτόν"; V. 4a weist durch das frei stehende "γίνεται" auf die Gegenwart des Verfassers und rekurriert dann auf die Tempelzerstörung des Jahres 70 n. Chr., während V. 4b den Blick wieder auf die Gegenwart zurücklenkt ("νῦν") und den Wiederaufbau des Tempels berichtet. Inhaltlich besteht die Möglichkeit, daß V. 4b den Wiederaufbau des jüdischen Tempels oder den eines römischen Tempels meint[41]. Die erste Möglichkeit kann man allerdings nur erwägen, wenn man die textkritischen Varianten zu V. 4 vorzieht: Der Codex Sinaiticus hat in V. 4b zwischen "αὐτοί" und "οἱ τῶν ἐχθρῶν ὑπηρέται" noch ein "καί", was inhaltlich bedeutet, daß der Wiederaufbau des Tempels durch "αὐτοί" *und* "die Diener der Feinde" geschieht, womit man "αὐτοί" auf "αὐτούς" in V. 4a beziehen müßte und somit "Juden" gemeint wären; ein Tempelaufbau durch Juden und durch Diener der Feinde/Römer könnte aber nur einem jüdischen Heiligtum gelten. Da der Codex Sinaiticus in V. 4a aber auch das frei stehende "γίνεται" streicht und damit eine leichtere Lesart bietet, die gleichfalls den (ersten) Gegenwartsbezug des Verfassers unterschlägt[42], können diese Varianten nur als nachträgliche inhaltliche Veränderungen angesehen werden[43]. Demgegenüber spricht der Text in der oben präsentierten Form von dem Tempelbau durch "αὐτοὶ οἱ τῶν ἐχθρῶν ὑπηρέται", was ich, da es sich um ein vollkongruentes "αὐτός" in prädikativer Stellung handelt, prägnanter

---

[39] Mildenberg, Coinage, 101; demgegenüber hatte Smallwood - Cassius Dios und Eusebs Zeugnis harmonisierend - angenommen, daß Aelia Capitolina vor dem Krieg nur geplant und nach dem Sieg erst tatsächlich gegründet worden war (Smallwood, Jews, 433); zwischen Hadrians Besuch und dem Kriegsausbruch lagen immerhin zwei Jahre.

[40] Cf Windisch, Der Barnabasbrief, HNT Ergänzungsband, 1923, 299-413: cf S. 387f; Wengst (Hrg.), Didache (Apostellehre), Barnabasbrief, Zweiter Klemensbrief, Schrift an Diognet, SUC 2, 1984, 185 Anm 243.

[41] Cf Schäfer, Bar Kokhba-Aufstand, 32-34.

[42] Auch in V. 4b wird im Codex Sinaiticus aus der Futurform "ἀνοικοδομήσουσιν" die Konjunktivform "ἀνοικοδομήσωσιν".

[43] Zu den textkritischen Problemen und Varianten an dieser Stelle cf Wengst, Tradition und Theologie des Barnabasbriefes, AKG 42, 1971, 107 Anm 17.

übersetzen würde, als es bisher geschah[44]: "Und jetzt werden selbst die Diener der Feinde ihn wieder aufbauen". Dieser Tempelbau ist in V. 3 vorausgesagt, während seine "Dahingabe" in V. 5 als offenbart dargestellt wird. Da Barn 16, 4 eine zeitgeschichtliche Anspielung bietet, alle rabbinischen und späten christlichen Quellen, die den Wiederaufbau eines jüdischen Tempels vor oder im Krieg erwähnen, der historischen Kritik nicht standhalten[45] und wir oben wahrscheinlich gemacht haben, daß Hadrians Befehl, Jerusalem in Aelia Capitolina mit Jupitertempel umzuwandeln, schon um 130 n. Chr. getroffen und auf Münzen propagiert wurde, können wir schließen, daß der Tempelbau durch die Diener der Römer in 16, 4 auf die Errichtung des Jupitertempels in Jerusalem anspielt[46], wobei die Futurform in V. 4b den Bauplan und vielleicht auch den Baubeginn voraussetzt[47].

Fragen wir nach der Zielsetzung der hadrianischen Befehle, so ist der allgemeine Rahmen bereits abgesteckt: Es ging um die Hellenisierung der östlichen Gebiete, um die Schaffung eines auch religiös fundierten Einheitsbandes im Reich. Auf dieser Linie liegt vielleicht auch ein allgemeines Beschneidungsverbot, das nicht nur die Juden betraf und Hadrian nach H. A., Hadr. 14, 2 erlassen hatte[48].

Es bleiben aber m. E. gerade in Bezug auf die Gründung Aelia Capitolinas samt dem Bau des Jupitertempels konkrete Fragen offen: Warum hat Hadrian für Jerusalem den Bau eines kapitolinischen Jupitertempels befohlen, während er in Rom eher durch die Errichtung eines Pantheons hervortrat[49]

---

[44] Cf Windisch, Barnabasbrief, 387. 390 ("jetzt werden wirklich die Diener der Feinde ihn wieder aufbauen"); Vielhauer, Geschichte der urchristlichen Literatur, (1975) 1981[3], 611 ("jetzt werden ihn auch die Diener der Feinde selber wieder aufbauen"); Wengst, Didache ..., Barnabasbrief, 185 ("Jetzt sollen ebenfalls die Diener der Feinde ihn wieder aufbauen"); am besten noch Schäfer, Bar Kokhba-Aufstand, 33 ("jetzt werden sie, die Diener der Feinde, ihn wieder aufbauen").

[45] Cf Schäfer, Bar Kokhba-Aufstand, 15-17. 29-32. 88-98.

[46] Cf auch Windisch, Barnabasbrief, 388-390; Wengst, Tradition, 111-113; ders., Art. Barnabasbrief, TRE 5, 1980, 238-241: cf S. 238; ders., Didache ..., Barnabasbrief, 114f (Barn enthält auch keine Anspielungen auf den Bar Kokhba-Krieg).

[47] Der Jupitertempel wurde wahrscheinlich endgültig erst unter Antonius Pius fertiggestellt: cf Kadman, Coins, 43.

[48] Cf hierzu Smallwood, Jews, 428-431. 437f; Benario, A Commentary on the *Vita Hadriani* in the *Historia Augusta*, American Classical Studies 7, 1980, 98. Dagegen bezweifelt Schäfer, Bar Kokhba-Aufstand, 38-48 die Historizität dieses hadrianischen Beschneidungsverbotes sowie die These, daß Hadrian durch die Gründung Aelia Capitolinas und ein Beschneidungsverbot bewußt gegen die jüdische Religion vorgehen wollte.

[49] Zum Pantheon cf Thornton, Hadrian, 456.

und sich in Ägypten durchaus mit Isis und Sarapis in Verbindung brachte[50] und besonders in den östlichen Gebieten die "neue" Gottheit Sol verbreitete[51]? Warum wird in Jerusalem/Aelia Capitolina ein Jupitertempel im altmodischen Stil[52] errichtet, während dort doch gleichzeitig ein "modernes" Heiligtum für Tyche-Astarte bestand[53] und vielleicht seit Trajan auch Sarapis verehrt wurde (s. o.), der dann auf den Münzen seit Antonius Pius sehr häufig erscheint[54]? Ferner gibt es keine Anhaltspunkte dafür, daß Jahwe in einen synkretistischen Prozeß eingebunden werden sollte[55].

Da aufgrund der Quellenlage die Probleme höchstens markiert, aber nicht schlüssig gelöst werden können, stelle ich im Hinblick auf den Jupitertempel folgende Hypothesen zu Diskussion:

(a) Hadrians Maßnahmen sollten der Befriedung gelten und keinesfalls einen Krieg provozieren[56]; zu diesem Zweck sollte auch das strategisch wichtige Gebiet von Judäa religiös integriert werden.

(b) Durch die Tyche-Münzen Aelia Capitolinas (s. o.) wird auf die in Jerusa-

---

[50] Cf BMC, Rom. Emp. III, S. 339 Nr. 786+; S. 489 Nr. 1634*. Hadrian führte ebenfalls den neuen "Osiris-Antinoos"-Kult als Einigungsband zwischen Ägyptern und Griechen ein; außerdem bekam auch die Nilverehrung unter ihm einen Aufschwung: cf hierzu Hölbl, Andere ägyptische Gottheiten, in: Vermaseren (Hrg.), Die Orientalischen Religionen im Römerreich, EPRO 93, 1981, 157-192: cf S. 168-176 (zu Antinoos cf auch Schwartz, Papyri Magicae Graecae und magische Gemmen, in: Vermaseren, Hrg., a.a.O., 485-509: cf S. 495).

[51] Cf Thornton, Hadrian, 456-458.

[52] Cf Kadman, Coins, 43.

[53] Cf Kadman, Coins, 36-39.

[54] Cf Kadman, Coins, 42.

[55] Dies spricht m. E. gegen Schäfers Hypothese, daß Hadrians Pläne von assimilierten Juden in Jerusalem positiv aufgenommen und unterstützt wurden, während anfangs nur eine kleine Gruppe dagegen Widerstand leistete: der Bar Kokhba-Aufstand wäre dann analog zur Makkabäererhebung auch als innerjüdischer Konflikt anzusehen (cf Schäfer, Bar Kokhba-Aufstand, 48-50); dagegen auch Mildenberg, Coinage, 103 Anm 286 (unter Rückbezug auf Lifshitz, Jérusalem sous la domination romaine, ANRW II, 8, 1977, 444-489: cf S. 471: "Les sources juives ne contiennent, semble-t-il, aucun témoigne formel d'une agglomération juive permanente à Jérusalem") und Isaac/Oppenheimer, Revolt, 47.

[56] Gegen Golan, der zudem ohne überzeugende Belege und Argumente annimmt, Hadrians Maßnahmen seien allein gegen die Christen gerichtet, die sich nicht in das neue Reichssystem einfügen wollen; Golans Schlußbemerkung spricht m. E. für sich: "Thus, ironically enough, for the founding of the Christianity-challenging Aelia Capitolina, the pronounced liberal Hadrian was prepared and willing to pay with another cruel quelling of a third Jewish revolt" (Golan, Hadrian's Decision to supplant "Jerusalem" by "Aelia Capitolina", Hist 35, 1986, 226-239: zit. S. 239).

lem ansässigen heidnischen Kulte rekurriert.

(c) Wenn Hadrian in Jerusalem weder auf Isis/Sarapis noch auf Jahwe zurückgreift und auch nicht Sol propagiert, sondern gerade den kapitolinischen Jupiter, so kann er die flavische Konzeption voraussetzen, daß erstens kein Jahwekult mehr existiert, und daß zweitens der jüdische Gott durch Jupiter endgültig besiegt worden ist. Diese Propaganda könnte bewußt gegen Juden gerichtet sein, die schon vor dem Bar Kokhba Krieg gegen die römische Besatzung konspirierten[57].

(d) Der Bau des kapitolinischen Jupitertempels an die Stelle des jüdischen Heiligtums[58] vollendet damit nur, was die Flavier begonnen haben und in den Diasporaaufständen erneut bewiesen wurde: Die Herrschaft Jupiters und die Notwendigkeit der kultischen Besitzergreifung Jerusalems[59].

Dieser Kontinuität auf römischer Seite entspricht auch eine Kontinuität auf jüdischer Seite in deren Bestreben, den Jahwetempel wieder aufzubauen. War dies für die Zeit der Diasporaaufstände nur erschlossen worden (s. o.), so haben wir nun direkte Belege in den Münzen Simon b. Kokhbas. Die Münzen beweisen zwar nicht, daß Simon Jerusalem erobert und den Tempelaufbau und -kult begonnen hatte, spiegeln aber sein theologisches Programm wider[60]. Auf den wertvollsten Münzen Bar Kokhbas, den Tetradrachmen, wird die Fassade des jüdischen Tempels abgebildet[61]; innerhalb des Tempels befindet sich ein "Kasten", der inzwischen als "Bundeslade" identifiziert worden ist[62]. Damit propagieren die Münzen, deren Tempelmotiv weder Vorbil-

---

[57] Cf Smallwood, Jews, 434; Applebaum, The Second Jewish Revolt, 35-37; Isaac/Oppenheimer, Revolt, 50f.

[58] Cf DioCass. 69, 12, 1; hierfür spricht auch Barn 16, 3f, da dort auf den Bau des Jupitertempels (V. 4) in Fortführung des zerstörten Jahwetempels (V. 3) angespielt wird; demgegenüber konstruiert Bietenhard die komplizierte Situation, daß in Wahrheit der Jupitertempel gebaut wurde, Barn 16, 3f aber auf das Gerücht reagiert, es werde der jüdische Tempel wiedererrichtet (cf Bietenhard, Die Freiheitskriege der Juden unter den Kaisern Trajan und Hadrian und der messianische Tempelbau, Jud. 4, 1948, 57-77. 81-108. 161-185: cf S. 99f).

[59] Cf hierzu die aktualisierenden Interpretationen bei Hippolyt und Hieronymus: s. o. Anm 19.

[60] Cf Mildenberg, Bar Kochba in Jerusalem?, Schweizer Münzblätter 27 (1977) 1-6.

[61] Cf Mildenberg, Coinage, S. 123-125 Nr. 1-5 ("Jerusalem" / "Jahr 1 der Erlösung Israels"); S. 125-133 Nr. 6-26 ("Jerusalem" / "Jahr 2 der Freiheit Israels"); S. 133-141 Nr. 27-45 ("Shim'on"/"Jahr 2 der Freiheit Israels"); S. 141-169 Nr. 46-96 ("Shim'on" / "Für die Freiheit Jerusalems": undatiert); cf auch ebd., S. 169-172 Nr. 97-104 (Irregular Coinage).

[62] Cf Mildenberg, Coinage, 33-42.

der bei den Hasmonäern noch in den Münzen des ersten Krieges hatte[63], den Bau eines neuen Tempels, der wohl in der Tradition des salomonischen Heiligtums vorgestellt wird[64]. Dies könnte seinen konkreten Hintergrund darin haben, daß die aufständischen Juden um Bar Kokhba, da in verschiedenen jüdischen Traditionen die Tempelzerstörung des Jahres 70 n. Chr. in Analogie zur ersten Tempelzerstörung gedeutet wurde, auf die dann ein Tempelneubau folgte[65], nun fast 70 Jahre nach der Katastrophe die Zeit für gekommen hielten, den Neubau in Angriff zu nehmen. Daß Bar Kokhba (der "Sternensohn") messianische Ansprüche erhoben hatte[66], fügt sich auf dem Hintergrund von Sib. 5 ebenso in dieses Bild wie die Erwähnung des "Priesters Eleazar" auf einigen Münzen[67], der, obwohl man ihn nicht zum Hohepriester

---

[63] Nicht durchgesetzt hat sich die These von A. Muehsam, die einen Großteil der Münzen in den ersten Aufstand datiert (cf dies., Coin and Temple, Near Eastern Researches 1, 1966, 45-52) und die Tempelfassade auf den Münzen für das Nikanortor hält mit Blick auf die Bundeslade; diese Blickrichtigung hätte der Hohepriester bei der Opferung der roten Kuh auf dem Ölberg gehabt (cf ebd., 26-33). Zu den Münzmotiven des ersten und zweiten Jüdischen Krieges cf Mildenberg, Coinage, 65-68 (ebd., 68: "The rebels of the Bar Kokhba revolt, therefore, chose to propagate with their new tetradrachm design ... the plan for the Temple to be re-erected in the future, a plan that conformed either to the memory of the old Temple or to their dream of a new Temple").

[64] Die Tempelmünzen des 1. Jahres zeigen ein frei stehendes Gebäude, während im 2. Jahr durch die Zufügung einer Balustrade (cf Mildenberg, Coinage, S. 126ff Nr. 10ff) vielleicht auf die Erinnerung an den zerstörten (herodianischen) Tempel Rücksicht genommen wurde (so Mildenberg, ebd., 42). Die Balustrade könnte aber auch weniger den Sinn haben, an das herodianische Gebäude mit seinen Hofanlagen zu erinnern als an die Konzeption, daß die Heiden vom Kult ausgeschlossen werden oder allgemeiner, daß es abgestufte Grade der Heiligkeit und Reinheit gibt (s. o. 1.1, a).

[65] Cf Stemberger, Das klassische Judentum, 1979, 15f.

[66] Cf Schäfer, Die messianischen Hoffnungen des rabbinischen Judentums zwischen Naherwartung und religiösem Pragmatismus, (1976), jetzt in: ders., Studien zur Geschichte und Theologie des rabbinischen Judentums, AGJU 15, 1978, 214-243: cf S. 220f; ders., R. Aqiva und Bar Kokhba, in: ders., Studien, 65-121: cf S. 86-90. 120; ders., Bar Kokhba-Aufstand, 55-73. Die Sterne auf manchen Tempelmünzen sollte man nicht als Hinweis auf die messianischen Ansprüche des "Sternensohnes" deuten (cf Schäfer, Bar Kokhba-Aufstand, 64f; Mildenberg, Coinage, 43-45).

[67] Cf Mildenberg, Coinage, S. 172 Nr. 1f ("Jahr 1 der Erlösung Israels" / "Eleazar der Priester"); S. 173-176 Nr. 3-8 ("Shim'" / "Eleazar der Priester" = Jahr 2); S. 327-329 Nr. 147-150 ("Jahr 1 der Erlösung Israels" / "Eleazar der Priester"); S. 330 Nr. 152 ("Jahr 2 der Freiheit Israels" / "Eleazar der Priester"); S. 331 Nr. 155 ("Für die Freiheit Jerusalems" / "Eleazar der Priester"); S. 343 Nr. 225 ("Jahr 1 der Erlösung Israels" / "Eleazar der Priester").

des neuen jüdischen Tempels hochstilisieren sollte[68], doch die Wiederaufnahme des Kultes nach dem erhofften Sieg ermöglichen konnte.

Auf dem Hintergrund des 3. Kapitels lassen sich nun folgende allgemeine Schlußbemerkungen treffen:

(a) Die Tempelzerstörung des Jahres 70 n. Chr. ist nicht nur das Ergebnis der theologisch-ideologischen Auseinandersetzungen im ersten jüdisch-römischen Krieg, sondern bleibt auch in der Folgezeit unterschiedlich wirksam.

(b) Während die Römer die flavische Konzeption einer Kultzerstörung samt Unterordnung Jahwes unter Jupiters Herrschaft als Faktum akzeptieren[69], bildet der Wunsch, den jüdischen Tempel wieder aufzubauen, theologische Motivation und Rechtfertigung für die jüdischen Aufstände unter Trajan und Hadrian.

(c) Die wiederholten heidnisch-kultischen Sicherungen Jerusalems halten die flavische Konzeption gegenwärtig, bestätigen also die römische Herrschaft sowie die Machtlosigkeit des jüdischen Gottes und seiner Anhänger.

(d) Die militanten jüdischen Gruppen verbinden den Tempelbau mit der endzeitlichen Vernichtung der Römer durch den Messias, propagieren also ihrerseits die Vorherrschaft Jahwes, die sich schließlich gegen die heidnischen Götzen und deren Anhänger durchsetzen wird.

(e) Daher besteht weder aus römischer Sicht die Notwendigkeit noch aus jüdischer Sicht die Möglichkeit, Jahwe in das römisch-hellenistische Pantheon gleichwertig zu integrieren.

(f) Wie die im Vergleich zu anderen römischen Provinzen immer wieder un-

---

[68] Cf hierzu Schäfer, Bar Kokhba-Aufstand, 99f.

[69] Der spätere Befehl Julian Apostatas, den jüdischen Tempel wieder aufzubauen (Anfang 363 n. Chr.), blieb eine Episode und war im Wesentlichen durch den Wunsch des Kaisers verursacht, die neutestamentlichen Prophezeiungen der Tempelzerstörung (cf Mt 24, 2; Mk 13, 2; Lk 19, 44; 21, 6) zu überholen; aber auch die Juden werden diesen Befehl eines Heiden nicht uneingeschränkt begrüßt haben, wie das Schweigen der rabbinischen Quellen nahelegt; cf hierzu Seeck, Geschichte des Untergangs der antiken Welt, Bd. 4, (1911) 1922²/Repr. 1966, 321f. 340; Schoeps, Die Tempelzerstörung des Jahres 70 in der jüdischen Religionsgeschichte, CNT 6 (1942) 1-45: cf S. 39-43; Browning, The Emperor Julian, 1975, 176f; Bowersock, Julian the Apostate, 1978, 88-90. 120-122. Die Reaktionen der Kirchenväter auf das Scheitern des Projekts präsentiert Fascher, Jerusalems Untergang in der urchristlichen und altkirchlichen Überlieferung, ThLZ 89 (1964) 81-98: cf Sp. 90-92. Zum letzten jüdischen Versuch, den Kult wieder aufzunehmen (nach der Eroberung Jerusalems durch die Perser im Mai 614) cf Fascher, ebd., 96 (kritisch dagegen Schäfer, Geschichte, 207).

typische Reaktion der Juden[70] mit ihrer Religion in Zusammenhang steht, so verbleibt die römische Handlungsweise gegenüber den Juden im Rahmen des "debellare superbos", was in der Tempelzerstörung einen - auch innenpolitisch-römisch verursachten - symbolhaften Ausdruck fand, der seinerseits den Keim zu neuen Kriegen in sich trug; damit waren auch die weitergehenden flavischen Erwartungen gescheitert, Jahwe der römischen Pax endgültig unterzuordnen[71].

4.2 Theologische Implikationen

Der römische Sieg über Judäa wurde von den Flaviern in dreifacher Hinsicht ideologisch propagiert:

(a) Der jüdische Gott wurde besiegt und gefangen[1];
(b) der jüdische Kult wurde radikal zerstört[2];
(c) die jüdische Hauptstadt wurde auch kultisch in Besitz genommen[3].

Hieraus ergeben sich für die Betroffenen, Juden und Christen, theologische Grundfragen, die man folgendermaßen zuordnen kann:

(a) als Theodizeefrage oder Frage nach Gott: Warum hat Jahwe dies zugelassen? Wie zeigt sich seine Macht gegenüber den Heiden und ihren Götzen? Gilt noch Jahwes Zusage der Auserwähltheit Israels?
(b) als Frömmigkeitsfrage oder Frage nach den Juden: Gibt es eine kultlose Sühne?
(c) als eschatologische Frage oder Frage nach den Heiden und dem neuen Tempel: Wann werden die Heiden vertrieben und vernichtet? Wann wird der Tempel neu aufgebaut?

Aspekte dieser Fragen werden in unterschiedlichen jüdischen und christlichen Texten aufgegriffen, beantwortet oder abgewiesen. Im folgenden Überblick soll dies skizziert werden.

Ad (a):

Daß die jüdische Niederlage, insbesondere die Tempelzerstörung, gegen Jahwes Willen geschehen ist oder einen Beleg für seine Ohnmacht darstellt,

---

[70] Cf die vorsichtige Bemerkung von Heuß, Römische Geschichte, (1960) 1987[6], 598: "In der sehr evolutionistischen Geschichte des römischen Kaiserreiches hat eigentlich einzig das Verhältnis zu den Juden eine dramatisch zugespitzte Variation hervorgebracht".

[71] S. o. 3.3, S. 336f.

[1] S. o. 3.2, S. 326; cf auch 4.1., S. 350 (b).

[2] S. o. 3.3, S. 335ff.

[3] S. o. 3.1, S. 315f; cf auch 4.1, S. 350 (c).

findet sich m. W. in keinem jüdischen oder christlichen Text[4]. Aber gerade die Betonungen und unterschiedlichen Herleitungen von Jahwes Macht und Providenz lassen es als sehr wahrscheinlich erscheinen, daß hier gegen Zweifel und Skepsis in den eigenen Reihen geschrieben wurde, die durch die Katastrophe des Jahres 70 n. Chr. und die römische Propaganda hervorgerufen worden waren.

Für Jos. ist die Zerstörung Jerusalems und des Tempels Gottes Strafe für die Befleckung und Verunreinigung seitens der Aufständischen[5]: Das vernichtende Feuer kann er sogar als Reinigungs- und Läuterungsakt bezeichnen[6]; dennoch bleibt aber seine Geschichtsschreibung auch dem alttestamentlichen Motiv der Klage verpflichtet (bell 5, 19f)[7], während seine geschichtstheologische Konzeption, jüdische und hellenistische Traditionen verbindend[8], Gottes Macht auf Seiten der Sieger verortet: Jetzt, aber nicht für immer, steht Gott zu Italien (cf bell 5, 367)[9]. Nicht die religiöse[10], aber die politische Assimilation oder zumindest Akkulturation der Juden und ihre Un-

---

[4] Cf auch Hadas-Lebel, La Tradition Rabbinique sur la Première Révolte contre Rome à la Lumière du De Bello Judaico de Flavius Josèphe, Sileno 9 (1983) 155-173: cf S. 168-172. Allenfalls kann man vermuten, daß die Katastrophe des Jahres 70 n. Chr. der Abwertung Jahwes zum Demiurgen in gnostischen Kreisen Vorschub leistete: cf die Schlußbemerkungen bei Hengel, Messianische Hoffnung und politischer "Radikalismus" in der "jüdisch-hellenistischen Diaspora", in: Hellholm (Hrg.), Apocalyptism in the Mediterranean World and the Near East, 1983, 655-686: cf S. 682f, und die Überlegungen bei Kippenberg, Ein Vergleich jüdischer, christlicher und gnostischer Apokalyptik, in: Hellholm (Hrg.), a.a.O., 751-768: cf S. 753-758; kritisch dagegen Berger, Art. Gnosis/Gnostizismus I (Vor- und außerchristlich), TRE 13, 1984, 519-535: cf S. 532f. An gnostischen Belegen, die die Eroberung Jerusalems bzw. die Tempelzerstörung widerspiegeln, cf TestVer pg. 70 (übersetzter Text bei Koschorke, Der gnostische Traktat "Testimonium Veritatis" aus dem Nag-Hammadi-Codex IX, Eine Übersetzung, ZNW 69, 1978, 91-117: cf S. 115; die Deutung der in pg. 70 geschilderten "Mysterien" in pg. 71 ist leider kaum erhalten) und 2 ApcJac 59f (Text und Übersetzung bei Funk, Hrg., Die Zweite Apokalypse des Jakobus aus Nag-Hammadi-Codex V, TU 119, 1976, 40-43).

[5] Cf bell 2, 455. 539; 5, 566; 6, 250.

[6] Cf Bell 4, 323; 5, 19f; 6, 108-110.

[7] Cf hierzu Lindner, Die Geschichtsauffassung des Flavius Josephus im Bellum Judaicum, AGJU 12, 1972, 132-141: "Die Kraft dieser Klage ist jedoch dadurch gebrochen, daß Josephus sich nicht mit seinem Volk unter eine gemeinsame Schuld beugen kann" (ebd., 150).

[8] Cf Lindner, Geschichtsauffassung, 142-150.

[9] Cf auch 2.2, cc), Anm 57 und Michel, Die Rettung Israels und die Rolle Roms nach den Reden im "Bellum Iudaicum", ANRW II, 21, 2, 1984, 945-976: cf S. 972-974.

[10] Cf nur Jos.' Auseinandersetzung mit Apion. Cf weiter Shutt, The Concept of God in the Works of Flavius Josephus, JJS 31 (1980) 171-189.

terordnung unter die von Gott erwählten Flavier ist das Gebot der Stunde. Eine religiöse Integration der Juden in die Kirche formuliert demgegenüber Mt. War die Zerstörung Jerusalems und des Tempels Gottes Strafe für die Hinrichtung Jesu und die Tötung der von ihm gesandten Boten (Mt 23, 29-24, 2)[11], so gilt nach der Katastrophe die Einladung an die Heiden (22, 7f) in die Kirche aus Juden (-christen) und Heiden[12]. Diese Deutung kommt noch ohne das starre Vergeltungsschema aus, das später die Kirchenväter (nach den Diasporaaufständen und dem Bar Kokhba-Krieg) gegen die Juden anwandten[13] und mit dem sie wahrscheinlich auch auf die Weigerung der Juden reagierten, sich in die Kirche zu integrieren. Denn an Gottes Zusage der Auserwähltheit Israels haben die Rabbinen in Auseinandersetzung mit Christen und Heiden stets festgehalten. Zwar gibt es in der schwer datierbaren rabbinischen Tradition auch konkretere oder allgemeinere Deutungen der Tempelzerstörung als Strafe für religiöses Fehlverhalten[14], jedoch scheinen die Reflexe auf den Tempelkult eher einer späteren Zeit anzugehören[15], und auch die theologisch zugespitzte Auffassung, daß Gott sich mit dem Leiden seines Volkes völlig identifiziert, seine Schekhinah mit dem Volk im Exil ist und gerade dadurch die Auserwähltheit Israels bestätigt, gehört, wie AYALI gezeigt und ausführlich belegt hat, in die Zeit der hadrianischen Verfolgung

---

[11] Grundlegend hierzu: Steck, Israel und das gewaltsame Geschick der Propheten, WMANT 43, 1967: cf S. 290-297 (zu Mt 23, 29ff): "Auffallend an der redaktionellen Gestaltung des Abschnitts ist vor allem, daß Mt das 70 über Israel ergangene Verwerfungsgericht nicht nur mit der Abweisung Jesu (V. 37) verbindet, sondern in der gewaltsamen Abweisung von Jesus gesandter christlicher Israelprediger das Vollmaß der Sünde erreicht sieht" (ebd., 294f). Zu Zacharias b. Barachias (Mt 23, 35) s. o. 1.2, ac), Anm 78.

[12] L. Schottroff hat - im Gegensatz zu Steck (s. o. Anm 11) - deutlich gemacht, daß in Mt 22, 7f nicht ein endgültiges Gottesgericht über ganz Israel gemeint ist: cf dies., Das Gleichnis vom großen Gastmahl in der Logienquelle, EvTh 47 (1987) 192-211: cf S. 207 ("Man soll sich zwar fragen, ob die Zerstörung Jerusalems 70 n. Chr. ein solches Gottesgericht über die gegen Gott Widerspenstigen war, aber zugleich die Perspektive auf analoge geschichtliche Erfahrungen der Vergangenheit und Befürchtungen für die Zukunft haben ... Ein bereits erfolgtes definitives Gottesgericht über Israel als Ganzes ist auch bei Matthäus nicht gemeint"). Zu den "Zeiten der Heiden" cf auch Lk 21, 24.

[13] Cf Schoeps, Die Tempelzerstörung des Jahres 70 in der jüdischen Religionsgeschichte, CNT 6 (1942) 1-45: cf S. 5-7; Fascher, Jerusalems Untergang in der urchristlichen und altkirchlichen Überlieferung, ThLZ 89 (1964) 81-98: cf Sp. 83. 87-96.

[14] Zusammengestellt bei Thoma, Auswirkungen des jüdischen Krieges gegen Rom (66-70/73 n. Chr.) auf das rabbinische Judentum, BZ N.F. 12 (1968) 30-54. 186-210: cf S. 43-54.

[15] Cf Bokser, Recent Developments in the Study of Judaism 70-200 C.E., Second Century 3 (1983) 1-68: cf S. 26 (Lit.).

und der Disputationen mit den Ketzern im 3. und 4. Jahrhundert[16].

Eine andere Deutung geben die jüdischen Apokalypsen syrBar und 4. Esra, die wohl gegen Ende des 1. oder zu Beginn des 2. Jahrhunderts entstanden sind[17] und auf die Katastrophe des Jahres 70 antworten[18]. Gemeinsam ist ihnen neben der Klage und Trauer über dieses Ereignis[19] das Bestreben, es in Gottes Weltplan als notwendiges Geschick im alten Äon einzuordnen.

Die Deutung der Katastrophe als Strafe für Israels Sünden wird zwar in syrBar 1, 2-5 noch festgehalten, jedoch zeigt sich gerade an dieser vorübergehenden Züchtigung[20], daß Gott auf Seiten seiner Kinder steht: "Damals also sind sie gezüchtigt worden, damit sie entsündigt werden können" (13, 10). Die Tempelzerstörung ihrerseits beweist nicht etwa Gottes Ohnmacht, sondern vielmehr seine Macht, da sie nur erfolgen konnte, weil Gott selbst seinen Engeln den Auftrag zur Brandlegung gegeben und das Heiligtum zuvor verlassen hatte (cp. 7f. 80); daher können sich die Feinde dessen nicht rühmen (7, 1), sondern sie haben nur als Werkzeug des Richters gehandelt (5, 3). Diese Stellen sind m. E. als konkreter Widerspruch gegen die römische Propaganda zu verstehen[21]. Insgesamt dienen die Zerstörungen nur der Vorbereitung des

---

[16] Cf Ayali, Gottes und Israels Trauer über die Zerstörung des Tempels, Kairos N.F. 23 (1981) 215-231. Cf auch Goldberg, Untersuchungen über die Vorstellung von der Schekhinah in der frühen rabbinischen Literatur, SJ 5, 1969, 160-176. 493-496 und die Überblicke bei Stemberger, Die Erwählung Israles und das nachbiblische Judentum, BiKi 35 (1980) 8-12: cf S. 9-11 und bei Barth, Art. Jerusalem III (Judentum), TRE 16, 1987, 612-617: cf S. 614f.

[17] In der neuesten Forschung läßt man die Frage der Priorität von syrBar oder 4. Esra aus methodischen Gründen offen: cf jetzt Schürer, History III, 2, 752f.

[18] Cf Thoma, Jüdische Apokalyptik am Ende des ersten nachchristlichen Jahrhunderts, Kairos N.F. 11 (1969) 134-144: cf S. 136; Bogaert, La Ruine de Jérusalem et les Apocalypses Juives après 70, in: Monloubou (Hrg.), Apocalypses et Théologie de l'Espérence, LeDiv 95, 1977, 123-141: cf S. 131-135.

[19] Cf syrBar 10, 5-19; 4. Esra 10, 21-23; cf dazu Thoma, Apokalyptik, 138f.

[20] Cf auch syrBar 4, 1; 6, 8f; 13, 9; 78, 3-6; 79, 1f; Israel bleibt aber aus allen Völkern hervorgehoben und von Gott erwählt: cf Klijn (Hrg.), Die syrische Baruch-Apokalypse, JSHRZ V, 2, 1976, 103-191: cf S. 115.

[21] Cf auch 2.2, cc). Vielleicht hat sich ein ähnlich konkreter Widerspruch zur römischen Propaganda auch im rabbinischen Judentum niedergeschlagen: Nach PesR 26 (nicht vor der 2. Hälfte des 9. Jahrhunderts entstanden) haben ebenfalls die Engel den Tempel, der von Gott dem Verderben preisgegeben war, in Brand gesetzt - jedoch erst nachdem die Feinde den Tempel erobert haben und über sein Schicksal entscheiden wollten (Text und Übersetzung in der kritischen Ausgabe von Prijs, Die Jeremia-Homilie Pesikta Rabbati Kapitel 26, StDel 10, 1966, 63f. 91f); cf hierzu Gry, La Ruine du Temple par Titus, Quelques Traditions Juives plus anciennes et primitives à la Base de Pesikta Rabbathi XXVI, RB 55 (1948) 215-226: cf S. 219ff.

Endes der Welt (20, 2)[22].

Grundsätzlicher als in syrBar wird das Theodizeeproblem in 4. Esra aufgegriffen. In den Disputen zwischen Esra und dem Deuteengel nach den Visionen I-III (cp. 3, 1-9, 25) erscheint Esra selbst als "Widerpart der Offenbarung"[23] und artikuliert in dieser Rolle auch die Zweifel an der Deutung der Katastrophe als Strafe für Israels Sünden (3, 20-36; 5, 29f). Die Verwandlung oder Bekehrung Esras erfolgt erst in der Zionsvision[24], die in 9, 29-37 mit einer Klage Esras beginnt, in der er das Unheil der Väter auffallend als selbstverschuldet darstellt; jedoch wird diese Klage nicht wie bisher in 4. Esra durch den Engel aufgegriffen, sondern es ereignet sich die Begegnung mit der trauernden Frau, die um ihren toten Sohn weint, und angesichts dessen Esra - nun als zweiter Dialogpartner wie sonst der Engel - die Frau aufgrund des größeren Leidens Zions zurechtweist, tröstet und sie zur *iustificatio dei* veranlassen will (9, 38-10, 24); in diesem Augenblick wird die Frau verklärt, und es erscheint eine neu erbaute Stadt mit gewaltigen Fundamenten (10, 25-27). Erst in der Deutung des Engels (10, 40-48) erfährt Esra, daß diese Frau "Zion" war, die über die Zerstörung Jerusalems trauerte. Durch Esras Tröstung, die der Forderung der Gerechtigkeit und Leben ermöglichenden Selbstpreisgabe entspricht[25], ist Esra als würdig erwiesen, die Verheißung zu empfangen. Somit wird Gott Recht gegeben, der sein Volk nicht verlassen hat; in der Vorschau auf den neuen Äon wird die vergangene Katastrophe erträglich.

Ad (b):

In der rabbinischen Literatur wird die Lösung des Problems der kultlosen Sühne Johanan b. Zakkai zugeordnet[26]: In Anwendung von Hos 6, 6 werden angesichts der Tempelruinen die Taten der Nächstenliebe als wirksame Sühne bezeichnet (cf ARNA 4 / ARNB 7). Da die Sünden des Volkes die Katastrophe herbeigeführt haben, müssen nun - als Interimsethik - die guten Ta-

---

[22] Cf auch Sib. 5, 111ff. 286ff: s. o. 4.1, S. 339f.

[23] Cf Brandenburger, Die Verborgenheit Gottes im Weltgeschehen, Das literarische und theologische Problem des 4. Esrabuches, AThANT 68, 1981, 87; Harnisch, Der Prophet als Widerpart und Zeuge der Offenbarung, Erwägungen zur Interdependenz von Form und Sache im IV. Buch Esra, in: Hellholm (Hrg.), Apocalyptism in the Mediterranean World and the Near East, 1983, 461-493: cf S. 472-478.

[24] Cf Stone, Reactions to Destructions of the Second Temple, JSJ 12 (1981) 195-204: cf S. 202ff; Harnisch, Prophet, 478-481; Brandenburger, Verborgenheit, 58-90.

[25] Cf Harnisch, Prophet, 481.

[26] Cf hierzu Neusner, A Life of Rabban Yohanan ben Zakkai ca. 1-80 C.E., StPB 6, 1962 (1970[2]), 142-146 und den Überblick bei G. Mayer, Art. Jochanan ben Zakkaj, TRE 17, Lfg. 1/2, 1987, 89-91: cf S. 90.

ten bis zur endgültigen Erlösung das fromme Leben bestimmen. "If the earlier age had stood on the books of the Torah, the Temple rites, and acts of piety, the new age would endure on the foundation of studying the Torah, doing the commandments, and, especially, performing acts of compassion, embodying that very quality which the brutality of war must have accentuated, paradoxically, in his thinking, man's capacity to act compassionately to his fellow-man"[27]. Während auch in der apokalyptischen Literatur der Tora und ihren Weisungen für die Zwischenzeit eine zentrale Rolle zukommt[28], vielleicht ohne den ethischen Impetus Johanans, wird bei den Synoptikern Hos 6, 6 oder dessen Sachaussage durchaus kultkritisch oder in Polemik gegenüber Pharisäern verwendet[29]. Eine besondere Variante bieten hierzu zwei judenchristliche Texte: In Ps. Clem., Rec. I, 36-39[30] wird die Verwerfung der Opfer in Anlehnung an Hos 6, 6 ausgeführt (37, 1), die dann der wahre von Mose vorausgesagte Prophet (Jesus) endgültig befiehlt und durch die Wassertaufe zur Sündenvergebung ersetzt (39, 1f)[31], so daß jeder, der diesem Propheten glaubt "und auf seinen Namen getauft worden ist, von der Zerstörung des Krieges, die dem ungläubigen Volk und dem Ort selbst bevorsteht, unverletzt bewahrt wird" (39, 3)[32]; im Ebionäerevangelium, Frgm. 6 besteht die Sendung

---

[27] Neusner, Life, 145.

[28] Cf den Spitzensatz in syrBar 85, 3: "Jetzt aber sind die Gerechten (zu ihren Vätern) versammelt, und die Propheten haben sich schlafen gelegt, und auch wir sind aus unserem Lande ausgewandert, und Zion ist uns entrissen worden; und nichts haben wir jetzt außer den Allmächtigen und sein Gesetz" (Zusammenstellung der zahlreichen anderen Stellen über das Gesetz in syrBar bei Klijn, Die syrische Baruch-Apokalypse, 115f). Demgegenüber ist nach 4. Esra 4, 23; 14, 21 das Gesetz verbrannt, wird aber nun durch Esra und seine Gehilfen mit Erlaubnis und Hilfe Gottes neu geschrieben, damit auch die später Geborenen belehrt werden können (cf 14, 18-26. 37-48: aber nur 24 von 94 Büchern werden veröffentlicht, während die übrigen 70 Bücher den Weisen vorbehalten bleiben). Cf zum Ganzen Desjardins, Law in 2 Baruch and 4 Ezra, SR 14 (1985) 25-37: "For both authors, the Law is considered to be a whole that has been divinely provided, and adherence to it is guarantee of eternal life while its rejection will just as surely lead to eternal suffering" (ebd., 36).

[29] Cf Mt 9, 10-13; 12, 1-8; 23, 23; Mk 12, 33.

[30] Cf auch Strecker, Das Judenchristentum in den Pseudoclementinen, TU 70 (R. 5, 15), 1958, 226-231.

[31] Cf Ps. Clem., Rec. I, 39, 2: es erschien der von der Mose vorhergesagte Prophet "qui eos primo per misericordiam dei moneret cessare a sacrificiis, et ne forte putarent cessantibus hostiis remissionem sibi non fieri peccatorum, baptisma eis per aquam statuit, in quo ab omnibus peccatis invocato eius nomine solverentur et de reliquo perfectam vitam sequentes in immortalitate durarent ...".

[32] Cf Ps. Clem., Rec. I, 39, 3: "... ut omnis qui credens prophetae huic, ..., baptizaretur in nomine ipsius, ab excidio belli quod incredulae genti inminet ac loco ipsi, servaretur in-

Jesu darin, die Opfer abzuschaffen[33]. Auch wenn diese judenchristlichen Texte nicht direkt auf die Kultzerstörung durch die Flavier reagieren, scheinen sie dennoch die Notwendigkeit empfunden zu haben, auf das durch die Römer geschaffene Faktum zu antworten, indem sie unter der Autorität Jesu die Opfer als gegen Gottes Willen stehend qualifizieren[34] und - so Ps. Clem. - einen sakramentalen Ersatz anbieten.

Ad (c):

Die Vertreibung und Vernichtung der Feinde gehört seit jeher zum apokalyptischen Inventar. In syrBar 39f und 4. Esra 11, 1-12, 40 wird dazu das danielische Vier-Reiche-Schema (cf 4. Esra 12, 11f) auf Rom bezogen und aktualisiert: Der Messias besiegt den letzten feindlichen Herrscher und richtet ihn auf dem Zion; während hierbei die "drei Häupter" in 4. Esra 11, 4. 29-35; 12, 22-31 mit großer Wahrscheinlichkeit die drei Flavier repräsentieren[35], lassen sich solche Anspielungen in syrBar nicht ausmachen[36], aber immerhin werden (nur) alle die Völker vernichtet, die einst Israel beherrscht und bedrückt hatten (syrBar 72, 6), wozu Rom in erster Linie gehörte. Unklar bleibt in syrBar und 4. Esra, ob in der Heilszeit auch ein neuer Tempel errichtet wird. Während syrBar 32, 2-4, ein im Kontext isoliertes Stück, das vom Verfasser vielleicht als Tradition vorgefunden und übernommen wurde[37], von einer zweifachen (Tempel-?)Zerstörung spricht, dem dann ein endgültiger "Bau"[38] folgt, sind nach 6, 7-10; 80, 2 wesentliche Kultgeräte von den Engeln vor der Zerstörung und Plünderung verborgen worden[39], so daß eine Fortsetzung des Kultes möglich wäre: "Denn herbeigekommen ist die Zeit, daß auch Jerusa-

---

laesus ...".

[33] Text in: Hennecke/Schneemelcher (Hrg.); Neutstamentliche Apokryphen in deutscher Übersetzung, Bd. 1, 1959[3]/1968[4], 104: "... Ich bin gekommen, die Opfer abzuschaffen, und wenn ihr nicht ablaßt zu opfern, wird der Zorn von euch nicht lassen" (ebd., übers. v. P. Vielhauer).

[34] Z. Zt. Trajans (ca. 101 n. Chr.) verkündet auch der judenchristliche Prophet Elchasai die Verwerfung der Opfer: cf Buch des Elchasai, Frgm. 6 (Hennecke/Schnellmelcher, Hrg., Neutestamentliche Apokryphen in deutscher Übersetzung, Bd. 2, 1964[3]/1971[4], 531: Übers. v. J. Irmscher).

[35] Cf Schürer, History III, 1, 298-300.

[36] Cf auch Murphy, *2 Baruch* and the Romans, JBL 104 (1985) 663-669, der syrBar interpretiert als Warnung an militante Gruppen vor einem erneuten Aufstand gegen Rom, um die Rache und das Gericht selbst zu vollziehen.

[37] Cf Klijn, Die syrische Baruch-Apokalypse, 113.

[38] Cf Bogaert, Ruine, 132.

[39] Cf auch syrBar 10, 18: die Tempelschlüssel werden in den Himmel geworfen (cf auch ParJer 4, 3f; bTaan. 29a; PesR 26).

lem zeitweilig preisgegeben wird, bis dann gesagt werden wird, daß es wieder hergestellt werden soll, (und zwar) für immer" (6, 9). Das im Himmel präexistente Jerusalem (4, 3-6) ist immerhin nach dem Plan des Heiligtums gebaut (59, 4). Esra hatte in der Zionsvision eine neu erbaute Stadt mit gewaltigen Fundamenten gesehen (s. o.), die dann gedeutet wird als Stadt des Höchsten, die sich dort offenbart, wo kein menschliches Bauwerk besteht (4. Esra 10, 54)[40] - insofern also ohne Kontinuität zum alten Jerusalem ist; auch in der sich an die Vernichtung Roms anschließenden 7. Vision samt Deutung (13, 1-13. 25-50) wird nur gesagt, daß Zion - vollkommen erbaut - erscheinen wird (V. 36) und daß die zehn Stämme Israels aus der Gefangenschaft zurückkehren und von Gott bzw. dem Messias beschirmt werden, der ihnen dann noch viele große Wunder zeigen wird (VV 39-50).

Die christlichen Apokalypsen Mk 13 und ApkJoh gehören insofern in diesen Zusammenhang, als Mk 13 auf die Zerstörung Jerusalems Bezug nimmt und Apk 21f das neue Jerusalem prophezeit.

Man hat für Mk 13[41] angenommen, daß den VV 5-27 ein von Mk nur wenig geänderter jüdischer oder (juden-)christlicher Text zugrunde liegt, der die gerade geschehene oder kurz bevorstehende Eroberung Jerusalems als Ausgangspunkt akuter Naherwartung eingestuft hatte; in V. 2 wird einleitend auf die Zerstörung des Tempels rekurriert, wobei es aufgrund der geschehenen Tempelschleifung sehr wahrscheinlich ist, daß hier ein *vaticinium ex eventu* vorliegt[42]. Unklar ist vor allem die Bedeutung des "βδέλυγμα τῆς ἐρημώσεως" in 13, 14. Diese aus Daniel stammende Chiffre[43], die in Mk 13, 14 personalisiert verwendet wird ("ἑστηκότα ὅπου οὐ δεῖ"), könnte schon während der Caligulakrise aktualisiert worden sein[44] und konnte nun im Zuge der

---

[40] Zum präexistenten im Himmel verborgenen Jerusalem cf auch 4. Esra 7, 26; 8, 52.

[41] Zur relativ komplizierten Forschungsgeschichte cf die Überblicke bei Kuhn, Ältere Sammlungen im Markusevangelium, StUNT 8, 1971, 43-45; Pesch, Markus 13, in: Lambrecht (Hrg.), L'Apocalypse johannique et l'Apocalyptique dans le Nouveau Testament, BEThL 53, 1980, 355-368: cf S. 355-363; ders., Das Markusevangelium, II. Teil, HThK II, 2, (1977) 1984[3], 264-267 (ebd., 267f. 577: Lit.); Brandenburger, Markus 13 und die Apokalyptik, FRLANT 134, 1984, 21-42; Hengel, Entstehungszeit und Situation des Markusevangeliums, in: Cancik (Hrg.), Markus-Philologie, WUNT 33, 1984, 1-45: cf S. 21-43; Lührmann, Das Markusevangelium, HNT 3, 1987, 215.

[42] Cf Walter, Tempelzerstörung und synoptische Apokalypse, ZNW 57 (1966) 38-49: cf S. 41f; Hengels Belege für das Vorliegen eines literarischen Topos in Mk 13, 2 (cf ders., Entstehungszeit, 22 Anm 87) überzeugen m. E. nicht: s. o. 3.3, Anm 3.

[43] Cf Dan 9, 27; 11, 31; 12, 11; cf auch 1 Makk 1, 54. 59; 6, 7: Der "Greuel der Verwüstung" bezeichnet die Entweihung des Jerusalemer Heiligtums durch einen zweiten Altar bzw. einen Altaraufsatz.

[44] S. o. 1.1, c), S. 99.

Tempelzerstörung erneut als Deutung auftauchen[45]. Auch wenn eine sichere zeitgeschichtliche Erklärung des "Greuels der Verwüstung" nicht möglich ist[46], möchte ich eine weitere Deutung vorschlagen: Wenn man voraussetzt, daß der Rückbezug auf Daniel im Licht von 1 Makk 1, 54. 59 erfolgt ist, also in Kenntnis, daß die damalige Entweihung durch Errichtung eines zweiten Altars geschehen war, so könnte sich Mk 13, 14 auf einen vergleichbaren Akt während der Tempeleroberung beziehen, nämlich auf die römischen Siegesopfer im Heiligtum, die man als kultische Besitzergreifung der Stadt und des Tempelplatzes interpretieren kann und deren ideologischer Gehalt für die letztendliche Tempelzerstörung durch die Schleifung (cf Mk 13, 2) ausschlaggebend gewesen ist[47]. Für diese Deutung sprechen noch folgende Indizien:

- Die Formulierung "ἑστηκότα" (V. 14) läßt sich m. E. eher auf die Errichtung der römischen Signa und den Opfervollzug deuten als auf die Tempelzerstörung allgemein; schwierig bleibt die personalisierte Konstruktion, die aber entweder ein Hinweis auf die gleichzeitige Imperatorakklamation für Titus[48] oder auf die Vermischung von Signa- und Kaiserverehrung[49] sein kann: Beides hätte ein Nicht-Römer falsch verstehen

---

[45] In der schriftlichen Vorlage stellt Mk 13, 14 einen Höhepunkt dar: "ὁ ἀναγινώσκων νοείτω".

[46] Cf Pesch, Markusevangelium II, 291f, der verschiedene Vorschläge präsentiert: die Wahl des Pinehas zum Hohenpriester, das Erscheinen des Cestius Gallus vor Jerusalem oder (so Mk) die Tempelzerstörung; nach Gnilka, Das Evangelium nach Markus, 2. Teilband, EKK II, 2, 1979, 195f meint Mk den Antichrist (ähnlich: Hengel, Entstehungszeit, 29); denkbar wäre auch ein Bezug zu Titus' Anwesenheit im Allerheiligsten; Lührmann, der die "Antichrist"-Deutung widerlegt, interpretiert allgemeiner und im Hinblick auf "ἑστηκότα": "Gemeint ist mit dem 'Greuel der Verwüstung' in der mask. Form der römische Feldherr oder sein Heer als der 'greuliche Verwüster'" (Lührmann, Markusevangelium, 222).

[47] Cf zum Ganzen 3.1, S. 315f; diese Deutung widerspricht Brandenburgers Behauptung, es habe nur eine Zerstörung, nicht aber eine Entweihung des Tempels gegeben (cf Brandenburger, Markus 13, S. 75f); der historische und ideologische Sachverhalt ist - wie in 3.1 dargelegt - komplizierter; außerdem gegen Hengel, Entstehungszeit, 27f, der die hier vorgeschlagene Deutung abweist, weil dadurch weder die Aufforderung zur Flucht in die Berge (Mk 13, 14) noch die durch "ἑστηκότα" ausgedrückte zeitliche Dauer erklärbar wäre: Da V. 14 gar nicht von einer Flucht aus der Stadt spricht (so richtig: Hengel, ebd., 27), ist es unnötig, auf die fehlenden Fluchtchancen nach der circumvallatio zu verweisen (gegen Hengel, ebd., 27f); das Fluchtmotiv ist vielmehr traditionell (cf Pesch, Markusevangelium II, 292) und kann daher durchaus auf die Caligulakrise zurückgehen.

[48] S. o. 3.1, S. 315.

[49] S. o. 1.1, c), Anm 39f: Dies war vielleicht schon in der Pilatusepisode bedeutsam gewesen.

können.

- Die Deutung des "Greuels der Verwüstung" auf die Errichtung der religiös-militärischen Symbole Roms und evtl. auf das Mißverständnis der Kaiserverehrung im Tempel könnte gut eine Weiterentwicklung der Aktualisierung aus der Caligulakrise sein, da dort Caligula in Gestalt von Jupiter/Zeus verehrt werden sollte: Auch die Personalisierung hatte also Tradition.
- Durch die Stationierung einer römischen Legion in Jerusalem blieb die kultische Verunreinigung bzw. die kultische Besetzung virulent[50].
- Auch Hippolyt und Hieronymus bieten später unterschiedliche aktualisierende Interpretationen des "Greuels der Verwüstung", die jeweils auf kultische Sicherungen Jerusalems durch die Römer bezogen werden können[51].

Trifft meine Deutung zu, so hat dies zur Folge, daß schon eine judenchristliche Vorlage für Mk 13, die vielleicht ihrerseits auf einer jüdischen Vorform aus der Caligulakrise basiert, in die Zeit kurz nach Tempeleroberung und zerstörung anzusetzen ist. Nicht die Bedrohung, sondern die definitive Zerstörung von Stadt und Tempel und deren kultische Verunreinigung durch römische Opfer war dann Anlaß für christliche Gruppen, das Endgericht (samt Vernichtung der Feinde) zu erwarten. Mk korrigiert bekanntermaßen eine solche Naherwartung, indem er die Zeit dieser Trübsal von den eigentlichen Endereignissen und ihren kosmischen Vorzeichen trennt (13, 24-27) und gleichzeitig - so LÜHRMANN - ein "falsches" Jesuswort (14, 57f) mit der "richtigen" Christologie kontrastiert[52].

In Apk 21, 1-22, 5 wird die Offenbarung des im Himmel präexistenten neuen Jerusalem beschrieben. Berühren sich zahlreiche Züge des großen Endkampfes und der neuen Stadt mit jüdischen Apokalypsen, so ist die ausdrückliche Eliminierung des Tempels aus dem neuen Jerusalem (21, 22) ohne direkte Vorbilder[53]. Festgehalten wird aber an den kultischen Reinheitsforderungen, die im Lager der Auserwählten vor dem Endkampf gelten[54] und das

---

[50] Die von Hengel vermißte zeitliche Dauer (s. o. Anm 47) war also vorhanden.

[51] S. o. 4.1, Anm 19.

[52] Cf Lührmann, Markus 14, 55-64, Christologie und Zerstörung des Tempels im Markusevangelium, NTS 27 (1981) 457-474: cf S. 466-469; ders., Markusevangelium, 217f. 249.

[53] Cf Böcher, Die heilige Stadt im Völkerkrieg, Wandlungen eines apokalyptischen Schemas, in: Betz, u. a. (Hrg.), Josephus-Studien, FS O. Michel, 1974, 55-76: cf S. 72f. 75; zum neuen Jerusalem und Gottes kultischer Gegenwart im Tempel cf Ez 40-48; Jes 65; Sach 2; Tob 13.

[54] Cf Apk 14, 1-5 (cf Dtn 23, 10-15); 20, 9.

neue Jerusalem im Ganzen bestimmen[55]: Gottes und des Lammes Anwesenheit in der Stadt (21, 3; 22, 3) erfordern und ermöglichen diese Reinheit, sie selbst sind der Tempel (21, 22)[56]. Da das neue Jerusalem in ausdrücklicher Antithese zu Rom/Babylon beschrieben wird[57] und gleichzeitig das Anliegen hellenistischer Städte überbietet[58], steht deren Prophetie, daß in der gesamten Welt[59] eine bessere bzw. völlig neue Gerechtigkeit herrschen wird (21, 4f), im deutlichen Widerspruch zur römischen Reichsideologie. Das ausdrückliche Fehlen eines Tempelneubaus signalisiert dabei trotz der Übernahme jüdischer Traditionen eine Distanz zur Katastrophe Jerusalems im Jahre 70 n. Chr.: Propagiert wird hier nicht die Anerkennung des jüdischen Tempels als Weltheiligtum[60], aber immerhin die neue Welt in Analogie zum Jerusalemer Tempel bzw. seinem Allerheiligsten[61].

Demgegenüber haben zahlreiche jüdische Gruppen auch nach der Tempelzerstörung und den Aufständen unter Trajan und Hadrian den endzeitlichen Neubau ihres Tempels - manchmal durch den Messias[62] - erhofft, wie die Zeugnisse der jüdischen Kunst belegen[63]. In der Zwischenzeit aber blieben

---

[55] Cf Apk 21, 11 (die Stadt ist voll göttlicher Herrlichkeit); 21, 27; 22, 15 (Unreines und die Heiden, Lügner, Zauberer, Unzüchtigen, Mörder und Götzendiener bleiben aus der Stadt ausgeschlossen).

[56] Cf Böcher, heilige Stadt, 72: "freilich ist der Gedanke konsequent, in einer vollkommen heiligen Stadt bedürfe es nicht mehr der Ausgrenzung eines heiligen Bezirks für die Gottheit".

[57] Cf nur den Rückbezug in Apk 21, 9f auf 17, 1. 3.

[58] Cf Georgi, Die Visionen vom himmlischen Jerusalem in Apk 21 und 22, in: Lührmann/Strecker (Hrg.), Kirche, FS G. Bornkamm, 1980, 351-372: cf S. 356ff.

[59] Die Ausdehnung des neuen Jerusalem (Apk 21, 16) entspricht der damals bekannten Welt (cf Georgi, Visionen, 367).

[60] Cf außer den in Anm 51 genannten Texten auch Sib. 3, 702-731 (s. o. 1.1, b, S. 85f).

[61] Einen ersten Schritt in Richtung auf diese Deutung bietet auch syrBar 59, 4 (s. o.): Dort fehlt aber sowohl die ausdrückliche Eliminierung des Tempels als auch Interpretationen des neuen Jerusalem als weltumfassend bzw. dann der neuen Welt als Tempel. Zu den jüdischen und urchristlichen Traditionen in Apk 21, 9-22, 5 cf Bergmeier, "Jerusalem, du hochgebaute Stadt", ZNW 75 (1984) 86-106: cf S. 90-101, der in Apk 21, 9-22, 2 ein jüdisches Quellenstück als Vorlage annimmt (cf ebd., 90), wobei die Eliminierung des Tempels in 21, 22 eine "nur christlich mögliche Aussage über den Tempel" (ebd., 89) ist, die das dort ursprüngliche (jüdische) Textstück (= Apk 22, 1f) verdrängt hat.

[62] So in den Targumim zu Jes 53, 5 und Sach 6, 12f und in Lev R 9, 6: cf hierzu Juel, Messiah and Temple, SBLDS 31, 1977, 182-197 (kritischer: Gaston, No Stone on another, NT. S 23, 1970, 147-154).

[63] Cf hierzu Goldberg, Der siebenarmige Leuchter, zur Entstehung eines jüdischen Bekenntnissymbols, ZDMG 117 (1967) 232-246: cf S. 238ff; Mildenberg, The Coinage of

die Synagoge und das Haus Zentren jüdischer Frömmigkeit und jüdischen Lebens.

the Bar Kokhba War, Typos Bd. 6, 1984, 33-41.

LITERATURVERZEICHNIS

I. Quellen und Übersetzungen

1. Flavius Josephus

Flavii Iosephi Opera edidit et apparatu critico instruxit B. Niese, Bd. 1 (Antiquitatem Iudaicorum, Libri I-V), Berlin 1887; Bd. 2 (Libri VI-X), 1885; Bd. 3 (Libri XI-XV), 1892; Bd. 4 (Libri XVI-XX et Vita), 1890; Bd. 5 (De Iudaeorum Vetustate sive Contra Apionem Libri II), 1889; Bd. 6 (De Bello Iudaico Libros VII), ediderunt J. A. Destinon et B. Niese, 1894; Bd. 7 (Index), 1895.

Josephus with an English Translation by H. St. Thackeray, LCL, Bd. 1 (The Life, Against Apion), London/Cambridge, Mass. 1926/1966[4]; Bd. 2 (The Jewish War, Books I-III), 1927/1967[4]; Bd. 3 (Books IV-VII), 1928/1968[4]; Bd. 4 (Jewish Antiquities, Books I-IV), 1930/1967[4]; Bd. 5 (Books V-VIII), 1934/1966[5]; With an Englisch Translation by R. Marcus, Bd. 6 (Books IX-XI), 1937/1966[4]; Bd. 7 (Books XII-XIV), 1943/1966[4]; Bd. 8 (Books XV-XVII), 1963/1969[2]; With an English Translation by L. H. Feldman, Bd. 9 (Books XVIII-XX), 1965/1969[2].

Des Flavius Josephus Jüdische Altertümer, übersetzt ... v. H. Clementz, 2 Bde, Berlin/Wien 1923 (Repr. Wiesbaden o. J.).

Flavius Josephus, De Bello Judaico - Der Jüdische Krieg, Griechisch und Deutsch, hrg. und mit einer Einleitung sowie mit Anmerkungen versehen v. O. Michel und O. Bauernfeind, Bd. 1 (Bücher I-III), München (1959) 1962[2]; Bd. 2,1 (Bücher IV-V), 1963; Bd. 2,2 (Bücher VI-VII), 1969; Bd. 3 (Ergänzungen und Register), 1969.

Flavius Josèphe, Guerre des Juifs, Texte établi et traduit par A. Pelletier, CUFr, Bd. 1 (Livre I), Paris 1975; Bd. 2 (Livres II-III), 1980; Bd. 3 (Livres IV-V), 1982.

Flavius Josephus' Lebensbeschreibung, aus dem Griechischen übersetzt ... v. L. Haefeli, NTA XI, 4, Münster 1925.

Josephus, The Jewish War, translated by G. A. Williamson, (1959), rev. with a new introduction, notes and appendixes by E. M. Smallwood, Harmondsworth, Middlesex 1981.

2. Altes Testament, Apokryphen und Pseudepigraphen

Altjüdisches Schrifttum außerhalb der Bibel, übersetzt ... v. P. Riessler, Freiburg/Heidelberg 1928/1979[4].

Die Apokryphen und Pseudepigraphen des Alten Testaments, ..., hrg. v. E. Kautzsch, 2 Bde, Tübingen 1900 (Repr. Darmstadt 1975[4]).

Becker, J. (Hrg.), Die Testamente der zwölf Patriarchen, JSHRZ III, 1, Gütersloh 1974.

Berger, K. (Hrg.), Das Buch der Jubiläen, JSHRZ II, 3, Gütersloh 1981.

Biblia Hebraica Stuttgartensia, ... ediderunt K. Elliger/W. Rudolph, Stuttgart 1967/77.

Brandenburger, E. (Hrg.), Himmelfahrt Moses, JSHRZ V, 2, Gütersloh 1976, S. 57-84.

Habicht, C. (Hrg.), 2. Makkabäerbuch, JSHRZ I, 3, Gütersloh 1976.

Holm-Nielsen, S. (Hrg.), Die Psalmen Salomos, JSHRZ IV, 2, Gütersloh 1977.

Klijn, A. F. J. (Hrg.), Die syrische Baruch-Apokakypse, JSHRZ V, 2, Gütersloh 1976, S. 103-191.

Ders. (Hrg.), Der lateinische Text der Apokalypse des Esra, mit einem Index Grammaticus v. G. Mussies, TU 131, Berlin 1983.

Schunk, K.-D. (Hrg.), 1. Makkabäerbuch, JSHRZ I, 4, Gütersloh 1980.

Septuaginta, Id est Vetus Testamentum graece iuxta LXX interpretes edidit A. Rahlfs, (Editio minor), Stuttgart 1935.

Sibyllinische Weissagungen, Urtext und Übersetzung ed. A. Kurfess, o. O. (Tusculum) 1951.

Uhlig, S. (Hrg.), Das äthiopische Henochbuch, JSHRZ V, 6, Gütersloh 1984.

3. Qumran-Texte

Maier, J. (Hrg.), Die Tempelrolle vom Toten Meer, München/Basel 1978.

Die Texte aus Qumran, Hebräisch und Deutsch ..., hrg. v. E. Lohse, Darmstadt (1964) 1981[3].

Texte der Schriftrollen, übersetzt v. J. Maier, in: ders./K. Schubert, Die Qumran-Essener, Texte der Schriftrollen und Lebensbild der Gemeinde, München/Basel 1973, S. 143-312.

4. Philo von Alexandrien

Philo, With an English Translation by F. H. Colson, in Ten Volumes (with two Supplementary Volumes), LCL, Bd. 7 (De Decalogo; De Specialibus Legibus I-III), Cambridge, Mass./London 1937/1958[3]; Bd. 8 (De Specialibus Legibus IV; De Virtutibus; De Praemiis et Poenis), 1939/1960[3]; Bd. 10 (De Virtutibus Prima Pars, Quod est De Legatione Ad Gaium), 1962.

Philo, Gesandtschaft an Caligula, übersetzt v. F. W. Kohnke, in: Philo von Alexandria, Die Werke in deutscher Übersetzung, hrg. v. L. Cohn, I. Heinemann, M. Adler, W. Theiler, Bd. 7, Berlin 1964, S. 166-266.

Philonis Alexandrini Legatio ad Gaium, ed. with an Introduction, Translation and Commentary by E. M. Smallwood, Leiden 1961.

5. Rabbinische Texte

Aboth de Rabbi Nathan, Huius libri recensiones duas collatis variis apud bibliothecas et publicas et privatas codicibus edidit, Prooemium notas appendices indicesque addidit S. Schechter, Wien u. a. 1897 (Repr. Hildesheim/New York 1979).

Baneth, E., Ordnung Festzelt (Seder Moëd), übersetzt und erklärt, in: Die Sechs Ordnungen der Mischna, Hebräischer Text mit Punktation, übersetzt und erklärt v. E. Baneth, J. Cohn, D. Hoffmann, M. Petuchowski, A. Samter, Berlin 1937 (Repr. Basel 1968[3]).

Bibliotheca Rabbinica, Eine Sammlung Alter Midraschim, zum ersten Male ins Deutsche übertragen v. A. Wünsche, Bd. 1 (Der Midrasch Kohelet), Leipzig 1880 (Repr. Hildesheim 1967); Bd. 4 (Der Midrasch Bemidbar Rabba .../Der Midrasch Mischle), 1883-85 (Repr. 1967).

(Strack, H. L.), Billerbeck, P., Kommentar zum Neuen Testament aus Talmud und Midrasch, Bd. 1 (Das Evangelium nach Matthäus), München 1926/1956[2]; Bd. 2 (Das Evangelium nach Markus, Lukas und Johannes und die Apostelgeschichte), 1924/1956[2]; Bd. 4 (Exkurse zu einzelnen Stellen des Neuen Testaments), 1928/1956[2].

Blackman, P., Mischnayoth, Bd. 6, Order Taharoth (Pointed Hebrew Text, English Translation, Introduction, Notes ...), New York 1964[2].

Buber, S., Midrasch Echa Rabbati, Sammlung agadischer Auslegungen der Klagelieder, hrg. nach einer Handschrift aus der Bibliothek zu Rom cod. J. I. 4, und einer Handschrift des British Museum cod. 27089, kritisch bearbeitet, kommentiert und mit einer Einleitung versehen, Wilna 1899 (Repr. Hildesheim 1967).

Bunte, W., Kelim (Gefäße), Text, Übersetzung nebst einem textkritischen Anhang, in: Die Mischna, Text, Übersetzung und ausführliche Erklärung ..., hrg. v. K. H. Rengstorf, L. Rost, VI. Seder: Toharoth, 1. Traktat: Kelim, Berlin/New York 1972.

Ders., Zabim (Die mit Samenfluß Behafteten), Text, Übersetzung und Erklärung nebst einer Einleitung, in: Die Mischna, Text, Übersetzung und ausführliche Erklärung ..., hrg. v. K. H. Rengstorf, L. Rost, VI. Seder: Toharoth, 9. Traktat: Zabim, Berlin 1958.

Krauß, S., Sanhedrin (Hoher Rat), Makkot (Prügelstrafe), Text, Übersetzung nebst einem textkritischen Anhang, in: Die Mischna, Text, Übersetzung und ausführliche Erklärung ..., hrg. v. G. Beer, O. Holtzmann, S. Krauß, IV. Seder: Neziqin, 4. u. 5. Traktat: Sanhedrin-Makkot, Gießen 1933.

Kuhn, K. G., Sifre zu Numeri, übersetzt und erklärt ..., RT 2, 3, Stuttgart 1959.

Larsson, G., Der Toseftatraktat Jom ha-Kippurim, Text, Übersetzung, Kommentar, I. Teil, Kapitel 1 und 2, Lund 1980.

Meinhold, J., Joma (Der Versöhnungstag), Text, Übersetzung und Erklärung nebst einem textkritischen Anhang, in: Die Mischna, Text, Übersetzung und ausführliche Erklärung ..., hrg. v. G. Beer, O. Holtzmann, II. Seder: Moëd, 5. Traktat: Joma, Gießen 1913.

Nowak, W., Schabbat (Sabbat), Text, Übersetzung nebst einem textkritischen Anhang, in: Die Mischna, Text, Übersetzung und ausführliche Erklärung ..., hrg. v. G. Beer, O. Holtzmann, I. Rabin, II. Seder: Moëd, 1. Traktat: Schabbat, Gießen 1924.

Prijs, L., Die Jeremia-Homilie Pesikta Rabbati Kapitel 26, Eine synagogale Homilie aus nachtalmudischer Zeit über den Propheten Jeremia und die Zerstörung des Tempels, Kritische Edition nebst Übersetzung und Kommentar, StDel 10, Stuttgart/Berlin/Köln/Mainz 1966.

Rengstorf, K. H., Jebamot (Von der Schwagerehe), Text, Übersetzung und Erklärung nebst einem textkritischen Anhang, in: Die Mischna, Text, Übersetzung und ausführliche Erklärung ..., hrg. v. G. Beer, O. Holtzmann, S. Krauß, III. Seder: Naschim, 1. Traktat: Jebamot, Gießen 1929.

Seder Olam Rabba Ha-Schalem, hrg. v. M. J. Weinstock, 3 Bde, Jerusalem 1956-62.

Der Babylonische Talmud, Nach der ersten zensurfreien Ausgabe unter Berücksichtigung der neueren Ausgaben und handschriftlichen Materials neu übertragen durch L. Goldschmidt, 12 Bde, Berlin 1929-36.

Le Talmud de Jérusalem, Traduit pour la Première Fois en Francais par M. Schwab, 6 Bde, Paris o. J. (1871-89/Repr. 1969).

Windfuhr, W., Die Tosefta, Seder VI: Toharot, 1: Kelim Baba kamma-Negaim, RT 1. Reihe, VI, 1, Stuttgart 1960.

6. Christliche und gnostische Texte

Die zweite Apokalypse des Jakobus aus dem Nag-Hammadi-Codex V, neu hrg., übersetzt und erklärt v. W.-P. Funk, TU 119, Berlin 1976.

Didache (Apostellehre), Barnabasbrief, Zweiter Klemensbrief, Schrift an Diognet, Eingeleitet, hrg., übertragen und erläutert v. K. Wengst, SUC 2, Darmstadt 1984.

Eusebius, Werke, 2. Band, Die Kirchengeschichte, ... hrg. v. E. Schwartz, Die lateinische Übersetzung des Rufinus bearb. ... v. Th. Mommsen, Erster Teil (B. I-V), GCS 9, 1, Leipzig 1903; Zweiter Teil (B. VI-X; Über die Märtyrer in Palästina), GCS 9, 2, 1908; 6. Band, Die Demonstratio Evangelica, hrg. ... v. I. A. Heikel, GCS 23, 1913.

Eusebius von Cäsarea, Kirchengeschichte, hrg. und eingeleitet v. H. Kraft, Übersetzung v. P. Häuser, (1932), neu durchgesehen v. H. A. Gärtner, München 1981^2/Darmstadt 1984.

Hennecke, E., Neutestamentliche Apokryphen in deutscher Übersetzung, hrg. v. W. Schneemelcher, Bd. 1 (Evangelien), Tübingen 1959^3/1968^4; Bd. 2 (Apostolisches, Apokalypsen und Verwandtes), 1964^3/1971^4.

Hippolytus, Werke, 1. Band, hrg. v. C. N. Bonwetsch, H. Achelis, Zweite Hälfte, Hippolyt's Kleinere exegetische und homiletische Schriften, hrg. v. H. Achelis, GCS 1, Leipzig 1897; 3. Band, Refutatio omnium haeresium, hrg. v. P. Wendland, GCS 26, 1916.

Des heiligen Justins des Philosophen und Märtyrers Zwei Apologien, aus dem Griechischen übersetzt v. G. Rauschen, BKV 12 (Frühchristliche Apologeten und Märtyrerakten, Bd. 1), Kempten/München 1913, S. 55-101.

L. Caeli Firmiani Lactanti Opera Omnia, Pars I (Divinae Institutiones et Epitome Divinarum Institutionum) recensuit S. Brandt, CSEL 19, Prag 1890.

M. Minucii Felicis Octavius, recensuit et Commentario Critico instruxit C. Halm, CSEL 2, Wien 1867, S. 1-71.

M. Minuci Felicis Octavius, edidit B. Kytzler, BSGRT, Leipzig 1982.

M. Minucius Felix, Octavius, Lateinisch-Deutsch, hrg., übersetzt und eingeleitet v. B. Kytzler, München 1965.

Minucius Felix, Octavius, Texte établi et traduit par J. Beaujeu, CUFr, Paris 1964.

Novum Testamentum Graece, post Ebarhard Nestle ..., ediderunt K. Aland e. a., Stuttgart 1979[26].

Pauli Orosii Historiarum adversum Paganos Libri VII, accedit eiusdem Liber Apologeticus, recensuit et Commentario Critico instruxit C. Zangemeister, CSEL 5, Wien 1882.

Die Pseudoklementinen II, Rekognitionen in Rufins Übersetzung, hrg. v. B. Rehm, zum Druck besorgt durch F. Paschke, GCS 51, Berlin 1965.

Sulpicii Severi Libri qui supersunt, recensuit et Commentario Critico instruxit C. Halm, CSEL 1, Wien 1866.

Tertullian, Apologeticum - Verteidigung des Christentums, Lateinisch und Deutsch, hrg., übersetzt und erläutert v. C. Becker, München 1952.

7. Antike nichtchristliche Autoren

Appian's Roman History, with an English Translation by H. White, LCL, Bd. 1 (Books I-VIII, 1), London/New York 1912/1958[4]; Bd. 2 (Books VIII, 2-XII), 1912/1962[4]; Bd. 3 (Civil Wars, Books I-III, 1), 1913; Bd. 4 (Books III, 2-V), 1913.

P. Aelii Aristidis Orationem ΕΙΣ ΡΩΜΗΝ / Die Romrede des Aelius Aristides, hrg., übersetzt und mit Erläuterungen versehen v. R. Klein, TzF 45, Darmstadt 1983.

Res Gestae Divi Augusti, ex Monumentis Ancyrano et Apolloniensi iterum edidit Th. Mommsen, Berlin (1865) 1883[2] (Repr. der 2. Aufl., Aalen 1970).

Res Gestae Divi Augusti, Das Monumentum Ancyranum hrg. und erklärt v. H. Volkmann, KIT 29/30, Berlin 1957 (1969[3]).

Augustus, Meine Taten - Res Gestae Divi Augusti, nach dem Monumentum Ancyranum, Apolloniense und Antiochenum, Lateinisch-Griechisch-Deutsch, ed. E. Weber, Darmstadt/München (1970) 1985[4].

Bucolica Aetatis Neronianae (Hirtengedichte aus Neronischer Zeit), Titus Calpurnius Siculus und die Einsiedler Gedichte, hrg. und übersetzt v. D. Korzeniewski, TzF 1, Darmstadt 1971.

(Cassius) Dio's Roman History, with an English Translation by E. Cary, LCL, Bd. 1 (Fragments of the Books I-XI), London/Cambridge, Mass. 1914/1970[5]; Bd. 2 (Fragments of the Books XII-XXXV), 1914/1970[5]; Bd. 3 (Books XXXVI-XL), 1914/1969[4]; Bd. 4 (Books XLI-XLV), 1916/1969[3]; Bd. 5 (Books XLVI-L), 1917/1969[3]; Bd. 6 (Books LI-LV), 1917/1980[5]; Bd. 7 (Books LVI-LX), 1924/1968[4]; Bd. 8 (Epitome of the Books LXI-LXX), 1925/1968[4]; Bd. 9 (Epitome of the Books LXXI-LXXX), 1927/1969[4].

Cassius Dio, Römische Geschichte, übersetzt v. O. Veh, BAW. GR, Bd. 1 (Fragmente der Bücher 1-35), Zürich/München 1985; Bd. 2 (Bücher 36-43), 1985; Bd. 3 (Bücher 44-50), 1986; Bd. 4 (Bücher 51-60), 1986; Bd. 5 (Epitome der Bücher 61-80), 1987.

M. Tullius Cicero, Sämtliche Reden, eingeleitet, übersetzt und erläutert v. M. Fuhrmann, BAW. RR, Bd. 1 (Für Quinctius; Für Sextus Roscius; Für den Schauspieler Roscius; Für Tullius; Für Fonteius; Für Caecina; Über den Oberbefehl des Pompejus), Zürich/Stuttgart 1970; Bd. 2 (Für Cluentius Habitus; Über das Siedlergesetz; Für Rabirius; Catilinarische Reden; Für Murena), 1970; Bd. 5 (Rede für Sulla; Rede für den Dichter Archias; Rede für Flaccus; Danksagung an den Senat; Danksagung an das Volk; Rede über das eigene Haus; Rede für Sestius; Befragung des Zeugen Vatinius; Rede über das Gutachten der Opferschauer), 1978; Bd. 7 (Rede für Marcellus; Rede für Ligarius; Rede für den König Deiodarus; Die Philippischen Reden), 1982.

Cicero, in Twenty-Eight Volumes, LCL, Bd. 6 (Pro Publio Quinctio; Pro Sexto Roscio Amerino; Pro Quinto Roscio Comoedo; De Lege Agraria I-III), with an English Translation by J. H. Freese, Cambridge, Mass./London 1930/1967[5]; Bd. 10 (In Catilinam I-IV; Pro Murena; Pro Sulla; Pro Flacco), with an English Translation by L. E. Lord, 1937/1946[2]/1967[6]; Bd. 15 (Philippics), with an English Translation by W. C. A. Ker, 1926/1969[6].

Cicero, De Finibus Bonorum et Malorum, with an English Translation by H. Rackham, LCL, London/New York 1914.

Cicero, De Natura Deorum Academica, with an English Translation by H. Rackham, LCL, London/Cambridge, Mass. 1933/1967[5].

M. Tulli Ciceronis De Natura Deorum Libri III, edited by A. St. Pease, 2 Bde, (Cambridge, Mass. 1955/58) Darmstadt 1968.

Cicero, De Re Publica; De Legibus, with an English Translation by C. Walker Keyes, LCL, London/Cambridge, Mass. 1928/1966[7].

Marci Tulli Ciceronis De Re Publica Libri (Vom Gemeinwesen), Lateinisch und Deutsch, eingeleitet und neu übertragen v. K. Büchner, BAW. RR, Zürich/München (1960[2]) 1973[3].

Cicero, The Verrine Orations, with an English Translation by L. H. G. Greenwood, LCL, Bd. 1 (Against Verres Part One; Part Two, Books I-II), London/Cambridge, Mass. 1928/1978[6]; Bd. 2 (Part Two, Books III-V), 1935/1976[5].

Digesta Iustiniani Augusti, Recognovit, Adsumpto in operis societatem P. Kruegero, Th. Mommsen, Bd. 1, Berlin 1962.

Diodorus of Sicily, In Twelve Volumes, LCL, Bd. 1 (Books I-II, 34), with an English Translation by C. H. Oldfather, Cambridge, Mass./London 1933/1968[4].

Dionysus of Halicarnassus, The Roman Antiquities, with an English Translation by E. Cary, LCL, Bd. 1 (Books I-II), London/Cambridge, Mass. 1937/1960^{3}; Bd. 2 (Books III-IV), 1939/1961^{3}; Bd. 3 (Books V-VI, 48), 1940/1961^{3}; Bd. 4 (Books VI, 49-VII), 1943/1962^{3}; Bd. 5 (Books VIII-IX, 24), 1945/1962^{3}; Bd. 6 (Books IX, 25-X), 1947/1963^{2}; Bd. 7 (Book XI; Excerpts from Book XII-XX), 1950/1963^{2}.

The Annals of Q. Ennius, ed. with Introduction and Commentary by O. Skutsch, Oxford 1985.

Epictetus, The Discourses as Reported by Arrian, The Manual, and Fragments, with an English Translation by W. A. Oldfather, LCL, Bd. 1 (Discourses, Books I-II), London/Cambridge, Mass. 1925/1956^{3}; Bd. 2 (Discourses, Books III-IV; the Manual, and Fragments), 1928/1959^{3}.

Florus, Oeuvres, Texte établi et traduit par P. Jal, CUFr, 2 Bde, Paris 1967.

Herodot, Historien, Griechisch-deutsch, hrg. v. J. Feix, 2 Bde, München (1963) 1980^{3}.

Q. Horati Flacci Opera, Recognovit brevique adnotatione critica instruxit E. C. Wickham, Editio Altera curante H. W. Garrod, SCBO, Oxford (1901) 1957^{12}.

Horaz, Sämtliche Werke, Lateinisch und Deutsch, hrg. v. H. Färber, W. Schöne, Darmstadt 1985^{10}.

Titi Livi Ab Urbe Condita, Recognovit et adnotatione critica instruxit R. M. Ogilvie, SCBO, Bd. 1 (Buch I-V), Oxford 1974.

Titi Livi Ab Urbe Condita Libri XXVIII-XXX, recognovit P. G. Walsh, BSGRT, Berlin 1986.

Livy, In Fourteen Volumes, with an Englisch Translation by B. O. Foster, LCL, Bd. 1 (Books I-II), Cambridge, Mass./London 1919/1976^{8}; Bd. 2 (Books III-IV), 1922/1967^{5}; Bd. 3 (Books V-VII), 1924/1967^{5}; Bd. 4 (Books VIII-X), 1926/1975^{5}.

T. Livius, Römische Geschichte, Lateinisch-Deutsch, Buch XXIV-XXVI, ed. J. Feix, München 1977; Buch XXXV-XXXVIII, ed. H. J. Hillen, 1982.

Lucanus, Bellum Civile, Der Bürgerkrieg, hrg. und übersetzt v. W. Ehlers, München 1973.

Lucan, The Civil War, Books I-X (Pharsalia), with an English Translation by J. D. Duff, LCL, London/Cambridge, Mass. 1928/1962^{5}.

Ambrosii Theodosii Macrobii Saturnalia, apparatu critico instruxit ... J. Willis, BSGRT, Leipzig 1963.

Macrobius, The Saturnalia, Translated with an Introduction and Notes by P. V. Davies, New York/London 1969.

M. Manilii Astronomica, ed. G. P. Goold, BSGRT, Leipzig 1985.

Manilius, Astronimica, with an English Translation by G. P. Goold, LCL, Cambridge, Mass./London 1977.

M. Val. Martialis Epigrammata, recognovit brevique adnotatione critica instruxit W. M. Lindsay, SCBO, Oxford (1903^{1}/1929^{2}) 1985^{12}.

Martial, Epigramme, eingeleitet und im antiken Versmaß übertragen v. R. Helm, BAW. RR, Zürich/Stuttgart 1957.

Martial, Épigrammes, Texte établi et traduit par H. J. Izaac, CUFr, Bd. 1 (Livres I-VII), Paris (1930) 1969[3]; Bd. 2,1 (Livres VIII-XII), (1934) 1973[3]; Bd. 2,2 (Livres XIII-XIV), (1934) 1973[3].

(Julius Obsequens), T. Livi Periochae Librorum Fragmenta Oxyrhynchi Reperta Iulii Obsequentis Prodigium Liber, edidit O. Rossbach, Leipzig 1910.

P. Ovidius Naso, Briefe aus der Verbannung, Lateinisch und Deutsch, übertragen v. W. Willige, eingeleitet und erläutert v. G. Luck, Zürich/Stuttgart 1963.

P. Ovidius Naso, Die Fasten, hrg., übersetzt und kommentiert v. F. Bömer, WKLGS, Bd. 1 (Einleitung, Text und Übersetzung), Heidelberg 1957; Bd. 2 (Kommentar), 1958.

P. Ovidius Naso, Metamorphosen, In deutsche Hexameter übertragen und mit dem Text hrg. v. E. Rösch, München (1952) 1980[9].

Ovid, Metamorphoses, with an English Translation by. F. J. Miller, LCL, Bd. 1 (Books I-VIII), London/Cambridge, Mass. 1916/1921[2]; Bd. 2 (Books IX-XV), 1916.

Ovid, Werke in zwei Bänden, Bd. 1 (Verwandlungen), ... übersetzt v. R. Suchier, ..., bearbeitet v. L. Huchthausen, Bibliothek der Antike, Römische Reihe, Berlin/Weimar 1982[3].

P. Ovidi Nasonis Tristium Libri Quinque ibis Ex Ponto Libri Quattuor Halieutica Fragmenta, Recognovit brevique adnotatione critica instruxit S. G. Owen, SCBO, Oxford (1915) 1955[4].

Ovid, In Six Volumens, LCL Bd. 6 (Tristia; Ex Ponto), with an English Translation by A. L. Wheeler, Cambridge, Mass./London 1924/1975[6].

Pausaniae Graeciae Descriptio, edidit M. H. Rocha-Pereira, BSGRT, Bd. 1 (Libri I-IV), Leipzig 1973; Bd. 2 (Libri V-VIII), 1977; Bd. 3 (Libri IX-X), 1981.

Pausanias, Beschreibung Griechenlands, neu übersetzt und mit einer Einleitung und erklärenden Anmerkungen versehen v. E. Meyer, BAW. GR, Zürich 1954.

C. Plini Secundi Naturalis Historiae Libri XXXVII, Post Ludovici Iani Obitum recognovit et scripturae discrepantia adiecta edidit C. Mayhoff, BSGRT, Bd. 1 (Libri I-VI), Stuttgart 1906/1967[2]; Bd. 2 (Libri VII-XV), 1909/1967[2]; Bd. 3 (Libri XVI-XXII), 1892/1967[2]; Bd. 4 (Libri XXIII-XXX), 1897/1967[2]; Bd. 5 (Libri XXXI-XXXVII), 1897/1967[2]; Bd. 6 (Indices), 1865/87/1970[2].

C. Plinius Secundus d. Ä., Naturkunde, Lateinisch-Deutsch, hrg. und übersetzt v. R. König, Buch II, München 1974; Bücher XII/XIII, 1977; Bücher XIV/XV, 1981; Bücher XXVI/XXVII, 1983; Buch XXXV, 1978.

Plutarch's Lives, with an English Translation by B. Perrin, LCL, Bd. 1, London/New York 1914; Bd. 2, 1914; Bd. 3, 1916/1932[2]; Bd. 4, 1916; Bd. 5,1917; Bd. 6, 1918; Bd. 7, 1919; Bd. 8, 1919; Bd. 9, 1920; Bd. 10, 1921; Bd. 11, 1926.

Plutarch, Große Griechen und Römer, eingeleitet und übersetzt v. K. Ziegler, BAW. GR, Bd. 1, Zürich/Stuttgart 1954; Bd. 2, 1955; Bd. 3, 1955; Bd. 4, 1957; Bd. 5, 1960; Bd. 6, 1965.

Plutarchi Moralia, Bd. 4 (Συμποσιακά / Quaestiones convivales; Ἐρωτικός / Amatorius; Ἐρωτικαὶ διηγήσεις / Amatoriae narrationes), recensuit et emendavit C. Hubert, BSGRT, Leipzig (1938) 1971[2].

Plutarque, Oeuvres Morales, Bd. 9,1 (Propos de Table, Livres I-III), Texte établi et traduit par F. Fuhrmann, CUFr, Paris 1972.

Polybios, Geschichte, Gesamtausgabe in zwei Bänden, eingeleitet und übertragen v. H. Drexler, BAW. GR, Zürich/Stuttgart 1961/63.

Polybios, The Histories, with an English Translation by W. R. Paton, LCL, Bd. 6 (Books XXVIII-XXXIX), Cambridge, Mass./London, 1921/1954².

Poseidonios, Die Fragmente, hrg. v. W. Theiler, TK 10, Bd. 1 (Texte), Berlin/New York 1982; Bd. 2 (Erläuterungen), 1982.

Posidonius, I. The Fragments, edited by L. Edelstein, I. G. Kidd, Cambridge Classical Texts and Commentaries 13, Cambridge 1972.

Sexti Properti Carmina, recognovit brevique adnotatione critica instruxit E. A. Barber, SCBO, Oxford (1953) 1957².

Sex. Propertii Elegiarum Libri IV, ed. M. Schuster, F. Dornseiff, BSGRT, Leipzig 1958.

Propertii et Tibulli Carmina, Lateinisch und Deutsch, hrg. und übersetzt v. G. Luck, BAW. RR, Zürich/Stuttgart 1964.

C. Sallusti Crispi Catilina, Iurgurtha, Fragmenta Ampliora, ed. A. Kurfess, BSGRT, Leipzig 1954.

Sallust, Werke und Schriften, Lateinisch-Deutsch, hrg. und übersetzt v. W. Schöne unter Mitwirkung v. W. Eisenhut, München (1950) 1975⁵.

Scriptores Historiae Augustae, edidit E. Hohl, BSGRT, Bd. 1, Editio stereotypa editionis prioris MCMXXVII cum addendis ad Vol. I et II, Leipzig 1955.

L. Annaei Senecae Opera quae supersunt, Bd. 1,2 (De Beneficiis; De Clementia), ed. C. Hosius, BSGRT, Leipzig 1900.

Sénèque, De la Clémence, Texte établi et traduit par F. Préchac, CUFr, Paris 1961².

Sénèque, Questions Naturelles, Texte établi et traduit par P. Oltramare, CUFr, Bd. 1 (Livres I-III), Paris 1929; Bd. 2 (Livres IV-VII), 1961².

L. Annaeus Seneca, Philosophische Schriften, Lateinisch und Deutsch, übersetzt, eingeleitet und mit Anmerkungen versehen v. M. Rosenbach, Bd. 1 (Dialoge I-VI: De Providentia; De Constantia Sapientis; De Ira; Ad Marciam De Consolatione), Darmstadt 1969; Bd. 2 (Dialoge VII-XII: De Vita Beata; De Otio; De Tranquillitate Animi; De Brevitate Vitae; Ad Polybium De Consolatione; Ad Helviam Matrem De Consolatione), 1983; Bd. 3 (Ad Lucilium Epistulae Morales I-LXIX), 1980; Bd. 4 (Ad Lucilium Epistulae Morales LXX-CXXIV [CXXV]), 1984.

Silius Italicus, Punica, with an English Translation by J. D. Duff, LCL, Bd. 1 (Books I-VIII), London/Cambridge, Mass. 1927/1961³; Bd. 2 (Books IX-XVII), 1934/1961⁴.

P. Papini Stati Silvae, recensuit A. Marastoni, ..., BSGRT, Leipzig (1960) 1970².

Statius, With an English Translation by J. H. Mozley, LCL, Bd. 1 (Silvae; Thebaid I-IV), Cambridge, Mass./London 1928/1982⁵.

The Geography of Strabo, with an English Translation by H. L. Jones, LCL, Bd. 4 (Books VIII-IX), London/Cambridge, Mass. 1927/1961³; Bd. 7 (Books XV-XVI), 1930/1961³; Bd. 8 (Book XVII), 1932/1959⁴.

Suétone, Vies des Douze Césars, Texte établi et traduit par H. Ailloud, CUFr, Bd. 1 (César - Auguste), Paris (1931) 1981[5]; Bd. 2 (Tibère - Caligula - Claude-Néron), (1957) 1967[4]; Bd. 3 (Galba - Othon - Vitellius - Vespasien - Titus - Domitien), (1932) 1964[3].

Gaius Suetonius Tranquillus, Leben der Cäsaren, übersetzt und hrg. v. A. Lambert, Zürich 1955 (Repr. München 1972/1983[4]).

P. Cornelii Taciti Libri qui supersunt, edidit H. Heubner, BSGRT, Bd. 1 (Ab Excessu Divi Augusti), Suttgart 1983.

P. Cornelii Taciti Libri qui supersunt, ediderunt St. Borzsák et K. Wellesley, BSGRT, Bd. 1,2 (Ab Excessu Divi Augusti Libri XI-XVI), edidit K. Wellesley, Leipzig 1986.

P. Cornelii Taciti Libri qui supersunt, edidit E. Koestermann, BSGRT, Bd. 2,1 (Historiarum Libri), Leipzig 1961; Bd. 2,2 (Germania - Agrircola - Dialogus de Oratoribus), (1962) 1970[3].

Publius Cornelius Tacitus, Agricola, Germania, Dialogus de oratoribus, Die historischen Versuche, übersetzt und erläutert v. K. Büchner, (1954), 3. Aufl. bearbeitet v. R. Häussler, Stuttgart 1985[3].

P. Cornelius Tacitus, Annalen, Lateinisch und Deutsch, hrg. v. E. Heller, München/Zürich 1982.

P. Cornelius Tacitus, Historiae-Historien, Lateinisch und Deutsch, hrg. v. J. Borst, München/Zürich (1959) 1984[5].

Cornelius Tacitus, The Histories, Book III, ed. by K. Wellesley (Text und Kommentar), Sydney 1972.

Tibulle et les Auteurs du Corpus Tibullianum, Texte établi et traduit par M. Pouchont, CUFr, Paris 1955[4].

Pompejus Trogus, Weltgeschichte von den Anfängen bis Augustus im Auszug des Justin, eingeleitet, übersetzt und erläutert v. O. Seel, BAW. RR, Zürich/München 1972.

C. Valeri Flacci Setini Balbi Argonauticon Libri Octo, recognovit A. Baehrens, Leipzig 1875.

Velleius Paterculus, Compendium of Roman History, and Res Gestae Divi Augusti, with an English Translation by F. W. Shipley, LCL, Cambridge, Mass./London 1924/1979[5].

Velleius Paterculus, The Caesarian and Augustan Narrative (2, 41-93), with a commentary by A. J. Woodman, Cambridge/London/New York/New Rochelle/ Melbourne/Sydney 1983.

Velleius Paterculus, The Tiberian Narrative (2, 94-131), ed. with an Introduction and Commentary by A. J. Woodman, Cambridge/London/New York/Melbourne 1977.

Publius Vergilius Maro, Aeneis, Lateinisch-Deutsch, ..., hrg. und übersetzt v. J. Götte, München/Zürich (1955) 1983[6].

Vergil, Landleben (Bucolica; Georgica; Catalepton), ed. J. u. M. Götte, Vergil-Viten, ed. K. Bayer, Lateinisch und Deutsch, München (1959) 1981[4].

P. Vergili Maronis Opera, Recognovit brevique adnotatione critica instruxit F. A. Hirtzel, SCBO, Oxford (1900) 1956[15].

8. Inschriften

Corpus Inscriptionum Graecarum, Auctoritate et Impensis Academiae Litterarum Regiae Borussicae edidit A. Boeckhius, Bd. 2, Berlin 1843.

Corpus Inscriptionum Latinarum, Consilio et auctoritate Academiae Litterarum Regiae Borussicae editum, Voluminis Primi Pars Prior, Editio Altera, Berlin 1893; Voluminis Sexti Pars Prima, 1876; Voluminis Sexti Pars Secunda, 1882; Voluminis Sexti Pars Quarta, Fasciculus Posterior, 1902; Voluminis Decimi Pars Posterior, 1883; Voluminis Undecimi Partis Posterioris Fasciculus Prior, 1901; Volumen Duodecimen, 1876; Volumen Decimum Sextum, 1936.

Donner, H., Röllig, W., Kanaanäische und Aramäische Inschriften, Bd. 1 (Texte), Wiesbaden 1966[2]; Bd. 2 (Kommentar), 1968[2]; Bd. 3 (Glossare und Indizes, Tafeln), 1969[2].

Ehrenberg, V., Jones, A. H. M., Documents Illustrating the Reigns of Augustus and Tiberius, Oxford 1976 (= Repr. der 2. Aufl. 1955).

Gabba, E., Iscrizioni greche e latine per lo studio della Bibbia, SOB 3, Turin 1958.

Historische Inschriften zur Römischen Kaiserzeit von Augustus bis Konstantin, übersetzt und hrg. v. H. Freis, TzF 49, Darmstadt 1984.

Inscriptiones Latinae Selectae, ed. H. Dessau, Bd. 1, Berlin 1893; Bd. 2,1, 1955[2]; Bd. 2,2, 1955[2]; Bd. 3,1, 1962[3].

Müller, N., Bees, N. (Hrg.), Die Inschriften der jüdischen Katakombe am Monteverde zu Rom, SGFWJ, Leipzig 1919.

Orientis Graeci Inscriptiones Selectae, Supplementum Sylloges Inscriptionum Graecarum, edidit W. Dittenberger, Bd. 1, Leipzig 1903; Bd. 2, 1905.

Pfohl, G. (Hrg.), Griechische Inschriften als Zeugnisse des privaten und öffentlichen Lebens, Griechisch-Deutsch, München (1966) 1980[2].

Sylloge Inscriptionum Graecarum, hrg. v. W. Dittenberger, in 4 Bänden, Leipzig[3] 1915-20 (Repr. Hildesheim 1960).

9. Numismatica

Bernhart, M., Handbuch zur Münzkunde der römischen Kaiserzeit, Textband, Halle 1926; Tafelband, 1926.

Cohen, H., Description Historique des Monnaies frappées sous l'Empire Romain communément appelées Medailles Impériales, Bd. 1, Paris 1880[2] (Repr. Graz 1955).

Coins of the Roman Empire in the British Museum, by H. Mattingly, Bd. 1 (Augustus to Vitellius), London 1923; Bd. 2 (Vespasian to Domitian), 1930; Bd. 3 (Nerva to Hadrian), 1936.

Coins of the Roman Republic in the British Museum, by H. A. Grueber, Bd. 1, London 1910.

The Roman Imperial Coinage, by H. Mattingly, E. A. Sydenham, Bd. 1 (Augustus to Vitellius), London 1923; Bd. 2 (Vespasian to Hadrian), 1926.

The Roman Imperial Coinage, by C. H. V. Sutherland, R. A. G. Carson, Bd. 1, Rev. Edition (From 31 BC to AD 69), by C. H. V. Sutherland, London 1984.

Kadman, L., The Coins of Aelia Capitolina, CNP 1, Jerusalem 1956.

Ders., The Coins of the Jewish War of 66-73 C. E., CNP 2. Reihe, Bd. 3, Jerusalem 1960.

Kent, J. P. C., Overbeck, B., Stylow, A. U., Die Römische Münze, München 1973.

Madden, F. W., Coins of the Jews, (The International Numismata Orientalia, Bd. 2), London 1881.

Ders., History of Jewish Coinage and of Money in the Old and New Testament, 1864 (Repr. San Diego, Calif. 1967).

Meshorer, Y., Jewish Coins of the Second Temple Period, Tel Aviv 1967.

Ders., Ancient Jewish Coinage, Bd. 1 (Persian Period through Hasmonaeans), New York 1982; Bd. 2 (Herod the Great through Bar Cochba), 1982.

Mildenberg, L., The Coinage of the Bar Kokhba War, Typos (Monographien zur antiken Numismatik) Bd. 6, Aarau/Frankfurt/Salzburg 1984.

Reifenberg, A., Ancient Jewish Coins, Jerusalem (1940) 1965[4].

Stevenson, S. W., A Dictionary of Roman Coins, Republican and Imperial, rev. in Part by C. R. Smith, completed by F. W. Madden, London 1889/1964.

Sutherland, C. H. V., Münzen der Römer, München/Fribourg 1974.

10. Papyri

Bataille, A., Guérand, O., e. al. (Ed.), Les Papyrus Fouad I, Publications de la Societé Fouad I De Papyrologie, Textes of Documents III, Le Caire (Kairo) 1939.

Corpus Papyrorum Judaicarum, ed. by V. A. Tcherikover, A. Fuks, Bd. 1, Cambridge, Mass. 1957; Bd. 2, 1960; Bd. 3, 1964.

Michigan Papyri XIV, ed. by V. D. McCarren, American Studies in Papyrology Bd. 22, Ann Arbor 1980.

The Oxyrhynchus Papyri, Part X, ed. with Translations and Notes by B. P. Grenfell, A. S. Hunt, London 1914.

The Oxyrhynchus Papyri, Vol. XXXIV, ed. with Translations and Notes by L. Ingrams, P. Kingston, P. Parsons, J. Rea, Graeco-Roman Memoirs No. 49, Published for the British Academy by the Egypt Exploration Society, London 1968.

The Oxyrhynchus Papyri, Vol. XLVI, ed. with Translations and Notes by J. R. Rea, Graeco-Roman Memoirs No. 65, Published for the British Academy by the Egypt Exploration Society, London 1978.

Papyrus Grecs de la Bibliothèque Nationale et Universitaire de Strasbourg, No 541 à 560, publiés par J. Schwarz, Publications de la Bibliothèque Nationale et Universitaire de Strasbourg IV, 3, Strasbourg 1973.

11. Textsammlungen

Beyer, K., Die aramäischen Texte vom Toten Meer samt den Inschriften aus Palästina, dem Testament Levis aus der Kairoer Genisa, der Fastenrolle und den alten talmudischen Zitaten, Göttingen 1984.

Bidez, J., Cumont, F., Les Mages Hellénisés, Zoroastre, Ostanès et Hystaspes d'après la Tradition Grecque, Bd. 1 (Introduction), Paris 1938; Bd. 2 (Les Textes), 1938.

Braund, D. C., Augustus to Nero: A Sourcebook on Roman History 31 BC - AD 68, London/Sydney 1985.

Galling, K. (Hrg.), Textbuch zur Geschichte Israels, Tübingen 1968^2.

Jacoby, F., Die Fragmente der griechischen Historiker (F Gr Hist), Berlin 1923ff.

Kytzler, B., Roma Aeterna, Lateinische und Griechische Romdichtung von der Antike bis in die Gegenwart, BAW. SA, Zürich/München 1972.

Leipoldt, J., Grundmann, W. (Hrg.), Umwelt des Urchristentums, Bd. 2 (Texte zum neutestamentlichen Zeitalter), Berlin (1967) 1979^5; Bd. 3 (Bilder zum neutestamentlichen Zeitalter), (1966) 1976^4.

Stern, M., Greek and Latin Authors on Jews and Judaism, Edited with Introductions, Translations and Commentary, Bd. 1 (From Herodotus to Plutarch), Jerusalem 1974; Bd. 2 (From Tacitus to Simplicius), 1980; Bd. 3 (Appendixes and Indices), 1984.

II. Bibliographien und Hilfsmittel

Bauer, W., Griechisch-Deutsches Wörterbuch zu den Schriften des Neuen Testaments und der übrigen urchristlichen Literatur, durchges. Nachdr. der 5. Aufl., Berlin/New York 1971.

Blaß, F., Debrunner, A., Grammatik des neutestamentlichen Griechisch, bearbeitet v. F. Rehkopf, Göttingen 1976^{14}.

Christ, K., Römische Geschichte, Einführung, Quellenkunde, Bibliographie, Darmstadt 1980^3.

Feldman, L. H., Flavius Josephus Revisited: the Man, His Writings, and His Significance, ANRW II, 21, 2, Berlin/New York 1984, S. 763-862.

Ders., Josephus and Modern Scholarship (1937-1980), Berlin/New York 1984.

Ders., Josephus, A Supplementary Bibliography, New York/London 1986.

Ders., Postscript to: L. H. Feldman, Josephus and Modern Scholarship (1937-1980), ANRW II, 20, 2, Berlin/New York 1987, S. 1297-1304.

Wilhelm Gesenius' Hebräisches und Aramäisches Handwörterbuch über das Alte Testament, ... bearbeitet v. F. Buhl, unv. Neudr. der 1915 erschienenen 17. Aufl., Berlin/Göttingen/Heidelberg 1962.

Liddell, H. G., Scott, R., A Greek-English Lexicon, A New Edition Revised and Augmented throughout by H. S. Jones, Oxford 1960 (= Repr. von 1940[9]).

Möller, C., Schmitt, G., Siedlungen Palästinas nach Flavius Josephus, Beihefte zum Tübinger Atlas des Vorderen Orients, Reihe B Nr. 14, Wiesbaden 1976.

Prosopographia Imperii Romani, Saec. I. II. III, Consilio et Auctoritate Academiae Scientiarum Regiae Borussicae edita, Bd. 1 (A-C), ed. E. Klebs, Berlin 1897; Bd. 2 (D-O), ed. H. Dessau, 1897; Bd. 3 (P-Z), ed. P. v. Rhoden, H. Dessau, 1898.

Prosopographia Imperii Romani, Saec. I. II. III, Consilio et Auctoritate Academiae Litterarum Borussicae iteratis curis ediderunt E. Groag et A. Stein, Bd. 1 (A-B), Berlin/Leipzig 1933[2]; Bd. 2 (C), 1936[2]; Bd. 3 (D-F), 1943[2]; Bd. 4 (G-I), Berlin 1952-66[2]; Bd. 5,1 (L), edidit L. Petersen, 1970[2].

Rengstorf, K.-H. (Hrg.), A Complete Concordance to Flavius Josephus, Bd. 1, Leiden 1973; Bd. 2, 1975; Bd. 3, 1979; Bd. 4, 1983.

Römische Geschichte, Eine Bibliographie, ... bearbeitet von K. Christ, Darmstadt 1976.

Schalit, A., Namenwörterbuch zu Flavius Josephus, in: Rengstorf, K. H. (Hrg.), A Complete Concordance to Flavius Josephus, Suppl. 1, Leiden 1968.

Schreckenberg, H., Bibliographie zu Flavius Josephus, ALGHJ 1, Leiden 1968.

Ders., Bibliographie zu Flavius Josephus, Supplementband mit Gesamtregister, ALGHJ 14, Leiden 1979.

Ders., Rez. L. H. Feldman, Josephus and Modern Scholarship (1937-1980), 1984, Gnomon 57 (1985) 408-415.

Stevenson, S. W., A Dictionary of Roman Coins, Republican and Imperial, rev. in Part by C. R. Smith, completed by F. W. Madden, London 1889/1964.

III. Sekundärliteratur

Abel, F.-M., Géographie de la Palestine, EtB, Bd. 1 (Géographie Physique et Historique), Paris 1933; Bd. 2 (Géographie Politique; Les Villes), 1938.

Ders., Topographie du siège de Jerusalem en 70, RB 56 (1949) 238-258.

Adam, T., Clementia Principis, Der Einfluß hellenistischer Fürstenspiegel auf den Versuch einer rechtlichen Fundierung des Principats durch Seneca, KiHiSt 11, Stuttgart 1970.

Alföldi, A., Redeunt Saturnia regna, IV: Apollo und die Sibylle in der Epoche der Bürgerkriege, Chiron 5 (1975) 165-192.

Alföldy, G., Die römische Gesellschaft - Struktur und Eigenart, Gym. 83 (1976) 1-25.

Ders., Römische Sozialgeschichte, Wissenschaftliche Paperbacks Sozial- und Wirtschaftsgeschichte 8, Wiesbaden (1975) 1984[3].

Alon, G., The Burning of the Temple, in: ders., Jews, Judaism and the Classical World, Studies in Jewish History in the Times of the Second Temple and Talmud, Jerusalem 1977, S. 252-268.

Altheim, F., Rez. G. Walser, Rom, das Reich und die fremden Völker in der Geschichtsschreibung der frühen Kaiserzeit, 1951, Gnomon 23 (1951) 428-434.

Applebaum, S., Cyrenensia Iudaica, Some Notes on Recent Research Relating to the Jews of Cyrenaica in the Hellenistic and Roman Periods, JJS 13 (1962) 31-43.

Ders., Jews and Greeks in Ancient Cyrene, SJLA 28, Leiden 1979 (rev. Neuausgabe der hebräisch publizierten Erstausgabe von 1969).

Ders., Judaea as a Roman Province; the Countryside as a Political and Economic Factor, ANRW II, 8, Berlin/New York 1977, S. 355-396.

Ders., A Lamp and other Remains of the Jewish Community of Cyrene, IEJ 7 (1957) 154-162.

Ders., Economic Life in Palestine, CRJ I, 2, Assen/Amsterdam 1976, S. 631-700.

Ders., Notes on the Jewish Revolt under Trajan, JJS 2 (1950/51) 26-30.

Ders., The Jewish Revolt in Cyrene in 115-117, and the Subsequent Recolonisation, JJS 2 (1950/51) 177-186.

Ders., The Second Jewish Revolt (A. D. 131-35), PEQ 116 (1984) 35-41.

Ders., The Legal Status of the Jewish Communities in the Diaspora, CRJ I, 1, Assen 1974, S. 420-463.

Arenhoevel, H., Der "Eifer" der Makkabäer, BiKi 37 (1982) 78-82.

Atkinson, K. M. T.,The Historical Setting of the Habakkuk Commentary, JSS 4 (1959) 238-263.

Attridge, H. W., Josephus and His Works, CRJ II, 2, Assen/Philadelphia 1984, S.185-232.

Aust, E., Art. Iuppiter, ALGM II, 1, Leipzig 1890-97, Sp. 618-762.

Avi-Yonah, M., The Holy Land, From the Persian to the Arab Conquests (536 B. C. to A. D. 670), A Historical Geography, Grand Rapids 1966.

Ders., N. Avigad, Y. Aharoni, I. Dunayevsky, S. Guttman, Masada, Survey and Excavations 1955-1956 by the Hebrew University, Israel Exploration Society, Department of Antiquities, IEJ 7 (1957) 1-60.

Ayali, M., Gottes and Israels Trauer über die Zerstörung des Tempels, Kairos N. F. 23 (1981) 215-231.

Baier, W., Die Königsburg Herodeion bei Bethlehem, Hl L 100 (1968) 35-47.

Balsdon, J. P. V. D., The Emperor Gaius (Caligula), Oxford 1934 (Repr. 1964).

Ders., Romans and Aliens, London 1979.

Bammel, E., Die Blutsgerichtsbarkeit in der römischen Provinz Judäa vor dem ersten jüdischen Aufstand, JJS 25 (1974) 35-49.

Ders., Die Bruderfolge im Hochpriestertum der herodianisch-römischen Zeit, ZDPV 70 (1954) 147-153.

Barnes, T. D., The Fragments of Tacitus' "Histories", CP 72 (1977) 224-231.

Barnett, P. W., The Jewish Sign Prophets - A. D. 40-70, Their Intentions and Origin, NTS 27 (1981) 679-697.

Ders., "Under Tiberius all was quiet", NTS 21 (1975) 564-571.

Barraclough, R., Philo's Politics, Roman Rule and Hellenistic Judaism, ANRW II, 21, 1, Berlin/New York 1984, S. 417-553.

Barth, L. M., Art. Jerusalem III (Judentum), TRE 16, Berlin/New York 1987, S. 612-617.

Ders., Art. Jochanan ben Zakkaj, TRE 17, Lfg. 1/2, Berlin/New York 1987, S.89-91.

Bastien, P., Vitellius et le Temple de Jupiter Capitolin: un As Inédit, Quaderni Ticinesi (Numismatica e Antichità Classiche) 7 (1978) 181-202.

Baumann, U., Rom und die Juden, Die römisch-jüdischen Beziehungen von Pompejus bis zum Tode des Herodes (63 v. Chr.-4 v. Chr.), Studia Philosophica et Historica 4, Frankfurt/Bern/New York 1983.

Baumbach, G., Art. Herodes/Herodeshaus, TRE 15, Berlin/New York 1986, S. 159-162.

Ders., Die antirömischen Aufstandsgruppen, in: Maier, J., Schreiner, J. (Hrg.), Literatur und Religion des Frühjudentums, Eine Einführung, Würzburg/Gütersloh 1973, S. 273-283.

Ders., Einheit und Vielfalt der jüdischen Freiheitsbewegung im 1. Jh. nChr., EvTh 45 (1985) 93-107.

Ders., Das Freiheitsverständnis in der zelotischen Bewegung, in: Maass, F. (Hrg.), Das ferne und nahe Wort, FS L. Rost, BZAW 105, Berlin 1967, S. 11-18.

Ders., Jesus von Nazareth im Lichte der jüdischen Gruppenbildung, AVTRW, Berlin 1971.

Ders., Der sadduzäische Konservativismus, in: Maier, J., Schreiner, J. (Hrg), Literatur und Religion des Frühjudentums, Eine Einführung, Würzburg/Gütersloh 1973, S. 201-213.

Ders., Das Sadduzäerverständnis bei Josephus Flavius und im Neuen Testament, Kairos N. F. 13 (1971) 17-37.

Ders., Die Zeloten - ihre politische und religionsgeschichtliche Bedeutung, BiLi 41 (1968) 2-25.

Ders., Zeloten und Sikarier, ThLZ 90 (1965) 727-740.

Baumgarten, J. M., The Pharisaic-Sadducean Controversies about Purity and the Qumran Texts, JJS 31 (1980) 157-170.

Ders., Exclusions from the Temple: Proselytes and Agrippa I, JJS 33 (1982) 215-225.

Baumstark, A., Art. Bild I (jüdisch), RAC 2, Stuttgart 1954, Sp. 287-302.

Beckmann, F., Der Friede des Augustus, Schriften der Gesellschaft zur Förderung der westfälischen Landes-Universität zu Münster Bd. 25, Münster 1951.

Belloni, G. G., Significati storico-politici delle figurazioni e delle scritte delle monete da Augusto a Traiano (Zecche di Rome e "imperatorie"), ANRW II, 1, Berlin/New York 1974, S. 997-1144.

Ben-Dov, M., Herod's Mighty Temple Mount, Biblical Archeology Review 12, 6 (Nov./Dez. 1986) 40-49.

Benario, H. W., A Commentary on the *Vita Hadriani* in the *Historia Augusta*, American Classical Studies 7, Ann Arbor 1980.

Bengtson, H., Die Flavier, Vespasian - Titus - Domitian, Geschichte eines römischen Kaiserhauses, München 1979.

Ders., Grundriß der römischen Geschichte mit Quellenkunde, Bd. 1 (Republik und Kaiserzeit bis 284 n. Chr.), HAW III, 5, München (1967) 1982[3].

Béranger, J., Recherches sur l'Aspect Idéologique du Principat, SBA 6, Basel 1953.

Ders., Remarques sur la *Concordia* dans la Propagande Monétaire Impériale et la Nature du Principat, (1969), jetzt in: ders., Principatus, Etudes de notions et d'histoire politiques dans l'Antiquité gréco-romaine, Université de Lausanne, Publications de la Faculté des Lettres 20, Genf 1975, S. 367-382.

Berger, K., Art. Gnosis/Gnostizismus I (vor- und außerchristlich), TRE 13, Berlin/New York 1984, S. 519-535.

Ders., Die Auferstehung des Propheten und die Erhöhung des Menschensohnes, Traditionsgeschichtliche Untersuchungen zur Deutung des Geschickes Jesu in frühchristlichen Texten, StUNT 13, Göttingen 1976.

Ders., Hellenistisch-heidnische Prodigien und die Vorzeichen in der jüdischen und christlichen Apokalyptik, ANRW II, 23, 2, Berlin/New York 1980, S. 1428-1469.

Bergmeier, R., "Jerusalem, du hochgebaute Stadt", ZNW 75 (1984) 86-106.

Ders., Miszellen zu Flavius Josephus, De Bello Judaico 5, § 208 und § 236, ZNW 54 (1963) 268-271.

Bernays, J., Ueber die Chronik des Sulpicius Severus, Ein Beitrag zur Geschichte der klassischen und biblischen Studien, Berlin 1861.

Betz, O., Stadt und Gegenstadt, Ein Kapitel zelotischer Theologie, (1978), jetzt in: ders., Jesus, Der Messias Israels, Aufsätze zur biblischen Theologie, WUNT 42, Tübingen 1987, S. 25-38.

Bevan, E., Holy Images, An Inquiry into Idolatry and Image-Worship in Ancient Paganism and in Christianity, London 1940.

Beyer, K., Die aramäischen Texte vom Toten Meer samt den Inschriften aus Palästina, dem Testament Levis aus der Kairoer Genisa, der Fastenrolle und den alten talmudischen Zitaten, Göttingen 1984.

Bickermann, E. J., Der Gott der Makkabäer, Untersuchungen über Sinn und Ursprung der makkabäischen Erhebung, Berlin 1937 (engl.: SJLA 32, Leiden 1979).

Ders., The Warning Inscriptions of Herod's Temple, JQR N. S. 37 (1946/47) 387-405.

Bidez, J., Cumont, F., Les Mages Hellénisés, Zoroastre, Ostanès et Hystaspes d'après la Tradition Grecque, Bd. 1 (Introduction), Bd. 2 (Les Textes), Paris 1938.

Bietenhard, H., Die Freiheitskriege der Juden unter den Kaisern Trajan und Hadrian und der messianische Tempelbau, Jud. 4 (1948) 57-77. 81-108. 161-185.

Bilde, P., The Roman Emperor Gaius (Caligula)'s Attempt to Erect his Statue in the Temple of Jerusalem, StTh 32 (1978) 67-93.

Black, M., Judas of Galilee and Josephus's "Fourth Philosophy", in: Betz, O., Haacker, K., Hengel, M. (Hrg.), Josephus-Studien, Untersuchungen zu Josephus, dem antiken Judentum und dem Neuen Testament, FS O. Michel, Göttingen 1974, S. 45-54.

Bleicken, J., Verfassungs- und Sozialgeschichte des Römischen Kaiserreiches, 2 Bde, Paderborn/München/Wien/Zürich (1978) 1981².

Blinzler, J., Die Niedermetzelung von Galiläern durch Pilatus, NT 2 (1957) 24-49.

Ders., Der Prozeß Jesu, (Stuttgart 1951), Regensburg 1969⁴.

Böcher, O., Art. Antichrist II (Neues Testament), TRE 3, Berlin/New York 1978, S. 21-24.

Ders., Die heilige Stadt im Völkerkrieg, Wandlungen eines apokalyptischen Schemas, in: Betz, O., Haacker, K., Hengel, M. (Hrg.), Josephus-Studien, Untersuchungen zu Josephus, dem antiken Judentum und dem Neuen Testament, FS O. Michel, Göttingen 1974, S. 55-76.

Bömer, F., P. Ovidius Naso, Die Fasten, WKLGS, Bd. 2 (Kommentar), Heidelberg 1958.

Bogaert, P. M., La Ruine de Jérusalem et les Apocalypses Juives après 70, in: Monloubou, L. (Hrg.), Apocalypses et Théologie de l'Éspérence, Congrès de Toulouse (1975), LeDiv 95, Paris 1977, S. 123-141.

Bokser, B. M., Recent Developments in the Study of Judaism 70-200 C. E., Second Century 3 (1983) 1-68.

Bonfante Warren, L., Rez. H. S. Versnel, Triumphus, 1970, Gnomon 46 (1974) 574-583.

Dies., Roman Triumphs and Etruscan Kings: the Changing Face of the Triumph, JRS 60 (1970) 49-66.

Borbein, A. H., Die Ara Pacis Augustae, Geschichtliche Wirklichkeit und Programm, JDI 90 (1975) 242-266.

Bornkamm, G., Jesus von Nazareth, Stuttgart/Berlin/Köln/Mainz (1956) 1977¹¹ (1983¹³).

Bousset, W., Der Antichrist in der Überlieferung des Judenthums, des neuen Testaments und der alten Kirche, Ein Beitrag zur Auslegung der Apocalypse, Göttingen 1895.

Ders., Die Offenbarung des Johannes, KEK 16, Göttingen 1906⁶ (= 2. neubearbeitete Aufl. dieser Ausgabe von 1896)/Repr. 1966.

Bowersock, G. W., Julian the Apostate, London 1978.

Brandenburger, E., Markus 13 und die Apokalyptik, FRLANT 134, Göttingen 1984.

Ders., Die Verborgenheit Gottes im Weltgeschehen, Das literarische und theologische Problem des 4. Esrabuches, AThANT 68, Zürich 1981.

Brandon, S. G. F., The Fall of Jerusalem and the Christian Church, A Study of the Effects of the Jewish Overthrow of A. D. 70 on Christianity, London 1957.

Ders., Jesus and the Zealots, A Study of the Political Factor in Primitive Christianity, Manchester 1967.

Ders., The Trial of Jesus of Nazareth, London 1968.

Brauer, G. C., Judaea Weeping, The Jewish Struggle against Rome from Pompey to Masada, 63 B. C. to A. D. 73, New York 1970.

Braund, D., Rome and the Friendly King, The Character of the Client Kingship, London/New York 1984.

Briessmann, A., Tacitus und das flavische Geschichtsbild, Hermes-Einzelschriften H. 10, Wiesbaden 1955.

Briggs, W. W., A Bibliography of Virgil's "Eclogues" (1927-1977), ANRW II, 31, 2, Berlin/New York 1981, S. 1267-1357.

Brocke, M., Art. Aaron/Aaronitisches Priestertum II (Judentum), TRE 1, Berlin/New York 1977, S. 5-7.

Brown, J. P., The Ark of Covenant and the Temple of Janus, The magico-military numen of the state in Jerusalem and Rome, BZ N. F. 30 (1986) 20-35.

Browning, R., The Emperor Julian, London 1975.

Bruce, F. F., Tacitus on Jewish History, JSS 29 (1984) 33-44.

Bruce, I. A. F., Nerva and the *Fiscus Judaicus*, PEQ 96 (1964) 34-45.

Brunt, P. A., Lex De Imperio Vespasian, JRS 67 (1977) 95-116.

Buchheit, V., Vergil über die Sendung Roms, Untersuchungen zum Bellum Poenicum und zur Aeneis, Gym.-Beihefte 3, Heidelberg 1963.

Buchner, E., Solarium Augusti und Ara Pacis, MDAI. R 83 (1976) 319-366.

Büchler, A., The Levitical Impurity of the Gentile in Palestine before the year 70, JQR N. S. 17 (1926/27) 1-81.

Ders., Die Priester und der Cultus im letzten Jahrzehnt des jerusalemischen Tempels, Wien 1895.

Büchsel, F., Die Blutgerichtsbarkeit des Synhedrion, ZNW 30 (1931) 202-210.

Buehler, W. W., The Pre-Herodian Civil War and Social Debate, Jewish Society in the Period 76-40 B. C. and the Social Factors Contributing to the Rise of the Pharisees and the Sadducees, ThDiss 11, Basel 1974.

Bunte, W., Der Mischnatraktat Zabim, Text, Übersetzung und Erklärung nebst einer Einleitung, Diss. theol., Heidelberg 1953.

Burchard, C., Die Essener bei Hippolyt, Hippolyt, Ref. IX 18, 2-28, 2 und Josephus, Bell. 2, 119-161, JSJ 8 (1977) 1-41.

Bureth, P., Les Titulatures impériale dans les papyrus, les ostraca et les inscriptions d'Égypte (30 a. c.-284 p. c.), Brüssel 1964.

Burkert, W., Apokalyptik im frühen Griechentum: Impulse und Transformationen, in: Hellholm, D. (Hrg.), Apocalyptism in the Mediterranean World and the Near East, Proceedings of the International Colloquium on Apocalyptism Uppsala, August 12-17, 1979, Tübingen 1983, S. 235-254.

Busink, T. A., Der Tempel von Jerusalem, Von Salomo bis Herodes, Eine archäologisch-historische Studie unter Berücksichtigung des westsemitischen Tempelbaus, SFSMD 3, Bd. 1, Leiden 1970; Bd. 2, 1980.

Buttrey, T. V., Documentary Evidence for the Chronology of the Flavian Titulature, BKP 112, Meisenheim 1980.

Campbell, J. B., The Emperor and the Roman Army, 31 B. C. - A. D. 325, Oxford 1984.

Cancik, H., Libri fatales, Römische Offenbarungsliteratur und Geschichtstheologie, in: Hellholm, D. (Hrg.), Apocalyptism in the Mediterranean World and the Near East, Proceedings of the International Colloquium on Apocalyptism Uppsala, August 12-17, 1979, Tübingen 1983, S. 549-576.

Carlebach, A., Rabbinic References to Fiscus Judaicus, JQR N. S. 66 (1975/76) 57-61.

Cassidy, R. J., Jesus, Politics, and Society, A Study of Luke's Gospel, New York (1978) 1979[2].

Causse, A., Le mythe de la nouvelle Jérusalem du Deutéro-Esaie à la IIIe Sibylle, RHPhR 18 (1938) 377-414.

Chantraine, H., Korreferat zu Z. Rubin: Pax als politisches Schlagwort im alten Rom, in: Schlenke, M., Matz, K.-J. (Hrg.), Frieden und Friedenssicherung in Vergangenheit und Gegenwart, Symposium der Universitäten Tel Aviv und Mannheim, 19.-21. Juni 1979, München 1984, S. 35-40.

Charlesworth, M. P., Gaius and Claudius, CAH 10, Cambridge 1934, S. 653-701.

Ders., Providentia and Aeternitas, HThR 29 (1936) 107-132.

Christ, F., Die römische Weltherrschaft in der antiken Dichtung, TBAW 31, Stuttgart/Berlin 1938.

Christ, K., Antike Numismatik, Einführung und Bibliographie, Darmstadt (1967) 1972[2].

Clark, K. W., Worship in the Jerusalem Temple after A. D. 70, NTS 6 (1959/60) 269-280.

Clermont-Ganneau, C., Discovery of a Table from Herod's Temple, PEFQSt N. S. 1 (1871) 132-133.

Ders., Une Stèle du Temple de Jérusalem, RAr N. S. 23 (1872) 214-234. 290-296.

Cody, A., Art. Aaron/Aaronitisches Priestertum I (Altes Testament), TRE 1, Berlin/New York 1977, S. 1-5.

Cohen, S. J. D., Josephus in Galilee and Rome, His Vita and Development as a Historian, CSCT 8, Leiden 1979.

Ders., Masada: Literary Tradition, Archeological Remains, and the Credibility of Josephus, JJS 33 (1982) 385-405.

Collins, J. J., The Development of the Sibylline Tradition, ANRW II, 20, 1, Berlin/New York 1987, S. 421-459.

Ders., The Sibylline Oracles of Egyptian Judaism, SBLDS 13, Missoula, Mont. 1974.

Colpe, C., Der Begriff "Menschensohn" und die Methode der Erforschung messianischer Prototypen (III, 1), Kairos N. F. 12 (1970) 81-112.

Ders., Einführung in die Geschichte und neue Perspektiven, in: Vermaseren, M. J. (Hrg.), Die Orientalischen Religionen im Römerreich, EPRO 93, Leiden 1981, S. 1-40.

Conzelmann, H., Heiden - Juden - Christen, Auseinandersetzungen in der Literatur der hellenistisch-römischen Zeit, BHTh 62, Tübingen 1981.

Corssen, P., Die Zeugnisse des Tacitus und Pseudo-Josephus über Christus, ZNW 15 (1914) 114-140.

Crüsemann, F., Der Widerstand gegen das Königtum, Die antiköniglichen Texte des Alten Testamentes und der Kampf um den frühen israelitischen Staat, WANT 49, Neukirchen 1978.

Cullmann, O., Der Staat im Neuen Testament, Tübingen (1956) 1961[2].

Dahlmann, H., Die letzte Ode des Horaz (carmen IV 15), (1968), jetzt in: Oppermann, H. (Hrg.), Wege zu Horaz, WdF 99, Darmstadt 1972, S. 329-348.

Dalman, G., Jahresbericht des Instituts für das Arbeitsjahr 1911/12, PJB 8 (1913).

Ders., Orte und Wege Jesu, (BFChTh 23, 1919), BFChTh. M 1, Gütersloh 1921[2]/1924[3] (Repr. Darmstadt 1967).

Delling, G., Philons Enkomion auf Augustus, Klio 54 (1972) 171-192.

Derchain, P., Hubaux, J., Vespasien an Sérapéum, Latomus 12 (1953) 38-52.

Desjardins, M., Law in 2 Baruch and 4 Ezra, SR 14 (1985) 25-37.

Dessau, H., Geschichte der Römischen Kaiserzeit, Bd. 1 (Bis zum ersten Thronwechsel), Berlin 1924; Bd. 2,1 (Die Kaiser von Tiberius bis Vitellius), 1926; Bd. 2,2 (Die Länder und Völker des Reiches im ersten Jahrhundert der Kaiserzeit), 1930.

Dexinger, F., Die Geschichte der Pharisäer, BiKi 35 (1980) 113-117.

Ders., Ein "messianisches Szenarium" als Gemeingut des Judentums in nachherodianischer Zeit?, Kairos N. F. 17 (1975) 249-278.

Dinkler, E., Dinkler-von Schubert, E., Art. Friede, RAC 8, Stuttgart 1972, Sp. 434-505.

Doblhofer, E., Horaz und Augustus, ANRW II, 31, 3, Berlin/New York 1981, S. 1922-1986.

Domaszewski, A. v., Die Fahnen im römischen Heere, AAES 5, Wien 1885.

Ders., Die Religion des römischen Heeres, Trier 1895 (Sonderabdruck aus der Westdeut. Zeitschr. f. Gesch. u. Kunst, Bd. 14, 1895).

Doran, R., Temple Propaganda: The Purpose and Character of 2 Maccabees, CBQ. MS 12, Washington 1981.

Drexler, H., Untersuchungen zu Josephus und zur Geschichte des jüdischen Aufstandes 66-70, Klio 19 (1925) 277-312.

Eck, W., Die Eroberung von Masada und eine neue Inschrift des L. Flavius Silva Nonius Bassus, ZNW 60 (1969) 282-289.

Ders., Senatoren von Vespasian bis Hadrian, Prosopographische Untersuchungen mit Einschluß der Jahres- und Provinzialfasten der Statthalter, Vestigia Bd. 13, München 1970.

Ehlers, W., Art. Triumphus, PRE VII A, Stuttgart 1939, Sp. 493-511.

Eisenhut, W., Art. Evocatio, KP 2, München 1975/1979, Sp. 472-473.

Ders., Art. Ianus, KP 2, München 1975/1979, Sp. 1311-1314.

Ders., Art. Iuppiter, KP 3, München 1975/1979, Sp. 1-6.

Eisler, R., ΙΗΣΟΥΣ ΒΑΣΙΛΕΥΣ ΟΥ ΒΑΣΙΛΕΥΣΑΣ, Die messianische Unabhängigkeitsbewegung vom Auftreten Johannes des Täufers bis zum Untergang Jakobs des Gerechten nach der neuerschlossenen Eroberung von Jerusalem des Flavius Josephus und den christlichen Quellen, ..., RWB 9, Bd. 1, Heidelberg 1929; Bd. 2, 1930.

Eißfeldt, O., Art. Onias s. v. Nr. 4 (Onias IV), PRE XVIII, 1, Stuttgart 1939, Sp. 476.

Eltester, W., Schöpfungsoffenbarung und natürliche Theologie im frühen Christentum, NTS 3 (1956/57) 93-114.

Ders., Der Siebenarmige Leuchter und der Titusbogen, in: ders. (Hrg.), Judentum, Urchristentum, Kirche, FS J. Jeremias, BZNW 26, Berlin (1960) 1964², S. 62-76.

Farmer, W. R., Judas, Simon and Athronges, NTS 4 (1957/58) 147-155.

Ders., Maccabees, Zealots, and Josephus, An Inquiry into Jewish Nationalism in the Greco-Roman Periode, New York 1956.

Fascher, E., Jerusalems Untergang in der urchristlichen und altkirchlichen Überlieferung, ThLZ 89 (1964) 81-98.

Fears, J. R., The Cult of Jupiter and Roman Imperial Ideology, ANRW II, 17, 1, Berlin/New York 1981, S. 3-141.

Ders., Nero as the Vicegerent of the Gods in Seneca's De Clementia, Hermes 103 (1975) 486-496.

Feldman, L. H., Asinius Pollio and Herod's Sons, CQ N. S. 35 (1985) 240-243.

Fischer, U., Eschatologie und Jenseitserwartung im hellenistischen Diasporajudentum, BZNW 44, Berlin/New York 1978.

Flach, D., Die Dichtung im frühkaiserzeitlichen Befriedungsprozeß, Klio 54 (1972) 157-170.

Flusser, D., Hystaspes and John of Patmos, in: Shaked, S. (Hrg.), Irano-Judaica, Studies Relating to Jewish Contacts with Persian Culture throughout the Ages, Jerusalem 1982, S. 12-75.

Foakes Jackson, J. F., Lake, K. (Hrg.), The Beginnings of Christianity, Part I (The Acts of the Apostles), Bd. 1, London 1920.

Foerster, G., Hérodium (Chronique Archéologique), RB 77 (1970) 400-401.

Fohrer, G., Geschichte der israelitischen Religion, Berlin 1969.

Fraenkel, E., Zum Text von Aeneis 6, 852, MH 19 (1962) 133-134.

Franchet d'Espèrey, S., Vespasien, Titus et la Littérature, ANRW II, 32, 5, Berlin/New York 1986, S. 3048-3086.

Franke, P. R., Kleinasien zur Römerzeit, Griechisches Leben im Spiegel der Münzen, München 1968.

Frey, J. B., La question des images chez les Juifs à la lumière des récentes decouvertes, Bib. 15 (1934) 265-300.

Freyne, S., Galilee from Alexander the Great to Hadrian, 323 B. C. E. to 135 C. E., A Study of Second Temple Judaism, University of Notre Dame, Center for the Study of Judaism and Christianity in Antiquity Nr. 5, Wilmington 1980.

Friedländer, M., Les Prophéties sur la Guerre Judéo-Romaine de l'An 70, REJ 30 (1895) 122-124.

Fuchs, H., Augustin und der antike Friedensgedanke, Untersuchungen zum neunzehnten Buch der Civitas Dei, Neue Philolog. Unters. H. 3, Berlin 1926.

Ders., Der geistige Widerstand gegen Rom in der antiken Welt, Berlin 1938 (Repr. 1964).

Fuks, A., Aspects of the Jewish Revolt in A. D. 115-117, JRS 51 (1961) 98-104.

Fuks, G., Again on the Episode of the Gilded Roman Shields at Jerusalem, HThR 75 (1982) 503-507.

Gagé, J., Auguste écrivain, ANRW II, 30, 1, Berlin/New York 1982, S. 611-623.

Ders., "Basileia", Les Césars, les Rois d'Orient et les "Mages", CEA, Paris 1968.

Galling, K., Königliche und nichtkönigliche Stifter beim Tempel von Jerusalem, ZDPV 68 (1951) 134-142.

(Ohne Verf.), Gamla: the Masada of the North, Biblical Archeology Review 5, 1 (Jan./Feb. 1979) 12-19.

Gaston, L., No Stone on another, Studies in the Significance of the Fall of Jerusalem in the Synoptic Gospels, NT. S 23, Leiden 1970.

Gauger, J.-D., Phlegon von Tralleis, mirab. III, Zu einem Dokument geistigen Widerstandes gegen Rom, Chiron 10 (1980) 225-261.

Ders., Der Rom-Hymnos der Melinno (Anth. Lyr. II^2 6, 209f.) und die Vorstellung von der "Ewigkeit" Roms, Chiron 14 (1984) 267-299.

Gelzer, M., Cicero, Ein biographischer Versuch, Wiesbaden 1969.

Georgi, D., Die Visionen vom himmlischen Jerusalem in Apk 21 und 22, in: Lührmann, D., Strecker, G. (Hrg.), Kirche, FS G. Bornkamm, Tübingen 1980, S. 351-372.

Giblin, C. H., Revelation 11. 1-13: Its Form, Function, and Contextual Integration, NTS 30 (1984) 433-459.

Gichon, M., Cestius Gallus's Campaign in Judaea, PEQ 113 (1981) 39-62.

Ginsburg, M. S., Fiscus Judaicus, JQR N. S. 21 (1930/31) 281-291.

Girard, J.-L., Interpretatio Romana, Questions historiques et problème de méthode, RHPhR 60 (1980) 21-27.

Gladigow, B., Aetas, aevum and saeclorum ordo, Zur Struktur zeitlicher Deutungssysteme, in: Hellholm, D. (Hrg.), Apocalyptism in the Mediterranean World and the Near East, Proceedings of the International Colloquium on Apocalyptism Uppsala, August 12-17, 1979, Tübingen 1983, S. 255-271.

Gnilka, J., Das Evangelium nach Markus, 2. Teilband (Mk 8, 27-16, 20), EKK II, 2, Zürich/Einsiedeln/Köln/Neukirchen-Vluyn 1979.

Goar, J. R., Cicero and the State Religion, Amsterdam 1972.

Golan, D., Hadrian's Decision to supplant "Jerusalem" by "Aelia Capitolina", Hist 35 (1986) 226-239.

Goldberg, A. M., Der siebenarmige Leuchter, zur Entstehung eines jüdischen Bekenntnissymbols, ZDMG 117 (1967) 232-246.

Ders., Untersuchungen über die Vorstellung von der Schekhinah in der frühen rabbinischen Literatur, Talmud und Midrasch, SJ 5, Berlin 1969.

Goodenough, E. R., The Menorah among the Jews of the Roman World, HUCA 23, 2 (1950/51) 449-492.

Ders., The Rabbis and Jewish Art in the Greco-Roman Period, HUCA 32 (1961) 269-279.

Ders., Jewish Symbols in the Greco-Roman Period, 12 Bde, New York 1953-65.

Goodman, M., A Bad Joke in Josephus, JJS 36 (1985) 195-199.

Grätz, H., Geschichte der Juden von den ältesten Zeiten bis auf die Gegenwart, Bd. III (Geschichte der Judäer von dem Tode Juda Makkabis bis zum Untergang des judäischen Staates), 2. Hälfte, Leipzig 1906[5].

Graf, H. R., Kaiser Vespasian, Untersuchungen zu Suetons Vita Divi Vespasiani, Stuttgart 1937.

Grant, M., Roms Cäsaren, München (1978/83) 1984[2] (engl.: London 1975).

Grenzheuser, B., Kaiser und Senat in der Zeit von Nero bis Nerva, Diss. phil., Münster 1964.

Grimal, P., Von den Gracchen zu Sulla, in: ders. (Hrg.), Der Aufbau des römischen Reiches, Die Mittelmeerwelt im Altertum III, Fischer Weltgeschichte Bd. 7, Frankfurt 1966/1984 (86.-92. Tausend), S. 123-144.

Groß, K., Die Unterpfänder der römischen Herrschaft, NDF 41, Abt. Alte Geschichte Bd. 1, Berlin 1935.

Grundmann, W., Das palästinische Judentum im Zeitraum zwischen der Erhebung der Makkabäer und dem Ende des Jüdischen Krieges, in: Leipoldt, J., Grundmann, W. (Hrg.), Umwelt des Urchristentums, Bd. 1 (Darstellung des neutestamentlichen Zeitalters), Berlin (1966) 1982[6], S. 143-291.

Gry, L., La Ruine du Temple par Titus, Quelques Traditions Juives plus anciennes et primitives à la Base de Pesikta Rabbathi XXVI, RB 55 (1948) 215-226.

Güngerich, R., Rez. E. Paratore, Tacito, 1951, Gnomon 26 (1954) 85-89.

Günther, R., Der politisch-ideologische Kampf in der römischen Religion in den letzten zwei Jahrhunderten v. u. Z., Klio 42 (1964) 209-297.

Ders., Politik und Religion im 2. Jh. v. u. Z., Klio 68 (1986) 580-582.

Gutmann, J., The "Second Commandment" and the Image in Judaism, HUCA 32 (1961) 161-174.

Gwyn Griffiths, J., Apocalyptic in the Hellenistic Era, in: Hellholm, D. (Hrg.), Apocalyptism in the Mediterranean World and the Near East, Proceedings of the International Colloquium on Apocalyptism Uppsala, August 12-17, 1979, Tübingen 1983, S. 273-293.

Ders., Zealot and Para-Zealot, NTS 19 (1972/73) 483-485.

Haardt, A., Art. Ideologie/Ideologiekritik, TRE 16, Berlin/New York 1987, S. 32-39.

Habicht, C., Die augusteische Zeit und das erste Jahrhundert nach Christi Geburt, in: den Boer, W. (Hrg.), Le Culte des Souverains dans l'Empire Romain, Entretiens sur l 'Antiquité Classique 19, Fondation Hardt, Genf 1973, S. 39-88 (Discussion: S. 89-99).

Hadas-Lebel, M., L'évolution de l'image de Rome auprès des Juifs en deux siècles de relations judéo-romaines -164 à +70, ANRW II, 20, 2, Berlin/New York 1987, S. 715-856.

Dies., La Tradition Rabbinique sur la Première Révolte contre Rome à la lumière du De Bello Judaico de Flavius Josèphe, Sileno 9 (1983) 155-173.

Hahn, I., Josephus und die Eschatologie von Qumran, in: Bardtke, H. (Hrg.), Qumran-Probleme, Vorträge des Leipziger Symposions über Qumran-Probleme vom 9. bis 14. Oktober 1961, SSA 42, Berlin 1963, S. 167-191.

Ders., Zwei dunkle Stellen in Josephus (Bellum Judaicum VI, § 311 und II, § 142), AOH 14 (1962) 131-138.

Hamrick, E. W., The Fourth North Wall of Jerusalem: "A Barrier Wall" of the First Century, A. D., Levant 13 (1981) 262-266.

Hanslik, R., Art. Paulinus (1), PRE XVIII, 4, Stuttgart 1949, Sp. 2327.

Ders., Art. Vitellius s. v. Nr. 7b (A. Vitellius), PRE Suppl. IX, Stuttgart 1962, Sp. 1706-1733.

Ders., Art. Vitellius s. v. Nr. 7c (L. Vitellius), PRE Suppl. IX, Stuttgart 1962, Sp. 1733-1739.

Haran, M., The Divine Presence in the Isralite Cult and the Cultic Institutions, Bib. 50 (1969) 251-267.

Harnisch, W., Der Prophet als Widerpart und Zeuge der Offenbarung, Erwägungen zur Interdependenz von Form und Sache im IV. Buch Esra, in: Hellholm, D. (Hrg.), Apocalyptism in the Mediterranean World and the Near East, Proceedings of the International Colloquium on Apocalyptism Uppsala, August 12-17, 1979, Tübingen 1983, S. 461-493.

Hart, H. St. J., Judaea and Rome, The official Commentary, (with six plates), JThS 3 (1952) 172-198.

Hauck, F., Meyer, R., Art. καθαρός, κτλ., ThWNT 3, Stuttgart 1938, S. 416-434.

Hayward, R., The Jewish Temple at Leontopolis: A Reconsideration, JJS 33 (1982) 429-443.

Heintze, H. v., Statue des Augustus von Prima Porta, in: Helbig, W., Führer durch die öffentlichen Sammlungen klassischer Altertümer in Rom, hrg. v. H. Speier, Bd. 1 (Die Päpstlichen Sammlungen im Vatikan und Lateran), Tübingen 1963^{4}, S. 314-319 (Nr. 411).

Helck, H. W., Art. Leontopolis (2), KP 3, München 1975/1979, Sp. 574-575.

Helgeland, J., Roman Army Religion, ANRW II, 16, 2, Berlin/New York 1978, S. 1470-1505.

Hengel, M., Entstehungszeit und Situation des Markusevangeliums, in: Cancik, H. (Hrg.), Markus-Philologie, Historische, literargeschichtliche und stilistische Untersuchungen zum zweiten Evangelium, WUNT 33, Tübingen 1984, S. 1-45.

Ders., Messianische Hoffnung und politischer "Radikalismus" in der "jüdisch-hellenistischen Diaspora", Zur Frage der Voraussetzungen des jüdischen Aufstandes unter Trajan 115-117 n. Chr., in: Hellholm, D. (Hrg.), Apocalyptism in the Mediterranean World and the Near East, Proceedings of the International Colloquium on Apocalyptism Uppsala, August 12-17, 1979, Tübingen 1983, S. 655-686.

Ders., Judentum und Hellenismus, Studien zu ihrer Begegnung unter besonderer Berücksichtigung Palästinas bis zur Mitte des 2. Jh.s v. Chr., WUNT 10, Tübingen (1969) 1973[2].

Ders., Die Zeloten, Untersuchungen zur jüdischen Freiheitsbewegung in der Zeit von Herodes I. bis 70 n. Chr., AGJU 1, Leiden/Köln (1961) 1976[2].

Ders., Zeloten und Sikarier, Zur Frage nach der Einheit und Vielfalt der jüdischen Befreiungsbewegung 6-74 n. Chr., erw. Fassung in: ders., Die Zeloten, AGJU 1, Leiden/Köln, 2. Aufl. 1976, S. 387-412.

Henrichs, A., Vespasian's Visit to Alexandria, ZPE 3 (1968) 51-80.

Herrenbrück, F., Wer waren die "Zöllner"?, ZNW 72 (1981) 178-194.

Herrmann, L., Basilides, Latomus 12 (1953) 312-315.

Herrmann, P., Der römische Kaisereid, Untersuchungen zu seiner Herkunft und Entwicklung, Hyp. 20, Göttingen 1968.

Heubner, H., P. Cornelius Tacitus, Die Historien, Kommentar, WKLGS, Bd. 1 (Erstes Buch), Heidelberg 1963; Bd. 2 (Zweites Buch), 1968; Bd. 3 (Drittes Buch), 1972; Bd. 4 (Viertes Buch), 1976 (mit einem Beitrag über Vespasian in Alexandria und Sarapis von W. Fauth); Bd. 5 (Fünftes Buch) von H. Heubner/W. Fauth, 1982.

Heuß, A., Römische Geschichte, (Braunschweig 1960), Darmstadt 1987[6].

Hill, P. V., Aspects of Jupiter on Coins of the Rome Mint, A. D. 65-318, Num C 6. Ser., 20 (1960) 113-128.

Hillers, D. R., MSKN' "Temple" in Inscriptions from Hatra, BASOR 207 (1972) 54-56.

Hoehner, H. W., Herod Antipas, MSSNTS 17, Cambridge 1972.

Hölbl, G., Andere ägyptische Gottheiten (Juppiter-Ammon, Osiris, Osiris-Antinoos, Nil, Apis, Bubastis, Bes, Sphinx, Hermes-Thot, Neotera-Problem), in: Vermaseren, M. J. (Hrg.), Die orientalischen Religionen im Römerreich, EPRO 93, Leiden 1981, S. 157-192.

Hölscher, G., Die Hohenpriesterliste bei Josephus und die evangelische Chronologie, SHAW. PH Jg. 1939/40, 3. Abhandlung, Heidelberg 1940.

Hoenig, S. B., Maccabees, Zealots and Josephus (Rez. Farmer, Maccabees, Zealots and Josephus, 1956), JQR N. S. 49 (1958/59) 75-80.

Holzapfel, L., Römische Kaiserdaten, Klio 13 (1913) 289-304; Klio 15 (1918) 99-121.

Holzinger, H., Der Schaubrottisch des Titusbogens, ZAW 21 (1901) 341-342.

Holzmeister, U., Wann war Pilatus Prokurator von Judaea?, Bib. 13 (1932) 228-232.

Hommel, H., Vergils "messianisches" Gedicht, (1950), jetzt in: Oppermann, H. (Hrg.), Wege zu Vergil, Drei Jahrzehnte Begegnungen in Dichtung und Wissenschaft, WdF 19, Darmstadt 1966, S. 368-425.

Hornbostel, W., Sarapis, Studien zur Überlieferungsgeschichte, den Erscheinungsformen und Wandlungen der Gestalt eines Gottes, EPRO 32, Leiden 1973.

Horsley, R. A., Ancient Jewish Banditry and the Revolt against Rome, A. D. 66-70, CBQ 43 (1981) 409-432.

Ders., High Priests and the Politics of Roman Palestine, A Contextual Analysis of the Evidence in Josephus, JSJ 17 (1986) 23-55.

Ders., Josephus and the Bandits, JSJ 10 (1979) 37-63.

Ders., Menahem in Jerusalem, A Brief Messianic Episode among the Sicarii-Not "Zealot Messianism", NT 27 (1985) 334-348.

Ders., Popular Messianic Movements around the Time of Jesus, CBQ 46 (1984) 471-495.

Ders., The Sicarii: Ancient Jewish "Terrorists", JR 59 (1979) 435-458.

Ders., The Zealots, Their Origin, Relationships and Importance in the Jewish Revolt, NT 28 (1986) 159-192.

Horst, F., Art. Heilig II (Heilig und profan im AT und Judentum), RGG^3 III, Tübingen 1959, Sp. 148-151.

Huss, W., Die Propaganda Neros, AnCl 47 (1978) 129-148.

Iliffe, J. H., The ΘΑΝΑΤΟΣ Inscription from Herod's Temple, QDAP 6 (1938) 1-3.

Instinsky, H. U., Kaiser und Ewigkeit, Hermes 77 (1942) 313-355.

Ders., Der Ruhm des Titus, Ph. 97 (1948) 370-371.

Isaac, B., Judaea after AD 70, JJS 35 (1984) 44-50.

Ders., Oppenheimer, A., The Revolt of Bar Kokhba: Ideology and Modern Scholarship, JJS 36 (1985) 33-60.

Janowski, B., Lichtenberger, H., Enderwartung und Reinheitsidee, Zur eschatologischen Deutung von Reinheit und Sühne in der Qumrangemeinde, JJS 34 (1983) 31-62.

Jeremias, Joach., Jerusalem zur Zeit Jesu, Eine kulturgeschichtliche Untersuchung zur neutestamentlichen Zeitgeschichte, (Leipzig/Göttingen 1923-37), Göttingen 1962^3.

Jeremias, Jörg, Lade und Zion, Zur Entstehung der Ziontradition, in: Wolff, H. W. (Hrg.), Probleme biblischer Theologie, FS G. v. Rad, München 1971, S. 183-198.

Jones, A. H. M., The Herods of Judaea, Oxford 1938.

Ders., Procurators and Prefects in the Early Principate, in: ders., Studies in Roman Government and Law, Oxford 1960, S. 115-125.

Jones, B. W., The Emperor Titus, London/Sydney/New York 1984.

Ders., Titus in the East, A. D. 70-71, RMP N. F. 128 (1985) 346-352.

Jonge, M. de, Josephus und die Zukunftserwartung seines Volkes, in: Betz, O., Haacker, K., Hengel, M. (Hrg), Josephus-Studien, Untersuchungen zu Josephus, dem antiken Judentum und dem Neuen Testament, FS O. Michel, Göttingen 1974, S. 205-219.

Joseph, M., Art. Reinheitsgesetze, JL IV, 1, Berlin 1930, Sp. 1316-1320.

Juel, D., Messiah and Temple, The Trial of Jesus in the Gospel of Mark, SBLDS 31, Missoula, Mont. 1977.

Juster, J., Les Juifs dans l'Empire Romain, Leur Condition Juridique, Économique et Sociale, 2 Bde, Paris 1914 (Repr. New York, o. J.).

Kähler, H., Art. Triumphbogen, PRE VII A, Stuttgart 1939, Sp. 373-493.

Kanael, B., The Historical Background of the Coins "Year four ... of the Redemption of Zion", BASOR 129 (1953) 18-20.

Ders., Altjüdische Münzen, JNG 17 (1967) 159-298.

Kasher, A., Some Comments on the Jewish Uprising in Egypt in the Time of Trajan, JJS 27 (1976) 147-158.

Ders., The Jews in Hellenistic and Roman Egypt, TSAJ 7, Tübingen 1985 (hebr.: Tel Aviv 1978).

Kees, H., Art. Leontopolis (8), PRE XII, 2, Stuttgart 1925, Sp. 2055-2056.

Ders., Art. Ὀνίου (1), PRE XVIII, 1, Stuttgart 1939, Sp. 477-479.

Kegler, J., Politisches Geschehen und theologisches Verstehen, Zum Geschichtsverständnis in der frühen israelitischen Königszeit, CThM, Reihe A, Bd. 8, Stuttgart 1977.

Kellermann, D., Art. Heiligkeit II (Altes Testament), TRE 14, Berlin/New York 1985, S. 697-703.

Kenyon, K. M., Digging up Jerusalem, London 1974.

Dies., Jerusalem, Die heilige Stadt von David bis zu den Kreuzzügen, Ausgrabungen 1961-1967, (Neue Entdeckungen der Archäologie, hrg. v. Sir Mortimer Wheeler), Bergisch Gladbach 1968 (engl.: London 1967).

Kienast, D., Augustus, Prinzeps und Monarch, Darmstadt 1982.

Kingdon, H. P., The Origins of the Zealots, NTS 19 (1972/73) 74-81.

Ders., Who were the Zealots and their Leaders in A. D. 66?, NTS 17 (1970/71) 68-72.

Kippenberg, H. G., Die Geschichte der mittelpersischen apokalyptischen Traditionen, Studia Iranica 7 (1978) 49-80.

Ders., Politische und ökonomische Ordnung Judäas in hellenistischer und römischer Zeit, in: ders., Wewers, G. A. (Hrg.), Textbuch zur neutestamentlichen Zeitgeschichte, GNT 8, Göttingen 1979, S. 15-87.

Ders., "Dann wird der Orient herrschen und der Okzident dienen", Zur Begründung eines gesamtvorderasiatischen Standpunktes im Kampf gegen Rom, in: Bolz, N. W., Hübener, W. (Hrg.), Spiegel und Gleichnis, FS J. Taubes, Würzburg 1983, S. 40-48.

Ders., Religion und Klassenbildung im antiken Judäa, Eine religionssoziologische Studie zum Verhältnis von Tradition und gesellschaftlicher Entwicklung, StUNT 14, Göttingen (1978) 1982[2].

Ders., Die jüdischen Überlieferungen als πάτριοι νόμοι, in: Faber, R., Schlesier, R. (Hrg.), Die Restauration der Götter, Antike Religion und Neo-Paganismus, Würzburg 1986, S. 45-60.

Ders., Ein Vergleich jüdischer, christlicher und gnostischer Apokalyptik, in: Hellholm, D. (Hrg.), Apocalyptism in the Mediterranean World and the Near East, Proceedings of the International Colloquium on Apocalyptism Uppsala, August 12-17, 1979, Tübingen 1983, S. 751-768.

Ders., Versuch einer soziologischen Verortung des antiken Gnostizismus, Numen 17 (1970) 211-231.

Klein, R., Die Romrede des Aelius Aristides, Einführung, Darmstadt 1981.

Klingner, F., Virgil, Bucolica, Georgica, Aeneis, Zürich/Stuttgart 1967.

Kloft, H., Einleitung, in: ders. (Hrg.), Ideologie und Herrschaft in der Antike, WdF 528, Darmstadt 1979, S. 1-24.

Kloner, A., The "Third Wall" in Jerusalem and the "Cave of the Kings" (Josephus War V 147), Levant 18 (1986) 121-129.

Koch, C., Art. Pax, PRE XVIII, 4, Stuttgart 1949, Sp. 2430-2436.

Ders., Art. Vesta, PRE VIII A 2, Stuttgart 1958, Sp. 1717-1776.

Ders., Der römische Juppiter, FSRKA 14, Frankfurt 1937.

Ders., Roma Aeterna, (1949/1952), jetzt in: ders., Religio, Studien zu Kult und Glauben der Römer, hrg. v. O. Seel, Erlanger Beiträge zur Sprach- und Kunstwissenschaft Bd. 7, Nürnberg 1960, S. 142-175; wieder abgedruckt in: Klein, R. (Hrg.), Prinzipat und Freiheit, WdF 135, Darmstadt 1969, S. 23-67.

Ders., Drei Skizzen zur Vesta-Religion, (1953), jetzt in: ders., Religio, Studien zu Kult und Glauben der Römer, hrg. v. O. Seel, Erlanger Beiträge zur Sprach- und Kunstwissenschaft Bd. 7, Nürnberg 1960, S. 1-16.

Kocsis, E., Ost-West Gegensatz in den jüdischen Sibyllinen, NT 5 (1962) 105-110.

Koenen, L., Die Prophezeiungen des "Töpfers", ZPE 2 (1968) 178-209.

Köster, H., Einführung in das Neue Testament im Rahmen der Religionsgeschichte und Kulturgeschichte der hellenistischen und römischen Zeit, Berlin/New York 1980.

Koestermann, E., Cornelius Tacitus, Annalen, erläutert und mit einer Einleitung versehen, WKLGS, Bd. 3 (Buch 11-13), Heidelberg 1967.

Kohler, K., Art. Zealots, Jew. Enc. 12, New York 1906, Sp. 639-643.

Ders., Wer waren die Zeloten oder Kannaim?, in: Günzburg, D. v., Markon, I. (Hrg.), Festschrift zu Ehren des Dr. A. Harkavy, St. Petersburg 1908 (Repr. New York 1980), S. 6-18.

Kon, M., The Menorah of the Arch of Titus, PEQ 82 (1950) 25-30.

Koschorke, K., Der gnostische Traktat "Testimonium Veritatis" aus dem Nag-Hammadi-Codex IX, Eine Übersetzung, ZNW 69 (1978) 91-117.

Kraeling, C. H., The Episode of the Roman Standarts at Jerusalem, HThR 35 (1942) 263-289.

Ders., The Synagogue, The Excavations at Dura-Europos, Final Report VIII, Part I, New Haven 1956.

Kraft, H., Die Offenbarung des Johannes, HNT 16a, Tübingen 1974.

Kraus, H.-J., Psalmen, 1. Teilband, BK XV, 1, Neukirchen (1960) 1966[3].

Ders., Theologie der Psalmen, BK XV, 3, Neukirchen 1979.

Kreissig, H., Die sozialen Zusammenhänge des Judäischen Krieges, Klassen und Klassenkampf im Palästina des 1. Jahrhunderts v. u. Z., SGKA (B) 1, Berlin 1970.

Kretschmar, G., Die Offenbarung des Johannes, Die Geschichte ihrer Auslegung im 1. Jahrtausend, CThM Reihe B, Bd. 9, Stuttgart 1985.

Kruse, H., Studien zur offiziellen Geltung des Kaiserbildes im römischen Reiche, SGKA 19 (1934) 3. Heft.

Kuhn, H.-W., Ältere Sammlungen im Markusevangelium, StUNT 8, Göttingen 1971.

Lane, E. N., Sabazius and the Jews in Valerius Maximus: A Re-Examiniation, JRS 69 (1979) 35-38.

Latte, K., Art. Τέμενος, PRE V A, Stuttgart 1934, Sp. 435-437.

Ders., Römische Religionsgeschichte, HAW V, 4, München (1960) 1967[2].

Lattimore, R., Portents and Prophecies in Connection with the Emperor Vespasian, CJ 29 (1933/34) 441-449.

Lauterbach, J. Z., A Significant Controvery between the Sadducees and the Pharisees, HUCA 4 (1927) 173-205.

Ders., The Pharisees and their Teachings, HUCA 6 (1929) 69-139.

Leaney, A. R. C., Neusner, J., The Roman Era, in: Hayes, J. H., Miller, J. M. (Hrg.), Israelite and Judaean History, London 1977, S. 605-677.

Lebram, J. C. H., Der Idealstaat der Juden, in: Betz, O., Haacker, K., Hengel, M. (Hrg.), Josephus-Studien, Untersuchungen zu Josephus, dem antiken Judentum und dem Neuen Testament, FS O. Michel, Göttingen 1974, S. 233-253.

Lehmann, K., Samothrace: Sixth Preliminary Report, Hesp. 22 (1953) 1-24.

Lémonon, J.-P., Pilate et le Gouvernement de la Judée, Textes et Monuments, EtB, Paris 1981.

Leon, H. J., The Jews of Ancient Rome, Philadelphia 1960.

Levine, L., Some Observations on the Coins of Caesarea Maritima, IEJ 22 (1972) 131-140.

Lichtenstein, H., Die Fastenrolle, Eine Untersuchung zur jüdisch-hellenistischen Geschichte, HUCA 8/9 (1931/32) 257-351.

Liebenam, Art. Festungskrieg, PRE VI, 2, Stuttgart 1909, Sp. 2224-2255.

Liebeschuetz, J. H. W. G., Continuity and Change in Roman Religion, Oxford 1979.

Lietzmann, H., Bemerkungen zum Prozeß Jesu, ZNW 30 (1931) 211-215; ZNW 31 (1932) 78-84.

Lifshitz, B., Jérusalem sous la domination romaine. Histoire de la ville depuis la conquête de Pompée jusqu'à Constantin (63 a. C - 325 p. C.), ANRW II, 8, Berlin/New York 1977, S. 444-489.

Lindner, H., Die Geschichtsauffassung des Flavius Josephus im Bellum Judaicum, Gleichzeitig ein Beitrag zur Quellenfrage, AGJU 12, Leiden 1972.

Lohmeyer, E., Die Offenbarung des Johannes, HNT 16, Tübingen (1953) 1970[3].

Lohse, E., Umwelt des Neuen Testaments, GNT 1, Göttingen (1971) 1978[4].

Lührmann, D., Markus 14, 55-64, Christologie und Zerstörung des Tempels im Markusevangelium, NTS 27 (1981) 457-474.

Ders., Das Markusevangelium, HNT 3, Tübingen 1987.

Mach, D., Art. Feste und Feiertage III (Judentum), TRE 11, Berlin/New York 1983, S. 107-115.

MacMullen, R., Enemies of the Roman Order, Treason, Unrest, and Alienation in the Empire, Cambridge, Mass./London 1967.

Ders., Paganism in the Roman Empire, New Haven/London 1981.

Maier, J., Art. Bilder III (Judentum), TRE 6, Berlin/New York 1980, S. 521-525.

Ders., Grundzüge der Geschichte des Judentums im Altertum, (Grundzüge, Bd. 40), Darmstadt 1981.

Ders., Die Hofanlagen im Tempel - Entwurf des Ezechiel im Licht der "Tempelrolle" von Qumran, in: Emerton, J. A. (Hrg.), Prophecy, FS G. Fohrer, BZAW 150, Berlin/New York 1980, S. 55-67.

Ders., Die alttestamentlich-jüdischen Voraussetzungen der Zelotenbewegung, BiKi 37 (1982) 82-89.

Maier, P. L., The Episode of the Golden Roman Shields at Jerusalem, HThR 62 (1969) 109-121.

Mandell, S., Who paid the Temple Tax when the Jews were under Roman Rule?, HThR 77 (1984) 223-232.

Mannsperger, D., ROM. ET AVG., Die Selbstdarstellung des Kaisertums in der römischen Reichsprägung, ANRW II, 1, Berlin/New York 1974, S. 919-996.

Martin, P.-H., Die annonymen Münzen des Jahres 68 nach Christus, Mainz 1974.

Martinet, H., C. Suetonius Tranquillus, Divus Titus, Kommentar, BKP 123, Königstein 1981.

Mayer, G., Art. Josephus Flavius, TRE 17, Lfg. 1/2, Berlin/New York 1987, S.258-264.

Mayer, R., Möller, C., Josephus - Politiker und Prophet, in: Betz, O., Haacker, K., Hengel, M. (Hrg.), Josephus-Studien, Untersuchungen zu Josephus, dem antiken Judentum und dem Neuen Testament, FS O. Michel, Göttingen 1974, S. 271-284.

McCasland, S. V., Portents in Josephus and in the Gospels, JBL 51 (1932) 323-335.

McNicol, A., Revelation 11:1-14 and the Structure of the Apocalypse, RestQ 22 (1979) 193-202.

Melmoux, J., C. Helvidius Priscus, Disciple et Héritier de Thrasea, ParPass 30 (1975) 23-40.

Merkel, E., Der Bataveraufstand bei Tacitus, Diss. phil., Heidelberg 1966.

Meyer, E., Die Entstehung des Judentums, Eine historische Untersuchung, Halle 1896 (Repr. Hildesheim 1965).

Meyshan, J., Jewish Coins in Ancient Historiography, The Importance of Numismatics for the History of Israel, PEQ 96 (1964) 46-52.

Ders., A New Coin Type of Agrippa II and its Meaning, IEJ 11 (1961) 181-183.

Michel, O., Art. ναός, ThWNT 4, Stuttgart 1943, S. 884-895.

Ders., Die Rettung Israels und die Rolle Roms nach den Reden im "Bellum Iudaicum", Analysen und Perspektiven, ANRW II, 21, 2, Berlin/New York 1984, S. 945-976.

Ders., Studien zu Josephus, Apokalyptische Heilsansagen im Bericht des Josephus (BJ 6, 290f., 293-95); ihre Umdeutung bei Josephus, in: Ellis, E. E., Wilcox, M. (Hrg.), Neotestamentica et Semitica, FS M. Black, Edinburgh 1969, S. 240-244.

Ders., Studien zu Josephus, Simon bar Giora, NTS 14 (1967/68) 402-408.

Mildenberg, L., Bar Kochba in Jerusalem?, Schweizer Münzblätter 27 (1977) 1-6.

Millar, F., Epictetus and the Imperial Court, JRS 55 (1965) 141-148.

Ders., Die griechischen Provinzen, in: ders. (Hrg.), Das Römische Reich und seine Nachbarn, Die Mittelmeerwelt im Altertum IV, Fischer Weltgeschichte Bd. 8, Frankfurt 1966/1986 (83.-85. Tausend), S. 199-223.

Miller, P. D., The Divine Warrior in Early Israel, HSM 5, Cambridge, Mass. (1973) 1975^2.

Moehring, H. R., Joseph ben Matthia and Flavius Josephus: the Jewish Prophet and Roman Historian, ANRW II, 21, 2, Berlin/New York 1984, S. 864-944.

Ders., Rez. Cohen, Josephus in Galilee and Rome, 1979, JJS 31 (1980) 240-242.

Mommsen, Th., Römische Geschichte, Bd. 5 (Die Provinzen von Caesar bis Diocletian), Berlin (1885) 1886^3 (1894^4).

Montefiore, H., Sulpicius Severus and Titus' Council of War, Hist 11 (1962) 156-170.

Morenz, S., Vespasian, Heiland der Kranken, Persönliche Frömmigkeit im antiken Herrscherkult?, Würzburger Jahrbücher für die Altertumswissenschaft 4 (1949/50) 370-378.

Morin, J. A., Les deux derniers des Douze: Simon le Zélote et Juda Iskariôth, RB 80 (1973) 332-358.

Muehsam, A., Coin and Temple, A Study of the Architectural Representation on Ancient Jewish Coins, Near Eastern Researches 1, Leiden 1966.

Müller, K., Art. Apokalyptik/Apokalypsen III (Die jüdische Apokalyptik, Anfänge und Merkmale), TRE 3, Berlin/New York 1978, S. 202-251.

Murphy, F. J., *2 Baruch* and the Romans, JBL 104 (1985) 663-669.

Muth, R., Horaz - Parcus Deorum Cultor et Infrequens, zu Carm. I 34, GrB 4 (1975) 171-206.

Nash, E., Bildlexikon zur Topographie des antiken Rom, Bd. 1, Tübingen 1961; Bd. 2, 1962.

Nestle, W., Der Friedensgedanke in der antiken Welt, PH. S 31, 1, Leipzig 1938.

Neumann, A. R., Art. Poliorketik, KP 4, München 1975/1979, Sp. 974-976.

Neusner, J., Development of a Legend, Studies on the Traditions concerning Yohanan ben Zakkai, StPB 16, Leiden 1970.

Ders., Geschichte und rituelle Reinheit im Judentum des 1. Jahrhunderts n. Chr., (1979), jetzt in: ders., Das pharisäische und talmudische Judentum, Neue Wege zu seinem Verständnis, hrg. v. H. Lichtenberger, TSAJ 4, Tübingen 1984, S. 74-92.

Ders., A. History of the Mishnaic Law of Purities, 22 Bde, SJLA 6, Leiden 1974-77.

Ders., The Idea of Purity in Ancient Judaism, SJLA 1, Leiden 1973.

Ders., Josephus's Pharisees, in: Bleeker, C. J., u. a. (Hrg.), Ex Orbe Religionum, Bd. 1, FS G. Widengren, SHR 21, Leiden 1972, S. 224-244.

Ders., A Life of Rabban Yohanan ben Zakkai ca. 1-80 C. E., StPB 6, Leiden 1962 (rev. ed. 1970).

Ders., The Rabbinic Traditions about the Pharisees before 70, Bd. 1 (The Masters), Bd. 2 (The Houses), Bd. 3 (Conclusions), Leiden 1971.

Nicolas, E. P., De Néron à Vespasien, Etudes et perspectives historiques suivies de l'analyse, du catalogue, et de la reproduction des monnaies "oppositionelle" connues des années 67 à 70, 2 Bde, CEA, Paris 1979.

Nicols, J., Vespasian and the partes Flavianae, Historia-Einzelschriften H. 28, Wiesbaden 1978.

Nielsen, E., La Guerre considérée comme une religion et la Religion comme une guerre, Du chant de Débora au Rouleau de la Qoumran, StTh 15 (1961) 93-112.

Niese, B., Zur Chronologie des Josephus, Hermes 28 (1893) 194-229.

Nikiprowetzky, V., La Mort d'Éléazar Fils de Jaire et les Courants Apologétiques dans le De Bello Judaico de Flavius Josèphe, in: Hommages à André Dupont-Sommer, Paris 1971, S. 461-490.

Ders., La troisième Sibylle, EtJ 9, Paris 1970.

Ders., Sicaires et Zélotes - Une Reconsideration, Sem. 23 (1973) 51-64.

Nilsson, M. P., Geschichte der griechischen Religion, HAW V, 2, Bd. 2 (Die hellenistische und römische Zeit), München (1950), 1961^2.

Nock, A. D., Deification and Julian, JRS 47 (1957) 115-123.

Ders., *A Diis Electa*: A Chapter in the Religious History of the Third Century, (1930), jetzt in: ders., Essays on Religion and the Ancient World, hrg. v. Z. Stewart, Bd. 1, Cambridge, Mass. 1972, S. 251-270.

Ders., Religious Developments from the Close of the Republic to the Death of Nero, CAH 10, Cambridge 1934, S. 465-511.

Ders., The Roman Army and the Roman Religious Year, HThR 45 (1952) 187-252.

Norden, E., Josephus und Tacitus über Jesus Christus und eine messianische Prophetie, (1913), jetzt in: ders., Kleine Schriften zum klassischen Altertum, hrg. v. B. Kytzler, Berlin 1966, S. 241-275; wieder abgedruckt in: Schalit, A. (Hrg.), zur Josephus-Forschung, WdF 84, Darmstadt 1973, S. 27-69.

Ders., P. Vergilius Maro, Aeneis Buch VI, Darmstadt 1957^4 (1984^8).

Noth, M., Geschichte Israels, Göttingen (1950) 1981^9.

Ogilvie, R. M., A Commentary on Livy Books 1-5, Oxford 1965.

Ders., ... und bauten die Tempel wieder auf, Die Römer und ihre Götter im Zeitalter des Augustus, München (1982) 1984^2 (engl.: London 1969).

Otto, E., Art. Feste und Feiertage II (Altes Testament), TRE 11, Berlin/New York 1983, S. 96-106.

Ders., Jerusalem - die Geschichte der Heiligen Stadt, Von den Anfängen bis zur Kreuzfahrerzeit, Stuttgart/Berlin/Köln/Mainz 1980.

Otto, W., Art. Herodes s. v. Nr. 24 (Herodes Antipas), PRE Suppl. II, Stuttgart 1913, Sp. 168-191.

Paschen, W., Rein und Unrein, Untersuchungen zur biblischen Wortgeschichte, StANT 24, München 1970.

Pesch, R., Markus 13, in: Lambrecht, J. (Hrg.), L'Apocalypse johannique et l'Apocalyptique dans le Nouveau Testament, BEThL 53, Leuven 1980, S. 355-368.

Ders., Das Markusevangelium, II. Teil (Kommentar zu Kap. 8, 27-16, 20), HThK II, 2, Freiburg/Basel/Wien (1977) 1984^3.

Peterson, E., Der Monotheismus als politisches Problem, Ein Beitrag zur Geschichte der politischen Theologie im Imperium Romanum, Leipzig 1935.

Pfister, E., Art. Evocatio, RAC 6, Stuttgart 1966, Sp. 1160-1165.

Pflaum, H.-G., Les Carrières Procuratoriennes Équestres sous le Haut-Empire Romain, 4 Bde, Paris 1960/61, Suppl., 1982.

Pietrusinski, D., L'Apothéose d'Octavien Auguste par le Parallèle avec Jupiter dans la Poésie d'Horace, Eos 68 (1980) 103-122.

Pistor, H.-H., Prinzeps und Patriziat in der Zeit von Augustus bis Commodus, Diss. phil., Freiburg 1965.

Platner, S. B., A Topographical Dictionary of Ancient Rome, completed and revised by T. Ashby, Rom 1929/1965.

Pöhlmann, W., Art. Herrscherkult II (Neues Testament und Alte Kirche bis Konstantin), TRE 15, Berlin/New York 1986, S. 248-253.

Pöschl, V., Horaz und die Politik, (1956), jetzt in: Klein, R. (Hrg.), Prinzipat und Freiheit, WdF 135, Darmstadt 1969, S. 136-168.

Ders., Virgil und Augustus, ANRW II, 31, 2, Berlin/New York 1981, S. 709-727.

Ders., Tacitus und der Untergang des römischen Reiches, WSt 69 (1956) 310-320.

Pötscher, W., "Numen" und "Numen Augusti", ANRW II, 16, 1, Berlin/New York 1978, S. 355-392.

Price, S. R. F., Rituals and Power, The Roman imperial cult in Asia Minor, Cambridge/London/New York/New Rochelle/Melbourne/Sydney 1984.

Rad, G. v., Der Heilige Krieg im alten Israel, Göttingen (1951) 1958^3.

Rappaport, U., John of Gischala: From Galilee to Jerusalem, JJS 33 (1982) 479-493.

Rasp, H., Flavius Josephus und die jüdischen Religionsparteien, ZNW 23 (1924) 27-47.

Reicke, B., Neutestamentliche Zeitgeschichte, Die biblische Welt 500 v. - 100 n. Chr., Berlin 1965 / Berlin/New York 1982[3].

Reifenberg, A., Israel's History in Coins, From the Maccabees to the Roman Conquest, London 1953.

Reinach, Th., Mithradates Eupator, König von Pontus, Leipzig 1895.

Rendtorff, R., Art. Rein und Unrein II (Im AT), RGG[3] V, Tübingen 1961, Sp. 942-944.

Rengstorf, K. H., Die Stadt der Mörder (Mt 22, 7), in: Eltester, W. (Hrg.), Judentum, Urchristentum, Kirche, FS J. Jeremias, BZNW 26, Berlin (1960) 1964[2], S. 106-129.

Rhoads, D. M., Israel in Revolution: 6-74 C. E., A Political History Based on the Writings of Josephus, Philadelphia 1976.

Richardson, P., Law and piety in Herod's architecture, SR 15 (1986) 347-360.

Richmond, I. A., The Roman Army and Roman Religion, BJRL 45 (1962) 185-197.

Ders., The Roman Siege - Works of Masàda, Israel, JRS 52 (1962) 142-155.

Riecks, R., Vergils Dichtung als Zeugnis und Deutung der römischen Geschichte, ANRW II, 31, 2, Berlin/New York 1981, S. 728-868.

Rohden, P. v., Art. Basileides, PRE III, 1, Stuttgart 1897, Sp. 45-46.

Rordorf, W., Die neronische Christenverfolgung im Spiegel der apokryphen Paulusakten, NTS 28 (1982) 365-374.

Rostowzew, M., Art. Fiscus, PRE VI, 2, Stuttgart 1909, Sp. 2385-2405.

Roth, C., The Debate on the Loyal Sacrifices, A. D. 66, HThR 53 (1960) 93-97.

Ders., An Ordinance against Images in Jerusalem, A. D. 66, HThR 49 (1956) 169-177.

Ders., The Pharisees in the Jewish Revolution of 66-73, JSS 7 (1962) 63-80.

Rubin, Z., Pax als politisches Schlagwort im alten Rom, in: Schlenke, M., Matz, K.-J. (Hrg.), Frieden und Friedenssicherung in Vergangenheit und Gegenwart, Symposium der Universitäten Tel Aviv und Mannheim 19.-21. Juni 1979, München 1984, S. 21-34.

Rudolph, W., Micha-Nahum-Habakuk-Zephanja, KAT XIII, 3, Gütersloh 1975.

Rüger, H.-P., Art. Apokryphen I (Apokryphen des Alten Testaments), TRE 3, Berlin/New York 1978, S. 289-316.

Saddington, D. B., The Roman Auxilia in Tacitus, Josephus and other early Imperial Writers, ACl 13 (1970) 89-124.

Safrai, S., Das jüdische Volk im Zeitalter des Zweiten Tempels, Information Judentum Bd. 1, Neukirchen 1978.

Ders., Die Wallfahrt im Zeitalter des Zweiten Tempels, Forschungen zum jüdisch-christlichen Dialog Bd. 3, Neukirchen 1981 (hebr.: Tel Aviv 1965).

Sasse, H., Art. Aion, RAC 1, Stuttgart 1950, Sp. 193-204.

Scaffai, M., Rassegna di studi su Valerio Flacco (1938-1982), ANRW II, 32, 4, Berlin/New York 1986, S. 2359-2447.

Schäfer, P., R. Aqiva und Bar Kokhba, in: ders., Studien zur Geschichte und Theologie des rabbinischen Judentums, AGJU 15, Leiden 1978, S. 65-121.

Ders., Der Bar Kokhba-Aufstand, Studien zum zweiten jüdischen Krieg gegen Rom, TSAJ 1, Tübingen 1981.

Ders., Die Flucht Johanan b. Zakkais aus Jerusalem und die Gründung des "Lehrhauses" in Jabne, ANRW II, 19, 2, Berlin/New York 1979, S. 43-101.

Ders., Geschichte der Juden in der Antike, Die Juden Palästinas von Alexander dem Großen bis zur arabischen Eroberung, Stuttgart/Neukirchen 1983.

Ders., Die messianischen Hoffnungen des rabbinischen Judentums zwischen Naherwartung und religiösem Pragmatismus, (1976), jetzt in: ders., Studien zur Geschichte und Theologie des rabbinischen Judentums, AGJU 15, Leiden 1978, S. 214-243.

Schalit, A., Die Erhebung Vespasians nach Flavius Josephus, Talmud und Midrasch, Zur Geschichte einer messianischen Prophetie, ANRW II, 2, Berlin/New York 1975, S. 208-327.

Ders., König Herodes, Der Mann und sein Werk, SJ 4, Berlin 1969.

Schindler, A. (Hrg.), Monotheismus als politisches Problem? Erik Peterson und die Kritik der politischen Theologie, SEE 14, Gütersloh 1978.

Schlatter, A., Der Bericht über das Ende Jerusalems, Ein Dialog mit Wilhelm Weber, (1923), jetzt in: ders., Kleinere Schriften zu Flavius Josephus, hrg. v. K. H. Rengstorf, Darmstadt 1970 (Paginierung nach Original).

Ders., Die hebräischen Namen bei Josephus, (1913), jetzt in: ders., Kleinere Schriften zu Flavius Josephus, hrg. v. K. H. Rengstorf, Darmstadt 1970.

Ders., Die Theologie des Judentums nach dem Bericht des Josefus, BFChTh. M 26, Gütersloh 1932.

Ders., Zur Topographie und Geschichte Palästinas, Calw/Stuttgart 1893.

Schmid, H. H., Heiliger Krieg und Gottesfrieden im Alten Testament, in: Stolz, F. (Hrg.), Religion zu Krieg und Frieden, Zürich 1986, S. 49-65.

Schmidt, W. H., Altes Testament, in: Strecker, G. (Hrg.), Theologie im 20. Jahrhundert, Stand und Aufgaben, Tübingen 1983, S. 1-60.

Schmitt, G., Die dritte Mauer Jerusalems, ZDPV 97 (1981) 153-170.

Schmitt, R., Zelt und Lade als Thema alttestamentlicher Wissenschaft, Eine kritische forschungsgeschichtliche Darstellung, Gütersloh 1972.

Schoeps, H. J., Die Tempelzerstörung des Jahres 70 in der jüdischen Religionsgeschichte, Ursachen - Folgen - Überwindung, CNT 6 (1942) 1-45; wieder abgedruckt in: ders., Aus frühchristlicher Zeit, Religionsgeschichtliche Untersuchungen, Tübingen 1950, S. 144-183.

Schottroff, L, Die Gegenwart in der Apokalyptik der synoptischen Evangelien, in: Hellholm, D. (Hrg), Apocalyptism in the Mediterranean World and the Near East, Proceedings of the International Colloquium on Apocalyptism Uppsala, August 12-17, 1979, Tübingen 1983, S. 707-728.

Dies., Das Gleichnis vom großen Gastmahl in der Logienquelle, EvTh 47 (1987) 192-211.

Dies., Stegemann, W., Jesus von Nazareth - Hoffnung der Armen, Stuttgart/Berlin/Köln/Mainz, 1978 (1981[2]).

Schrenk, G., Art. ἱερός, κτλ., ThWNT 3, Stuttgart 1938, S. 221-284.

Schubert, W., Jupiter in den Epen der Flavierzeit, Studien zur klassischen Philologie 8, Frankfurt/Bern/New York 1984.

Schürer, E., Geschichte des jüdischen Volkes im Zeitalter Jesu Christi, Bd. 1 (Einleitung und politische Geschichte), Leipzig 1901[3/4]; Bd. 2 (Die inneren Zustände), 1886[2]/1898[3]/1907[4]; Bd. 3 (Das Judenthum in der Zerstreuung und die jüdische Literatur), 1898[3]; Bd. 1-3: Repr. Hildesheim 1964.

Ders., The History of the Jewish People in the Age of Jesus Christ (175 B. C. - A. D. 135), A New English Version revised and edited, Bd. 1, rev. and ed. by G. Vermes, F. Millar, Edinburgh 1973; Bd. 2, rev. and ed. by G. Vermes, F. Millar, M. Black, 1979; Bd. 3,1, rev. and ed. by G. Vermes, F. Millar, M. Goodman, 1986; Bd. 3,2, rev. and ed. by G. Vermes, F. Millar, M. Goodman, 1987.

Schulten, A., Masada, die Burg des Herodes und die römischen Lager, ZDPV 56 (1933) 1-185.

Schulz, O. Th., Die Rechtstitel und Regierungsprogramme auf römischen Kaisermünzen (Von Cäsar bis Severus), SGKA 13, 4, Paderborn 1925.

Schunck, K.-D., Art. Makkabäerbücher (1. und 2.), RGG[3] IV, Tübingen 1960, Sp. 620-622.

Schwartz, J., Papyri Magicae Graecae und magische Gemmen, in: Vermaseren, M. J. (Hrg.), Die orientalischen Religionen im Römerreich, EPRO 93, Leiden 1981, S. 485-509.

Scott, K., The Imperial Cult under the Flavians, Stuttgart/Berlin 1936.

Ders., The Rôle of Basilides in the Events of A. D. 69, JRS 24 (1934) 138-140.

Scott, R. T., Religion and Philosophy in the Histories of Tacitus, PMAAR 22, Rom 1968.

Seeck, O., Geschichte des Untergangs der antiken Welt, Bd. 4, Stuttgart (1911) 1922[2]/Repr. Darmstadt 1966.

Seston, W., Art. Feldzeichen, RAC 7, Stuttgart 1969, Sp. 689-711.

Sherwin-White, A. N., Roman Foreign Policy in the East, 168 B. C. to A. D. 1, London 1984.

Ders., Roman Society and Roman Law in the New Testament, Oxford 1963 (1969[3]).

Shutt, R. J. H., The Concept of God in the Works of Flavius Josephus, JJS 31 (1980) 171-189.

Sijpesteijn, P. J., Flavius Josephus and the Praefect of Egypt in 73 A. D., Hist 28 (1979) 117-125.

Simon, E., Augustus, Kunst und Leben in Rom um die Zeitenwende, München 1986.

Dies., Fries mit flavischen Bauten Roms, in: Helbig, W., Führer durch die öffentlichen Sammlungen klassischer Altertümer in Rom, hrg. v. H. Speier, Bd. 1 (Die Päpstlichen Sammlungen im Vatikan und Lateran), Tübingen 1963[4], S. 778-780 (Nr. 1076).

Simon, H.-G., Historische Interpretationen zur Reichsprägung der Kaiser Vespasian und Titus, Diss. phil., Marburg 1952.

Simon, M., Sur quelques aspects des Oracles Sibyllins juifs, in: Hellholm, D. (Hrg.), Apocalyptism in the Mediterranean World and the Near East, Proceedings of the International Colloquium on Apocalyptism Uppsala, August 12-17, 1979, Tübingen 1983, S. 219-233.

Ders., Jupiter-Yahvé, Sur un essai de théologie pagano-juive, Numen 23 (1976) 40-66.

Simpson, C. J., The Cult of the Emperor Gaius, Latomus 40 (1981) 489-511.

Smallwood, E. M., The Date of the Dissmissal of Pontius Pilate from Judaea, JJS 5 (1954) 12-21.

Dies., High Priests and Politics in Roman Palestine, JThS N. S. 13 (1962) 14-34.

Dies., The Jews under Roman Rule, From Pompey to Diocletian, SJLA 20, Leiden 1976 (1981^2).

Dies., Some Notes on the Jews under Tiberius, Latomus 15 (1956) 314-329.

Dies., Palestine c. A. D. 115-118, Hist 11 (1962) 500-510.

Smith, M., Zealots and Sicarii, Their Origins and Relation, HThR 64 (1971) 1-19.

Stambaugh, J. E., The Functions of Roman Temples, ANRW II, 16, 1, Berlin/New York 1978, S. 554-608.

Stauffer, E., Zur Münzprügung und Judenpolitik des Pontius Pilatus, NC 1/2 (1949/50) 495-514.

Steck, O. H., Israel und das gewaltsame Geschick der Propheten, Untersuchungen zur Überlieferung des deuteronomistischen Geschichtsbildes im Alten Testament, Spätjudentum und Urchristentum, WMANT 23, Neukirchen 1967.

Stein, A., Art. Iulius s. v. Nr. 330 (Ti. Iulius Lupus), PRE X, Stuttgart 1917, Sp. 664-665.

Ders., Art. Lucilius s. v. Nr. 22 (Sex. Lucilius Bassus), PRE XIII, Stuttgart 1927, Sp. 1640-1642.

Ders., Die Präfekten von Ägypten in der Römischen Kaiserzeit, Dissertationes Bernenses I, 1, Bern 1950.

Stemberger, G., Die Beurteilung Roms in der rabbinischen Literatur, ANRW II, 19, 2, Berlin/New York 1979, S. 338-396.

Ders., Die Erwählung Israels und das nachbiblische Judentums, BiKi 35 (1980) 8-12.

Ders., Die römische Herrschaft im Urteil der Juden, EdF 195, Darmstadt 1983.

Ders., Das klassische Judentum, Kultur und Geschichte der rabbinischen Zeit (70 n. Chr. bis 1040 n. Chr.), München 1979.

Stenger, W., Bemerkungen zum Begriff "Räuber" im Neuen Testament und bei Flavius Josephus, BiKi 37 (1982) 89-97.

Ders., "Gebt dem Kaiser, was des Kaisers ist...!", Eine sozialgeschichtliche Untersuchung zur Besteuerung Palästinas in neutestamentlicher Zeit, BBB 68, Frankfurt 1988.

Stern, M., Aspects of Jewish Society: The Priesthood and other Classes, CRJ I, 2, Assen/Amsterdam 1976, S. 561-630.

Ders., Greek and Latin Authors on Jews and Judaism, Edited with Introductions, Translations and Commentary, Bd. 1 (From Herodotus to Plutarch), Jerusalem 1974, Bd. 2 (From Tacitus to Simplicius), 1980, Bd. 3 (Appendixes and Indices), 1984.

Ders., The Province of Judaea, CRJ I, 1, Assen 1974, S. 308-376.

Ders., The Reign of Herod and the Herodian Dynasty, CRJ I, 1, Assen 1974, S. 216-307.

Ders., Zealots, EJ Year Book 1973, Jerusalem 1973, S. 135-152.

Ders., Die Zeit des Zweiten Tempels, in: Ben-Sasson, H. H. (Hrg.), Geschichte des Jüdischen Volkes, Bd. 1 (Von den Anfängen bis zum 7. Jahrhundert), München 1978, S. 229-373.

Stevenson, G. H., Momigliano, A., Rebellion within the Empire, CAH 10, Cambridge, 1934, S. 840-865.

Stier, H. E., Augustusfriede und römische Klassik, ANRW II, 2, Berlin/New York 1975, S. 3-54.

Stolz, F., Jahwes and Israels Kriege, Kriegstheorien und Kriegserfahrungen im Glauben des alten Israel, AThANT 60, Zürich 1972.

Stone, M. E., Reactions to Destructions of the Second Temple, Theology, Perception and Conversion, JSJ 12 (1981) 195-204.

Strack, H. L., Stemberger, G., Einleitung in Talmud und Midrasch, München 7. völlig neu bearbeitete Auflage 1982 (1.-6. Aufl. 1887-1976 = Strack, Einleitung im Talmud und Midrasch).

Strand, K. A., An Overlooked Old-Testament Background to Revelation 11:1, AUSS 22 (1984) 317-325.

Strecker, G., Das Judenchristentum in den Pseudoclementinen, TU 70 (R. 5, 15), Berlin 1958.

Strobel, A., Das römische Belagerungswerk um Machärus, Topographische Untersuchungen, ZDPV 90 (1974) 128-184.

Ders., Machärus-Geschichte und Ende einer Festung im Lichte archäologisch-topographischer Beobachtungen, in: Wagner, S. (Hrg.), Bibel und Qumran, Beiträge zur Erforschung der Beziehungen zwischen Bibel- und Qumranwissenschaft, FS H. Bardtke, Berlin 1968, S. 198-225.

Ders., Die Passah-Erwartung als urchristliches Problem in Lc 17, 20f, ZNW 49 (1958) 157-196.

Ders., Weltenjahr, große Konjunktion und Messiasstern, Ein themageschichtlicher Überblick, ANRW II, 20, 2, Berlin/New York 1987, S. 988-1187.

Sullivan, R. D., The Dynasty of Commagene, ANRW II, 8, Berlin/New York 1977, S. 732-798.

Swoboda, E., Zur Frage der Romanisierung, Aen. VI 851f, AÖAW. PH 1963, S. 153-173.

Syme, R., Consulates in Absence, (1958), jetzt in: ders., Roman Papers, hrg. v. E. Badian, Bd. 1, Oxford 1979, S. 378-392.

Ders., History in Ovid, Oxford 1978.

Ders., Sallust, Darmstadt 1975 (engl.: Berkeley 1964).

Ders., Tacitus, 2 Bde, Oxford 1958.

Taeger, F., Charisma, Studien zur Geschichte des antiken Herrscherkultes, Bd. 2, Stuttgart 1960.

Tarn, W. W., Charlesworth, M. P., The War of the East against the West, CAH 10, Cambridge 1934, S. 66-111.

Thackeray, H. St. J., Josephus, The Man and the Historian, New York 1929.

Theißen, G., Die soziologische Auswertung religiöser Überlieferungen, Ihre methodologischen Probleme an Beispiel des Urchristentums, (1975), jetzt in: ders., Studien zur Soziologie des Urchristentums, WUNT 19, Tübingen (1979) 1983^2, S. 35-54.

Ders., Lokal- und Sozialkolorit in der Geschichte von der syrophönikischen Frau (Mk 7, 24-30), ZNW 75 (1984) 202-225.

Ders., "Wir haben alles verlassen" (Mc. X. 28), Nachfolge und soziale Entwurzelung in der jüdisch-palästinischen Gesellschaft des 1. Jahrhunderts n. Chr., (1977), jetzt in: ders., Studien zur Soziologie des Urchristentums, WUNT 19, Tübingen (1979) 1983^2, S. 106-141.

Ders., Soziologie der Jesusbewegung, Ein Beitrag zur Entstehungsgeschichte des Urchristentums, TEH 194, München (1977) 1978^2 (1985^4).

Ders., Die Tempelweissagung Jesu, Prophetie im Spannungsfeld von Stadt und Land, (1976), jetzt in: ders., Studien zur Soziologie des Urchristentums, WUNT 19, Tübingen (1979) 1983^2, S. 142-159.

Thießen, W., Art. Frieden III (Judentum), TRE 11, Berlin/New York 1983, S. 610-613.

Thoma, C., Jüdische Apokalyptik am Ende des ersten nachchristlichen Jahrhunderts, Religionsgeschichtliche Bemerkungen zur syrischen Baruchapokalypse und zum vierten Esrabuch, Kairos N. F. 11 (1969) 134-144.

Ders., Auswirkungen des jüdischen Krieges gegen Rom (66-70/73 n. Chr.) auf das rabbinische Judentum, BZ N. F. 12 (1968) 30-54. 186-210.

Ders., Die Zerstörung des jerusalemischen Tempels im Jahre 70 n. Chr., Geistig-religiöse Bedeutung für Judentum und Christentum nach den Aussagen jüdischer und christlicher Primärliteratur, Diss. phil., Wien 1966.

Thompson, L. A., Domitian and the Jewish Tax, Hist 31 (1982) 329-342.

Thomsen, P., Die römischen Meilensteine der Provinzen Syria, Arabia und Palaestina, ZDPV 40 (1917) 1-103.

Thornton, M. K., Hadrian and his Reign, ANRW II, 2, Berlin/New York 1975, S. 432-476.

Thulin, C., Art. Iuppiter, PRE X, Stuttgart 1919, Sp. 1126-1144.

Townend, G. B., The Consuls of A. D. 69/70, AJP 83 (1962) 113-129.

Ders., The Restoration of the Capitol in A. D. 70, Hist 36 (1987) 243-248.

Turcan, R., Janus à l'époque impériale, ANRW II, 17, 1, Berlin/New York 1981, S. 374-402.

Turner, E. G., Tiberius Iulius Alexander, JRS 44 (1954) 54-64.

Urban, R., Der "Bataveraufstand" und die Erhebung des Iulius Classicus, Trierer Historische Forschungen 8, Trier 1985.

Valeton, I. M. J., Hierosolyma Capta, Mn. N. S. 27 (1899) 78-139.

Vaux, R. de, Das Alte Testament und seine Lebensordnungen, 2 Bde, Freiburg/Basel/Wien (1960/62) 1966² (franz.: 1958/60).

Versnel, H. S., Triumphus, An Inquiry into the Origin, Development and Meaning of the Roman Triumph, Leiden 1970.

Vidman, L., Isis and Sarapis, in: Vermaseren, M. J. (Hrg.), Die orientalischen Religionen im Römerreich, EPRO 93, Leiden 1981, S. 121-156.

Vielhauer, P., Geschichte der urchristlichen Literatur, Einleitung in das Neue Testament, die Apokryphen und die Apostolischen Väter, Berlin/New York 1975 (Dritter Druck 1981).

Vierneisel, K., Zanker, P. (Hrg.), Die Bildnisse des Augustus, Herrscherbild und Politik im kaiserlichen Rom, Sonderausstellung der Glyptothek und des Museums für Abgüsse Klassischer Bildwerke München, München 1979.

Vincent, L.-H., Jérusalem de l'Ancient Testament, Recherches d'Archéologie et d'Histoire, (2. und 3. Teil) Paris 1956.

Vittinghoff, F., Soziale Struktur und politisches System der hohen römischen Kaiserzeit, HZ 230 (1980) 31-55.

Vogt, J., Ciceros Glaube an Rom, (1935), Darmstadt 1963².

Ders., Orbis Romanus, Ein Beitrag zum Sprachgebrauch und zur Vorstellungswelt des römischen Imperialismus, (1929/1942), jetzt in: ders., Orbis, Ausgewählte Schriften zur Geschichte des Altertums, hrg. v. F. Taeger, K. Christ, Freiburg/Basel/Wien 1960, S. 151-171.

Ders., Römischer Glaube und römisches Weltreich, in: ders., Vom Reichsgedanken der Römer, Leipzig 1942, S. 118-169.

Volkmann, H., Die Pilatusinschrift von Caesarea Maritima, (1968), jetzt in: ders., Endoxos Duleia, Kleine Schriften zur Alten Geschichte, hrg. v. H. Bellen, Berlin/New York 1975, S. 203-215.

Ders., Antike Romkritik, Topik und historische Wirklichkeit, (1964), jetzt in: ders., Endoxos Duleia, Kleine Schriften zur Alten Geschichte, hrg. v. H. Bellen, Berlin/New York 1975, S. 141-154.

Volz, P., Die Eschatologie der jüdischen Gemeinde im neutestamentlichen Zeitalter, nach den Quellen der rabbinischen, apokalyptischen und apokryphen Literatur dargestellt ..., (2. Aufl., des Werkes "Jüdische Eschatologie von Daniel bis Akiba"), Berlin 1934.

Vretska, H., Art. Triumphus, KP 5, München 1975/1979, Sp. 973-975.

Walser, G., Rom, das Reich und die fremden Völker in der Geschichtsschreibung der frühen Kaiserzeit, Studien zur Glaubwürdigkeit des Tacitus, Baden-Baden 1951.

Walter, N., Tempelzerstörung und synoptische Apokalypse, ZNW 57 (1966) 38-49.

Warmington, B. H., Nero, Reality and Legend, London 1969.

Weber, E., Zur Inschrift des Pontius Pilatus, BoJ 171 (1971) 194-200.

Weber, M., Die "Objektivität" sozialwissenschaftlicher und sozialpolitischer Erkenntnis, (1904), jetzt in: ders., Gesammelte Aufsätze zur Wissenschaftslehre, hrg. v. J. Winckelmann, Tübingen 1968³, S. 146-214.

Weber, W., Josephus und Vespasian, Untersuchungen zu dem Jüdischen Krieg des Flavius Josephus, Berlin/Stuttgart/Leipzig 1921.

Ders., Der Prophet und sein Gott, Eine Studie zur vierten Ekloge Vergils, BAO 3, Leipzig 1925.

Weber-Schäfer, P., Einführung in die antike politische Theorie, Zweiter Teil (Von Platon bis Augustinus), Darmstadt 1976.

Weiler, I., Titus und die Zerstörung des Tempels von Jerusalem - Absicht oder Zufall?, Klio 50 (1968) 139-158.

Weinreich, O., Antike Heilungswunder, Untersuchungen zum Wunderglauben der Griechen und Römer, RVV 8, 1, Gießen 1909/Repr. Berlin 1969.

Ders., Primitiver Gebetsegoismus, Ein Beitrag zu Terenz, Andria 232f., in: Genethliakon Wilhelm Schmid zum 70. Geburtstag, TBAW 5, Stuttgart 1929, S. 169-199.

Ders., Türöffnung im Wunder-, Prodigien- und Zauberglauben der Antike, des Judentums und Christentums, in: Genethliakon Wilhelm Schmid zum 70. Geburtstag, TBAW 5, Stuttgart 1929, S. 200-464.

Weippert, M., "Heiliger Krieg" in Israel und Assyrien, Kritische Anmerkungen zu Gerhard von Rads Konzept des "Heiligen Krieges im alten Israel", ZAW 84 (1972) 460-493.

Wellesley, K., What happened on the Capitol in December AD 69?, American Journal of Ancient History 6 (1981) 166-190.

Ders., Cornelius Tacitus, The Histories Book III, Sydney 1972 (Text und Kommentar).

Ders., The Long Year A. D. 69, London 1975.

Wellhausen, J., Analyse der Offenbarung Johannis, AGWG. PH N. S. IX, 4, Berlin 1907.

Ders., Einleitung in die drei ersten Evangelien, Berlin (1905) 1911².

Ders., Skizzen und Vorarbeiten, Heft VI, Berlin 1899.

Welten, P., Art. Jerusalem I (Altes Testament), TRE 16, Berlin/New York 1987, S. 590-609.

Ders., Geschichte und Geschichtsdarstellung in den Chronikbücher, WMANT 42, Neukirchen 1973.

Ders., Lade-Tempel-Jerusalem, Zur Theologie der Chronikbücher, in: Gunneweg, A. H. J., Kaiser, O. (Hrg.), Textgemäß, Aufsätze und Beiträge zur Hermeneutik des Alten Testaments, FS E. Würthwein, Göttingen 1979, S. 169-183.

Wengst, K., Art. Barnabasbrief, TRE 5, Berlin/New York 1980, S. 238-241.

Ders., Pax Romana, Anspruch und Wirklichkeit, Erfahrungen und Wahrnehmungen des Friedens bei Jesus und im Urchristentum, München 1986.

Ders., Tradition und Theologie des Barnabasbriefes, AKG 42, Berlin/New York 1971.

Weynand, P., Art. T. Flavius Vespasianus (s. v. Nr. 206), PRE VI, 2, Stuttgart 1909, Sp. 2623-2695.

Wigtil, D. N., The Ideology of the Greek "Res Gestae", ANRW II, 30, 1, Berlin/New York 1982, S. 624-638.

Windisch, H., Der Barnabasbrief, HNT Ergänzungsband (Die Apostolischen Väter), Tübingen 1923, S. 299-413.

Ders., Der messianische Krieg und das Urchristentum, Tübingen 1909.

Ders., Die Orakel des Hystaspes, VAW N. S. 28, 3, Amsterdam 1929.

Winter, P., On the Trial of Jesus, SJ 1, Berlin 1961.

Wiseman, T. P., Flavians on the Capitol, American Journal of Ancient History 3 (1978) 163-178.

Wissowa, G., Art. Pax, ALGM III, 2, Leipzig 1902-1909 (Repr. Hildesheim 1965), Sp. 1719-1722.

Ders., Religion und Kultus der Römer, HKAW V, 4, München (1902) 1912[2].

Wlosok, A., Einführung, in: dies. (Hrg.), Römischer Kaiserkult, WdF 372, Darmstadt 1978, S. 1-52.

Wolff, H. W., Dodekapropheten 4, Micha, BK XIV, 4, Neukirchen 1982.

Wright, G. E., Biblische Archäologie, Göttingen 1958 (engl.: 1957).

Yadin, Y., The Excavation of Masada - 1963/64, Preliminary Report, IEJ 15 (1965) 1-120.

Ders., Masada, Der letzte Kampf um die Festung des Herodes, Hamburg 1967 (engl.: London 1966).

Zeitlin, S., Hanukkah, Its Origin and its Significance, (1938), jetzt in: ders., Solomon Zeitlin's Studies in the Early History of Judaism, Bd. 1, New York 1973, S. 239-274.

Ders., The Warning Inscription of the Temple, JQR N. S. 38 (1947/48) 111-116.

Ders., Judaism as a Religion, An Historical Study, (1943-45), jetzt in: ders., Solomon Zeitlin's Studies in the Early History of Judaism, Bd. 3, New York 1975, S. 1-245.

Ders., The Sadducees and the Pharisees - a chapter in the development of the Halakhah, (hebr.: 1936), jetzt in: ders., Solomon Zeitlin's Studies in the Early History of Judaism, Bd. 2, New York 1974, S. 259-291.

Ders., Studies in the Beginnings of Christianity, JQR N. S. 14 (1923/24) 111-119.

Ders., Zealots and Sicarii, JBL 81 (1962) 395-398.

Ziegler, K.-H., Die Beziehungen zwischen Rom und dem Partherreich, Ein Beitrag zur Geschichte des Völkerrechts, Wiesbaden 1964.

Ziehen, L., Lippold, G., Art. Palladion, PRE XVIII, 3, Stuttgart 1949, Sp. 171-201.

Zuntz, G., Wann wurde das Evangelium Marci geschrieben?, in: Cancik, H. (Hrg.), Markus-Philologie, Historische, literargeschichtliche und stilistische Untersuchungen zum zweiten Evangelium, WUNT 33, Tübingen 1984, S. 47-71.

Zwikker, W., Bemerkungen zu den römischen Heeresfahnen in der älteren Kaiserzeit, BerRGK 27, (1937), Berlin 1939, S. 7-22.

STELLENREGISTER
(in Auswahl)

I. ALTES TESTAMENT

II. APOKRYPHEN UND PSEUDEPIGRAPHEN

VII. NEUES TESTAMENT

VIII. ANTIKE NICHTCHRISTLICHE AUTOREN UND SCHRIFTEN

XI. PAPYRI

Beilage 1: **Der Feldzug des Cestius Gallus im Jahre 66**

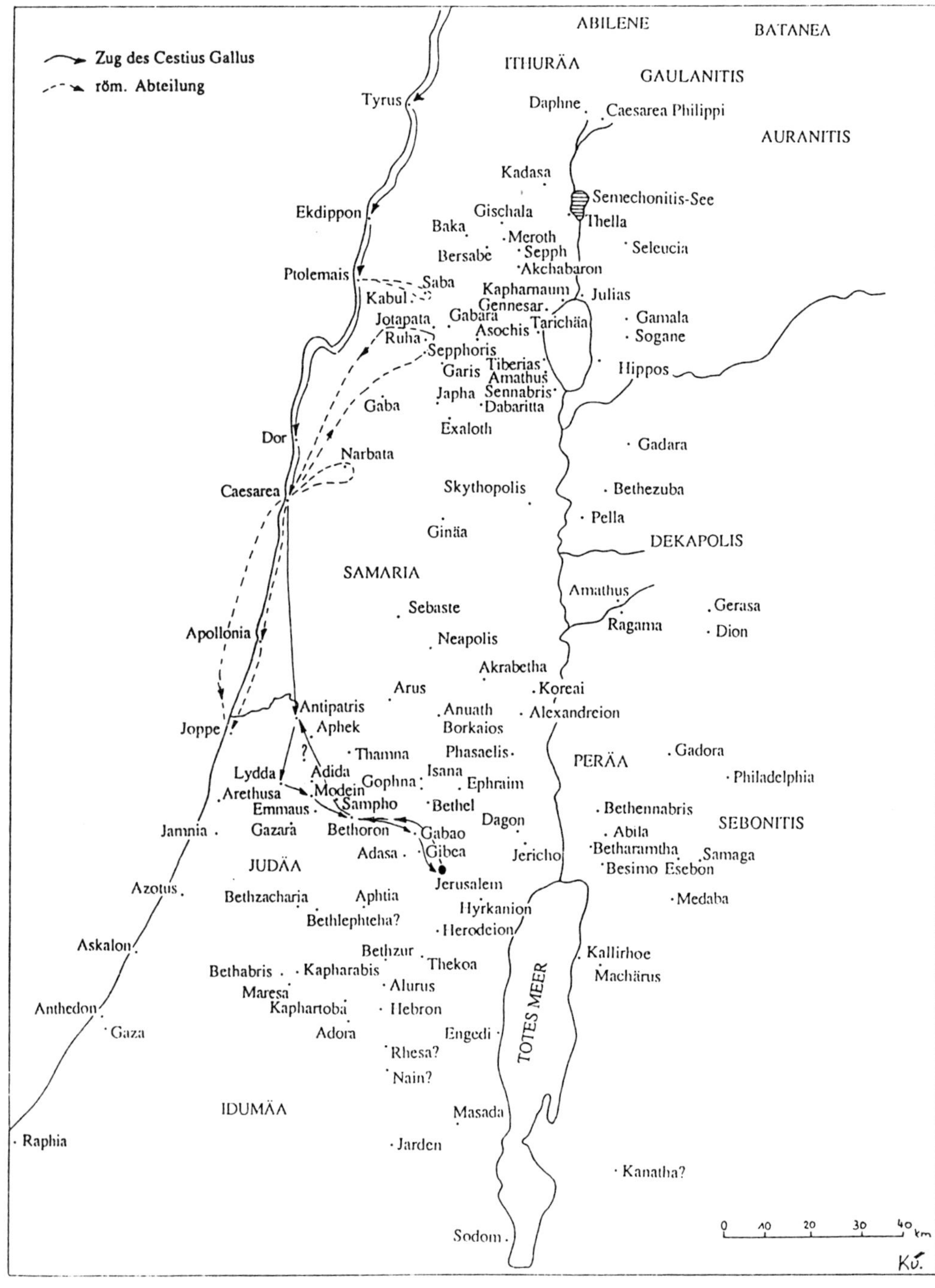

Beilage 2: **Gebiete der jüdischen Strategen im Jahre 66**

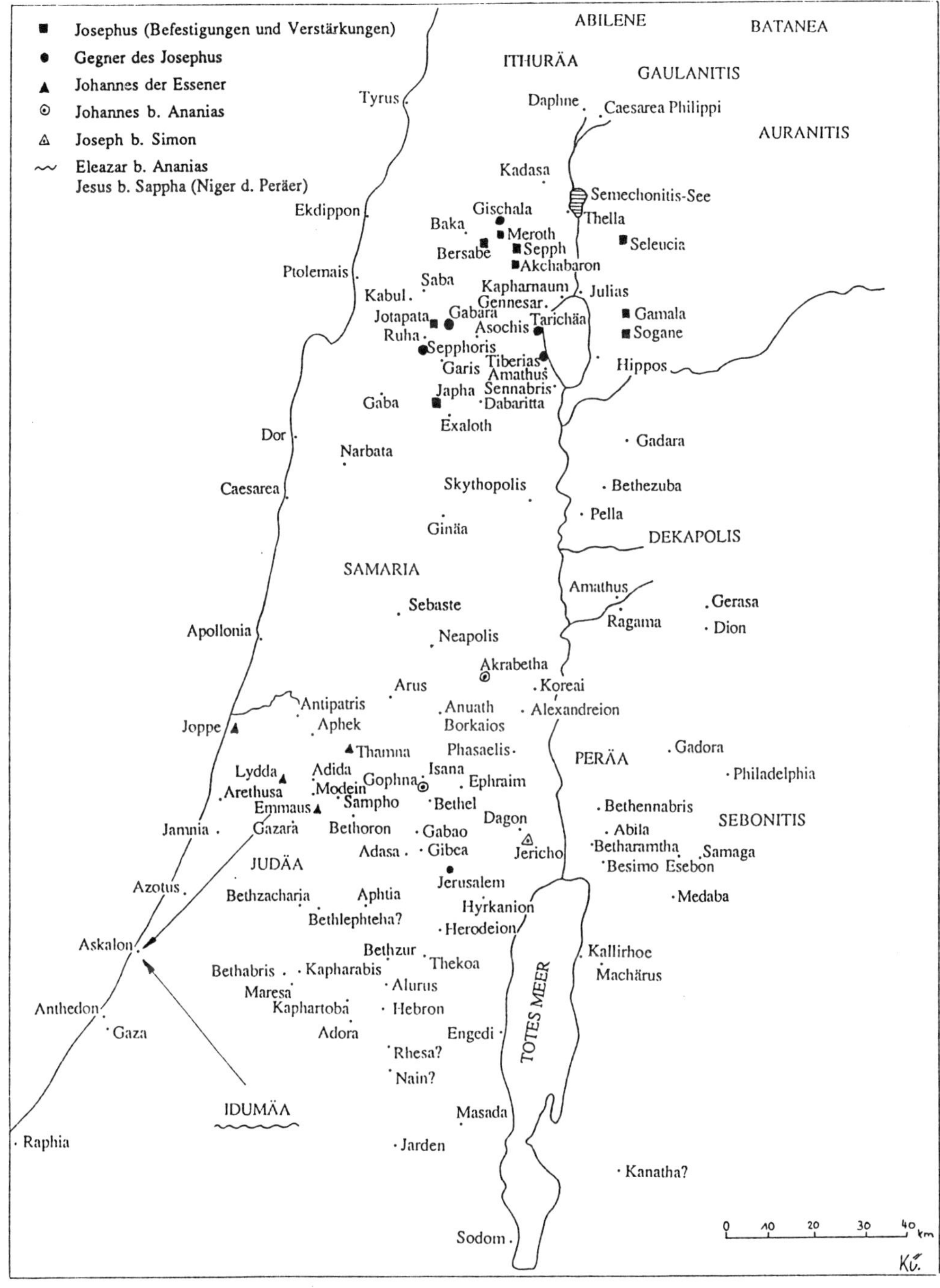

Beilage 3: **Der 1. galiläische Feldzug Vespasians im Jahre 67**

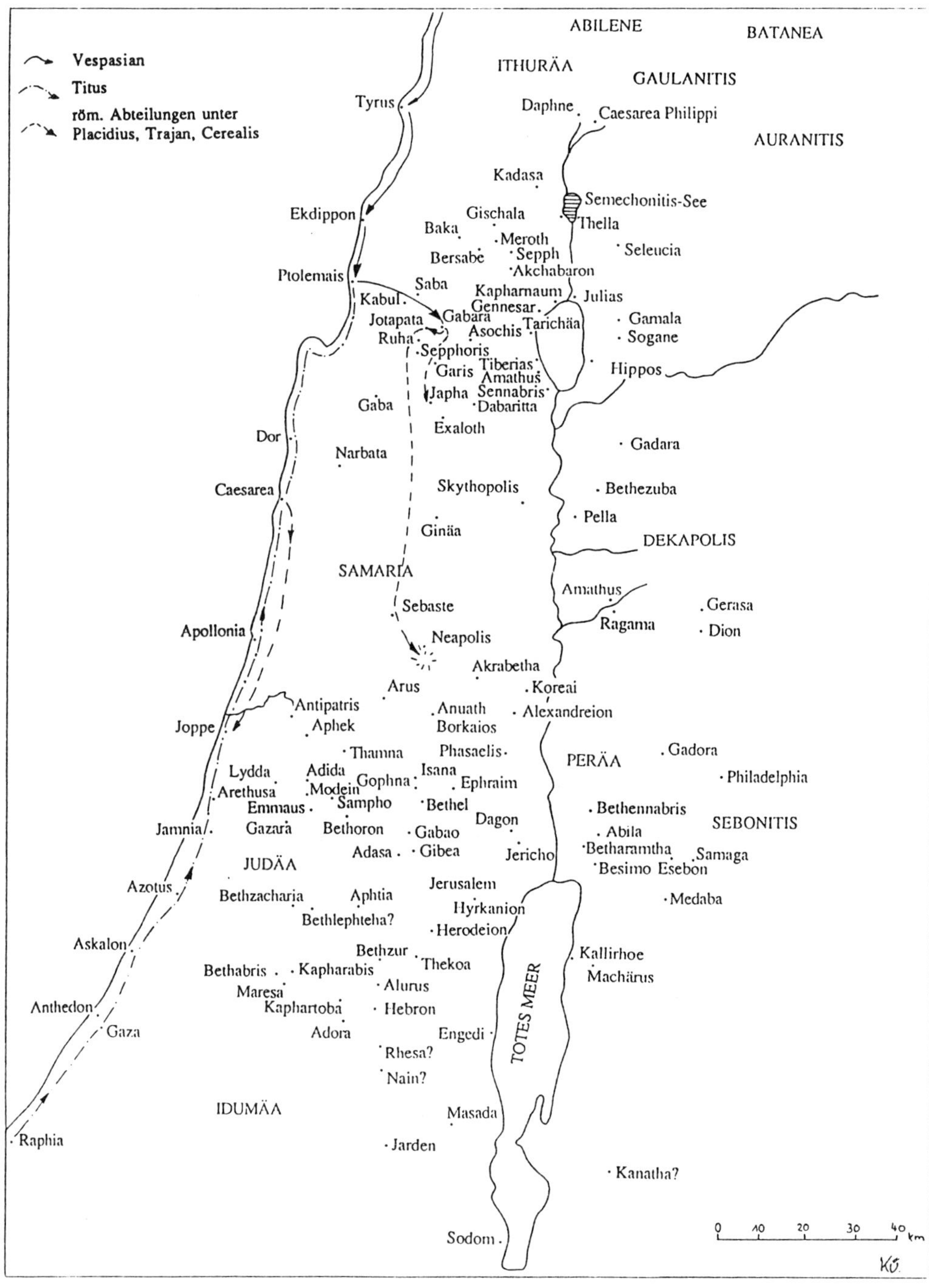

Beilage 4: **Weitere Eroberungen Vespasians im Jahre 67**

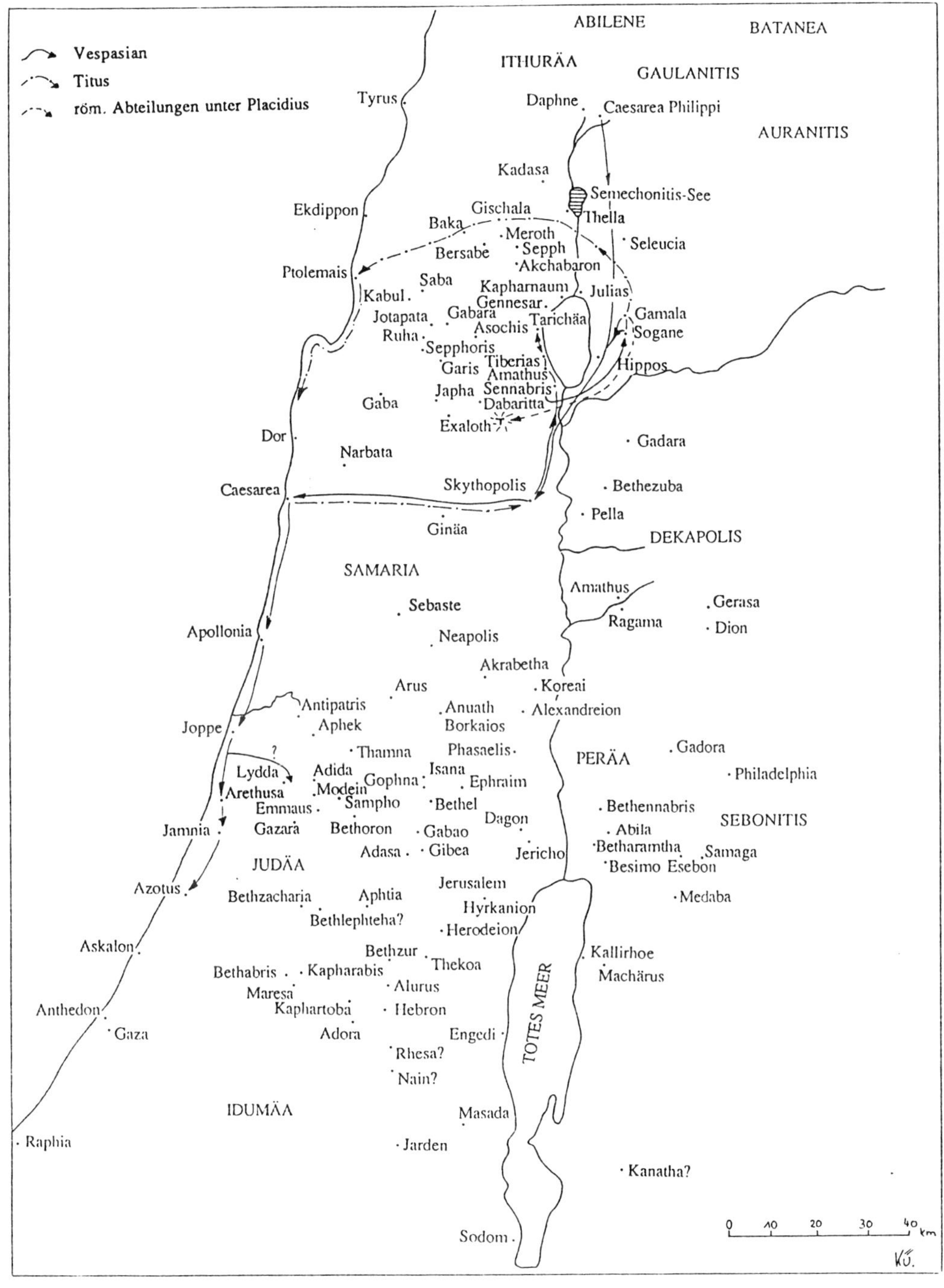

Beilage 5: **Vespasians 1. Feldzug im Jahre 68**

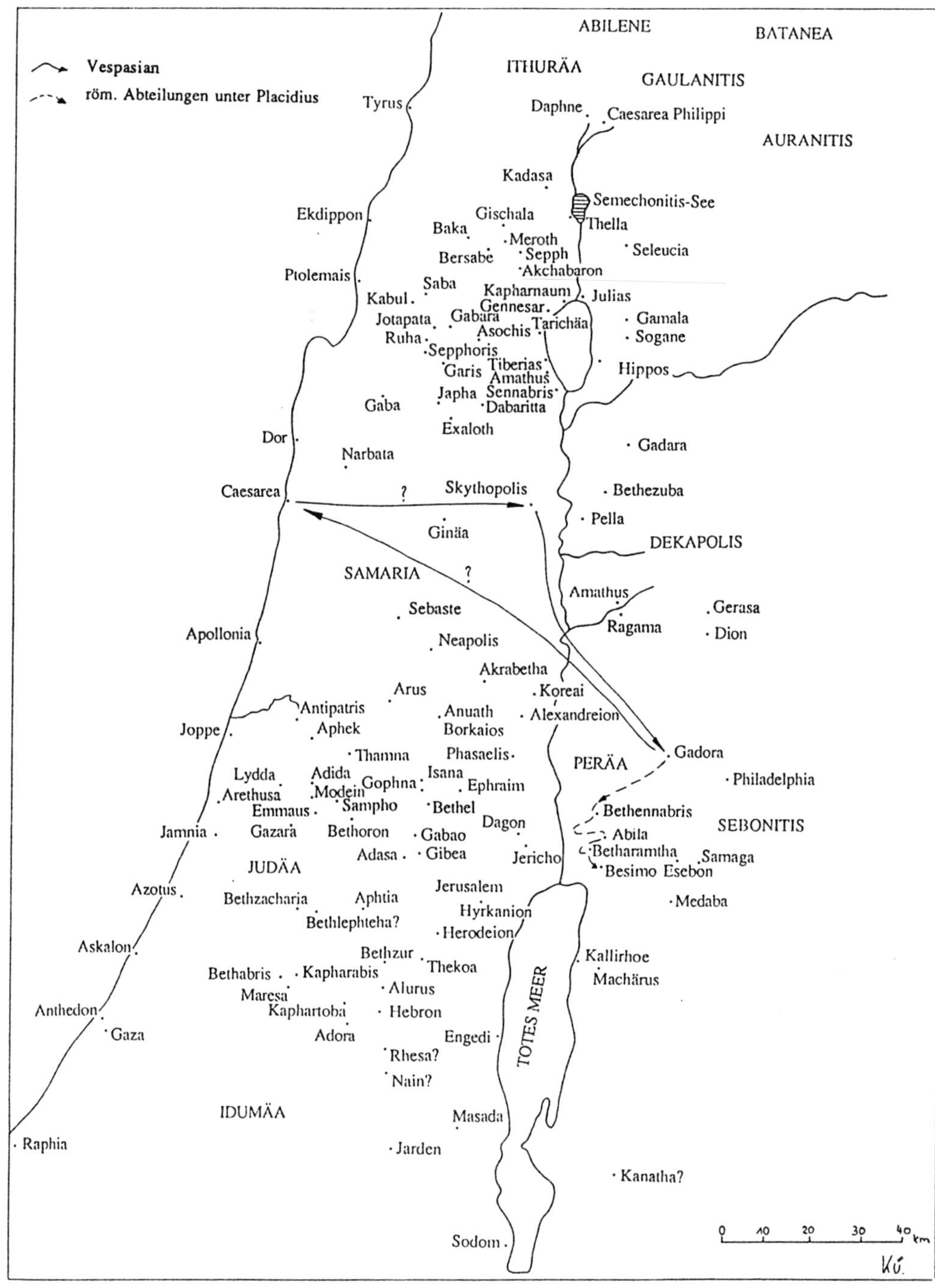

Beilage 6: **Vespasians 2. Feldzug im Jahre 68**

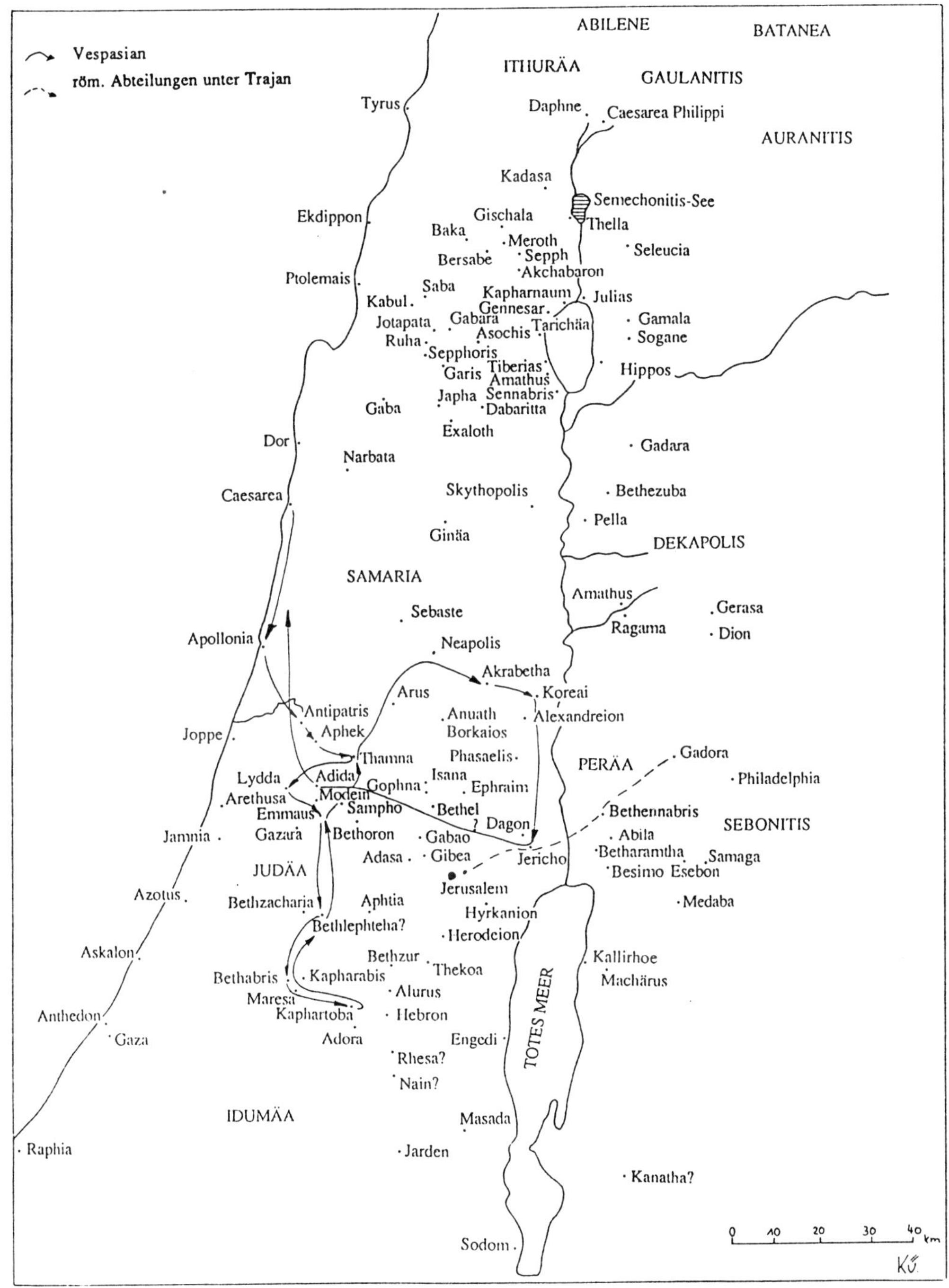

Beilage 7: Vespasians 3. Feldzug im Jahre 68

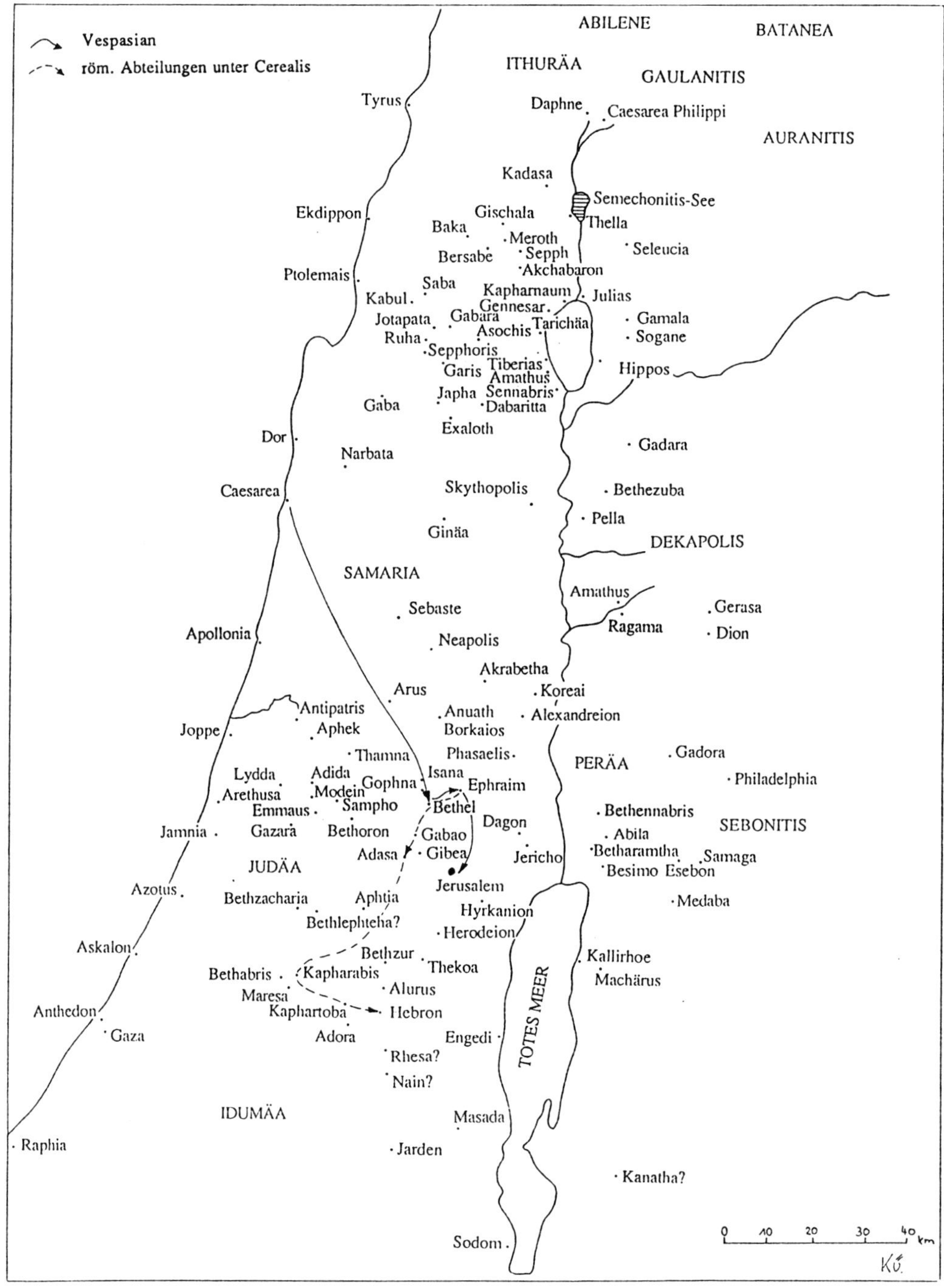

Beilage 8: Die Situation am Ende des Jahres 68

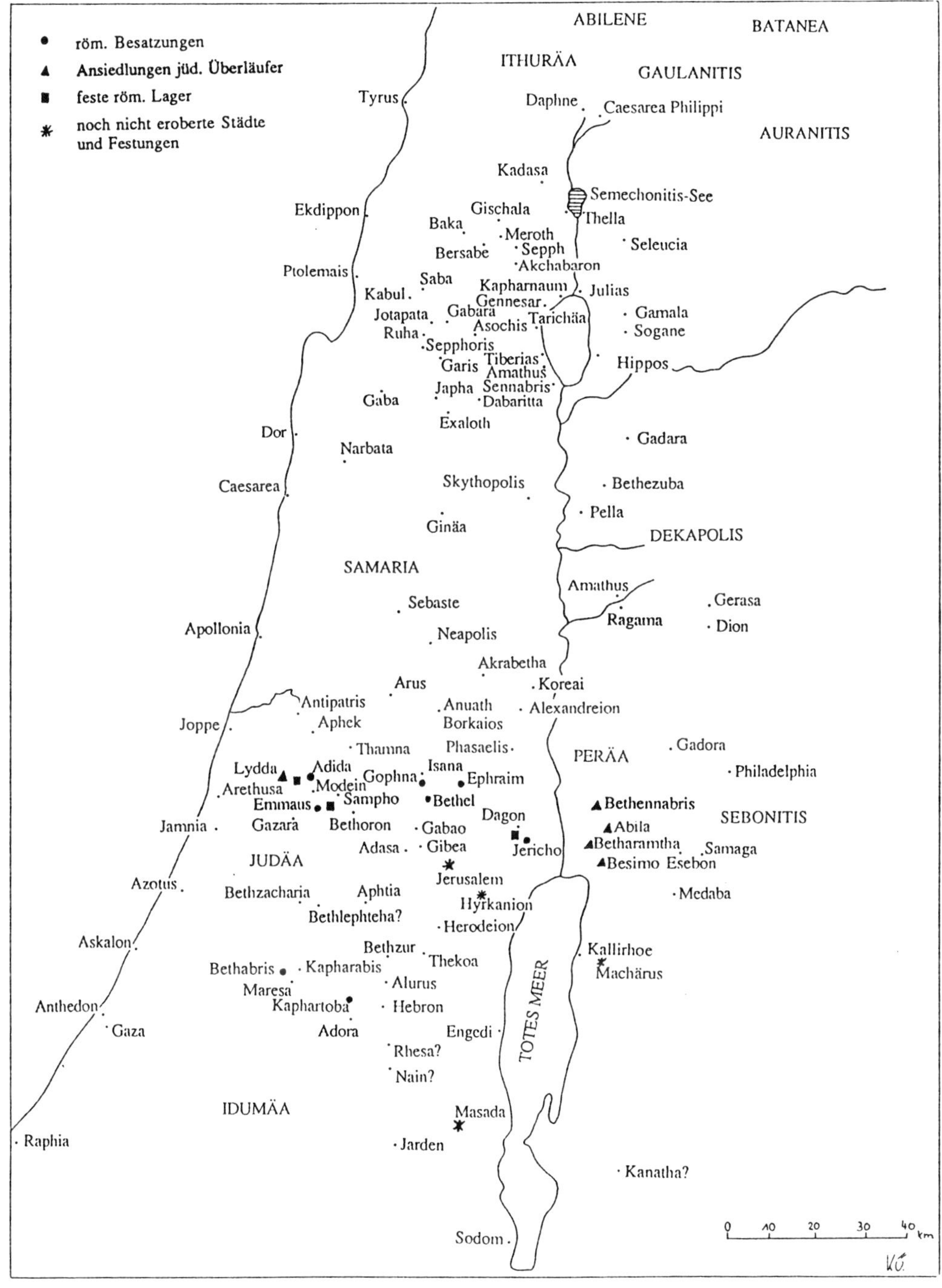

Beilage 9: **Marsch gegen Jerusalem im Jahre 70**

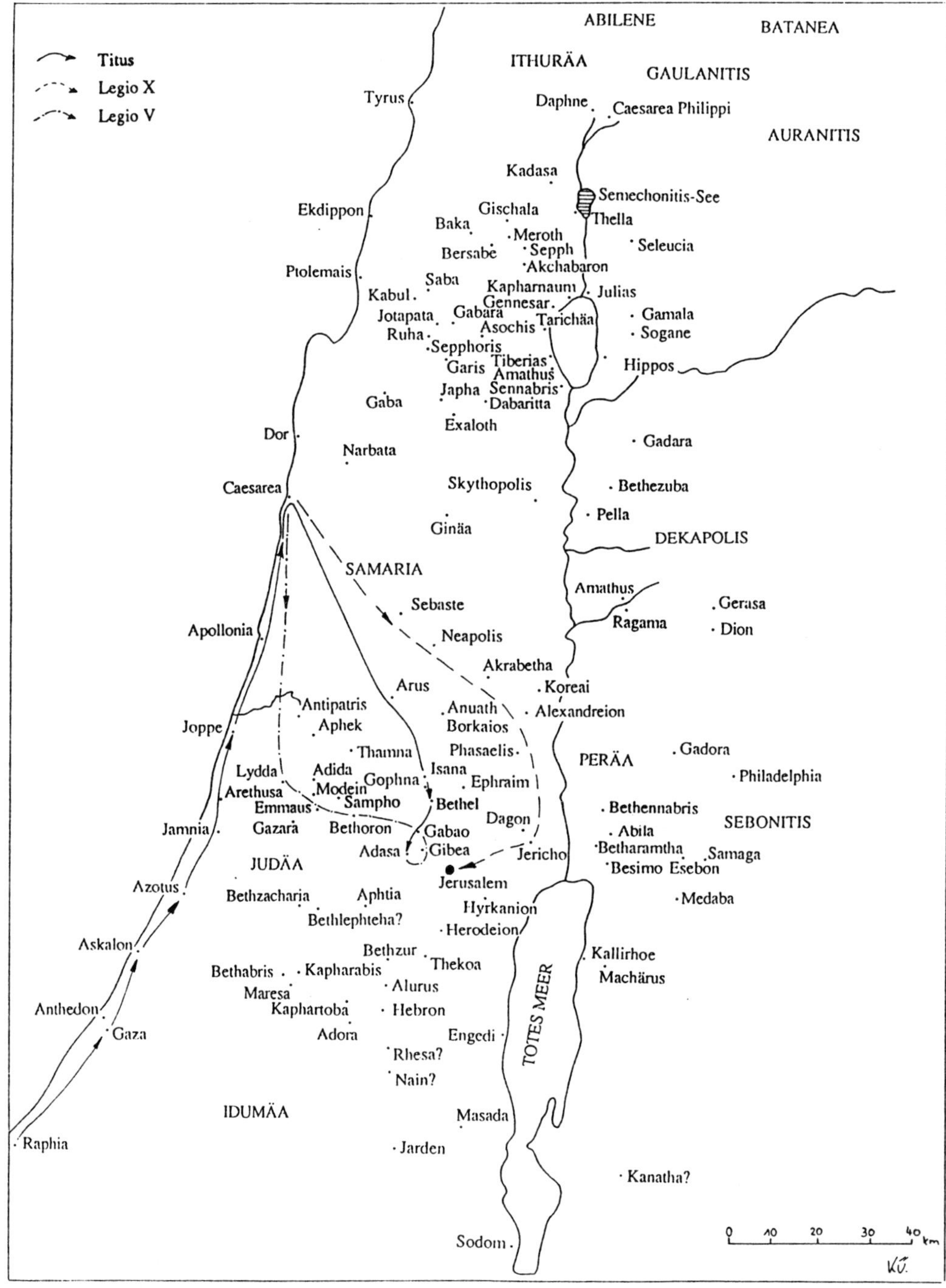

Zum vorliegenden Buch

Die vorliegende Arbeit analysiert im I. Teil die Ereignisgeschichte der Jahre 66–75 n. Chr. Dabei wird die Verflechtung des jüdisch-römischen Krieges mit den internen Auseinandersetzungen zwischen verschiedenen jüdischen Gruppierungen in Jerusalem und zwischen den Bürgerkriegsparteien in Rom herausgearbeitet. Die Eroberung Masadas wird aufgrund von 1978/80 herausgegebenen Papyri auf das Jahr 74 datiert. Die Nachwehen des Krieges fallen in das Jahr 74/75.

Im II. Teil wird zunächst die Ideologiegeschichte untersucht. Dabei werden die ideologischen Elemente auf jüdischer und römischer Seite je für sich erhoben und dann auf ihre Instrumentalisierung, Funktionalität und eventuelle Trägerkreise im Kontext des Krieges hin befragt.

In einem weiteren Schritt wird eine neue Hypothese dargelegt: Der Brand des kapitolinischen Jupitertempels und die Zerstörung des Jahwetempels waren im Erleben der Beteiligten und in der nachträglichen Propaganda miteinander verbunden. Die Hypothese wird vorbereitet und begründet durch Erhebung der militärischen und ideologischen Ursachen von Tempelbrand und -schleifung des Jahres 70 und durch Analyse des flavischen Triumphzugs und der Einrichtung des Fiscus Judaicus.

Schließlich wird die bleibende Virulenz der Tempelproblematik in der ideologischen Kriegführung der Diasporaaufstände und des Bar-Kokhba-Krieges belegt. Eine Skizze der theologischen Reaktionen auf die Tempelzerstörung beschließt die Untersuchung.

ISBN 3-7278-0641-9 (Universitätsverlag)
ISBN 3-525-53912-6 (Vandenhoeck & Ruprecht)

NOVUM TESTAMENTUM ET ORBIS ANTIQUUS (NTOA)

Bd. 1 MAX KÜCHLER, *Schweigen, Schmuck und Schleier.* Drei neutestamentliche Vorschriften zur Verdrängung der Frauen auf dem Hintergrund einer frauenfeindlichen Exegese des Alten Testaments im antiken Judentum
XXII–542 Seiten. 1986

Bd. 2 MOSHE WEINFELD, *The Organizational Pattern and the Penal Code of the Qumran Sect.* A Comparison with Guilds and Religious Associations of the Hellenistic-Roman Period
104 Seiten. 1986

Bd. 3 ROBERT WENNING, *Die Nabatäer – Denkmäler und Geschichte.* Eine Bestandesaufnahme des archäologischen Befundes
252 Seiten; 18 Karten. 1986

Bd. 4 RITA EGGER, *Josephus Flavius und die Samaritaner.* Eine terminologische Untersuchung zur Identitätsklärung der Samaritaner
412 Seiten. 1986

Bd. 5 EUGEN RUCKSTUHL, *Die literarische Einheit des Johannesevangeliums.* Der gegenwärtige Stand der einschlägigen Forschungen. Mit einem Vorwort von Martin Hengel
344 Seiten. 1987

Bd. 6 MAX KÜCHLER/CHRISTOPH UEHLINGER (Hrsg.), *Jerusalem, Texte – Bilder – Steine*
238 Seiten. 1987

Bd. 7 DIETER ZELLER (Hrsg.), *Menschwerdung Gottes – Vergöttlichung von Menschen*
236 Seiten. 1988

Bd. 8 GERD THEISSEN, *Lokalkolorit und Zeitgeschichte in den Evangelien.* Ein Beitrag zur Geschichte der synoptischen Tradition
348 Seiten. 1989

Bd. 9 TAKASHI ONUKI, *Gnosis und Stoa.* Eine Untersuchung zum Apokryphon des Johannes
208 Seiten. 1989

Bd. 10 DAVID TROBISCH, *Die Entstehung der Paulusbriefsammlung.* Studien zu den Anfängen christlicher Publizistik
176 Seiten. 1989

Bd. 11 HELMUT SCHWIER, *Tempel und Tempelzerstörung.* Untersuchungen zu den theologischen und ideologischen Faktoren im ersten jüdisch-römischen Krieg (66–74 n. Chr.)
444 Seiten; 9 Karten. 1989